U0693027

中国近代
思想家文库

◎

陈峰 编

陶希圣卷

中国人民大学出版社
·北京·

总　序

　　对于近代的理解，虽不见得所有人都是一致的，但总的说来，对于近代这个词所涵的基本意义，人们还是有共识的。一个国家、一个民族走入近代，就意味着以工业化为主导的经济取代了以地主经济、领主经济或自然经济为主导的中世纪的经济形态，也还意味着，它不再是孤立的或是封闭与半封闭的，而是以某种形式加入到世界总的发展进程。尤其重要的是，它以某种形式的民主制度取代君主专制或其他不同形式的专制制度。中国是个幅员广大、人口众多、历史悠久的多民族国家，由于长期历史发展是自成一体的，与外界的交往比较有限，其生产方式的代谢迟缓了一些。如果说，世界的近代是从 17 世纪开始的，那么中国的近代则是从 19 世纪中期才开始的。现在国内学界比较一致的认识，是把 1840 年到 1949 年视为中国的近代。

　　中国的近代起始的标志是 1840 年的鸦片战争。原来相对封闭的国门被拥有近代种种优势的英帝国以军舰、大炮再加上种种卑鄙的欺诈打开了。从此，中国不情愿地加入到世界秩序中，沦为半殖民地。原来独立的大一统的中央集权的君主专制国家，如今独立已经极大地被限制，大一统也逐渐残缺不全，中央集权因列强的侵夺也不完全名实相符了。后来因太平天国运动，地方军政势力崛起，形成内轻外重的形势，也使中央集权被弱化。经历第二次鸦片战争、中法战争、甲午战争、八国联军入侵的战争以及辛亥革命后的多次内外战争，直至日本全面侵略中国的战争，致使中国的经济、政治、教育、文化，都无法顺利走上近代发展的轨道。古今之间，新旧之间，中外之间，混杂、矛盾、冲突。总之，鸦片战争后的中国，既未能成为近代国家，更不能维持原有的统治秩序。而外患内忧咄咄逼人，人们都有某种程度"国将不国"的忧虑。

　　"天下兴亡，匹夫有责"，读书明理的士大夫，或今所谓知识分子，尤为敏感，在空前的危机与挑战面前，皆思有所献替。于是发生种种救亡图存的思想与主张。有的从所能见及的西方国家发展的经验中借鉴某些东西，形成自己的改革方案；有的从历史回忆中拾取某些智慧，形成某种民族复兴的设想；有的则力图把西方的和中国所固有的一些东西加以调和或结合，形成某种救亡图强的主张。这些方案、设想、主张，从世界上"最先进的"，到"最落后的"，几乎样样都有。就提出这些方案、设想、主张者的初衷而言，绝大多数都含着几分救国的意愿。其先进与落后，是否可行，能否成功，尽可充分讨论，但可不必过为诛心之论。显而易见，既然救国的问题最为紧迫，人们所心营目注者自然是种种与救国的方案直接相关的思想学说，而作为产生这些学说的更基础性的理论，及其他各种知识、思想，则关注者少。

围绕着救国、强国的大议题，知识精英们参考世界上种种思想学说，加以研究、选择，认为其中比较适用的思想学说，拿来向国人宣传，并赢得一部分人的认可。于是互相推引，互相激励，更加发挥，演而成潮。在近代中国，曾经得到比较广泛的传播的思想学说，或者够得上思潮的，主要有以下几种：

（一）进化论。近代西方思想较早被引介到中国，而又发生绝大影响的，要属进化论。中国人逐渐相信，进化是宇宙之铁则，不进化就必遭淘汰。以此思想警醒国人，颇曾有助于振作民族精神。但随后不久，社会达尔文主义伴随而来，不免发生一些负面的影响。人们对进化的了解，也存在某些片面性，有时把进化理解为一条简单的直线。辩证法思想帮助人们形成内容更丰富和更加符合实际的发展观念，减少或避免片面性的进化观念的某些负面影响。

（二）民族主义。中国古代的民族主义思想，其核心是"非我族类，其心必异"，所以最重"华夷之辨"。鸦片战争前后一段时期，中国人的民族思想，大体仍是如此。后来渐渐认识到"今之夷狄，非古之夷狄"，"西人治国有法度，不得以古旧之夷狄视之"。但当时中国正遭受西方列强的侵略和掠夺，追求民族独立是民族主义之第一义。20世纪初，中国知识精英开始有了"中华民族"的概念。于是，渐渐形成以建立近代民族国家为核心的近代民族主义。结束清朝君主专制，创立中华民国，是这一思想的初步实现。第一次世界大战爆发，中国加入"协约国"，第一次以主动的姿态参与世界事务，接着俄国十月革命爆发，这两件事对近代中国的发展历程造成绝大影响。同时也将中国人的民族主义提升到一个新的层次，即与国际主义（或世界主义）发生紧密联系。也可以说，中国人更加自觉地用世界的眼光来观察中国的问题。新生的中国共产党和改组后的国民党都是如此。民族主义成为中国的知识精英用来应对近代中国所面临的种种危机和种种挑战的一个重要的思想武器。

（三）社会主义。社会主义作为一种模糊的理想是早在古代就有的，而且不论东方和西方都曾有过。但作为近代思潮，它是于 19 世纪在批判近代资本主义的基础上产生的。起初仍带有空想的性质，直到马克思和恩格斯才创立起科学社会主义。20 世纪初期，社会主义开始传入中国。当时的传播者不太了解科学社会主义与以往的社会主义学说的本质区别。有一部分人，明显地受到无政府主义的强烈影响，更远离科学社会主义。直到五四新文化运动兴起之后，中国人始较严格地引介、宣传科学社会主义。但有一段时间，无政府主义仍是一股很大的思想潮流。中国共产党的成立，从思想上说，是战胜无政府主义的结果。中国共产党把在中国实现社会主义乃至共产主义作为自己的奋斗目标。此后，社会主义者，多次同各种非科学社会主义思想的信仰者进行论争并不断克服种种非科学社会主义思想的影响。

（四）自由主义。自由主义也是从清末就被介绍到中国来，只是信从者一直寥寥。直到五四新文化运动兴起，具有欧美教育背景的知识精英的数量渐渐多起来，自由主义始渐渐形成一股思想潮流。自由主义强调个性解放、意志自由和自己承担责任，在政治上反对一切专制主义。在中国的社会条件下，自由主义缺乏社会基础。在政治激烈动荡的时候，自由主义者很难凝聚成一股有组织的力量；在稍稍平和的时候，他们往往更多沉浸在自己的专业中。所以，在中国近代史上，自由主义不曾有，也不可能有大的作为。

（五）激进主义与保守主义。处于转型期的社会，旧的东西尚未完全退出舞台，新的东西也还未能巩固地树立起来，新旧冲突往往要持续很长的时间，有时甚至达到很激烈的程度。凡助推新东西成长的，人们便视为进步的；凡帮助旧东西排斥新东西的，人们便视为保守的。其实，与保守主义对应的，应是进步主义；与顽固主义相对的则应是激进主义。不过在通常话语环境中人们不太严格加以区分。中国历史悠久，特别是君主专制制度持续两千余年，旧东西积累异常丰富，社会转型极其不易。而世界的发展却进步甚速。中国的一部分精英分子往往特别急切地想改造中国社会，总想找出最厉害的手段，选一条最捷近的路，以最快的速度实现全盘改造。这类思想、主张及其采取的行动，皆属激进主义。在中共党史上，它表现为"左"倾或极左的机会主义。从极端的激进主义到极端的顽固主义，中间有着各种程度的进步与保守的流派。社会的稳定，或社会和平改革的成功，都依赖有一个实力雄厚的中间力量。但因种种原因，中国社会的中间力量一直未能成长到足够的程度。进步主义与保守主义，以及激进主义与顽固主义，不断进行斗争，而实际所获进步不大。

（六）革命与和平改革。中国近代史上，革命运动与和平改革运动交替进行，有时又是平行发展。两者的宗旨都是为改变原有的君主专制制度而代之以某种形式的近代民主制度。有很长一个时期，有两种错误的观念，一是把革命理解为仅仅是指以暴力取得政权的行动，二是与此相关联，把暴力革命与和平改革对立起来，认为革命是推动历史进步的，而改革是维护旧有统治秩序的。这两种论调既无理论根据，也不合历史实际。凡是有助于改变君主专制制度的探索，无论暴力的或和平的改革都是应予肯定的。

中国近代揭幕之时，西方列强正在疯狂地侵略与掠夺殖民地和半殖民地，中国是它们互相争夺的最后一块、也是最大的资源地。而这时的中国，沿袭了两千年的君主专制制度已到了奄奄一息的末日，统治当局腐朽无能，对外不足以御侮，对内不足以言治，其统治的合法性和统治的能力均招致怀疑。革命运动与改革的呼声，以及自发的民变接连不断。国家、民族的命运真的到了千钧一发之际，危机极端紧迫。先觉分子救国之心切，每遇稍具新意义的思想学说便急不可待地学习引介。于是西方思想学说纷纷涌进中国，各阶层、各领域，凡能读书读报者，受其影响，各依其家庭、职业、教育之不同背景而选择自以为不错的一种，接受之，信仰之，传播之。于是西方几百年里相继风行的思想学说，在短时期内纷纷涌进中国。在清末最后的十几年里是这样，五四时期在较高的水准上重复出现这种情况。

这种情况直接造成两个重要的历史现象：一个是中国社会的实际代谢过程（亦即社会转型过程）相对迟缓，而思想的代谢过程却来得格外神速。另一个是在西方原是差不多三百年的历史中渐次出现的各种思想学说，集中在几年或十几年的时间里狂泻而来，人们不及深入研究、审慎抉择，便匆忙引介、传播，引介者、传播者、听闻者，都难免有些消化不良。其实，这种情况在清末，在五四时期，都已有人觉察。我们现在指出这些问题并非苛求前人，而是要引为教训。

同时我们也看到，中国近代思想无比的多样性与复杂性呈现出绚丽多彩的姿态，各种思想持续不断地展开论争，这又构成中国近代思想史的一个突出特点。有些论争为我们留下了非常丰富的思想资料。如兴洋务与反洋务之争，变法与反变法之争，革命与改良之争，共和与立宪之争，东西文化之争，文言与白话之争，新旧伦理之争，科学与人生观之争，中国社会性质的论争，社会史的论争，人权与约法之争，全盘西化与本位文化之争，民主与独裁之争，等等。这些争论都不同程度地关联着一直影响甚至困扰着中国人的几个核心问题，即所谓中西问题、古今问题与心物关系问题。

中国近代思想的光谱虽比较齐全，但各种思想的存在状态及其影响力是很不平衡的。有些思想信从者多，言论著作亦多，且略成系统；有些可能只有很少的人做过介绍或略加研究；有的还可能因种种原因，只存在私人载记中，当时未及面世。然这些思想，其中有很多并不因时间久远而失去其价值。因为就总的情况说，我们还没有完成社会的近代转型，所以先贤们对某些问题的思考，在今天对我们仍有参考借鉴的价值。我们编辑这套《中国近代思想家文库》，希望尽可能全面地、系统地整理出近代中国思想家的思想成果，一则借以保存这份珍贵遗产，再则为研究思想史提供方便，三则为有心于中国思想文化建设者提供参考借鉴的便利。

考虑到中国近代思想的上述诸特点，我们编辑本《文库》时，对于思想家不取太严格的界定，凡在某一学科、某一领域，有其独立思考、提出特别见解和主张者，都尽量收入。虽然其中有些主张与表述有时代和个人的局限，但为反映近代思想发展的轨迹，以供今人参考，我们亦保留其原貌。所以本《文库》实为"中国近代思想集成"。

本《文库》入选的思想家，主要是活跃在1840年至1949年之间的思想人物。但中共领袖人物，因有较为丰富的研究著述，本《文库》则未收入。

编辑如此规模的《文库》，对象范围的确定，材料的搜集，版本的比勘，体例的斟酌，在在皆非易事。限于我们的水平，容有瑕隙，敬请方家指正。

《中国近代思想家文库》编纂委员会

目 录

导 言

陶希圣是中国近代史上一位政学双栖、名动一时的风云人物。他曾为国民党要员,是重大历史事变的主角;他又驰骋学界,是社会经济史学派的创始人。陶希圣不但具有曲折的人生经历,其思想更是复杂多变,几度徘徊。陶希圣的传奇一生,可谓波谲云诡的近代史和民国史的一个缩影。

(一)

陶希圣名汇曾,字希圣,以字行,笔名方峻峰、方岳。1899 年 9 月出生于湖北黄冈的一个官宦家庭。少年陶希圣的学业主要由父亲启蒙传授,学习《诗经》、《论语》、《史记》、《汉书》、《资治通鉴》等,尤好史部,对史论有浓厚兴趣。1908 年,陶希圣进入河南最早开办的旅汴中学读书,接受新式教育,学习算学、英文、历史、地理、博物、体操等课程。1912 年陶希圣考入英文馆,修习英文、国文、历史、修身等科目。1915 年 9 月,考入北京大学预科,1918 年升本科,学习法科。据陶氏自述:"我自知拙于诗文,不选文科诸学系。我读史书,志在经世之学,初欲选政治系,又觉政治系课程空虚无实,遂改投法律系。"①

北大四年,陶希圣广泛涉猎法学书籍,包括国际公法、德国民法、瑞士民法、罗马法、日耳曼法等英文著作,及一些日本的法学论著,如富井政章、梅谦次郎诸人的民法著作,石坂音四郎、松本蒸治诸人的民

---

① 陶希圣:《八十自序》,见食货月刊编辑委员会编:《陶希圣先生八秩荣庆论文集》,4 页,台北,食货出版社,1979。

商法著作等。陶希圣也阅读了法律哲学的书籍。他后来曾回忆说："每天到法律系图书室选读法律哲学的书，我读了新黑格尔派、新康德派以及社会法学派与历史法学派的一些英文书籍。"①此外，北大时期陶希圣奠定了良好的国学基础。章太炎的入室弟子沈尹默、沈兼士都给予陶希圣诸多教益，尤其是沈尹默曾指点陶希圣披览一些表现"中国文史之学的源流及其演变"的书籍，如《吕氏春秋》、《淮南子》、《太史谈论六家要旨》、《汉书·艺文志》、《文心雕龙》、《史通》、《日知录》、《十驾斋养新录》、《文史通义》、《国故论衡》等。此时陶希圣在思想上也随着时代的变动不断成长。五四运动时期，陶希圣"对一时风动之新书，如柯茨基《阶级斗争论》与克鲁泡特金《互助论》，一并购买，同样披读，无所轩轾"②。

1922年陶希圣毕业后任安徽省立法政学校教员，讲授亲属法。1924年7月到上海商务印书馆编译所法制经济部任编辑，负责审查法律、政治、经济等类文稿。同时又在上海大学兼课。他还应独立青年党何公敢等之邀，主编《独立评论》周刊。

1925—1927年轰轰烈烈的大革命运动成为陶希圣走向政治舞台的起点。1925年五卅惨案发生后，陶希圣被上海学生联合会聘为法律顾问，继而又为商务印书馆三所一处罢工最高委员会顾问。陶希圣在《东方杂志》的五卅惨案专刊上撰文阐说南京路巡捕房应负相关法律责任。此外，他还参加了上海学术界十人联署的宣言，对南京路巡捕房枪杀群众的惨案表示抗议。陶氏一时成为"上海社会上，特别是在工人和青年学生中，非常有名的人物"③。五卅运动中的这段经历，使陶希圣在政治上思想上开始觉悟，当时中国的社会问题成为他的关注点。

1927年1月，陶希圣投笔从戎，赴武汉任中央军事学校武汉分校政治教官、军事委员会总政治部政工人员训练委员会常务委员等职。陶希圣身处大革命风暴的中心，目睹了当时如火如荼的工农运动。1927年5月，夏斗寅部队叛变，武汉军校师生与农民运动讲习所师生，合并为中央独立师，陶希圣被任命为军法处长。在随军西进讨伐夏斗寅途中，陶希圣沿途参加了当地的革命运动。5月底，陶希圣在处理咸宁县农民协会的讼案上，因力阻农会书记逢开大会就要枪毙农民的做法，被

---

① 陶希圣：《潮流与点滴》，57页，北京，中国大百科全书出版社，2009。
② 陶希圣：《八十自序》，6页。
③ 陶恒生：《"高陶事件"始末》，陶鼎来序，武汉，湖北人民出版社，2003。

指为"反动军阀"，五花大绑押回武汉。主持中共局面的陈独秀使陶希圣逃过一劫。陈独秀认为，陶希圣制止总工会和农民协会的专横行为属修正农运过火的做法。陶回到军校，不仅未受任何处分，还被指派为政治部秘书，兼任宣传处长。在此期间，陶希圣结识了汪精卫的左右臂膀陈公博、顾孟余，从此与汪派结缘。上海"四一二"及武汉"七一五"政变相继发生，陶希圣一度从事反对南京政府的活动。12月，陶希圣脱离武汉回到上海。

1928年4月，陶希圣受周炳琳之邀，任南京军事委员会总政治部宣传处编纂科长，为第二次北伐拟写传单与标语。后改任中央陆军军官学校政治总教官周佛海任政治部主任，又兼任中央党部民众训练委员会指导科主任。1928年12月，陶希圣加入"中国国民党改组同志会"，成为反蒋反共的"改组派"的一员。为此，陶希圣不得不辞去中央民训会和军校的公职，离京返沪。

加入改组派后的陶希圣多有批评攻击国民党当局的言论，受到排挤和打压。1929年初，司法院及司法官训练所原本打算索取陶汇曾《亲属法大纲》作为校样，当司法院得知陶汇曾即是陶希圣时，便不再索要该书了。1930年，陶希圣应商务印书馆之约编写了一部《五权宪法》教科书，系摘录孙中山有关五权宪法的演讲及书札的文句而成。但当该书呈送南京国民党中央宣传部审查时，"竟被批驳，不许出版"，成为了陶希圣一生中"唯一写成并且印成而未曾出版的一本书"。上海市国民党党部还曾向中央党部检举陶希圣在新生命书局《社会与教育》周刊所撰长篇与短文颇有"讽刺及批评现实政教"之意，其言论存在"种种非法及违纪之处"。后经朱家骅、陈布雷和陈果夫等人的斡旋才得以化解。[①]

1928年陶希圣回到上海后开始在复旦大学中国文学系和新闻学系讲授中国文化史，又在暨南大学、中国公学和上海法学院兼课。大革命结束后政治上失意的陶希圣在学术上收获了丰硕的成果和巨大的声誉。陶希圣由中国革命而探索中国社会性质问题，成为中国社会史论战的先驱之一。1931年初，陶希圣开始任教于中央大学法学院。同年秋，陶希圣北上任北京大学法学院政治系教授。1934年12月，陶希圣创办《食货》半月刊，发起食货学会，又成为中国社会经济史研究的拓荒者

---

① 参见陶希圣：《潮流与点滴》，116、117页。

和奠基者。

这一时期的陶希圣虽不参政，但仍不失论政的热情。他在《独立评论》发表文章参与民主政治问题的讨论。陶希圣对中国当时时局进行评论，一方面"撰文抨击"日本对华北的窥伺，另一方面"或演讲、或撰文，驳斥中共言论，指为分裂中国的阴谋"①。

1937年5月，陶希圣意外卷入北平新旧学联（分别具有国共背景）之间的一场政治冲突。5月4日，"新学联"在宣武门外师范大学广场召开"五四"纪念大会。"旧学联"学生到会场高唱"保卫马德里"之歌，两派学生遂生争执，"旧学联"学生受轻伤后退出会场。陶希圣登台演讲，指责左派学生高唱"保卫马德里"之歌，"显然是分裂中国，演出西班牙内战的惨剧"。事后，左派教授让"旧学联"向地方法院控诉"新学联"学生以伤害罪名，并控诉陶希圣以教唆伤害罪名。陶希圣即在天津《大公报》撰文反驳，同时自撰辩诉状，以辩护人戴修瓒律师的名义发表在《世界日报》上。在此次与平津左派教授论战中，陶氏前后共发文40篇。陶希圣由此进入国民党高层的视线，成为负责对外宣传工作的人选。

1937年7月，卢沟桥事变后，国民党中央为"团结各方共赴国难"邀请各党派及无党派人士参加在庐山牯岭举行的茶话会。陶希圣与三大大学校长蒋梦麟、梅贻琦、张伯苓以及胡适、傅斯年等平津学者共同赴会。"牯岭茶话会"成为陶希圣人生的一个分水岭。会后，经陈布雷推荐，陶希圣加入国民党中央政治会议国防参议会，从事国际宣传工作。8月，陶希圣加入军事委员会委员长侍从室第五组。9月，陶希圣应聘为国民参议员，为开展民众动员宣传与各党派人士穿梭往来，一时甚为活跃。

1938年1月，陶希圣与周佛海在汉口创立艺文研究会，周任总务总干事，陶任设计总干事。此会隶属中央宣传部，负有指导全国舆论的政治使命，由蒋介石资助、汪精卫指导，以"内求统一、外求独立"、"一面抗战、一面建国"、"国家至上、民族至上"等口号为宣传重心。其宗旨："第一，要树立独立自主的理论，反抗共产党的笼罩。二，要造成一个舆论，使政府可战可和。"1938年9月艺文研究会随政府迁往重庆。艺文研究会编办《政论》、《国际通讯》等刊物。陶希圣自此时开

① 陶恒生：《"高陶事件"始末》，10页。

始撰文分析国际问题，以评论表明国民革命与抗战建国之立场与政策。陶希圣曾自称："我写此类文章，颇能汲取读者注意。由此遂得以开辟抗战时期及战后以新闻记者论政之门径。"①

　　抗战全面爆发后，陶希圣对战事感到悲观，寄希望于和平谈判。他先是参与了"低调俱乐部"的活动，又追随汪精卫开展所谓"和平运动"。1938 年 12 月 19 日，陶希圣随汪精卫出逃河内。12 月 29 日，汪精卫在河内发表"艳电"，公开响应日本首相近卫"善邻友好、共同防共和经济提携"的声明。此举招致全国人民及海外侨胞一致声讨，国民党中央将汪精卫开除党籍并撤销其一切职务。事后，陶希圣在香港《南华日报》发表社论称："自抗战以来，汪先生仍本于一贯之精神与努力，求国家命脉之保存，求民族生机之持续，不断以维护国力为念虑"，"故在无可再战之今日，主和无罪"，为汪精卫辩护。1939 年 8 月 26 日，陶希圣从香港赴上海与汪精卫集团会合。1939 年 8 月，汪在上海召开国民党"第六次全国代表大会"，指定陶希圣为"中央党部宣传部长"。9 月 20 日陶希圣随汪精卫赴南京与王克敏、梁鸿志等汉奸傀儡头目商议组织伪中央政权。11—12 月，陶希圣参加了汪精卫集团与代表日本政府的"梅机关"的正式谈判。一向不赞成汪另组新政府与日本谋和的陶希圣，发现日方意在瓜分中国，议和必然成为乞降，将沦为民族罪人，终于悬崖勒马。12 月 30 日汪氏签订卖国密约时，陶希圣称病缺席。1940 年 1 月 4 日，在杜月笙的安排下，陶希圣秘密登上由上海驶往香港的"胡佛号"轮船，翌日抵达香港。1 月 22 日，高宗武、陶希圣二人在香港《大公报》披露汪日密约《日支新关系调整要纲》及附件，此即震惊中外的"高陶事件"。

　　陶希圣脱离汪精卫集团后，奉重庆之命在香港创办国际通讯社，编印《国际通讯》周刊，向战时军政机关提供世界局势分析及国际问题参考资料。太平洋战争爆发香港沦陷后，陶希圣于 1942 年 1 月逃离香港，2 月 25 日辗转抵达重庆。在陈布雷奉蒋之命的安排下，陶希圣任委员长侍从室第五组少将组长。1942 年他协助蒋介石撰写国策性著作《中国之命运》一书。1943 年《中央日报》改组，陶希圣兼任《中央日报》总主笔。抗战胜利后委员长侍从室撤销，陶希圣改任国防最高委员会参议，后又为总统府国策顾问，又奉命为中央宣传部副部长，兼任《中央

① 陶希圣：《八十自序》，20 页。

日报》总主笔。1948 年底，陶希圣为蒋介石起草《1949 年元旦文告》。1949 年 1 月蒋介石下野后，陶希圣追随其来往于溪口、杭州、上海、舟山之间，许多重要文告均由陶希圣草拟。

1949 年，陶希圣随蒋介石去台，在国民党中央仍位居要津。他参与了国民党内部改造运动，任中央改造委员会设计委员会主任委员，后改任第四组主任。以后历任国民党中央常委、立法委员、革命实践研究院总讲座、《中央日报》董事长。1968 年陶希圣退休，改任国民党中央评议委员。1971 年，陶希圣在台北与其四子陶晋生将《食货》复刊，改为月刊。从 1971 年 4 月至 1988 年 7 月停刊，《食货》共发行 17 卷，推动了台湾史学的转型发展。1988 年 6 月 27 日，陶希圣在台北去世，享年 90 岁。

（二）

在大师云集、群星闪耀的民国学界，陶希圣是一个不可或缺的重要角色。陶希圣自言："家学所传者为史学，大学所受者为法学。史学与法学两道思潮，汇为中国社会史学，此生若可称为学者，只是中国社会史学而已。"① 陶希圣的学术建树主要在史学方面。1928—1937 年是陶希圣学术上的黄金期。这段时期陶希圣有两项作为，一是发起中国社会性质和社会史论战，二是创办《食货》半月刊，倡导中国社会经济史研究。

何以要发起中国社会性质和社会史论战？陶希圣后来回顾说："民国十三年至十六年，北伐的革命怒潮冲洗了中国，也震动了世界。我亲眼看到且亲身经历社会结构普遍强烈的变动。在这大时代里，我有一种企图，要采用社会科学的理论与方法，向历史中探求中国社会的演变的轨迹，以印证并解答现代中国的问题。"②

1928 年 6—12 月，陶希圣在《新生命》月刊上发表一系列论文，在复旦大学与劳动大学发表演讲，后将这些论文辑成《中国社会之史的分析》一书于 1929 年 1 月出版，打响了社会史论战的第一炮。1929 年的一些长篇论文收编为《中国社会与中国革命》，1930 年的一些长篇和

① 陶希圣：《潮流与点滴》，"陶恒生序"，13 页。
② 陶希圣：《食货复刊辞》，载《食货》月刊第 1 卷第 1 期，1971。

短篇文字也辑为《中国社会现象拾零》，都由新生命书局于 1931 年出版，皆风行于世。陶希圣成为社会史论战中"新生命"派的首席代表。此外，1929—1930 年间，陶希圣还写成一些小册子，诸如《中国之家族与婚姻》、《中国封建社会史》、《辩士与游侠》、《西汉经济史》等，并翻译出版了《国家论》及《马克思经济学说的发展》、《各国经济史》（此两书与萨孟武、樊仲云合译）。这些作品"在社会上引起了各方的注意和兴趣"，其中多种还被译成日文出版，在日本一时有所谓"陶希圣时代"之称。

在社会性质和社会史论战中，陶希圣关于中国历史发展阶段的认识屡有变更。1928—1932 年，陶希圣大致是把中国社会发展分为宗法、封建、前资本主义三个阶段。商以前是氏族社会；商至战国是封建社会；战国以后是前资本主义社会。《中国社会之史的分析》中宣称，中国的封建制度早在战国时代就已崩坏，而引起封建制度崩坏的原因，是商业资本的发展。当前中国社会"封建制度已不存在，封建势力还存在着"。陶希圣成为"商业资本主义社会"论的首倡者。

1932 年前后，陶希圣开始不断修正自己对于社会史的看法，最大变化在于由原来回避中国存在奴隶社会到明确肯定有奴隶社会。在1932 年发表的《中国社会形式发达过程的新估定》中，陶希圣认为，西周是氏族社会的末期，战国至东汉是奴隶社会，三国到唐末五代是封建庄园时期，宋代以后为资本主义。他在 1932—1935 年出版的《中国政治思想史》中将中国历史划为三个时期，商代为神权时代，西周至春秋为贵族统治时代，战国至清为王权时代。到了 1944 年出版的《中国社会史》一书中，他又重估"中国社会进化的阶段"，认为：中国社会发展的第一期是商周时代，此期"为氏族社会末期及原始封建社会"；第二期是战国至秦汉，其中战国时代"是原始封建形态的社会转变到奴隶生产占支配地位的商业资本主义社会"，秦汉为奴隶社会；第三期是汉末至唐初，"是封建制度发生、完成、发达的时期。初唐以后，此制度由发达而分解"；第四期是宋至清末，为"城市手工业及商业资本主义社会"；第五期是"清末以来半殖民地社会"。

陶希圣后来解释自己的观点屡变的原因是："历史上两个不同的社会形式，供给我们不同的材料。但因公式主义不许我们指出两者的异点，我们是弃材料而留公式呢？还是弃公式而取材料，重新估定社会进化的途径？公式主义者的办法是前者。我的办法是后者。这是我四年来见解屡有变动的原因。"①

陶希圣对中国社会发展阶段的认识与具有中共背景的学者包括所谓"托派"存在明显的分野。他认为"'中国社会是半封建半资本主义'之理论，乃是附会其所持'农民运动与土地革命'之政策与战术，并非出自中国社会结构与社会问题之客观的分析与科学的研究"②。但他与中共学者也有共同之处，即历史观点与政治见解是相互呼应的，"一方面是用社会历史方法解释三民主义与国民革命。另一方面是用这一方法研究中国历史，叫做'中国社会史'"。陶氏承认其在《新生命》月刊发表的一些论文，意在鼓吹"三民主义的不可分性"③。

社会史论战在思想文化界产生了极大的轰动效应，但经历数年之后，社会史问题愈辩愈乱，难以真正深入。"这时期的中国社会史研究者们最大的毛病，在乎只知瞎引外国的方法和结论，而并不顾及本国历史上的真正的史料。"④ 为扭转社会史论战的偏弊，将空洞的理论之争引向材料的搜求整理，陶希圣于1934年12月1日在上海创办了"中国社会史专攻刊物"——《食货》半月刊。在创刊号"编辑的话"中，陶希圣明确指出："这个半月刊出版的意思，在集合正在研究中国经济社会史尤其是正在搜集这种史料的人，把他们的心得、见解、方法，以及随手所得的问题、材料，披露出来"。

《食货》半月刊由陶希圣任主编，新生命书局发行。1937年1月迁北平，出至第6卷时，因七七事变爆发而停刊。该刊共出版61期，发表了150多位作者的345篇文章。主要刊载有关中国经济社会史方面的论作，其内容涉及社会经济生活的方方面面，如经济史方面，涉及田制、赋税、农业、商业、工矿业、外贸、货币、市场等诸多门类；社会史方面也覆盖了社会生活的各个领域，如涉及社会结构、城市、人口、家庭、婚姻、宗教、风俗、物产等方面，构成了一幅以经济为轴心的社会史的立体画面。它致力于史料的细致搜求和整理，展开了理论与方法的探讨，译介了大量的外国经济史论著，全面开拓经济史的研究领域，培养了许多经济史人才。总之，此刊"在组织和推动中国经济史学科的

---

① 陶希圣：《中国社会形式发达过程的新估定》，载《读书杂志》第2卷第7、8期合刊，1932年8月。

② 陶希圣：《八十自序》，载《传记文学》第33卷第6期，1978。

③ 陶希圣：《潮流与点滴》，105页。

④ 杜若遗：《介绍食货半月刊》，载《文化建设》第1卷第4期，1935。

发展方面作出了不可磨灭的贡献"①。

1935年9月，陶希圣在北京大学法学院设立中国经济史研究室，率领连士升、鞠清远、武仙卿、沈巨尘、贾钟尧等一众弟子集中搜讨中国古代社会经济史史料。从1936年7月到1937年6月一年间，编成唐代经济史料丛篇八册，交北京大学出版部。这八种史料印就土地问题、寺院经济、唐代之交通三种，其余土地法令、唐代之都市、工商业与货币、动荡中的唐代经济、财政制度五种只印成清样。直到1970年代初陶希圣在台湾创办食货出版社，乃再校所印就的三种正式出版。

陶希圣在中国社会经济史领域的开拓之功得到学界的高度认可。1945年出版的《当代中国史学》一书中说："研究社会经济史最早的大师，是郭沫若和陶希圣两位先生。事实上也只有他们两位最有成绩。……陶希圣先生对于中国社会有极深刻的认识，他的学问很是广博，他应用各种社会科学和政治学经济学的知识，来研究中国社会，所以成就最大。虽然他的研究还是草创的，但已替中国社会经济史的研究打下了相当的基础。"②

除社会经济史外，陶希圣在思想史领域也有所建树。早在《中国社会与中国革命》一书中即对作为士大夫意识形态的孔子学说做了梳理和批判。其思想史方面的代表作当属1932—1935年出版的《中国政治思想史》四册。是书广告称："国内的唯物辩证法叙述古代政治思想史发展概况及各派主张之详细内容者，本书实首屈一指。"此书是最早的中国政治思想史论著之一。据说1937年吕振羽的《中国政治思想史》就是针对陶希圣此书而作的。1940年代陶希圣在重庆改订《中国政治思想史》之际又编撰《论道集》第一、二集，汇集整理古代思想家关于"道"、"德"、"性"、"命"之论说，由"道"、"器"的分合推求思想家的思想方法。陶希圣的政治思想史研究的显著特点是以社会史为基础阐述思想史的流变。

最后需要说明的是，陶希圣之所以取得卓越的学术成就与当时受到唯物史观的熏染是密不可分的。尽管陶希圣具有国民党党员的政治身份，但其学术路向却接近唯物史观。陶希圣倡导社会经济史研究，从社

---

①　李根蟠：《二十世纪的中国古代经济史研究》，载《历史研究》，1999（3）。

②　顾颉刚：《当代中国史学》，91～93页，沈阳，辽宁教育出版社，1998。

会史角度考察思想史，涉足农民战争史，凡此种种，均与唯物史观有着千丝万缕的联系。他反对公式主义的唯物史观，但不反对唯物史观本身。陶的弟子何兹全回忆说："他读过马克思、恩格斯、考茨基等人的著作，受有他们的影响。他标榜以辩证法、唯物史观治史，使他成名的、在学术上高出别人的，正是辩证法和唯物史观。"[①] "他的思想方法接近唯物史观，却并不是唯物史观。他用的是社会的历史的方法，简言之即社会史观。但在所谓正统马克思主义者的眼中，他的史观是不纯的。"[②] 连郭沫若也承认："他的方法大抵上是依据唯物辩证法的倾向。"[③] 接近唯物史观而又与正统的唯物史观保持距离，正是陶希圣学术思想的复杂性和特殊性之所在。

（三）

陶希圣曾长期在国民党和国民政府中担任要职，在民国政坛上一度引人注目，但他本人却只以论政者自居，且是书生论政。陶希圣针对时局发表了大量政论，其中蕴含着其复杂多变的政治思想。

"五四"至大革命前夕，与当时许多知识分子一样，陶希圣的政治理念处于一种混合杂糅的状态，介于国家主义、共产主义和三民主义之间。据陶氏自述："我的社会政治关系左至共产主义，右至国家主义，可以说是广泛。但是我的社会政治思想路线，左亦不至共产主义，右亦不至国家主义。"[④] 这一时期，陶希圣曾在《独立评论》周刊上标榜所谓"三个自决"，即"民族自决"、"国民自决"、"劳工自决"。其"三个自决"，既有别于"国家主义"，又不同于"共产主义"。当时环龙路中国国民党党部视之"与三民主义相契合"，合乎三民主义要旨，致函邀其加入国民党。

1925—1927年陶希圣参与大革命运动，思想受到巨大冲击。在武汉军校的一年，使陶希圣"对国际共产党之思想理论与战略战术，有深切之了解"[⑤]。他亲身感受到中共主导的工农运动过火，破坏了农村经

---

① 何兹全：《爱国一书生》，54页，上海，华东师范大学出版社，2000。
② 何兹全：《我的大学生活》，载《史学理论研究》，1997（3）。
③ 转引自杜荃：《读〈中国封建社会史〉》，载《新思潮》第2、3期合刊，1929。
④ 陶希圣：《潮流与点滴》，93页。
⑤ 陶希圣：《八十自序》，载《传记文学》第33卷第6期，1978。

济。陶希圣对共产主义和共产党产生了排拒心理。对于国民党，陶希圣倾向于以汪精卫为首的左派，反对蒋介石所代表的右派。"七一五"政变后，陶希圣提出"分共之后，仍然革命"的口号。

　　1928 年加入国民党改组派时，陶希圣的思想无疑是倾向于改组派的。陶希圣强调"固持十三年改组的精神"，在他看来，"民国十三年改组的根本精神在确定本党的基础在于中国的多数民众"。国民党是"代表农工商及革命知识分子等被压迫民众的党"，"不是一阶级党"。他强调指出，数十年中，革命党的官僚化，常常成为革命失败的根源，因此必须将供帝国主义驱策的官僚士大夫严格排除在党外。"若承认或容许本党代表超阶级的官僚士大夫，则陷于中国社会史上莫大的错误"。国民党的基础如移植于官僚士大夫，则党员人人均将以争得政治地位自足，不复计及利害本不切肤的民众痛苦，而民众的兴起反将不利于己，更将深恶而痛绝之。国民党官僚化以后，则党籍成了士大夫升化的阶梯，而政治便成为官僚政治。官僚政治本无革命性之可言，孤媚外国，压制民权及剥削民生，一切反三民主义政策。在训政时期，"党和政府尤其要依革命民权的精神，领导革命民众，行使直接选举权和直接罢免权，以彻底打破官僚政治"[①]。"国民党是为人民而设的革命党"，"本党革命始终要以国民为主体，始终要得国民的援助"。国民党必须唤起民众，"一则要民众赞助本党的政纲。二则以民众造成革命的武力。三则要由民众完成革命的破坏。四则要民众从事于革命的建设，一方使中国为民主的政治组织，他方面使中国为民生的经济组织。"[②] 陶希圣对国民党的革命方略、如何运用民众团体管理民众、"消灭阶级斗争"等问题作了专门探讨。[③]

　　陶希圣一方面强调国民党要依靠民众，一方面又与中共的底层造反理论划清界限。最突出的一点是他所谓的革命民众排除了流氓无产者。陶希圣依据马克思恩格斯的相关论断和中国农民战争史的事实提出："流氓不是无产者农民革命的同盟者。他们到了一定的时机，必然一变而保护私产、联结士大夫来求自己的成功。他们第一步虽有社会主义的口头禅，第二步便踏上支配剥削无产者农民的路。从流氓散兵所集成的

---

　　① 　陶希圣：《中国社会之史的分析》，42、44、60 页。
　　② 　陶希圣：《国民党的革命方略》，载《新生命》第 1 卷第 8 期，1928 年 8 月。
　　③ 　参见《国民党的革命方略》，载《新生命》第 1 卷第 8 期，1928 年 8 月；《民众组织的理论和方案》，载《新生命》第 1 卷第 6 期，1928 年 6 月。

流寇上去讨社会主义的出路，是枉然的。"① "过去两湖民众运动的错误和共产党阶级斗争的主张，是我们应当纠正和反对的。"② 而中共却采取务实态度，将流氓无产者作为革命冲锋陷阵的力量加以利用。③

陶希圣在反思大革命失败的基础上对三民主义的精神进行了阐释和引申。他认为民族问题的焦点，一是"国内民族应如何以平民即一般生产民众为基本，以决定统一融合或分离独立的政策"；二是"帝国主义下的民族，应如何依平民即一般生产民众，相与联合，以与帝国主义共同奋斗"。要实现中华民族之解放，首先要以武力扫除与帝国主义相勾结之国内军阀，而关键在于唤起民众。④ 而民权主义的意义，"在'唤起民众'使生产者主张并充实其亘古以来未有的政治要求，使怕国家者一变而管理国家，如'身之使臂，臂之使指'。所以，民权主义之民权是革命民权，与'天赋人权'殊科，更与从来士人阶级所腐心的民本主义有天渊雪泥之别。民生主义有两方面的意义：消极则平均地权使'耕者有其田'，并节制资本使生产民众享受生产所得的利益。积极则增进社会生产力，改变商人资本为生产资本，并利用外国资本以增进此生产资本。"⑤ 而且，陶希圣明确反对当时将三民主义孔子化的做法。⑥

此时陶希圣的思想立场是"一面反对共产党之极左倾的倾向，一面又反对国民党之官僚化的倾向"，同时"多带有社会主义的左倾与历史的唯物论之倾向"⑦。如论者所说："在从历史角度解释三民主义与国民革命这一方面，做得最深入最有代表性的无疑是带有较深学术背景的陶希圣。陶希圣的文字看上去虽然不像陈公博等人那样锋芒毕露，但却最具历史的纵深度，因而其理论的说服力也最强，影响也最为长远。在这个意义上而言，可以说陶希圣这一时期的思想言论代表了 20 年代末 30 年代初国民党'改组派'革命知识分子对于中国社会历史和革命前途的

---

① 恩格斯在《"德国农民战争"第二版序言》中曾说过："流氓无产阶级是主要集中于大城市中的、由各个阶级的堕落分子构成的糟粕，他们是一切可能的同盟者中最坏的同盟者。"

② 陶希圣：《民众组织的理论和方案》，载《新生命》第 1 卷第 6 期，1928 年 6 月。

③ 毛泽东的《中国社会各阶级的分析》中认为：游民无产者"很能勇敢奋斗，但有破坏性，如引导得法，可以变成一种革命力量"。

④ 陶希圣：《中国社会与中国革命》，236、237～241 页，北京，新生命书局，1929。

⑤ 同上书，212～213 页。

⑥ 参见《孔子学说之发展》，载《新生命》第 2 卷第 9 期，1929 年 9 月；《什么是儒教》，见陶希圣：《中国社会现象拾零》，北京，新生命书局，1931。

⑦ 陶希圣：《中国最近之思想界》，载《四十年代》第 6 卷第 3 期，1935。

基本认识。"①

　　九一八事变后，作为一名独立知识分子的陶希圣开始向自由主义转向。陶希圣认为，此次事变使国家民族陷入空前的危机之中，根源在于中国社会衰败和政治解纽，因此必须实行政治上的改良，当下最可行的是国民要争取言论集会自由。"国民在今日没有行使政权的合法地方，与行使政权的合法手段。当外交严重之今日，国民所赖以监督政府者，只是言论。在言论发展的时候，政府的行动自受拘束。"②"我们从日本军队占领辽宁的事件得到的是什么？……我们得到的是奋勇，是希望，是从反帝国主义运动中所必然兴起的内政的革新。"③"我们以为政府应当觉悟到民权之宜服从。如果政府不出此途，则革新运动必将转变为革命。所以我们以为政府应当觉悟到这一点。"④ 他还批评中国的法西斯蒂"是买办法西斯蒂。他是对外软弱而对内强硬的运动。他是无组织无计划以维持那银行交易所投机资本主义的"，"他算不得法西斯蒂，他是一种无理智的暴力。他是商人资本地主阶级本能的冲动。他是掊击异己以争国税的。"⑤

　　1932 年开始，与胡适等人一道，陶希圣以《独立评论》为平台对一党专政、开放党禁等民主政治议题展开更深入的讨论。陶希圣在《一个时代错误的意见——评时代公论杨公达先生的主张》一文中就杨公达提出组织清一色政府的观点提出异议，"所谓清一色，乃是国民党中最有力的一派"，"如果果真有一派能够救国，真能够解放中国的大众，我是赞成一派专政的。但是我们应当知道，苏俄及意大利的一派所以可以专政，是因为这一派能够集中社会里有力的群众的力量。一派专政不是由于他有钱有兵，乃是由于他有政策有计划有民众的拥护。尤其是由于他能够解决国家和民众的迫切问题。民众没有服从一派的义务。民众只跟随那能够帮助自己解决问题的人"。"两派政府也不能救中国，一派政府也不能救中国。中国的得救，只有一条路，这便是集中国民的权力以自救。""两派分沾政权也不能集中国民的力量，一派独占政权也不能集中国民的力量。只有国民行使政权，才能是国民集中力量来救国""如

　　① 翁贺凯：《1927—1934 陶希圣之史学研究与革命论——兼论其与国民党改组派之关系》，载《福建师范大学学报》，2003（4）。
　　② 陶希圣：《为什么争言论集会自由》，载《时代公论》第 2 期，1932。
　　③④ 陶希圣：《我们由外患所得的是什么？》，载《社会与教育》第 2 卷第 22 期，1931。
　　⑤ 陶希圣：《中国的法西斯蒂》，载《时代公论》第 11 期，1932。

果我替国民党最有力的一派打算","我决不上一派专政的万言书。我要劝他把政权向国民开放,我劝他不要以天下人为仇敌。"① 陶希圣反对国民党一党一派独裁,认为应该开放政权于国民。

对于当时南京政府的"一党专政",陶希圣指出:事实上,现在已经是国民党独裁的政治,政府现实大权是在一人,还是多人,也只有事实来决定。即令大权不在个人,也与议会政治相差很远。即令按照建国大纲召开国民大会,那个誓行三民主义的县民代表会议,也与多党议会不同。议会制度在理论上是不是适宜而有效,在事实上能不能便即实现,都成问题。② 与胡适等坚持西方式的议会民主不同,陶希圣在对民主政治的实行上持从宽务实的态度。到 1937 年,陶希圣明确提出国民党主导的多党合作制。"预料将来的趋势,虽不是一党专政,也并不就是几个政党更迭掌权的局面","中国的政治,最可能的趋势,是国民党执权,不过容许一两个支持这个政权的他党合法活动"。陶氏主张,"法律上许可国民党以外的党公开,政治上许可国民党以外的党在选民团里活动,取得当选的地位,参加国民大会,决定国策。依宪法召集的首次的国民大会开会以后,国民党自己也退居多党之一的地位。"③

1937 年 4 月,中共代表周恩来在立法院修正国民大会两法规之前发表"我们对修改国民大会法规的意见",提出开放党禁的问题。陶希圣就周恩来意见中的部分观点撰写《论开放党禁》一文率先响应。他认为要集中国力以对外,必须开放党禁。陶希圣指出:"国民党不应在法律上持掌政权,由党来直接产生政府",开放党禁的原则是,"是党就可以合法,是党就可以当选",但"凡是企图分裂中华民国领土及破坏中华民国完整"的党派除外。④ 陶希圣对执政党和在野党和平共进召开国民大会充满期待。⑤

陶希圣还指出,民主政治不应强化党治。他认为,在中国,不党者的数量最多,学生、工商业人士,尤其是农民都是不党者,潜在的能量巨大。建设时期不同于革命时期,不党者是主体。"民主政治的任务应当是宣达不党民众的意思,并不是助长摇旗呐喊的宣传组织的

① 陶希圣:《一个时代错误的意见——评时代公论杨公达先生的主张》,载《独立评论》第 20 期,1932。

② 参见陶希圣:《民主与独裁的争论》,载《独立评论》第 136 期,1935。

③ 陶希圣:《不党者的力量》,载《独立评论》第 242 期,1937。

④ 参见陶希圣:《论开放党禁》,载《北方青年》第 1 卷第 2 期,1937。

⑤ 参见陶希圣:《国民大会的一个解释》,载《独立评论》第 243 期,1937。

党的活动。"①

　　九一八事变后，中日关系问题成为举国关注的一大焦点。与人们的一般印象有异，一度背负汉奸恶名的陶希圣最初是一个坚定的主战派。陶希圣认为，"作战是惟一的路。"② 他高度赞扬了东北义勇军的抗日行为及为民族独立不畏牺牲的精神，"我们不要以为这些民族英雄是为了能战胜日军而作战的，他们是为了作战以伸张中华民族独立的精神而作的。……义勇军在目前不能够把东三省双手奉还中国的民族，但是义勇军的活动如果发展下去，日本终竟要把这块不能下咽的骨头吐出来。"③ 他坚决支持民众的抗日活动，"一切镇压民众的英勇行为的势力，妨碍民众的坚决的奋起的行为都是我们反对到底的。镇压及妨碍民众的势力即是不适于统治并领导民众的势力。"④ "中国的解放，必以打倒日本帝国主义为条件"，"如中国民众以反日形势并严守反日方针而参加第二次大战，则此次东省事件便成为中国民族解放的第一步。反之，则只有灭亡的路。"⑤ "全国反帝国主义的民众如果获得武力，他们的武力足以反抗日本帝国主义。"⑥ 陶希圣反对依靠国际联盟的干预，"中国的生命寄托于中国国民大众。中国的生命并不存放在别国的外交部。"⑦ "对日本帝国主义的铁拳，只有以民众的野战为对抗。"⑧ 陶希圣反对单纯依靠军队作战，中国对日应采取国民战的方式。而要动员民众首先要伸张民权，召开国民代表大会。⑨ "外交的胜利，是以国民对内政有完全的支配权为前提的。"⑩ 而且，在当前形势下，民族运动与阶级斗争的关系是可以协调的⑪，"我们今后要在民族解放大旗之下团结。"⑫

　　但是，随着1935年全国抗日情绪的高涨，陶希圣的对日态度却悄然发生了摇摆，希冀通过外交手段和平方式解决中日争端。他呼吁日本

① 陶希圣：《不党者的力量》，载《独立评论》第242期，1937。
② 陶希圣：《作战是惟一的路》，载《社会与教育》第3卷第13期，1932年2月。
③ 陶希圣：《谈东北义勇军》，载《独立评论》第24期，1932。
④ 陶希圣：《我们应当觉悟的是什么》，载《社会与教育》反日运动特刊，1931年9月。
⑤ 陶希圣：《日帝国主义与中国》，载《社会与教育》第2卷第21期，1931。
⑥ 陶希圣：《我们由外患所得的是什么？》，载《社会与教育》第2卷第22期，1931。
⑦ 陶希圣：《国际均势与中国的生命》，载《独立评论》第184期，1936。
⑧ 陶希圣：《对外与对内》，载《社会与教育》反日运动特刊第3号，1932。
⑨ 参见陶希圣：《国民战与国民代表大会》，载《时代公论》第1期，1932。
⑩ 陶希圣：《对外与对内》，载《社会与教育》反日运动特刊第3号，1932。
⑪ 参见陶希圣：《青年对于中国社会的态度》，载《众志月刊》第3卷第2期，1935。
⑫ 陶希圣：《在民族解放大旗之下团结》，载《北大周刊》第1期，1935年12月30日。

国民起来制止日本军人的侵略行为。① 陶希圣也充分认识到和平交涉的困难。"经济与武器之外，决定胜负的，还有国际的形势。如就国际形势来看，中国的战固不容易，也并不是十分的难。""中国的难，还是和"，"现在中日战争已全面爆发，且在军事行动中，中国处于劣势，正处于局部战争失败之后的和议中"。"和，只有在日本撤回一切要求之下可行。换句话说，只有日本单独让步，才可以和。"②

1937 年抗日战争全面爆发后，代表官方舆论的陶希圣对抗战建国的原则和策略进行了阐发。"抗战与建国是并行的，抗战与建国是一件工作的两面。建国在作战的时候，也就是说在抗战中建国"。指导抗战建国的最高原则是三民主义。③ 抗战的最高目的是"建立三民主义的独立统一国家"④。参照第一次中国国民党临时全国代表大会宣言和抗战建国纲领，他提出四个要点：第一，"民族主义是我们对抗敌人唯一的精神武器"，"我们针对日本帝国主义者侵略的抗战，首先要有民族主义，我们不但应使内地民众的民族意识觉醒，更要在被日本帝国主义者所占区域内，发动广大的民族主义的运动"。第二，"以民主制度集中全国国民力量"。第三，"以国防计划建设国民经济"。第四，"以科学的原理与方法来培养国民道德与提高国民知识"，"对外抗战，必须得采用有条理有计划和有实效的方法。有条理有计划和有实效的方法，必都是由科学的研究而来。用科学的方法组织民众，用科学的方法设备物资，则抗战方能持久，方能给日本帝国主义以有效的打击。"⑤

陶希圣坚持国民党对抗战的领导权。他指出，国民政府、中国国民党与中华民国三位一体，"为什么中国国民党领导这一个关乎全国国民生命存亡，和关乎国家民族前途的抗战建国工作，这次的伟大工作，要一方面对抗日本帝国主义的侵略，一方面要从抗战中打出一个现代民族国家，从抗战中建设现代民族国家，以及维持国家民族生命的抗战，是由中国国民党所领导，为国民政府所执行，同时也是中国国民每个人所应尽的职责，我们要认识中国国民党的失败，就是中华民国的失败，中

---

① 参见陶希圣：《中国的出路与中日关系》，载《教育短波》第 84 期，1936；陶希圣：《国际均势与中国的生命》，《独立评论》第 184 期，1936。

② 陶希圣：《战难和更不易》，载《独立评论》第 226 期，1936。

③ 陶希圣：《抗战建国的三原则》，载《黄埔》第 1 卷第 1 期，1938。

④ 陶希圣：《潮流与点滴》，151 页。

⑤ 陶希圣：《抗战建国纲领的性质与精神》，载《政论》第 1 卷第 11 期，1938。

国国民党的灭亡，就是中华民国的灭亡。"① 他劝告社会主义者不要从
事分裂斗争，社会运动应服从于民族运动，"在受侵略的中国，社会运
动是与民族运动交流不相妨的。在侵略急迫的时候，还应当为了民族运
动停止社会运动的阶级分裂趋势。"② "抗战以前，中国经济状态尚无发
生阶级斗争之可能。抗战期间，同仇敌忾，阶级斗争，更不容许其
发生。"③

　　陶希圣对共产党保持高度警惕，断定"尽管共产党人参加抗战，但
是他们真正的目的是要'制服'国民党。可是，由于国民政府对合作政
策承担了义务，所以蒋不得不容忍共产党人要从他手中夺走领导权的企
图"④。陶希圣舍蒋从汪有部分原因是不满于蒋的"提携共产党"⑤。

　　另一方面，陶希圣并未放弃和平幻想，与汪精卫、周佛海等的观点
相近，成为"低调俱乐部"的一员。到1938年，国际干预的无力和国
内战事的受挫更使陶希圣对抗战失却信心而迫切希望与日本谋和。陶希
圣在1938年12月致胡适的信中说："自武汉、广州陷落以后，中国没
有一个完全的师，说打是打不下去了。财政是一年开支廿七万万，收入
不到两万万。壮丁补充大成问题。焦土政策引起人民怨恨，至长沙事件
而达于极点。这样不可乐观的内容，到了这样一个外交情势，当然应考
虑存亡绝续的办法"，"再打下去，只有更加沦亡，更加无望，应当及时
谋战事的结束"⑥。中日和平交涉必须以保持中国的独立自主为前提。
他同时也意识到和平之路并不平坦。⑦ 他更多地寄希望于西方列强的制
衡。陶希圣认为，中日之争和平解决的基础是国际局势。世界的集体安
全制已经破坏，国际新均势正在形成，中国应当利用这一形势。⑧ 在国
际方面，中国的前途是与英法美苏的国际和平路线一致的。由于国际反
侵略路线的一致，中国的外交已经在世界化了。⑨ 日本断不敢以亡国的

　　① 陶希圣：《抗战建国纲领的性质与精神》，载《政论》第1卷第11期，1938。
　　② 陶希圣：《低调与高调》，载《独立评论》第201期，1936。
　　③ 陶希圣：《抗战建国的三原则》，载《黄埔》第1卷第1期，1938。
　　④ ［美］约翰·亨特·博伊尔：《中日战争时期的通敌内幕（1937—1945）》，232页，北京，商务印书馆，1978。
　　⑤ 陶希圣：《陶希圣致胡适（1938年12月31日）》，见中国社会科学院近代史研究所中华民国史组编：《胡适来往书信选》中册，398页，北京，中华书局，1979。
　　⑥ 同上书，397～398页。
　　⑦ 参见陶希圣：《怎样获得和平？》，载《时代文选》第8、9期，1939。
　　⑧ 参见陶希圣：《国际新均势的构成》，载《民意》第6期，1938。
　　⑨ 参见陶希圣：《民族与民主》，载《月报》第1卷第2期，1937。

条件加于中国。日本更无力收拾中国的战局。在军事上，日本已陷入美英法俄的包围。在经济上日本落入美英合融资本的控制。日本在国际上处于孤立地位。① "欧洲的大势是向有利于中国的路上走"②。今后解决中日问题的绝不是国联，而是美国，"中国应当致力于对美的外交"③。

在此，陶希圣并不主张被动地依靠列强，而是试图主动利用列强之间的制衡力量求得中国民族的解放。他认为，1938 年的"国际大势是和局不是战局"，日本欲乘此和局打败中国，中国则"应取转和局为战局的方针"，"应当有独立自主的中心精神，以民族国家的生存为立点，来运用国际局面而不为国际局面的牺牲品"④。对于国际联盟的态度是"不奢望，不失望"⑤。

1940 年"高陶事件"后在香港期间，陶希圣发表的政论文章有两类，一是揭批汪伪政权内幕，二是分析国际时事和外交政策的，以后者为主体。陶希圣对国际局势的观察评论无疑是以寻求中国的外交路线为落脚点的。此时陶氏在民主思想上已有所退步。他辩称"党治为民族斗争的政治组织"，"党治与民主不相反而能相成"⑥。1942 年陶希圣重返国民党的权力中枢，再度成为蒋介石的亲信幕僚后，其思想与国民党正统派日趋接近，昔日与蒋氏的异见、对当局的批评意气消失无踪了。可以说，此后的陶希圣已经是一名典型的御用文人，没有多少独立的思想可言了。

陶希圣的政治思想在大革命时期、改组派时期、《独立评论》时期及抗战前后，徘徊于左右之间，前后反复，几经变易，但唯一不变的是其民族主义立场。民族主义主要表现为对列强侵略的抵制和对建立独立富强的民族国家的渴求。陶氏认为，"民族主义在中国始终是第一义的"⑦。自由主义、社会主义皆须服从于民族主义。他在五卅运动中为罢工工人辩护，防共防苏，坚持中国文化本位，以及抗战中与日本谋和而最终脱离汪伪，都是民族主义的驱动。陶希圣是一个坚定的民族主义

---

① 参见陶希圣：《外交的沉闷与活泼》，载《政论》第 1 卷第 31 期，1938。

② 陶希圣：《"压宝"的国际现势观》，载《杂志》第 1 卷第 1 期，1938。

③ 陶希圣：《国联与美国》，载《民意》第 41 期，1938。

④ 陶希圣：《国际新均势的构成》，载《民意》第 6 期，1938。

⑤ 陶希圣：《对国际联盟的希望》，载《民意》第 9 期，1938。

⑥ 陶希圣：《"废除党治"感言》，载《国际通讯》第 40 期，1941。

⑦ 陶希圣讲，杨骥笔记：《青年思想之动向》，载《现代青年》第 7 卷第 3 期，1937-05-15。

者。在近代中国，民族危难之际，救亡压倒启蒙，民族主义成为时代的主旋律和最强音。陶希圣的思想乃时势所造就、所孕化，叱咤风云的他不过是时代潮流中的点滴，汪洋中的一叶扁舟。

本集所选收陶希圣的文章，侧重于思想方面，包括政治思想、学术思想、外交思想、经济思想、教育思想等，对专门的史学论著（如《食货》半月刊上的论文）收录不多，只选择反映其学术理念和学术立场者。此外，陶希圣任《中央日报》总主笔期间，仅 1943—1945 年，就发表社论 300 余篇，这些文字未署陶氏之名，且代表官方言论，故不予收录。

关于所收论著的版本，原则上以原始版本为首选，后来收编为专书的文章，取其最初发表于报刊的版本。编者对选文进行加工处理时，尽量保持其原貌，仅对一些文字上的错误加以必要的订正，凡原文笔误或排印错误者，用〔〕标明正字；原文脱字漏字者，用〈〉增补。遗憾的是，由于年代久远，当时报刊上的个别文字已缺损或模糊不可辨识，只得以□标示，恳请读者谅解。

1928 年

民众组织的理论和方案
（1928 年 6 月）

A 民众组织的理论

一 党政府与民众

总理在第一次全国大会席上，曾有最警策的演词，他说："三民主义是为人民而设的，三民主义是为人民谋幸福的"。所以三民主义的中国国民党，是为人民而设的革命党，中国国民党的党政府，也就是为人民而设的革命政府。党政府与民众的关系，依照总理的遗训，便可以确定了。

1. 党与政府

通常的政党，是在宪法之下活动的。在平常的时候政党在宪法之下，宣传它的政策，博得民众的赞助，和国会议员的助力，成为议案，交由政府采用。在选举的时候，政党宣传它的政策于选民，使选民投该党候选人的票。如果该党党员当选为议员的，占了议席的多数，该党便可以使国会通过适合该党主张的议案，交由政府采用；如果该党不能占议席的多数，也可以联合友党议员，成立所欲成立的议案。

中国国民党和这样的政党不同。它是为人民而设的革命党。它要实现解放人民痛苦的民生主义。因是，它要集中革命力量。它要使用这个力量去保证民生主义的实现。所以中国国民党主张以党治国。中国国民党的革命政策，透过了国民政府以实施。它不独宣传政策，并且决定政策交由国民政府执行。

2. 党与民众

通常的政党大抵是代表民众的，可是它们所代表的，只是一部分的民众。英国的保守党，美国的共和党是代表地主的。英国的自由党，美国的民主党是代表资本家的。英国的劳动党是代表一部分工人的。但是他们大抵并没有一贯的政策，只不过在选举的时候或当政或反对政府的时候，看出了一部分民众的要求，公开宣传，以博得民众的赞助。

中国国民党是为人民而设的革命党。它应当是革命民众的党。它应当代表革命民众。它有一贯的主义和政策。它的主义是民众要求的理论的体现。它的政策是民众要求的具体的规定。中国大多数民众的要求，是国民革命，所以中国国民党应当代表中国的大多数的民众，而以国民革命为其一贯的立场。换句话说，中国国民党是代表民众以致力于国民革命的党。

3. 政府与民众

通常的政府与民众只保有法律上统治被治的关系。在宪法及法律之下，政府对民众有某种的权力和义务，而民众对政府也有某种的权利和义务。在政治上，民众虽不是不能够运用政府，但其对政府的运用是不完全的。政府为一政党或一阶级的政党所独占，则他党他阶级便没有运用政府的可能。多党联立以组成的政府，则终不能为一党所独治。

国民政府与民众的关系，便不是这样。一方面国民政府的活动是受中国国民党的指导的，而中国国民党的政策，又代表民众的要求。所以国民政府是党所建立，也就是革命民众所建立。国民政府的活动，是党的政策，也就是革命民众的要求。简言之，民众的力量，透过了党，以授予于政府。他方面，革命政府的设施，应当得革命民众的扶助。国民政府的设施，如得了党的同意，党可以宣传民众，使之扶助。简言之，政府的活动透过了党，以见助于民众。

依以上所说：中国国民党，党政府和革命民众的关系，应当是这样的：

（一）党的政策代表民众的要求；

（二）政府的活动根据党的政策；

（三）民众的力量透过党以授予于政府；

（四）政府的设施透过党以见助于民众。

二 民众团体组织的原则

民众与党及政府的关系，原则上是可以依上述而确定的。民众团体是民众所组织的，其意义已如周佛海先生在本期第一篇论文中之所说。

民众团体与党及政府的关系，也便可以依上述而确定了。但是在详细说明这种关系之先，我们要了解民众组织，民众组织在法律上的地位，和党对民众组织的运用这三件事，确是三件不同的事，而不应混同。如果把民众组织与民众组织在法律上的地位混同了，那便有认定凡是民众组织，在法律上都应有地位的错误。民众组织是应民众的特殊需要而发生发达的。但是在某一个时期和环境里面，政府对于某种民众组织，不赋予以法律上的地位，例如中国军阀政府不承认工人农民有组织工会农会之权，而国民政府对于行帮等封建的组织及商团等压迫工农的组织，不予以法律的承认。如果把民众组织的法律的地位和党对民众组织的运用混同了，那便有认定（一）党对法律所承认的各种利害不一致乃至相冲突的民众组织，都应予以领导；或（二）除党所领导之外的民众组织都不应予以法律的认许，——的错误。前者的弊病在助长阶级斗争，而陷入滑稽和惨酷的误谬。例如党领导工人团体，同时又扶助资本家组织，在劳资争议发生时，工会中的党团，主张罢工，那末，资本家团体中的党团不是要主张闭厂吗？后者的弊病，在否认事实而妨害国民革命。民生主义既不主张用暴烈的手段立即消灭资本家和大地主，那么他们在经济上的实力便不能够抹杀，党不领导或扶助他们，这固然可以而且是应当的，但是法律上却有时不得不承认其地位。例如在劳资争议或主佃争议中，党可以只是扶助工农，但是法律能够否认资方团体，地主团体的法律上资格，使劳动协约或租课协定归于无效吗？在过去容共时期，两湖农工运动，陷入后者的错误。中国国民党和党政府既没有宣布法律，没收一切地主的土地和资本家的工厂，却不许地主厂主在法律上有陈述痛苦和主张权利的机会，于是土地荒废而资本流出，物价昂贵，金融疲滞，身受其痛苦最甚者，仍然是一无所有的农工。在今后的各省，如不把民众组织法律的地位和党对民众组织的运用两件事分开，则不免陷入前者的错误。一切利害不一致甚至相冲突的民众组织都可以得到党的扶助，本欲以免阶级斗争，却反有助长斗争的滑稽的惨剧。

总之：民众组织，不尽有法律的地位，有法律的地位的民众组织，不尽受党的领导或扶助。知道了三件事的区别，我们才有进行讨论的可能。我们先讨论民众团体组织的原则。

（1）利益相同——利益冲突者不宜混合组织，民众团体是什么？周佛海先生在本期第一篇内下了一个定义：

民众团体，乃是一部分民众，为实现某种特殊目的，或拥护及增进某种特殊利益，意识的组织的团体。

民众团体，虽然是人工的组织，但必须以团员间共有的特殊目的或特殊利益为基础，而后有意义有力量。集利害相冲突的民众于一个组织之内，则其组织不独无意义无力量，并且不能持久。那末，阶级不同的民众，利害必不相同，利害不同，便不可加入同一个组织，在理论上是这样的。但是今日党内关于民众组织的重大困难问题，却竟从这一点发生。本来，致力于国民革命的中国国民党，不主张在产业落后的中国，制造或促成资本阶级和无产阶级及地主和农民的阶级斗争，这是当然的阶级斗争，是以妨害国民革命中各阶级势力的联合。以阶级斗争训练民众，足以打破国民革命的联合战线。过去两湖民众运动的错误和共产党阶级斗争的主张，是我们应当纠正和反对的。因为要纠正过去的错误并反对共产党的主张，于是有混合阶级不同利害冲突的民众于同一组织，以预防其斗争的主张。（如混合店员于商民协会之内，混合小工商业者于商会之内，混合农民与地主于一个组织之内。）我们认为这个主张是可以批评的。

从各国民众组织的先例上观之：从没有把阶级不同者混合于同一组织的例子。放任民众自由组织团体的国家，其民众组织固然没有混合的办法，即在干涉民众组织的国家亦然，不独共产国际下的苏俄把各阶级的民众严格分开，即在法西斯蒂的意大利，也没有混合组织的办法。一九二七年四月公布的意大利《劳动宪章》于代表各阶级的组合统整机关（Le Corpowazioni）之外，仍承认代表一阶级的职业团体——如雇主公会与工会及自由职业者官业使用人等团体的并立。

从分别组织的理论上观之：分别组织和阶级斗争之间，并没有必然的关系。而混合组织反是以促成利害冲突的民众之斗争。混合利害冲突的民众于同一组织之内，其结果可有三种：一为被压迫者的屈服，违背革命的本旨；二为两方不断相争，使两方终于破裂；三为团体恹恹无生气，以至于消亡。若两方保持对等的地位以相妥协，则适与分别组织同。至于分别组织则只有两种结果：其一为斗争，其二为联合。两方在各自特殊利益上，则出于前者，在相互共同利益上，则出于后者。受领导者的挑拨，则出于前者，受领导者的调节，则出于后者。两方有没有共同利益，这全看社会经济状况如何。两者在共同利益之下能不能调节，这全恃领导者的运用如何。帝国主义军阀两重压迫之下的中国民众，无论是工商业者与工人或地主和农民之间，都有共同利益，其共同利益，在同有解除帝国主义军阀压迫的必要。在这种情形之下，主张阶级斗争的共产党对于两种利害不同的民众组织，虽可以使他们斗争于一时，但终于失掉他们任何一方的信仰，而招致今日的失败。国民党在国民革命的政策上，自不难调节于其间，以巩固他们的联合。那末，联合战线的破坏或巩固，与分别组织或混合组织又有什么关系呢？

利益相同与否，又不仅仅以是否同一阶级为衡。职业不同者有时利益也不一致。在近世工业还没有发达到普及于全国的中国，职业利益有时比阶级利益还要较为显著。在宗法影响尚存的社会，性不同则要求随而不同。在教育不能普及的国家，年龄不同则要求也有不同。

（2）目的相同——组织目的须不阻碍社会进化

如工农商妇女学生等组织，都是以特殊利益而结合的。民众组织并不限于这一种。如文化学术慈善救济等团体，并不是特殊利益的结合而是特殊目的的结合。

以特殊利益而组织的民众也可以说有相同的目的。例如工农的组织，由利益上说：他们是拥护工农的利益的；由目的上说：也可以说他们的目的在求政治经济的解放。以特殊目的而组织的民众也可以说有相同的利益。例如学术团体对于学术的阐扬，宗教团体对于宗教的布达，也有物质上或精神上的利益。

因为以特殊利益而组织的民众，也有他们特殊的目的，所以各阶级民众的利益有受社会利益的调节的可能。因为有特殊目的而组织的民众，也有他们特殊的利益，所以这种团体，必须受社会的制约。社会的制约是什么呢？人类为求生存必须达到多种不同的目的。这多种目的固必须均皆达到，但有时却互相冲突。必须有一定标准为之制约，才能够使多数不同的目的均皆达到，以遂人类的生存，这个标准便是民众组织的目的须不阻碍社会的进化。

（3）有组织的意识——须求组织意识的发展

有共同目的的民众，自然也易有组织的意识。有共同利益的民众，却不一定便有组织的意识而形成一个组织。有共同利益，而没有利益的认识和组织的要求的民众，是组织不起来的，即使组织，也不能收组织之效。反之，认识了他们的利益，并且有了组织的要求的民众，必然会形成组织。组织的形成，有两种不同的情形：其一是有党的领导，例如中国的工会，农民协会，便是在国民党的领导之下形成的。其二是没有党的领导，例如中国的红枪会，黑枪会，大刀会，等等，从没有党的发起或指示。又如英国多数的工会，并不是任何党所发起组织的，而英国工党的成立，反远在工会运动发展之后。组织的意义，不独是组织形成的条件，并且是组织存续的条件，所以组织民众，须求组织意识的发展。

三　民众团体的法律的地位

有共同利益或共同目的的民众，如果有了组织的意识，便会形成一个组织。根据这三个条件，我们便得到三个原则：第一，利益冲突的民众，应使分别组织，如能适当运用，决不至与社会利益相冲突；第二，组织的目的，须不阻碍社会的进化；第三，利益相同的民众，应发展其组织的意识。违背了第一个原则，便会使民众组织，从始不能成立，或成而终于涣散。违背了第二个原则，便会使反社会的民众组织形成。违背了第三个原则，便会使盲目的民众受野心者的利用。

民众组织形成的条件，及我们所得到的原则，即如上述，我们便不难知道民众组织和民众组织的法律上地位这两件事的分别，以及民众团体的法律上地位和党对民众组织的运用的分别了。

民众有了共同利益或共同目的，并且有了组织的意识，便会形成一个组织。但是政府对于各种民众组织，并不是一概认许的。英国在十八世纪中，对于各种职业的工会，都予以禁止。法国在十七八世纪中，严令禁止商店学徒工会，一七八九年大革命发生时，虽曾废止这个法令，到了一七九一年，对于同阶级或职业的民众为他们的共同利益而共同运动的权利，又以法律剥夺了。一八四八年的革命，给予民众以组织的自由，但不到几时又恢复从前的禁令。一九〇五年以前的俄国也禁止工会的组织。各国在禁止工会的时期，也许承认资本家地主的组织。最切近的例子，便是北京伪政府对于银行公会及各业公所虽任其组织与存续，而对于工农组织却加以禁止。各国在认许工农组织的时期，也许同时认许资本家地主的组织。最显著的例子，便是法西斯蒂意大利，不独承认雇主与工人组织的并存，并且设立统一机关以代表双方，也有只许工农组织存在发展，而不许资本家地主成立组织的国家，例如一九一七年以后的苏俄。

在中国国民党党政府之下，用什么标准去分别各种民众组织，加以认许或禁止呢？

被压迫民众的组织，在法律上应有地位。如农工，工商业者，妇女，学生的组织，在法律上应有成立的自由和保障，至于其他团体的认否，却应依下列的标准：

（1）其利益与社会利益相冲突的民众团体，应予禁止。具体的说：反革命的民众团体，如过去广州的商团及其他土豪劣绅买办的团体，应当禁止。此外非土豪劣绅买办的地主商人的组织，只要和社会利益没有冲突，法律（劳动法农业法）可予以承认并加以管理。

（2）其目的阻碍社会进化的民众团体，应予禁止。具体的说：迷信的团体如同善社，悟善社等公开组织，及理门，大乘门等秘密组织，均应当禁止。至如其他封建的组织如同乡会，慈善的组织如善堂，娱乐的组织如俱乐部等等，只要不为社会进化的障碍（如节妇堂，及不正当的娱乐机关），法律（行政法）可予以承认并加以管理。

四　党对民众团体的运用

民众组织，不尽有法律的地位，有法律的地位的民众组织，和党的关系，也不尽相同。请先说明党对民众团体运用的政策，再说明党领导民众团体的方式。

A　运用的政策

利益或目的不同的多数民众团体，在法律上既可以同时并存，党于其间是一视同仁呢？还是有所抉择呢？这有关乎党的政策，而党的政策应当注意下面的几个原则去做的：

（1）党运用民众团体的政策，是党的秘密，不应当宣示于社会。——中国国民党是一个革命党，必须运用革命民众的力量，才能够与帝国主义军阀相斗争。运用革命民众的力量去革命，自然和利用民众以自私不同，那又何必把运用的政策作为秘密呢？我们应当知道：党要运用民众的力量，必须发展民众的组织。党发展那一种民众的组织呢？当然是有所抉择的。在多数民众团体之间，党发展这个，却不去扶助那个，这是必然的政策。这个政策一旦公表于世间：那末，受党发展的民众团体，固然对党同情，党不扶助的民众团体，却会对党失望。所以这个政策，应守秘密，以免无谓的动乱。

（2）党运用民众团体的政策，应随革命的进展而变迁。——这政策变迁的标准，固然不易预定，但是政策必然随革命的进展而变迁，却可以断言。试以例言之：

（a）在反革命势力之下，作反对苛捐杂税和军队蹂躏的运动时，党一方面固须领导农民，他方面并须领导地主，共同致力于同一运动。在革命势力之下，苛捐杂税已除，军队纪律严整，政治运动已达停止的时期，所余者只有农业法范围内的经济运动，则党只能领导农民，至经济上的优者之地主，法律既已承认其地位，更无须受党的扶助。

（b）在反帝国主义运动中，党一方面固须领导工人及小工商业者，他方面并须领导并扶助中国资本家，共同致力于经济的抵抗。在帝国主义势力已逐渐消除，不平等条约已逐渐改废之后，中国资本家已成经济上的优者，而有向资本主义发展的趋势，在法律上，正要行节制资本的政策，更无须受党的扶助。

若以《建国大纲》所定的革命方略观之：在军政时期，党应运用资本家地主及农工的全力去扫除军阀官僚政客土豪劣绅。在训政时期，正要实行节制资本和平均地权的政策，党一方面应当训练农工，运用其力量，督促并赞助政府，以期两种政策施行的顺利；一方面却应当对于反对节制资本的大资本家和反对平均地权的大地主，加以适当的抑制，以减少两种政策施行的障碍。这种政策应行至民生主义完全实现为止。

B　运用的方式

政府和民众之间，有命令服从的关系。党和民众之间，却就不然。党是有纪律的集团，对于党员可以发布命令，违者受党纪的制裁。党对于党外的民众，却不能运用纪律。以党治国的党，对于民众的统治，乃是透过党政府而实施，并不是以党的命令直接从事。党的权威并不是不能达到民众，但其达到民众，乃是透过民众团体的机关而实现，并不是直接以命令从事。

党和民众团体之间，没有命令服从关系，他们的关系是怎样的呢？

第一种是联立合作的方式。——英国工党和工会联合会，在劳动运动中，便是联立合作的关系。英国工党的成立，本来远在工会运动发生发达以后。一八三八年卡蒂斯特运动，已经是工会的联合运动。社会主义的团体，如社会民主同盟，直至一八八一年，才初次成立。独立工党的创始，更远在一八九三年，工党的成立远在一八五〇年。在这时候，有力的工会联合组织已经很多了。所以英国的劳动运动，始终是由工会联合会与工党联立合作。法国的工会与社会党，也是并立的关系。在一九〇六年亚米安工会大会曾否决和社会党合作。社会党方面却力求和工会合作而不可得。意大利社会党为工会联合会（C. G. D. L.）在欧战中及一九一八年前后也是取联立合作的方式。这三国的实例告诉我们：工会与工党有时是联立合作，有时却并立分离。

第二种是团体党员的方式——英国工党，又有团体党员的办法，使工会入党，作为团体党员。依一九〇六年工党党章的规定：

> 工党乃是工会（Trade Council），社会主义者团体，及地方工党所成立的联合。地方工党之加入，以承认工党的纲领政策为条件。但须该选举区别无入党之 Trade Council。如有此项工团时，首先应与此项工团接洽。消费合作许其入党。承认党纲及政策之基础，且有援助党之目的而组织之妇女团体，许其入党，但无选举执行委员之权。

加入工党的民众团体，当然要接受工党的命令，与个人党员应接受党的命令相同。

第三种是党团作用的方式——俄国的劳动运动。从始便和社会主义者团体，有密切的关系。一九〇六年，俄国社会党大会决议以为："在革命时期中的工会，仅仅保护劳动阶级经济上利益，是不够的，应当引导无产者加入政治运动，而促成劳动阶级的团结力及政治的一致"，并决议奖励那不偏于政党政派的工会组织；但是工会会员之为党员者，不妨本于本党的旨趣，去在工会之内活动。次年在伦敦的大会，更通过了下面的决议：在工会内工作的同志，有领导工会来遵守社会党主义方略并准备和社会党作组织上的提携的义务。孟雪维克派曾反对这个决议，以为这种方式实阻碍工会组织的统一性且妨害其发展。他们根据这个理由，以与布雪维克派相争。这种争议，引起了工会内部不少的纠纷。但是布雪维克派仍自努力，把工会逐渐领导到自己主义之下去了。一九一七年十月，革命成功以后，布雪维克派对于工会的支配权，遂完全树立起来。布雪维克派在工会主要机关内，常占多数，一九一八年全俄工会大会，该派代表占五分之四，一九二〇年，第三次大会，该派有投票权者，六九五人，孟雪维克派有投票权者只有四十五人。到了一九二一年，列宁的意见，一方面以为政党每事监督工会并不断的干涉工会日常事务，这是不好的；但他方面又以为工会指导人员的选举，应当在政党监督之下行之。俄国共产党采取党团作用的方式的经过如此。

中国国民党对于民众团体的领导，应当采取那一种方式呢？在总章里面规定着党团的一章，这显然是采取第三种方式。这种方式是布雪维克的主张和经验，在我们清党以后，是不是应当改变呢？我们根据下列的理由，以为不应改变。

第一，中国的民众组织，除了原始的迷信的团体以外，合理的团体，也还是非常幼稚。原始的迷信的团体，应当纠正使之合理。幼稚的合理的团体，应当领导使之发展。党如取联立合作的方式，便是放任，便是把小孩子当做成人去看待。至于使他们以团体加入本党，这种方式很足以松懈党的组织，不宜采用。党只有指导民众组织中的党员，使之尽力发展组织并纠正错误。

第二，中国国民党是领导民众革命的党，它必须统一民众团体的革命主张及行动，才能够完成革命的使命。它必须贯彻三民主义于民众团体的最中心，才能够使民众团体努力于三民主义的实现。这种作用，决不是联立合作的方式所能为力。至于在民众还没有普遍认识三民主义及国民革命的今日，许民众团体整个的入党，是一种危险的办法，党只有使党员活动于民众团体中间，引导民众团体入于三民主义之下。

第三，国民党对共产党争夺民众团体领导权，必须党员在民众团体最中心去斗争。因为共产党操纵民众团体的方式是用党团的方式。

中国国民党如以党团方式领导民众团体，那末，便生出下面的几个征象：

1. 民众团体自成独立完整的组织系统。

2. 在形式上，民众团体与党并存并立，并没有命令服从关系。

3. 在实际上，团体内党员本于党的政策主义，在团体中间取得中心主要机关，把党的政策化为团体的命令以布达于团员，而不必使团体内全员均皆入党。

4. 团体内党员，在民众团体内成了核心，自有组织，称为党团。

中国国民党，应当用这种方式，去领导各种民众团体中间，能够从事于革命运动的团体。

B　民众组织的方案

一　过去民众组织法的批评

过去的民众组织法，到了清党的今日，已发生许多重大的问题。这些问题中最重要的，如店员工会的指导和系统问题，农民协会的地主会员问题，商民协会和商会的分合问题，都是本党党员应绞脑汁的处所。但是我们却以为这些问题，不是发生于商民协会，农民协会章程的本体，换句话说，不是发生于这些组织的阶级基础，而乃别有所在。

第一，由于把民众团体的法律的地位和党对民众团体的运用这两件事混同了。在从前，因为党只去领导被压迫民众的组织，所以把非被压迫民众的法律上地位剥夺了。在现在，因为意识到非被压迫民众要有主张并保护其权利的地位，于是便认为他们也应当渗入被压迫民众之列，而成为同一组织，以受党的领导和扶助。这两种的混沌的联想都是不对的。

第二，由于把利益冲突的两阶级民众的分别组织，和阶级斗争这两件事混同，而忽视了党对民众团体的运用，可以消灭阶级斗争的效用。在共产党煽动阶级斗争，固然先要把阶级不同的民众，分别组织，但是混合组织，也并不是有效防止阶级斗争的方法。因为在同一组织内的民众，并不是无法去实行斗争。阶级斗争的爆发与否，完全要看两阶级的利害，是否对立，并不在两阶级民众，是否同一组织。要消灭斗争，却去把两阶级民众混合，这是不合于科学，也不切于事理的主张。

第三，由于把党对民众团体的运用看死了。在从前，因为要发展被压迫的农工组织，却忘记了在北洋军阀之下，负担着苛捐杂税和忍受着兵燹匪警的病苦的地主，也可以并且应当领导起来，以致力于对军阀的斗争。又忘记了民族资本家，在反帝国主义运动中，不失为有力的成分，而在目前帝国主义在华势力，还没有减少到民族资本阶级，可以走上资本主义的大路的程度。在现在，因为认识了军阀下地主的革命的要求和国民党在消灭土豪劣绅的运动上，应当稳定着中小地主，以增长革命势力，而减少民众的反动，于是乎归咎于从前农民协会，没有充分容纳地主。殊不知地主只要得到了法律的保障，便不至于对革命怀疑。又因为认识了民族资本，应受保护，而国家资本，应予发达，以为反帝国主义的经济的准备，于是归咎于从前商民协会，没有充分容纳大资本家，甚至没有容纳买办阶级。殊不知大资本家所要求者，为法律的地位，而党无须要去扶助。

依上所说：我们对于过去民众组织法的批评，是没有对中国现有的民众组织，定一种通盘筹算的办法。不过各种民众组织章程里面，也并不是没有多少的缺点。

二　今后民众组织法的意见

1. 对民众组织原则的提议

（a）利益不同的民众应当分别组织。

（b）被压迫的民众，应当组织，应有法律的地位，并应当受党的领导及扶助。

（c）非被压迫的民众，如不显然妨害社会利益，或阻碍社会进化，可以组织，可以给予以法律的地位，但须受法律的管理，至于党领导与否，则事关于党的政策，应由党随时随地秘密决定之。

（d）民众团体，应各保其完整的系统。

（e）党应尊重民众组织的独立完整的系统，但应指挥各团体内的党员，本于党的主义政策，领导各团体入于党的主义政策之下。

（f）党对于原始的迷信的被压迫民众的组织，应指挥党员活动于其最中间，加以纠正并予以领导。

2. 对各种民众组织的提议

（a）工会

关于工会组织，我们大体赞成从来的工会组织方案。但对于店员之类的使用人组织及手工业工人组织却认为应当重新考虑。

（1）过去的店员组织，归入工会系统，接受全省市总工会的指挥。在两湖实成为破坏农工商联合战线的主因之一。店员有时组织委员会，去占领了商店将店主降为通常的店员，而以委员会当商店经营之任。商民对工会的怨恨，于是发生。店员既没有营业上的信用，商店资本的运用不能敏活，且工资太大，致资本日益耗散。营业一天一天的衰败，对于农民的出产物，不能收买运输到需要的地方。农民对工会的怨恨于是兴起。商店破产，店员亦因而失业。店员工会，又随时提高工资并保障店员的雇佣关系，不准店主解约，店主因此减缩营业，借以辞退店员，被甲辞退者，乙亦拒绝雇佣，其结果店员的劳动市场，非常疲滞，店员遂终于失业。又有童子团以组织学徒。加工资之外，店主还须代办童子军衣装。减少工作时间以外，童子团还朝晚出店游行无定时，雇主与店员工会的感情，因此益加破裂。武汉及两湖各地商店的倒闭，店员工会的阶级斗争实为一大原因。因此分共以后，有人主张把店员工会改为店员总会，隶属于商民协会指挥之下，以救阶级斗争之弊。东南中央方面，也把店员组织，隶属于党部商民部。

店员工会的错误的行动，是由于党的运用，即共产党的操纵。但指导于工会之下，与产业工人同其科，却也不对。店员不是无产阶级，其属性应归于非资本阶级非无产阶级的中间阶级。所以不应归入工会的系统。他应当和家庭雇工和公共机关雇工成一系，与其他技术家，公务员，学校教师等同其指导和训练。

（2）农村或城市内手工业工人组织系统，也不失为一个问题。这种工人，大抵是于自己的计算，而与他人订立契约，以从事于劳动。他们具有充分的小资产阶级性。使他们属于工会系统，和工厂工人码头工人等受同一指挥，是不大妥当的。我们的意见，以为城市内这种工人，应属于商民协会，乡村及乡间市镇内的这种工人，可受农民协会的指导。

（b）农民协会

农民协会，应以自耕农，半自耕农，佃户，长工，为主要成分。不从事于农业劳动，而雇用长工或收取地租的地主，本不应与佃户长工同一组织。我们以为有两种办法均属可行：

第一种办法，是把大地主，中小地主，不分界线（如百亩以上或以下），只要是不从事于农业劳动，而所有土地的人，都归入地主组织，与农民协会分立。在军阀之下，党运用二者以从事于反军阀及自卫的工作。在革命势力之下，二者在农业法均有主张权利的地位，对于租课争议及解雇或工资的争议，均可以提出主张。党则发展农民协会，同时透过政府，实施自耕农设定政策，——以平均地权并限制私有土地的方法，以达到地主佃工的变为自耕农即耕者有其田的目的。

第二种办法，是规定农民协会，以自耕农乃至长工为主要成分。至于不从事农业劳动的地主，可否入会，则听各地方高级党部依地方情形决定。在军阀之下，使地主尽量参加，以共同致力于反军阀及自卫的工作。在革命势力之下，则限制其入会，以免使农民协会受制于地主，而有不能代表农民利益（自然也未必能充分代表地主的利益）之弊。

我们以为第一种方法，最能合于前述的原则。地主既有法律的地位，必不致因不能入农民协会而起恐慌。各阶级的利益，在法律上都可以伸张党的运用尤能秘密而敏活。从前的办法与第二种办法，精神相同。只不过百亩以上和百亩以下显有分划，颇成为引起中上地主恐慌的因素。其实百亩以上的私有土地，是否没收，这是法律问题，在百亩以上的地主，没有全被没收以前，他们自应仍有主张权利的机会，何必妄作分划，使望而生畏？所以上述第二个办法，便是不在章程上明定分划，而让诸各地高级党部的秘密决定。我们对于这个办法，只不过提出讨论，却并不能满意。较为满意的还是第一种办法。

（c）商民协会与商会

商民协会与商会不同的地方是什么呢？商会的中心势力，在大商人及工厂主之手，商民协会的中心势力，在中小商人之手。商人组织的中心势力，在大商人与工厂主之手，或是在中小商人之手，这个分别，在国民革命的工作上，有什么样的意义呢？

商人组织，以中小商人为主要成分，则可与工农组织形成巩固的同盟。中小商人和产业工人，在利益上是没有冲突的机会的。与使用人组织（即店员，教师，技术家，家庭雇工，机关雇工，等组织）也没有冲突。在农村中，中小商人尤与农民有密切的关系。在革命战线，这种商人组织和工农可以联合，决没有因阶级利益的对立而使势力归于分散。反之，商人组织的中心势力，如果是大厂主，大商人，那末，与工会便首先成为利害对立的组织，店员组织亦和大商人冲突最多。其结果中小商人在其挟持之下，和工农的同盟终亦不相固结。

我们并不认定大商人和中小商人，在科学上可以划分为两个阶级，而很滑稽的说小商人可以成为节制资本政策的赞助者。我们只根据上面的理由，顾虑到农工商在国民革命上的同盟。同时我们根据前面提出的原则，也不反对大商人的组织团体。所以我们的方案是：

（甲）保持商民协会的组织，凡使用工人或店员在若干人以上者，不必加入。——帝国主义军阀的走狗当然不能加入。

（乙）使用工人或店员在若干人以上者，在劳动法上，有主张权利的机会。

（丙）各行业的商民协会会员及店员公会会员，得与各该行业的大商人大厂主组织行业别的公会，如纺织业公会，绸缎业公会等等。在此种公会内，商民协会会员及店员会会员，与不属于二者的会员，各有平等的代表权。行业公会的使命，在谋各该行业的发展。

（丁）各行业工会得组织地方及全国总商会。

（d）妇女青年等组织

妇女组织没有要再加考虑的地位。青年组织，从来只有学生会，学生以外的青年，则归于农协，工会，内特设的青农青工部训练之。我们以为党对于非学生的青年，应当有特殊组织去训练，作为党与青年农工商人的联络，同时又作为党员的准备。

（e）以特殊目的而组织的团体

这种团体应依下列两个原则运用之：

（甲）在反革命势力下，党可运用为别动机关。

（乙）在革命势力下，党透过政府，以行政法及民法规律之，使不致阻碍社会的进化。至于党去运用与否，让诸党的秘密决定。

（载《新生命》第 1 卷第 6 期，1928 年 6 月）

国民党的革命方略
（1928 年 8 月）

一 绪言

迄于今日，本党的革命方略还没有充分的阐明，更没有严厉的遵守。在从前，共产党在本党里面的宣传，只就三民主义里一两句话加以发挥，使本党抛弃自己的方略而暗用该党的主张。他们说：民生主义的目的在消灭资产阶级，所以中国革命无妨运用共产党的无产阶级专政的办法，因为无产阶级专政是消灭资产阶级的最好的办法。本党党员每易受其宣传，而忘却总理的民生主义与共产主义所不同者正在办法，所谓"师马克思之意而不用马克思之法"。本党与共产党之分歧正在于革命方略的不同，所以本党革命方略有严密研究的必要。在今日，党外甚至于党内又发生和从前相反的现象。每有少数的反动分子，检出本党革命方略中的一片段，加以曲解以便利私图。他们说：训政时期的工作全在于政府而无庸党部置喙。他们说，宪政时期要实现多党政治。破坏工作，还没有完成，训政呼声，早洋溢于耳鼓，尤其是最可痛心的一件事。

三民主义是本党的革命纲领。实现这个革命纲领的方略当然充满着革命的精神。本于革命精神以实施建国方略与建国大纲，则三民主义可以实现。从表面上附会建国方略与建国大纲，则民众的幸福永没有达到的一日，从中获得利益者必只限于最惠的少数人。

所以今后三民主义者向于共产党与反动派之争，岂是三民主义的革命性之争，尤其是革命方略的革命性之争。革命方略的研究实不可以已。

二 革命方略的两面

社会制度不适于人类求生存的努力，必归于破坏。破坏不适于民生的社会制度的力量，当然从因这个社会制度而感受痛苦最甚的民众发生。至于因这个社会制度而感受利益的人们，在痛苦民众的破坏运动中，必为其障碍，或竟事反攻。

中国现存的社会制度是怎样呢？数千年来已趋崩坏的封建势力，依附于官僚政治，还存在于社会。随帝国主义在中国的势力的展开，这个依附官僚政治的封建势力便崩坏到不能够图存，不得不和帝国主义相勾结，期于帝国主义侵略过程得享余利，至少也可以维持其在社会中固有的最惠地位。这种势力，帝国主义官僚政治及封建阶级结成的势力，在感受痛苦的农工商学对中国今日的矛盾黑暗的社会制度的破坏运动中，已成为破坏的目标。在事实上，这种势力且随革命的进展而取反攻的形势。

所以中国的革命含有对外和对内两方面的意义。此对外对内两方面实息息相关。中国革命的理论和方略，必须就这个密切相关的反革命势力，发见其疹结而掊击之。

国家主义者自中国革命的对外方面立言，所主张的革命为全民革命，所宣传的口号是外抗强权。其意谓中国革命的对象是列强，而中国革命的力量便是所谓全民——中国人民的全体。但是，倘若中国全体人民和列强相争于疆场，则其问题是国际战争问题；倘若中国全体人民和列强作和平的对抗，则其问题是国民外交问题，决不能叫做革命。中国反帝国主义的民族运动和反军阀制度及官僚政治与封建势力的民权民生革命是一个运动的两面。中国革命固然是民族斗争而决不单纯止于民族斗争，因此我们反对所谓全民革命的口号。

共产主义者自国际的立场观察中国革命。其政策在只图无产阶级革命的发展。所以在中国国内大多数民众刚才对军阀予以最大的胁威，刚才要集中力量于民族主义的争斗的时候，他们忽然主张把国民革命急转为工农阶级的社会革命。因此革命势力突然分散，反引致帝国主义猛烈的反攻，与封建势力蔓延的复活。本来，在民生主义的意义上，中国革命含有社会革命的成分，但是工农以外，反对帝国主义及官僚政治的各阶级，决不应被斥于国民革命战线以外。

要解决这内外两面互相连锁的疹结，其理论只有三民主义，而其手段便是国民革命。试以总理所说证之。总理在《军人精神教育》第一讲说："今之革命则谓人民革命。……此革命主义即三民主义：（一）民族主义，（二）民权主义，（三）民生主义。第一之主义为种族革命……第二之主义为政治革命……第三之主义为社会革命。"为什么行政治革命和社会革命必同时行种族革命呢？北伐宣言说："原夫反革命之发生，实继承专制时代之思想，对内牺牲民众利益，对外牺牲国家利益，以保持其过去时代之地位。反革命之恶势力所以存在，实由帝国主义卵翼之使然。……此战之目的，不仅在推倒军阀，尤在推倒军阀所赖以生存之帝国主义。"尤其是社会革命的进展，必有待于种族革命的进展，因为："中国跻于国际平等地位以后，国民经济及一切生产方得充分发展。"（《北伐宣言》及《北上宣言》）

由上述可知三民主义的国民革命是搋击帝国主义和官僚政治及封建势力的连锁〔锁〕的武器，所以其方略也可以从对内对外两面来研究。现在先说本党的对外方略。

本党对外方略以打倒帝国主义为目标，而初步必须废除不平等条约以跻中国于国际平等地位。废除不平等条约的主张规定在本党政纲对外政策第一条。本党对于这个方略的实施，没有时期的限定，也不应妥协的让步。

何以没有时期的限定呢？废约的问题是力的问题。什么时候有废约的力量，什么时候便应实行。因此，总理在民十三年本党还没有武力，本党党势还没有发展到统一广东的时候，便乘着国民军占领北京的机会，主张开国民会议，通过废约的议案，向帝国主义者去力争。如果党的力量可以扫除国内障碍，按照军政训政宪政三个时期去做呢？废约的实行也不必等待军政的完成，尤必须先于训政的开始，然后发展国家事业的建设计划始有实施的可能。

何以不应妥协的让步呢？废约是本党对内对外的一贯的理论上当然的结论。本党是革命的，本党的政府也是革命的。革命政府是从革命民众产生，以推倒军阀政府为职志，决不是以继承军阀政府为目的。不平等条约是从满清专制政府到民国军阀政府所订立，革命民众没有承认，革命政府也没有承认。往年总理扣留关余，和革命政府拒绝法权调查委员会入粤，都是没有承认不平等条约的表示。必须这样，才能够贯彻本党革命的主张，而与专制政府及军阀政府仅仅在《辛丑和约》《马凯条约》巴黎和会华府会议及五卅惨案以后提出修约要求者不同。废约和修约实为革命政府与北京政府立场各异的一点。废约是站在不承认不平等条约的立场上去和帝国主义者重订平等条约及开始对等交涉。修约是站在遵守不平等条约的立场上去与虎谋皮。现在有许多本党同志不明了这一点，自外交当局起到地方交涉员止，当有反于废约主张的言论，甚且把华府会议中所订《九国公约》拿来当做抗议日本进兵山东的根据，自陷于遵奉不平等条约的地位，这是最可痛心的。革命政府即无力宣言废止不平等条约，也不应宣示遵奉不平等条约。在没有宣言废约以前，不应以任何不平等条约作为交涉的根据或外交的辞令，而与帝国主义者，站在否认不平等条约的立场上开始外交。这是对内对外一贯的理论上所必然的。

本党主张废约而不是主张修约。但是本党用什么力量去废约呢？

第一应运用国民的力量。总理在上海招待新闻记者席上主张开国民会议的演说里说："要问外国能不能废除旧条约，就问我们有没有决心去力争。如果大家决心去力争，那些条约便可以废除。……假若全国国民一致要求，这种目的一定是可以达得到的。"在《民族主义》第五讲里还提出下面两种方法："一是积极的。这种方法就是振起民族精神，求民权民生之解决，以与外国奋斗。二是消极的，这种方法就是不合作。不合作是消极的抵制，使外国帝国主义减少作用，以维持民族地位，免致灭亡。"如振起民族精神，一致向帝国主义者力争，并以不合作为后盾，则废约目的必有达到之一日。

第二，应联合世界上以平等待我之民族共同奋斗。换句话说：于振起民族精神外，还须联合其他民族，以与帝国主义抗衡。为什么这样便可以反抗帝国主义呢？因为实施帝国主义政策的压迫者在世界上实占少数，而被压迫者却居多数。《民族主义》第三讲说："要能抵抗强权，就要我们四万万人和十二万万五千万人联合起来。我们要联合十二万万五千万人，就要提高民族主义，自己先联合起来，推己及人，再把弱小民族都联合起来，共同打倒二万万五千万人，共同用公理打倒强权。"这个政策，不独可以把中国从帝国主义之下解放出来，还可把世界弱小民族一同解放，而达到本党革命的最后目标，——打倒帝国主义。

三　革命过程的科学的分析

次说中国革命对内的方略。

革命是破坏不适于人类生存的社会制度的一种手段。破坏之后必须建设新制度使因旧制度而感受痛苦的民众得以遂其生存。所以革命的第一步是破坏，第二步是建设。

革命的破坏怎样实施呢？社会旧制度的最惠阶级用两种力量以求旧制度维持于不敝。一是政治的力量，一是思想的力量。思想是适应社会制度的精神的产物。这种精神的产物常作所自发生的社会制度的辩护，以宣传痛苦民众。在社会旧制度已将崩坏之时，旧思想不独防止痛苦民众对旧制度的反抗，且养成其对旧制度的景仰和流连。政治力量则为最惠阶级直接宰制痛苦民众的工具，一方面以军事的力量镇压反叛，一方面以法律的制裁纳被治者于旧制度所要求的轨道之中。但是旧制度既造成大多数民众的痛苦，则思想的力量究不能抑制民众痛苦的呼声。反抗旧制度的思想便萌芽于这种痛苦呼声里面。革命思想的发展，为旧思想致命的胁威，冲破旧制度有力的藩篱，动摇旧制度崇高的景仰，民众的革命意识便相随扩大，而民众的革命力量亦由此形成。所以革命的破坏，第一，是破坏维持旧制度的思想，第二，是破坏维持旧制度的政权。

革命的建设何以必要呢？

在革命的破坏实施以后，必发生社会衰落的现象。反革命势力在社会组织和经济组织内本有深固的基础。反革命势力的破坏，必使社会组织和经济组织发生动摇。在社会动摇之时，过去的最惠阶级当然陷入痛苦之中，过去的痛苦民众也因此增加其已受的痛苦。这个社会衰落时期是革命的最危险时期。如果革命民众没有坚定的指导，如果革命政府没有应付的方策，如果革命的建设不能急促实施以渡过困难，则革命势力必归于失败而反革命者很容易恢复政权。因为在革命的破坏实施以后，反革命势力的代表者虽一时退却，而反革命势力的基础——旧制度的社会的和经济的基础，还没有从根本上铲除，如没有革命的基础——适合大多数民众生存的制度代兴，则旧势力便易于复活。

因此，"革命之有破坏，与革命之有建设，乃相因而至，相辅而行。"如果只有破坏没有建设，便令不致全归于失败，"其效果不过以新

官僚而代旧官僚而已。其于国家治化之源，生民根本之计，毫无所备，是亦以暴易暴而已。"（《孙文学说》第六章）

四　本党的革命的破坏工作

本党的革命方略，和上面所说毫没有不同。同盟会创立之时已有军法约法宪法三个时期的划定。不久以后，便改分为军政训政宪政三个时期。

军政时期是革命的破坏时期。破坏工作可分二种：第一是对于旧统治阶级的政权的破坏，第二是对于反革命势力的基础的破坏。《孙文学说》第六章里说："第一为破坏时期。拟在此时期内施行军法，以革命军担任打破满清之专制，扫除官僚之腐败，改革风俗之恶习，解脱奴隶之不平，洗净鸦片之流毒，破灭风水之迷信，废去厘卡之阻碍等事。"为什么除破坏反革命势力的政权以外，还要破坏官僚政治社会恶习风水迷信呢？因为："革命是破坏的事业，好比拆房子一样。因为想造新房子，不得不把旧房子破坏。想建设新国家，不得不把旧国家破坏。"（十年十二月总理对桂林各团体欢迎会演说词）破坏旧国家之先，又必须有宣传新思想以破坏旧思想的时期。总理在《中国革命史》中说："求举国仁人志士共喻此主义，以身体而力行之，于是有宣传。"又在欢宴第一次全国代表席上说："此后革命应该要先求知，然后才去行。本总理发明的学说是知难行易，如果知得到，便行得到。"这种宣传工作直到军政时期还要继续实施，然后旧国家的破坏才能彻底。所以《建国大纲》第六条规定："在军政时期，一切制度悉隶于军政之下，政府一面用兵力以扫除国内之障碍，一面宣传主义以开化人心，而促成国家之统一。"

但是革命的破坏是极困难的。革命破坏所遭遇的困难易使革命中途逆转或终于失败。总理知道破坏的困难，所以说："革命事业莫难于破坏而莫易于建设。"破坏的困难在什么地方呢？请先说乡村土豪劣绅权力的破坏。土豪劣绅凭借着宗法上族长传承的地位，或社会上知识官阶的优越，以宰制乡村。要解放农民和善良的地主，必须对这种人加以裁制。但是在乡村经济上他们却有极深的根据。他们虽然以重利盘剥农民，而打倒他们以后，农民连高利的借款也无从借到，一时间金融的停滞，给农民以莫大的胁威。农民于农业凋敝之余，感觉到土豪劣绅打倒后痛苦反有过于从前，不得不忍痛向他们降伏。其次，都市里面帝国主义资本所设立的工厂银行以及运用这资本的买办和那些把这种资本作营业的后盾的商人实为都市经济组织的中心。在本党领导工人商人于反帝国主义运动中对他们资本来源加以反抗或破坏的时候，帝国主义者便锁闭工厂，停止银行的营业和资本的运用，这样一来，都市的金融破坏，工人失业，商业倒闭，整个的都市便会呈衰落的现象。中国的工商业者乃至工人当然感觉到帝国主义的不可以反抗，而反帝的民族运动便要消沉。

革命的破坏的困难，不独使本党党员和民众对本党历次确定的方略起了怀疑，使本党所领导的革命忽入于消沉之境，并且辛亥革命的先例告诉我们，这种破坏又会使破坏工作者的指导者——国民党——根本动摇。总理说："俄国有个革命同志曾对我言：谓中国反革命派之聪明本事，俄国反革命派实望尘莫及。俄之反革命派如官僚知识阶级，当革命党发难时，均相率逃诸外国，故俄国革命党能成功。而中国反革命派聪明绝顶，不仅不逃避，反来加入，卒至破坏革命事业，而革命党人流离转徙几至消灭。"

革命的破坏的困难使革命党动摇其革命方略甚至动摇其党的本身，所以革命的破坏不易完成。破坏还没有完成，则建设便难于着手。

要克复〔服〕革命破坏所必生的困难，只有深信总理知难行易的学说。在开始革命的破坏之初，已预料破坏的结果必发生社会暂时的衰落。这种衰落现象是必然的，而本党所预定种种革命的建设计划，便是要乘破坏之后去实施，不独能于最短期间内，渡过社会衰落时期，且可于计划实施后，实现三民主义。

"常人不可与虑始，而可与观成"。在这种社会衰落时期，本党势力如果一有动摇，则反革命派必然复活。所以在革命的破坏以后，本党仍须集中政权于掌握之中，一方面制止反革命派的死灰复燃，一方面开始非常的革命建设。这便是以党治国的真意义，也便是在宪政时期以前划定一过渡时期，作革命建设的准备的真意义。所以第一次全国代表大会宣言说："至于既取得政权树立政府之时，为制止国内反革命运动及各国帝国主义压制吾国民众胜利之阴谋，芟除实行国民党主义之一切障碍，更应以党为掌握政权之中枢。"

五　本党的革命的建设工作

请详说革命的建设工作。兹先论建设的必要。

在辛亥革命的时期，本党党员多不知建设的必要。《孙文学说》第六章说："乃于民国建元之初，予则极力主张施行革命方略，以达革命建设之目的，实行三民主义，而吾党之士多期期以为不可。经予晓喻再三，辩论再四，卒无成效，莫不以为予之理想太高，知之非艰，行之维艰也。"在辛亥革命时，革命的破坏不过及于满清帝室的政权，社会经济组织没有丝毫的动荡。本党党员看不见民众因破坏所生的痛苦，所以也感不到革命建设的必需。时至今日，情势已有不同。本党的破坏工作方实施于社会，则建设的呼声四起。建设的要求，在今日固不足怪。但是革命的建设必相与革命的破坏"相辅而行，犹人之两足，鸟之双翼"。即如在帝国主义的闭锁工厂断绝金融以后，民族主义运动固不得不为之屈服，但是不平等条约没有废除以前，中国的工农商业便无从发展，而工农商生活便无从改良。帝国主义者挟其信用与资本以相胁威，则建国方略所定的伟大计划终没有圆满实施之望。又如在土豪劣绅断绝农民借贷以后，打倒土劣运动，固不得不引起怀疑，但是土豪劣绅武断乡曲时期，良善农民便不能行使民权，享受自治的幸福。选举被他们垄断，官吏被他们挟持，则训政时期民权的训练和民生的建设，便没有圆满实施之望。且在官僚政治没有破坏的时期，公共产业的利益归于私橐，苛捐杂税的蠲免不能厉行。个人资本不能发达，国家资本无从建设，且终不免受帝国主义者的诱惑与操纵。由此可知：革命的建设必有待于革命的破坏的完成。同时，革命的破坏的完成也必须革命的建设为助力。有公共的农业金融机关以低利借贷于农民，则土劣的经济势力必随土劣的打倒而从根据上归于崩坏，而不至死灰复燃。有具体的计划，一方面运用个人资本，一方面建设国家资本，以振兴并发展农工商业，随帝国主义支配下的工厂银行及附随工商业的闭锁或衰落，而代替之，则工人失业，商店倒闭及金融停滞等危机便可以逐渐渡过。帝国主义的反攻，必因此减少其力量。

革命的建设本与革命的破坏相须。故总理称之为"非常的建设"。今试述革命的建设的程序。

革命的建设的第一步是建设准备及过渡时期。在这个过渡时期中，本党须掌握政权以制治，所以叫做训政时期。

在民权主义上，训政时期的工作是训练民权。训练民权是本党交付政权于国民的准备。

民权的行使何以必经训练呢？总理在《中国之革命》一文中解释殊

详："由军政时期一蹴而至宪政时期，绝不予革命政府以训练人民之时间，又绝不予人民以养成自治能力之时间，于是第一流弊，在旧污未由荡涤，新治未由进行；第二流弊，在粉饰旧污以为新治；第三流弊，在发扬旧污，压制新治。"具体言之，土劣买办恃其经济上社会上的势力以压抑民治者，不能彻底铲除，则民治不能实现。这是第一个流弊。他们不独压抑民治，并将利用选举制度，以参预民治。这是第二个流弊。他们不独利用民治，并且因民治而增长势力，向民治进攻。这是第三个流弊。而民权不经训练即行运用的流弊更不止这三种。总理在《建国大纲》宣言上并指出民众没有行使民权的经验以致偾事和受人利用的两大弊端。在近年来民众运动的史实上，这两种弊端尤有显明的例证。农村的小资产阶级地主和农民在数千年专制政治之下，久养成了服从性和安分性。农业发展的不可能以及农具改良的不可能，尤其使地主农民对自己的利益取保守的态度。因此，一般民众便没有民权的要求。过去的农民运动从土劣的掌握夺取了乡村政权，而乡村政权的运用，因地主农民的退守，遂归于流氓无产阶级。流氓无产阶级运用政权的结果，便向小资产阶级地主和农民进攻，于是乡村民众发生普遍的恐怖。过去乡村的恐怖，实以共产党的操纵和流氓无产阶级的暴乱为主因，而地主农民没有民权的要求又是这两个主因形成的要素。由上所述，民权训练的重要可知。

民权的行使用什么方法训练呢？民权训练决不是学校式的教育，也决不是宗教式的宣传，而是从民众行动上领导，尤须从民众利益上去发展其民权的要求。第一，民权训练要从民众集会和民众团体民主集权制去实施。其方法详著于《民权初步》。第二，民权训练要从乡村自治着手，次第完成县自治。县自治次第完成以后，开始省宪政。其方法详于地方自治开始实行法及《建国大纲》八条九条。在此时期县民代表已参预中央的政事。

在民生主义上，训政时期须开始节制资本及平均地权。这个工作和地方自治同时进展，实有重大的意义。在地方自治开始筹备，便开始土地的报价抽税，开始与办公共事业，而以其岁入开始组织农业合作，工业合作，交易合作，银行合作，保险合作等事，并开始育幼养老济贫救灾医病等项。本来自民生建设上说，无分于训政或宪政时期，均须继续实行，何以训政时期开始地方自治即同时开始地方经济建设呢？总理的用意，在使地方自治团体"不止为政治组织，亦并为一经济组织"。由此推论，则省宪开始后，省也应成为一经济组织。

准备时期已过，便到达建设完成时期。在这个时期中，国民已有能力运用民权以保障民生的发展，故称为宪政时期。

在各省开始宪政以后，国民政府便设立五院：（一）立法院，（二）行政院，（三）司法院，（四）监察院，（五）考试院，以试行宪政。宪政试行时期的主要工作在草定五权宪法，规定政府五权的组织，民众四权的运用，以及民生建设的纲领，而以其草案宣传于国民，指导国民自动接受，使将来国民大会一致通过，以完成建设三民主义五权宪法的国家。

在全国过半数省分完成宪政后，即召集国民大会，选举人员组织政府，接收本党所准备交付的政权。这个时期，在民权主义上，中华民国已成为完全民治国家。在民生主义上，中华民国已成为国家资本的经济组织。土地已渐归平均而耕者有其田。个人资本的发达已达于预定的限度，不再有畸形的发展。国家资本已依建国方略所定计划制造发达。"国家为人民所共有，政治为人民所共管，利益为人民所共享。"

六　革命过程中党政府与民众的地位

在军政训政宪政三时期中，党政府和民众的地位更有一加检查的必要。因与本党所领导的革命与前代的英雄革命不同。全国国民皆负革命的责任。全国国民对革命的破坏与革命的建设，均须一致动员。决非贤人政治，由少数人强用民力以取政权，并强取民财以成事功可比。关于此点，试分三段论之。

首述民众的地位。民众的地位可由三点说明：

一、国民的觉悟是革命方略实行的基本力量。所以"唤起民众"为达到中国自由平等的目的之方略之一。只要有唤起民众的机会，本党决不放过。总理在民十三年要开国民会议，目的便在于此。十三年十一月在上海招待新闻记者席上的演讲里说："现在中国号称民国，要名符其实，必要这个国家真是以人民为主，要人民都能够讲话，的确是有发言权，像这个情形，才是真民国。……我们国民若还失去这个机会，还不讲话，便是放弃主人翁的权利。"本党要国民能说什么话呢？《北上宣言》说："本党深信国民自决为国民革命之要道。本党所主张之国民会议实现之后，本党将以第一次全国代表大会宣言所列举之政纲，提出于国民会议，期得国民彻底的明了与赞助。……本党若能得国民之援助，则中国之独立自由统一诸目的，必能依于奋斗而完全达到。"国民会议在本党党势和武力还局处于广州的当时，确有唤起民众的效力，所以总理希望于最短期间内促其实现。

二、国民的武力须依国民的觉悟以造成。在国民的武力还没有造成以前，如果有军人能觉悟到"凡武力与帝国主义结合者无不败，反之，与国民结合以速国民革命之进行者无不胜"，而欲与国民相结合，则本党亦必运用之，以实现本党所定的政纲。所以本党对革命武力的方略在：第一步使武力与国民相结合，第二步使武力为国民的武力。在民十三年，本党要使武力与国民相结合，所以主张开国民会议。民十三年以后，国民的武力已经造成，则建国大纲所定的军政工作因而开始，不复有开国民会议的必要。

三、国民的政权为本党建国的目标。要建设国民的政权，所以有《建国大纲》整个的计划。即在本党不能按照《建国大纲》建设国民政权的时期，也必须用其他方略，——开始国民会议——让国民来说话。

由本党主张开国民会议的目的和《建国大纲》的目标观之，本党革命始终要以国民为主体，始终要得国民的援助。具体言之：在本党不能用兵力扫除国内障碍，并统一中国的时期，则有开国民会议的方略，提出本党政纲求国民的赞助，并使觉悟的军人与国民相结合。在军政时期开始以后，本党便施用国民的武力扫除国内障碍。在训政时期，本党一方面训练国民，实行地方自治并参与中央政权，一方面领导国民运用其经济力量开始民生的建设。若到达宪政时期，便以政权交国民大会。

次述党的地位。这可由两点说明。

一、由党与政府的关系观之：党的地位因革命的进展而有变迁。在军政时期和训政时期，本党实掌握中国的政权。行使治权的政府为本党所组织亦即为本党所指挥。军政时期的政府所以不同于军阀政府，训政时期的政府所以不同于贤人政府，便在这一点。在军政时期，政府离开本党，则革命便一变而为军阀内哄。在训政时期，政府离开本党，则革命便一变为官僚政治。在两时期中，军事政策和建设计划都必由党来决定，都必由党依主义政纲来决定。宪政时期开国民大会以后，政权归诸国民，政府产自国民，法律创自国民，本党的地位便为之一变。

二、由党与民众的关系观之，则党的地位在革命全过程中决没有变迁。在军政时期，党须宣传民众以促进国家的统一。在训政时期，党须集中民众的力量促进建设的进行。地方自治的完成，省县经济的擘划，均由党领导民众并督促政府以行之。在宪政时期，本党一方面开拓局势以致力于世界弱小民族的解放，一方面领导国民以保障五权组织及三民主义的宪法的实施。在国民大会，本党为指导的核心。在五权政府中，本党为推进的动力。

由上述可知，在三民主义的理想没有完全实现以前，本党永为中国国民的中心的政治组织。在辛亥革命以后，"革命军起革命党消"的理论为辛亥革命失败的主因。去年本党方统一长江以南，同样的主张又起。士大夫辈，对党的纪律，党的政纲，视同儿戏，妄肆攻击，党的基础殆至动摇，同时地方政府也间有以训政开始的理由，离开了同级党部，形成了所谓"党不干政"的原则。殊忘却政府的政策应取决于党，同时政府中的党员须绝对受党的指挥。凡此种种，都应在制止或纠正之列，才能够保证革命方略的实施。

末述政府的地位。这也有两点必须注意。

一、政府须受党的指挥。其理由已如上述。

二、政府须受民众的督促。（一）军政训政时期的政府为党所建立。党的力量生自民众，所以政府的力量也生自民众。所以政府必须代表民众的要求，离开民众，便失却革命的力量。宪政时期的政府选自国民，则其应代表国民，无须详说。（二）政府的设施必须民众的赞助。革命的破坏，必须依民众的要求行之。革命的建设尤有赖于民众的动员。所以不独军政时期中有民众运动的必要，即在训政开始以后，也需要民众运动为政府的后援。

因此，总理把本党对政府设施的指导原则，订定为《建国大纲》和《建国方略》，明白宣示于民众，实不啻与民众相约，本党政府在某时期必实现民众的某种要求。这种订定，无为本党向民众的要约，则民众便可根据要约来责望本党及政府。民众根据这种要约，向本党及政府加以批评，则本党及政府必定要开诚接受。总理颁布《建国大纲》的用意在此，即本党给与人民以言论出版自由之真意也在此。

七　结论

本党的三民主义是革命的，所以本党的方略也是革命的。本党方略的革命性，依上面所述可知。今更加分析，作本文的结论：

第一，本党的革命方略在唤起民众并建设民众政权。"唤起民众"的方略明定于总理遗嘱。唤起民众的方略应用于民十三年，则有本党开国民会议的主张。唤起民众做什么呢？一则要民众赞助本党的政纲。二则以民众造成革命的武力。三则要由民众完成革命的破坏。四则要民众从事于革命的建设，一方使中国为民生的政治组织，他方面使中国为民生的经济组织。而民众政权的建设，尤详载于《建国大纲》。换句话说：本党革命方略的精神在："人民所做不到的，我们要替他们去做。人民没有权利的，我们要替他们去争。所以三民主义是为人民而设的，是为人民谋幸福的。我们从事革命，为三民主义去牺牲，就是为人民求幸福而牺牲。"（总理第一次全国代表大义闭会词）

第二，本党的革命方略在废除不平等条约，以解放中国，并进而打倒帝国主义，以解放世界弱小民族。一则要否认不平等条约，与外国开始对等的外交。二则要在革命进行之初，便跻中国于国际平等地位。三则要联合世界上以平等待我之民族，断绝帝国主义剥削的尾闾，使之必然的崩溃。四则要贯彻济弱扶倾的精神，使帝国主义政策永消灭于世界之中。

第三，本党的革命方略在平均地权使耕者有其田，在节制个人资本，建设国家资本。于民族革命民权革命同时必须行民生革命。因为："我们中华民国，若将民生主义与民族主义民权主义同时解决，用一个一劳永逸的方法，一定会将现在的中国变成庄严灿烂的中华民国。我们若不同时把这三种问题解决，纵使将来国富民强，不出数十年，一定会受欧美今日这样的痛苦。我们若是同时解决了民生问题，我们将来就可免经济革命的痛苦。若是同时不解决民生问题，将来人民富足，纯是少数人的富，不是多数人的富。那种少数人的富是假富，多数人的富才算是真富。"（总理十年十二月七日对桂林各团体欢迎会演讲）

而第四，本党革命方略的基本精神尤在于彻底的破坏与非常的建设相辅而行。一则在民族主义的反帝国主义运动上不畏强御。总理在欢宴第一次全国代表席上说："我常常和人谈革命，总有人……常用难题来对我说'满清对外不足，对内有余'，又说'我们不可革命呵，如果我们起了革命，列强必要把中国瓜分'。我们在那时候，对付满清推翻，对付列强不致瓜分，没有别的长处；方法是在不问成败利钝，只问良心要做，便立志去奋斗。"本党应当继续这种不畏强御的精神和帝国主义奋斗，决不因帝国主义资本信用的封锁，便去屈服。二则在民权主义的反军阀官僚土劣运动上不加姑息。必须荡涤旧污，才可进行新治。决不粉饰旧污，以为新治。尤决不发扬旧污压制新治。三则在民生主义上，必须于国民革命运动中，"思患预防"，打破贫富不均的阶级。

尤其是"知难行易"的学说，为后起革命者必须固执的南针。我们从总理遗训中已知中国反革命派的绝顶聪明，他们将乘革命的进展，"一方参加革命党，一方反破坏革命党"，自当"用对待满清之方法对待之，则反革命派当无所施其伎俩"。我们从国际形势中已知各国帝国主义利益还不会妥协，自当运用外交政策分散其联合阵营，决不会向他们中间一个国家偶然的攻击屈服。我们从总理民十三年废约的主张上已知国民一致向帝国主义抗争，必有达到目的之一日，自当贯彻废约的政纲，决不会站在继承军阀政府的地位上去援用军阀政府修约的旧例。我们从过去的经验上已知土劣的打倒会影响到良善的农民，使感受金融缺乏的病苦，自当设法集中乡村经济力量设立农业金融机关，决不会因此便取消打倒土劣的口号，忽视农民的解放。总理的建国方略已明白指示我们，国家资本的建设计划，必须实施，才能够实现民生主义，自当一面废约以跻中国于国际平等地位，一面即实施这详明的计划，发展农工商业，形成健全的经济组织以代替帝国主义蹂躏操纵下的旧经济组织。

若了解知难行易的学说，我们对本党的革命方略必不会像民国初元间的同志以为总理的理想太高。试借民国四年春间陈英士先生遗书之言以殿此文之后："理想者事实之母也。中山先生之提倡革命，播因于二十年前。当时反对之者，举国士大夫殆将一致。乃经二十年后，卒能见诸实行者，理想之结果也。使吾人于二十年前即赞成其说，安见所悬理想迟至二十年之久，始得收效。抑吾人于二十年后尤反对之，则中山先生之理想，不知何时始克形诸事实，或且终不成效果，至于靡有穷期者，亦难逆料也。"

（载《新生命》第 1 卷第 8 期，1928 年 8 月）

中国社会到底是什么社会？
（1928 年 10 月）

一　序言

虽然我们能够把社会形式分做宗法社会、封建社会、资本主义社会，但是世界上从来没有纯粹的属于某种社会型的社会，而毫没有驳杂的成分存在于其中。

英国社会是什么社会？我们毫不迟疑的断定是资本主义社会，且已进入帝国主义的阶段。但是如果我们是法律家，在英国法律里随便可以寻出封建色彩极为浓厚的处所。即如资本主义社会的法律应当是契约制，换句话说，应当以个人的自由意志，用契约的形式，决定人与人间的法律关系，而不是身分制。换句话说，人与人的法律关系不应仍依各人身分来决定。英国法却不然。雇佣契约法在英国叫做主仆关系法，家族法在英国叫做家庭关系法，法律里面把人与人的法律关系确定得好好的，凡是这种法律关系都要依这种法律规定以决定其内容。这确是身分制。我们若止看定这一点，也许会认定英国社会是封建社会。

日本社会是什么社会？我们也毫不迟疑的断定是资本主义社会，且已进入帝国主义的阶段。日本有广大的无产阶级，这个阶级已从经济运动进入于政治斗争，而与资本阶级相对抗。日本有继续破坏的贫苦居民阶级，这个阶级正在与地主阶级及资本阶级作政治的及经济的斗争。但是日本的人士仍然有的认定日本社会中，小资产阶级占国民百分之七八十，小资产阶级有决定的势力——例如全日本农民组合指导者高桥龟吉氏。那末，日本社会便又可以说和中国社会是一样了?!

如果只是见树枝而不见森林，见特殊而不见全体，那末，对一个社会的观察，无论如何是不会正确的。尤其是中国社会的观察更难，没有充分的正确的社会统计供我们的参考。学者各本其"所染"以说明社会现象，所得的结论便大相悬殊。资本主义经济学者常以欧洲中世封建制度来和中国社会比拟，所得的结论是中国现在连封建势力都没有。共产主义者常以欧洲资本主义社会解剖所得的论断来应用于中国社会，所得的结论是中国已有尖锐化的阶级对立，又或因中国没有广大的无产阶级而主张制造无产阶级以求适合于社会革命的实行。

我觉得社会现象固然有合法则性像自然现象一般，但是社会现象的合法则性并不能使我们作成一个公式，适用于地域不同时代不同的多数社会，而毫无不合。便是自然科学者把两种自然现象相比较时，也要说一句"其他条件相等时"，再才能下一个两者相同的论断，足见得其他条件如有不同，两种现象便不一定相同。况且在观察社会现象以前，我们大抵怀抱着一种"假定"，依照假定去寻求那适合于证明这个假定的材料，这更易使观察陷于错误了。譬如我们先假定古代婚姻是掠夺婚，那末，婚姻在古书里叫做"昏"，便可以去证明古者结婚必于黄昏时候，由男家以暴力劫夺女子。又若看见乡间花轿门上上锁，便去证明古者结婚必用木制肩舆锁上新娘，以防逃逸。这是很易陷于错误的。

所以观察中国社会，要不放过中国特有的社会现象，要不因其不合于假定而故意否认它。更要知道世界上从来没有纯粹的社会型出现于历史。所以我在本文里面只举出几个实际的社会现象来，供同志们综合的研究，并希望得到严正的批评。

二　宗法社会

第一个要解答的，是中国社会是不是宗法社会？

我的答案是：宗法制度已不存在，宗法势力还存在着。

为什么说宗法制度已不存在呢？宗法制度是指《礼记》上所述"别子为祖，继别为宗"的制度。这种制度的作用第一是尊祖，第二是敬宗，第三是收族。而其特质是父系、父权、父治。其系统在直的方面是嫡长子继承，在横的方面是"以弟事兄，以兄率弟"，至其精神在"尊尊亲亲男女有别"。

宗法的制度以世禄为基础，世禄既废，宗法不行。秦蕙田《五礼通考》说：

> 古者有井田，有世禄。井田法行则人无兼并，世禄不绝则宗无削夺。有世禄者皆卿大夫也……卿大夫则有圭田以奉祭，有采地以赡族。盖其禄受之于君，传之于祖，故大宗百世不迁。

制度是依存于世禄，有世禄则作用才可以发挥。这样，所以宗法制度随封建制度消灭，不复存在于后世。我们如执着这一点，必会否认中国现社会里有宗法，尤其不是宗法社会。

不独可以否认中国现社会是宗法社会，更可否认中国古社会曾经行过宗法制度。为什么呢？上述的宗法制度是儒家的一种理论。这种理论上的制度，在古代究竟有那一族实行过？确是一个问题。我们至多只能判断周行过这种制度，周以前及周以外没有普遍行过这种制度的民族。拙著《亲属法大纲》序文中说：

> 宗法，周制耳。有周称王以前及有周诸族而外，殊难觏宗法之特征。谓宗法制度至周大备，谓宗法社会沿自古昔，而不加时代与民族之区别者皆误也，在周室称王以后，宋犹内娶，楚犹立少子，士大夫如公仪仲子犹舍孙而立子，伊洛之戎犹居近郊，商鞅相秦始别男女。孰谓宗法为中国古代遍行之制度乎？

那末，不独现代中国社会不是宗法社会，古代中国社会也不是宗法社会了。

但是我们绝不能否认宗法势力的存在于今日。为什么呢？宗法的特质是父系父权父治。今日中国的家族是不是父系父权父治呢？（一）什么是父系？从父方去计算谁是亲属的制度叫做父系。中国亲属制度虽不否认女系亲，但是亲属的计算纯以男系为本位。《崔东壁遗书》云：

> 孟子曰："天之生物也，使之一本。"人姓父之姓而不姓母之姓。由父之父递推之百世皆吾祖也。由母之母递推之，三世之外，有不知谁何者矣。

为什么母之母以上，三世外不知谁何呢？这是中国亲属制度取父系制度的缘故。（二）什么是父权？由子继承父的财产的制度叫做父权。中国的继承法，纯依宗法以定继承人。继承家产的一定是死者的男孩子。《大清律例》所谓：

> 嫡庶子男，不问妻妾婢生，只以子数均分。私生子依子，量与半分。

便是财产由男系子孙继承的规定。继承宗祧的一定是死者的嫡长子孙。《公羊传》所谓：

> 立嫡以长不以贤，立子以贵不以长。

便是说死者的身分由嫡长子继承，如果有子皆嫡则以长。如果有嫡有庶则立贵。如果有子皆庶则立长。（三）什么是父治？一家的事务和子女的身体都由父统治的制度叫做父治。在中国古代，家是一个劳动组织。田地的分配以家为单位。试引一些古人的话来作证：

> 今一夫挟五口，治田百亩。（《汉书·食货志》李悝语）
>
> 百亩之粪，上农夫食九人，上次食八人。中食七人，中次食六人，下食五人。（《孟子》）
>
> 百亩之田，勿夺其时，数口之家，可以无饥矣。（《孟子》）
>
> 家，五亩宅，百亩田。（《荀子》）
>
> 子妇无私货，无私畜，无私器，不敢私假，不敢私与。（《礼·内则》）

足见得这个劳动组织一切由父主持。一直到现在，还是"祖在则祖为家长，父在则父为家长"（《大清律辑注》）。一切由于父治这叫做"尊尊"。所以《仪礼·丧服传》说：

> 父，至尊也。

父系父权父治的制度下，女子的地位是当然不好的。否，女子并没有独立的人格。我们对于本宗宗族的妻是怎样看法呢？

> 其夫属乎父道者，其妻皆母道也。其夫属乎子道者，其妻皆妇道也。（《礼记》）

我们对于本宗出嫁女是怎样看法呢？出嫁便以永离相期，

> 嫁女之家，三夜不息烛；思相离也。（孔子）

我们对于妻的义务怎样定法呢？

> 妇，服也。

这叫做"男女有别"。至于母系亲和女系亲呢？不独和我们没有财产上的权利义务关系。并且死了也值不得穿多重的丧服。《仪礼·丧服传》说：

外亲之服皆缌也。

唐代魏徵力争加舅服为小功，还遭儒者的唾骂哩！这大概是所谓"亲亲"。

在这种父系父权父治的特质和尊尊亲亲男女有别的精神之下，中国民族保存着几千年来变迁很少的家族制。这种家族到今日还是社会组织的一种单位。父祖的权力，女子的地位，和古代有什么差别！中国社会既有这许多特征，我们便不能否认其为宗法社会了。

三　封建社会

第二个要解答的，是中国社会是不是封建社会？

我的答案是封建制度已不存在，封建势力还存在着。

什么是封建制度？这个问题好难解答。和宗法制度一样，如果照确定的封建制度来寻求，则中国可以说从没有封建制度存在。《民权主义》第二讲说：

> 罗马亡了之后，欧洲列国并峙，和中国周朝亡了之后变成东周列国一样。所以很多学者把周朝亡后的七雄争长，和罗马亡后变成列国的情形相提并论。罗马变成列国，成了封建制度，那个时候，大者王，小者侯，最小者还有伯子男，都是很专制的。那种封建政体，比较中国周朝的列国封建制度还要专制得多。

那末，中国没有过封建制度吗？本来在七雄争长的时候，已经是封建制度破坏时期。这个时期，商业资本主义已渐发达。商人在列国之间已有政治活动——如弦高犒师，及阳翟商人吕不韦用计相秦。商人在列国中的地位也很高——如晋之绛商，通于诸侯，又如陶朱公有力运动楚国大赦。所以七国乃是依春秋时代许多战争及商业资本主义发展而产生的集权国家，已不是旧来的封建侯领。这个集权国家的政权在官僚士大夫阶级之手而不在封建贵族之手。这时期的领主制已变为采邑制——如孟尝君的薛，卫鞅的商於。采邑和食采邑者的关系不过是纳租的关系，决不像农奴与领主关系的残酷。

春秋以前，中国有许多封建诸侯。但是周以前，又不能说是封建社会，那个时候的牧伯，不过是氏族长。这许多氏族长——"群后"，之上冠戴着一个"元后"，——或许元后制是后人假定的也未可知。周统一中国以后，始外封功臣和子弟，例如太公封齐，一到便灭了莱侯及莒侯，莱侯莒侯却便是原来齐地的氏族长。楚不一定是周封的，而楚所灭的汉上诸侯，也大抵是氏族长。这些分封的功臣子弟灭了原有的氏族长以后，便把土地分给随员，这便是卿大夫。卿大夫各从其封地征收租税，经手收租的家臣也许便是冉求做过的季氏宰之类。但是齐鲁晋这些侯封又和欧洲封建领主有些不同。第一，中央的权力好像要比欧洲封建时代的共主有权些。第二，卿大夫封邑内的人民对诸侯的义务比对卿大夫的义务好像要重些。前者是因为周的分封，是从共主分封出来的，与欧洲封建诸侯从始便是各自掠夺土地者不同。后者是因为只有诸侯才可领兵，侯封内的权力集中于诸侯，和欧洲封建领主制极端分权者不同。但是我们要注意两点：第一，欧洲封建领主制究竟是怎样的，还不能一言决定。《大英百科全书》封建制度解释中说：

> 吾人之用封建制度一语，为便利计耳。若谓其含有系统之意味，即为失当。封建制度在极端发达之时期，亦绝无系统之可言。其为物也，实一种略具组织之混乱耳。各地所流行者颇不相同，故无怪各封土间各有其特异之习惯。（双十月刊三期九五页引用）

第二应当注意的周的集权于中央是不是儒家的假说还不可知。周初灭殷以后是不是各氏族交争土地，如莱莒之争长齐都，和徐偃王之争夺淮域？这是我们不能决定的。如此则要把欧洲封建制度的一个两个特征来和中国封建制度的一个两个传说大加比较，是不十分妥当的。若因为这一两个传说和那一两个特征稍有不同，便否认中国的封建制度，那更不大妥当。若由大体上说：中国封建制度与欧洲封建制度也有相同的各点。

第一，封建制度的基础是土地制度，这是两者相同的第一点。欧洲的封建领主在领地上有所有权。后来罗马法学者把这种所有权看做罗马法上的所有权，——换句话说，他们把罗马法上所有权观念解释领主对领地的所有权。其实后者是公法的性质，前者是私法的观念，本来是不同的。有权威的学者，如英国的亨利梅因，他便能够把两者不同的处所分开。他在《古代法》名著上指出领主的权力是一种权利义务的合体。罗马法学者把义务部分分开，仅观察其权利部分，遂以为领主的权力是一种私法上的所有权。这是不对的。领主的权力既不能以罗马法上所有权来说明，那我们便不能认定欧洲封建诸侯对领地的领有关系和中国古代诸侯对领地的领有关系全没有相同之点。

第二，在中国古代分封诸侯的典礼有由天子授与茅土于受封者的仪文，表示指定的土地今后归受封者的领有。这种礼节到汉代还是照行。欧洲封建诸侯分封下级领主的时候也授与土和刀以表示领有关系的开始。自分封后，附属于土地的农民便成为领主的臣民，其间发生一种忠勤关系。——领主保护（义务）并统治臣民（权利）。臣民纳租税服劳役（义务）并享受领主的保护（权利）。换句话说：领主和农民之间发生一种隶属关系和保护关系。人与人间的隶属关系是封建社会的一大特征。

第三，等级制度是封建社会的另一个特点。侯分封领地于伯，伯再分封于子男。也可以说侯分封于卿大夫，卿大夫再分封于家臣。欧洲的等级名称虽和中国不同，而其为等级则一，在等级制度之下，每一个人的权利义务皆取决于其所属的等级。农奴之子常为奴，贵族之子常为贵族。而农民一家之中，又以家长为代表以接受耕地，家族之中，遂亦以身分定权义。这种制度叫做身分制。即卫几若氏所说：

> 古者，个人系属于所隶之集团而不可分离。所居地位惟决于诞生之一事，而不得以自己之意思变更之……即吾所谓必然聚集，而亦梅因所谓身分制也。

总之，中国古代的封建制度和欧洲的封建制度小异大同。而小异之差，也许和欧洲各地封建制度互异之差相等。这种封建制度后来变革了多少呢？观察中国封建制度的变革，首先要提出一个问题来，再自问题答案的追求中进行我们的分析。问题是：

——战国时代，中国已进入商业资本主义，为什么直至现在中国资本主义始终不能得到进一步的发达呢？

公孙愈之先生在《前进》第四期上分析中国的社会构造，很是详明。他说：

> 中国自封建制度崩溃以后，直到现在，社会的构造没有改变。这个构造的特征是：
>
> （一）不发达的钱币经济。中国的钱币，不但未经国家严格的支配，仍是以重量通用，并且钱币经济和天然经济还是并行着。
>
> （二）资本的主要形式是商业资本与高利贷资本，很少工业资本。
>
> （三）土地价值的流动化，购置土地成为最重要最普遍的投资。
>
> 以上所举的特征，自封建制度崩溃后直至现在，没有改变。最

奇怪的，就是虽然和西洋通商将近百年，政治上经济上受了很大的影响，而中国的社会的经济的构造，依然没有根本改变。

这个构造，可以叫做一个"为封建思想所支配的初期资本主义"。思想是封建的，保存这个思想的有传统的圣经贤传。经济与社会倒是初期资本主义的。

公孙愈之先生根据这个分析，主张中国现在的社会构造，并非封建制度。所以和顾孟余先生一样，以为"中国的农民问题与中国农民的土地问题是决不能在打到封建制度的口号之下解决的。"但是我对于公孙和顾先生的分析，还有几个疑点：

第一，没有把中国资本主义何以不能有进一步的发达这一点说明。

第二，封建思想是圣经贤传所保存，圣经贤传是什么势力保存着的？

第三，西洋和中国是不是泛泛的通商？通商以后，中国社会构造是不是没有根本改变？

最后一段留在本文第四段质疑并讨论。现在要讨论的，是什么势力保存着封建思想，致成为资本主义的桎梏而数千年来终不能作进一步的发达。

中国的圣经贤传确是封建思想的结晶。但是圣经贤传在封建制度崩坏时期——春秋战国时期，才结晶起来，在那个时期，圣经贤传不过是各种学说中的一派，为邹鲁缙绅先生所主张。老庄，墨子，和三晋的申韩，在当时和孔子都等量齐观。秦统一中国以后，全采取申韩的学说，蔚为中央集权的法治国家。汉高至汉武初年又重视黄老之说。汉武虽想崇儒术，却格于太后和功臣，几酿成大狱。汉武的尊崇儒术虽终竟成功，但是以前的轻儒的事实却仍自昭垂于历史。由这些事实看来，足见得圣经贤传的保存，还依赖着圣经贤传以外的势力。复次，资本主义初发生发达的时期，一定和封建制度相冲突，第一步必然有随资本主义发生发达的思想来打破封建思想。第二步才是资本主义的势力和封建势力相肉搏以争夺政权。第三步才完全遂资本主义的发达。这个过程便是资产阶级革命。但在中国，资本主义思想没有克服封建思想，封建思想反维持了数千年的权威，资产阶级也始终没有发达到具有夺取国家政权的实力。这是什么势力把它压倒着呢？

封建制度崩坏了，我们仍旧要追寻这桎梏着资本主义的势力！

我们先观察封建制度崩坏的过程。周的末期，中国国内各民族各侯封，很不平均的各遂其发展。几个侯封里面，商业资本主义已发达起来，最显著的是齐。在春秋时代首先称霸的便是这资本主义齐国。自齐霸中国以后，各侯封间继续起了几次大战，渐促成国内的中央集权。而战争的背后，颇有商业发达，都市集中，人口增进的影子。但中央集权的政权渐由诸侯归于贵族，再由贵族建筑中央集权的新国家。中国历史便由此进入七雄争长的战国时代。在这个过程中间，贵族阶级相随崩坏。到了战国时代，庶人起为卿相的，事情很多。贵族要保持其位，也相趋于养士，于是贵族中的进步者与庶人中的优秀者混成一个士大夫阶级。这个阶级在战国末期，有突进的势力，如信陵君的专魏，孟尝君的振齐，燕太子的刺秦，都是这个阶级的浪漫的斗争史，而信陵平原的勾结，已目无魏赵两君。这个阶级的成分是贵族，知识分子及游侠。知识崇拜，英雄崇拜及身分崇拜，维持住这个阶级的优越地位，为法家所痛恨，所谓"儒以文乱法，侠以武乱禁"，证明了这个阶级的反法治精神。

秦统一中国，便根据法家的学说，建设集权的国家。各地行政由"守"任之，绝不封建子弟以相错杂。中央王室亦不许有贵族身分的存在，集大权于秦皇之一身。过去的贵族及儒侠混成的阶级因此一时潜伏于市井及田亩，一旦揭竿而起，遂颠覆秦皇。在此时期，陈胜冒称张楚，项氏迎立怀王，分封六国之后，招集这个阶级流亡分子，几乎把六国争雄的局面再建起来。士大夫阶级的社会势力，无遗恨的尽量表现。但是刘邦称帝以后，仍然力求镇压这个阶级，一方面徙豪杰于关内，一方面设守吏于地方，一方面虽分封子弟，而行政权力仍归于守吏。自此以后，士大夫阶级一时破坏。到汉武帝尊崇儒术以后，历史上又发现士大夫阶级再建的痕迹。前汉的末叶，后汉的全朝，都是士大夫阶级极盛时期。在朝为公卿，在外为守吏，在野为"月旦"政治及砥砺气节，治理农村的士人。其时阶级的人数不多，所以生活易，生活易所以很少浮滥的行为。这个时期，知识还没有扩大及于平民，后来知识逐渐普及，阶级便扩大了数量，而气节等等便崩坏了。

在资本主义社会，知识分子散布于各阶级间，何以中国士大夫阶级能够自成一阶级呢？

第一，因为这个阶级是一种扩大的身分阶级。这个阶级是封建贵族的扩大。有门第的超越，有知识的优异，对于庶民拥着一种身分的信仰。

第二，因为这个阶级的生存和封建贵族阶级的生存是一样的寄托在农民之上。（一）个人的生活是地主的生活，向农民收取租稞〔税〕以自奉，乃有余暇以从事于知识追求和政治活动。（二）阶级的活动是在政治地位的取得，向农民收取赋税，以为俸禄，乃能运用政权，威临于劳苦农民之前。（三）阶级的保存有赖于身分的封锁。门第不相当者不通婚，而门第相当者相结纳。谱牒之学，便是封锁身分的武器。（四）阶级的流通又用科举或选举制度，以士大夫阶级思想的定型，吸收庶民中优秀分子，使加入士大夫阶级。

自汉以后，士大夫阶级为政治活动计，常依附于帝王。在王朝崩坏时期，又依附于新起的战斗团体。新起的战斗团体虽有的是农民起义所长成，但也有旧来的军官士子，因讨伐农民而厚集兵力所成立。即令战斗团体是农民起义所长成，一取得帝王地位，即感觉"马上得天下，不可以马上治之"，便收罗士大夫共谋大计，而"伙涉为王"的当儿，已脱离其原来所属的农民阶级。异族入主中国，中国的士大夫也同样的包围，北魏与满清帝王因此莫不感染于中国文化——"尊主卑臣，日月分职不得相逾越"的统治阶级文化。

士大夫以其政治威力维持其土地所有权和身分优越权。一方面，地主之于佃农，决不止于契约上的诛求，服力役，致敬意，于租粯的收取外，还有人格的支配，士大夫地主之前，只有佃头才有发言的余地，而一般佃户尚可望而不可及。一有延缓交纳的事情，则"忤佃"的诉讼必归胜利于地主。他方面，于地主的佃权以外，士大夫的身分更是剥削农民的工具。一面出入官厅，左右行政，一面判断狱讼，执农村的政权。因此，在农民的立场上观察，官厅的长官及吏胥和地主士大夫实成为整个的阶级，这种阶级的支配和封建贵族阶级的支配，性质作用大抵相同。不过在封建领主则土地所有权和臣民统治权合并于一身，而在士大夫阶级，则前者权力分属于个人，后者权力分属于官府。由士大夫阶级内部看，确和封建时代不同，由士大夫阶级和农民的势力关系看，又和封建时代无异。

士大夫阶级的势力表现于政治则为官僚政治。对战斗团体的依赖性及对生产庶民的抑制性是官僚政治的特征。表现于社会上人与人的关系则为隶属关系。表现于思想则为等级思想。这种社会实具有封建社会的重要象征。工商业资本主义在这种势力桎梏之下，没有发达的可能。这种势力，只有叫做封建势力。要把封建势力支配下的社会分解，可如左图：

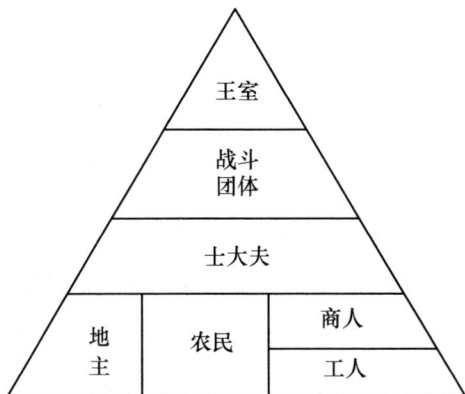

（注）地主指没有士大夫身份的地主

综结上述，封建制度虽已破坏，而封建势力还存在着。封建势力便是中国资本主义不能作进一步发达的桎梏，也便是中国农民痛苦的源泉。

四　帝国主义侵略下的封建社会

上面的说明，可完全适用于八十余年以前的中国社会，但对于八十余年以来的中国社会，却只可部分的适用。这是因帝国主义的侵略引起了中国社会构造的改变。

中国的政治组织整个建立在乡村的农民之上，而士大夫也便是农民所养育的游惰阶级，这个阶级是封建社会的身分阶级的扩大，其阶级支配在以政治力量执行土地所有权并保障其身分信仰。个个地主与佃农雇工之间保存着多少封建的意识，而整个阶级与农民之间的势力关系则纯为封建的阶级关系。

自帝国主义势力侵入中国以后，这个身分阶级已陷于破坏及紊乱时期。在从前士大夫阶级俸给及租税所得大抵投于土地的购买，所以土地价值的流通化，是中国从前的经济构造一个特征，虽有人会认为资本主义的征象，而不知这正是封建士大夫阶级生存的表现。自帝国主义的经济势力，发展中国的城市经济并破坏中国的农村经济以后，投资的方向因之一变，而群趋于工商业的经营。因此便生出下面的现象：

（一）金钱的崇拜代替了身分的崇拜，第一使士大夫阶级崩溃，第二使商人僭有士大夫从来的信仰。

（二）富裕的士大夫（官僚）渐投资于工商业，使士大夫阶级兼地主与资本家。

复次，帝国主义第一期的侵略是在协定关税及通商地制度之下，输入大量的商品于中国，与中国土货争市场。第二期的侵略却是在中国内地设立工厂，发展产业于中国境内。第三期的侵略更变换其性质。除继续商业的及产业的侵略以外，运用其雄厚的资本于中国境内，使中国工商业屈服于市场竞争之外，还附庸于外国投资。中国的社会构造又有重大的改变。在第一期，发生了外国商店的代理人，即买办阶级。在第三期发生了运用外国资本及以外国资本为后援的中国资本家。而第二期中，与外国产业竞争失败的中国产业，到这个时期，成功了外国资本的销纳场所。在这种情形之下，从前受封建势力的支配的中国资本主义得到一种非正常的发展。在法律上，中国的资本分属于外国资本家，买办，官僚及中国资本家，但在经济上，则莫不附庸并屈服于外国资本之下。以外国资本为中心，形成了一个资本阶级。这个阶级是由生产过程中产生出来，和士大夫身分阶级不同，如没有帝国主义的侵略，必没有产生的可能。但因有士大夫阶级的介在，资本阶级颇具有士大夫阶级性，更容易和战斗团体结缘。又因为资本阶级的发展，不是中国经济构造内部自发的形式，而是由中国经济构造外部的轧轹，所以虽看见资本阶级的成立，而看不见封建思想的破坏和民主革命的成功。

若分解帝国主义侵略后的社会构造，则可如左图：

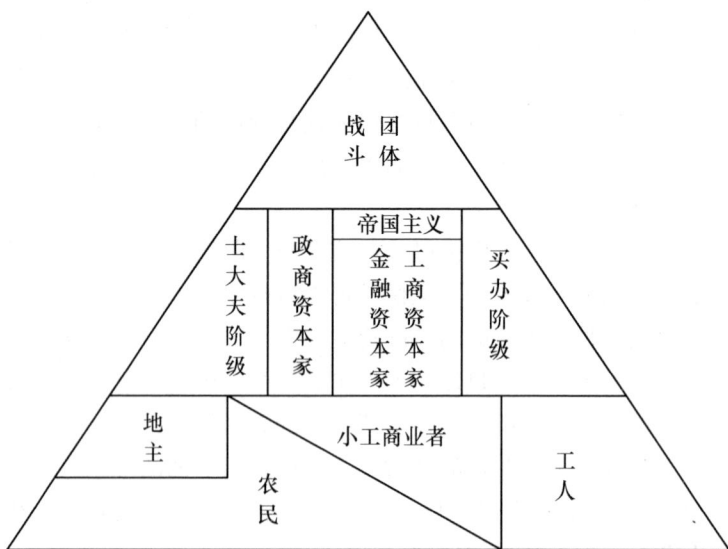

五　阶级社会

第三个要解答的是中国社会有没有阶级？

讨论这个问题以前，我要提到主张阶级斗争是一件事。认识社会阶级的存在，是另一件事。总理在《实业计划》里说：

> 世界有三大问题：即国际战争，商业战争，与阶级战争是也。

同时又说：

> 中国因工业进步之迟缓，故就形式上观之，尚未流入阶级战争之中。

《军人精神教育》第三课说：

> 夫民生主义则为打破社会上不平等之阶级也。

同时又说：

> 以中国论，现时尚无大资本家专制之弊。然将来实业发达，则亦必有社会革命问题发生。

总理是承认阶级并承认阶级战争的。但是中国尚没有严重的阶级对立，所以不主张促成阶级战争。一方面虽不主张阶级战争，他方面又不否认中国有资本阶级的存在。《实业计划》里说：

> 资本家之在中国寥若晨星，亦仅见于通商口岸耳。

《军人精神教育》里说：

> 中国今日虽无大资本家，然其见端固已有之。

社会阶级的存在与否，是要从事实上去观察，决不必因本党反对狭隘的阶级战争，遂否认中国有社会阶级。

第一，资本阶级与无产阶级，已有"见端"。试就新式产业观察，中国产业，近年来有进步的倾向。就机器和原料的输入额说：大战发生前一年（一九一三年）总额为八・〇一九・〇〇〇两。到了一九二一年，为七三・二一二・〇〇〇两，一九二二年为六六・七八四・〇〇〇两，超过一九一三年八九倍。产业的发达，使工农商业的资本激增，而资本集中的现象也很显著。一九一二年工业公司数为五三一，资本为五四·八〇八·二〇二元，至一九一九年，公司数减为四二五，资本额增为一二九·二二一·二四七元。农业公司一九一二年数目为一七一，资本额为六·三五一·六七二元，至一九一九年，公司数减为一〇二，资本额增为一二·四六八·八〇四元。商业公司，一九一二年为一三一，资本额为一三·四二七·二四九元。至一九一九年，公司数不变而资本额则增为二四·〇九一·六三〇元。工厂工人的数目达二十万，而一九一五年农商部统计，手工业工人有一一·四八三·五九八人，而工商业者有二·三八八·一九〇户。

第二，农村阶级的现状，为事亦属可惊。我现在把公孙愈之先生在《前进》第四期《中国农民问题》一文中所列表式及论断节抄下来：

去年谭平山在汉口土地委员会宣布的两个表抄录于下：

按百分法计算各层的农户，其结果如下：

a. 一至十亩的农户有百分之 …………………… 44.45

b. 十至三十亩的农户有百分之 …………………… 24.73

c. 三十至五十亩的农户有百分之 ………………… 16.21

d. 五十至一百亩的农户有百分之 ………………… 9.57

e. 百亩以上的农户有百分之 ……………………… 5.33

按百分法计算各种农户的土地分配，其结果如下：

a. 平均有五亩地的占土地百分之 ………………… 6.16

b. 平均有二十亩地的占土地百分之 ……………… 13.26

c. 平均有四十亩地的占土地百分之 ……………… 17.44

d. 平均有七十五亩地的占土地百分之 ………… 19.40

e. 有百亩以上的占土地百分之 …………………… 43.00

宣布以上的"统计表"之后，于是当然的结论，就是中国土地的分配非常不均。因为百分之五的农户要占百分之四十二的土地，而一亩至十亩的农户，虽然居全农户的百分之四十四，却只占百分之六的土地！然而公孙先生知道这个统计完全是假造的。日本东亚同文会也有一个估计，抄录于下：

所有面积	共占全耕地百分之几
十亩未满的 ……………………………………	42.3
十亩以上的 ……………………………………	26.6
三十亩以上的 …………………………………	15.8
五十亩以上的 …………………………………	9.7

百亩以上的 ……………………………………… 6.6

这个统计，自然也不可信。然而最滑稽的是它与共产党的"统计"恰恰相反。它说十亩以下的农户占土地百分之四十二，而百亩以上的农户占百分之六。据公孙先生的意见，无宁说东亚同文会的数字比较的近于事实。中国很少大地主，这几乎是公认的事实了。

"中国虽然很少大地主，却是一切地主所占的土地确是不少。同时，地租很高，佃户和农业工人所受的压迫很重，这不但是我们自己所熟知，也是许多欧美人的调查所证明的。"

"综合许多材料，可以说中国全国的耕地，百分之五十以上是佃田，而地租平均总在耕地收获的百分之五十，在南方较重，在北方较轻。"

以上是公孙先生的论断。

中国全国耕地百分之五十以上是佃田，所以地主和佃户的阶级现象很是可惊。总理《民生主义》中"耕者有其田"的主张便是根据这种现象。《民生主义》第三讲说：

> 中国现在虽然是没有大地主，但是一般农民有九成都是没有田的。他们所耕的田大都是属于地主的，有田的人自己多不去耕。

农民问题，大地主多固然是严重，大地主少也不失其严重的性质，因为地主和佃户的实际情形是如上所述的！

产业状况和农村状况既如上述，我们断不能说中国社会没有阶级的存在。中国社会固然不像欧美资本主义社会那样一个阶级社会，也不是像原始社会那样，是一个没有阶级的职业社会，这是从上面所述，可以断言的。

六　结语

中国社会是什么社会呢？从最下层的农户起到最上层的军阀止，是一个宗法封建社会的构造，其庞大的身分阶级不是封建领主，而是以政治力量执行土地所有权并保障其身分的信仰的士大夫阶级。中国资本主义受这个势力的桎梏，所以不能自发的发展。自帝国主义的经济势力侵入以后，上层社会除兼地主与资本家的残余士大夫阶级而外，新生了以帝国主义资本为中心的资本阶级。在都市，资本阶级与无产阶级的对立，已有"见端"。在乡村，全国耕地大半属于地主而为佃田，农民土地问题形势极为严重。

　　中国社会便是这样一个社会！

十七。八。十九。

（载《新生命》第 1 卷第 10 期，1928 年 10 月）

立法政策与立法技术
（1928 年 10 月）

一

  无论在革命的破坏时期或是革命的建设时期，立法是掌握革命政权者所不可缓的一件事，表现反革命秩序的法律，到了革命时期，应当为表现革命秩序的法律所代替。然而反革命秩序是反革命势力经过长期间的竞斗乃能建设起来的，而革命秩序却是新兴革命势力短时间内爆发之所得。所以革命时期的立法，比起革命前期的立法，要困难得多。

  立法是法律学家——专家的事业。在一个专家心目中，平时研究的事业到手以后，是没有什么困难的。尤其是法律学家，在今日，——伟大的拿破仑法典及德国民法法典摆在面前的今日，对于立法是不感困难。土耳其革命后全抄了瑞士民治，更是立法家引为安慰的一个可惊的事实。但是这于革命时期的中国实不可为训。

  所谓法律专家，多半是立法技术家。在立法技术家心目中，一种社会制度，若从其性质效果加以分析，本不难表现于法条，最大的困难不过就是各个社会制度，怎样搜罗法学者的成说和立法先例，择其最合于自己的主见者采用之，以完成最理想的"法学者法"。但是我所谓立法事业的困难不是这个。

  立法技术家决不能完成立法事业，尤其是革命时期的立法事业。立法技术家若兼为立法政策家，那末立法事业才可以完成。但所谓立法政策，决不是指就于各个制度，比较各个法学者学说及各国立法先例而抉择以从。立法技术家多不能同时为立法政策家，而立法政策家又不易有法学的素养。立法事业的困难，这是最困难的一点。要解决这个困难，先要认识这个困难。立法事业不可专委于立法技术家，而立法技术家亦当确认立法技术以外，先须定立法政策。

二

革命时期的立法政策和革命前期的立法政策不同。平常的立法政策，要解决两个问题：第一，如何保障社会秩序——如何实现法律的安定性，第二，如何顺应社会的进化——如何实现法律的进化性。革命时期的立法政策，却有不同。第一，革命时期的立法，要破坏旧社会秩序而建设革命秩序。第二，要从革命秩序中，促起社会的进化。

革命的秩序，是建立在社会矛盾上面的法律状态。在革命前期有法学素养的立法技术家，对于这种法律状态易起反感。革命前期的法律所表现的秩序是反革命统治阶级的秩序，革命势力便是产生于这个秩序之下，而不为这个时期的法律所重视，革命爆发，旧法律状态已经打破，而新社会秩序还没有建立，社会组织陷于动摇，从来酝酿于旧社会秩序之下的矛盾尽量发露。这种现象实在超出一个寻常法律学家的学术观察以外，从来的法学素养已表现其无力。

把矛盾的革命秩序引上于正当的法律状态，这是法学家所希望的。这有两个途径：第一是使革命秩序逆转到革命前期的正常秩序，第二是使革命秩序直进到更新的社会的秩序。前者虽止是一个立法技术家的可能事而后者则需要伟大的立法政策家。我们也可以说：革命逆转时期的立法事业易，因为是取前者的途径；而革命进展时期的立法事业难，因为是取后者的途径。我们又可以说：现在的革命已经逆转，而现在的立法事业，已取了前者的途径。

三

法国民法法典是"无意识的"搜罗过去法令及习惯而厘定的法典。德国民法法典及瑞士民法法典却是"有意识的"订立。然而无论立法者对于法典的精神是有意识或无意识，法典的精神总是一贯的。法国民法法典的基本精神是个人主义。德瑞两民法却于日耳曼法系影响之下倾向于社会连带主义。而三者又同有一个中心，以"财产"为中心，换句话说：都是"所有权法典"。

就法典的根本主义来说：中国的立法事业的困难，尚不在立法政策而在立法技术。中国的革命主义是三民主义，不是个人主义，不是社会连带主义。三民主义的法典是中国的立法所企求。三民主义的出发点是民生史观，故中国的法典——尤其重要的是民法法典，应由生存权出发，换句话说：要订立生存权法典。今后的社会制度不是以"赚钱"为目的的资本制度，而应当造成以"养民"为目的的民生制度，所以今后生存的方法和一切剥夺方法不容。生存权法典应当以劳动为中心。

以劳动为中心的生存权法典在立法先例上极为难寻，而法学者学说又多与民生史观的三民主义异其系统。三民主义创造者孙先生对于生存法典也没有系统的指示。所以立法主义虽可以一言确定，而立法技术乃深感困难。

即如土地法，土地使用法，土地征收法，地价税法这些在一个系统以内的单行法，是中国国民党政纲对内政策第十四条根据民生主义所预定，在中国国民党掌握政权以后，应当订立颁行。孙先生关于这个土法法典，早已确定了目的和方法，目的在使耕者有其田，方法在平均地权的报价征税及强制征收。若依了这个去定土地法典的内容，则所谓土地法的部分是规定土地制度的总纲，土地征收法的部分是规定公用征收和强制收买的细则。地价税法的部分是规定地主报价征税的细则，而土地使用法的部分是规定国有土地——官地及强制收买的土地和没收土地——发给农民耕种及农民承受耕地的细则。系统是非常明了，所苦于立法技术家的，是没有多少现存的立法例。在目前土地征收法已经制定了，其内容初只限于公用征收。其他各部分还没有立案的把握。这便是立法技术困难的表现！

又如劳工法，是中国国民党政纲对内政策第十一条根据民生主义所列举。时至今日，早应颁行。劳工法本有无数的立法先例，很不难比较而抉择以从。但是至今没有完成，也表现了立法技术的难点。

四

但若再深加观察，则立法技术的困难还不及立法政策困难之多。

前面说过革命秩序是建立在社会矛盾上面的法律状态。换句话说，革命秩序是革命势力与反革命势力相与对抗的秩序。再换句话说，革命秩序是一种斗争的状态的制驭。

　　露骨的说：革命前期的法律，本来是统治阶级所加于被治者的负担，经过几千年的斗争，这个负担始能存续于被治者之上。即如中国的法律，封建士大夫阶级所加担于农工商的征象很多。秦汉贱商的法令，明清对海外通商的禁律，亘古以来的关征制度，这都是中国资本主义几千年从不发达的一种原因。而士大夫阶级对空论繁文的重视，对淫奢技巧的鄙弃，每个朝代，都成为法令的内容，致令生产技术始终无改进的希望。田赋制度久已是农民的负担，其课税标准是地亩和人头，而不是量资产的多少定重轻。徒弟制度的残酷，家庭工业的工人的地位的黑暗，从不得士大夫一加顾盼。而家庭使用人则求诸奴仆的所谓贱人阶级。中国的农工商人，在这种法律制度之下，常自足于吏胥的不再加法外的纷扰及官员的不再加法外的苛征。诉追后及被诉后的被告的地位，以及起诉后原告的负担，更使农工商人就他们法律上赋与的权利不敢主张，一切一切，拱手于劳心的治人者之前。

　　西洋的法律思想随帝国主义的侵略以俱来。帝国主义侵入中国以后，都市工商业顿起畸形的发展。从来以农立国的中国宗法封建社会，人与人之间，一切关系，都不出宗法，等级，及行会等系属以外。大量的信用交易尚不多有。私法迄不能充分的发达。法令之中，除宗法的系统，等级的差别与国家的统制外，更没有人与人间水平关系的存在。自都市工商业依帝国主义的开发以后，资本主义的法律现象渐渐发生。学者对西洋法律思想因此便安心的接受，且认为有继受的必要，一切法令及法律草案把西洋的所有权法律整个抄来。殊不知法律与社会实际生活不能吻合，只不过一纸空文，更谈不到怎样促起中国社会的进化。

　　在这种情形之下，有两个途径在法学者的面前，供其采择。其一是继受资本主义国家的所有权法律。其一是沿袭适合于宗法封建社会的法律。就民法说，前清末年第一次民律草案和北京伪政府末年第二次民律草案第一第二第三编皆取前者的途径。第二次民律草案第四第五编却取后者的途径。

　　但是社会进化的过程决不会这样的简单。一纸法律决不能破坏封建势力而促进资本主义的发展，也不能妨止资本主义的发展而保存封建势力。封建势力非依革命不能摧毁。资本主义非依外国资本主义不能发达。而革命又必须破坏外国资本主义的在华势力，否则革命不会成功。于是中国社会秩序因革命而陷入矛盾状态，立法政策因此极难决定。

五

中国革命有两个进路，在勤劳民众势力之下，发展国营事业，解除苛税负担，废止剥削制度，这是中国革命的第一条进路。反之，封建势力破坏以后，与外国资本阶级提携，在外国资本阶级监护之下，发达个人事业，但手工业者及农民将愈陷于困穷，一切收益都归于外国资本阶级。这是中国革命的第二条进路。

中国革命既须取第一个进路，便应当发展革命前期潜在于封建势力及帝国主义资本之下的劳动民众势力。这个势力和封建势力及帝国主义势力形成一个矛盾，与中国资本主义势力也形成一个矛盾。中国资本主义势力与封建势力及帝国主义势力也是矛盾的。相与矛盾的各种势力在革命时期都一一表现出来，形成一个革命秩序。

要铲除封建势力，必须废除封建社会的身分制。地主与农民间的身分关系，店主与工人学徒间的身分关系以及商业行会的惯行，而代以契约制，即契约自由主义。但是资本主义的契约制不适于民生主义。民生主义的精神在求经济的平等。经济不平等，则契约自由是虚伪的，而过去的契约自由主义已造成经济的不平等。佃租契约若任地主与农民自由缔结，则其内容何尝能够有利于农民？雇佣契约若任店主与工人自由缔结，何尝能够有利于工人？商业的自由竞争何尝不终于商场的独占？同时，契约自由主义不发达，则身分制的法律又怎样能一旦废除？

外国帝国主义对中国苛刻的诛求，非独是勤劳民众所难堪，即中国资本家也身受痛苦。中国资本主义的发达，离开帝国主义资本的势力，乃不可能。如甘在外国资本阶级雄视之下，食其馂余，则薄弱的中国资本主义只有从工钱的减少及工作时间的延长，去分利润。劳动本位的生存权法典是中国勤劳民众对帝国主义资本要求解放所必需，但又是薄弱的中国资本主义所不愿。如采用财产本位的所有权法律，则中国又趋于前述的第二个进路。中国资本主义仍不能独立发达，一切收益都归于外国资本家。

土地购买在中国虽为投资的重要方法，而购买土地的用意，在不劳动亦不经营而坐得地租的收入。在封建势力及封建势力所保存的封建思想没有消灭以前，这种现象不能铲除，耕种方法的改良便没有希望。要使耕种方法得以改良，必先求地主对土地有意经营，换句话说：必须发达农村资本主义，如此，则契约制的法律必须侵入农村。但是这种法律决不能解放农民，达到耕者有其田的目的。如法律对地主而保护劳动农民，则地主更无意于投资，农村经济又将趋于破坏。

家族婚姻制度在宗法势力之下，饱含着身分制的精神。家长与家属的身分关系凭依于家产制度而倍见其弊害之多。人自儿童以至于成年以后，养育在对外私有，对内共有的狭隘自私的家庭，心目中有家庭没有社会。儿童的家族的保护，又纯为两亲及家长的利益而不是为儿童及社会的利益。婚姻制度的宗法的支配实矫揉男女的性生活，尤牺牲妇女的精神生活和物质的利益。在这种情形之下，依事物自然的发达，当以个人财产制代家产共有制，而使契约制侵入婚姻制度，便趋向于自由婚。与个人财产制并存的自由婚是不是适合于民生社会的理想。

六

在各种势力互为矛盾的革命时期，从封建的传统思想，或从资本主义的法律思想，又或从民生主义的理想，以编订法律，都发现困难。从第一个立场，则法律便成了反动势力的保存者。从第二个立场，则助长帝国主义资本的势力，而抑压农民与手工业者于痛苦之深渊。从第三个立场，则民众的封建惯习还没有消亡，民族的资本主义又忽遭摧毁，一纸法律无从孵化出更新的民生社会秩序。

在立法的时候，如一考上述社会矛盾的实际，必感觉立法政策确定的困难。立法政策的适当的确定，实超出一个寻常法学家法学素养以外。

本文的目的在向法学家及现在负责编订法律者提出立法政策的必需及立法政策的困难。知有困难，始有如何克服困难的考虑。本文的著者虽亦为一个法律学生，虽认识了革命时期立法政策的困难，虽看出现在负责编订法律者多致力于立法技术而无暇，或无力计及革命秩序的建立以及如何由革命秩序中促起中国社会的进化，但无力提出如何解决这个困难的方案，惟有三事，尚得以供革命的法〈学〉家的参考：

第一，立法的基本主义应当固持，勿颁订财产中心的所有权法律。

第二，应在确定的立法主义之下，认识封建势力的潜在和资本主义的进展，为不可抹杀的事实。法律应加以制驭，故法律之中，时或有容留封建的及资本主义成分之必要。换句话说：立法政策对于互为矛盾的势力，应使其表现于法律。民生主义势力发展以后，反民生主义的势力才能够消灭无余。所以在立法的基本主义所容许的范围以内，这些矛盾的势力，还可以暂时的并存。

第三，在全法律系统中，应确立勤劳民众的地位，以促起民生主义的发展。

上面的意见，或系立法政策所必由的原则。根据这些原则而订立的法律，在整饬的一贯的生存权系统之中，虽有时存留适合于宗法封建思想的规定，以顺应社会实际生活的要求，又有时采用资本主义法律的规定以破毁宗法封建势力，但不致阻碍民生主义势力——勤劳民众的要求，——更发展民生主义的势力。

倘革命的同志赐以纠正或补足，则著者将继续研究以贡献于立法者之前。

（载《新生命》第 1 卷第 10 期，1928 年 10 月）

1929 年

中国学校教育之史的观察
——学校教育之理想与实际
（1929 年 3 月）

一　理想与实际的探求

　　本文是历史学的教育论，不是教育学的历史论。历史学的教育论是从历史学上把教育这个社会现象加以论列；教育学的历史论是从教育学上把教育这个历史制度加以考查。本章的用意在于前者。以此占领《教育杂志》的篇幅，而呈示于教育学家之前，作者实抱无限的歉意。

　　历史是一个继续不断的社会过程。中国史是从中国太古原住民族到今日的社会生活继续不断的发达。中国今日的社会现象有许多是和古代不同甚且相反的，但是要深知今日的社会现象，必须追溯那不同甚至相反的古代现象，因为今日的社会现象是由古代不同甚至相反的现象胎育而成的。所以从历史学上观察今日的教育现象，必须追溯到清末改制以前的中国教育现象，而指出其沿袭或变迁。若反是而由教育学上观察今日的教育制度，则中国今日的教育制度是从欧洲到日本，经日本到中国，以及直接从欧美到中国的一个"继受"制度，与中国古代到清末的"固有"制度很少有渊源的。所以今日各学校所讲授的教育史，大抵要从欧美日本教育制度讲起。

　　要了解制度及制度的理想，必须用后者的方法。要深察实际及实际的效用，必须循前者的途径。试更别举两例以明之。

　　造塔是由印度传来的，换句话说，是继受印度的佛教的制度。然而中国的塔的构造，以及人民对塔的观念，却和印度不同。中国的塔大抵是中国宫殿式的层积圆形构造。中国人民以为塔是镇压蛇精或其他魔鬼的。这些不能够求解释于印度浮屠史，而必须求之于中国建筑史及神话史。

选举是由欧美传来的，换句话说，是继受欧美的国会的制度。然而中国的选举是绅士包办，官僚现身的。人民对于选举毫不注意。这不能求渊源于欧洲第三身分的政治斗争史，而必须求之于中国的士大夫政治史。

Clark Wissler 指出美国文化的混合特征是机器发明，普通选举及教育万能（*Man and Culture*，N. Y.，1922，p. 5）。这三个不是孤立偶合的现象而是联合交互的构造。美国的教育万能不是离开机器发明与普通选举而独立发达的现象。中国的教育也不是离开农业经济与士大夫政治的独立现象了。美国的教育制度可以移植于中国，但教育万能的精神是不能够表现于中国的。所以要了解中国教育制度及制度的理想，必须求之于欧美日本教育史。但若要深察其实际及实际的作用，则必须从中国史上求之。

二　特权教育

从历史学上观察教育——学校教育——最好由教育的实施者为谁，及教育所造就者为何，这两点来着眼。

在上古"日出而作，日入而息"，孜孜不息，始能够"鼓腹而游"的时代，没有专门施教育的人，也没有专门受教育的人。前代累积而来的工作经验，由老者记忆以指挥族人的劳动，而老者自己也是由劳动的经过中出身的。古代的人因为生产器具的钝拙及生产技术的幼稚，不能够克服自然，反而畏怖自然。渔捞狩猎及畜牧民族便有拜物教，畜牧及农业民族便有拜天兼拜物教。依此种迷信，而有药咒师及祭师。渔捞狩猎民族因食料供给有限，所以只是二三十乃至五六十人聚居。随生产技术的进步，人口逐渐增加，其初则因老少分工而有世代的组织，其后则因男女分工而有两性的差别，于是有民族组织发生发达。在民族组织之中，父系父权父治的民族，便是宗法。依此种宗法，而有尊祖教，以其宗子为祭师。药咒师祭师是古代专门教育的实施者，因为他们是古代生产知识的保存者。宗子是古代专门受教育及施教育者，因为他们是古代宗法社会的最高贵的身分。药咒师祭师和宗子在中国称为巫觋祝宗。《国语·楚语》观射父述古代的传说，以为："古者民神不杂，民之精爽不携贰者，而又能齐肃衷正，其智能上下比义，其圣能光远宣朗，其明能光照之，其聪能听彻之，如是则明神降之，在男曰觋，在女曰巫。是使制神之处位次主，而为之牲器时复。而后使先圣之后之有光烈，而能知山川之号，高祖之主，宗庙之事，昭穆之世，齐敬之勤，礼节之宜，威仪之则，容貌之崇，忠信之质，禋絜之服，而敬恭明神者，以为之祝。使名姓之后，能知四时之生，牺牲之物，玉帛之类，采服之仪，彝器之量，次主之度，屏摄之位，坛场之所，上下之神，氏姓之出，而心率旧典者，为之宗。于是有天地神民类物之官，是谓五官。"

在封建制度成立以后，农民耕分田，同时耕公田，而妇人、小儿，皆帮随工作。《小雅·甫田与大田》〔《小雅·甫田之什·大田》〕之诗说道："曾孙来止，以其妇子，馌彼南亩，田畯至喜。"《豳风·七月》之诗也说道：同我妇子，馌彼南亩，田畯至喜。农夫及其妇子在公子或曾孙监督之下，以其不怒为幸事。《甫田》之诗说道："攘其左右，尝其旨否，禾易长亩，终善且有；曾孙不怒，农夫克敏。"农隙则："一之日于貉，取彼狐狸，为公子裘。二之日其同，载缵武功，言私其豵，献豜于公。……上入执宫功，昼尔于茅，宵尔索绹。"（《七月》）

在这种徭役劳动之下，农家成人乃至小儿是没有受教育的机会的。受教育的自然以贵族优先。传说中所谓"庠"、"序"、"瞽宗"、"泮宫"，乃是养老及教育贵族子弟的。《周礼·大司徒》所谓"选士"、"俊士"、"造士"，乃是汉人于汉初选举制度创始以后，附会传说而成的。但即依汉人的附会，受教育者仍然贵族优先。例如《周礼》下列各条，便可见之："师氏……以教国子弟，凡贵游子弟学焉。大司乐，学成均之法，以治建国之学政，而合国之子弟焉。大胥掌学士之版，以待致诸子。"此所谓贵游子弟、国子、诸子，都是指诸侯卿大夫的子孙而言。《礼记·文王世子》也说道："凡学，世子及学士必时。"

世子不用说是诸侯卿大夫的长子，学士是"卿大夫诸子"。所以，封建制度之下，受教育是贵族的特权。

封建制度崩坏，土地私有制度成立。一方面农民耕豪民之田，缴纳全收获十分之五为地租，依《汉书·食货志》所载董仲舒之言："小民或耕豪民之田，见税十五。"他方面商人以贩贱卖贵，使农民买贵卖贱，而"子贷钱家"则以重利盘剥为业。农民呢？依《汉书·食货志》朝〔晁〕错所说："今农夫五口之家，其服役者不下二人，其能耕者不过百亩。百亩之收，不过百石，……治官府，给徭役，……又私自送往迎来，吊死问疾，养孤长幼在其中，勤苦如此，尚复被水旱之灾，急政暴虐，赋敛不时，朝令而暮改，当具有者半贾而卖，亡者取倍称之息，于是有卖田宅，鬻子孙以偿债者矣。而商贾大者积贮倍息，小者坐列贩卖，操其奇赢，日游都市，……交通王侯，力过吏势，以利相倾，……此商人所以兼并农人，农人所以流亡者也。"（参照《新生命》二卷三号方岳《中国封建制度之消灭》）

于是有奴隶制度，夷良民为奴隶，供豪宗富室的驱策。在这种商人资本与土地兼并交相为用的情形之下，优先受教育的是什么人，可想而知。所谓博士弟子员者，虽不必官僚贵族子弟，然亦非穷苦无告濒于破产或夷为奴隶的农家子弟。而其举贡，又由于官僚。到了后汉，则诸侯王子弟及大将军至六百石子弟皆有入学的特权。博士弟子员仍选举士子以充之。魏吴皆以官僚子弟入太学。晋则大臣子弟优先入学，而所谓"国子学"则名实相符，为官僚子弟学校。其时选举的制度，则"上品无寒门，下品无高第"，所以学校皆为门第独占。六朝的国学都是这样的。唐的国子学生、四门学生、律学生、书学生、算学生京都学生、弘文馆生、崇文馆生，都是官僚王公子弟。宋代时有兴废，而国子学仍为官僚子弟所独有。金国子监亦同。太学则四百人中，百五十人为五品以上官子弟。元国子学皆贵族官僚的"胄子"。明的国子学，官民优秀子弟皆有。清代的宗学、太学、国子监，皆以官僚子弟优先。

三　治术教育

秦汉以后，也有王公官僚子弟的特权教育，有如上述。不过封建制度已经分解，教育的对象与春秋以前不同。商工子弟大抵不能受特权教育，而商人资本又是流动的财富，虽能一时使个人为经济上优越者，而不能长使一族一家为政治上社会上优越者。土地则稍有固定性，因此，官僚的地位虽荣辱无常，而豪族名门却有相当的持续性，因为豪族名门的基础便在于土地的私有（参看《新生命》二卷二号方岳《关于士大夫身分的几个问题》）。豪族名门能够独占知识，便能够左右选举，也便能够参加特权教育，即不然，私立的书院私塾也优先把捉于其手。这与春秋以前社会上固定的贵族身分独占教育是不同的，但仍不是平民有同等机会的教育。

若从教育的目的观察，则此时期的教育所施者虽不是固定的贵族身分，而是流动的士大夫身分；但所欲养成的人材，却与春秋以前相同。

教育的目的在造就治术人材，而不在造成技术人材，在造成统治阶级预备军，即士大夫，而不在造成指挥生产的专门知识分子。原来自春秋以后，求学是为做官的。所以《论语》说道："仕而优则学，学而优则仕。"

下列一段，孔子教育的对象与目的，尤可一目了然：樊迟问稼。子曰："吾不如老农。"请学为圃。曰："吾不如老圃。"樊迟出，子曰："小人哉，樊须也！上好礼则民莫敢不敬；上好义则民莫敢不服；上好信则民莫敢不用情。夫如是，则四方之民襁负而至矣。焉用稼！"

由此可见所欲造成的人材是去做"上"而不是做"民"的。因为要做"上"，所以只要学治术。治术只是"劳心"而不必"劳力"，所以也不必作稼。不独不必作稼，也不必学农业生产的科学了。然而由农民看来，却是："四体不勤，五谷不分，孰为夫子！"换句话说，士大夫的教育，目的在养成统治人材，即孟子所谓："有劳心者，有劳力者；劳心者治人，劳力者治于人。"亦即荀子所谓："大儒者，天子、三公也。小儒者，诸侯、大夫、士也。众人者，工、农、商、贾也。"（《儒效篇》）数千年来教育的精神不变，数千年后学者的意见仍如下："学校所以养士也。然古之圣王，其意不仅此也，必使治天下之具皆出于学校，而后设学校之意始备。"（黄宗羲《明夷待访录》）

此所谓"治天下之具"，与司马迁所谓"治之具"不同。司马迁所谓治具是"法"，而上层士大夫从来轻法，例如苏轼诗说道：读书万卷不读律，致君尧舜知无术！

原来律是"吏"事，不是"官"的事。因此知"治天下之具"不是指法，而是指政。所以黄先生理想的太学生是与朝廷争政事的："东汉太学三万人，危言深论，不隐豪强，公卿避其贬议。宋诸生伏阙捶鼓，请起李纲。三代遗风，唯此为相近。"

换句话说：学校教育的目的在于造成治术人材，在平时则"致君尧舜"，在变时则与朝廷争政事。再换句话说，学校教育的目的在养成政治活动分子。

四　定型教育

清以前的学校教育——及在科举影响之下的私塾教育，不但是特权教育与治术教育，并且是内容有一定格式型模的教育。假定一个名称，叫做"定型"教育，其目的在使士大夫的思想嵌入一定的定型。

定型教育有两个理由：其一是统治阶级中战斗集团的政策，其二是统治阶级的骥尾即士大夫身份自己的政策。

战斗团体既以武力得政权之后，所希望于士大夫者，正与荀子所称"儒"者相同。"儒者法先王，隆礼义，谨乎臣子而致贵其上者也。人主用之则势在本朝而宜，不用则退编百姓而悫，必为顺下矣。虽穷困冻馁，必不以邪道为贪；无置锥之地，而明于持社稷之大义。"

这是由《论语》所谓孝弟而后不好作乱、"不好作乱而好犯上者鲜矣"这种思想传来的。但是事实上，每一个战斗集团得政权时，平民之中常有反抗思想存在。例如《史记·陈涉世家》：陈涉少时，尝与人佣耕，辍耕之垄上，怅恨久之，曰："苟富贵，勿相忘！"佣者笑而应曰："若为佣耕，何富贵也？"陈涉太息曰："嗟乎，燕雀安知鸿鹄之志哉！"又《项羽本纪》：秦始皇游会稽，渡浙江。梁与籍俱观。籍曰："彼可取而代也。"

其时六国贵族士大夫之后，散在民间，自有这种抑郁思逞的气概。刘邦称帝以后，关东豪族仍然有反抗的势力。如《刘敬传》所称齐诸田，楚之昭、屈、景，及赵、韩、魏后，与豪杰名家，非有以处置不可。所以一方面徙他们入关中，他方面便开始选举——自然不是今日所谓选举。这在最初，不过招徕豪士大夫；后来便以六经为定型，考试士人，使他们在预备考试时浸润于定型之中。继续至数千年后，尚有以异族入关，尊崇朱熹以为定型，开科举以软化士大夫的满清一代。稻叶君山《清朝全史》说道："当时有一朝鲜学者谓帝（康熙）之尊崇朱子，非真心信服，实一种权术而已。彼盖察天下之人心，窥当时之趋向，于是呼号天下，谓朱子之道为帝室之家学，其实彼何赏识朱子之学问，要不过利用朱子之学说，以钳天下之口，以避夷狄之称而已。……于是抱反对清朝之思想者并朱子之学术而呵斥之，而阿附之徒，则皆润饰考亭，以求仕宦矣。"（但译上卷一〇一页）

定型科举制度对于教育的影响之深，是无足怪的。依此定型乃可以致身仕宦，致身仕宦乃不再反抗战斗集团了。这本是人情之常，最透澈的是下列自叙：苏秦喟然叹曰："此一人之身，富贵则亲戚畏惧，贫贱则轻易之，况众人乎？使我有洛阳负郭田二顷，吾岂佩六国相印乎？"（《史记·苏秦传》）最忠实的是下列行事：荣大会诸生，陈其车马印绶，曰："今日所蒙，稽古之力也。"（《后汉书·桓荣传》）

在士大夫身分自己，则一旦居社会中生产者的上层，则必须封锁身分，使之不滥，今不惮烦，抄近世学者笔记一段于下，以明封锁的重要：

> 晋宋以来，尤重流品。故虽蕞尔一方，而犹能立国。《宋书·蔡兴宗传》：兴宗为征西将军，开府仪同三司，荆州刺史，常侍如故，被征还都。时右军将军王道隆任参国政，权重一时，蹑履到兴宗前，不敢就席，良久方去，竟不呼坐。元嘉初，中书舍人狄当诣太子詹事王昙首，不敢坐。其后中书舍人王宏为太祖所爱遇，上谓曰："卿欲作士人，得就王球坐，乃当判耳。殷刘并杂，无所益也。若往诣球，可称旨就席。"及至，球举扇曰："若不得尔！"宏还，依事奏闻。帝曰："我便无如此何！"——五十年中，有此三事。……自万历季年，缙绅之士、不知以礼饬躬，而声气及于宵人（原注：如汪文言一人为东林诸公大玷），诗字颁于舆皂，至于公卿上寿，宰执称儿，而神州陆沉，中原涂炭矣。（顾亭林《日知录》"流品"条）

封锁身分的条件不外乎门第、品行及知识。门第是土地权及官僚地位的产物，品行则出于游扬，知识则源于特权教育。然而秦汉以后的士大夫身分与以前的贵族身分不同，较富于流动性。士大夫身分为使其身分在社会组织中永保同一地位而不因个人的流动有所变化计，于是不独独占知识的来源，并且确定知识的标准。知识的标准自然是依身分的基础来定的。

士大夫与工农商贾之间是一种权阶制度（Hierarchy）的关系。所以身分意识所流露的学说，其中心思想便是"分"。"分"之例示的定义便是"君君，臣臣，父父，子子，夫夫，妇妇，兄兄，弟弟"，而解释的定义便是荀子所谓"度量分界"。千年之后，宋明学者虽篡取禅学之说，还是一个"理一分殊"。所以儒家的学说是士大夫身分的典型的学说。宋代以后，书院盛兴，于教育有些影响，而大体的说，其教育不外是在"理一分殊"的标准之下教育治术人材。

然而我们要注意的，上述学校制度不过极少数人的教育，其影响可以说是极少。影响大的不是学校而是选举。选举对于士大夫治学有关系，士大夫治学即以选举所定的型模为准，所以可以叫做定型教育。不过选举的精神却与教育不同。下列数语，可以把选举与学校的差别及古来学校的作用解释清楚：

取士之法，自汉至隋为一类，自唐至明为一类，无论或用选举，或凭考试。立法虽有短长，而大意实不相远。汉魏至隋，选举为主，而亦间用考试。唐宋至明，考试为主，而亦参用选举。要之皆就已有之人才而甄拔之，未尝就未成之人而教成之。故家塾则有课程，官学但凭考校。（光绪二十七年五月张之洞、刘坤一《会奏变法自强第一疏》）

五　教育制度改革之初

中国自秦汉以来，社会常停顿于商人资本与土地兼并交相为用的经济状态，而政治亦常往来于战斗集团合并分解之环中。随此种合并分解，士大夫身分起伏变幻而永持一国的治权。社会的停顿与循环，非有外来势力的侵入或内部势力的发展，不能变更。内部向外的发展，自汉以来间亦有之，但其过程是间断的、狭小的，且不能冲抉封建军国的藩篱。于是中国社会的变革只有待外部向内的侵入。

外国势力侵入中国，其表现为军火，为交通机关，为商品。军火、交通机关及商品所以能压倒中国的，肤浅观之，乃因为其有科学与技术。此种表现，刺激了中国士大夫。寻源推本，他们以为军火、交通机关及商品的根源之科学与技术，只有"就未成之人而教成之"，决非从来治术教育之下"五谷不分"的"已有之人才"所能为力。换句话说，其时中国的地主士大夫方以为"焉用稼为"，与生产技术远相隔绝；而商人亦袖手优游，只凭市场的昂落取利润，只凭资本的利息取赢余。中国在外国商业战争的蹂躏之下，只有发达资本主义，而资本主义技术却从无储积可用。正如李泰棻请推广学校折所说："曰：然则岩穴之间，好学之士，岂无能自绩学以待驱策者？曰：格致、制造、农、商、兵、矿诸学，非若考据、词章、帖括之可以闭户獭祭而得也。"（舒新城《近代中国教育史料》第一册二页）为储积资本主义技术人才，所以采用欧美日本学校教育制度。

但是，中国的商人资本，因其本身是兼并农人的，所以破坏了农人的购买力；农人的购买力衰落，所以商人资本不能发达为工业资本。中国的地主，依农人的徭役劳动与现物地租而为生，所以只投资为地价而不自当农业经营之任。资本主义的经营方法从未发达于都市，更未移用于农村。因此，中国的资本在外国强制开关的时候，还没有扩大商工业以适应时势的气魄，有些且畏惧开关。中国的开关是纯被动的。在纯被动的开关时，最使战斗集团与士大夫身分感觉者是中国军事组织即国防机构的薄弱。换句话说，他们于军火、交通机关及商品三者之中，最感觉军火的切肤。统治者自然与经济生活所切肤的商品较难痛感其利害，而感受商品的利害者又没有充分的实力。

因此，中国初创学校的时期，虽也感技术人才的必要，而宁重视于变法图强的治术人才的培养。不独重视治术，且畏避技术的昌明，因为资本主义的发达，本有破灭封建政权的必然性。下列数语是很切要的：

> 然一旦悉取旧制而骤更之，不独宿学者儒咸伤废弃，且率天下而专骛于功利机巧之事，势必尽举六经四书概置不读，即有奇材异能，而于大纲大本之地未加讲求，逞其智能勇略，设有奸徒倡为邪说鼓惑煽诱于其间，小则启离经叛道之思，大则为犯上作乱之潮，其患何堪深道。（王之春《覆议新政疏》，舒新城前书一册一〇二页）

所以当时，除不废科举，反以科举诱导士子入学而外，光绪三十二年所定教育宗旨为忠君、尊孔、尚公、尚武、尚实五项。这年十二月上谕尤具体申言之如此：学堂以中学为主，西学为辅；培养通才，首重德育；并以忠君、尊孔、尚武、尚实诸端定其趋向。

这其中含有多少军事组织分解的危惧及国民革命爆发的恐怖！

六　军国民教育的用意

战斗集团及士大夫身分因强制开关而最先感觉者是中国军事组织即统治机构的薄弱，已如前述。此薄弱的军事组织果因资本主义侵入而分解。我在《中国社会之史的分析》小书中，关于辛亥革命有下列的叙述：

> "东亚诸国随帝国主义强制开关，进入于资本主义的过程，封建军国当然陷入崩坏的定命。在中国境内，滨海沿江建设了空前的商埠，铁路轮船纵横国内，农村经济已成了工商业发达的代价而为之牺牲。在这个时期，和日本下层武士阶级站在商业资本阶级先头，反抗封建的统治，造成明治维新的局面一样，中国的满清朝廷为准备资本主义建设而养育的知识分子，站在市民的先头，反抗满

族的封建统治。

但是，因两方面的原因，辛亥革命终于失败。第一，资本阶级的势力还没有成熟。第二，旧封建军国因革命的打击而破坏，其崩坏过程为军事组织的分解，遂演成革命后的割据局面。"（一三六页以下）

依上所述，辛亥革命是迫于外国资本主义的刺激，于中国资本阶级成熟之先急起的革命。这实与欧洲诸国民主革命为第三身分即市民阶级奋勇争夺以攫政权者不同。所以革命以后，政权仍归于帝国主义相结的战斗集团与破坏了的士大夫身分。

辛亥革命既不是社会势力的倒转而是军事组织的分崩，所以民国元年以后的教育定为军国民教育。其用意不外乎是军事组织的整理，而所谓军事组织（即统治机构）原有外御强侮与内弭革命的两意义。最鲜明的是二次革命失败，袁世凯所颁布的教育宗旨，为爱国，尚武，崇实，法孔孟，重自治，戒躁进。其最要之语是："凡一切邪说暴行，足以启作乱之渐者，拒之勿听，避之若浼，恶之若鹰鹯之逐鸟雀。"（舒新城前书二册一〇六页。）

依此以观之，革命的恐怖，比外侮的侵陵，强大多多了。因此，当时的教育，在施教者看来，与其说是重技术教育，毋宁说是重治术教育与定型教育。

在这种治术定型教育之下，民众是不能忍受的。社会经济的发达，忽遭逢世界资本主义的动摇与停滞而感受刺激，革命思想的郁积，忽遭逢帝国主义列强的战争爆发而兴起。前者有破坏治术教育的要求，后者有扫除定型教育的倾向。此后的教育思潮，为非军国主义的自由主义思潮，其表现为公民教育运动、职业教育运动及平民教育运动；又为反资本主义的革命思潮，其表现为党化教育，即三民主义教育。

七　公民教育职业教育及平民教育无效的根源

公民教育、职业教育及平民教育在欧美是资本主义的产物，在中国是空想的幻影，为与经济生活隔膜的知识分子所追求。

中国的封建制度分解已久。秦汉以来，中国有封建的地租，有大土地私有，有为地主而治理的官僚政府。但此三者竟不相汇合以操于一个阶级之手，所以中国的社会有封建的象征，而没有封建制度。封建制度是三者的汇合，中国社会只有三者的分立。

中国的商人资本发生已久。中国有资本的蓄积，有剩余的人口。但此二者竟不能对立以形成资本主义的生产制。自然经济对抗着货币经济，商业资本压倒了工业资本。（参看《新生命》二卷三号方岳《中国封建制度的消灭》）

中国的地主类似于欧洲中世的土地贵族，袖手游闲以取尊荣。中国的商人类似于欧洲中世的 Guildmen，退缩持重而畏政治。换句话说，中国没有欧洲的第三身分，即要求民主的市民。

中国的政治活动从来独占于士大夫身分之手。他们与经济生活隔离，他们向生产技术蔑视。他们自认为统治者，为"国之瑰宝"，唯政治地位即劳心的治人者的地位之幻影是求。（参看拙著《中国社会之史的分析》附录一）

中国自接触世界商场，便已为帝国主义列强所压倒。中国都市确已资本主义化，但享受其利益，沾取其实力者，是外国资本家。中国仍然没有第三身分即市民，而只有买办式的仰息承欢坐分余利的豪富。民族资本主义既不能够发达，所以，清末维新以后，为准备资本主义所教养的人材，不用于机器文明的建设，而走入了政治活动的旧轨。此种旧轨忽歧为相反的两途。其一为自由主义的景慕，其二为社会主义的追寻。此外则小径别开，陷进了官僚士大夫的泥淖。

没有自主而为政治奋斗的第三身分即市民，则公民教育虽为民主政治的良药，而病者却退缩而不能急起直追。没有发达的资本组织，则职业教育虽为改良生计的要义，而需要之缺乏仍抛弃技术人材于饥冷的街头，失业流散的农民与工人也没有受平民教育的优闲和福气，所焦心者别为简单切迫的衣食问题。

八　治术教育与定型教育复活的机遇

说中国没有西欧式的第三身分，就是说中国只有勤劳民众与腐旧势力的存在。接受现代思潮的是中世的残余士大夫与现代式的新兴知识分子。他们的力量注重于改革，换句话说，即注入了政治活动。

政治活动不是生产的活动，不是生产技术的施用。政治活动所需要的是治术。这是古代治术教育复活的机缘。

政治活动不是和平的活动，不是个人能力的施用。政治活动所需要的是主张与斗争。这便是古代定型教育复活的机缘。

若误解党治主义与党化教育，则上述的机缘必一朝成熟。我们必须注意的是：党治与民权主义是贯通的。党化教育与生产的勤劳民众是密接的。这不在本文论述之列。

九 结论

依于上述，我们可以说中国固有的特权教育，定型思想，治术修养，是旧来土地兼并与商人资本交相为用的经济以及士大夫政治所造成的。依黑格儿所说："一切现实的，都是合理的。"

中国社会经济的发达与民权政治的要求，必然扫除此种教育制度。依黑格儿的推论：一切非现实的，都是不合理的。

但是，乍见似乎合理的，却不必是现实的。军国民教育、公民教育、职业教育及平民教育，虽反于古代的特权教育、定型思想与治术修养，而注力于技术人材的造就与第三身分的培植，然而基础与对象既与西欧悬殊，西欧制度的移植，却竟没有成效可言。整千整百的技术人材仍流入治术的活动，而使古代的教育又有复活的危机。

在教育家看来，这是悲观的。在历史家看来，这是必至的。教育制度及制度的理想本可求之于欧美的文明。教育的实际与实际的效用却仍决定于中国的历史。

但是："一切合理的，都是现实的。"我仍旧用黑格儿的话。中国旧制不是不能扫除，而且应当扫除。欧美新制不是不能参用，而且应当参用。但是，中国的政治经济与教育不可分离的基础现象，却非先加深刻的观察不可。无论如何，教育制度改革案若不对中国政治经济加考察，而唯以法美英的现行制度及中国的传统思想作基础理由，必定是一个不合理的改革案。这是我所能提出的不能使教育家满意的消极的结论。

一九二九，二，二五，上海

（载《教育杂志》第 21 卷第 3 号，1929 年 3 月）

社会科学讲座
（1929 年 1—6 月）

一　历史的法则可否成立
——在上海复旦大学中国文学科演讲之一
（1929 年 1 月）

一、何谓科学？

科学是探求因果关系之法则底学问。科学的使命，在从混沌错杂的现象中，探求因果关系的法则。

（一）先要说明什么是因果关系

因果关系便是多数现象间的依存关系。因有甲现象而后有乙现象继起的关系便是因果关系。例如，用火煎水，水变成蒸汽；因水煎而后有蒸汽奔腾的现象继起。又如，小儿以石投窗，窗上玻璃破碎；因投石而后有窗破的现象继起。两例之中，各有两个现象，两个现象互相依存，两现象间有因果关系。但是我们应当注意：

（1）因果关系不是两个孤立现象间的依存关系。相依存的各现象不是各在于停顿的状态，而是各在于流动变迁之中。一切现象都在于流动变迁之中。原因与结果，不断的变换其位置。一个现象在这里是原因，在那儿是结果。例如杀人，死是杀人行为的结果，但又是家属悲惨贫困的原因。杀的行为是死的原因，但又是迫于贫乏或激于愤怒的结果。若认为因果关系两端的各现象是孤立的，那便陷于极大的错误。

（2）原因与结果之间有交互作用。结果依存于原因，原因也影响于结果。若认定原因与结果是固定的相对立的两端，便陷于极大的错误。

（二）再要说明什么是法则

科学的使命不在单纯探求因果关系，而要探求因果关系的法则。如前例，水煎成蒸汽，小儿投石以破窗，固然有因果关系；但是，水热不达于沸点便不能化为蒸汽；小儿投石不中，中而无力，则玻璃不破。煎水与蒸汽，投石与破窗，两者之间各有因果关系，但没有必然的关系。科学的探求在发见各现象间的必然关系。法则便是指各现象间的必然关系而言。孟德斯鸠在其名著《法之精神》中规定法则的意义："依这个辞语的最广义，法则便是由物之本性发露的必然关系。在这个意义上，一切的存在物，各有自己的法则。"例如引力的法则。由高处落下的物体向地的中心吸引。凡是由高处落下的物体都必然的是这样。于是有引力的法则。但是我们应当注意：

（1）科学的对象——例如自然现象，本含有一定的法则。但是人类对于法则的发见——科学的知识，是随人类生存的需要而存在的，是随生存技术的进步而进步的。所以，科学的发见本有客观的限制。前人所定立的法则，因研究的进步，常被后人补充或纠正。每个科学家都是过去经验和技术的产物，同时又受过去的经验和技术的限制。

（2）一切现象都在流动变迁之中。在同一条件之下，再现出同一的现象，这是不可能的。严格的说，每一个现象只有一回的实现。所以，不问时间和空间，莫不正确的法则是没有的。我们只能在流动变迁的现象中，探求近似于正确的法则，换句话说，在一定时间一定空间内正确的法则。

综结上述，因果关系是多数现象的依存关系。法则是各现象间相互关联的必然性。因果关系的法则，便是多数现象间的必然的依存关系。有甲现象的发生存在，必然的有乙现象的继起。科学的使命便在于发见这种必然关系。

二、何谓社会科学？

（一）自然现象与社会现象

科学的对象可以分为两种：一是自然现象，一是社会现象。自然现象与社会现象有三点差别。

（1）社会现象是有意识的，自然现象是无意识的。

社会现象通过人类的头脑才发生。自然现象与人类的意识没有关系。这是两者的差别。但是，人类的意识不外环境的反映，不外对于刺激的反射。

（2）社会现象是有目的的，自然现象是无目的的。

在自然现象中，无意识的盲目的能因，相互影响，在相互影响之中，发见一般的法则。反之，在社会历史上，一切能因，皆有意识，皆有思虑，皆有感情，一切现象都有一定的意欲和目的。但是，社会历史的运用，仍有超脱人类意识和目的之法则存在，和自然现象是相同的。

（3）自然现象的劳动与社会现象的劳动，形态不同。

人类为生存而取材于自然，所以劳动。在劳动过程中，人类自身不外一个自然力。人类是一个自然力，与自然材料相对立，这和动物是一个与自然材料对立的自然力相同。但是，人类的劳动是使用工具的劳动。动物的劳动是使用身体器官的劳动。本加明佛兰克林说"人类是制造工具的动物"，这便是社会现象的劳动与自然现象的劳动不同的所在。

冯德《伦理学》分科学为自然科学与精神科学。前者研究物的世界，后者研究灵的世界。灵的世界的特色是（一）价值的世界，（二）目的之王国，及（三）意志之王国。这也可以透露上述的差别的消息。

（二）社会科学及其分类

由自然现象中探求因果关系的法则的学问是自然科学。由社会现象中探求因果关系的法则的学问是社会科学。自然科学及社会科学，依所研究的现象的分类，各可分为多数的特殊科学。

自然科学依其研究对象为无机物或有机物而分类。前者如数学，天文学，机械学，物理学，化学。后者如动物学，植物学，生理学等。

社会科学的分类可依左列两个标准：

（1）依所研究的对象而分类，其一以一般社会为研究对象，其二以特殊社会现象为研究对象。

（2）依研究的方法而分类：其一为理论的方法，其二为历史的方法。

以一般社会为对象的理论的研究，如社会学。以一般现象为对象的历史的研究，如历史学。以特殊社会现象为对象的理论的研究，如经济学，政治学，法律学。以特殊社会现象为对象的历史的研究，如经济史，政治史，法制史。若列表则有如左记：

```
                            ┌ 一般社会──社会学
               ┌ 理论的方法 ┤          ┌ 经济学
               │           │          │ 政治学
               │           └ 特殊现象 ┤ 法律学
  社会科学 ┤                          └ ……
               │           ┌ 一般社会──历史学
               └ 历史的方法 ┤          ┌ 经济史
                           │          │ 政治史
                           └ 特殊现象 ┤ 法制史
                                      └ ……
```

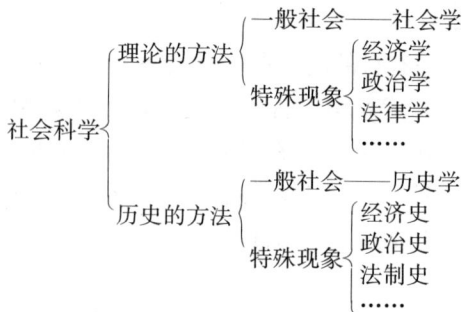

三、社会的史的法则可否成立？

由自然现象抽出的法则是自然法则。由社会现象探求的法则是历史法则或社会法则。历史法则是不是可以成立？这在今□不无异论。如果历史法则是不可能的，那末，社会科学便不能成立。所以，我们要讨论这个问题。

（一）反对说一

从来很多的学者否认历史法则的存在。他们的理由是这样的：

（1）自然现象比社会历史现象较为简单，所以自然法则是可能的，而有高度复杂性的社会历史现象没有抽出法则的可能性。

（2）自然现象的观察，可以把同一现象反复观察。社会历史现象不能够反复实现，所以也不能够反复观察。

（3）自然现象可以用人工来再生产于实验室，社会历史现象没有人工的使之再生产的可能性。

总之，历史的现象都是只实现一回的。法国大革命不独不能够再造于我们的眼前，并且和别国的革命有不同的特征。所以历史的现象，各有其偶然的原因和特殊的结果。若除却了天才的人物或大立法家，则历史全变更了面目。中国的历史，此〔比〕希腊罗马要早得多。封建制度在欧洲早已崩坏，资本主义的生产早已发达，社会主义的条件早已萌芽。中国的社会经济却到如今没有脱离农业手工业的阶段。原因在：欧洲有蒸汽机的发明，而在蒸汽机发明以前已有纺织机械的发明。因有这种种发明，欧洲各国相次完成了产业革命。中国的士大夫疏忽天然现象与生产技术，所以没有发明机器。没有瓦特，所以中国资本主义史不会开端。日本的历史，如没有明治天皇的大才和伊藤博文的良辅，则维新的大业不能实现。如李鸿章不受加西尼的引诱，则一八九五年以后的列强政治侵略不会那样激烈。每个历史现象各有其偶然的原因和特殊的结果，决没有一定的法则。

（二）可能说一

一个科学家决不能以上述的反对说自足。反对说在学术界不过是一种虚无主义。他们否认科学的探求，他们又不能自提科学的方法。历史的现象如果是孤立的突起的现象，而天才的英雄和发明家是超人的人物，不受环境的决定，则反对说是可以成立的。否则反对说所持三个理由都没有一顾的价值：

（1）社会现象有高度的复杂性，这不过需要较多的劳力来研究。高度的复杂性决不能引出历史法则不可能的结论。

（2）社会现象的反复性，严格的说，是不可能的。但是自然现象也决不能够在同一条件之下反复实现。近似的现象的反复却不问社会现象或是自然现象，都是寻常的事实。冯德《哲学概论》说：

> 这个形式的观察（自然现象的反复性和社会现象的非反复性的观察）由两点上看来是不当的。第一，以为单一现象在自然科学上没有地位是不当的。例如地质学差不多全由单一的事实成立。……第二，说历史的现象不会反复，也全然不当。自从波里比由司以来的历史家，不去指出在相异的时间和地域发生的具有一样内部结合的类似的现象系引，确是很少，只要他不是编年记者。这种历史的类似物，历史家为作成特定的结论，常常利用。

所以，历史是反复的。中国的历史差不多大半是封建军国分崩复合史。历史的反复性是不能否认的。便在欧洲史上，也有如古诺飞雪尔之所说：罗马帝制的必然性及帝王暗杀的不成功，有两次的证明。这便是菲利朴之战及亚克帝窝姆之战。正和布尔崩王家两次逐放相同，拿破仑两次逐放。

（3）历史又可以实验，依抽象法来实验。这种抽象法的再生产，在科学上是寻常见的而且是必要的。同时，历史的活动家在实际上也可以实验，无意识的实验。历史的活动家在类似的环境和地位时，常从事于类似的活动。法国革命的拿破仑和辛亥革命的袁世凯，颇有类似的行径。

（三）反对说二

反对者又说：历史家不是超人间的，他却是属于一定的阶级党派。他是自己的环境和教育的产物。他于社会历史现象常有利害关系。他对于历史过程常抱希望和感情。他对于历史的记录，常加入主观的色彩。事实和事实的评价，是两件事。历史的记录常含有事实的主观的评价。

这当然含有错误。基于错误的记录而引出法则，则法则也不会正确。同一个法国革命的事实，克鲁泡特金归功于农村暴动，注意于公盟的无政府活动；马克思归功于城市工人，得到无产阶级专政的方略。其他历史家则多描写革命首领的人物性格，归全功于他们几个人。革命事实和政策的主观评价，常引出纷歧的记录。历史法则决没有从错误的记录中抽出的可能性，历史法则的探究，终属徒劳。

（四）可能说二

历史家及社会学家的阶级党派的偏见，确是历史法则研究上重大的难关。但是这个困难不单见于社会科学史，便在自然科学史上也不少同样的困难。尤其是在社会变革时期，旧社会的拥护者对于革命势力的主张促进者的学说，常取斗争的手段。欧洲中世纪的宗教法院杀戮了不少的自然科学家。时至今日，尚有美国某州的猴子事件。教会贵族的政权，依封建的经济制度及宗教的迷信始可维持。破坏宗教迷信的自然科学的发达不独破坏宗教的迷信并且破坏封建的经济制度。自然科学家当然是要受他们压迫的。所以没有勇气，决不能成科学家。自然科学的自然法则也曾经过残忍的抑制和坚决的奋斗。反对论者所持的最后理由决不能否认历史法则成立的可能性。

一七，一二，一七，病中自记。

（载《新生命》第 2 卷第 1 号，1929 年 1 月）

二　社会进化说与文化传播说

A　总论

　　1. 问题的提起

　　2. 两说的差异

　　　　a. 文化的起源

　　　　　　甲　复源说

　　　　　　乙　单源说

　　　　b. 文化的起因

　　　　　　甲　发明说

　　　　　　乙　模拟说

　　　　c. 文化的发达

　　　　　　甲　独立发达说

　　　　　乙　传播说

　　　　d. 文化的程度

　　　　　甲　阶段说

　　　　　乙　非阶段说

　　3. 综说

B　社会进化说

　　1. 进化的基因

　　　　a. 多元论

　　　　b. 一元论

　　　　　甲　唯心论

　　　　　乙　唯物论

　　2. 马克思的社会进化论

　　　　a. 社会的构造

　　　　　甲　社会的基础

　　　　　乙　上层建筑 一

　　　　　丙　上层建筑 二

　　　　b. 社会的变革

　　3. Morgan 及 Engels 的历史论

　　4. Muller-Lyer 及□的历史论

　　5. 几个注意点

C　文化传播说

　　1. 传播的证据

　　　　a. 大石文化说

　　　　b. 日子文化说

　　　　c. 探矿说与母神传播说

　　　　d. 巴克族移民说与彩色土器传播说

　　2. 传播的法则及理论

　　　　a. 一源说

　　　　b. 地带说

　　　　c. 其他

　　3. 几个注意点

D　批评

　　1. 批评派

2. 卑见

——在上海复旦大学演讲之二

A 总论

1. 问题的提起

一、法则探求的可能

历史的法则既可成立。法则探求的方法是怎样呢?

(一)历史的探究

历史的探究不一定便抽出相对正确的法则。

第一,历史的记载,始于较高的文化的时期。人类在较高文化时期,他们的活动,自以为不受何种客观条件的支配。一切活动以自由的,意识的活动的表象而实现。一切活动,都觉有意欲和目的,存在于其间。社会的现实,以客观的隐蔽的力而存在,为历史家所不见。

第二,支配社会的力,有时以"神意"而感觉。自然崇拜,祖宗崇拜,乃至商品崇拜的宗教的迷信。把一切历史的运命归于神意。社会的构造和社会的变革都依神意而型成。社会现象都不外神所指挥和规定的人类自由意志的结果。依此迷信,历史家以神意解释社会生活的运命。

第三,人类常注目于杰出人才的活动,及轰烈炫耀的奇迹。广大的民众日常生活及他们为生存而劳动及斗争,这些构成社会的存在及历史运动的根柢之社会的现实,隐蔽于历史家意识限界的背后。灰色的冷啾的惯见的现象,不值注意,逃脱了历史家的眼帘。人海的浮面,有多少英雄豪杰政客法家和勇将雄军的大业。

因此,研究社会及历史的人们看不见社会历史的法则。便在这种状态之下,历史的法则间或依哲学家粗疏的触及。例如古代希腊衰落时期,阶级的矛盾,决定了社会国家生死存亡的关键。柏拉图氏便得到一个社会学的论断,以为贸易及产业使国家人民诸社会层,达到了破坏国家机关的对立状态(亚克色利罗德《社会学的批判》日译本二六页)。又如东周乃至春秋战国时期,治乱的迭乘和各国的分合,于历史家哲学家实属触目惊心,感觉了历史的辩证法的发展。所以周烈王二年,周太史儋见秦献公,说:"始周与秦合而别,别五百载而复合,合十七岁而霸王者出焉。"(《史记·周本纪》)尤其是在十九世纪,产业革命完成的时期。社会阶级的分化,益趋明了,复杂的社会条件,益化简单。历史家尤其是 Guizot,Migret 及 Thiers 指出了社会变革中劳动群众的势力。

历史上社会阶级的推移，已成明显的动力了（参看 Guizot's *History of Civilization in Europe*，tr，by G. W. Knight）。

因此，历史法则的探求，便成为必要而可能的事情。

（二）前史的探究

帝国主义的势力，发现了全世界的多数的民族。世界多数民族的发见，引起了人类学的探求。资本主义的需索，发掘了世界各地的地层。各地地层的发掘，促成了地质学的研究。半原始民族的发现，和古工具的探得，使前史时代的奇迹，呈现于吾人的眼帘。"我们对于罗马，只知其中世史，于希腊，只知其近世史。"（Opperheimer-state）但依这些发见，供我们有追寻前史时代社会状况的兴趣和可能。过去的古代民族，"其人与骨皆已朽"，所存留的只有用具之类，如石器铜器和陶器，与历史时代人类使用的铁器乃至蒸汽机，实指示文化发达阶段的不同。现存的低级民族，比较欧美蒸汽机关时代的民族，其文化的特征尤其是用具的粗拙。石铜铁器不独亘古及今，并且通中达外，散布于极长的时间和极广的空间。历史法则于此始有探求的高度可能性。

二、法则探求的方向

文化指数之工具如石器铜器铁器，乃经济环境如草木（Flora）及禽兽（Fawna），由时间上加以研究，便成为社会进化说的资料；由空间上加以研究，则可为文化传播说的例证。但是，文化传播论（Diffusion of Culture Theory）者反对社会进化论（Social Evolution Theory）。而社会进化论者也反对文化传播说。在详述以前，先指出两者的差异。

2. 两说的差异

（a）文化的起源

就于文化的起源：

（甲）进化论者常主张复源说，以为文化从始便各自独立起源于各地。这叫做文化复源说（Theory of Plural Origin of Culture）

（乙）传播论者有主张单源说，以为世界的文化只有一个，由一地起源，传播于全世界。这叫做文化单源说（Theory of Single Origin of Culture）。或叫做文化继续说（Theory of Culture-Sequence）；或叫做文化接触说（Theory of Culture-Contact），前者为培利博士用语。后者为司密斯博士用语。

但有人承认传播说，而否认单源说，以为文化可以传播，但世界文化不止于一个起源。这便是平行说（Parallelism）。又或承认传播说，但也承认独立起源的两个以上文化，依进化而可以发生类似的现象。这叫做同归说（Theory of Convergent Evolution）。

关于（甲）及（乙）两说的差别，参考日本西村真次文化移动论。关于调和论，参考（Clark Wistler-*Man and Culture* 及 Rolland Dixon-*The Building of Culture*）。

（b）文化的起因

就于文化的起因或型成：

（甲）进化论者常主张发明说，以为在某种条件之下，人类各自独立的能够发见或发明（Discovery and invention）。因为人类都能够发见或发明。所以世界文化的起源不止一个。

（乙）传播论者有主张模拟说，以为发见和发明是困难的，一个民族只有依外来的影响，对别民族的工具和其他物质的精神的社会的风俗习惯制度，加以传袭。所以世界文化只有一个。

但有人承认传播说，又承认人类在某种条件之下，也可以独立发见或发明。例如 Dixon 便主此说。

（c）文化的发达

就于文化的发达：

（甲）进化论者常主张独立发达说，以为依某种条件的变革或变动，文化是可以独立发达的。

（乙）传播论者有主张独立发达不可能说，以为民族如没有和别民族接触，则其文化便陷于停顿状态。必须与外来影响接触，文化才有进步或变化的可能。

于此也有调和论，以为民族接触使文化变迁。但经济条件的变化也可以独立促成进化。

（d）文化的程度

就于文化的程度：

（甲）进化论者有认定文化发达有一定阶段的（Stages），如摩尔根（L. Morgan-*Ancient Society*）即其著者。但也有不认一定阶段的。如威斯脱马克教授（Westermarck-*History of Human Marriage*）。

（乙）传播论者常否认文化阶段的存在。

3. 综说

自来的社会历史学者多取社会进化论。尤以达尔文学说昌明后，社会进化论得到有力的佐证。到最近，依所谓曼切斯脱学派者，始有极端的文化传播论。这个学派的代表者是李威尔斯（W. H. R. Livers）、司密斯（Elliot Smith）和培利（W. J. Perry），尤以后二人为极端。司密斯以为文化发生于埃及，由这里游行传播于世界。培利以为埃及文化传到西欧，更传到世界各地。他们的证据是大石文化，可以叫做大石文化说（Heliolithic Theory）。

此外一派以葛里博（Graebner）为创始，继起稍加改变的是舒美德（□ Schmidt），而李威尔斯曾一度用其学说作根据以研究麦兰里西亚诸民族的文化。这一派以为世界化可依朴野文化的分类而分为若干文化层（Culture Strata），各文化层含有若干特殊的典型的混合特征（Trait complex）。各文化层逐渐扩大，有时互相复合，以型成世界各地的文化。这可以叫做文化层圈说（Theory of Culture Strata）。

于进化说和传播说之外，有对于两说都加以批评的一派，可以叫做批评派。对于社会进化说所建立的诸法则，搜举多数有力的例外，以否认其普遍妥当性；同样的对于文化传播说也认为浪漫的奇迹。这派最显著的，如罗威（Lowie-*Primitive-Society*）及哥尔敦外勒尔（Goldenweizer Early）。

在中国，社会进化说的介绍和应用，自严复、刘师培等始。至于文化传播说的介绍，则梅思平及江绍原等有几篇论文，载在《民铎杂志》和其他刊物，还没有引起一般的注意。以下于社会进化说则详于摩尔根和 Muller-Lyer 之说，而涉及马克斯的唯物史观。于文化传播说，则先举证据，后叙原则。最后对两说加以批评。有足为读者告的，是记者取社会进化说，对于文化传播说证明的事实也加承认，但决非调和派。

一九二八，一〇，旧稿改定。

（载《新生命》第 2 卷第 2 号，1929 年 2 月）

二　社会进化说与文化传播说（二）

B　社会进化说

绪论

约六十年以前，欧洲的人类学及社会学者多以为人类是上帝创造的。落后的民族是由创造的原状退化下来的。这叫做退化说。如台拉（Meadow Taylor, on *Prehistoric Archaeology of India*），佛克司（A. Lane Fox, *Remarks on Mr. Hodder Westropp's Paper on Cromlechs*），

福固孙（Ferguson，*Rude Stone Monuments*），哈利孙（Park Harrison，*On the Artificial Enlargement of the Earlobe*），白克兰女士（Miss Buckland，*The Serpent in Connection With Primitive Metallurgy*），都主张此说。其大概有如李威尔斯之所说：在过去时期，通常以为世界较为落后的民族——或者因为和我们自己不同，便认为落后的民族，是因为他们由创造的原状退化下来。并且，在他们观察世界各民族类似点与差异点之时，为什么要把类似点的由来，附会到人类史上大灾异发生后人类的分散，这是不难了解的。如果那类似点特别和圣经里面记载的相类，他们更自然的附会到犹太人的分散了。对于"亡失的十部落"的信仰，在当时情况之下是很正当的见解，并且很能够提出一点证据来。（W. H. R. Rivers，*Psychology and Politics*，N. Y. 1923，pp. 110–111）

约五十年前，人类学者及社会学者始普通承认进化说。但是进化说的树立则是七十年前的事情。在一八五九年，马克斯发表了他的《政治经济学批判》，而达尔文也同时发表了他的《物种由来》。一八六一年巴学芬（Bachofen）发表了《母权论》。一八八六年麦克列兰（J. F. Mc Lennan）发表了《古代史研究》。一八七〇年，庐抱克（Lubbock）发表了《文明的起源》。一八七一年，莫尔干（L. Morgan）发表了《血族及姻族制度》；一八七七年，又发表了《古代社会》。这时候，进化始成了通说。以《古代社会》为基础，而一八八四年昂格斯的《家族私有财产及国家之起源》出版。大社会学家如斯宾塞的《社会学原理》亦采取进化说。直至今日，进化说在社会学及人类学上还有莫大的权威。

人类社会怎样能够进化？进化的基因是什么？这是我们要研究的问题。我们现在不愿涉及哲学的范围，我们只把社会科学上最迫近我们面前的问题，加以叙述。促进社会进化的基因是一个还是多种，是唯心还是唯物；这是最迫近我们的面前的问题。我们先说多元论。

A. 多元论

社会现象是错杂的。错杂的社会现象可以用多种的观点来解释。所以有多元论。解释社会进化的方法，依美国社会法学家滂德（Roscoe Pound）所举，有论〔伦〕理宗教的解释，有政治的解释，有民族学及生物学的解释，有经济的解释，有伟人立法家的解释，有工程学的解释（*Interpretations of Legal History*，1923）。但滂德解释英国普通法的发达，却不举经济的原因。此外收罗各种学说以说明法律进化基因的书，如 Kocourek 及 Wigmore 主编的《法律进化论》，则列举地理的成因，经济的成因，生物学的成因，人种的成因，宗教的成因，心理的成因，政治的成因及社会的成因（*Evolution of Law*，Vol. Ⅲ）。这是关于法律进化的基因的说明，由此我们也可以窥见社会进化基因多元论的大概了。至于采取多元论以批评唯物史观的，如塞利格曼的《经济史观》，是很著名的。他最警策的一段话是：解释历史有许多方法，因为人类有许多活动与欲望。历史不独有经济的解释，并且有伦理的，美学的，政治的，法律的，语言的，宗教的，及科学的解释。每一个学者都可以依他特有的立场来观察过去事实。（E. R. A. Seligman，*The Economic Interpretation of History*）

又如波不尔氏也是以多元论来批评唯物史观的。他说：地理环境与人及人的知识与其他特征，是历史的第一次的基本的成因。生产方法不能与此相提并论，因为是一个派生的现象。……在从人与自然两个基本要素流出来的成因之中，最主要的制约历史行程的是宗教和科学。宗教是独立的力量，因为其发生是不能够溯求于生产的（M. M. Bober，*Karl Marx's Interpretation of History*，Chap. XVI）。他又引古雷教授（Professor Cooley）批评塔德的模拟说的一句话来证明历史的成因是多元的：我想别的社会活动现象，例如交通，竞争，分辨，适应，理想，都可以与模拟一样的认为社会行程；与塔德同一特征的书，或许可以根据这些活动中之任便一个来编述（*Human Nature and Social Order*，p. 272 N.）。

而个人的活动，也可以认为社会进化的基因。例如包尔温教授（Professor J. M. Baldwin）说道：我们从来没有听见过社会突然以集合的方式而决定去做这件事或做那件事；总是个人经由其他多数的个人而影响于社会（*Social and Ethical Interpretations*，p. 461）。蒲徕士（Bryce）也以为：人类在艺术，科学，文字及思想的一切形态上的进步，全由于比较少数秉赋独厚而超出于平常群众的人的努力，这个事实是很明白的。天生的不平等，从来是人类史最有力最有效的诸成因之一，而将来亦复如是（*Modern Democracil*，Voes，p. 62）。此外还有一方面认定历史的成因不是经济，而他方面又承认唯物史观的正确性的，例如魏成格鲁因氏（Paul Weisengruen）。他一方面说"幻想是历史的创造者。……并不是发达的智力，乃是单纯的幻想"。他方面却又说：关于某时代内某种历史关系，这个历史理论（唯物史观）是一个相对正确的，实用的，阐发的原理。以例言之，依其助力，我们可以从历史的混沌错杂之中，把推进法国革命的潜伏的经济力发掘出来。依其助力，我们可以把罗马帝国衰落时代明白的阐发，比从来所阐发者更多。德意志中世的许多现象可以依经济的动因来了解。德意志资产阶级之无力，（尤其是在一八四八年间）可以用纯经济原因说明一半（*Der Marxismus Und das Wesen der Sozialen Frage*. 1990）。

又如阿本海马尔（Franz Oppenheimer）虽承认历史活动的最后"目的"是经济，但造成历史的成因却有政治与经济之二者。他说道：伟大思想家如马克思，尚把经济目的与经济手段混淆而没有严加分辨。一切错误，使马克思光辉灿烂的理论远离事实，皆基于没有分辨这个满足经济需要的手段与目的。这使他把奴隶制度当做一个"经济范畴"，把暴力当做"经济力"（*The State*）。

要缕列多元论的实例，是不可能的。我们只须指出现在中国的学者有许多都因袭多元论。试举一个实例如下：商业经济的力量，当时只能摧破封建的制度，而不能催破封建势力。其中有两个很重的原因。第一没有工业经济的后继。……中国当时没有自然科学的发见，中国古代虽有指南针的发明和官山煮海的政策，可是这都是经验的而非科学的。……因为没有自然科学，所以工业便不能发达。……（《中国历史上之革命》十三页）以自然科学的发明来解释工业经济的发生，这和上述蒲徕士所说的一段话是差不多的。所以我觉得是多元论的一个例。又如：在封建时代，支配欲的表现是贵族争雄，土地兼并，豪强侵夺。到了近代，支配欲的表现，便更充实的组织化。其裹挟一个国家或民族的力量结晶起来，便是军国主义，资本主义，官僚主义这三个东西。……今日国际帝国主义就是它们相互促成的集合体（《三民主义的连环性》）。从支配欲说起，可以说是一元论，而以"三个东西"说明帝国主义，却是多元论了。以多元论解释国民革命的对象，这是最巧妙的。从此又可以看出中国现今思想界内多元论的权威了。

B. 一元论

反之，则一元论者要从社会许多现象及历史许多成因之中，找出一个基础的现象及决定的成因。加莱尔（Carlyle）以伟人说明历史。沈朴尔（E. C. Semple）以地理为国家社会的基础成因。这些都是一元论。而以哲学上唯心唯物论应用到社会历史的学说最值得我们的研究。我们先说唯心论。

（1）唯心论

心是什么？这是哲学心理学上最困难最纷扰的根本问题。在古代，心表现为神，为灵魂，在近代则表现为理念，为物自体。试借用心理学家瓦特生（John B. Watson）的几句话来说明心的历史：

> （在太古时代）家族群的药咒师当然是父亲。在较大的群中，上帝或耶和华代替了父亲的地位。即现代的小儿也从始便接触这药咒师的权威，——无论是他的父亲，或是一村的占卜者，或是耶和华神。……这表示宗教与迷信对我们生活的影响。……
>
> 此种观念之一例便是以为每个人有一个灵魂。这个教条从太古便存在于人类心理。没有人触感过灵魂，没有人测验过灵魂，也没有和它发生过关系，与日常经验中其他物件一样。但是，怀疑了他便是异教徒，或竟至玩掉了脑袋。……
>
> 中世哲学不独接受了灵魂的观念，并且企图确定灵魂的意义，与日常经验中的物件一样研究它。其结果，我们在中世哲学内发见了这种问题，热烈辩论，例如一个针锋上究竟能站立多少个天使之神。
>
> 自文艺复兴时代自然科学发达，我们从这个灵魂的云雾已稍稍得到了解放。……但是心理学与哲学在研究它们认为非物质的物件的时候，仍难跳脱，因此，心与灵魂流传到十九世纪的后期。在一八六九年，冯德的学徒自负以为心理学终竟成为不要灵魂观念的科学了。五十年来，我们严守这个假科学，一遵冯德所立的成规。但冯德及其学徒所完成者，不过把"意识"代替了"灵魂"的字样而已。（*The Battle of Behaviorism by Watson and Mc Dougall*，1928）

社会学大家孔德（Auguste Comte）也曾说明同一的进化程序。他以为人类的知的进化，顺次经过三个状态。第一是神学的，依想像优越的结果，人类把全现象界与自己的活动相比拟。他把自然现象比拟于人，以为其中有人的本质与神的作用。这便是神学时代。第二是形而上学的时代，抽象的思维占优越的地位。具体想像出来的神，被代替于"物的本质"，"第一个原因"与"终局目的"的概念。第三时代，知识的实证的状态表现于科学的思维之内。神学的虚造与形而上学的抽象思惟〔维〕交代于现实的自然法则之认识。这便是知的进化的三个阶段（亚克塞利洛特女士《社会学批判》日译本六二页）。

我们到处可以看见神学的形而上学的历史解释。便在今日，这种解释还不许怀疑。所以我在第一讲里说："没有勇气的不能做科学家"。

古代的神学的历史解释，姑置不论。中世的历史哲学，最显著的是法国的坡希野僧正。他在一六六一年发表的《全世界史》，始标出世界史普遍的哲学的原理。他以为指导国民之历史运命的是神。世界史是预先设计的神的意匠之实现。他说："神支配那追求自己的目的之世界史，人类便动乱起来了。"

唯心的历史解释，应当先举康德的学说。他以为历史是实现自由的过程。他以为正义与公正的永远的理性，表现为规制的指导的理性，于不断的发展之中，实现国民的自由。国民的自由与永久和平，是他的社会的理想。

其次，我们应当举黑格尔氏。他以为全世界构造是绝对精神或绝对理性的前进运动的表现。自然及人类史，表现出这绝对广大世界精神之原理之必然阶段。所以，世界构造不是不变的，不是固定的，乃是不断的变化，发生和破灭的无间断的过程。因此，人类史是不断进展的世界理性之显现，决不是无秩序的混沌错杂的游戏。在进展之中，"凡是真实的，便是理性的。凡是理性的，便是真实的。"这是黑格尔有名的命题。所以，在进展之中，从前一切的真实性，必变为非真实的，因之亦变为非理性的。新的真实性必代替了旧的真实性。这便是他的辩证法。人类史过程中，一切真实性必然转变为非真实的。历史是没有终局的，人类的完全的理想的状态，不过是一种幻想。一切相继而起的历史状态，都是人类进化过程中从低级到高级的进展。每一个阶段，对于其所自发生的时代与环境是必要的，是有用的，但是在它所孕育成功的新时代新环境中，它便衰落无用，必然交替于较高的形态。（F. Engles, *Feuerbach*）

辩证法不是黑格尔的发明，不过是一个旧思维形式依黑格尔而复活：古代希腊诸哲学家皆是自然的辩证论者，其中最博识的学者亚里士多德已经是辩证法思维的实质方式的发见者。反之则后世的哲学，虽其中有卓越的辩证论家（例如狄斯加梯斯及司比诺沙），但愈益陷入所谓形而上的思维方式之中，主要的是受了那十八世纪中完全支配法国哲学家的英国的影响。（F. Engles, *Landmarks of Scientific Socialism*, tr. by A. Lewis, p. 40）

然而卢梭却也有辩证法的推论：

在自然及未开的状态之中，人人平等……但是这些平等的兽人，有优于一切动物的一个性质，——完成性，向前发展的能力，这便是不平等的原因。所以卢梭从平等的存在之中，看见了向前的一步。但是这一步的前进是矛盾的，这同时是一步后退。"一切向前的进步，在个人的发展上似乎是进步，但实际却是种族的衰落。金属的加工与农业两个技术的发明，引起了这回的大革命。""诗人认定金与银，哲学家认定铁与谷，虽开化个人而破坏人种。"文明的每一进步同时都是不平等的发展。社会依文明而造就的一切制度，恰恰与本来的目的正相反对。"全体公法上没有问题的根本原则是：人民设立君主以捍卫其自由，不是去破坏其自由的。"但是这些君主必然变为人民的压制者，而他们的压制达于不平等的顶点，然后变形为其反对状态，而成为平等的由来，因为在暴君之前，万人平等，这便是虚无的平等。这便是不平等的极端，这便是破却循环的极点，而又与我们的出发点相接近了。……"但是暴君的统治，以其有权力时为度；因此，他不能够怨恨人民施用权力来驱逐他。……"于是不平等又变为平等了。……（同书 171-172）

由此看来，黑格尔的最大贡献是复活了最高思惟〔维〕方式的辩证法。辩证法不是他首创，也不是他独用的。唯心的历史观到黑格尔才算完成。因为以前的唯心论者常忽略了进化说，常以为心是固定的，不变的。

黑格尔以为世界构造是绝对理性的表现，所以他把辩证法的唯心论应用到历史的具体事实时，常流露了唯物的论断。他在《历史哲学》中说道：国家，只是在身分的差别出现之时，富有与贫困两者皆大之时，及大多数人民已不能够用他们惯用的方法满足自己需要的形势出现之时，发生罢了。

以上是唯心的历史解释的一个不完全的简略的说明。回顾中国的历史家与思想家，则"天命"，"天道"，"理气"等学说之外，大抵以伟人的活动为历史的成因。试举那继承尧舜禹汤文武周公孔子的道统的玄学的宇宙观如左：无极而太极，太极动而生阳，动极而静，静而生阴，静极复动，一动一静，互为其根，分阴分阳，两仪立焉。乾道成男……坤道成女，二气交感，化生万物，万物生生，而变化无穷焉。（周敦颐《太极图说》）

这似乎是唯心的辩证论。至于朱熹则为唯心的二元论。他说：天地之间，有理有气，理者形而上之道也，生物之本也。气者形而下之器也，生物之具也。是以人物之生也。必禀此理，而后有性；必禀此气，而后有情。（《性理大全》二六）

陆象山则为绝对的唯心论。他说：盖心，一心也。理，一理也。至当归一，精义无二。此心此理实不容有二。故夫子曰："吾道一以贯之。"孟子曰："夫道一而已矣。"（《全集》，《与曾宅之书》）

他所谓心即理者，与黑格尔所谓绝对理性相同。但他否认了辩证法的发展，又与周敦颐有异。现今则有以唯心一元论建立社会政治思想的。最显著的是《孙文主义之哲学的基础》一书。兹举其精义如下：天下之达道三：民族也，民权也，民生也。所以行之者三：智，仁，勇也。智仁勇三者，天下之达德也，所以行之者一也。一者何？诚也。诚也者，择善而固执之者也。

这是从《中庸》来的。《中庸》说道：诚者天之道也。诚之者人之道也。诚者不勉而中，不思而得，从容中道，圣人也。诚之者择善而固执之者也。

能够合乎这个政治社会思想的，有史以来确是没有。所以孔先生托之于尧舜，所谓"荡荡乎民无能名焉"的便是了。现实的政治既远不及尧舜，那末，此说便无形中采取退化说的理论了。

一九二八，一〇，旧稿增定

（载《新生命》第 2 卷第 3 号，1929 年 3 月）

二　社会进化说与文化传播说（三）

b. 社会进化说

   A. 多元论

   B. 一元论

     （1）唯心论（以上第三号）

     （2）唯物论

一、唯物论与唯心论的分界

美国社会法学家滂德论法律的进化时说道：以其最古的形式论，权力的观念表现为神命神授的法规之信仰。……（后来）取"国家"或"人民"的形式的政治神，代替了古代法典的自然神与宗教神。……

（再后则）新法律的神叫做"理性"，表现为权力之敌（R. Pound，*Interpretations of Legal History*. pp. 3-6）。若借用滂德的话，前节所论的是"心"这个神，本节所论的"神"则为"物"。否！"物"不能叫做神，不是超人的（Superman）。物是一个魔鬼，是非人的（Subhuman）。

要说明两者的分界，必涉及哲学的领域。为作简单明了的解释计，引一段最能指出问题焦点的一段话于下：

一切哲学的重大基础问题是关于思维与存在的关系的。

依此问题的答案之不同，哲学家分裂为两大营垒。一方置精神的本源性于自然的本源性之前，……形成唯心论之营垒。他方则认定自然是本源，于是有唯物论的各派。（*The Roots of the Socialist Philosophy*. pp，56-58）

若稍详细一点则下列说明是可以引用的：

唯物论是唯心论的正反对物。唯心论志在于以精神的某种性质来说明一切自然现象即物质的一切性质，唯物论则与之相反。唯物论志在于以人体或一般生物体的有机性或物质的某种性质来说明心的现象。认定物质为第一义的动因之哲学家皆属于唯物论的阵营，认定精神为第一义的动因之哲学家皆是唯心论者。

唯物论与唯心论二者，哲学上思想上最重要之倾向已尽于此。本来，认定精神与物质二者独立并存的二元论的体系，无论何时，大抵存在。但二元论对于彼此毫无共通点的心物二种个别的实体如何互为影响的问题未尝能作满意的答案。故最彻底最深远的思想家常倾于一元论，常持以一个根本原理说明一切现象之倾向。（普列哈诺夫《史的一元论》日译本二页三页）

二、十八世纪法国唯物论

十七世纪的形而上学已臻极盛。十八世纪的法国唯物论者对于形而上学，尤其对笛卡梯，马尔伯郎，斯丕诺沙及莱布尼兹，作强烈的论争。形而上学因此被驱于时代之外，到后来始再建为德国的观念哲学。

法国唯物论最重要的一派祖述英国的罗克（Locke）。罗克在十七世纪之末已证明了"没有生得的观念"（no innate principles）法国唯物论者尤为勇敢的感觉论者，以为人类一切心的作用皆是感觉的变形。他们却舍弃罗克的自由主义，而直接启发了社会主义的思想。

他们既以为人类一切心的活动都是感觉的变形，所以认定人类的观念与感情都是环境对于人类的作用的结果。他们以为若欲纠正人类的缺点，必有变更人类的环境尤其是社会环境的方法。但是他们说明人类历史的发达的时候，却又以为世界受意见的支配。这是法国唯物论者的一个矛盾。他们由意见与环境的交互作用而为观察，有此矛盾，本不足怪。例如 d'Holbach 所著的 *Politique naturelle* 便是以为改良道德风俗，必须完成国家制度；改良国家制度又必须改良道德风俗。

三、王政复古时代的历史家

d'Holbach 及 Helvetins 等唯物论者是法国革命前的哲学家，他们不独与形而上学争，且与现存政治制度及宗教和神学争。至法国革命发生后，在王政复古时代的历史家，虽反动复古，但革命究已把人心作用万能论打破了，所以仍从经济上说明历史。最显著的是主张王政的几左（Guizot），此外则蒂耶（Thier）与梅涅（Mignet）亦从社会阶级的推移说明历史的过程。

几左说道：

> 制度为原因以前，先为结果；社会受制度的影响而变化以前，先造成制度。于国民状态依政府的形式而决定之外，为决定政府为什么如此，必须先研究国民状态。（*Essais sur l'historre de France*，初版一八二一年，十版一八六〇年，七三至七四页）

又说道：

> 要了解政治制度，必须研究社会内存在的各种社会层及其相互关系。要了解各种社会层，必须知土地关系的本质。（同书七五至七六页）

又说道：

> 即如在亚洲，一个特殊阶级完全胜利了，于是身分制度代替了阶级制度，而社会便陷入停顿状态。感谢上帝，没有这样的事发生于欧洲。诸阶级中未尝有一个能够征服，能够屈服别个阶级；没有一个能够平定别个阶级；其间的斗争不使社会停顿，而为社会进化的主要原因；由于诸阶级的交互关系，由于彼此攻击与妥协的必要，由于利害感情及希望的对立，发生了欧洲文化发达中最有活力最有结果的原则。（Guizot's *General History of civilization in Europe*，tr，by knight，p. 205）

他说明中世的都市道：

> 两种精神不断的活动于其中：在下层民众内有盲目的放纵的猛烈的民主主义；在上层市民内有懦弱的慎重的希望适应一切环境（无论是国王领主）以保持秩序的精神。（同书二一三页）

他说明十字军的东征的终止，说道：

> 到财富之路已为他们开辟了，他们放弃了工业的冒险。冒险远征，在国王方面被代替于政治企图，在人民方面被代替于大规模的工业。只有一个阶级还有冒险远征的兴趣，这便是封建贵族的一部分，既没有政治上膨胀的条件，又没有工业上的发展，仍保存原有的地位。因此这个阶级还继续从事东征，而且更新运动。（同书二三五～六页）

他说明英国革命的背景道：

> 同时在市民社会中有一种自由运动发生，从前未之前闻的，至少也只有薄弱的表现之政治自由的要求，现在感觉了。在十六世纪经过中，英国的商业的繁荣以可惊的速度而增长，同时许多的土地财富，许多诸侯领地，都易主了。……种种的契据证明了土地财产的增加；此种财产通常归到绅士（小贵族及依购买而取得土地者）的手里。高级贵族，上议院，在十七世纪之初，以财富论，已不能与下议院相比。那末，这时候英国，在工业阶级内，财富已大为增加，而土地财产又发生变动了。（同书三四四页）

几左之外，蒂耶也是以工业阶级对贵族的斗争说明英国革命的。他说明英国第一革命道：

> 以征服英兰之人为其祖宗者皆离自己的城堡而驰赴国王的阵营，在此处就任适合自己身分的地位。都市的住民大举走入反对的阵营。当时有这样的事情，一方以安逸与权力之名相号召，他方的军队以劳动与自由之名而集合。依平素生活之如何，凡游惰民即以游闲而享乐者皆立于国王旗帜之下，拥护类似自己利益的利益；反之从前英兰被征服者后裔之中在当时从事工业者皆参加平民党。（《蒂耶全集》第六卷六六页）

四、空想社会主义者

王政复古时代的历史家虽以财产关系说明社会组织的基础，但对于财产关系的起源则仍归之于"人性"。然而根据"人性"而立论的空想社会主义者，如圣西门，却以唯物的论断来说明财产关系。圣西门求财产关系的作用于产业发达之必要。他说道：

> 至十五世纪，地上权力尚在贵族的掌握。这是有利的。因为贵族在当时是最适当的产业家。他们管理农业劳动者，而农业劳动在当时是唯一的重要产业的职业。(*Opinions Littéraires*，*Philosophiqueset Industrielles*，1825，pp. 144-145)

为什么产业发达的必要在人类史上有决定的意义！他说道："生产是社会组织的目的。"由此推论，则生产的法则是决定社会发达的法则了。

五、德国观念哲学

法国唯物论者的矛盾，自己不能解决，德国观念哲学为之求解决。法国唯物论者否认社会进化，德国观念哲学发挥进化的观念。

德国观念进化论者以黑格尔为主要。Goldenweisser 说道：

> 依卢弗觉爱（Lovejoy）教授所指示，康德在他的几个观念上是一个进化论者；黑格尔的辩证法的三分法包括简赅的进化论。黑格尔的潜势的进化论还有待于其门徒之一人——马克斯，以"物"的观念转换黑格尔精神的观念哲学，遂奠定历史的唯物论之基础。(*Early Civilization*，p. 12)

所谓辩证法的三分法，是说：一切现象不断发展以达于极限，便转化为自己的对立物；反对第一现象的第二现象也依次发展，而转化为自己的对立物；所以第三现象在形式上类似第一现象。简言之，一切现象的发展过程是正——反——合。对一切现象起源，发达，消灭的说明，与法国唯物论以一切现象为固定的化石的观念，正相反对，并且超越了法国唯物论的交互作用的循环论法，由第三个概念——绝对理性——来解决（一）政治制度决定道德风俗而（二）道德风俗亦决定政治制度的魔法之圈。

反映自然的观念之发展，第一是由量变质。最通俗的例证是水在摄氏零度以下即由液体变为固体，在摄氏百度以上即由液体变为气体；所以，在此二个转向点上，气温的量的变化，引起水的质的变化。

辩证法的发展，第二是否定之否定。最通俗的例证是一颗麦粒落到适当的土地内以后，发生变化，发芽，生长，麦粒消灭，这是否定。开花结实，再为麦粒，麦粒成熟，草茎死灭，这是否定之否定。但否定之否定的结果，所得者不止一颗麦粒，而有十倍二十倍之数量。

此互相转化的矛盾，本包含于观念之中。换句话说，发展的观念本是对立物的统一。观念的发展，不外此统一的分裂。依其分裂，而自己运动；换言之，依内在的矛盾之力而自身运动。"自然的根本法则便是运动。此运动是由一形式向他形式的变化，由其一向其他的连续的推移。世界的全体现象是立足于一形式向他形式永久的转化。形式转化的进行发展过程，是依对立物转化的方法而行。但此对立物实包含着统一，乃由统一的分裂而成立。"（德波林之语）

六、辩证法的唯物论

黑格尔的门徒马克斯依法国唯物论与黑格尔的辩证法之统一，而建立辩证法的唯物论。若便借辩证法的"否定之否定"来说明哲学的发展，可以说：

> 古代哲学是原始的自然唯物论。在当时的思想状态中，对于物质的明了观念是不可能的。在此点上明了的必要，引起了离开肉体的灵魂的学说，更引起灵魂不灭的主张，最后引起一神教。因此，古代的唯物论为唯心论所否定。但哲学的继续发达，使唯心论不能支持，而为近代唯物论所否定。此否定之否定，不是古代唯物论的单纯再建，而是在永续的基础上，结合哲学与科学以及历史二千年发达的思想内容。这在特殊意义上，不是哲学，乃是单纯的世界观，不依独立的诸科学之科学来证明和实验。而依真实科学来证明和实验。哲学在此亦废弃了，换句话说，"破坏并且保存"了，破坏其形式而保存其真实内容了。（*Landmarks*，p. 170）

说了半天，不过是指马克斯的辩证法的唯物论。此种唯物论不过是黑格尔辩证法的倒转：

> 在这儿，观念的辩证法不过是真实世界的辩证法进化之反映；因此，黑格尔的辩证法倒转过来，或可以说，在它原来站立的地方，把它从脚上头下倒转为头上脚下竖立起来。（*The Roots*，p. 96）

至于以社会阶级的推移来说明历史，也不过是十九世纪社会环境之中应有的认识，恰比几左等法国历史家进了一步：

如果在一切其他时代，这种历史的推动力之发现是不可能的，因为他们有复杂隐蔽的交互关系，我们现今的时代已简易了这种关系，问题能够解决了。自从大工业的建立，至晚自一八一五年欧洲和平以来，在英国，整个的政治斗争是土地贵族与中间阶级两阶级之间的争雄，已不是秘密了。在法国，布尔崩王室复辟时，同样的事实已经显露了；历史家，尤其是从 Thierry 到几左，梅涅及蒂耶，明示此种事实是了解法国史之论，尤其是中世以后。（同上，一〇九页）

在今日的中国，欲把历史的唯物论归之于马克斯个人，别人似不许染指。殊不知那下令驱逐马克斯出境的王政论者几左及其他历史家也是持这样的论调。更可惊的是远在他们之前，十五世纪的国家主义与专制主义学者，"霸术"著作人马克威利早已用经济原因及社会阶级说明佛洛兰斯的政治组织。把古文经书归之于刘歆个人的制作，未免把刘歆当做神仙看待了，研究社会科学的人们不应当怀这种狭隘的成见。

（载《新生命》第 2 卷第 4 号 1929 年 4 月）

马克斯的社会进化论
（社会进化说与文化传播说之四）

(A) 总说

前讲已经说过，历史的唯物论不是创自马克斯。马克斯不过综合黑格儿的辩证法，韦科及其他唯物的历史观，及法国唯物论。但是这种辩证法的唯物论自有特点，与一般的历史的唯物论不同。所以特为提出来说明一下。而在说明之先，我想指出两件事来，加以注意。

第一，"唯物史观"包含两部分：一是辩证法的唯物论的方法；二是把辩证法的唯物论应用到社会所得到的论断。这两部分是应当分别观察的。如果辩证法的唯物论的方法是科学的，则所应用的社会不同，时代不同，所得的论断必然不同。譬如化学的分析方法如果正确，则应用于水，所得成分□轻二养〔氢二氧〕；若应用于盐，所得成分必然是绿〔氯〕与钠。假若应用于盐而得到轻二养〔氢二氧〕，那方法便错了。社会现象是存在的。为方法而变更社会现象以求得各人所期望的论断，这是非科学的。这种非科学的论断，在今日的中国充满了我们的耳目。共产党的论断是最显著的。为的要适用无产阶级革命的格式于中国，便认定中国于资本主义社会。为的要说中国革命是资产阶级性的民主革命，便说中国是封建制度。这不啻化学家要得到轻二养〔氢二氧〕的成分，便硬说盐是水。非科学的论断要算这个最荒谬了。

第二，"唯物史观"的产生，是资本主义发展期。马克斯以资本主义典型国英国为对象而研究出唯物史观的法则与论断。这是我们应当注意的。今日的世界是资本主义衰落期。方法纵使不变，应用所得的法则与论断必然要变。所以第二国际与第三国际的论断不同，而同是应用"唯物史观"。尤其要注意的是（一）马克斯当时的原始社会研究是很幼稚的。只有摩尔根《古代社会》算得是有系统的民族学著作。所以马克斯的古代社会论（如恩格斯的《家族之起源》）天然是不正确的。（二）马克斯当时的中国，对于欧洲人还是一个谜，所以马克斯的亚细亚社会及中国社会论，天然是不完整的。在马克斯本人的著作，如《资本论》，还算慎重，处处把亚细亚社会撇开，不列入欧洲古代社会封建社会及市民社会的任何范畴。今日的所谓马克斯主义者这一点学者的态度都保持不住，拿着"耳食的"一两语话，便会分析中国社会。这是最滑稽的事情了。

现在想略说马克斯的唯物史观。先引他一段话于左：

我的研究使我们得到结论，以为法律关系以及国家形式既不是依其自身所能了解，也不是所谓人心的一般进展所能解释，彼实以生活之物质条件为根柢。……我所达到的一般结论，继续构成我的研究之主要线索，可以简短节约如下：

在人所实行的社会生产中，他们加入了一定的必然的，且与他们的意志独立的关系；这些生产关系与他们物质的生产力一定的发达阶段相适应。这些生产关系之总和，构成社会之经济构造，——这是法律及政治形式以及与之相应的社会意识之真实基础。

物质生活之生产方法，实决定社会的，政治的，及精神的生活过程。不是人们的意识决定他们的存在；反之，他们的社会的存在实决定他们的意识。

在其发达到特定阶段时，社会的物质生产力，与其从来活动于其中之生产关系——同一事物之法律的表现，是财产关系——相冲突。这些生产关系，从其为生产力的发达形式，一变而为其桎梏。社会革命的时代便到了。依经济基础之变革，而整个巨大的上层构造或疾或徐的变革。

在观察这种变革时，必须对于自然科学所能确切决定的生产经济条件之物质的变革，与人们意识其冲突而为之争斗的法律，政治，宗教，艺术，哲学者——简言之，观念的诸形式，二者之间常加分辨。我们对于个人的意见，不能以他自省者为基础，恰同这一样，我们不能依据变革时期的意识去判断变革时期；反之，这种意识宁可依物质生活的矛盾，依社会生产力与生产关系的现存冲突来解释。

一个社会形式，在一切生产力于其中尚有发达的余地以前，决不消灭；新的高级的生产关系，在其存在之物质条件尚未在旧社会的胎内孕育成熟以前，决不出现。所以，人类只能够提出他们所能够解决的问题；因为，如果更精密的观察一下，我们可以看出问题之发生，只是在解决问题所必要的物质条件已经存在，至少亦正在形成之际。

(B) 社会构造

（一）生产力

人类要求生存，必须向自然取得生活资料。社会向自然的适应，决定社会的体制。社会从自然所得者较社会所消费者为多，则社会进步。社会从自然所得者较其所消费者少，则社会衰落。二者同等，则社会停滞。社会从自然所得多或少，这决定于社会的物质生产力。那末，生产力是什么呢？

一派的学者以为生产力就是技术。因此有人说唯物史观就是技术史观。仲巴德解释说：

> 经济活动是技术的一种职能，其余文化现象是经济活动的一种职能。这是说：特定的经济效能只产生于特定的技术，特殊的文化效能只产生于特定的经济活动方式。（Werner Sombart, *Archiv fur Sozialwissenschεft und Sozialpolitik*（1911）Vol. XXXⅢ，316）

巴德也是这样解释，他的解释是：

> 依马克斯，有下列的因果系列：决定的技术状态——决定的产业形式——决定的财产制度——决定的政治上层构造——决定的社会意识形式。（Paul Barth, *Philosophie der Geschichte als Soziologie*, p. 638）

汉生也是这样说：

> 这显然是技术而不是经济。……由这些语句看来，应当是显然
> 的是……他指出经济构造所独立的基础是技术，是生产的机械方
> 法。（H. Hansen, *Quarterly Journal of Economics*（1921 - 1922
> Vol. XXXVI，73，74.）

《资本论》对于技术是很注重的。其中有下列一段话：

> 劳动工具不独提供人类劳动发达所臻程度的标准，并且是劳动
> 进行的社会条件之指示器。（*Capital*，Ⅰ，200）

又说道：

> 技术指出人类接触自然的方法（他维持生活的生产过程），依
> 此，并指出他社会关系型〔形〕成的方法，社会关系流出的心理观
> 念型〔形〕成的方法。（Ibid.，p. 406，N.）

又说道：

> 从来的历史记述虽很少注意一切社会的基础之物质生产的发
> 达，但是前史时代却不依所谓历史研究的结果，而依物质的研究的
> 结果，而划分。先史时代划分为石器，铜器及铁器时代，与其工具
> 及武器所由制的材料相应。（Ibid.，p. 200 N.）

依上所述，技术或劳动工具之系统，是一个决定要素。但马克斯似
不即以技术为社会的基础。技术不过是生产力的决定条件。恩格斯一八
九四年信札有一句话：

> 我们认定经济条件是历史发达最终的决定条件。但种族自身是
> 一个经济成因。

又说道：

> 依唯物史观，历史的决定要素最主要的是生活的生产再生产及
> 其物质需要。这一方面包含生存手段之生产（食物，衣服，住所，
> 必要的工具）；他方面包含子孙的世代，种族之延续。（*Origin of
> Family*，9 - 10）

本来"劳动过程有三种成分：（一）人的活动即劳作，（二）劳作的
对象，（三）劳作的工具"（*Capital*，Vol. Ⅰ. p. 198）。生产力决定于

人的活动与劳动工具及劳动对象即材料。人的活动决定于其物质需要及种族与生殖。劳动工具的系统便是技术。而劳动工具及劳动者之外，劳动材料也是决定生产力的一个条件。马克斯说道：

> 劳动之生产性又以自然条件为条件。……试想像季节的影响，大部分的原料之数量实依之而定，试想像森林，煤炭，铁矿之耗用等等。(*Capital*，Vol. I. p. 50)

又说道：

> 不同的社会，依自然环境而得到不同的生产手段及不同的生活手段。因此，他们的生产及生活方法以及生产物都有不同。(Ibid.，886)

所以劳动工具单独不能决定社会构造。他说道：

> 黑人还是黑人。在某种条件之下始变为黑奴。纺织是纺棉的机器。只是在某种环境之下始成为资本。在这些环境之外，它并不是资本，与金之于货币，糖之于糖价相同。(*Wage Labor and Capital*，p. 28)

总之，劳动材料与劳动工具是决定于自然的。劳动工具劳动材料及劳动者决定生产力。而三者之中，又以劳动工具为决定条件。

依劳动工具，劳动材料及劳动者之不同，而生产方法不同。生产方法不同，则交换方法亦异。昂格斯说道：

> 一切社会变革及政治革命的最后原因，应求之于生产及交换方法之变革。(*Socialism*，*Utopian and Scientific*)

（二）生产关系

人类在生产过程中，互有一定的关系。马克思说道：

> 在生产中，人不独对于自然有作用，并且其互相间也有作用。他们只有在一定方法之下，互相交换他们的活动，始可生产。为了生产，他们互相组成一定的关系。只有在这种社会关系之中，他们向自然之作用始发生，生产始发生。(*Wage*，*Labor and Capital*)

种种生产关系之中，有一个决定的生产关系。他说道：

> 在社会形式中，有优越于其他一切生产，因此，其关系指定其他一切关系的地位与势力之一定生产。(*Critique of Political*

Economy）

这个生产关系支配其他一切生产关系。例如资本主义社会中，资本阶级与劳动阶级的生产关系决定其他一切生产关系：

> 资本在资本家社会是支配一切的经济力。资本是出发点同时是终局点。（同上）

这种主要的生产关系与有余生产关系之总和，是社会之经济构造。依主要生产关系发达之阶段，可分为亚细亚的，古代的，封建的，市民的社会。

此经济构造，是政治法律制度的基础。政治法律制度之上，树立相应的社会意识形式。

（三）阶级关系

随生产力的发达，而生产关系发达。社会分裂为统治及被治阶级。这种社会阶级之分裂，有两条道路：

> 当人类初从下级动物起来进入历史之际，仍然是半野生动物，粗朴，无力对抗自然力，不知自己的力量，与动物一样贫弱，其生产性决不超过动物。于此，生活状态之中，盛行平等，关于家长，社会地位也是平等的，——至少没有阶级的差别，直至后来农业共同体这种状态还继续发达。

> 生产力发达。稠密的人口使社会成员之间发生共同而后冲突的利益。社会成员依新的分工而集聚，遂创造新机关，一方面来维持社会，他方面抑制冲突的利益。

> 于上述道路之外，还有一个阶级差别的方式。农业家族的自然分工，到了某种发达程度，便容许外来劳动力之加入。……雇用较多的劳动力之时期成熟了，劳动力成为一种价值。……奴隶制度发见了。（*Anti－Duehring*，206-210）

（四）政治生活过程——上层构造之一

依阶级之分裂，而有政治生活。

> 此由社会而产生，而自身渐与社会绝缘之权力，便是国家。（*Origin of Family*，206）

> 国家是镇压阶级冲突的要求之产物。但是，一旦已由此冲突之中出生，恒成为最有力的经济阶级的国家，彼依其经济优越，也成

为政治上统治阶级，因此又取得屈服及剥削被压迫群众的新手段。(Ibid.，208)

国家与公法是经济条件之产物，私法也显然是一样的，彼只不过执行某种常态的经济环境中个人的关系。(*Fuerbach*，114–115)

(五) 精神生活过程——上层构造之二

社会分裂为阶级，所以社会意识也有阶级性：

观念之历史所证明者，精神的生产，亦与物质的生产共同变迁。一时代的支配的观念，常不过支配阶级的观念。

人们说到鼎革社会的观念，这不过是说在旧社会之中，已发生新的要素，而旧观念正与旧生存条件以同一的步骤解体。

当古代世界日暮途穷之际，古代宗教便为耶稣教所克服。在耶稣教于十八世纪屈服于理性主义之时，封建社会正与当时革命资产阶级作决死之战争。宗教自由与信仰自由之观念，不过是和〔知〕识界内表示自由竞争的当权。(*Essentials of Marx*，p. 51)

(C) 社会变革

生产力发达到特定阶段时，与其后来活动于其中之生产关系相冲突。

其成熟到了某阶段之际，一定之历史形式便废绝而让位于较高级之形式。此危急之瞬间到来，全视乎分配关系及与分配关系对应的生产关系之一定历史形态，与生产力，生产能力及其成因之发达，二者之间的矛盾与对立，广大深刻与否。如此，生产之物质的发展，与生产之社会形式，二者之间发生冲突。(*Capital*，Vol，Ⅲ.)

此生产力与生产关系之矛盾，表现为阶级的对立。阶级对立，最后爆发为政治革命。

以阶级对立为基础的社会，最后引起一个凶恶的冲突，引起一个短兵相接的斗争，以为其最后终局，这有什么可以惊异的？依事物之顺序，只有在没有阶级及阶级对立时，社会进化始不复为政治革命。直到此时为止，每当社会再建之前夕，社会科学的最后致词总是："不战则死，不血斗则死灭"。问题是这样不可避的。(*Poverty of Philosophy*，pp. 190–191)

然而这不是人为的。什么时候发生革命，决不是人们任意造作的。

人类造成自己的历史，但并不是恰如其所欲的。他们不能为自己选择环境，必须就他们遭遇的环境来工作，必须就过去遗留的材料来变造。(*Brumaire 18th*，23)

所以"我们不能依据意识去判断变革时期，反之，这种意识宁可依物质生活之矛盾，依社会生产力与生产关系之冲突来解释"。倘若有一定的社会条件，革命阶级也许不依革命而可以得到政权。

我们知道各国的制度，惯行，风俗，是必加考虑的，我们并不否认有些国家，如英，如美，倘若我深知贵国，则如荷兰，工人可以用和平手段达到目的。但并不是一切国家都是如此。(Quoted by Kantsky，*Dictatorship of the Proletariat*，p. 10)

这是马克思晚年的论调。然而此后，他与昂格斯仍不否认暴力的使命。

暴力在历史上还有一个任务，革命的任务，依马克斯的用语，它是孕育新社会的旧社会的产婆，它是推进社会进化，破坏愚顽死灭的政治形式的工具。(*Anti Duehring*，p. 213)

产婆决不能够把未到期的胎儿拿出来。所以"一个社会形式，在一切生产力于其中尚有发达之余地以前，决不消灭。新的高级的生产关系，在其存在之物质条件尚未在旧社会胎内孕育成熟以前，决不出现"。

（载《新生命》第 2 卷第 5 号，1929 年 5 月）

文化传播说的概要
（社会进化说与文化传播说之五）

前数讲已把社会进化说及历史唯物论略加讲述。现在要说明近二三十年来关于文化起源和发达的新学说，即文化传播说。我的计划，想把此说的派别及其概要一一介绍，但因本讲座对于学说的介绍，不应多占地位，所以先把此说有力的学者李威尔斯关于此说的小史的一篇演说，译了出来(一)，以供参究。

　　　＊　　　　＊　　　　＊　　　　＊

今晚，我想告诉诸君，民族学这个科学要做的是什么，及这个科学所希望贡献于全体知识的是什么。我更要说明民族学要达到这些目的时，所需要的是些什么。

民族学的职分，在研究人类分属的各种集团的性质，无论我们叫它做民族，或叫它做部落，或其他。各个集团，即令澳大利亚或 Tierra del Fuego 的简单的部落，也各有复杂的性征，且其所表现的文化现象，如语言，社会组织，宗教，艺术，及手工，各构成特殊研究的题目。这种研究之中，有些（如言语学及社会学）已经很是进步，足以称为科学，并且成为大学或学校所承认的学科。民族学的任务在对于这些题目，要不把它当做人类文化的抽象孤立的分科，而把它认为人类集团活动的一些表现，加以包括的考究。民族学的特殊目的，在了解这些集团现在及过去的关系。民族学的任务，在发见为什么人类表示大相差异的语言，思想及习惯，并探寻那差异之中常常表示出来的多数类似点之解释。或者民族学史——便在今日还是极短的历史——的简略的叙述，最能够说明这个科学的性质和目的。

倘一般还是相信人类的发生是由于"创造"的特殊行为，并相信人类语言及习惯的差异是由于□的奇迹，那便没有容民族学存在的余地。在过去时期，通常以为世界较为落后的民族，——或者因和我们自己不同，便认为落后的民族，是因为他们由创造的原状退化下来。并且，若依人类文化的类似和差异而观察各民族时，他们何以要把那类似点的来由，附会到人类史上大灾异发生后人类的分散，这是容易了解的。如果那类似点特别和《圣经》记录里面的相类，他们便要附会到犹太人的分散，这更是自然的事了。对于"亡失的十部落"（the lost Ten Tribes）广大影响的信仰，在当时情况之下，是很正常的见解，并且很能够提出一些证据来。

约在五十年前，有科学方法的素养的人们开始研究这个题目的时候，这种思考方法很占势力；当时著作家的作品，如台拉（Meadow Taylor）(二)，佛克司（Lane Fox）(三)，福古逊（Fergusson）(四)，哈利逊（Park Harrison）(五)，及白克兰女士（Miss Backland）(六)，都追随这种信仰，以为文明人曾远游全世界，并以为世界上棋布星罗的各地所发见的类似点，是世界上某地方文化现象传播的结果。

（一）这个演讲原是为剑桥大学的人类学学生所准备的，但后来李威尔斯博士曾在英国和美国好多大学和学校里演述。

（二）Meadow Taylor, "On Prehistoric Archaeology of India," *Journ. Ethnol. Soc.* , New Series, Vol. ⅰ., 1863—9.

（三）A. Lane Fox, "Remarcks on Mr. Hodder Westropp's Paper on Cromlechs, with a Map of the World, Showing the Distribation of Megalithic monuments".

（四）*Rude Stone Monuments*，London，1872.

（五）"On the Artificial Enlargement of the Earlobe"，*Journ. Anthropl. Inst.*，Vol. ii.，1872—3，p. 190.

（六）A. W. Backland. "The Serpent in Connection with Primitive Metallurgy," *Jonrn. Anthrpol. Inst.*， Vol. iv.， 1874—5. Ibid.， "Ethnological Hints afforded by the Stemulants in Use among Savages and among the Ancients," *Journ. Anthropol. Inst.*， Vol. i.， 1878— 9. Ibid.， "On Tattooing," *Journ. Anthropol. Inst.*， Vol. xvii.， 1887—8.

约四十年前，专从事于人类文化及社会的人们，意见却发生了一大变化。当时逐渐为人所接受的进化的观念，在人类学者中，殆成普遍的信念的一个；但他们误解生物学家所谓进化的正确意义，其结果，他们提出显著的主张，以为在原始分散以后，人类的各种异征各自发达了人类的诸文化，关于原始分散这件事，却没有加以解释的企图。他们接受了德意志旅行家和民族学者巴斯天氏（Adolf Bastian）的学说，以为诸民族信仰及习惯的类似点，是由于人类心理构造的一致，所以，若处于类似的气候及生活状态之下，则相类的思想和行为便独立的存在，这决不是由于一民族对他民族的影响。在二十年前，我开始研究民族学的时候，这个见解，至少在英国和美国，占绝对的优势，我也毫无疑问的接受了。和别人一样，我也相信这学说，以全世界思想及习惯的类似，是由于外界条件的类似，而忽视了类似点常发见于性质大相悬远的外界条件——岛屿与大陆，热带与温带，农业狩猎与游牧民族，——之中；反之，在气候及社会习惯相同的地域内，却发见许多差异之点，而世界上许多地方，在数方里的小地域内，每发见可惊的差异点。

对于巩固那独立起源的信仰的一二事情，加以考究，不是无用的。其一是在世界各地，——如曾受外来影响，影响必定是由海上传来的各地，却没有航海工具，便有也很不完备。即如，美洲没有受过远渡太平洋的影响的主张，因美洲西岸全部，除极粗劣的航海术而外，并没有航海术，便得了有力的左〔佐〕证。这已被提出作为有力的证据，证明秘鲁很进步的伟大的 Inca 文化，虽与旧大陆诸文化在多点上密切相似，却还是美洲土著住民的丰富及聪明的心思的结果。但这儿有指出的必要的，是有些地方已确证其航海术曾一度存在而后经消失，便是海岛住民也有这种情形，这一点我从前曾经证实。(一) 如果海岛住民能够失弃他们生活所必要而不可缺的技能，则不难假定大陆沿海住民航海术的退化或竟至消失了。

> （一）*The Disappearance of Useful Arts*，《有用技能的消失》，见后。

这个特殊情形，不过是无视人类文化退化的成因的一个例子。只要学者还是在特殊创造的观念的影响之下，则退化便是解释人类文化诸现象的主要方法，但因进化观念的加入，退化这个成因，便整个的抛开，或只用来解释比较不重要的事实。退化在人类历史上仍继续发挥其广大作用，便完全没有人知道了。

关于这一点，要注意的，虽可以承认德意志是独立起源论的发祥地，但在德意志，对于英国和美国一时承认的学说，并不是没有异议。"人类的古史"（*Early History of Mankind*）这有名著作的作者拉色尔氏（Ratzel），便是提倡文化类似点是由于一个起源中心点传播而来的见解之一人；在二十世纪初年，德意志有一个学派成立，葛里博纳（Graebner）(一) 及安廓曼（Ankermann）(二) 为其中最重要的作者，这个学派想把分布全世界并广播多数文化要素的文化传承关系，构成一个确定的体系，这个工作，在英国差不多完全忽视，而英国方面，主张传播是人类文化类似点原因的运动，却于最近十年间，独自以完全与德意志民族学者相异的路径而成立。

> （一）"Kulturkreise u. Kulturschiohten in Ozeanien," *Zeitschr. f. Ethnol.*，XXXVII.，1905，p. 39；"Dis malanssiesche Bogen-kultur u.：hre Verwandten," *Anthropes*，IV.，1909，p. 726 and p. 998.

> （二）"Kulturkreise u. Kultuschichten in Afrika," *Zeitschr. f. Ethnol.*，XXXVII.，1905. p. 54.

说明这个运动时，最好以司密斯（Eliot Smith）的工作为始。在他对于埃及□下各时期的大量木乃伊（Mummies）作解剖学研究的进程中，证明了在纪元前三千年之初期，有一种比埃及王朝以前时代的住民，头盖骨稍圆的民族，从北方侵入，其头盖骨的形状属于今日通常叫做亚门罗德（Armencid）的一种(一)。司密斯回英时，他发见和那从北方侵入埃及的民族一样的头盖骨，在欧洲（英国三岛在内）是很多的，但当初还没有分布还要较广的证据引起他的注意。但是，在一九一一年，到剑桥来应试的时候，司密斯在提交应试人的头盖骨中，发现了有一些属于正确的亚门罗德种。这些头盖骨是取自新西兰南方加珊群岛（Chatham Islands），这地方距埃及或亚门尼亚（Armenia）再远也没有。司密斯因此既抱定原人曾向世界各地作广泛运动的观念，他便进而研究某种文化现象的分布，如保存尸体及巨石建造，关于这种研究，他在埃及时已经感觉兴趣了。他发见了分布的状况，使他相信这人类活动的两个表现实起源于埃及，从埃及发展到世界上今日尚能发见遗迹的各地(二)。巨石牌坊的分布，尤表明其建筑者的旅行主要是经由海道(三)，所以航海术的性质便成了重要问题。就于这个文化阶段，我所能贡献的，是指出航海术这样重要不可缺的技能也不免于退化，如上所述。

（一）"The Ancient Egyptians and Their Influence upon the Civilization of Europe," London，1911，p. 95.

（二）*The Migration of Early Culture*，Manchester，1915.

（三）参看李威尔斯《民族的接触》，见后。

约在司密斯考出尸体保存及巨石建造分布全世界的证据之际，我正研究一九〇八年 Melanesia 探访所赍回的材料(一)。依此研究，我抱着一种见解，以为麦兰里西亚文化只有假定从前曾有多数民族继续侵入，此侵入诸民族中有一个带来了保存尸体及建造巨石的习惯，始能够解释得通。我便致力于确定那外来的文化要素——或许是比较进步的文化——移入麦兰里西亚朴野民族的过程。我得到的结论是麦兰里西亚最大部分的习惯是移来民族与原住民族信仰及习惯相互影响的结果；当一个移来民族所带来的异俗，引起原住民族的嗜好而采用以为己有的时候，这种异俗便起了变化，或有所发展，而有时又或有所退化。我抱着一种见解，以为从前我盲目信从的独立进化的流行学说，不过一种空想。麦兰里西亚所得的证据，指出了只有依外来的影响始能促起进步，并指出了"孤立必定停滞"的社会发达的方式。这种证据暗示我们，一个孤立民族决没有发明和进步，但新理想，新工具及新技术的移入，便引起进化的过程，进化所产生的结果或大异于原有的构造，亦大异于移来的构造，那末，两种文化相互影响的结果好像化学的融合而不是物理的混合。麦兰里西亚的研究，暗示我们，当这种新起的进化过程达到一定限度的时候，便要停止，接着便又是一个停滞时期，延续到新进的外来影响再引起一个进步时期为止。

（一）*Rep. Brit. Assoc.*，Portsmouth，1911，p. 490；*The History of Melanesian Society*，Cambridge，1914.

在我们拟定传播和进化的程式之际，司密斯和我遇见了两种严重的困难，其一较为特殊，其一较有一般的性质。两种困难都依培利（W. J. Perry）的研究而克服。特殊的困难是关于巨石牌坊的分布，这是反对论最好的试金石。司密斯发现了确定的理由，可以相信这巨石艺术，与拜日礼仪相结合，由欧洲或亚洲走到大洋洲，再远一点渡过太平洋，影响了美洲的文化，尤其是秘鲁的文化(一)。在从印度到大洋洲的时候，携带着建造这些朴野石坊的艺术之航海家，必定要经过东印度，即通常叫做马来半岛地方。如果我们的见解是妥当的，那末，这个区域内岛屿上必然有他们的手迹。但是这种证据，一般总相信是没有的，这种假定的缺如，对于主张巨石文化一源性的新锡兰的白郎教授（Professor J. Macmillan Brown)(二)，与以甚深的印象，遂令他提出一个见解，以为这文化曾走过亚洲大陆，再经由日本走到太平洋诸岛。培利便从事于印度里西亚的证据的全般的考察(三)。他首先寻到东印度半岛的某岛，尤显著的是松巴（Sumba），有道尔门（doemlns）式的牌坊，酷似世界上他处的石坊，但是，如果这群岛是转运巨石文化者的路程，则石坊的分布，殊有限制，不如我们所推想。所以，他转而注意印度里西亚一般石造物的分布，看出了石作物和其他文化要素的互相对应，这些要素普遍的分布，使司密斯认为与巨石艺术本是互相联结的。培利所得到的结论是，印度里西亚的巨石牌坊很少，因为在这个地方，石坊转运者的文化受了很大的变化，遂令石作艺术，在别处发挥为巨大牌坊，而在这里却只能做石座及石龛，并只能用石造墓。在麦兰里西亚再寻出较多的石物，本是可能的，但同时，培利指出了相当的理由，可以相信那石物的缺乏是由于某种条件，使这个民族把宗教礼仪上使用石作看得很重，因而比他们的故乡，甚且比东方的地域，使用其造石艺术的方式较为质实。

（一）G. Elliot Smith, op. cit；W. H. R. Rivers，"Sun-cult and Megaliths in Oceania," *American Anthropologist*（N. S.），Vol. XVII.，1915，p. 431.

（二）*Maori and Polynesian*，London，1907.

（三）*The Megalithie Culture of Indonesia*，Manchester，1918.

培利的另一个贡献，更为重要。依种种事实，使我们认定，在远古时代，人类曾向最远的地方航行，但他们航行的动机，很难看出。当此时，地质学者及考古学者发表意见，以为亚洲古代有一种周期的旱灾，亨丁敦（Huntington）于其所著《亚洲的脉搏》（*The Pulse of Asia*）(一)这譬喻的论题之中，尤斤斤于此事。这种旱灾，引起人口的大移动，移动的证据便是巨大的且曾一度繁殖的城市到现在却埋没于中央亚细亚的沙漠。

（一）London，1907.

相信人类曾向全世界作广大运动的人，好以住宅食物的需要为古代移民的原因，住宅与食物的需要乃由于居住多数人口的地域之荒废。但是，这种需要可以说明亚洲别处人口的压迫，或亦可以说明我们所知道的马来半岛以东及非洲以西的诸移动。却很难以说明亚洲人口的压迫，何以引起太平洋乃至美洲这样辽远的人类的移动。

我们所研究的时代，无论怎样的远在太古，向我们自己去寻求指导人类行为的动机，是有实益的。如果我这样去寻求，我们用不着很长的时间去发见巨石移动的动机。培利乃从事于这种动机的研究。司密斯在一九一五年之初，把他所知道或推定为巨石影响区域的各地，画出地图。他送一幅地图给培利。正在这时候，他告诉他说，纳特尔（Mrs. Zelia Nuttall）主张美洲文化的创造者曾表示对真〔珍〕珠及贵金属有特殊的重视。培利偶然检视经济地图，看出了太平洋内珠蚌的分布，和司密斯所画的巨石区域，密切一致，使他相信真〔珍〕珠的存在，足为移住这些区域的动机，因此，他便能够把两个报告的条目相结合。所以，他提出一个见解，以为引起古航行家远行的动机，正是实质上刺激我们使我们移居的动机，这便是：寻求满足人类物质的，美感的，宗教的需要的物品(一)。在我们自己，使我们远行异地的，以物质的需要之满足为主，但传教运动所及之广，及传教对于文化传播的作用之大，足见物质的需要不是唯一的。在人类古代的移动，或者可以说，宗教的需要，至少非物质的需要，较为主要，即如黄金这一类物品，因其在用于货币以前，久已含符咒或宗教的属性，所以也为人类所寻求。引起人类广行世界的最古动机之一，也许可以说是寻求长生不老之药，用以返老还童或延长寿命(二)。

（一）"The Relationship between the Geographical Distribution

of Megalithic Monuments and Ancient Man," *Mem. and proc. Manchester Lit, and Soc.*, 1915.

（二）G. Elliot Smith, *The Evolution of the Dragon*, Manchester, 1919.

我们可以预想的，黄金制作和巨石牌坊的分布的互相对应，是不正确的，但是，凡有巨石建造而没有黄金相伴的地方，必另有足以引人移住的别种货财。即如，Baltie 海沿岸，有巨石而没有黄金，但就有琥珀，因其亦有符咒及宗教的属性，对古代人类有很大的引力，使古代欧洲北部与南部间琥珀的贸易，继续直到中世纪。

在世界上别的地方，如南印度的海岸及太平洋的几个地方，如上所述，真〔珍〕珠和珠蚌似可认为一种引力，同时又有很好的理由，足以相信在别处则保存尸体所必要的香料及香的树脂，为古代的七个海洋探险者所寻求物品之一二种。培利现在正从事把黄金制造的分布，与巨石牌坊及与巨石相联合的其他文化要素，如坛场灌溉法的分布，精细的加以比较。

从一个乍见似乎并不适于确证所提的假定的地方，依他最近（一九一九年）的研究，将得到最大的助力。在世界各幅员较大的区域中，或许是最无人知最荒野的地方——新几内亚（New Guinea），已发现了各种各类的石物（一），这些石物常埋于地面下数尺的深处，石物的最重要者是石臼与石杵。该地现在的住民没有制造这种石物的技术的知识，他们认定这些石物是长久岁月以前移住此地的民族所制造。关于这些石物和该地住民的信仰，我们从戚兰利少佐（Lieu. Chinnery）听得的知识最多，他曾指出这些石作品大抵是在产金区发现的，并指出邻近地域还有石器或古式的石作品（二）。戚兰利指示我们，石臼与石杵，其制造者用以舂破石英，从碎末中捡取贵重的物质，他们所以冒险远行，正是为此。

（一）C. G. Seligman and T. A. Joyee, "On Primitive Objects in British New Guinea," *Anthroplogical Essays Presented to Edward Burnett-Tylor*, Oxford, 1907, p. 325.

（二）"Stone-work and Goldfields in British New Gninea," *Journ. Roy. Anthropol. Inst.*, Vol. xlix., 1919, p. 271.

这些叠集的证据，明白的指示古代的航海，在动机上并在范围上，都可以和我们现代的航行相比较，我们当然可以开始考察这样传播的文化的发源地，航行者的种族，及航行的年代了。这三个问题中，研讨最多的，同时又是解决其余两个问题最为必要的，是巨石建造与拜日礼仪和灌溉一类习惯传播所由的中心地。

司密斯从开始研究时起，于严厉反对甚至于嘲笑之中，坚持文化发源地为埃及。他相信埃及的地理状况恰具备许多条件，有产生那些传播很广的习惯的需要。即以木乃伊保存为例，我们知道，埃及土壤的特质，把王朝以前时代的尸体，藏入紧压的穴道，完全保存到数千年以后，使司密斯能够研究其器官的构造，甚至于最易毁损的脑髓尚可以拿来研究(一)。到了把尸体放置在凿石墓道或房屋式建筑以内的观念发生时，尸体与从来保存尸所必要的土质，不复有密切的接触，而防止尸体自然毁坏的人工方法，便成必要。于是，有一个方法发生并因这个方法的发达，乃有死者木乃伊保存的习惯，其在埃及地方的全部历史，已经司密斯作成(二)。他在大战勃发之前，旅行澳大利亚的时候，他遇见一个机会，得考察一个木乃伊，这是取自澳大利亚与新几内亚间吐利海峡（Torres Strait）的，他发现了这些岛上住民保存尸体的时候，在肋腹或会阴部分切开皮肤，缝住伤口，其部位与方法恰与埃及史上某时期所惯行者相同。并且，他们由头后大孔（Foramen magnum）挖出脑髓，并于四肢上切开皮肤，又和埃及那时期所行的一样(三)。

（一）*Journ. of Anat. and Physical.*，Vol. ⅩⅩⅩⅥ.，1902，p. 375.（在一九〇〇年，促使我注意埃及王朝前代人体脑髓之保存，因此导我于人类学考察的，是索威尔博士。此时，他正在研究上埃及住民颜色感觉问题，偶然看见了马克伊弗尔博士（Dr. Randall-Maciver）所发见的头盖骨肉干燥的脑髓。——司密斯注）

（二）*The Migration of Early Culture*，pp. 141-2.

（三）*The Migration of Early Culture*，p. 21.

一个技术在细节上相与一致，是传播的极重要的证据，因为，除了假定这技术是由一地传到他地而外，很难找别样的假设来解释。旧来见解以为这些技术的详细节目是在吐利海峡独立发明，依此见解便必须相信该海峡朴野的蛮人，在数小时内尸体便要腐坏的气候中，会发明开明的埃及王朝时代几世纪耐烦的试验和研求的技术了。

司密斯已经指明(一)，欧洲各地发见的道尔门石造物，其构造的细节，表示其仿自埃及金字塔时代坟墓平顶的上层构造，叫做马司塔巴

（mastaba）。多数道尔门，一端上有一个凿孔的石头，司密斯相信这是代表马司塔巴前面墓门，从此供奉食品于死者；同时，马司塔巴上可以叫做玄关的构造，在道尔门上常用凿孔的石头来代表，不过不明显罢了。再者，在埃及，建造埃及金字塔的诸王朝文化中，太阳有重要的地位；至于埃及何以成为灌溉术的发源地，却无须详细说明。在埃及，地理的及气候的条件，使以上四个习惯，自然的相与结合。如果四者所构成的文化曾远游于世界，那末，在一个地域内，找不到使四者独立进化的动因，而四者的联合，偏又存在，便不难解释了。

（一）"The Evolution of the Rock-ent Tomb and the Dolmen," *Essays and Studies Presented to William Ridgeway*，Cambridge，1913，p. 493.

我前已说道，司密斯的见解，以为埃及是巨石文化的发源地，曾遭逢最严厉的反对，但其真理却随年月而愈确。梭罗门群岛宣教师佛克斯（The Rev. C. E. Fox）在最近数月内（一九一九年），寄给我们一个有关于山克利斯脱（San Cristol）及附近诸岛民族葬埋习惯的报告。他告诉我们说，叫做阿拉哈（Araha）的尊贵宗族的死者，葬在有时用石造，有时用土造的大塚的顶端。这些大塚常常取金字塔的形式，酷似埃及的马司塔巴。已死酋长的尸体，放在塚顶的龛内，有一个坑道，从塚面直达此龛，恰与埃及的马司塔巴及金字塔相同。山克利斯脱大塚的顶端上，常有一个建造，以三四个植立的石块支撑一个平面石板构成，有道尔门的性征。在这道耳门的下面或旁面，有一个人形的造像，用珊瑚或石头雕成，这可以相信是代表死者，用作遗留躯壳于塚内的死者灵魂所寄托的。不但是这种造像恰恰是模仿古代埃及送死习惯最重要征象之一，并且，佛克斯引起我们注意山克利斯脱造像的一个特征，在细节上酷似埃及的造像。石像是坐着的，头的后面有类似豚尾的构造，直贯到石像所坐的石面。佛克斯在报告上问道，这个特征，即和麦兰里西亚现行发饰不同，那末，有什么意义？殊不知他所记述，恰类似于埃及建造金字塔的 Cheops, Chephren 及 Mycerinus 造像的特征。

还有一个细节。在埃及造像的背上，常有一个鹰符（常常叫做鹰或鸷）。在山克利斯脱，阿拉哈酋长之葬在平顶大塚下者，以鹰为图腾。

再者，葬在这些坟内的尸体的保存方法，恰如古代埃及，以切开肋腹，取出脏腑为之助。古代埃及和现代山克利斯脱送死习惯的相似，非常酷似，且在多数的细节上相似，使人不能相信两地的习惯是各自独立发生。我们能确信，浸濡于埃及文化的航海者（即令自己不是埃及人），为寻求财富，曾到梭罗门群岛，他们的葬礼给与这远方诸岛住民以很深的印象，使他们传承至今。

梭罗门群岛的名称是十六世纪西班牙探险者所赋与，他们已经平定中央美利坚民族之后，再发航远行，横过太平洋，以求发现梭罗门王获得黄金及宝石与木料用以建筑寺庙的诸岛。于长途航行之后，发现这些岛屿，他们便以他们所与争胜的梭罗门王名字称之。经过西班牙人短期访问以后，直到十九世纪为止，这些群岛又抛弃于吾人眼界之外；到今日，我们才知道西班牙航行家以希伯来帝王之名称呼此岛时，确非偶然，这些岛屿，没有梭罗门王朝航行家来到，却有东方一二古文明国的航行家来到过。一二古国中，究竟何国文化是这些古代远游者的故国文化，在目前不能够断定，但是对于远游者到来的年代，加以片刻的注意，是很有兴味的。我首先要指出的，埃及历史是我们记算世界上古文明国年代的工具。如果像梭罗门岛这样辽远野蛮的地域，曾受过埃及的影响，依影响的性质来看，至少可以说这些古代旅行家为移植其文化于这样辽远之乡而发航，是在何时。正如我们现在可以拿埃及的一片陶器，来定□ssos 遗物的地层，或拿所发现的埃及的一个甲符（scarab）来定 Palestine 或 Elam 建筑的年代一样，我们依佛克斯所记述的习惯之发见，可以希望对于麦兰里西亚习惯及制度，定一个近于正确的年代。

现在，我已经过于简短的把民族学达到现状的过程略述。其次我想考究的（很简短的）是在学问的大体系之中，我们希望置民族学于何地。先第一，我们相信，如果我们能够发见人类活动产生现在文化的历史过程，我们便有了许多的材料，若加以研究，则我们能够确定那支配人类所分属的诸集团——无论我们叫做部落，民族，或帝国，——的活动及运命的法则，及决定人类社会习惯及制度的生长的法则。

民族学还可以有一个目标。我们自己的过去时代，及诸伟大民族的过去时代，为我们许多文化所自昉者，其记录非常的不备，尤其是心理学的方面。我们没有直接的方法去研究古代民族如何思维或感觉，除了文字记录以外。发掘还可以发见许多新记录，这是无疑的，Cretes，Hiltites 及其他久已灭亡的民族的手迹及象形文字的解读，将对于我们的知识大有增益，也是无疑的。但是，因文字记录的不备，这种知识总是有很大的缺陷的。那末，想去把缺陷的二三，依我们对于保存古代流传的习惯之远方野蛮民族的理想，感情及信仰的知识，而予以补苴，是不是过于大胆的想念呢？希望那对于在他们那儿一度移住者的物质的习惯，忠实的加以保存的民族，也能够以同样的忠实态度保存访问者所传来的社会的及宗教的信仰，是不是过于远大的理想呢？如果这种希望可以实现，那末，对于今日的最朴野民族，加以研究，或可以助成我们对埃及，撒末尔（Sumer），伊兰，及巴比伦诸古代文化的了解，这些文化，依其对犹太人的影响，而有甚大的影响达于吾人，不独宗教，即我们伦理及社会传统上亦然。印度里西亚，新几内亚及麦兰里西亚诸民族有关于灵魂二重性的信仰，与最近研究金字塔文件所发现的，曾为埃及所持的信仰，相酷似；所以，对于朴野民族的死亡，死后生活，及其他神秘的信仰，加以研究，必可供给我们以补苴文字记录的缺陷的资源。

在演讲未毕以前，我要说明与民俗学之所需要相关联的民俗学的现状。在某种关系上，民族学有特异的地位，纵不足以引起注意斯学的学者的兴味，亦足以引起同情。我们不过是开始了解，当世界上辽远地带的文化迅速消失之际，应如何收集其所提供的丰富的材料。我们的文明的运动，已把丰富的库藏置于吾人之目前——（如果尚未置于吾人之手中），——同时又赍送许多的致命的病因，行将把丰富的材料一扫而空之。与澳大利亚半原始民族密切关联，而又有许多差异的答斯蛮族（Tasmanians）已经灭亡了。曾一度广布于非洲，且依古石器的暗示，或许曾散布于欧洲各地的民族代表者，Bushmen，殆将灭亡，只不过很少数的散住在荒野地方，如加拉哈利沙漠，（Kalahari Dessert），其灭亡直不能旋踵。在非洲过去历史上有同样关系，在埃及史上也或有重要意义的 Hottentot，也要随 Bushmen 而灭失。在我所最熟悉的地方，麦兰里西亚及波林里西亚，许多部落已经亡失。(一)我最后一次访问新希伯来群岛（Hebrides）时，我听见只有三个土人遗留在 Aore 岛上，在这岛沿岸，陶器的碎片，证明了从前曾有繁夥而兴盛的人口。在 Espiritu Santo 岛上，我访问过 Vulua 部落，在二十年以前，依该岛上勇敢饱学的宣教师波伊（Mr. Bowie）的估计，有二百人。我只寻着十五到二十人的孑遗，堕落无望，使我对于他们的习惯，不感兴趣，只得以他们言语中二三字句自足。这已和周围各部落大不相同，如果在十年前访问他们，我们便可得到一种文化的记录，或许可以供给资料，帮助我们了解岛民的历史。从今以后再十年，必有十数个部落陷入 Aore 及 Vulua 岛上遗民同样的状况。即令幸而他们能够保持其生存和物质的财产，他们的信仰及他们对于古代文化的知识，一定亡失，因为在这种民族内，只有从老人才可以得到有价值的报告。每一个老人死于麦兰里西亚，便亡失并且永久亡失了将来的学者所认为无价的知识。在我二十年前访问麦兰里西亚时，助我最多的两个人，在我把我从他们热心供给材料而作成的记录，刊行以前，必已死去。最近，我听见说，我七年前访问新希伯来群岛时助我最多的一个人，已经死去，为促进这民族死亡的有力工具——赤痢之牺牲。今夕，我已经告诉了诸君一个研究，依此可知麦兰里西亚存在的知识宝库之如何丰富，这丰富的知识容易取得且正待搜求。有时，知识的存在，有如黄金之野的碎金，但是知识与碎金不同，如不变形为文字作成的永存的记录，则将永远消失。或者诸君，或为行政官，或为宣教师，或为医药士，将走到有待人搜求的宝库的地方，如有此事，我希望诸君能够割爱时间和劳力，去学习如何搜集民族学所需要的事实的方法。或者在座诸君中，也有受过去诱引的影响，将致其全力，对这个狭小而正在成长之中的知识，依此可以把人类古代史再加阐明者，有所贡献也。

（一）关于这个题目，参看李威尔斯博士主编的 *Essays on the Depopulation of Melanesia*。

（载《新生命》第 2 卷第 6 期，1929 年 6 月）

《中国社会之史的分析》绪论
——研究中国社会史的必要和方法
（1929 年 1 月）

一、中国革命的基本问题与社会史的研究

中国的革命，到今日反成了不可解的谜了。革命的基础是全民还是农工和小市民？革命的对象是帝国主义和封建势力，还是几个列强和几个军阀？这些重要的问题都引起了疑难和论争，论争愈烈，疑难愈多。要扫除论争上的疑义，必须把中国社会加以解剖；而解剖中国社会，又必须把中国社会史作一决算。中国社会史的决算，至少要提出下面两点做中心：

第一，中国社会是封建社会，还是资本主义社会？

第二，帝国主义势力的侵入是否使中国社会变质，变质又达到什么程度？

对于第一个问题，至少有三个答案：其一，中国社会是封建的，封建制度还是存在；其二，中国社会是资本主义社会，封建制度早已破坏无余；其三，中国的封建制度虽早破坏，但仍是在前资本主义时期，有巨大的封建势力存在着。对于第二个问题，却只有两个答案：其一，中国和外国通商以后，社会构造没有根本的变迁；其二，帝国主义势力侵入后，封建势力日就崩坏，但同时后者又与前者相结成为一大反动的营垒，社会构造已有改变。并且，封建势力是经济的，政治的，还是宗教的，或观念的？这又随论争者观点的不同，引起了腻烦缴绕的辩解。有许多只不过一二个名词之争；有许多涉及于革命根本问题，提出相异的革命方略，或竟借论辩的名词回避革命。

第一个问题是所谓革命理论问题的一个焦点。但是，革命理论是由社会的实况抽出来的。要寻出正确的革命理论，必先对社会的实况有正确的认识。如果中国社会构造是一个资本主义的构造，那末，革命的基础是无产阶级而对象是资产阶级；不然，则革命的基础是全民，而革命的目的在收回关税自主权以求遂资本主义的发展。如果中国是封建制度即封建贵族的统治，那末，革命的对象是封建贵族而基础是第三阶级即市民阶级和农工。如果封建制度已经崩坏，但士大夫官僚政府抑制资本主义的发达，继续着农村对都市的斗争，停滞中国社会于前资本主义状态；自帝国主义侵入中国以后，官僚迅速和帝国主义结纳，士大夫身分日就衰残，其社会地位为帝国主义资本支配下的资产阶级所代替；手工业日益破坏，农工生计日益困难，那末，革命的基础便应当是农工和手工业者与知识分子即小市民阶级。因此，我们可以说：对社会实况没有或回避正确的认识，则革命理论不过空谈。所以，第一个问题的解决又必待第二个问题解决以后。那末，中国社会史的决算，在今日实在要下一番工夫了。

二、中国社会史研究的困难

中国社会史研究的困难却又无比。在历史上，数目字的记录极少；所存的记录又随历史家主观的观察，变成了事实的断片的解说的阴影。西汉以前的史乘和典籍尤其是靠不住，大抵经过汉儒的变造和僭造。在当时学问的授受皆口耳相传，"师说"之中，有多少主观的附会和敷衍！春秋战国时代是中国社会史的一个关键，中国社会在这时候结束了封建制度，而破坏的封建制度仍然在另一个基础上再建起来；叫做封建制度也不确，否认封建势力也不许。但是递禅的过程究竟是怎样？既没有可靠及充分的史料，又没有科学的采掘的考证。尤其是困难的：春秋以前的社会是什么？更没有确证去考查。把一切传说和附会，用一个系统去整理论列，在现在并不是没有人做工夫，可惜托古的"重言"不能作事实的真相。离开那些断简残篇，又从那里去寻绎史料？所以，我们可以说：现在是古史破坏的时期，建设翔实的古史却必待考证工夫完成以后。

秦汉以后的中国社会是农业和手工业社会。但在社会中杂沓的现象和歧异的变迁，几乎要使人惶惑不解。在北方，封建制度的复活，货币经济的消灭，具载于历史。在南方，个人财富的增殖，奴隶劳动的使用，也是历史所叙明。沿海的商业都市，始自什么时期？各民族的移殖和融和，到了什么程度？手工业的量的增大，已否变质为资本主义的经营？权力主义观的观念体系，已否渗入了个人主义的思想？这些处所，为考证而考证是没有什么困难的，想综合论列以给与革命的教训却非易事。

但是，为了解社会现状而探讨历史，这是不容已的事情。无论怎样的困难，我们也必须用妥当的方法，剖析，综合，比较，以求得比较正确的论断。

三、中国社会史研究的方法

研究的方法是什么呢？

其一是概括的记述法。把类似的事实和现象集合起来，指出共通的征象的方法，叫做概括的记述法。例如：春秋时代各侯领筑城的事实。集合各侯领筑城的事实，我们可以得到一个论断：春秋时代有都市集中的现象。又如：战国时代个人财富的积聚的纪录。集合个人财富的纪录，我们可以得到一个论断：原始共产制乃至封建财产制已为个人私有制所代替。集合春秋战国时代反宗法理论的拜日教，立少子，娶本族，不行三年之丧，等事实，我们可以说宗法制度已经崩坏而严正的宗法制度未行到周鲁诸国以外。集合战国时代各国起用庶人为卿相的事实，我们可以知道封建贵族阶级已经崩坏而治权渐归到新起的官僚。这是第一段的概括。再集合这许多论断出来的现象，便可以说春秋战国时代，旧封建制度已经破坏。这是第二段的概括。再举一个例。自汉到明清，官僚政府的财政收入上，漕运是一个重要制度，同样的各地方的仓库也是重要制度；官僚的俸给用布帛和谷米，军队的饷糈用布帛和谷米；个人的财富的成分是土地园圃和奴婢及放债；社会的观念体系以“分”即等级思想为中心；这各端是各由第一段概括所引出的。而第二段概括，使我们论定秦汉以后的社会还是以自然经济为主，虽有货币，却没有占最高的地位，政治制度还是封建的类型，个人主义还没有占相当的势力；综之，秦汉以后的中国还是在前资本主义时期。

更进一步，我们可以把中国社会的概括的论断，和希腊，罗马，波斯，埃及，维新以前的日本，革命以前的俄罗斯等等，再作概括的记述。例如：传说中的西周时代，种种征象和索伦以前的雅典，及沙威尔斯吐鲁斯以前的罗马相似；这可以说是原始封建国家的类型。

仅仅使用概括的记述法，还不能得到确实的断论。我们第二还要使用抽象法。分析复杂的事实使趋于简单的方法，叫做抽象法。资本主义社会有封建制度的遗滓，封建社会也有资本主义的萌芽。要得到纯粹资本主义的概念，必须在思考时假定封建遗滓并不存在。要把捉封建社会的实况，必须判定商业资本只有微小的势力。中国社会久没有土地贵族，但是，分析的结果，我们发现了代替土地贵族的士大夫身分。中国社会看不见商业资本的势力，只看见土地资本的势力，我们又看得出士大夫身分是地主阶级披上了法律的外衣。这便是抽象法的运用。研究中国社会史，抽象法是最重要的方法。中国社会，自战国到最近，是一个变质的封建社会。在数千年的历史上，我们看见许多类似于资本主义社会的现象，又看见了许多和严正的封建制度相同的现象。家族本位和个人主义的法律，权力主义和个人主义的观念，相互错综。现于法令的制度和存于实际的现象，有时相反。如果不用抽象法，把复杂的事实分析开并且简单化，决不能把捉中国社会的特质。

要对社会现象及其发展的趋势得到比较确实的认识，我们第三须用统计法。在一群现象中，发见一定特征以如何次数实现及以如何程度实现之量的研究，叫做统计法。不过，中国的数字的记录在历史上非常缺乏，便有也靠不住，即如人口的官厅报告大抵不甚正确，因为满清以前，赋税是按人口抽收，所以匿报是原则的情形。近百年来，统计的记录较多，但正确的还是很少。

以上三种方法都是归纳法。此外，由归纳法得到的法则，适用于特殊的情形，得到其解释或推测其倾向的方法，即演绎法，也是应当运用的。

四、本书的要点——士大夫身分的特质

本书所收的论文，并没有慎重精密的运用上述的方法。并且，各篇的论题非常广泛，所用的材料也不过疏略的大体的，没有经过多少的考证工夫。这是我要向读者示歉意的。本书各论文依执笔时期的先后，内容时常有冲突矛盾的处所，其原因在：作者现尚在进行研究之中，决不能把一时的观察所得作为定论。但本书所收论文中有一个重要象征，这便是士大夫身分的指出。关于这点，还要作简单的说明。

第一，我们要知道士大夫身分和"知识阶级"不同。我们可以说士大夫身分是知识阶级的特定形态，却不能概指中国现在的知识阶级为士大夫。

在太古时代，生产的技术非常幼稚，人类的劳动所得，供给日常必要的生活，尚虞不足。这个时期，人群中没有不从事于物质生产的观念生活者。社会的生产力增大，则人群的数量增大，人群的组织复杂，于是保持过去的经验的人渐得有从事思虑的闲暇，于是有了观念生活阶级。在某时代，观念生活阶级为祭司僧侣。在别时代，观念生活阶级为博士员生。其生活形式，皆依当时当地的物质生活来决定。

这观念生活阶级在中国从来是统治阶级的一端。它上面连缀于统治阶级的军阀，下面抑制着被统治阶级的庶民，它的地位，和古代的巫觋祝宗，和后来的封建贵族相当。它的构成，是官僚和地主。它在经济上是剥削者，在政治上是支配者。所以总理在五权宪法演讲里说：

> 政治里头又有两种人物：一种是治人的，一种是治于人的。孟子说："有劳心者，有劳力者。劳心者治人，劳力者治于人。"就是这两种人。

资本主义社会的观念生活阶级却与这劳心的治者不同。考茨基在《知识阶级与社会民主党》论文中说：

> 更重要的是：依资本主义的生产方法的影响，精神劳动的性质变化了。在从前，优先的去从事精神劳动的人便是剥削者自己，至少也是剥削阶级里的人。例如在中世，代表精神劳动的教会，是大地主，因其为大地主，故与封建的剥削，直接的保有强烈的利害关系。在资本主义的生产方法，剥削者埋头于剥削，对于别样的方法的劳动没有时间，也没有这种欲求。他们同样免除了肉体劳动和精神劳动，专以利润之追求为事。……资本主义的生产方法，以大工业代替小工业，手工业劳动分解为肉体劳动和精神劳动，与类似机械的劳动者相并而有技师化学师和工厂监督等等的必要。国家趋于中央集权。人口转移于大都市，小国合并成大国家，小自治团体被代替于需要有特殊教养的行政官的广大复杂的组织体，官僚主义急速发达。国际贸易发达，同时国际政治也发达起来。在大都市，大国家，世界上，经济的及政治的生活造成了通信及宣传的机关。……资本主义的生产方法……使辩护人最好的发育地之商品生产者间固有的冲突，无限增加。资本主义的生产方法发达科学及艺术，增加了知识分子的数量。
>
> 这样的对头脑劳动者的需要增加，所以其供给也急速增加了。

中国从前的和现在残余的士大夫阶级，是地主"优先的从事精神劳动"所造成，所以士大夫阶级这种观念生活者便是经济上的剥削者，在封建制度破坏以后，便自己去以统治者——官僚而现身。士大夫阶级的剥削即是封建的剥削。

帝国主义侵入中国以后，都市的工商业渐次发达，帝国主义资本家所设立的工厂商店银行也急剧增加。邮政铁路的设置，需要专门技术并相当教育的观念人。外交的应付，新军的编制，财政的改革，新闻的勃起，法院和律师的设置，新法的起草，学校的创立，种种迫于资本主义的必要和效法资本主义的设施，开发了特殊或相当教养的观念生活阶级的需要，尤其是无限制增加这种人才的供给。因此，我们看见了新知识阶级的发生。

在生活方法上，士大夫和这种知识阶级确有不同。前者的生活是尊贵的，剥削的。后者的生活是平凡的，劳动的，至少也要借知识以保持其社会地位的。但是，在两点上，两者又确相共通。第一，学校的教育仍然是地主优先。第二，知识阶级的供给超过了需要，"用其所学"，必终于失业。所以过剩的知识分子或沉沦于痛苦生涯；或猎取着政治地位，和士大夫的活动毫没有两样。前者的现象使知识阶级革命化。后者的途径使知识阶级官僚化。

因此，目前中国知识阶级还保持着士大夫身分的传统意识。士大夫曾经是社会的瑰宝，只因其为士大夫之故，便获政治上经济上社会上优越的地位，在官为官吏，在野为缙绅，在农村为地主。时至今日，知识阶级还自以为知识分子的资格尚有获得政治上经济上社会上优越地位的可能性。士大夫的时代已过，技术家的时代未来，但他们仍或以优越地位获得的可能性，自慰自励。因需要远不及供给之多，政治经济的支配者遂以考试和夤缘选择使用，运气好的或知识强的又似乎可以获得优越地位。于是引诱知识阶级的幻想和破坏知识阶级的实际，有云泥之差。

五、士大夫身分与知识阶级

第二，我们要知道观念生活者并不是没有阶级的存在。封建社会的二大基本阶级是贵族和农奴，资本主义社会的二大基本阶级是资本家和无产者。观念生活者决不能自成一基本阶级，但是，社会到底不是两大阶级的机械的构成，其中实有多数社会层的存在。观念生活者，一自其生活方式上观之，为思虑生活即观念劳动者，与物质劳动者到底不同。二自其收入手段上观之，为头脑劳动的报酬，与资本家的利润，地主的地租，及劳动者的工钱，本可以严格区别。在这个意义上，观念生活者虽不是基本的社会阶级，仍不失其为一个社会层。

中国的士大夫身分还不止于一个社会层。自封建贵族阶级破坏以后，地主阶级是中国社会的一个基本阶级。地主阶级和士大夫官僚之和，恰与封建贵族阶级相等。若包括地主和官僚的两端，则以士大夫身分为中国社会的一个基本阶级，亦非错误。

士大夫身分有其独特的存在，则多少保持士大夫传统的意识。目前知识阶级，虽一方面随社会基本阶级的分化而分化，他方面却仍有其独有的特质。他们是旧文化保存者，或新知识转入者。前者的使命使他们极端的保守，后者的使命使他们抱着资本主义的景慕，或社会主义的意识。

革命的知识分子必须克服这种观念生活阶级尤其是士大夫身分残留的独有的特质。革命的知识分子必须对历史的运动整个过程有深刻的了解。革命的知识分子必须把由于这个了解所得到的正确的革命理论灌输到革命民众——农工及小市民阶级里去。尤其要克服士大夫身分的传统意识，防止官僚化的危机。

六、结语

以上所说，可以表明士大夫身分实有其社会的存在。关于士大夫身分的存在，依作者所得到的批评，还没有异议。但是关于士大夫身分的成立和维持条件以及重要性，却有不同的见解。作者希望这一本小书能够引起广大深刻的论争；在广大深刻和普及于国内外的中国社会史论争中，作者敢把这本小书作参与论争的纪念。

十七、十二、一、上海

（新生命书局，1929 年 1 月）

关于士大夫身分的几个问题

——对中国社会史的论争和质疑

（1929 年 2 月）

一

本刊第一卷第九期以后，连载几篇关于中国社会史的论争。有关于这个论争的文字此外更见于《前进》及近刊的《春潮》月刊。论争的焦点涉及多方面。本文所注意者是中国社会史上士大夫身分存在与否及基础如何的问题。

本刊第九期第十期《从中国社会史观察中国国民党》及《中国社会到底是什么社会》两文，以为中国自战国以后便有士大夫身分，这身分的基础在土地所有权和国税乃至知识的独占。《前进》月刊第十期《社会阶级论中的几个根本问题》一文以为"身分"虽有经济的背景，而其基础却不全在经济。特别是历史的传袭，思想，风俗，学说，这些"上层建筑"，都时时可以维持身分的存在。一切由宗法社会封建社会传袭下来的义理，心理，都是造成且维持士大夫身分的要素。这是关于士大夫身分发生及维持的基础的争论焦点。前者见解由"物"的方面着眼，后者见解由"心"的方面下笔。黄以周在南菁书院做山长时，他房间里的壁上有八个大字的座右铭："实事求是，莫作调人。"（顾颉刚《古史辨》第一册一九一页）

故本文的目的不在折衷，而在别提一个观察。依我所想到的，有三个问题，双方都没有写到。第一个是豪族。第二个是门第。第三个是科举制度。这一类的具体事实，如不顾到，则中国社会史的讨论，不是悬空抽象的文章，便是西洋理论的移植。具体事实很多，先说这三个。这三个问题实在是一贯的，所以不去分开各加论述。

二

豪族的存在是很古的事实。在古代，依传说，祭司僧侣阶级有所谓祝，宗，巫觋。巫觋祝宗在社会上居极高的地位。所谓宗是什么？依传说：使名姓之后，能知四时之生，牺牲之物，玉帛之类，采服之仪，彝器之量，次主之度，屏摄之位，坛场之所，上下之神，氏姓之出，而心率旧典者为之宗。(《楚语·国语》)

宗便是"名姓之后"，换言之，便是大族的后人。依这个传说，则在古代，不论那时的社会组织是氏族联盟，或者是封建国家，大族的后人是有尊崇的地位的。这件事的实际虽幽邈难稽，但在楚，大族的势力却是可观。观射父向楚昭王答复这一套话，不是没有背影的。楚的大族，如屈毛〔氏〕，景氏，昭氏，是最著的。屈原做"三闾大夫"，所谓"三闾"，和后来秦灭楚以后，谣所谓"楚虽三户，亡秦必楚"的所谓"三户"是不是有关系，并且是不是指三个大族，这是我们不能断定的。这三族只不过楚的王室的"同姓"(见《屈原传》)，但经过秦的统一及楚汉的斗争，仍然存在。《史记·刘敬叔孙通传》："夫诸侯初起时，非齐诸田，楚昭屈景，莫能兴。今陛下虽都关中，实少人，北近胡寇，东有六国之族，宗强。一日有变，陛下犹未得高枕而卧也。臣愿陛下徙齐诸田，楚昭屈景，燕，赵，韩，魏后，及豪杰名家，居关中；无事可以备胡，诸侯有事，亦足率以东伐。此强本弱末之术也。"由刘敬这一段话，我们知道汉初，战国的名族大家还很强盛。又《史记·游侠传》："至于朋党宗强比周，设财役贫，豪暴侵陵孤弱，恣欲自快，游侠亦丑之。"这说明汉初豪族的横暴，反为游侠所不齿。《前汉书·酷吏传》："景帝拜(郅)都为济南守，至则诛瞷氏首恶……迁(义纵)如〔为〕河内都尉，至则族灭其豪穰氏之属。"《前汉书·游侠传》："郡国豪杰……冠盖相望，亦古今常道，莫足言者。"

这所谓豪杰的，义例没有《史记》那样严正。《史记》专指个人的任侠，而《汉书》却列举孟尝，春申等为四豪。足知所谓豪杰，或包举大族。王莽代汉以后，如隗嚣，刘伯升等，或"豪侠能得众"，或"倾身破产，交结天下雄俊"。到起事的时候，或"分遣亲客……部署宾客"(《后汉书·宗室四王三侯列传》)，各有大族名家风度，而宾客亲客等等，固非大族名家没有。后汉开国功臣多出大族名门，如寇恂"世为著姓"，祭遵"家富给而……结客"。本来刘秀的军事集团是名家士族及官吏组织的，与刘邦等"武人崛起，亦有鬻缯屠狗轻猾之徒"不同。

依上所述，战国秦汉之交，豪族名家在军事运动上确有很大的力量，而刘邦成功以后，对于这个力量还是非常嫌忌的。至于后汉起家开国，却是大族名家及郡吏守宰的集团作中坚。

三

后汉开国以后，门第便起了。门第和豪族本是一个东西。但称豪族，则为前代遗留或社会自存的势力，官僚和这种势力相结纳是不合法的。称门第，则是依附或因乘官僚政治势力而成立的，并且很堂皇的存续，逐渐形成特殊的身分，几乎垄断仕途。官僚不独要交结门第，并且出身于门第。简言之，豪族是社会势力，门第是法律的地位。

后汉的官僚，初期多出于南阳。郭伋所谓"不宜多用南阳人"，便说明了这件事（《后汉书·郭伋传》）。后期多出于汝南，如袁安之类。援引标榜的风气渐开，而门第的成见渐起。例如"通家"的名词便起在后汉。《后汉书·孔融传》：时河南尹李膺以简重自居，不忘接宾客，敕外自非当世名人及与通家，皆不得白。融……语门者曰："我是李君通家子弟。"门者言之。膺请融问曰："高明祖父尝与仆有恩旧乎？"融曰："然！……融与君累世通家。"

这和《世说新语》的记录，有什么分别？这时期大族名家赫然存在。在后汉还没有成功时，三辅的地方便有豪族。如《郭伋传》所说："更始新立，三辅连被兵寇。百姓震骇。强宗右族，各拥众保营，莫肯先附。"

到后汉末年，也有同样事例。例如《荀彧传》所说：董卓之乱……同郡韩融时收宗亲千余家；拨乱蜜〔密〕西山中。……彧乃独将宗族从（韩）馥。

带领宗族，不是豪族不能做，这是很明白的。然而这时的豪族，已有名流名宦的资望才可做了。而非名门的大族在当时却有共同做流寇的。《刘表传》："时江南宗贼大盛。"（注：宗党共为贼）且作乱也有时必结大族。如《刘焉传》："赵韪之在巴中，甚得众心。璋委之以权。韪因人情不辑，乃阴结州中大姓。建安五年，还共击璋。"

魏立九品的制度来取士，本以个人的才能为标准。但名门大族的势力，使举士的人以门第为衡量。到晋代，刘毅上疏说："高下逐强弱，是非随兴衰。一人之身，旬日异状。上品无寒门，下品无势族。"（《通鉴辑览》晋武帝泰始五年条）

东晋的门第遂做了取士的阶梯，与"寻常百姓"显然有等级的差别。自后南朝大抵是一样的。诗人所谓"世胄侧高位，英俊沉下僚"，恰指明这个事实。至事实上则下列记载，可作一例：江东王谢诸侯方盛，北人晚渡者，朝廷悉以伧荒遇之，虽复人才可施，皆不得践清途。宋主尝与（杜）坦论金日碑。……坦曰："请以臣言之，臣本中华高族，世业相承，直以南渡不早，便以伧荒赐隔。"（《通鉴》宋元嘉二十三年条）在法令上，且禁止士族杂婚。其大略如下："诏士族杂婚者皆补将吏，士族多逃役逃亡，乃严止之制，捕得即斩之，往往奔窜湖山为盗贼。"（宋大明五年条）

至北方，豪族每为种族的中坚起事，割据地盘。而等级制度至北魏渐盛。消极方面，禁止百工商贾之子私立学校，使各习父兄之业。而徙"青徐望族于代"，又与汉迁豪族于关中的政策相同。迁举"秀孝"，仍然"但检门望"（魏太和十八年条）。下列记录，可作例证：魏主雅重门族，尝与群臣论选调。李冲曰："未审张官列位，为膏粱子弟乎？为政治乎？"魏主曰："欲为治耳。"冲曰："然则今日何为专取门品，不拔才能乎？"……韩显宗曰："陛下岂可以贵袭贵，以贱袭贱！"（太和二十年条）

唐统一南北朝以后，定族姓为九等，抑制山东名门。而名门的专横骄矜，由下列记录可见："先是山东人士，崔，卢，李，郑诸族，自矜地望。凡为婚姻，必多责财币。或舍其乡里而妄称名族。或兄弟齐列，而更以妻族相陵。"（贞观十二年条）

但九等门第的《氏族志》又何尝不是确认门第的法令？郑樵《通志·氏族略》所谓："贵有常尊，贱有等威"，足见隋唐门第的严峻。郑樵又说："自五季以来，取士不问家世，婚姻不问阀阅。"则门第等差，五季以后便衰微了。此后，科举的力量大于门第，有如顾亭林氏所说：杜氏《通典》言："北齐之代，瀛，冀诸刘；清河张，宋，并州王氏；濮阳侯族；诸如此辈，近将万室。"《北史·薛允传》："为河北太守，有韩马两姓，各二千余家。"今日中原北方，虽号甲族，无有至千丁者，户口之寡，与江南相去蔓绝。其一登科第，则为一方之雄长，而同谱之人，至为之仆役。……自金，元以来，凌夷至今，非一日矣。（《日知录》北方门族条）但是大族的势力还是不可侮的。例如乾隆三十三年上谕：民间户族繁盛，其中不逞之徒，每因自恃人众，滋生事端。向来聚众械斗各案，大半起于大姓，乃其明验。

四

科举制度和豪族名门的关系是怎样呢？

科举制度可大分为二种：第一是贡举，第二是考试。贡举的制度起于前汉高祖时期。考试的制度源于前汉武帝时期，科举的人才有二种：第一是文士，第二是武士。先略说文士的科举。

依上述，汉初，六国的大族还有很大的势力。刘氏纯用武力得政权，要折服他们，殊非单纯的武力所能持久。《史记·陆贾传》：陆生时时前说称诗书，高帝骂之曰："乃公居马上而得之，安事诗书？"陆生曰："居马上得之，宁可以马上治之乎？且汤武逆取而以顺守之，文武并用，长久之术也。……"试看刘邦的诏书，恰是对豪族士大夫的语气："盖闻王者莫高于周文，伯者莫高于齐桓，皆待贤人而成名。今天下贤者智能，岂特古之人乎？患在人主不交故也。士奚由进？今吾以天之灵，贤士大夫，定有天下，以为一家，欲其长久世世奉宗庙亡绝也。贤人既与我共平之矣，而不与吾共安利之可乎？贤士大夫有肯从我游者，吾能尊显之！"（《汉书·高帝本纪》）这和招田横的口气是一样的了。曰："田横来！大者王，小者乃侯耳。"（《史记·田儋列传》）

自后历代封建军事政府成立时，都有举贤的制度。在汉代这是对于豪族士大夫即大族的，魏到唐初，欲专对于门第。所谓"九品官人"之法，"唯能知其阀阅，非复辩其贤愚，所以刘毅云：下品无高门，上品无寒士。"（《文献通考·选举考》）亦即沈约所谓："降及季年，专称阀阅。自是三公之子，傲九棘之家。黄散之孙，蔑令长之室。转令互争诛两，所论必门户，所议莫贤能。"（同上《选举考》）

自汉以来，举士常加"策试"。至唐，庆〔废〕"九品中正"的遗法，整理"策试"的制度，以"育才养士，招徕奖进"，对士族的羁縻，和门第的抑制，两皆有效。策试制度已进化成了考试制度了。

唐宋以后，大族名门对于科举的影响怎样，固没有历史的记录可以证明，但科举出身的士人，每为"一方的雄长"，前面已经说过了。但考试制度的本身也不是没有等级差别的。汉唐的门荫，影响于科举的，便是官僚子弟常受特别制科的考试。

辽金元以武力统治中国，但也开科举选士。不过元分进士为左右榜，蒙古色目人为右，汉人南人为左。凡蒙古由科举出身者授从六品，色目、汉人递降一级。对汉人南人的待遇是不平的。元对汉人取苛酷手段，而满清则软化与杀戮兼用。当满清得了政权的时候，大族及优秀士大夫常领导并鼓吹民族革命运动。顺治，康熙对汉人取笼络手段。一方面诏举山林隐逸，一方面诏举博学鸿词。而乡会试则顺治元年已经举行了。

文士的贡举已如上述。至武士的贡举，一面虽意在收罗豪士，一面却有特殊的作用。第一是选拔御用卫士。如汉初由"六郡良家子选给羽林期门"。第二是锻炼并保持将门子弟的技术。如达到这个目的，一则设立武学，使门荫子弟入学；二则举行武举，使他们得到一种身分，不致投合时好，改习文艺。至于满清文武两科齐举，那笼络汉族豪士的用意是极显明的了。

贡举制度的用意，依上所述，第一是软化豪族士大夫，以安定封建军事政权。但到大族名门盛时，却反操持于大族名门之手。所以第二，它又有封锁特殊身分的作用。贡举进化成为考试制度以后，"上品势族下品寒门"的弊端打破，于是第三，它又有身分流通的作用了。在科举制度发挥这特殊的身分流通作用的时候，又有两个条件。第一消极的禁止某种身分均沾，加〔如〕北魏隋代禁止工商子弟贡举，及唐代以后禁止部曲贱人家奴均沾。第二积极的指定应试人作一定定型的修养。不用说，这修养是用儒家思想做定型。极端专制的明代及压迫汉族的清代更定朱熹学说作规范。

上面所述，不独说明了科举制度的用意，并且依科举和豪族及门第的关系看来，又说明左列的两个要点：第一，豪族这社会势力，依国家权力的发展，渐受政治的抑制及操纵，而变作依附官僚或政治势力的力量。第二，科举制度这妥协软化和招徕豪族的手段，于分化豪族以后，变作门第和士大夫封锁身分及扩大身分的手段。

五

由社会势力进为法律地位的豪族门第，生活基础是什么呢？豪族怎样才可以"豪"，门第怎样才可以"高"呢？

我要指出，豪族的发生由于政治力及经济力，而维持则实依于经济。门第的发生由于政治力，而维持则依于政治及经济。所谓政治力的，前面已详。他们所依存的经济，则为土地及奴隶。换言之，豪族门第是农业及奴隶经济的产物。今简单的举例。汉时的豪族如迁入关中的田氏："关中富商大贾，大抵尽诸田：田墙，田兰。"（《前汉书·货殖传》）

当时富商财产，除货物外，"童手指千……子货金钱千贯。……"而通常的豪富则有如左列各种财产："陆地牧马二百蹄，牛千蹄角，千足羊；泽中千足彘；水居千石鱼波；山居千章之萩；安邑千树枣；燕、秦千树栗；蜀汉江陵千树橘；淮北荥南河济之间千树萩；陈夏千亩黍；齐鲁千亩桑麻；渭川千亩竹；及名国万家之城带郭千亩亩钟之田，若千亩卮茜，千畦姜韭。此其人皆与千户侯等。"（《前汉书·货殖传》）后汉初期的豪宗世家，如樊重："课役童隶，各得其宜。……至乃开广田土三百余顷。其所起庐舍，皆有重堂高阁，陂渠灌注；又池鱼畜牧，有求必给。"（《后汉书·樊宏传》）他能够赡赈宗族，所以在赤眉之乱时，"作营堑自守"。其他"拥众保营"的可知了。若贵族官僚，则有"占田"的权力。如前汉的田蚡："治宅甲诸第，田园极膏腴。"（《前汉书·田蚡传》）

当时对于占田，并没有限制。至晋才定限度，但只限于京师。贵族可占至十五顷。官僚可以占至五十顷，并且各依其尊卑，荫其亲属，"多者及九族，少者三世，宗室国宾先贤之后及士人子孙亦如之，而又得荫人以为衣食客及佃客。"（《文献通考·职官考》）东晋时代，人们多托庇于官僚士大夫门下，"为左右佃客典计衣食客之类"，以免赋役。非官僚的豪强占民田的事实，常见于历史。大族名门最富的，"田园水碓，周遍天下"。——王戎之语。魏辽金元诸国常掠南人为奴隶，而江南势族富室也蔽占人民奴使之，有多到万家的。豪族名门的生活资源从这儿可以知道了。

六

豪族名门虽发生并依存于政治上经济上优越地位，但一旦取得优越地位之后，优越地位——身分——本身便发生社会势力。有时官位已失，财富渐衰，而特殊身分仍可保持。尤其是优越的门第，社会势力是比较巩固的。

但是我们必须知道门第的社会势力之巩固，实在有外来的原因。如果没有这外来原因，则社会势力便随官位和财富的失去而失去。门第的盛兴的原因，郑樵求之于谱牒和选举。他说："自隋唐而上，官有簿状，家有谱系。官之选举必由于簿状；家之婚姻必由于谱系。……此近古之制，以绳天下，使贵有常尊，贱有等威者也。……自五季以来，取士不问家世，婚姻不问阀阅。故其书散佚，其学不传。"(《通志·氏族略》)顾亭林求之于伦理。他叹恨流品自己维持的不严，说："缙绅之士，不知以礼饬躬，而声气及于宵人，诗字颁于舆皂。至于公卿上寿，宰执称儿，而神州陆沉，中原涂炭，有以致之矣。"(《日知录》流品条)

其实谱牒之学的兴盛，是门第兴盛时期的事情。门第的兴盛是在民族混斗的时期。"地望"的固执，是晋室南渡后，民族意识及身分意识造成的。一方面，中原士族要自别于异族的北人，一方面又要自别于江南的庶人。所以，南渡较迟的士族便失了地望；而王谢以外，很少新兴的大族。北朝的门第起来较迟。一方面外族与汉族混战很久，有自己保存的民族和身分意识；一方面在北朝做官的士族也有自己保存的民族和身分意识。所以北朝的崔卢和南朝的王谢一样的骄恣自持。

谱学的衰微和谱系的混乱，起于五季。本来，隋唐统一南北朝以后，最初门第的成见很强。但民族融合，极度进展。汉族和异族依经济的社会的接触，和复姓奇姓的改革，渐丧失民族的分限。同时，前朝地望，没有官位和财力维持，被现存的达官巨族所代替。所以，一旦乱离纷起，谱学便衰，氏族便乱。并且门第要依官位和财力维持，所以趋附权贵，因而通谱合族的事情，在南朝及唐代早有(《日知录》通谱条)。宋代以后，科举制度又把门第代替了。谱学虽盛，而民族意识及身分意识却衰。

依上所述，政治地位及经济势力是豪族门第的发生原因和维持条件。民族意识与身分意识的交流，是门第兴盛的原因，谱学却不过一个结果。民族意识的消失和科举制度的厉行，把门第及其结果之谱学衰杀了。

七

综结上面所说，我们可以说：秦汉时代社会里面的上级社会层，是带有立体组织的豪族强宗。魏晋南北朝时代社会里面上级社会层，是由立体组织蜕化到平面解剖的一个身分，所谓"地望"名门。唐宋以后，再蜕化成纯平面解剖的士大夫层。此后〈士〉大夫身分的取得与维持，已渐与族姓势力没有关系。但族姓的势力可以助长士大夫的力量。例如代表一族指挥一族的绅士，是乡村里极有权威的绅士。士大夫身分的取得，也可以助长族姓的势力。例如有科甲或官僚的族姓，是乡村里极有权威的族姓。

不过，我们要严加注意的，立体组织的族姓向于平面解剖的身分之蜕化，是中国社会的进化的主要现象。这个现象，简单的表述，我们可以说是氏族向于阶级社会的进化。再简单的说，便是氏族的分化过程。这个过程，直到今日还在进展之中。追溯这分化过程的开端，不是本文的目的，但我要提出下列几个观察，向讨论中国社会史的同志质疑。

第一，认定东周以前是严正的封建制度时期，是不正确的。有两种社会组织，似乎可以而且必须拿来说明东周以前的现象：（一）是 Dual organization（二元组织）。在初期封建国家以前，侵入氏族及原住氏族的关系虽然是对立的，虽然是等差的，但不是封建统制的关系。一个社会内有两个集团，其一个优越于别一个，不独传说及心性有别，即体格也有时不同，但两集团必定相互为婚。依通婚这件事来看，似乎两者是平等分立的共同体，但其间有支配隶属的关系，所以仍然是对敌的。（二）是 Confederacy（氏族同盟）即多数氏族的对等结合。前者如 Melanesia 的种族的组织（W. H. R. Rivers-*Social Organization*），后者如 Iroquois 种族的组织（F. Engels-*Origin of Family*）。

中国古代"元后"与"群后"的关系似乎是二元组织的现象，决不能指为封建国家。而西周的王族与齐燕宋鲁等等的关系不见得是封建君臣的关系。在政治上，姜齐的地位非常优越。在族姓上，鲁的地位几与王族对等。而西周时代的异族，错杂交至，还是很松懈的相待遇。姬姜的关系似乎是同盟的关系。齐鲁的关系又似乎是二元组织的关系。所以西周不像是一个集权的大封建国家。

真正的分权的封建制度，如欧美及日本的封建制度，起于混乱的时期。人民托庇于有力诸侯之下，形成了保护和隶属的关系，这便是领主和臣民的关系。东周以后到战国时代可以说是分权的封建制度完成鼎盛的时期。贵族的破坏，农民的兴起，都不过是鼎盛的制度内含的矛盾之表现，似不能以为封建制度便因此清算完结（liquidated）。如北魏，辽，金，元，及清向汉族的统治，如贵族官僚占田的权力，如豪族门第役财使贫的现象，如贫民托庇贵族官僚豪族名门去做佃民以免课役的事实，如文士武士身分的雄视闾阎，如部曲贱民家奴身分的存在，这种种制度是不是封建制度清算完结以后的现象？这种种制度是不是义理（ideology），心理（psychology），学说，伦理所造成的？所以我说："这些具体事实如不顾及，则中国社会史的讨论，不是悬空抽象的文章，便是西洋理论的移植。"

一九二九，一，一。

方岳先生此文于公孙愈之，梅思平，康生及希圣诸见解以外，提出不同的观察。在致稿于《新生命》月刊社以前，承以见示并与商榷，爰志数字于其后。（陶希圣）

（载《新生命》第 2 卷第 2 期，1929 年 2 月）

《中国封建社会史》绪论
（1929 年 6 月 10 日）

　　本书是著者对于中国社会构造及变革的研究之发端，其主旨在说明中国封建制度及其崩坏过程。在公元前四世纪以前，中国黄河及长江两河流的腹部之间农业平原，曾行过完全的封建制度。公元前四百年以后，封建的要素开始分解，但自然经济的优越，直维持到纪元后约一五〇〇年之际。自此以后，货币经济显著抬头，尤以长江腹部及其南方为最盛。货币经济的发达，近百年更加剧烈。三十年来，其势力殆深达于荒僻的农村。货币经济的优越，逾四世纪。前二世纪，奴隶经济甚为显著。后二世纪，此种制度已渐就衰落，半奴隶的工钱劳动者及家事奴隶与佃户，实为社会经济的下层。资本主义的生产方法之微薄现象，至早只能于近百年史中求之。最近三十年，中国的破碎穷苦社会，已成金融资本的领域。大手工业及工厂工业，以及机器经营的工业，从没有构成中国社会的基本生产方法。所以，中国社会，在今日固然受金融资本的支配，而二千四百年以前封建制度所遗留的封建要素，还存续着。此封建要素虽必趋消减，然而二千四百年未曾增进的生产方法，却没有力量把它一旦肃清。不独不能一旦肃清，且更有伟大的势力再建之且保持之于不敝。

　　此二千四百年长期的历史，非本书所能述。本书的目的，在使中国封建制度已坏而封建要素尚存的社会构造，使基于单纯再生产的社会构造，以其实相呈现于读者之前。

　　今日向读者提出其关于中国社会构造之认识者，大有人在。著者私心对于他们的见解，不甚从同。他们的见解可分为三种：

　　第一种见解以为中国社会尚是封建制度。此种见解深以寻求中国古书为不然，以为中国社会既以土地资本为基础，即是封建制度。其三段论法是：封建制度以土地资本为基础，中国社会以土地资本为基础，故中国社会是封建制度（A＝Some B，C＝B，therefore C＝A）。我的见解与此不同。封建制度是土地制度的一种，土地制度不一定全是封建制度。或以为汉代封君，唐朝藩镇，明室王侯，清时督府，皆是封建制度的封建贵族。但是汉代的社会经济已与公元前五世纪不同，唐亦不同于汉，明清尤不同于唐。所基之社会经济不同，而皆认为封建制度，这是反历史的论断。反历史的论断是反科学的。

第二种见解以为中国社会是资本主义社会。此种见解以为中国自公元前五世纪以来，已有商业资本，所以已是资本主义社会。商业资本的存在与发展，在中国史上是不能否认的，然而商业资本不一定就是资本主义。或以为地价投资及土地自由买卖是资本主义的象征。但是自社会经济上说，汉不同于唐，唐不同于明清，明清也大不同于欧美资本主义社会。封建的要素尚存留于社会，前资本主义的现象尚显著于社会。所以这个论断也是反历史的。反历史的论断是反科学的。

第三种见解以为中国社会是半封建社会。中国社会既不是封建制度，又不是资本主义，"半封建社会"的名称是最适于自己辩护的。然而所谓"半"，惝恍不定，可用于宣传，而不宜于研究。中国的农业经济不同于欧洲，所以中国社会，在根本上不同于中世的欧洲。"半"字不能够指出两者根本不同之点。

我的见解与上述三者不同。我所注意的现象也间有为上述三种见解所不注意的。然而本书决不是无意义的反驳，决不对于上列三种见解所根据的原则——如果是正确的——滥加反驳。本书的用意在提出历史的事实，供读者尤其是历史唯物论者的讨论和批评。

（南强书局，1929 年 6 月 10 日）

《中国封建社会史》综结
（1929 年 6 月 10 日）

在拙著《中国社会之史的分析》（上海新生命书局出版）小书中，我曾说中国的封建制度早已崩坏，封建势力还存在着。说封建制度早已崩坏者：

（一）犁耕及灌溉农耕的发达，破坏独立庄园制度。

（二）农业生产力的增加，促进商人资本的发达。

（三）商人资本又促进大土地私有与土地买卖自由，因此农民离村，而走入奴隶经济的道路。

（四）外国资本促进并结合商人资本于其下，使货币经济破坏自然经济，加速农业手工业的破坏。

说封建势力还存在者，指封建的要素及现象尚存在着，并依过剩人口的势力而频频再建。所谓封建要素及封建现象者：

（一）现物地租，及主佃间封建苛例与封建意识。

（二）士大夫阶级的统治。

（三）军阀政府的统一与割据。

（四）财政收入及土地的分割再分割。

（五）等级思想及人与人间的隶属关系。

本书与该书参照，可得上述的结论。结论的要旨在指出中国社会是含有封建要素的前资本主义社会，现正在外国资本统治之下，由资本主义化尤其是金融资本与商人资本结合剥削之中，转化为依国民革命而实现的民生主义社会。

（南强书局 1929 年 6 月 10 日出版）

《家族私有财产及国家之起源》序
（1929 年 6 月 10 日）

约六十年以前，欧洲的人类学家社会学家多以为人类是上帝创造的，世界上有多数的民族，是由于人类史大灾异发生以后分散到各地。文化落后的民族是由创造的原状退化下来的。这叫做退化说。约在前五十年之前，人类学家社会学家始普通承认社会进化说。但是有卓识的学者在七十年前已经建立进化论。Goldenweiser 说道："依卢弗觉爱教授所指示，康德在他的几个观念上是一个进化论者。黑格儿的辩证的三分法包括简赅的进化论。黑格儿的潜势的进化论，还有待于其门徒之一人——马克斯，以'物'的观念转换黑格儿精神的观念哲学，遂奠定历史的唯物论之基础。"（*Early Civilization*，p. 21）

马克斯发表他的《政治经济学批判》，是在一八五九年；达尔文同年也发表了他的《物种由来》。《政治经济学批判》序文中，已决定唯物史观的结论。至于民族学家社会学家的进化论著作，一八六一年有巴学芬的《母权论》；一八八六年有麦克列兰的《古代史研究》；一八七〇年有卢抱克的《文明的起源》。一八七一年莫尔干发表了《血族及婚姻制度》，一八七七年又发表了《古代社会》。《古代社会》是依人类所使用的工具，分人类文化为若干阶段，来说明社会进化的最初的巨著。而一八八四年，恩格尔依马克斯的遗志，根据《古代社会》一书，并参以希腊及罗马与日耳曼民族的历史，发表了《家族私有财产及国家之起源》。

这本书的重要，是在以历史的唯物论来叙述民族学家所发见的材料。这本书的价值，是在民族学家所发见的事实能作历史的唯物论的证明。

五十年来，莫尔干《古代社会》的论断，支配着民族学与社会学。七十年来，马克斯的唯物史观及经济学说支配着社会思想。作两家巨著的联锁之本书，无论如何有介绍给读者的必要。

在介绍本书时，有应当说到的是，莫尔干的《古代社会》在近来是民族学家社会学家批评之矢所集中。恩格尔的这本书也是马克斯主义文献中最受批评的一种。五十年来民族学人类学考古学的发见，足资以推翻古代社会的假想与论断者，不一而足。由乱交说以至于文化阶段论，在今日都有反证及反对的理论。今日的民族学家社会学家没有不从批评或确认《古代社会》着手的，而今日的社会思想家也莫不从批评或确认马克斯的唯物史观与经济学说着手。本书所以受批评最多，便由于此。

如上所说，本书是民族学开山巨著与历史唯物论交流之产物。我们介绍本书因此也有两方面的意义。第一在使读者得知历史唯物论的具体论据。第二在引起读者对民族学研究的端绪和兴趣。

陶希圣，一九二九，六，十四，上海。

（《家族私有财产及国家之起源》（恩格斯著，李膺扬译），新生命书局，1929 年 6 月 10日。陶序所标写作时间为 1929 年 6 月 14日，似有误）

孔子学说之发展
（1929 年 9 月）

一

别的宗教史大抵是上升史，孔子学史只是发展史。发展史中，固然有一段似乎是上升，但这上升与别的宗教的上升不同。

怎么说呢？

耶稣教在公元二世纪时是平民教，到了四五世纪便上升为贵族教，五世纪以后有一千年的统治欧洲的史实。佛教在最初是反婆罗门即反身分制的教义，到了阿育王时代在印度为统治者教；在中国，后汉时代，佛教还是平民教，间有贵族信仰，到六朝以后，便成了统治者教，且有以土地财产为基础的寺庙组织。道教在后汉末期纯为平民教，与初期耶稣教同，有反抗统治阶级的革命性，六朝以后，上升为破佛之统治者教，与佛教同有以土地财产为基础的寺庙组织。

无论佛教或道教，初入中国，或初起于中国，都是平民教，一旦见采于士大夫阶级以后，便成了统治者教。由平民上升到士大夫阶级，自然是"上升"。

孔子学则有不同。在春秋末期，孔子学原是失位的贵族之学。在战国时代，孔子学渐成为新兴地主及士人之学。在前汉，以地主为中心之士人阶级上升为官僚政府的支持者，孔子学遂随之以宗教的气焰而为统治阶级之学。

孔子学虽似为上升，但由于支持孔子学的阶级本身之上升，不是孔子学超出其原属阶级。所以只可以说孔子学的"发展"。孔子学的发展第一步是在士人阶级中的发展，第二步是随士人阶级的发展。

二

道教在后汉末期以初期社会运动所必具的互动团体而勃兴。这互助团体在最初有反抗统治阶级的行动。自受士大夫阶级以武力击败以后，这互助团体以游民及农民为中坚，在四川自成割据的势力，三十年间始为士大夫所构成的军阀（曹操）所扑灭；此后潜在平民之中，仍为一大社会势力。一则因其为互助团体，故为救济贫穷起见有诱进地主士大夫入教，赖其捐助以为开支之必要。二则因在胡族乱华的民族斗争时期，道教对于外来的佛教，以民族的宗教而受士大夫阶级的支持。所以道教在六朝时代上升为士大夫与平民共信的宗教。这由六朝时代破佛的学说以夷夏之分为根据，如顾欢之《夷夏论》，可以看出，他说：

> 佛是破恶之方，道是兴善之术，又以中夏之性，不可效西戎之法。（朱广之《咨夷夏论》所引）

道教一日为士大夫阶级承认以后，便以符瑞，药物及长生不老神仙之说，诱引人君，以与佛教相争。"三武一宗之法难"，皆以道教为主力。

佛教的输入虽在后汉，初与帝王贵族无关。由西域传来的佛经及僧侣，虽在士大夫中发生多少的影响，但经典的大规模翻译及僧人的大规模戒度，却始于六朝时代。最初的有力的外护是后秦王姚苌。鸠摩罗什的翻译事业便是姚苌所主持的。其时南林寺的戒坛是最初有名的戒坛。如《高僧传》所载：

> 兴既崇信三宝，盛弘大化；建会设斋，烟盖重叠，使夫慕道舍俗者十室其半。

南朝的梁武帝也是著名的外护。他曾舍身于同泰寺去做和尚。梁代僧众之多，自在意中，北朝在周武帝时，僧侣之多，实为可惊。试看《广弘明集》记载周武破法的一段：

> 尔时魏齐东川，佛法崇盛。见成寺庙，出四十千；并赐王公，充为第宅。五众释门，减三百万；皆复军民，还归编户。

为什么这时代佛教这样盛呢？六朝时代是中国社会经济破坏的时代。两汉以来，土地兼并及商人资本的剥削已造成农业生产衰败的现象。中经三国时代不断的战争，继以经济生活破坏的匈奴人鲜卑人的割据。在江南，名门豪族兼并愈盛；在淮北，土地占领皆为异族；战争杀掠成日常事；赋税苛敛毫无限制。一则民众无论个人或阶级皆有不能自救，不能自信的心理；旧来伦理与信仰皆经破坏，无可求救。所以，民众求救于外国神佛的趋向，甚为强烈。二则异族统治汉人，非有宗教难于维系。孔学儒教，已随"衣冠"南渡。己既异族，宁崇异教。一时民众求救于外国神佛的心理既甚强烈，用作国教，为利滋多。三则民众苦于苛税，借入度以逃税，尚较死亡于〔与〕苛税为优。所以寺庙一立，僧众极多。南朝佛教的兴隆，一三两原因之外，还有一个原因，即统治阶级的民族意识之衰败，与自信能力之破毁。在民族斗争之时，民族意识已被野心家如刘裕桓温之类所利用。民族斗争的厉行，徒然养成武将的权力以为篡夺。已篡夺政权者如萧衍，及干禄保位的官僚，所求只不过地位安全。民族主义非徒无用而且有害。为避免及衰毁民族主义计，宅心佛法，最为方便。佛法之破毁民族主义，由侯景破萧衍时，萧衍毫无能力抵抗而可见。

三

孔子之发展与上述过程不同。

孔子学始终受同一阶级的支持。自这个阶级发生时起，中经发达衰落的气运，始随这个阶级的崩坏而崩坏。这个阶级便是士人阶级或士大夫阶级。

士人阶级的构成，在春秋末期。其成分是失位的贵族，耕战的地主及自由农民（士）。这种人议论政事的事实，在春秋末年已颇显著，例如《左传》襄三十一年所载"郑人游于乡校以议政事"。但此阶级的成分在这时候还很复杂。失位的贵族还追慕封建制度，自由农民则有求解放于封建庄园的思想。失位的贵族主张回复固定的身分制度，新兴地主则以流通的身分制度为适合于自己的要求，新兴地主希望以自力上升为统治阶级以代从来的贵族。

春秋末期，新兴地主尚没有实力。在贵族的特权教育制度之下，他们也还没有受教育的地位。在此时期，失位的贵族有把他们所受特权教育传布于地主与自由农民的机遇。

孔子之成为伟大的人格，正由于其以失位贵族而施教于耕战之地主与自由农民——正在发展中的社会身分。通常皆以为孔子是最初的平民学者，这是错的。孔子不是平民学者，是封建制度崩坏期的士人阶级学者。因为现在中国的知识分子大抵还是以地主为中心的士人阶级，而大抵自以为是"平民"，所以把两千四百年前士人阶级学者认为平民学者。孔子对于庶人（即平民，在封建制度中为农奴与贱民）很不客气。他说：

> 唯女子与小人为难养也。
> 君子而不仁者有矣夫，未有小人而仁者也。
> 君子学道则爱人，小人学道则易使也。
> 天下有道，庶人不议。

试问"小人"与"君子"对立，是不是庶人与士大夫的对立？考查孔子关于"君子"与"小人"的许多话，我们立刻可以看得出他的教育是士以上的教育而不及于庶人，他的哲学是士以上的实践哲学，欲使士以上的地主及贵族有圣贤的践履。所以"君子"的含义有二：一是士以上的阶级，二是有某种德性的人。"小人"的含义亦有二：一是庶人，二是有别种德性的人。

在士以上的阶级中，孔子是大夫之后，又做过大夫。他对于贵族同僚的态度及其所以自持者是如下的：

> 与下大夫言，侃侃如也；与上大夫言，訚訚如也。
> 以吾从大夫之后，不可以徒行也。——君命召，不俟驾行矣。

但其所施教育及所说哲学，却注重于士。他指出士的标准德性如下：

> 士而怀居，不足以为士矣。
> 在邦必达，在家必达。
> 行己有耻，使于四方不辱君命。
> 切切偲偲，怡怡如也。

他的哲学的内容，却是统治阶级的政治哲学。他说：

> 君子之德风，小人之德草，草上之风必偃。
> 上好礼则民易使矣。
> 上好礼则民莫敢不敬；上好义则民莫敢不服；上好信则民莫敢不用情。
> 子帅以正，孰敢不正？
> 君君，臣臣，父父，子子。

统治阶级必须以身作则的施政，所以不得不有伦理的修养。伦理的修养，第一是仁，第二要孝。什么是仁？孔子本没有从本质上作演绎的说明，只是把断片的行为叫做仁。什么是孝？也只指出了断片的行为。就孝来说：

> 无违。
> 父母唯其疾之忧。
> 今之孝者是谓能养。至于犬马皆能有养。不敬，何以别乎？
> 色难。

说到仁，也只有下列的行为：

> 其言也讱。
> 出门如见大宾，使民如承大祭；己所不欲，勿施于人；在邦无怨，在家无怨。
> 克己复礼。

所以，我们看得出孔子是在封建制度崩坏期，想以实践的伦理哲学教化士以上贵族阶级，使能于残破的政治组织中再建统治。因此他的政治学是重名分的。就重名分一点来说：

> 名不正则言不顺，言不顺则事不成，事不成则礼乐不兴，礼乐不兴则刑罚不中，刑罚不中则民无所措手足。

"名"的政治是民主的，还是封建的？不待多言而可定了。因为他的政治理想是封建制度，所以他自己很局谨，很保守。他说：

> 不在其位，不谋其政。
> 述而不作，信而好古。

四

由上述，孔子是耕战地主及自由农民的失位贵族教师，所以随耕战地主及自由农民地位的发展，而学说亦有发展。最初的发展是在战国中叶以后。发展的必要是可以指得出的。

第一，孔子的学说缺乏抽象力及创造力，而战国时代的哲学富于本体论及演绎的推理，且各派的创作勃兴。

第二，孔子趋向于固定的身分制度，战国时代则此种制度已不可能，而自由农民阶级的发展，反要求身分制度的改造。

第三，孔子追慕封建制度，战国时代的末期，则有统一集权法治国家的倾向。

第四，孔子重视君臣的名分，战国时代则盛行暴君放伐论。

在这四点上，发展孔子的学说以适应时代思潮的，最重要的人当推孟子与荀子。

就于第一点，孟荀的本体论与演绎的推理是很容易举证的。在孔子，"性与天道，不可得而闻也"；于性只说个"性相近也，习相远也"。到孟子却主张性善，荀子却主张性恶。孟子说性善，证之以"四端"，由四端解释仁义礼智。荀子说性恶，证之以"好利""疾恶""耳目之欲"，故必须"为之度量分界"，以度量分界解释礼。这种演绎的推理，是孔子学的一个大发展。

孔子是"述而不作"的，是"不在其位不谋其政"的。所以孔子没有创作。创作在封建制度之下，都市文化尚未发达以前，是不易的。孔子只说"诗书执礼"；于诗只说"诵诗""学诗"；于乐只说"闻韶"之类。在战国时代，这种保守的，实践的态度，不能与各派学说争衡。所以孟子便倡言孔子作《春秋》。他说：

> 孔子作《春秋》而乱臣贼子惧。
> 春秋，天子之事。

这种鼓吹，与孔子的本来态度是相反的。又，"子罕言命与仁"，不过到了急迫的时候，也有一两句天命的话：

> 天生德于予，桓魋其如予何！
> 文王既没，文不在兹乎？天之将丧斯文也，后死者不得与于斯文也；天之未丧斯文也，匡人其如予何！

态度是客气的。孟子却改为鼓吹的态度了。他说：

> 由尧舜至于汤，五百有余岁；若禹皋陶则见而知之，若汤则闻而知之。由汤至于文王，五百有余岁；若伊尹莱朱则见而知之，若文王则闻而知之。由文王至于孔子，五百有余岁；若太公望散宜生则见而知之，若孔子则闻而知之。由孔子而来至于今百有余岁，去圣人之世若此其未远也，近圣人之居若此其甚也。然而无有乎尔，则亦无有乎尔。

孔子拿什么比尧舜禹汤文王呢？

> 王者之迹熄为〔而〕诗亡，诗亡而〔然〕后《春秋》作。

这种夸诞的鼓吹，不是为沉思慎学的人所信。荀子批评得好：

> 犹然而材剧志大，闻见杂博。甚僻违而无类，幽隐而无说，闭约而无解。案饰其辞而祗敬之曰：此其先君子之言也。（《非十二子篇》）

关于第三点，士人阶级的发达，在战国时期颇为显著。孟荀游过临淄，临淄集聚的士人，"常数万人，或次列第为〈上〉大夫，不治而议论。"（《史记·陈完世家》）极度发达的士人阶级要求身分制度的改革，代固定的身分制以流通的身分制，即破毁旧来的贵族阶级，提高士人阶级的威权，并且士人阶级不必以"恒产"即土地为基础，而以才能为基础。孟子最能发挥这种要求。他说：

> 国君进贤，如不得已，将使卑逾尊，疏逾戚，可不慎欤？左右皆曰贤，未可也。诸大夫皆曰贤，未可也。国人（即士人阶级——方岳）皆曰贤，然后察之，见贤焉然后用之。左右皆曰不可，勿听。诸大夫皆曰不可，勿听。国人皆曰不可，然后察之，见不可焉，然后去之。左右皆曰可杀，勿听。诸大夫皆曰可杀，勿听。国人皆曰可杀，然后察之，见可杀焉，然后杀人〔之〕。故曰："国人杀之"也。如此然后可以为民父母。

荀子也有同样的学说。他说：

> 我欲贱而贵，愚而智，贫而富，可乎？曰：其唯学乎？彼学者行之，曰"士"也；乡也混然涂之人也，俄而并乎尧禹，岂不贱而贵矣哉？乡也效门室之辨，混然曾不能决也，俄而原仁义，分是非，图回天下于掌上，而辨黑白，岂不愚而知矣哉？乡也胥靡之人，俄而治天下之大器举在此，岂不贫而富矣哉！（《儒效篇》）

> 贤能不待次而举，罢不能不待须而废，元恶不待教而诛，中庸民不待政而化。分未定也，则有昭穆。虽王公士大夫之子孙，不能属于礼义，则归之庶人；虽庶人之子孙也，积文学，正身行，能属于礼义，而归之卿相士大夫。（《王制篇》）

关于第三点，孟荀皆鼓吹"王道"，欲建设在地方共同体上，有明白的身分等级的统一大王国。此王国之治具，孟子主张用仁，荀子主张用礼。孟子以此拥抱了当时的天道论。荀子以此拥抱了当时的法治论。

孔子虽说过"管仲之器小矣哉",但于管仲有"微管吾其左衽"之颂。孟荀在战国末期,因集权国家之趋势,民族融合之开始,统一运动之兴起,乃共尊"王道"而诋"霸道"《孟子·公孙丑上》。载左列之问答:

> 曰:"管仲,曾西之所不为也,而子为我愿之乎?"
>
> 曰:"管仲以其君霸,晏子以其君显。管仲晏子,子犹不足为钦?"
>
> 曰:"以齐王,犹反掌也。"

实现王国的方法,在行仁政。他说:

> 行仁政而王,莫之能御也。
>
> 仁者无敌。
>
> 天子〔下〕乌乎定?定于一,孰能一之?唯不嗜杀人者能一之。

荀子的话也差不多。他说:

> 仲尼之门,五尺之竖子,言羞称乎五伯。(《仲尼篇》)

但其王国的治术是"分"。他说:

> 听政之大分:以善至者待之以礼,以不善至者待之〈以〉刑。两者分别则贤不肖不杂,是非不乱。贤不肖不杂则英杰至,是非不乱则国家治。若是名声日闻天下,愿令行禁止,王者之事毕矣。(《王制篇》)

这种礼治论实在是法治论。礼不是古来的祭祀仪文,而是"度量分界",即规范或法则。他说:

> 礼起于何也?曰:"人生而有欲,欲而不得则不能无求,求而无度量分界则不能不争;争则乱,乱则穷。先王恶其乱也,故制礼义以分之,以养人之欲,给人之求,使欲必不穷乎物,物必不屈于欲,两者相持而长。是礼之所起也。"(《礼论篇》)

至于王国的组织,则孟子主张恢复庄园制度:

> 无君子莫治野人,无野人莫养君子。卿以下必有圭田,圭田五十亩,余夫二十五亩。死徒无出乡,乡田同井,出入相友,守望相

助，疾痛相扶持，则百姓亲睦。方里而井，井九百亩。其中为公田，八家皆私百亩，同养公田，公事毕然后敢治私事，所以别野人也。(《滕文公上》)

这是一种农奴制的封建制，其规模是自足经济的庄园。荀子的主张相同却又相反。他主张：

贵贱有等，长幼有差，贫富轻重皆有称。(《礼论篇》)

而贵贱之差在领地之大小。他说：

别尊者事尊，卑者事卑，宜大者巨，宜小者小。故有天下者事十世，有一国者事五世，有五乘之地者事三世，有三乘之地者事二世，持手而食者不立宗庙。(《礼论篇》)

但他否认自足经济，主张国民经济。他说：

田野什一，关市几而不征，山林泽梁，以时禁发而不税，相地而衰政，理道之远近而致贡。通流财物粟米无有滞留，使相归移也，四海之内若一家，故近者不隐其能，远者不疾其劳，无幽闲隐僻之国，莫不趋使而安乐之。夫是之谓人师，王者之法也。(《王制篇》)

关于第四点，孟子宣传禅让说与暴君放伐论。禅让归之于天道。《孟子·万章上》载：

万章曰：尧以天下与舜有诸？曰：否。天子不能以天下与人。然则舜有天下也孰与之？曰：天与之。

暴君放伐论非常露骨。《梁惠王下》载：

齐宣王问曰：汤放桀，武王伐纣，有诸？孟子对曰：于传有之。曰：臣弑其君可乎？曰：闻诛一夫纣矣，未闻弑君也。

《荀子·正论篇》关于尧舜，由礼制的观点，只认为继承，不承认禅让。他说：

圣主已没，天下无圣，则固莫足以擅天下矣。天下有圣而在后者，则天下不离，朝不易位，国不更制，天下厌焉，与乡无以异也。以尧继尧，夫又何变之有矣。

这四点的发展，使琐屑形式的孔子哲学适于生存，不独适于生存，且有支配中国思想的定命。

五

集权国家的趋势，终于秦的统一。法治论支配强秦的政治思想。

由封建制度开始分解时起以至于秦，土地私有制度完成了，商人资本发达了。秦的农民，多化为佃户，土地收入须交纳十分之五与地主。农民除地租之外，又受商人资本的剥削，其结果，农民丧失土地，而土地兼并盛行。佣工、佃户、游民、戍卒揭竿而起，破坏此集权国家。混战逾十年，生产衰退，游民加多，国家政权卒归于游民首领之刘氏。各地豪族虽屈服于刘氏的武力，无再建六国诸侯之必要，但在农业经济组织之上，仍只有分封王侯，分食天下的租税。

农奴制度虽变质为地主与佃户制度，封君分食租税，仍使汉代农业经济组织有封建的上层构造。这是孔子学战胜墨道法各派的第一个机缘。

但是，武人贵族执掌政权，地主阶级终只有做纳税人的境遇。若没有第二个机缘成熟，则孔子学必终为黄老学所压倒。第二个机缘，便是帝王与大贵族分封制度的斗争。吴楚七国之乱促进斗争的发展。大贵族不战胜王朝，便只有破坏的运命。高帝的功臣已死，同姓的大侯已灭。地方共同体有从贵族之手移向官僚之手之趋势。地主阶级渐由纳税的臣僚上升为经济的统驭阶级。地主阶级所转化而成的士人阶级因此亦上升为政治的治理阶级。

随地主士人阶级的上升，孔子学便成了定于一尊的帝王之学。而孔子学在此时乃有作第二次发展之必要。第二次发展的要点，也有可言。

第一，为使孔子为全士人阶级的领袖，有使其学说拥抱当时各派思想的必要。当时的天道论因此以浅薄迷信的形式，加入孔子学说之内。

第二，为使豪族归附，庶人仰望，士人阶级有鼓吹孔子及孔子学有伟大创造力及神秘性之必要。

第三，为使孔子学适于治国之术，士人阶级继续使孔子学拥抱法治思想。

因此，汉代的孔子及孔子学已不是春秋末年的孔子及孔子学了。

六

汉代的孔子是神血诞生的素王。

在汉代，婚姻制度早已树立，两性结合与生子的生理关系也早已被人知道了。在皇室，再醮与夫死以后的奸非，不一定是无耻，如武帝的母亲是再醮来的，武帝还躬自欢迎同母异父的长姊；又如窦长公主的恋人董某，为武帝所亲昵。然而妇女的奸非，究竟是一个耻辱。

帝王却不然，在封建制度崩坏后，土地私有及商人资本使农民陷于不能自救的地位。因依赖自然而不能自拔于迷信的农民，在痛苦之中，求助于救世主的观念是必然浓厚的。国家的权力既集于一人，此人便造作迷信的流言，吸收农民的信仰。所以，当时的史家记载帝王的血统如左：

> 姓刘氏，名季。父曰太公，母曰刘媪。其先，刘媪常息大泽之陂，梦与神遇。是时雷电晦冥，太公往视，则见蛟龙于其上；已而有身，遂产高祖。(《史记·高祖本纪》)

素王的来历也一样的不甚明了。《史记》说：

> 纥与颜氏女野合而生孔子。梁纥死，葬于防山，防山在鲁东。由是孔子疑其父墓处，母讳之也。(《孔子世家》)

后汉的王充《论衡·实知篇》也记载同样的话：

> 孔子生不知其父，若母匿之。

前汉末期盛行的纬书竟说是黑帝子，与赤帝子相比。《论语投〔撰〕考谶》：

> 叔梁纥与徵在祷尼丘山，感黑龙之精，以生仲尼。(《礼记·檀弓疏》引)

《春秋演孔图》：

> 孔子母徵在游大冢之陂，睡，梦黑帝使请与己交，语曰："女乳必于空桑之中。"觉则若感，生丘于空桑之中。(《艺文类聚》八十八引)

刘邦"龙准而龙颜，左股有七十二黑子"。孔子的相貌，到汉代比这个更奇：

（一）胸文曰：制作定世符运；（二）海口；（三）舌理七重；（四）斗唇；（五）骈齿；（六）辅喉；（七）虎掌；（八）龟脊；（九）面如蒙供；（十）首类尼山。（见《援神契》，《钩命决》等书）

此奇相之圣人，能博物：谶士怪坟羊及防风之骨（《史记》），肃慎之矢（《鲁语》），萍实（《说苑》），九尾之鸠（《绎史》）等异物，并有伟大的创造力。《论语》说：

> 假我数年，五十以学，亦可以无大过矣。

于是汉学者说：

> 孔子晚而喜易，序彖系象说卦文言。（《史记》）

《论语》说孔子读诗的心得，说：

> 诗三百，一言以蔽之，曰"思无邪"。

足见诗已是三百。纬书以为诗有三千，孔子删之存三百五篇。《论语》说孔子以"书"为教材：

> 诗，书，执礼。

而孟子对于《书》并没有信它，他说：

> 尽信书，不如无书。吾于《武成》，取二三策而已。

《尚书纬》却以为：

> 孔子求书，得黄帝元孙帝魁之书，迄于秦穆公，凡三千二百四十篇，断远取近，定可以为世法者百二十篇，以百二篇为《尚书》，十八篇为《中侯》。

《论语》说：

> 夏礼吾能言之，杞不足征也。殷礼吾能言之，宋不足征也。周监〈于〉二代，郁郁乎文哉！吾从周。

于是"书传《礼记》自孔氏"（《史记》）。孔子曾听过韶与武等乐，于是：

> 孔子曰：丘援律吹命。——丘吹律定姓。（《乐纬》及《演孔图》）

《春秋》载"西狩获麟"，并没有什么怪异和紧张，《左传》也没有作势述怪。纬书说：

> 孔子曰：丘作春秋，始于元，终于获麟，王道成也。（《元命苞》）

《史记》也说：

> 及西狩见麟，曰："吾道穷矣。"喟然叹曰："莫知我夫。"

《春秋》的记载，本没有多少深理。孟子说"乱臣贼子惧"。而《春秋握诚图》说：

> 孔子作《春秋》，陈天人之际，记异考符。

《孝经钩命诀》说：

> 孔子在庶，德无所施，功无所就，志在《春秋》，行在《孝经》。

《孝经说》说：

> 丘以匹夫徒步，以制正法。

《春秋演孔图》说：

> 《春秋》，设三科九旨。

《元命苞》说：

> 正朔三而改，文质再而复。

有这种制作正法的天命与天才的孔子，又是一个预言家。他留下许多谶语，其在汉代与刘基的《推背图》之在今日相似。《孝经授神契》说：

> 丘立制命帝卯行。

《尚书考灵曜》说：

> 丘生仓际，触期稽度为赤制，故作《春秋》以明文命，缀纪投〔撰〕书，修定礼义。

原来孔子的制作是为汉的。最类似于《推背图》式先知的，是下面两条了：

> 孔子将死，遗谶书曰："不知何一男子，自谓秦始皇，上我之

堂，踞我之床，颠倒我衣裳，至沙丘而亡"。又曰："董仲舒，乱
我书"。又曰："亡秦者胡也"。(《论衡·实知篇》录)

孔子教授堂下床首有悬瓮，背有丹书，文曰："后世修吾书，
董仲舒；护吾车，拭吾履，发吾筒，会稽钟离意；璧有七，张伯藏
其一。(《后汉书·钟离意传》注)

原来孔子知道后汉钟离意要来修他的庙，而小吏张伯要乘机匿他的一块
璧！我要问："何子之不惮烦"了。

孔子不独是一个先知，并且是一个政治家。他以大司寇摄行相事
(战国时代的官衔)，"与闻国政三月，粥羔豚者弗饰贾，男女行者别于
途，途不拾遗。"(《史记》)夹谷之会，孔子历阶而上，呵斥齐人。(《穀
梁》定十年)又堕当时鲁国最有力的权臣季氏之城(《史记》及《公羊》
定十二年解诂)。因此，孔子可以拥抱法家的治术。夹谷之会尤足与蔺
相如毛遂比美。

七

在君主与地主士大夫协力改革封建的上层建筑之时，董仲舒适遭时
会，以三策确定了对天负责的王权政治理论。自此以后，历一千九百
年，孔子及孔子学长立于帝王学之首席。所以孔子的遗谶说："治吾书，
董仲舒。"他说：

谨案《春秋》之中，视前世已行之事，以观天人相与之际，甚
可畏也。国家将有失道之败，而天乃先出灾害以谴告之；不知自
省，又出怪异以警惧之；尚不知变，而伤败乃至。以此见天心之仁
爱人君而欲止其乱也。

这样一来，战国时代士人阶级的民本思想完全为天道论所代替。君
主只顾天灾怪异，无须听命于"国人"了。他不同于孟子民为贵的理
论，他主张神权的绝对主义。他说：

春秋一元之意：一者万物之所从始也。元者辞之所谓大也。谓
一为元者视大始而欲正本也。《春秋》深探其本而反自贵者始。故
为人君者正心以正朝廷，正朝廷以正百官，正百官以正万民，正万
民以正四方。四方〈正〉远近莫敢不一于正，而亡有邪气奸其间
者。是以阴阳调而风雨时，群生和而万民殖，五谷熟而草木茂……

（《前汉书》本传）

我们可以想见刘彻看见此文以后，比刘邦受了叔孙通朝仪的尊敬以后，还要得意。因为，从此以后，君主只是对天负责。对天负责等于不负责。没有人不愿意做不负责的绝对主义君主的！或曰：五行灾异之说究竟可以吓一吓专制君主，使他在良心上有所顾忌。但是，讲五行灾异的京房可以杀，刘向可以逐。良心主义便是不负责主义。

八

王莽以古文经建国失败之际，地主集团之首领刘秀以谶纬为号召而称帝。后汉一代是地主阶级健全的统治，因亦是士大夫阶级全盛时期。于是有皇帝称制以解决经义的美谈，及"稽古之力"致贵的佳话。

土地兼并下的农民在健全的地主士大夫政治之下，起来骚动了。他们要反抗地主，不得不反抗士大夫。他们要反抗士大夫，不得不反抗孔子学即地主士大夫宗教的教义。他们倡导一种神道的宗教，组织互助的团体。这便是民众的道教。反抗失败之后，道教上升为一部分士大夫所信仰。

在经济破坏，民族纷扰之中，士大夫阶级无力自救，于是流于颓唐，悲观，放诞。其思想倾向于避世的老庄之学。除了王肃解释孔学以辩解司马氏篡汉之事以外，何晏，王弼诸人却把老庄思想注入孔学。《易经》流为时尚。以后宋代的易学还受这时候"老易"的支配。其他孔学的解释，宗于老庄。例如郭象注《论语》"颜渊死，子哭之恸"说：

人哭亦哭，人恸亦恸。盖无情者，与物仁也。（皇侃《义疏》引）

佛教之盛行也在此时，其原因前已述及。孔子因此遂化为维摩诘的一类。例如庾翼注《论语》"子畏于匡，颜渊后。子曰：吾以汝为死矣。曰：子在，回何敢死"说：

颜子未能尽穷理之妙。妙有未尽则不可以涉险津，理有未穷则不可以冒屯路。故贤不遭圣，运否必隐；圣不值贤，微言不显。是以夫子因畏匡而发问，颜子体其旨而仰酬。称入室为指南，启门徒以出处。岂〈非〉圣贤之诚言，互相与〈为〉起予者哉。（皇侃《义疏》引）

这便是说：孔子与颜子一问一答都是方便启示了。

九

孔子学拥抱老佛的思想以后，其形而上的哲学的发展，极为盛大。自六朝至于隋初，此形而上的孔学，基础在于江南。江南的大土地所有之存在及商业之发达，使士人尤其是门第，有空想及清谈的闲暇。所以江南的诗词文章及经义，都风靡北方。北方的社会，纯基于土地财产。交换制度多用现物。劫掠争战，历年数百。在这种情形之下，士人的思想自然是现实的，具体的。所以文学纯朴，而经义也拘谨。隋唐统一之后，经学遂克服于南派。唐代的经义颇趋于老佛。例如《尚书》孔疏：

> 道本冲寂，非有名言。既形以道生，物由名举，则凡诸经史，因物立名。物有本形，形从事著。圣贤阐教，事显於言。……言者意之声，书者言之记。是故存言以声意，立书以记言。（《尚书序》下）

又如《仪礼》贾疏序：

> 道本冲虚，非言无以表其疏。言见微妙，非释无能悟其理。

孔学的思想家也充满老佛的色彩。例如李翱说"性"：

> 不虑不思则情不生。情既不生，乃为正思。正思者无思无虑之谓也。盖〔此〕斋戒其心者也。

到了宋代，孔子便变成道士，孔学变成道教。道士派之外，则有和尚派。道士派的开祖是周濂溪。他把道士认为神秘的太极图加以发挥。他说：

> 无极而太极，太极动而生阳，动极而静，静而生阴，静极复动，一动一静，互为其根，分阴分阳，两仪立焉。（《太极图说》）

儒学之道学化如此，难怪数理道士邵康节也称为大儒。他说：

> 以一心观万心，一身观万身，一物观万物，一世观万世。（《观物内篇》）

和尚派的初祖要算张横渠。他受了"江北佛教"之华严唯识宗的影响。他说：

> 世人之心止于见闻之狭，圣人尽性，不以见闻梏其心，其视天

下无一物非我。……德性所知，不萌于见闻，由象识心，循象表心。知象者心存象之心，亦象而已，谓之心乎？（《正蒙·太心》）

但是，无论是道士是和尚，总有一点是士大夫阶级所不能让步的。这便是"分"。浅至于韩退之，深至于张横渠；上首于孔子，下至于老佛派，都严守着这"分"字。试听张横渠的话：

大君者吾父母宗子；其大臣，宗子之家相也。（《西铭》）

所以，和尚派张横渠的政治学是恢复宗法制度。他说：

宗法若立，人人各知来处，国家大有裨益。（《文集》）

原来，"分"是士人阶级命脉之所寄。假若阶级组织一旦毁灭，则农夫不为地主耕田，社会中没有闲暇阶级生存的余地，那末，以地租国税为生活资源的闲暇阶级便死灭了。要使"劳力者食人，劳心者食于人"永久不替，则第一必对于现存的农业生产关系，加一道永久不替的铁箍。这便是宗法。有宗法则农民皆统于族长；等而上之，族长皆统于豪绅，豪绅皆勾结小吏，小吏皆养息于县官，县官皆受治于府道，府道皆托庇于省府，省府皆忠事于中央皇帝，皇帝只向天负责，岂不是农产物分配的多寡，皆有定分吗？有定分，便不争了。

所以，儒家为"分"而争，老佛也对于"分"来让步，在这儿两方得着一个妥协点。所以自宋以后，道与佛虽有争（寺庙土地财产冲突）而儒道，儒佛，到没有多少激战。

和尚派盛于明代。依"致良知"的王阳明从唯识的有宗进入于禅宗，《传习录》与《宗镜录》比较之下，我们立刻发现两者在顿悟的棒喝方法上相同，所不同的只是一个"分"字。

十

宋明两代的老佛化儒学，一是由于士大夫对民族革命的无力，一是由于士大夫对专制政治的屈从。而其积极的条件是货币经济的发达，一方面使农民及手工业者所受的榨绞加甚，他方面使闲暇阶级的生活加裕而地位不安，农民一旦勃兴则全阶级沦于毁灭。他们的生活加裕；所以能受发达的都市生活之涵养，而增加思想的抽象力，并且有驰聘〔骋〕抽象力以成就玄学的余暇。他们的地位不安，所以对实际政治及社会问题没有前进解决的勇气。

明初的民族革命虽转化为专制政权，终给与三百年后的士人以较强的民族的自信力。在满清入关以后，异族的支配，再陷民族地主阶级及士人集团于被压迫的境遇。士人阶级只有屈服或反抗的两途。稍有勇气的士人乃就此两途之间发见一个交叉点。这便是舍弃宋明时代回避民族革命的玄学，从孔子本来的学说，实际的去寻求经世济民的道理。这本是缘木求鱼，然而讲政治与保生命两者，到在这一点上有互相调和的余地。

顾亭林及黄梨洲便是此交叉点调和点的发见者。从此以后，满清一代士人，除许身于满族的科举制度以求官位者外，大抵致力于汉以前孔学的发明。发明的工具是训诂，考证，辑逸书；其途径是由汉学直上到先秦的学说。在最初，以六经为"经世之方法"而讲求。到后来，反抗的意义逐渐消灭，学者便为汉学而讲汉学了。

复古的结果，是一个大矛盾。他们发见了伪经，否认了纬谶，却不敢缩小孔子的人格。他们的孔学虽不复是宋明以后的孔学，他们的孔子却仍旧或更加是汉代的孔子——著述家，制作家。孔子已成为地主阶级士人集团的生命之火。地主制度不改，士大夫闲暇阶级尚有势力，则孔子的地位是不朽的。

十一

依于上述，孔子的发展是这样的：封建贵族的固定身分制度的实践伦理学说，一变为自由地主阶级向残余贵族争取统治的民本政治学说与集权国家理论；再变为取得社会统治地位的地主阶级之帝王之学，带有浓厚的宗教色彩，孔子由此遂成了神化的伟大人格；三变而拥抱道教与佛教，孔子又变为真人至人及菩萨；四变而道士化；五变而禅学化；六变而孔学之经世济民的探讨失败，所留存者，伟大的孔子，为地主阶级与士大夫集团之保护神。

现在孔子到了第七次发展或转变的时期了。

有人想把孔子来三民主义化，这是不可能的。便从民生主义说，非改革地主制度，不能解决土地问题。反之，离开地主制度便没有孔子及孔子学。

剩下的一条可能的路，是三民主义的孔子化。这有七条办法。第一是解释三民主义社会为贵族农奴对立的封建制度社会，使三民主义《论语》化；第二，解释三民主义为地主向残余贵族斗争的"民为贵，君为轻"思想，使三民主义孟子化；第三，解释三民主义社会为地主阶级统治，使三民主义"天人之际"的董仲舒化且谶纬化；第四，解释三民主义社会为门阀土地制度，使三民主义老佛化；第五，解释三民主义为回避民族革命的安身立命处，使三民主义道教化或禅学化；第六，解释三民主义为孔子经世之方法使三民主义典章制度化。这六条路都不是充分可能的，因为现代的中国社会已不是三百年前的中国社会。地主阶级已趋崩坏，大地主已经化为买办资本家，士大夫阶级已经从破灭的道途中向政官客僚〔政客官僚〕的一条路挣扎。在今日要使三民主义孔子化，只有第八个方法。这便是三民主义的士大夫直觉化，以士大夫在破灭中的感情冲动来解释三民主义。

但是，孔子之所以发展，在最初是由于他的思想比封建贵族进一步，适合于新兴士人发展的趋势；到后来却由于他的思想比商业主义法治国家退一步，适合于中国的农业手工业小生产的社会经济。孔子有孔子的价值，有孔子的气运。把三民主义孔子化，不独破毁三民主义，并且违反孔子及孔子学的本质。

一八，八，六，上海

（载《新生命》第 2 卷第 9 期，1929 年 9 月）

《中国社会与中国革命》绪论

——如何观察中国社会

（1929 年 10 月 5 日）

在今日，与其提出解决中国问题的主张，不如对中国社会加以深刻的观察。要解决问题，须先知问题之所在。中国社会构造是中国目前要解决的一切问题的根源。不认识中国社会构造便不知中国的问题。不知道中国问题，便无从提出解决中国问题的主张。

如何观察中国社会？我们在观察中国社会时，应取三个观点：

第一是历史的观点。中国社会不是静的，不是自然型〔形〕成的；是动的，是几千年历史运动所造成的。在二千四百年以前，原始封建制度已转变为商人资本与土地私有交互影响而成的经济构造。二千四百年以来，又经过几次的变迁。一千年前，自然经济优越于货币经济。一千年来，货币经济渐趋优越，商业金融资本主义逐渐型〔形〕成。在这种变迁之中，封建地主转变为依于士族身分的地主，再转变为纯契约的地主；物之交易转变为商业经济，商业经济转变为金融资本主义。目前金融资本商人资本支配下的小规模生产制度，不是一朝一夕成功的。所以我们研究中国社会，必须取历史的观点。

第二是社会的观点。中国社会构造及政治组织，依旧史学家看来，是个个人物造成的。秦皇汉武王莽王安石各有功过。没有他们，则秦汉宋代的政治必不如史书所记载。但是，大人物是社会的创造物。大人物之所以大，是由于他所绾领所代表的社会势力之大。孔子支配着二千年来的社会意识，这是不错的。但是孔子之所以有支配力，是由于某种社会势力的拥戴及援引。所以，我们观察中国社会，不取个人的观点，而取社会的观点。

第三是唯物的观点。中国历史不是心的发展或观念的发展，不是天道或理气的流行。中国历史是地理，人种，及生产技术与自然材料所造成的。中国历史所以没有像欧洲近百年来急剧的变迁，所以不走向资本主义的道路，所以有周期病理之现象，所以有社会衰落的状况，这些不仅是某个人某学说某政治主张所促使，所转移，所能救济于万一。我们虽不执着于历史定命论，但若把历史的成因详加剖析，则今日社会的状况却都是必然的结果。

基于上述三个观点，我们来研究中国社会，则比较正确的推论，便摆在我们的面前。但是下列毛病又必须诊治。

第一，因袭欧洲学者解剖欧洲社会所得的结论，而漫加演绎。须知各种不同的社会形式，各有不同的社会法则。中国社会的各个要素，虽大抵与欧洲社会史上曾发现的各个要素，不甚悬殊，但自要素的结构来说，却自有特殊之点。基于要素同点，于是许多人抄袭欧洲社会的法则。基于要素结构之异点，于是许多人又完全拒绝欧洲社会所产生的社会学方法之应用。这两者都是不对的。

第二，把中国社会构造当作位于西欧丛山半岛之中的小国家来看。须知中国社会是广大的发达不平均的社会。社会的发达不平均，是研究中国史所必知的一个大原则。中国社会实包含游牧、狩猎、农业及家庭工业，大规模手工业及商业各种经济。此各种经济复互为影响。更加以地理条件之有异于欧洲，社会之发达，乃不得不取相异于欧洲之途径。

第三，把名词的含义混淆了。如"封建制"之在汉代以后，实质已与春秋以前不同。后者是地主征收地租与徭役；前者是封君征收国赋以备用。把清初的三藩与周初的齐鲁等量齐观，只缘于"封建"名词之误用，这是滑稽的事情了。

第四，排斥不合于成见的社会成因。商人资本与封建地租两者是构成中国社会的两大成因。因为主张中国社会是封建制度，便把商人资本以及由此所造成的私有土地买卖自由舍弃于不论。便容易错认中国问题之所在了。

把这些错误撇开以后，我们试开始一点一点的观察中国社会。本书的论文便是这样写成的。其中有许多的地方，实纠正或补充拙著《中国社会之史的分析》一书中误点及遗漏。因为有一些须的进步，所以匆促的把它编辑发表了。

十八，九，十六，中秋之前夕

（新生命书局，1929 年 10 月 5 日）

中国问题解决之基点
（1929 年 10 月 5 日）

（一） 总论

一、中国史与今日的革命主义

民族主义第一讲说道："甚么是三民主义呢？用最简单的定义说，三民主义就是救国主义。"中国是应该救的，因为中国有病。三民主义就是救治中国的病的方法。这个方法，不应当是符咒魔术，而应当是刀圭药石。在施用符咒魔术时虽可以冒然从事，在施用刀圭药石时则应先诊视病源。要了解救病的三民主义，必先诊视中国社会构造里面所存伏的病源。

中国社会的病，不是偶发的，而是周期的。旧日的历史家所谓"一治一乱"，确是中国社会变动的实相。在数千年周期病榻上，病象是很复杂的，而病源却常为一个。旧日的政治家所谓"治标治本"，确是周期病临床时的难题。

今日的中国，是数千年周期病的中国，重加了外来的疫菌，致使险象环生。当救治险象的时候，虽时机切迫，却仍须考究病理的由来。病理之由来无他，数千年的社会构造而已。

中国的社会构造，不是独特的。其构成的条件，与外国社会构成的条件没有根本的差别。中国的病也不是独特的。我们从古代巴比伦、埃及、印度、罗马，及十五六世纪的西欧，到处看见同样的病源。

但是有些时论家或看出中国社会与外国社会之共通性，则欲抛弃中国的历史。由他们所作的论文以间接观察中国社会，殆将疑彼所谓中国者实为欧洲巴尔干或几布拉尔塔海峡东北的国家。惜中国的地图偶画于东部亚洲，不能尽合他们的固定公式。

根勃罗维奚（Ludvig Gumplowicz）说道："人是依自然律而行为的。在事后回想时始作人间的思想。"国民革命的发展，今已五年（民十三至十八为五年）。我们恰在于事后回想之时，我们却感觉中国到底是位于东亚之周期病榻上的古国。一六四二年的英国，一七一九年及一八四八年的法国，一九一九年的土耳其，乃至日本明治维新时的"废幕讨藩"，皆足资中国革命以宝贵的教训。但正因有此种宝贵的教训，我们尤不能废灭历史，更不能轻视中国的历史。彼诸革命，实不外各国历史的产物。中国革命又何尝不是整个历史运动之一结束一序幕？

二、中国社会构造之论争

中国革命是变革中国社会构造之运动。尊重传统的保守主义者呵护传统的社会构造，不许怀疑。尾随苏俄的唯物主义者固然要变革此传统的社会构造，但他们要把苏俄做蓝本，来在中国作试验，因而忽视中国社会的实际。目标之认识不清，无怪乎过去二三年间社会改革未见成功，有如电光泡影，毫无成绩，只留存痛苦的伤痕。彼传统者更从而非笑抵排之，引此为中国社会不应变革之凭证。其受人非笑诋排者亦有似于失败之临床的医家，病者方属纩于傍，他们却努目扼手以争方剂。

或谓中国的社会构造是封建制度。这个主张的便利，在因袭一八四八年法兰西革命时代社会主义者的理论：市民阶级革命向于无产阶级革命之转化。其缺点在误解中国土地制度及都市与农村的关系。封建制度固然是一种大土地所有制度（A＝Some B），大土地所有制度却不一定是封建制度（B≒A）。

或谓中国社会是资本主义社会。这个主张的用意又复两歧。其一派以为中国社会既是资本主义社会，所需要者是继续其自然的发展，故革命的主要工作唯在于脱离外国金融资本的羁绊。其他派则适相反，以为中国社会既是资本主义社会，则即时可行无产阶级独裁的社会革命。其缺点在误认中国资本的性质，因此便误认中国资产阶级及无产阶级的性质。资本主义当然有资本的蓄积（A＝Some B），有资本的蓄积的却不一定是资本主义生产制（B≒A）。

或谓中国社会是半封建社会。此所谓"半"，只不过推论时一个便利的形容词。中国社会的封建成分，果否居全成分十分之五六，实为一个问题。故所谓"半"者，在研究社会构造时殆不宜适用以启疑团，且至多亦不过予人以模糊不清的观念。

今日论中国社会构造的人，所持论断，末节虽有不同，以要言之，可列举为前述的三种。要对于三种论断，加以评定，又应取何种方法？我以为明确的评定，必以中国社会史为衡。

在中国社会构造中，使我们感觉为封建制度之现象甚多。使我们感觉为资本主义之现象亦夥。依前者之感觉，我们便说中国社会是封建制度。依后者之感觉，我们便说中国社会是资本主义。然而感觉是常识的，常识是反科学的。若依社会史观察，则中国封建制度的崩坏，实开始于公元前五世纪，而直至今日，中国的主要生产方法还不是资本主义。此二十四世纪长久期间中，前十八个世纪则自然经济优越于货币经济，后六世纪则货币经济始显著抬头。虽自然经济与货币经济有所交替于其间，而社会构造的本质仍没有根本的差异。此二千五百年的中国，由封建制度言，是后封建制度时期；由资本主义言，是前资本主义社会。

三、封建时期的中国

在儒家所讴歌的井田时代，封建制度完全发展于中国。依《豳风》七月之诗，《小雅》大田、甫田之诗，《郑风》叔于田之诗，我们看得出公元前七〇〇年前后的中原，实有独立庄园制度，此独立庄园之内，领主监督农奴的徭役劳动，并征收农奴的地租；农奴除地租与徭役劳动之外，尚须从事狩猎蚕桑缝纫酒酿畜牧，以供给领主之衣食，且须进入宫廷去执行工役。领主（卿大夫）则居于不满百雉的城堡中，除出巡田畴之外，从事于宴享以消费农奴贡纳的羊酒，从事祭祀以吸收农奴的宗教信仰，从事狩猎以检阅农奴的兵役并训练自己的战术，从事战争以扩大领地，消纳贵族的剩余人口。此种多数之小领主，率其农奴以奉事大领主（公侯），大领主亦有其庄园，有其农奴，有其战士（公徒）。所谓"天王"亦不过大领主之一，"王畿"亦不过较大的领地，其中包容无数的庄园，为"王之卿士"的食邑。

在重重叠积的庄园之上，有重重叠积之贵族，生活于金字塔式等级制度之中。庄园之中，有重重叠积之农奴（耕种之农奴）与贱民（工商之民）。而庄园之外，尚有大量的自由地主及自由农民。彼以其耕种所得，养给家族，置备武装，以服兵役于公侯卿大夫。这便是"士"。管仲制国之所谓"士乡"，韩非重视之所谓"耕战之士"，皆指这个等级而言。

此重重叠积之等级，尤力期于固定。孟子所悬想之"死徙无出乡"，老聃所赞颂之"老死不相往来",皆是畴昔农奴粘附土地不许逃亡之回想。彼春秋时代卿大夫所主张之"贵有常尊,贱有等威"以及"民无迁业",其用意皆在于固定的等级之维持。

四、封建要素的分解

封建制度不过是现物地租及徭役劳动,人与人间之隶属关系,及地主之政治支配,三个要素相与结合而成。三个要素自公元前六〇〇年后,开始分解。分解的原因是这样的:

(一)生产技术尚未发达而人口增多,致贵族与农奴及自由农民皆发生人口过多的现象。贵族的人口过多,非向外侵略新领地,即自相残杀,以争夺固有的庄园。农奴的人口过多,则固有耕地无力供给生存,非向外殖民,即被逐于领主而流散他乡或堕落转死;且农奴人口既多,则劳动力供给有余,商人得夷为奴隶以供驱使;地主亦感觉农奴制度之节省,远不及雇用贫民。自由农民即武士人口剩余,则增加"浮游无事"及骚乱之发酵分子。凡封建时代的外战内争,逃亡骚动,皆上述原因有以致之。外战内争的结果,权力归于掌握兵柄的贵族。此种贵族一旦龙飞,则旧日同僚的贵族必无幸免,而从龙的武士升为正卿。散在全国的庄园遂并吞于少数军人之手。且战费的增加,使贵族必须增加赋税,此增加的赋税又必须集中于国库。于是在地租及徭役劳动之外,又有"田赋"即以田数为标准的赋税。地租及徭役劳动归于小贵族,田赋则归于国家(军事贵族所掌握的国家)。小贵族消灭愈多,则国家收入愈大。彼国家便莫不以削灭小贵族为要政。于是地租化为田赋,徭役征自国家。在此时期,人口过多的农奴,乃分解为两个阶级:其一为自由农民,其一为无业的贫民。前者对国家只负担确实的赋役。后者则不得不鬻其身,夷为奴隶。

(二)战争不适于解决人口过多问题,有如上述,则惟有求诸生产技术的发达。但生产技术之发达,第一使农业劳动力的需要减少。例如同一耕地上从前需要八人,现在或需要三人而已足。领主为增加收入,减少消费计,当然要驱逐此无用之五人,而责其地租于留用之三人。旧日的农奴便变做将来的佃户。所以,"铁耕","深耕"及"易耨"之后,农奴时代过去,佃户时代到来。

(三)生产技术发达之第二结果,为交换的发达。由简单的现物交换,进入于以货币为媒介的交换(商品——货币——商品)发达出"为贩卖而购买"的商业(货币——商品——货币)。以货币求货币,于是有高利贷借（货币——货币）。商业资本及高利贷资本，叫做商人资本。

（四）贵族崩坏，农奴解放，交换发达，其结果土地的自由买卖成立了。战国时代，土地兼并已经开始。以土地多少察贫富，见于《管子》之书。而《韩非》亦载有雇用农业劳动者的事实。所以我们可以说：佃农与雇农皆始自战国的末期。

（五）农业生产因灌溉之发明而益为增进。《左传》哀公年间，载有吴鲁人民用水的争议，而《庄子·天地篇》也载有水器"槔"之名。以河水灌田，必须修堤防，开沟洫。这种工程大兴于战国时代的魏秦。这种工程需要集合劳动，及大小土地的协力。"死徙无出乡"的独立庄园制度因此趋于崩坏。

五、商人资本与土地私有

五种原因之中，决定封建制度崩坏以后的社会构造者，为商人资本的发达。

商人资本是流通于生产过程以外的。生产方法仍然是农业与小工业。此诸独立的小生产者仍以其祖先传来的经营方法，受商人的顾托而提出其剩余生产物。在经济发达不平均的中国，各地的生产价值不同。交通阻隔，各地的小生产者不能够相与往来，亦不能接触消费者以出卖其剩余生产物。于是商人居于其间，"买贱卖贵"，"人弃我取，人取我与"，"治产积居与时逐"，以蓄积其资本。商人蓄积资本的手段是"买贱卖贵"。则小生产者自"卖贱买贵"。商人最大的买主与卖主乃是农民。商人资本愈增，则农民必愈困。《商君书·垦令篇》说道："使农无得粜，商无得籴。农无得粜，则窳情之农勉疾。商不得籴，则多岁不加乐；多岁不加乐，则饥岁无裕利；无裕利商怯，商怯则欲农"。由此知商之为商，丰岁收买贱谷，而凶岁出卖贵谷。商人资本与农民的关系如此。《管子·轻重篇》说道："贾人——贱卖而贵买。四郊之民，贱卖何为不富哉？商贾之人何为不贫乎？"《前汉书·食货志》载朝〔晁〕错的话，也是指明这个关系的。他说："商贾，大者积贮倍息，小者坐列贩卖，操其奇赢，日游都市，乘上之急，所卖必倍……此商人所以兼并农人，农人所以流亡也"。农民流亡，则土地归于富者之手。自封建制度崩坏后，地主没有身分的限制，有货币的人都可以做地主。农民既卖其土地于富人，则益贫。富人既兼并土地则益富。耕者无田，而有田者不耕。耕者之田资于富人，纳租居全收获十分之五。"兼并起，贪鄙生，强者规田以千数，弱者曾无立锥之居。"（《前汉书·王莽传》）。

六、奴隶制度与士人阶级

农奴阶级自春秋时代之后，分解为自由民与奴隶之两阶级。奴隶之属于国家者为官奴婢，属于私家者为私奴婢。官奴婢是俘虏罪人。私奴婢是良家女子因贫出卖的。《韩非》已载有"嫁妻鬻子"的话。白圭已有"用事僮仆"。前汉以后，奴隶愈多。《史记·货殖传》以蹄数计牛马，以手指计奴婢。汉武时，因为纳税而没收富家，得奴婢以千万计。汉元时，官奴婢十余万（《文献通考·户口考》）。直至公元一三〇〇年后，江南富户，"占编民奴役之者多至万家"。

奴隶阶级之上，武士阶级也变质并扩大。武士原来是耕战的自由民。但在封建制度崩坏过程中，一则贵族失位者极多；二则农奴解放后，自由农民的数量大增。农民之有武术及知识者，旧来之武士，流浪的贵族，构成一个庞大社会层，也叫做士。"士"有有田而耕战的，有无田的，有有田而不耕的。游猎，任侠，讲学，清议，"轻禄重身"，"弃官宠交"，"离世遁上"，"行惠取众"（《韩非·八说篇》），是他们的行径。他们是社会上一大势力。于是有养士之君，求贤之主。后世的隐士，独行，侠士，都是这个阶级的分子。而官僚也取材于其中。

七、现物地租与现物国税

商人资本与地租都是不生产的资本。士人阶级又是不生产的社会群。自由农民与手工业者更须与庞大的奴隶阶级争生存。商人与地主之豪富者，挟其资本与奴隶，以与之角力。其结果是自由民常濒于破产失业，毫没有余力以增进其生产技术，亦毫没有余力以扩大其生产资本。

占人口最大多数的生产农民既陷入这样的境遇，则购买力的薄弱，不言可知。农民的购买力既衰，则一般商人亦不易支持。在社会中，尚能过豪奢的生活者，只有豪商大地主。在社会中，尚能继续存在的手工业，只有所谓伎巧奢淫的物品制造家。

生产民众的贫乏，生产技术的停顿，其原因又何必他求？生产既不与日俱增，则二千年来的自然经济，也就无从转化。因为自然经济的优越，所以二千年来，地租是现物地租，国税是现物国税。前者直至最近年间始稍有变迁。后者则公元一五〇〇年前后，始逐渐改为现金国税。一六〇〇年后，国税始以现金为正税。

地主与佃户的关系，是现物交纳的关系，当然与现金地租制度的主佃关系不同。佃户所负担者是现金，则其与地主的关系是纯粹货币的契约关系。佃户所负担者是现物，则其与地主的关系便没有那样单纯。一定的徭役劳动，特殊的贡纳义务，尚存在于主佃之间。因此，主佃之间尚保持有封建的意识。

人民与国家的关系，是现物交纳的关系，其结果与此相同。国家需要劳动力时，除保持大量的官奴婢外，尚须征发人民，使从事于强制劳动。现物国税的国家断不易出资去雇用劳动力；征发徭役，势所必然。在历史上，经过一千四百年，普通的徭役始变迁为差役制度。自公元一〇〇〇年后，徭役义务渐集中于特殊阶级（差役）之身，一般人民只交纳金钱以供国家雇用劳动力之用。

八、食邑职田及屯田

国家的收入大部分既是现物，则国家的支出自然也以现物为最多。现物的运输极难。与其由全国运到中央，再由中央运往各地，无宁以就地分配为便利。所以，贵族领有食邑或庄田，官僚领有职田及公田，军队领有屯田或仓廪。俸禄，赏赐、公费，饷糈，最大部分出自驻屯地及所在地的公田。这种公田，所不同于春秋以前的庄园者，租税归于封君，而政治支配则仍属于地方行政官厅；故封君与农民的关系，亦止于地主与佃户的关系。职田制度告终于公元一五〇〇年之前后。庄园公田则存留至最近时期。屯田则自公元一五〇〇年以后，渐不重要，以趋于废灭。自此以后，官僚的俸禄及军队的饷糈渐改支国库所收入的现金。

九、社会周期病之由来

依于上述，我们很容易看出中国的社会生产与欧洲近代的社会生产有根本不同之一点。欧洲近代社会的生产是扩大再生产，中国社会的生产却是单纯再生产。中国社会的生产，是以同一技术，同量资本，在同一的生产组织之内，反覆实行的。

在社会安定之时，农业稍盛，则地租国税的蓄积增加，商人资本的蓄积增加。农民的生产率较高，则士人阶级的生产率更高：食地租者增加，食国税者增加，依赖商人资本以为生者增加。其结果对农民的剥削亦相与增加，人口过多的现象因此发生，则战争及暴动随起。军队战争及平民暴动，又制造多数的失业人口，来参加战争及暴动。杀戮，转死，至人口减少到与社会生产得保均衡为止。

加之，大量的奴隶人口，是身体颓败，知识衰退，道德堕落的源泉。大量的士人阶级，是浮游无事，豪奢流浪，孱弱衰病的渊薮。国税，地租，商人资本几重剥削下的农民与工人，既竭尽自身的体力，复倚赖妻孥徒弟的血汗以图存。因此，中国人口生产率高，死亡率更高；

身体衰弱，知识更为衰弱。当此"时日曷丧，予及汝偕亡"之时，西北部游牧狩猎的强悍民族遂得以入主中原，而移居内地。

十、民族斗争与民族问题

中国的学者常有一句自豪的话，以为异族侵入中国，常为中华民族所同化。彼突厥，东胡等民族侵入中国以后，模仿汉族衣冠文学语言姓氏而与汉族通婚，在习惯风俗血统上渐与汉族同化的事迹，固史不绝书。然而所谓"同化"者，要当深知其实际的程度。

在历史上，侵入中国及中国领内原住的民族，依其社会经济状况之不同，可分为两类。前者或征服汉族而"同化"于汉族，或为汉族所征服而"同化"于汉族，后者则有史以来常为汉族所征服。匈奴，女真，蒙古，藏族，回族，属于前者。苗，猡猓等属于后者。若就此稍加观察，便可知后者至今未经汉族同化。贵州，四川等省，浅耕而行现物交换与族内婚制之自然民族，到处存在，且时与汉族相冲突。他们的风俗习惯，语言文字，社会构造，与汉族完全不同。他们除在与汉族冲突时为汉族所剿抚外，从来没有受汉族士大夫一顾的光荣。他们实居于三千年历史中黑暗尘埃的里面。反之，女真诸民族，则情形大有悬殊。无论其征服汉族或为汉族所征服，皆加入于汉族的历史过程。汉族的历史，大部分是民族相与同化史。

但考究春秋以来的民族史，所谓同化者实际上程度若何？汉族本身就是多数民族所共造。汉族本身的同化，尚不是十分完全。若非过去二千余年间救荒政策及内地殖民与夫政治危机所促成的大规模移民，使各地"老死不相往来"而在职业上粘附土地与草木相类之农民，相与接触，则经济发达不平均的前资本主义中国，必尚为种族分立的中国。然而士大夫则于朝觐会盟之时，交战讲和之际，"争名于朝"之日，"争利于市"之顷，接触特多，模仿特盛，土著习惯衣服语言之改革特易。汉族所以有同一的宗教文字法制思想者，端赖于此辈，亦惟限于此辈。所以汉族可称为"衣冠之族"，因为民族的同化实只由于士大夫，亦只限于士大夫。彼"孜孜终日，惟恐不足"的生产民众，何尝有宽博的衣冠，繁琐的礼仪，图形的文字，古雅的语言，宗法封建的统一法制，等威名分的古典思想？但千年来在反抗侵略的运动中，农民及其他生产民众常为其不屈不挠的中坚，而士大夫有其忠贞悲壮的气节，亦有其辱国卖权的叛逆。所以我们可以说，在中国社会史上，生产民众对内虽尚未成熟为民族，而对外则为坚毅的民族。反之，士大夫对内虽首先同化，而对外的民族性却又是动摇的。

汉族的内部如此，其对于别族也是如此。历代统治阶级解决民族问题的政策，非以武力，便是怀柔。武力征服的目的在屈服他族的王公大人。怀柔政策的目的也只是对他族的王公大人加以羁縻。反之，他族之征服汉族者，除蒙古人稍有不同外，皆改从中国文字衣服及琐繁礼仪，以怀柔汉族的士大夫，减少其反抗，博取其拥护。在国民经济尚未成熟的中国，依此种政策而同化者是何种社会层？试一观今日宁夏的回民，蒙古的民族。其同化中国及中国所援引者，是贵族抑是平民？即可以恍然于其故。至于没有王公大人可以同化的苗族猡猓，情况如何？也值得我们憬然忧虑。

由此知国内民族问题性质的严重。若不向各民族一般民众作文化的提携与发展，只从各民族的贵族着手，而欲以衣冠文物求同化，遂以汉族有同化他族的能力自豪，殊非解决国内民族问题的适当方法。这种方法，中国的统治阶级行之已过千年，但是效力如何，不难于历史见之。

十一、民本思想与民权问题

中国社会是"修道干禄"的君子与"孜孜为利"的小人——即士人阶级与生产民众所构成。在素养上和时间上，能从事于政治的，自然是前者而不是后者。然而言中国政治思想者，常以为中国固有的民本主义，就是欧美的民主主义。这种话，自一方面看是对的，自他方面看是错的。

何以说是对的？欧美的民主主义是资产阶级的民主。中国的民本主义是士大夫的民本。其思想都是中间阶级以上的人士的思想，而不是一般劳苦民众的。所以我们可以说中国的民本主义就是欧美的民主主义。

何以说是错的呢？资本主义社会的资产阶级自有其独有的利益与强固的壁垒。为发展利益计，彼第一步虽联结君主以消灭贵族，第二步却并君主而消灭之，以自己的政权来发展自己的阶级。前资本主义社会的士人阶级则不然。彼第一步虽助君主以消灭贵族，第二步却必须拥护君主以"正名定分"，而永续自己的游惰权与剥削权。他们是在生产过程以外的，他们不要求生产的发达。反之，生产发达，则社会的力量将转移到"资本"之手，而不归于"名位"之手。以名位为生存武器的士人阶级是相反的。他们"不患寡"，但患"名器之滥"。所以士人阶级的"民本"，在巩固身分的等级，而巩固身分的等级，必须"明分职不得相逾越"，尤必须"君君臣臣"。所以其所谓"民本"，是以君主为枢纽，

"格君心之非"，使得民心。民心自然是民众所供养的士人阶级的意识。若以简明的话来说："得民心"就是"得士"。得士的方法，在战国时代是养士，在汉以后是贡举。

至于生产民众，对政治常畏葸不前。彼农夫与工人固不待言，即城市的商人，也类似欧洲十六世纪以前的行会商人，保守，退缩，只求薄赋敛，不打仗；没有团结，前进，要求政权，主张自己的气概。因此，在中国社会，有两种人，一是怕国家的，一是专以国家为事的。这种情形之下，民权问题是不易解决的。

十二、单纯再生产与民生问题

资本蓄积而生产不增加，这是中国经济上重大问题。问题之所在，是资本为量甚少，而分配已经不均。中国比诸欧美，没有大富，然面〔而〕不均之患，自孔子时代已然。

生产力不能发达，就是由于这种不均。商人资本及地租的蓄积纵令不多，而其使农民负债，工业破产，已经有余。农民已经因此离村，工人已经因此流散。分配资本及受资本压迫面〔而〕离村流散者，皆与生产绝缘。前者不懂生产，后者也没有再归生产界之望。所以中国从来的政治政策，都是游民政策；从来的经济政策，都是消费者的分配政策。如何增加税收？如何节用？如何平谷价？如何备饥馑？这才是经济政策之所有事。至于生产者的政策，如改良生产技术，增加生产资本，却从没有切实的办法，亦为士人阶级学者所不解。

即如农民问题，最直接最切迫的是地租问题，即地主与农民的关系之问题。然而此外，则尚有农民的生产资本问题；更有农民与消费者关系的问题，即谷价问题。从来的学者只注意谷价问题，如常平仓制度，即其设备之一端，然而"谷贱伤农"，这岂是根本的办法？至于农民与商人的关系，古代法家常有痛切的指摘，但其解决方法不过是"贵粟贱商"，"贱商"不能解决农民问题，反增加农民的痛苦。商人破坏则农民的生产物没有人贩卖，农民的肥料耕具没有人供给，农民的流动资本没有人借贷。"贱商"是不行的。但若因此遂不加改革，则农村中资本流通愈大，农民破产愈速。

生产不发达，中国的民生问题决没有解决之途。发达生产，决不是士人阶级所了解的。

十三、外国资本与中国问题

中国国内民族问题，民权问题及民生问题，其性质之严重与解决之困难，具如上述。自外国资本侵入中国以后，问题的严重与困难又复倍增。

国外贸易原可以增加国内的财富。一五〇〇年以后，中国由自然经济的优越，转化为货币经济的优越，由现物国税转化为现金国税，由徭役国家转化为租税国家，其重大原因皆在于国外贸易的发展。一八五〇年以后，外国资本在条约特权之下，侵入中国的社会的中心。以其有条约特权之故，外国资本对中国社会的破坏力，伟大实无可比伦。外国商品的廉价输入，已使中国穷僻乡村，皆有洋货商人涉足。乡村手工业已随其制造品市场的堵塞，日益凋零。外国资本已随买办阶级，深入原料产生区域。五世纪来日就毁灭的自然经济已似风中残烛，所余无几。外国银行已执中国大商埠金融界的牛耳，控制多数的中国银行与钱庄，因此又控制多数的工商业。中国的商人资本与外国金融资本结合，造成统制幼稚工业的伟大势力。农业手工业已趋崩溃。水利的荒废，肥料的败坏，农民实无力自救。而一切流通于农村的资本，都是掠夺其农产物且剥削其购买力的工具。所以农民破产，倍速于往时。

商人资本及外国资本已把旧生产方法完全破坏。新生产方法虽逐渐成立，而其发展之迟，来不及救济此庞大领域内二千年残破无完肤的生产民众。统治阶级不得不倚赖外国资本及其支配下的商人资本，以维持政权。因此，军阀官僚皆带有买办的性质。

十四、三民主义的意义

为救治中国的社会痼病性，于是有三民主义。民族主义有两方面的意义：对外求脱离外国资本的压迫，进期于世界民族的平等；对内求国内各民族为文化上的提携，进期于真实的民族同化，而不以千余年来王公大人外交式的同化为自足。民权主义的意义，在"唤起民众"使生产者主张并充实其亘古以来未有的政治要求，使怕国家者一变而管理国家，如"身之使臂，臂之使指"。所以，民权主义之民权是革命民权与"天赋人权"殊科，更与从来士人阶级的民本主义有天渊云泥之别。民生主义有两方面的意义：消极则平均地权使"耕者有其田"，并节制资本使生产民众享受生产所得的利益。积极则增进社会生产力，改变商人资本为生产资本，并利用外国资本以增进此生产资本。试观民生主义相关的文献，实以增进生产资本的计划居多，如建国方略中的实业计划，决非消费阶级之士人阶级所能赞一词。彼士人阶级二千年的历史，皆是经济剥削与强制分配史。彼二千年来受民众豢养以宰割民众的士人阶级，非徒不知生产，抑且不知分配。彼所谓经济政策，不过是分配政策，而分配政策的表现，又不过是"如何开辟财源"。外国资本在他们亦视为"财源"之一，借此以维持政治权力即经济剥削与强制分配。彼不知此博大的"财源"，便是二千年来宰割中华民族的刀俎。彼不知为社会增加生产则是，为民众增加剥削则非，两者之间，间不容发。因此，我们也可以说：三民主义的意义，由生产者立场观察则是，由掠夺分配及纯消费者立场观察则非。两者之间，间不容发。

为纪念总理灵榇南下作

（摘自陶希圣《中国社会与中国革命》，新生命书局，1929 年 10 月 5 日）

1930 年

中国前代之革命
（1930 年 1 月）

　　前代革命，如有明及太平天国，只以驱除光复自任，此外无所转移。我等今日与前代殊，于驱除鞑虏，恢复中华之外，国体民生尚当变更。虽经纬万端，要其一贯之精神则为自由、平等、博爱。故前代为英雄革命，今日为国民革命。（同盟会宣言）

　　　　　　　　　　　一

　　中国前代之革命何以不能变更经济组织及政治制度？本篇要解答这个问题。

　　我们先要问什么是革命。《法国革命》一书之著者马迪野说道："严正意义的革命，不止于政治形式，及统治者的变更，并且变更制度，从一阶级移转财产于另一阶级。"（Albert Mathiez, *The French Revolution*, tr. by C. A. Philips, New York. 1918, p. 1）

　　在中国史上，相当于这种意义的变更，只有秦的统一。但是秦的统一却是一隅向全国的武力征服，而不是革命。自秦的统一失败以后，由汉代的成立起，到有明勃兴止，没有合于这种意义的革命。太平天国运动与此相符，然而又失败了。其间的变更，共可分为下列的四种：1. 转移政权而不变更财产关系者，如刘邦之兴起是。2. 变更财产关系而不变更政治组织者，如王莽之改制是。3. 再建旧来之政治组织与财产关系者，如刘秀、曹操之运动是。4. 游牧部落之征服，如北魏、辽、金、元、清是。本文将对前三种变更，各举一典型的史实。于史实的分析之中，指出中国之革命何以从不能变更政治组织，同时变更经济组织，何以每终于专制之再建，及商人地主统治之再建。

二

自秦以后，中国社会组织已不是封建制度。中国社会已是商业资本所支配的小生产制。土地私有已经成立。土地买卖已经自由。商品经济已经从黄河流域开始向长江以南开拓市场。大手工业如煮盐、冶铁、开矿已经出现。

因为生产主要的是小生产制，所以生产是地方的。因为商业资本逐渐开拓全国的市场，所以交换是国民的。由交换来说，国民经济似早已萌芽。在战国末年，荀子已经指出这个现象。他说："北海则有走马吠犬焉，然而中国得而畜使之。南海则有羽翮齿革曾青丹干焉，然而中国得而财之。东海则有紫绤鱼盐焉，然而中国得而衣食之。西海则有皮革文旄焉，然而中国得而用之。故泽人足乎木；山人足乎鱼；农夫不斫削不陶冶而足械用；工贾不耕田而足菽粟。"（《王制》）到了前汉初期，司马迁也说道："夫山西饶材竹谷纑旄玉石，山东多鱼盐漆丝声色，江南出楠梓姜桂金锡连丹犀玳瑁珠玑齿革，龙门碣石北多马牛羊旃裘筋角铜铁则千里往往山出棊置，此其大较也。皆中国人所喜好，谣俗被服饮食奉生送死之具也。故待农而食之，虞而出之，工而成之，商而通之。此宁有政教发征期会哉。"（《史记·货殖传》）

但是由生产来说，地方共同体仍然是生产的组织。甘肃之畜牧，关中河北之农耕，山东之鱼盐，楚越之渔猎采伐，蜀与南阳之冶铁，生产方法，各地悬殊。而大抵都是不能脱离地方环境之手工劳动。生产者只有株守地方，坐受商人的雇买。

小农场的耕种是自由农民及佃户担任的。大规模的生产是使用奴隶。矿业奴隶如蜀卓氏之家僮千人。农业奴隶如任公之家约下的家人。而商业经营也用奴隶，如刁间之豪放，白圭之用事僮仆。

奴隶制度之盛大，由家事奴隶的数目而可知；吕不韦家僮万人，嫪毐家僮数千人，张良家僮三百人。

生产劳动者是奴隶与农民。小有产者不能与奴隶所有者竞争。自由的贫民也不能与奴隶竞争。因为，奴隶除了由主人给予衣食住必要生活资料以外，一切生产归于主人，而自由劳动者所需之生活资料较多，而劳动力之报酬亦较多。所以，大工商业常用奴隶而不用雇工。小生产者的生产品生产费高，不能在市场上与奴隶的生产品竞争。

三

农村的破产地主，失地农民，都市的破产手工业者及小商人，都集中于都市，构成自由市民，实即为游民无产阶级。

这种都市无产阶级与现代无产阶级性质不同。现代无产阶级是社会生存的基础，是劳动的阶级。当时的都市无产阶级则不然。当时的社会生存，全赖于农民及奴隶。商人、工业家、地主皆赖奴隶及农民的劳动生产物及劳动以为生。无产市民则仰给于富人的周济及国家的救恤。他们不感觉社会生存，有赖于自己。他们反依赖社会以为生。他们"不事生产"，把生产的负担脱卸于农民及奴隶。

现代无产阶级是资本主义生产方法所养成，资本主义生产方法是生产集中，而消费则个别化。所以现代无产阶级的理想是把高度集中的生产移归国家所有。反之，古代游民无产阶级则为财富集中而生产分散的产物。他们的理想是如何分配这集中的财富及如何占有这分散的生产。并且，现代无产阶级是社会的最下层；而古代游民无产阶级则尚有奴隶及农民在其下。现代无产阶级希望废止阶级，因为一切阶级都是建设在他们身上的。而古代的游民无产阶级不主张废止身分的差别，以保持奴隶制度。

在秦汉时代，流动财富虽集中于都市，而生产则以农村为重心。生产分散于农村，所以地方共同体还是社会的基础。这与现代社会不同，现代社会的重心已由农村移转到都市。所以，现代都市是政治活动的中枢，而古代国家仍然以农村为基础。现代无产阶级对于社会渐有深刻的意识，而秦汉时代的农民都局限于地方共同体之内，没有全国的联络，与整一的策动。革命的发动常从各地方共同体小规模的做起，不能叫做现代意义的社会运动。现代社会运动每以社会改革为目标，而古代的农民战争，常止于改废特殊的法制及驱除特定的人物。

了解了古代无产者及农民与现代无产阶级不同之点，我们便可以了解为什么在秦汉时代，以无产者及农民构成的军事势力，会受少数人的利用，使其由被治者的地位，依革命的发展，而直接转变为统治剥削者。

刘邦及其所领导游民无产者及农民起兵的目的在废除秦代的苛政，及分配集中于少数豪富之手的土地，且取得国税征收机关；不在废止阶级剥削、奴隶制度、商人资本、专制政治、贵族特权。

在这种情形之下，恢复六国贵族的统治，来压伏平民的冲进，是不可能的。只有把国家税收和土地财产公开于新兴的无产游民与农民之间。刘邦之"豁达大度"对于这一点确有用处。试看他的成功政策：汉败而还，至下邑。汉王下马踞鞍而问曰："吾欲捐关以东等弃之，谁可与共功者？"良进曰："九江王黥布，楚枭将，与项王有郤；彭越与齐王田荣反梁地；此两人可急使；而汉王之将，独韩信可属大事，当一面。即欲捐之，捐之此三人，则楚可破也。"（《留侯世家》）

由此种成功的战略观之，汉兴以后，已经不能够继承秦代不予土地于人的纯粹官僚政治了。换句话说，新军事贵族的分封成了必然的趋势了。

四

新军事贵族的分封，是不是与旧封建制度一样的制度呢？不是的。土地已离世袭地主之手而为自由买卖的标的物。地租已分裂为地租与地税。农奴已化为地主自耕农与佃农。自足经济已为商业资本所侵扰。封建庄园制度的再建是不可能的。新封建制是不是与旧封建制度相反的制度呢？不是的。对农民的剥削，还是征收现物地租与徭役。对农民的赋税还是征收现收现物地税与徭役。换句话说，对农民的剥削还是与从前一样的。

流动财富虽渐渐集积到商人手里，而生产则完全有赖于农民与奴隶。社会既大部分都行谷帛经济。则贵族的俸给、政府的经费、官吏的薪水、军队的饷项，都只是谷帛。这谷帛是取自农民与奴隶的了。然而谷帛还不够。农民奴隶的劳动生产物以外，还需要农民奴隶的劳动力本身。

都市无产者与农民所编成的军事势力胜利了。但是，还没有施用胜利所得的政权来改革土地制度及依存于土地制度之上的社会构造之先，先要维持这个政权。维持这个政权，必须征收农民及奴隶的劳动生产物和劳动力。换句话说，要维持这个政权，必须使游民无产者及农民所编成的军事势力转变为对于农民及奴隶的支配者与剥削者——由革命转变为支配剥削，始可获得胜利，始可保持政权。获得了，维持了，断不能施用以改革土地制度及依存于土地制度之上的社会构造。又何况都市无产游民本没有废除社会阶级制度的意识？农民把世袭贵族的土地分了，但是商人资本的发达，却迅速使土地集中于货币持有主之手。

汉兴不过二百年，土地兼并与豪商侵陵〔凌〕的情形成什么样子了呢？农民破产为奴隶与游民。奴隶列于市肆，与牛马同栏。而豪富田连阡陌。大土地所有人，商人资本家，奴隶持有主，如南阳樊氏，其豪富有如左记："开广土田三百余顷，其所起庐舍皆有重堂高阁，陂渠灌注。又池鱼牧畜，有求必给。尝欲做器物，先种梓漆，时人嗤之；然积以岁月，皆得其用。向之笑者，咸求假焉。"（《后汉书》卷六十二）社会之一端为豪富，社会之他端为贫穷。"富者尤马余菽粟，骄而为邪。贫者不厌糟糠，穷而为奸。"（《前汉书》卷九十九中）

换句话说，富者不事生产，贫者丧失生产手段而成为怠惰的游民。社会矛盾已开展到必然爆发的程度。社会改革是必要的。

但是，社会改革是运用旧来的权力来施行，还是运用被压迫民众的权力来施行呢？

固有的国家组织是集权的宫廷所发动的官僚组织。封君阶级早崩坏于武帝之时。宫廷集权已成熟于宣帝之后。宦官及外戚左右宫廷，因即以左右官僚组织。官僚组织好像一个机器；只要发动者来发动，便可以运行前进的。好像发动者变更了，便可以实行社会改革了。空想的士人遂决定拥护执权的外戚来运用这庞大的机器，以行改革。四十万人上书称颂王莽，不是偶然的。刘歆与杨〔扬〕雄追随王莽也不是偶然的。

王莽的重要改革第一是王田制。"更名天下田曰'王田'，不得买卖。其男口不盈八而田过一井者，分余田与九族邻里乡党。故无田今当受田者如制度。"（《汉书》卷九十九中）第二是禁止买卖奴隶。"更名奴婢曰'私属'，不得买卖。"（同上）且改良奴婢的待遇。试看他自己对奴婢的态度便可推知。"哀帝时，莽退就国，（其次子）获杀奴，莽切责获，迫令自杀。"（《廿二史札记》卷三王莽自杀子孙条）第三是行六筦之制，以摧抑商人资本，对于专山泽之利者重加课税。

这些改革是必要的。其余扰害社会经济的如屡改币制之类，自然不是必要的制度。

然而官僚组织是不宜运用以改革社会组织的。官吏看来好像是驯服的机器，其实是一具榨绞民众的机器。官僚是以俸禄为生计。俸禄却出自农民与奴隶。不剥削农民与奴隶则官僚组织便不能存在。要发动官僚组织，必须有俸禄的颁给，与地税的赐与。这种组织，在社会改革时必先破毁才可以期望改革有效。王莽却不然。他虽然改定官名，却保持固有的官僚组织。因之，一切改革，都只有给与官僚以奸利的机会之效果，而实惠不能溥〔普〕及于民众。"郡吏县宰，家累千金。莽下诏曰：详考始建国二年，胡虏猾夏以来，军吏及缘边吏大夫以上，为奸利增产致富者，收其家所有财产五分之四以助边急。公府士驰传天下，考覆贪饕，开吏告其将，奴婢告其主，几以禁奸，奸愈甚。"（同上）王田制既侵害地主的财产，地主又多兼官僚，所以官僚也怨恨。只有借改革为奸利的官僚得到利益。至于农民则没有实益可得；而商人资本的摧抑，只有破坏农业金融的半面结果，却没有积极的制度来救济农业经济因此所生的缺陷。所以改革的结果是地主的怨恨、官僚的背叛、奸吏的搜括、农民的流散。于是赤眉、铜马、新市、平林大批的游民无产者与农民，以及刘秀等的豪族地主，都蜂起暴动，王莽由汉代宫廷所夺下的政权便崩溃了。

五

这时候，是再建豪族统治呢？还是再建平民统治呢？是地主胜利呢？还是农民胜利呢？掌握经济力的是豪商地主。他们都聚众保营。离开生产手段的游民无产者及农民有什么可以凭借呢？

游民无产者与现代无产阶级不同。现代无产阶级的革命，是在生产机关之中实施的。他们罢工，则社会的生产停顿。游民无产者则不然。他们从来是在生产机关之外的。他们的革命，只是使掌握生产机关的人们及直接生产者都发生恐慌，却不能够收单纯地直接地颠覆资产阶级的效果。一切生产者都在恐怖威胁之中的。农民虽与游民不同，农民是直接生产者。但是农民从事战争太久，则耕地荒废。离开土地，则农民没有实力。

在生产手段分散的社会，分散的生产手段所有人实独有经济力。所以，聚众保营的豪族有左右革命的实力。聚众保营的豪族愿意做什么？不用说，他们愿意再建商人地主的统治。他们愿意以本阶级的力量再建本阶级的统治。

王莽颠覆的当时，一切起兵的都自称刘氏。但是其中最纯粹的地主集团则为刘秀的军队。刘秀的集团以地主为首领，所以他们独有儒者的气象，易得豪族的信任。《廿二史札记》卷四："西汉开国功臣多出于亡命无赖。至东汉中兴，则诸将帅皆有儒者气象。"试看这种军队入长安时，长安豪族的喜气即时溢于眉宇。"时三辅吏士东迎更始，见诸将过，皆冠帻，而服妇人衣，诸于绣镼，莫不笑之，或有畏而走者。及见司隶（刘秀受更始命为司隶）僚属，皆欢喜不自胜，老吏或垂泣，曰：'不图今日复见汉官仪。'于是识者皆归心焉。"（《后汉书》卷一）由此强宗右族皆归刘秀，刘秀遂得以再建豪族士大夫的统治。豪族士大夫统治的再建，对于农民是不利的。这种统治必须镇压农民战争，始能建立与维持。试看刘秀称帝十六年，农民仍大规模的暴动。若与前汉初年相比较，则差别是很明白的。刘邦政权成立后只有封君叛乱而没有农民战争；刘秀政权成立后却只有农民战争而没有封君叛乱。平民军事政权与豪族军事政权是这样不同的。平民军事政权建立后数十年始有土地兼并，而豪族军事政权方才成立，土地已经不均。《廿二史札记》卷四："《光武本纪》：建武十六年，郡国大姓及兵长群盗，处处并起攻击，所在杀害长吏，讨之则解散，去又屯结。青、徐、幽、冀四州尤甚。……案是时天下初定，民方去乱离而就平安，岂肯又生变乱？此必有激成其祸者。而本纪全不著其根由。但上文有河南尹张伋及诸郡守十余人坐度田不实，皆下狱死。则是时民变，盖因度田起衅也。案刘隆传：天下户口垦田多不以实，户口年纪互有增减。建武十五年，有诏核检，而刺史太守多不平均；优势豪右侵刻羸弱，百姓嗟怨，帝见陈留吏牍有云：'颍川、弘农可问，河南南阳不可问'。帝怒，不得其故。时明帝年十二，在侧，曰：'河南城多近臣，南阳帝乡多近亲。'帝更诘吏，吏对果如明帝所言。于是遣谒者考实，具如奸状，守吏等十余人皆死。据此则十六年之民变，必因十五年之检核户口田亩不均而起衅也。"豪族政权！豪族政权本来是绞搾农民的。这一段考证，恰证明刘秀的组织偏袒豪族，受豪族的左右。

再建豪族统治的，刘秀而后，便是三国。魏、吴、蜀是从黄巾暴乱之中突起的国家。黄巾已把后汉豪族政权破灭了。豪族如袁绍、袁术、刘表、韩馥……都想从叛乱中据地自保。曹、孙、刘三氏乃独能并吞据地自保的豪族而建立国家于中原、江南及蜀。所以由三国归并而成的晋。透骨的表现豪族的优势。士族、门第与农民相对立，包办官僚系统。这不是偶然成立。从后汉起，已经是纯粹的士大夫统治了。

最有兴趣的史料，是平民集团虽憎恨豪族，却仍替豪族做工具，再建士大夫的统治。

刘裕的军事集团，本是平民的集团。刘裕共起事业的是刘毅。他们都有游民的气味，桓玄说道："刘裕足为一世之雄。刘毅家无担石之储，樗蒲一掷百万。"（《宋书》卷一）他们也有摧抑豪族的意识。《宋书》载："晋自中兴以来，治纲大弛，权门并兼，强弱相凌，百姓流离，不得保其产业。公（刘裕）既作辅，大示轨则，豪强肃然，远近知禁。"（卷二）又载宋开国臣刘穆之对豪族的态度："时晋纲宽弛，威禁不行，盛族豪右，负势陵纵，小民穷蹙，自立无所。穆之斟酌时宜，随方矫正。"（卷四十二）并且，刘宋不信任豪族执政。"宋武帝不任大臣，而腹心耳目不能无所寄，于是戴法兴，巢尚之等皆委任隆重。"（《廿二史札记》卷八）然而刘宋却不能废除士族；不独不能废除士族，刘裕的儿子受士族熏染以后，反叫他做田舍翁。（《宋书》卷三）这是为什么呢？

刘裕的政权与曹操相同，是从镇压农民战争而建立的。孙恩之乱，已撼摇晋代的士族统治。刘裕以苦战恶斗，破灭孙恩，则晋代政权当然转移于刘裕，而刘裕也当然替孙恩所撼摇的士族统治出了力。社会的两端，一为豪族，一为农民，破豪族必借力于农民，破农民必归成于豪族。事情本来是这样的。试看宋代的士族有多么高的地位。宋代大臣王弘疏，说道："至于士庶之际，实自天隔。"（《宋书》卷四十二）且士族的法律上特殊待遇，还是宋代所规定的。即如同伍犯法之律，分别士庶而殊异其适用，便是宋代的事情。宋衰而后士庶差别才渐次混淆。这是刘裕的平民军事集团对士族的功绩。

六

此后中国社会的大变更大抵追随上述三种先例，——除了游牧部落侵略以外。再抽象的说，中国前代的革命，大抵经由下列三种过程，而大抵总得到同一的结果：

（1）无产游民及农民构成庞大的军事集团，向商人地主政权争斗。此军事集团之本身取得政权。然而它不是以无产阶级与农民而取得政权，却是以剥削支配无产阶级与农民的势力而取得政权。因之，它不能废止阶级剥削，不能破灭土地兼并及商人资本与奴隶制度，反保持并扩大这些制度。

（2）无产者及农民蜂起革命。士大夫阶级及附于士大夫阶级的游民于旧来商人地主统治因此而崩溃之际，为保持本阶级的财产，为再建本阶级的统治，而向于无产者及农民争斗。他们战胜了无产阶级与农民之后，当然以商人地主统治之再建为结果。

（3）空想的士大夫借用旧来的官僚组织，或取得旧来的官僚组织，想以此改革社会。然而官僚组织本身便是一个庞大的剥削组织。运用或取得或再建官僚组织，以改革社会，当然只有加重对农民的剥削的结果。因之，社会改革不能加实惠于农民，却引起农民的暴动。

因此中国前代之革命常终于使英雄从平民变作帝王，使新贵代替旧贵，使新剥削重叠于旧剥削之上。中国前代之革命过程中，游民无产者常出卖其相等的阶级——无产者与农民。中国前代之革命过程中，常使镇压革命者获得渔人之利。

而中国前代之革命更昭示吾人以三种之教训：

1. 游民军事集团是无产者及农民最不利的同盟者。它不能废止对无产者农民之剥削支配，反再建并扩大这种剥削支配。

2. 以镇压无产者及农民革命所建立的政权，必然是豪族政权即商人地主政权。

3. 利用旧官僚组织以行改革，其改革必归于失败。用意在增进农民利益的改革，一由官僚组织来执行，必反引起农民的反对。

《社会科学常识》丛刊中《革命论》最后一章节抄

（载《新生命》第 3 卷第 1 期，1930 年 1 月）

中国之商人资本及地主与农民
（1930 年 2 月）

一　地主统治之中国

中国社会到底是什么社会？

这个问题一年来引起剧烈的论争。在一般出版界中，讨论中国问题的人没有不说到中国社会构造的。综观各方对中国社会构造的认识，详言之，可分为六七种；略言之，可分为二大类：即认中国社会之支配的势力为封建制度残余之一类，及认中国社会之支配的势力已经不是封建制残余而是商人资本，或竟认中国社会已经是资本主义社会之一类。

我一年来发表的文字，认定中国的封建制度早已分解。其分解的原因在商人资本的发达使土地私有制逐渐完成。同时我认定中国生产不是资本主义生产制。所以中国社会之支配的势力还是直接剥削中国直接生产者农民阶级的地主阶级。此地主阶级与封建领主不同，非世袭的身分而是货币持有主依契约并稍带强制来买得土地而形成。货币最大持有人是收夺地租的大地主及商人资本家，所以中国之地主阶级与商人资本并不立于反对的地位。自明代中叶以后，商人资本有显已成熟之现象，而最近三十年间，此成熟之商人资本已与外国之金融资本相结合。但是，金融资本发达的结果，仍不能转变中国的生产方法。对农民的剥削方式仍然与秦汉以来相同。金融资本的蓄积只加速农民破产的速率。农村既加速破坏，而都市工业，除操在外国资本家之手以外，不能发达。于是中国社会，一端为贫饿流散的农民，他端为金融资本之蓄积。在两端之间，生产方法大体上说还是手工劳动，而对农民的剥削仍然以现物地租为主；农村资本主义没有发达的可能。

这种说法，虽指出了中国社会的实况，然而没有硬派中国社会为封建制度那样简单而且便利。最便利的方法是如下的推论：1. 封建制度是一种地主制度；2. 中国社会是地主支配的社会；3. 所以，中国社会是封建制度。

在这种逻辑之下，我所说明的中国社会性质，是不能够要求了解的。因为：我说中国社会的支配势力还是地主阶级，但商人资本却成了中国经济的重心。何以商人资本发达，而地主阶级仍然是支配的势力呢？由这个逻辑看来，这是一个矛盾。

然而这个逻辑是错误的。我们早指出过：A＝Some B，B≒A。

换句话说，封建制度是一种地主制度。地主制度却不即是封建制度。私有的契约地主制度也是一种地主制度。私有契约地主制度由商人资本发达而后成立。但商人资本不能转变中国的生产方法为资本主义生产方法。中国的生产方法主要的是农业手工劳动。中国主要的生产是农业生产，支配这主要生产的是地主阶级，因此，地主阶级是中国社会的支配势力。

二　地主阶级与士大夫阶级

地主阶级是中国社会的支配势力。但是地主阶级与封建领主不同。所以地主阶级的统治方法，也与封建领主的统治方法不同。

封建领主的统治方法是政治支配权掌握于经济剥削者之手。政治支配者与经济剥削者是同一的个人。中国地主既不是像封建领主那样的世袭地主，既不是固定的身分，这种方法是不可能的。所以中国的政治支配与经济剥削二者，随商人资本发达的程度，随土地私有完成的程度，而逐渐分离。经济剥削，归于地主阶级。政治支配，归于官僚。

官僚为地主阶级的利益而支配。却不是地主阶级自己来支配。官僚买得土地而地主包办官僚。却不是以其为地主之故而为官僚，不是以其为地主之故而行支配。地主去做官僚，必须经由买爵或科举或赀缘。官僚去做地主，必须经由买收并稍加一些侵夺。官僚与地主是这样分离而又联络的。

地主是官僚的补充人，官僚也是地主的中间候补者。

地主依于赀缘买爵及科举而补充官僚。地主转化为一种独占知识的有闲阶级。这便是士大夫阶级。

地主阶级非持有政治支配，不能继续其经济剥削。所以地主阶级努力于独占官僚系统。官僚既不是像贵族那样的世袭身分，所以也须取得经济剥削以保持自己的生存及优越地位。因此，士大夫阶级是以地租及国赋为生活资源的阶级。

我们说士大夫统治，便是指地主统治。但是中国地主统治是取官僚政治的方式，而不取贵族统治的方式。所以我曾加意描写此为地主与官僚之连锁及为地主阶级之化身的士大夫阶级。

有人因此指斥我的推论是唯心的。更有人诬我赞成孟子"劳心者治人，劳力者治于人"的主张的。还有借用我所征引的材料来驳我的。然而我没有巧妙的逻辑可以证明中国地主阶级是世袭身分，证明中国政治不是官僚政治，证明中国的土地不是可以买卖的。巧妙的逻辑可以使我们得到一个简易的观念，却不能指出中国社会的性质。

三 目前的中国概观

中国问题不是虚伪而巧妙的逻辑问题，乃是一个事实问题。一切理论必须从事实出发，才算正确。历史的记录使我们不得不承认商人资本早已发达于中国，又使我们不得不承认中国社会是士大夫即地主统治。目前的事实又指出中国的地主阶级与外国金融资本结合了。地主怎样可以与外国金融资本结合呢？中国地主本来与商人资本沟通；商人资本本来可以与金融资本合流的。目前的事实指出中国社会之一端为贫饿农民，而他端为商人资本之蓄积。目前的事实指出中国资本之蓄积，不能转变中国社会的生产方式，不能发达工业资本。目前的事实仍指出由地主转化的官僚是最大的支配阶级。

帝国主义即外国金融资本主义摧残了中国。然而外国金融资本假使没有中国商人资本的降附，还不能造成目前的现象。换句话说，在外国资本已经侵入之后，中国固陷入贫困的世界；但在外国资本没有侵入以前，中国早已不是黄金世界了。说中国在满清年间及满清以前是黄金世界，这是无知识的妄诞士大夫之谈。士大夫阶级本来是独占知识而又无知识的。

四　金融资本之蓄积

金融资本之蓄积，由上海市场上屯积的现银数目而可知其一斑。本年一月七日上海《大晚报》载："中国时局未定，国内商业凋疲。加以今冬农产歉收，人民购买力弱，内地现银之需要锐减。以致沪市存银之多，竟达二万万两。"试就十八年底上海各银行钱庄存储现款来说，总数实为可惊。据本年一月五日《申报》所载，列表于左：

行名	银（万）	洋（万）	大条（条）
麦加利	二四〇	一三三	
汇丰	二、三一五	一、七〇四	
正金	八九二	一四〇	三二
中央	一九〇	三、一四〇	四八五
东方	六〇	六〇	
花旗	七三四	三六〇	
荷兰	一〇〇	二〇	
华比	七五	二〇	
中国	一、七六〇	二、六三〇	六、二六五
台湾	四一〇	六〇	
交通	二二〇	一、三三五	一、四二二
有利	六〇	三五	
住友	六〇	三五	
朝鲜	四〇	三〇	
中法	七〇	三〇	
三井	一五〇	三五	六〇
三菱	七〇	三〇	
通商	五〇	一七〇	
大英	五〇	三〇	
大通	九三	三〇	
安达	三〇	二〇	
德华	六五	三〇	
华义			六〇
各钱庄	四八〇	三、五九五	
共计	八、三一四	一三、六七二	八、三二四

上海屯积现银这样的多，则经理现银的银行自然有巨大的利息可

图。十八年度外国银行的盈余没有报告；中国各大银行的盈余，在举国民众困穷之中，有如左记。本年一月五日《申报》载："银行公会会员银行，大多数尚未结账。兹将各大银行之已结账而获有盈余者，汇志如次。"

(元)

中央	一、七〇〇、〇〇〇
中国	一、〇〇〇、〇〇〇
中南	六〇〇、〇〇〇
浙江兴业	五七五、〇〇〇
上海	五一〇、〇〇〇
浙江实业	四四五、〇〇〇
交通	五〇〇、〇〇〇
大陆	一六〇、〇〇〇
中孚	七五、〇〇〇
聚兴诚	一〇〇、〇〇〇
江苏	三〇〇、〇〇〇
东莱	二八〇、〇〇〇
垦业	一四〇、〇〇〇
工商	一一〇、〇〇〇
盐业	二〇〇、〇〇〇
中国实业	一七〇、〇〇〇
农工	一一〇、〇〇〇
新华	三〇、〇〇〇
国华	二三〇、〇〇〇
中国兴业	一二、〇〇〇
金城	二〇〇、〇〇〇
共计	七、四四七、〇〇〇

此外尚有结出或未及调查之银行，如四明、永亨、正大、正义、道一、中汇、恒利、通和、通易、中央信托、东亚、典业、广东、江南、煤业、中华、中国储蓄等等，不下数十家，估计亦必丰厚。如是则全年银行全体盈余额，总在一千万以上云。

五　商业资本与高利贷资本之发达

商人资本之发达，由四种材料可以推求。

第一是国际贸易。十八年中国施行七级税率，而外国商品之进口并未减少。即如日本对中国之输出入并不减于往年。本年一月五日《申报》载：据日本商务署调查，上年日本对华贸易总数，统计如下（单位千元）：

	输出	输入
一月	三二、三一九	一五、五五〇
二月	一三、八八九	九、六八八
三月	二三、四一〇	一〇、〇五九
四月	三〇、三五八	一一、八四四
五月	三〇、〇四〇	一四、八七〇
六月	三六、〇六二	二〇、一三一
七月	二八、〇〇八	一一、三四四
八月	三三、一八七	一〇、二七九
九月	三四、七二五	一二、〇二八
十月	二九、一五八	一五、一七八
十一月	二一、三三三	一五、二四四
十二月	一八、三三一	一三、〇四七
共计	三三〇、八二〇	一五九、二六二

输出入总数共计四九〇、〇八二、〇〇〇元。现在把这个数目与革命以前的三年来比较，列表如下：

一九二三年（百万两）	一九二四年（百万两）	一九二五年（百万两）	一九二九年（百万两）
四〇九.五	四三六.〇	四八六.一	四九〇.〇

再就中国的输出来看，对美国之输出，去年比前年增加。本年一月十二日《申报》载："《大晚报》云：据美领事署统计，去岁全年，上海一埠对美输出，共值美金五千四百五十三万八千八百五十元，比前岁总值四千一百七十五万四千九百三十元，计增美金一千二百七十八万三千九百二十元。"

第二是海关收入之增加。十八年度国际贸易比往年并不减少。而七级关税税率比往年税率略高。故十八年度海关收入比十七年度增加。本年一月一日总税务司布告说道：民国十八年海关税收，按整数计算，共为关平银一万五千二百七十六万两，并以汇兑平均价格二先令七辨〔便〕士又十六分之十三核计，约合英金二千二百二十四万八千六百镑。兹将十八年各重要口岸税收按整数列表如左（单位千两）：

关名	十八年税收关平银数目
滨江关	三、一一二
安东关	三、七九一
大连关	一二、八三七
山海关	二、〇八四
津海关（秦皇岛分关在内）	一六、三五一
胶海关	六、六七一
江汉关	八、二六三
江海关	六九、四四二
厦门关	二、一七七
潮海关	二、九二八
粤海关	六、一一五

十八年度海关收入约合二万数千万元。较之十七年度约增四千万元以上。

第三是商业资本蓄积之断片的报告。即如南京自建为首都以后，奢侈及一般消费品商业异常发达。据《时事新报》本年一月九日及十一日所记载之调查，列表如左：

	十七年	十八年
（一）丝茧业		
茧业行	三十二家	加十六家
丝及丝经（江北入口）	八十六万元	七十八万元
同上（横溪谢桥入口）	六万元	十六万元
同上（浙江湖州入口）	一百十九万元	一百四十万元
茧（录口收集）		四万〇六百六十元
同上（安徽出口）	一百二十万元	六十万元（十六家所采之数）
（二）绸缎业		
进口货物总值		五十万元
（三）五金电料		
商店		增加七家
（四）洋广货业		
进口货物总值		六十万元
（五）中西药业		
商店		七十五家
资本总数		十五万三千〇六十元

第四是高利贷资本之蓄积，以南京及上海论，南京之典业是如下

的：南京共有典业八家，下关四家，城内四家。利息之计算，月利每元
二分，按例月不过五天，第六天赎，须以两个月利息计算。又如逢巧月
之利息，由柜上取得平分。（《时事新报》上述之调查）上海之押当业则
如下述：上海华租两界共有押当铺四百四十余家，而典当不在其内。在
押当规则，贫民当物一元，每月须缴利息六分。内分三期，即以十日作
一月之二分利也。（本年一月七日《申报》）

在商业资本流通之中，有一商品最值得我们的注意，即十八年年初
曾惹起世人注目之土案之标的物是。就海关已查获的数量来说，自民国
六年至十七年止，共有七十八万六千七百八十四磅之多。其没有查获的
进口货及各地流通的本国货，尚远过于此数。现在把历年查获的鸦片烟
数列表于左：

（磅）

民国六年	七年	八年	九年
二〇、四六八	二六、六七六	四八、三七五	九六、六二七
十年	十一年	十二年	十三年
一五〇、一〇四	六八、五〇〇	五一、六一一	八五、八〇四
十四年	十五年	十六年	十七年
四八、九一八	八二、九一六	五四、六七九	五二、一〇六

六　外国金融资本之支配

中国的金融资本及商业资本是怎样发达的呢？它是在外国金融资本
卵翼之下，剥削独立的小生产者尤其是农民而发达的。所以中国的金融
商业资本完全受外国金融资本的支配。最明显最露骨的表示，是十八年
年底及十九年一月金价暴涨即银价跌落的风潮，所波荡于中国者之激剧。

外国资本压迫中国资本之一端便是金货压迫银货，而中国商人与农
民的关系是银货压迫铜元。农民拿铜元去买小商的商品。小商收入铜
元，换成银币，来批大商的商品。大商收入银币，换成金币，去买外国
货。铜元跌价则农民吃亏。银币跌价则连商人也吃亏。银币跌价与否，
操在外国资本家之手。中国农民的运命原来操在纽约与伦敦。

资本主义先进国都用金币。亚洲各国多用银币。近来越南与印度已
改金本位，于是只有中国用银。本年一月八日《申报》译载："印度与
中国墨西哥素为主要用银之国家，但墨西哥自产之银，远过本国所需，

平日唯恃印度与中国二大市场之吸收。今印度改用金本位后，独剩中国为其尾闾，自将供过于求。故此次银价之狂跌，不能认为偶然的现象。"然而何以十八年年末发生恐慌呢？这是由于中国也出卖现银。同报载："至此次银价之骤跌，乃由于中国之继续售出。盖现除中国外，无复有银本位国，世界市场上银之需要极少。今见中国售出不已，一时人心惊慌。欧洲及其他各处咸有大宗现银售出。银市遂日趋凋疲。至于新年后，银价略见回涨者，乃因印度稍有购进之故。顾印度之需要，亦极有限。反之，日本即将解除金禁，此后毋需再收购现银；作为日钞流通之保障。如此顿失平衡市价之一大要素，实为银价跌落之一重要原因。"中国何以有大量现银出卖呢？第一由于中国现银因生产不能发达而不能流通于内地。上海屯银因此太多。《时事新报》本年一月十二日载，通易银行副行长俞寰澄氏谈话，有云："上海银底丰厚。上海存银之多，超过以往之记录。就我眼光看来，照现在商务情形，并不为多。不过就目前环境说，内地交通阻隔，商货滞积，以致通货不通，集中上海。"一方面现银从内地集中上海，他方面世界产银数目又逐年增加。本年一月七日《申报》载："五日纽约电云：今日有财界要人，在此间表示银价之跌落，产量超过需要，亦是一大原因。如去年十一月份银矿产额，达五、六一四、〇〇〇益斯。十月份则仅有五、一三〇、〇〇〇益斯。而一九二八年十一月份所产更少，只有四、七五五、〇〇〇益斯。"同时，中国官僚搜刮现银，出卖于上海，《申报》一月七日译载《大晚报》说："中国方面有某团体将大宗存银放料，亦为银价跌落之一原因。"一月十日又译载《大陆报》说："据闻中国大人物迩来不绝以巨款汇往海外，而承汇之银行并不将现银输往外国，皆在沪改购金货，以致沪市存银达于向日未有之纪录。"上海集银既多，金价当然涨起，于是投机资本家便从中利用两者价格的低昂差率，作投机买卖。一月十日《申报》译载："据本埠著名商人意见，即银行界之收买金条，或操纵市场，亦非合法营业。因若广收金条，减少市上存底，自将招致银价跌落，金价腾高，迥非负调剂金融责任者之所宜为也。"而汇票买卖之投机行为，更比买卖标金利害。俞寰澄氏说："汇票买卖较现金标金十数倍。实在，是商业所用，抑或是投机，极不容易分清楚。"商业资本的性质本来是投机的！

在金币压迫之下，金价涨起，有下列的弊害：（一）物价提贵，生活增高，全世界用金，独我国用银。而我国生活所需大半仰赖舶来品，自然物价要骤贵，人民生活有极大之影响。（二）全国购买力减少。金价涨，一般存银之人，无形之中，损失了一半，拥资一百万短了五十万，到不打紧，袋中有十只大洋的人，仅得五只之用，那是要叫苦连天了。（三）商业凋敝。照上两节说法，各项商业开支自然要加多，贸易自然要减少，那是不可避免的现象。现在商业的凋敝，当然另有别原因，不过金贵银贱亦其一也。单是进口商的损失，只一小部分哩。

最显著的还有中国出口贸易受了打击，而内河贸易也很吃亏。原来中国的水土运输，大抵操在使用金币的外国资本家之手，所以金价一涨，运费便涨了。兹不惮烦，把《时事新报》所载关于此点的调查转录于下："（一）水脚暗涨。沪上行驶国外之轮船，均系洋商经营。中国对外贸易，运输权全操在外商之手。上海赴欧洲各国之商轮，其水脚价目，系由公会拟订。统用先令计算。出口货以吨位定运率，大致每一吨货，自四十先令至七十五先令。华商付费时，合沪币给计之。平时运欧水脚，每吨约自二十元，至三十六七元。今回先令缩短，运价即暗涨，突然增至自三十元至五十余元。而运往美国之货，亦用美金为运费标准。自金贵银贱以来，每一吨出口货以华币纳付，须暗涨百分之四十以上。致近日各华商在运费一项，已蒙重大之损失，对于大宗出口货，咸展缓运出，使华货对外贸易额，益形锐减。（二）船票价昂。上海赴欧美商轮之船票价，分为两种币制。其赴英法德意比荷等欧洲诸国，则用金磅〔镑〕计之。往美国各埠，系用美金计之。向例由沪往伦敦马赛亨宝或曲里西耶德（意国）等埠头等舱位，以金磅〔镑〕合华币，计约需一千元有零。今则顿涨至一千四五百元之谱。即二三等舱亦各暗增一二百元不等。又往美国各埠船票价，头等室向来在七百余元者，今已增至一千元左右，此诚旅行家之不幸也。（三）日轮改计。中日各路内之商船，向来日人于华货运日，及旅客东渡，初以日金不及华币之昂贵，故于货脚客票，统用中国现洋计算。近因金涨银落，日本海运业者，以亏损太巨，不能如欧美航商之获取巨利，佥议改用金币制。闻已由日邮社提出，向该国递信省陈情，拟请准予改用日金，收取运费。"

由以上所述。已足见外国资本怎样支配中国的商业及金融资本。代表外国资本量的金币一有变动，则中国商业处处受其影响。

七　农民的贫困及流亡

金货压迫银货，而银货又压迫铜元。使用铜元的农民在金融资本与商业资本蓄积与集中之下，成了什么样子呢？单就最近的各地农民状况来举一些零碎的报告：

（一）北平。

单就中国济生会与朱子桥合办的粥厂来说，食粥者每日有三千人。（本年一月五日《申报》）

（二）陕西。

据该省民众联合会来电云：陕省灾民死亡者已达八十余万以上。（本年一月六日《申报》）

略阳全县人口九万一千零五十四口。内中极贫灾民已达六万九千三百十三口。因饿而死者五千八百六十口。流亡者共九千三百二十二口。（《申报》）

（三）河南。

（陕县）中国济生会，昨接河南陕县救灾促进会等十六团体机关寄来快电，内称，吾陕适当崤函之中，毗连尽皆山陵。匪祸兵燹，频年屡遭。以故户鲜盖藏，岁丰犹虞不给。加以两年大旱，饿殍载道，中产之家，无不典田卖地以求苟延残喘。依人为生之灾民，无田可典，无衣可卖者无论矣。此犹初旱时之情况，厥后亢旱愈烈，粮价愈昂，或欲卖而物已空，或有物而无处卖，木酪树皮尽作食品，兽皮人肉视为珍馐，鸠形鹄面，惨不忍睹。以致懦弱者时死沟壑，壮健者流为盗匪，焚杀抢掠日有所闻，人民之生计愈危，而死亡愈多。今秋落雨最晚，播种极迟，秋禾吐穗之际又遭旱魃，收成仅获十成之二三，然未成熟多被土匪所获。种麦之时有扰于匪而不能种者，有无种子而不得种者，灾期茫茫，危迫万分，况久饿之夫，腹枵腹空，偶食新秋，往往病死，弃尸熏臭，酿成瘟疫，传染流行，每日死亡，以全县计，约在数百，奇灾惨祸令人酸鼻。（《申报》）

（豫西）豫赈务会电告，巩县因灾情及战祸损失，确数，（1）灾荒死亡三千四百八十余口、（2）战祸伤亡一千一十四口、（3）焚毁房屋五千九百六十四间、（4）拉去牲畜万零九十四头、（5）征发车辆两千九百三十辆、（6）财物损失值洋三千万零三千五百余元、（7）灾民逃亡七千五百八十四口、（8）军队派款二十二万八千二百九十七元、（9）搜索粮食米麦一百三十一万一千六百余斤又面粉三万余袋、（10）勒供草料银十四万八千五百六十余元。统计全量损失约值银二百余万。（一月七日《申报》）

（四）绥远。

绥远十七县今冬冻死者一万五千人。（《申报》）

（五）江北。

江浦与滁州均旱。滁州受灾田地达二十万余亩，赤贫灾民达十五万口之多。（《申报》）

单就以上几个实例来说，中国农民的困穷与流亡，已到了不可忍受的程度。富如浙江及江苏，十八年度都成灾区。其余各省不受灾者可谓绝无。灾是从什么地方来的呢？水利不修是最大原因。而水利所以不修是由于农民的困穷，没有余力去修水利。农民何以困穷呢？国税地租的担负，商人资本的剥削！

八　民族产业之衰落

如上述，一方是贫穷人口，他方是巨额资本。两者对立是工业发达的原因。但是中国的工业却不能够发达。

生丝是中国重要的出口货。制丝的工业在十八年度却衰落不堪以至于停工。十八年十二月三十一日《申报》载："上海华租两界各丝厂，共计一百零四家，因原料缺乏，本重价小，倍受亏蚀，无法维持，公议宣告停止工作。兹悉各丝厂停工者已达七十余家，尚有未停工之三十余厂，亦均预备将期丝缴解清楚后，定于一月二十左右一律停机。"纺织业是工业发达与否最好的指标。中国的纺织业与世界各国比较，极为贫弱。依万国纺织总联合会报告，十八年七月底止，世界各国现有锭数如下：

国别	估计总数	环锭	走锭	纺埃及棉锭	建筑中
英国	五五、九一七	四二、七七六	一三、一四一	一七、四八四	四七
德国	一一、二五〇	四、六三〇	六、六二〇	一、〇七四	七四
俄国	八、八八〇	三、四四一	六、四三九	二、四〇〇	六二
法国	七、四六五	二、五九七	四、八六八	二二五	二〇〇
意国	五、二一〇	六七八	四、五三二		
捷克	三、六七三	一、六七五	一、九九八	八三三	一七七
比国	二、一五六	四五一	一、七〇五	五二七	
西班牙	一、八七五	一〇	一、八六五	二六	三〇
波兰	一、五五七	四三〇	一、一二七	一三〇	

续前表

国别	估计总数	环锭	走锭	纺埃及棉锭	建筑中
瑞士	一、五〇四	六七五	八二九	二七〇	
荷兰	一、一六〇	二五一	九〇九	七〇九	一三
奥国	九五五	三五三	六〇二		
瑞典	六二六	九五	五一三	四二	
葡萄牙	五〇三	一七三	三三〇	一三	六
芬兰	二六二	四六	二一六	一〇	
丹麦	九九	五	九四	六	
挪威	六〇	一三	四七		
其他	一五三	二九	一二四	五	二五
欧洲计	一〇四、三〇五	五八、三二八	四五、九七七	二三、七五四	六四七
印度	八、七〇四	八九七	七、八〇七	九	三〇
日本	六、五三〇	四二	六、四八八	六五二	三〇
中国	三、六〇二		三、六〇二		一八
亚洲计	一八、八三六	九三九	一七、八九七	六六一	七八
美国	三四、八二九	一、八〇〇	三三、〇二九	二、〇〇〇	
加拿大	一、二四〇	二〇〇	一、〇四〇	二四	三〇
墨西哥	七五二	三七	七一四	五	二
巴西	二、七五〇	三	二、七四七		一三
美洲计	三九、五七〇	二、〇四〇	三七、五三〇	二、〇二九	四四
其他各国	一、五〇〇	二〇〇	一、三〇〇	一三四	二〇
总计	一六四、二一一	六一、五〇七	一〇二、七〇四	二六、五七八	七八九

在这渺小的纺锭之中，日本的纺锭占可观的部分。单就十八年上半年日本在中国的纱厂增加的锭机来说，已属可惊。据《申报》载："十八年上半期在华日本纺织厂，于抵制声中变更计划，趋向精纺，并努力对外发展，故其成绩殊佳。因营业居于有利之地位，各厂乃力谋扩张。结果实际上较去年年底增加纱锭五万一千八百五十八枚，线锭三万一千六百枚，布机一百七十六台。（此均已添置转运者）"日本在中国棉厂的发达，且影响于英国棉纱业。本年一月十日《申报》载："孟却斯德商会棉纱部年报称，一九二九年英国棉纱产额，因纱布出口贸易，继续不振，大为减少。查一九二九年初，英纱出口，尚称不恶，一月间约输出一千七百万镑。但此后三个月，则逐渐减缩。迨五月间，生意转佳，出口跃至一千六百万镑。但至六月，则又降为一千二百二十万磅〔镑〕。七八两月出口额量，尚形稳定。九月不然，骤落至一千零二十万磅

〔镑〕。嗣后三月，未有特点。英商在对印贸易中不独须应付日本方面逐年加甚之竞争，且须与中国棉厂之出品相敌，年报又谓：事有愈形显著者，今日之日本棉厂，其注意于更细纱支之纺制者，视前更多云。"原来中国的贫穷人口与资本的对立，是有利于外国资本家的。这种有利外国资本家而不利于中国工业与农业的情形，由东北的经济状况而尤可以明知。最近《申报》载哈尔滨通讯："东三省地大物博，为我国最富庶之区。农工商业未能逐渐开展。一切利权听其外溢。故凡各种企业之宏大者，外人莫不捷足先登。而营谋最力者，厥推日本。盖东省于无形间已为日本经济发展区域，故于一切企业，竭力经营，惟恐不及。"兹据十八年之调查：日人在满投资总数达十五万万零六百五十七万元之巨（此数不在借款投资筑路之内）。各地实业会社株式会社，普通东省各地，每社资本均在十万元以上。据十七年之调查：该种会社总数计六百七十所，资本共七万万九千七百十三万九千余元。至十八年而一跃为八亿一千三百〇四万五千三百元之资本，社所亦增至七百〇六所，其进步之速，诚可惊人。兹将十八年中各地会社处所及资本额数，分志如下：
（一）属哈尔滨合名会社计六十一所，资本共五、六六九、二〇〇万元。
（二）属沈阳合资会社计四百四十所，资本共一五、五七二、五五九万元。（三）属辽宁株式会社计二百〇一所，资本共七九一、八〇三、五五〇万元。

　　反之，就中国农业生产来说，其衰落已到了不能够支持中国人食料的最低点。以小面麦粉〔小麦面粉〕来看，十八年面粉价格是如下的：

阴一月七日	二、三三七五	十八日	二、二六〇〇
二月三日	二、二九〇〇	廿九日	二、二一五〇
三月三日	二、二〇五〇	廿八日	二、一二五〇
阳五月四日	二、一三五〇	十八日	二、〇五五〇
六月廿九日	二、一七二五	三日	二、〇六七五
七月十八日	二、三四〇五	二日	二、一五〇〇
八月廿六日	二、三四〇〇	五日	二、二七二五
九月四日	二、三三〇〇	廿六日	二、二八〇〇
十月一日	二、三四二五	十二日	二、二九二五
十一月廿八日	二、三七七五	十三日	二、三三〇〇
十二月三十日	二、四三〇〇	十六日	二、三七二五

　　而其中涨跌的原因，却不在本国小麦生产的多少，而在于外国粉麦接济的有无。外国粉麦有进口，则粉麦价跌，反之，则价涨。所以本年

一月八日《申报》关于此表的说明如下："综观一年来之结局，国内小麦之生产，终不足供给事实上之消耗。年年非洋粉麦之接济，即现竭蹶堪虞之状态。故就根本上立言，国内设生产不事振展，不但经济上发生问题，民食前途，不免有一日破裂之危象也。"

农业衰落的表现为食粮缺乏。食粮缺乏，必仰给于外国米麦的供给。一个农业国遂至于非有外国农产品进口，便不能够过日子，这是何等严重的事情。就上海一市说，十八年下期的米荒，使米价涨到十八元一石之多。而本年年初，仍非买进洋米，不能支持。本年一月十二日《申报》载："市社会局鉴于去岁秋收不良，本年民食堪虞，并迭据嘉谷堂公所、中城商界联合会等先后条陈，采办外米，预防粮食恐慌。现已由社会局拟具采办洋米办法六项，定期召集有关系各局及商民团体参加讨论。兹将办法列下：（一）采办数量定为十万石；（二）采办地点由会议决定；（三）订购米款由银钱公会垫付，市政府担保；（四）米粮到沪后，关于提取存钱、定价分配、出信收款等一切事务，临时组织委员会处理之；（五）米粮销售后，如有亏蚀，由市政府及各团体分任弥补之；（六）详细办法，会议决定。"

农业衰落，则农民流向都市。而都市工业又不能发达。于是农村有饥民，而都市也有失业人口。以上海而论，依社会局十八年十月间调查，全市失业人口约当工会会员总数百分之六十四。现在摘录调查报告如下：假使根据性别来观察，那末男工失业人数是最高，一一七、五八七个男工里面，有八、六五二人失业，占全体男工百分之七.三五。女工人数是二七、八七九人，其中失业工人一、〇八四人，占全体女工百分之三.八八。至于童工，失业则不甚多，九、六〇三人里面，只有二七三人，占全体童工百分之二.八四。再以业务的类别言，失业率最高的是日用类，失业会员占全体会员百分之一四.二一。次为机器类，占百分之一二.三四。失业率最低的是建筑类，会员四、二九八人中只有二二人失业。

在这种工业不振的状况之中，还火上加油的发生许多不幸的事件。即如行驶中国的航船，在十八年一年中失事者有十三艘。而中国本国的航船居大多数。中国的招商局又已陷于不能继续存在之困境。现在摘最近《时事新报》所载的调查如下：去岁第一艘失事之巨轮，为招商局之新华轮船，于一月十五日在横兰岛附近触礁沉没，溺毙者甚众；第二艘为华轮衡昌（译音），一月二十日在沙尾灯塔附近沉没，死者五十人；

第三艘为华轮平孚（译音），于二月十七日，在宜昌上游沉没；第四艘为德轮其生，于三月十二日触礁沉没，未死一人；第五艘为中国巡轮福海，于三月二十五日沉没；第六艘为意驱逐舰摩其亚号，三月二十五日在福州附近沉没；第七艘为华轮康泰，在吴淞口外被意舰利比亚号撞沉，死者六十余人；第八艘太古之洞庭轮船，三月三十日在汉口下游沉没；第九艘为招商之新康轮船，于七月二十一日在威海卫附近被日轮大龙丸撞沉；第十艘为华轮鸿安，于八月六日遭风沉没；第十一艘为华轮升利（译音），于八月八日遭风沉没；第十二艘为政记公司之元利轮船，于十月二十日在白渡桥附近被日轮泰安丸撞沉；第十三艘为华轮永嘉，于十一月二十日在温州附近之洋面沉没。此外轮船互撞，及遇险搁浅之事，以数百计。

九 官僚资本之出口

工业不能发达，则资本留滞为投机资本而不能加入生产过程以扩大生产。农业不能发达，则对农民的剥削方式不能变更。地主阶级在外国资本压迫之下，只有一方面加深对农民的经济剥削，他方面又加紧去争夺官僚地位，更以财政的非法的手段剥削农民。所以，官僚所收夺的金钱，数量极大。这大数量的金钱，或投入土地而为地价，或投入银行为金融。最近因农村土地收入不安，而银行的存款股票式投资大盛。尤为显著发达的是都市（尤其是租界）土地的购买，最有兴味调查记录是关于大连的：现在把十八年底止的调查，表列于下：

买主	地面	价格（元）
前两湖巡阅使王占元	八百坪	一三、〇〇〇
前江西督军陈光远	楼房一所	二〇、〇〇〇
上海巨商周雪庵	三百七十坪	一三、〇〇〇
又王占元	八百坪	一二、〇〇〇
青岛港政局长戚竹卿	一百六十坪	一四、四〇〇
上海巨商陆阶平	六百五十坪	一五、八〇〇
前陆军总长鲍贵卿	一千九百九十坪	一八、九五〇
前财政总长周学熙	一万二千坪（村地）	三、六〇〇
又	四千三百坪	七、八〇〇
又戚竹卿	六百坪	二二、二〇〇
又陈光远	四百坪	二四、〇〇〇

续前表

买主	地面	价格（元）
烟台巨商张献武	房一所	一五、〇〇〇
天津商人李典臣	九十七坪	二二、〇〇〇
前直隶督办褚玉朴	房一所	九、八〇〇
北平药商乐达仁	房一所	五〇、〇〇〇
前安徽督军倪嗣冲之子	房一所	一六、三八〇
前江西省长陶家瑶	五百十五坪	二一、〇〇〇
前江西督军蔡成勋	二百〇二坪	七、一〇〇
前滨江道尹某	九百坪	一一、〇〇〇
前福建督军李厚基	五百四十坪	七、〇〇〇
前财政总长潘复	六百八十坪	一一、五六〇
前热河都统阚朝玺	二百六十坪	四、四三〇
前浙江师长陈乐山	三百〇七坪	五、三一九
前段祺瑞秘书梁鸿志	三百十坪	五、二七〇
又陈乐山	二百八十坪	三、五三六
前奉天军团长杨宇霆	五百十三坪	八、七三一
副司令某氏	五十六坪	八、七七二
前山东督军田中玉	二百三十二坪	三、九四四
前交通总长高恩洪	一百八十坪	八、〇〇〇
前直隶省长王承斌	二百八十坪	二〇、〇〇〇
又蔡成勋	一百二十坪	七、〇〇〇
前财长张英华	四百坪	一三、六〇〇
曹锟	房一所	五〇、〇〇〇
前新疆督军杨增新	地一段	六五、〇〇〇

以上载《时事新报》，不过就大略言之。

在这样的情形之下，官僚资本的出口年复可惊。于是外国资本阶级极端开所以吸收中国官僚资本之路。一月十二日《时事新报》载有下列的短评，足知大连之外尚有长崎的重演上述的悲剧："日本长崎市拟于该市内划定区域，专造中国别庄。闻其计划，即将实现，已为该市市民所赞同。其唯一理由为谋中日亲善。盖长崎距离上海，航空仅二十八小时。我国失意政客，下野军阀，向以别府温泉为彼等逍遥之地。但别府距离较远，或感不便。于是长崎市为便利计，乃在该市建设中华别庄，以低廉之价赁与华人，庶几易于出租。"

十　结语

由上述，我们知道下列几种事实：

（一）在世界金融资本主义及中国商人资本之下，中国农民问题是资本问题之一面。中国农民所受于金融资本及商业资本的剥削，实为可惊。

（二）金融资本及商业资本虽大量蓄积，而中国的生产方法不能从农业手工劳动转化为资本主义生产制。故农业仍然是中国的主要生产，而对农民的剥削，是中国的主要剥削制度。其中主要方法是地租的收夺。所以中国社会仍然是地主阶级支配的社会。

（三）中国地主是商业资本发达之后的地主，故其支配方法与封建领主不同。政治支配的官僚与经济支配的地主，相与分离，而又相与联络。地主为了独占官僚地位，遂独占各种补充官僚地位的门径。因此地主阶级转化并表现为独占知识的士大夫阶级。

（四）因此，中国社会是金融商业资本之下的地主阶级支配的社会，而不是封建制度的社会。

（载《新生命》第 3 卷第 2 期，1930 年 2 月）

外国语言之崇拜
（1930 年 6 月）

《资治通鉴·梁纪》十九："自晋氏渡江，三吴最为富庶。贡赋商旅皆出其地。"

而其间，"扬、江、荆三州户口居江南之半。"（《宋纪》十）

又其中，建康在梁时，户口有二十八万之多。（《梁纪》十八，注引《金陵记》）建康在隋称丹阳："丹阳旧京所在。……市廛列肆，埒于二京。"（《隋书·地理志》）

经过六朝开发之后的江南是这样繁华。所以隋炀帝极为羡慕。他有诗道："我梦江南好，征辽亦偶然。"

他羡慕江南，他开运河到江南去了。全国"盗贼"即革命震动起来了。他还在流连江南。

"隋炀帝至江都，荒淫益盛，宫中为百余房，各盛供帐，实以美人，日令一房为主人。江都郡丞赵元楷掌供酒馔。帝与萧后及幸姬历就宴饮，酒卮不离口，从姬千余人亦常醉。然帝见天下危乱，意亦怏怏不自安，退朝则幅巾短衣，策杖步游，遍历台馆，非夜不止，汲汲顾景，唯恐不足。帝自晓占候卜相，好为吴语。常夜置酒，仰视天文，谓萧后曰：'外间大有人图侬；然侬不失为长城公，卿不失为沈后，且共乐饮耳。'因引满沉醉。"（《通鉴·隋纪》）

隋炀帝羡慕江南的繁华，便好为吴语。这是很有兴味的故事。这种故事，不独贪狠的独裁皇帝才有，淡薄虚无的佛教徒也有。我们知道佛教在中国最发达的二支是"禅宗"及"净土宗"。宋以后禅学者也信净土宗。净土宗的要旨在仰仗他力，即靠别的势力来求解脱。所以净土宗的修道法是思念西方极乐世界。一心思念，便可往生。西方极乐世界为什么叫做极乐呢？

"极乐国土，七重栏楯，七重罗网，七重行树，皆是四宝，周匝围绕。是故彼国名为极乐。极乐国土有七宝池，八功德水，充满其中，池底纯以金沙布地，四边街道金银琉璃玻璃合成；上有楼阁，亦以金银琉璃玻璃珵璖〔砗磲〕赤珠玛瑙而严饰之；池中莲花大如车轮，青色青光，黄色黄光，赤色赤光，白色白光：微妙香洁……"

要想到这国去，必须一心嗥念"阿弥陀佛"及《往生咒》即"南无阿弥多婆夜，哆婆伽哆夜"等咒语。梵语所构成的短句，叫人反复诵念的，叫做"咒"。如唵字咒是有伟大神力的。修道者自己不相信自己的力时，表现于咒即梵语短句的神力可以扶助他，扶助他到极乐国去。

佛教初盛于中国，正是中国"五胡乱华"时期，这时期，中国民众——尤其是有产阶级及知识分子——丧失了自信力。在丧失自信力的时候，救世主的观念便容易侵入。中国有产阶级于是信仰外国的佛及中国的天尊。净土宗盛大是在宋，这是外族压迫的时期，中国有产阶级无力自救，便倍加信仰外力。并且，每当一次革命失败之后，农民及无产者也有丧失自信力的时期。孙恩、黄巢失败后的民众，徒苦于新起军阀的剥削及重来的地主商人的呫哗。他们一面借佛教所受的特典希图避税，他方面求救援于他力。所以，"哆婆伽哆夜"梵咒的神力不是没有来由的。

现代的中国，又有其新式的"哆婆伽哆夜"了。

换句话说，现代中国的有产阶级及知识分子又三倍四倍的信崇外国语言。外国语言对于中国知识分子是一顶高冠，一种符咒。中国知识分子及统治阶级最羡慕的不是江南，因为他们已掌握着江南的赋税，并享乐着江南的"吴歈越舞〔吟〕，荆艳楚舞"。他们所缺乏、所翘企、所目迷心醉的是美国的金元。他们羡慕美国擅藏的足以支配全中国资产阶级的金元。金元的转变是各种商品：飞机、铁路、坦克；丝袜、高跟鞋、香粉；高薪水，尤是其钟点费；跳舞厅、梵奥林等等。持有金元的是白色黄发深碧目的人。这种人所说的话是二十六字母所拼成的英语。英语书籍是厚皮装四开本菊瓣脊的大册子。读过这种大册子二十册的人可以受他们的学位硕士博士之类。

这种新"哆婆伽哆夜"也有特殊的神力！

金元的"神力"，把中国都市和农村的隔绝加大了。享乐的都市，惨淡的农村。

金元破坏中国农业生产力。中国农民所负担的地租，因地主需要金元及用金元购来的洋货，加重了。农民所负的地税，因军阀官僚需要金元及用金元购来的洋货，加重了。农民每年收获物，除了交纳地租地税之外，还得向商人买肥料买消费物，这些商人是收集铜元去换算银两，用银两去买来金元及洋货的经手人。他们所经手的洋货是这样才到农民手里的：

外国工厂——进口洋商——买办商人——大商行——小商店——农民

他们所经手的土货是这样才到农民手里：

小生产者——地方商行——大商行——地方商行——小商店——农民

农民买来的商品当然是很贵了。而农民出卖的东西当然是廉价的。农民与外国工厂之间有这许多吮吸膏血的程序。农民由此便陷入困穷流亡了。河堤有力修理吗？沟渠有力浚挖吗？水道有力整理吗？河床淤了。堤防朽了。大水来时其灾为水灾。不下雨时其灾为旱灾。惨酷的农村。有力识字读书吗？有力做整齐的衣服吗？有力吃大餐吗？有力做瓦房加玻璃窗吗？有力置洋式桌椅吗？没有，当然没有。从都市贵公子及达官富商子弟看来，"我们中国竟有这种可耻的民众！""可耻！""他们说的话也可耻！"

都市恰呈相反的趋势。外国工厂设立了。买办商业繁荣了。马路、汽车、陈列窗、写字楼房、美国柑、花旗糖果、肉感的装饰、跳舞的交际，这些享乐的东西以外，还有大借款、关税收入、租界地皮、投机买卖，足以致富。无人顾问的河滨，经外国资本的开发，都成新式大都市。挟有外资的白色人是多们〔么〕"伟大"呵！能够接近他们的买办商人是多们幸运呵！洋人的衣服、住所、用具、语言，都因他挟有金元而可羡了。他们的话——金元的声音——是有节奏的。例如早上见面时说一声"您好"，终不及 Good morning 的漂亮；打电话（外国人发明的）时叫一声"喟〔喂〕"，更不及 Hello 来得清脆。

从此，不会说那残酷的乡农所说的话之人，算不得可耻。不会说外国资本家所说的话，才是耻辱。何况新式的收入可靠的职业都操在外国资本之手；想得这些职业，必须说外国资本家所需要的话。

金元的侵入，中国资产阶级并不是全体欢迎的。土货商人，乡村地主，都忍受了无限的痛苦才得接受金元的势力。他们被金元征服了。他们还回想从前独占国内市场的时代和把持乡村耕地的时代。金元侵入以后，他们的独占打破了。他们的身分破产了。他们屈服于买办商人之下了。他们的政治操纵权力让给后者了。中国旧士大夫所以要用中国固有文化来抵抗外国文化。至今中国残余士大夫还在为了这件事来努力。

社会是各种相反的势力结构而成的。中间势力每每没有独立发展的余地。中间势力常常要分属于两极端之一。反对外国语言及洋装文化的，每每只发现中国旧符咒这个归宿地。中国的"乾、元、亨、利、贞"这种符咒是土货商人及乡村地主曾经利用了数千年以统治农民的。这种符咒，现在要被美国金元之话打倒了。"起来罢！""大家维持旧文化罢。""我们独占市场及持有耕地的时代才是黄金时代！"这商人地主阶级的呼声直到今天还在传播！

反对这种要求的新知识分子，又只发现了外国语言所代表的金元文化是一条出路。因为有了对旧符咒的反响，而金元文化更增加了大批的生力军。

大学教室里所用的课本是美国原本。挟有五册美国原本的少年，一见而知为大学生。

大学教室内讲台上的教授说的是英语。这种新"哆婆伽哆夜"表现他是一个合时代的教授，值得领受金元而却来到"你们"中国来领银元的教授。他肉体虽是一个中国人，他精神已是美国一个良好公民。"你们"中国真是屈了他。

大学的课本《美国史》，是六百页的皮装金字美国书。《中国史》却只不过在高中初中里读过的六十页四号字排印的小册三本。不懂中国史是一种"体面"，反之，不懂美国史是一种耻辱。我们的"美国"！

到一家有声电影开映的戏院一看，五百至一千人之中，百分之九十是中国青年男女。你如果拉起一个来说道："你恐怕不懂戏中人的话！"他一定要认为你污辱他。"现代的青年那许不懂美国话！"即令不懂，在外国看客发笑的时候，现代青年也应当随同一笑。所以有声电影每露出一句笑语的时候，围绕在外国人之四周一定发出哄然的一笑。有声电影的生意便是这些顾客措成才发达于中国的。

电影院假若把字幕译成中国字映出来，这表明它是小戏院，是为乡下人开的，不是为时髦青年开的。"上等"戏院一律没有中国字幕。中国字幕实在有伤中国体面看客的尊荣。

新"哆婆伽哆夜"，我祝你的胜利！

十九，四，二十，上海。

（载《学生杂志》第 17 卷第 6 期，1930 年 6 月）

流寇之发展及其前途
(1930 年 7 月、11 月)

一 游民的性质

> 人们造成他们自己的历史，但不能够恰如所欲。他们并不能为
> 自己选择环境，但只有在他们所遭逢的环境中工作，只有就过去所
> 赍来的材料制造。(*The 18th Brumaire of Louis Bonaparte*, p. 23)

造成中国历史的材料值得我们细细的查勘。从这些材料上，有人寄
寓他的幽远的理想；然而材料的本质每到了暴露自己的时机，这种理想
便成幻影。不了解这本质的人，对于这幻影遂追慕，甚至于陷入悲哀。

我们要知道悲哀是无用的。如果归咎革命失败的原因于个人的背
叛，也同样的无用。《革命与反革命》一书中说道："倘如你研究反革命
的成功之原因时，你就从各方面听到一种现成的回答，不是某甲就是某
乙背叛了人民。这个回答，依照实际的情形判断，或者是正确，或者是
错误；但它完全不能够解释事情，它不能指出为什么人民允许他们自己
如此被人叛卖。而且假如一个政党，他的政治本领，只在于认识某甲之
不可信赖的孤零的事实，它的遭际又是如何的可怜呢？"(刘镜园译本三
页)所以我们对于过去中国历史加以研究的时候，对于革命失败之中的
反革命的成功，不应从个人活动的事实着手，而必须从历史所由造成
的材料的本质着手。这种研究不是徒然的。过去革命失败的原因及反
革命成功的原因之研究，使我们对于现在的事实，获得明确的观察的
方法。

过去中国的革命，常是一种农民战争。农民战争的次数不胜枚举，
而自秦代以后，移转政权的农民战争有十二次以上。然而亦有十二次以

上，再建剥削农民的专制王朝。这种历史的反覆，即类似的过程之多次的出现；如果不能剖析明白，则现前的各地农民蜂起，也不能如实的呈示其本质，更无从判断其前途。

研究农民战争时，有一材料，在过去不曾受其应受的注意。

考茨基在写他叙述现代社会主义者先驱（如塔波尔派、门侧尔、妥玛斯慕尔等）的书之际，恩格斯于一八九五年五月二十一日写信给他说道："我从你的书中得到不少的益处。对于我改写《德意志农民战争》一书，你这书是不可少的准备的作品。依我们的判断，只有两个不小的错误：（一）对于那完全在封建等级之外，丧失阶级，与巴立亚差不多有同样地位之分子，缺乏充分的观察；这种分子是每个中世城市人口的最下层，没有权利，站在乡村社会及封建关系与行会组织之外。这观察是困难的，但是主要的基础，因为在封建关系解体之后，从这一阶层，逐渐发达为一七八九年在巴黎骚动中造成革命的无产者之前身。你说是无产者，但这一名词不是完全正确的。……关于这点，还需下许多的工夫。"（*The Peasant War in Germany*，pp. 9，10）

在中国现在，没有多少人对于游民，下充分的工夫来研究，因此，过去中国革命失败及反革命成功的重要素之一，没有充分表明于世人之前。

《德意志农民战争》虽没有改写成功，但其中对于游民已有本质的暴露："游民无产者是从一切阶级破落下来的滓积，建立本营于一切大城市，是可以联盟者中之最坏的同盟者。他们是绝对贪污，绝对铜臭的队伍。法国工人在革命之途中，在房屋上标写着'杀死盗匪'，甚至于枪毙了许多；他们之所以这样做，并不是由于对私有财产的同情，乃是由于他们认为有尽力制压这种徒辈之必要。每个工人的领袖，如使用这些游民无产者做护卫或助力，即此已证明他自己是革命的叛徒。"（Ibid.，p. 18）在德意志十五世纪大农民战争中，游民取什么态度呢？"没有一个现代国家有德意志十六世纪初期那样多的流氓的。这个队伍的一部分参加战时的军队，另一部分在乡村中求前途，第三部分向那些不属于几尔特管辖的业务做短工以求其贫苦的生计。三部分在农民战争中全在作用：第一部分在压服农民的侯王军队中；第二部分在农民的徒党及军队中，到处发挥其不道德的影响；第三部分在都市党派斗争之内。"（Ibid.，〈p.〉45）在大农民战争之后，他们又构成三十年战争及普遍不安的材料："农民战争以后，乡村人口之贫穷化，较为缓和，但资本主义工业及殖民政策因世界商业通路的改变而阻碍。在德意志，无产者没有寻着那在别国吸收他们一部分的出路，他们便完全回归到战争与劫掠。这似乎是三十年战争延续的一个重要原因。这个战争所以可能，是由于军队所由补充的无产者数量之大。战争本身又在农民中创造新贫穷，因此产生新兵士。直至农民差不多完全消灭为止，战争的各方因此并没有感觉到兵士的后备之枯竭。直到此时，才没有兵士了。

不会用兵器的无产者，迫于需要，不得不求较富者的同情，漂泊流离成了普遍的证候，土匪把一切道路都弄得不安。

用苛酷残杀的法律来镇压流民是无用的，这种法律并不能供给工作的机会，亦不能制止人口的贫穷。"（K. Kautsky, *Thomas More and his Utopia*, p. 27.）这一段话仿佛是描写今日中国的！这正是封建制度破坏而资本主义没有发达的现象。

到了法兰西第二次革命的时代，游民又做些什么事呢？他们做拿破仑第三复辟的武力，他们是一八四九年"十一月十日会"的成分。"在设立慈善会的名义之下，巴黎的游民无产者组织为秘密连队。每一连队都在滂列巴特代表者领导之下，而全国受一位滂列巴特将军的指挥。一方面是破落的无一定生计及来历可疑的游荡分子，是从资产阶级降落下来的破落的冒险分子；一方面是流氓、散兵、光棍、骗子、乞丐、扒手、戏法家、赌徒、龟鸨、出狱的囚徒、逃犯、掌班、门役、代书、歌者、拾破布的人、磨剪刀者、缝补匠——总之，一切法国叫做 La Bohème 的暧昧的破落的吃四方的流氓。他们是路易滂列巴德的亲密分子，他组织他们为十一月十日会的主干。"（*The Brumaire 18th*, p. 83）。流氓无产者在革命中的作用是这样的。社会主义者对于这种分子，并没有寄与何等的希望。他们对于流氓无产者如流民及散兵，不独没有希望，并且有如上的严厉的指摘。

二 流民革命集团之转化

中国从来是游民很多的封建制度已坏而资本主义未能发达的社会。中国历代的农民战争之中，游民的作用极为显著。

游民是商业资本的产物。农民破产，乃有土地集中的事实；资本集中，乃有中小资产阶级破落的现象。破落的农民与中小资产阶级便是游民的来源。

封建的生产依于商业资本的发达而破坏，这是战国时代（公元前四〇三年以后）以后的事情。战国时代，乡村及都市中间阶级勃兴，同时有旧贵族及武士与农奴之破落分子的大量产生。前者表现为游士说客及哲学科学家的活动。后者表现为游侠及下层的食客，如孟尝君所养的"亡人有罪者"及"能为狗盗""能为鸡鸣"之最下座客；如信陵君之侯生、朱亥、博徒的毛公、卖浆的薛公（《史记》卷七十五及七十七），这都是游民的巨子。

游民无产者轻视劳动。"不事家人生产作业"的刘邦，"好酒及色"，使酒家"折券弃责"，不敢要账，狎侮官厅小吏，十足的表现游民的性格（《史记》卷八）。布衣少年黥面的囚徒黥布，及其所交接的骊山徒数十万人中之"徒长豪杰"（《史记》卷九十一），贫而无行又"不能治生商贾，常从人寄饮食"的韩信，及淮阴屠中少年（卷九十二），屠狗的樊哙，贩缯的灌婴、小吏或小兵官之萧何、曹参、周昌、周苛、任敖、申屠嘉、"家贫落魄无以为衣食业"的郦食其（卷九十七），这乃是秦二世时代农民蜂起之中的一个领导的游民集团。这个集团后来成功了。他们是以农民或无产者而成功吗？不是的。他们是新的剥削者而成功。这是公元前二〇九年到二〇二年八年之中的革命向于反革命的转变。

公元十七年以后蜂起的田仪、吕母、王匡、王凤、马武、王常、成丹、张霸、羊牧、樊崇、逄安、徐宣、谢禄、杨音、刁子都、秦丰、迟昭平（女子）、陈牧、廖湛，这几批游民及农民军队，竟被那能够统御游民的大地主刘秀所击败。

经过十余年酝酿才爆发的"黄巾"及"五斗米贼"，固终为地主所扑灭（一八四年以后的事）而其中的游民却也自有不道德的腐败的现象。《抱朴子》说他们："曩者有张角、柳根、王歆、李申之徒……钱帛山积，富逾王公，纵肆奢淫，侈服玉食，妓妾盈室，管弦成列。"（《内篇·道意》）占据仓库以号召贫民的隋末（六一五年以后）的农民与地主蜂起，其中农民及游民，有些劫掠乃至吃人，如贝州的群盗、武威的关谨等，如亳州的朱粲（食人贼）；有些却一变而尊重私有财产及地主，如由农民流为"群盗"的窦建德："初，群盗得隋官及山东士人皆杀之；唯建德每获士人，必加恩遇。"（《旧唐书》本传）这些农民及游民军队，虽又被地主扑灭了，然而破灭此地主政府（唐代）的王仙芝及黄巢游民无产者农民军（八七三年起）却从其腹中孕育一个及农民的游民军队，以"不事生业"的寄养子朱温为首领，如葛从周、霍存、张归霸兄弟、胡真、朱珍、邓季筠、黄文靖、李谠、李重允、李唐宾、王虔裕，这一游民集团，都背了农民，降唐将，取地盘，篡夺唐代的政府。（《旧五代史》卷一、十六、十七、二十一）它的聚敛，甚于唐代（卷三十一），它的军队，甚于剽窃（卷三十三）。它是由革命转变为剥削的又一实例。

从五代的割据打出来的宋朝，因一一二〇年方腊的暴动及此事前后宋江的横行，遂不能抵抗金人的侵略。南宋是镇压江淮间农民游民蜂起而建立的政权。杜用、李昱、丁顺、陈通、张遇、孔彦舟、徐明、杨太，这二三十支有名的游民农民军，变成了南宋政权的牺牲礼品。而我们所崇拜的岳飞，便是镇压流寇出身的商人地主的勇将。

三〇七年，东莱王弥以十几万流民与石勒合兵。三一〇年河北流民九万余人响应石勒。南阳流民以严巇、侯脱为首领归附刘渊。三一一年攻破洛阳，农民所得到的是什么？是五胡所建的十六国及苻秦、元魏诸封建军事政权。这是中国流民联结异族的运动之结局。一二二一年，则有反抗金朝的封建政权的农民游民军。"元兵破中都，金主窜汴，赋敛益横。遗民保严阻思乱。于是刘二祖起泰安，掠淄沂。二祖死，霍仪继之。杨安儿起掠莒密。余寇蜂起。"（《宋史》卷四百七十六）由此次蜂起，孕育出来一支以农家子李全为首领的游民军，为了江南的财货女子，乃归南宋，成了一个骚扰山东及江苏一带的军阀。

一三四一年以后，反抗元朝封建的剥削的游民无产者农民军，如白莲会之韩林儿、红巾军之僧莹玉与徐寿辉、贩私盐的张士诚、方国珍，做和尚的朱元璋与农民徐达、土匪常遇春等，到处蜂起。而其中跳出一支尊重士大夫而"不爱子女玉帛"的游民军（朱元璋），成就了最专制的王朝。

一六二八年以陕西王嘉胤倡首，王二、王子顺、苗美（横天一字王），及山西、湖广、河北、湖北、河南到处蜂起。如满天星、如张献忠、如李闯王，都是著名的首领。有的连营数十万。这些游民农民军队所要求的最后一着是什么？即如李自成（即闯王）一旦夺得多数都市之后，便有帝王的野心："初，自成流劫秦、晋、楚、豫，攻剽半天下。然志乐狗盗，所至焚荡屠夷。既而连陷荆、襄、郧、鄙（长江一带大都市——陶），席卷河南，有众百万，始侈然以为天下莫与争，思据有城邑，擅名号矣。群贼俱奉其令，推自成为奉天倡义文武大元帅，号汝才为代天抚民德威大将军。自成据襄阳，号曰襄京。其余所陷郡县，俱改易名号，修襄王宫殿，设官分职。伪吏部侍郎喻上猷荐列荆州绅士，下檄征之。江陵举人陈万策、李开先在所荐中。十七年正月，李自成称王于西安，国号大顺，改元永昌。"（《明史纪事本末》卷七十八）

李自成已经转化农民军为支配剥削的政权了。这个政权为满洲游牧贵族军所败。中国农民所得到的是俯首耕田，低眉纳税。

经过无数暴动之后，乃有一八五〇年至一八六四年的太平天国。这是一个无产者农民政权。这个政权曾实施共产主义。但是，"（这个）共产主义是不巩固的。它没有共产主义生产做基础，所以，生产资料的平等不久便消失了。在其中仍有富的与穷的了。"（*Peasant War in Germany*，pp. 175－176）这几句话是说塔波尔派所以失败的，也可以移来说明太平天国共产集团的失败。这个政权，因集团中贫富差别之发生，后来腐败了。"太平天国取得南京以后，从前的朝气已开始消沉。天王以及杨秀清、韦昌辉，以及天王诸弟，莫不穷奢极欲。而天王与东王北王等内讧又极猛烈。从原始基督教会变为罗马教会，从广西农民军变到天京的穷奢极欲，这是同一法则的反覆运用。"（拙著《革命论》一四七页）所谓同一法则，便是游民无产者所造成或领导的农民军，由革命转变为支配剥削；由革命集团牺牲农民无产者而转变为支配剥削农民无产者的反革命政权，然后底于成功。

三　革命的教训

历史的教训是不可移易的。由上述的教训，我们决不应对于游民有寄与任何希望的事实。我们应当知道，游民是农民战争中最不好的同盟，也是无产者最不好的卫队与助力，游民是依赖社会以为生的。他对于任何生产劳动者没有解放的意识。

在奴隶劳动时代，游民决不求解放奴隶。在罗马，"无产者（游民无产者——陶）关心于保持奴隶制度，这个事实的表现，可从下面的事实看出来：罗马的无产者革命的行动，从没有反对人身所有权制度的原理。奴隶也有时准备着受人使用以镇压无产者蜂起。贵族所领导的奴隶对于加右斯格拉可斯指导下的无产者运动，予以致命的打击。五十年后，马可斯格拉苏斯所率领的罗马无产者平定了斯巴达可斯的叛变奴隶。"（K. Kautsky, *Foundations of Christianity*，New York, p. 154）中国也并不是没有与全国无产者农民革命军作战的奴隶军。例如：秦二世元年（公元前二〇九年），雇农陈涉、游民无产者刘邦、贵族项梁及韩赵魏的后嗣，群起杀死各地长官，反抗秦朝。秦的政权，一朝崩溃。但是秦竟能临时组织一军，相持一年多。这支兵是什么组织的呢？"周文，陈贤人也。……（陈）胜与之将军印，西击秦，行收兵，至关，车千乘，卒十万，至戏，军焉。秦令少府章邯免骊山徒人奴产子（服虔曰：家人之产奴也。师古曰：奴产子犹今人云家生奴也。）悉发以击楚军，大败之。周文走出关。止屯曹阳。二月余，章邯追败之，复走渑池；十余日，章邯击，大破之。周文自刭，军遂不战。"（《前汉书》卷三十一《陈胜传》）奴隶劳动时代，没有解放奴隶的主张的游民无产者，在封建制度分解以后，也没有解放无产者即工业劳动阶级的要求。劳动者是社会所赖以为生的。游民是赖社会以为生的。游民一遇见金钱的魔法，一接近繁荣的都市，他便把从来与农民无产者的同情及共同行动（如果有的话）忘记了。他是绝对贪污绝对铜臭的连队。他在被压迫的时候虽也憎恨富豪，一遇机缘，却俯受地主商人的驱使。由是，游民革命集团必然向支配剥削集团而转变。

这种革命的教训，在观察中国今日流寇的发展的时候，是不应当忘记的。流氓散兵决不是无产者农民革命的同盟者。他们到了一定的时机，必然一变而保护私产、联结士大夫，来求自己的成功。他们第一步虽有社会主义的口头禅，第二步便踏上支配剥削无产者农民的路。从流氓散兵所集成的流寇上去讨社会主义的出路，是枉然的。

这是我们不应忽视的革命的教训。

四　游民革命集团转变为何物？

如前所述，游民无产者是没有确定利益的。他们与农民一同蜂起，却可以向商人地主投降。这种转变，只有利于少数首领。使他们离背农民无产者，以商人地主政府领袖而成功。

很显然的，游民转变为何种势力，这不决定于游民的性质，而决定于收买和诱引游民的势力。因为游民本身没有确定的利益。并且，游民集团的转变，并不是有利于全集团的游民，只有利于少数的首领。这两层是必须明白指出，才可以了解过去历史上革命的转变过程的真实。

先说明游民无产者集团转变而成的反农民无产者势力，其性质是依当时存在的反农民无产者的社会阶级的性质这一层。

社会是不断变迁的。发生时期互不相同的两个以上的社会现象，其

形式与内容决不会同一。它们各受当时的社会经济构造及决定此构造的
生产交换方法的决定。以例来说：在秦汉之交，商业经济的发达尚在幼
稚时期，长江以南还"火耕而水耨"，还没有施用深耕方法；山东一地
却已有较为发达的手工工业（纺织业），以致农地生产以纺织原料（桑
麻）为大宗；河南山西还有大农场与分散农场并立，奴隶及大农场所有
主尚有相当势力，存在于小农民小地主之间；陕西平原已有小农经济的
普遍存在，其生产性较以外各地为优：在这一时期（公元前二一〇至
前二〇〇年即秦末汉初）游民无产者的少数首领，只有结合破落的奴隶
所有主（如张良），只有保护新兴的小地主（如约法三章，禁止盗罪），
只有听从乡绅的劝告，表示自己尊重社会名分，——表示自己并没有破
坏现存财产制度及由此所生的名分关系的意思（如听从三老董公之劝
告，为义帝发丧而后攻项羽），才可以得到反贵族的新兴地主的同情。
刘邦舍弃农民的立场，服从商业地主经济的社会的指示，才可达于成
功。而成功之后，他们这一集团的百几十个首领，便划地收税，同时在
税收区域之内私有耕地。这种占有耕地及分收地税的诸侯王列侯制度，
乃是适应当时各地生产方法极度参差，而佃农与小自耕农、地主、农奴
所有人、奴隶所有人，并存的状况的。

　　后一千五百多年（一三六〇年左右），革命中的游民叛变，却有全
不相同的实际。这一时期，已经是大手工业的阶段。大商人每每有独立
的手工业者几千乃至万家在他支配之下。又承元朝开通中国与西亚细亚
交通之际，商业资本得到异常的发达。于是大地主大商人阶级所造成的
破产农民手工工人及贫农，蜂起反抗蒙古的统治。在这一表面为民族运
动而实际为反商人地主运动之中，手工工人及农民蜂起的对象，自然是
地主商人及其所保持的私有财产制度。元的政府是崩溃了的。商人地主
的反攻及自保，成了明了的事实。各处有聚众保营的富翁，各处有反对
农民无产者的士子。蜂起的各个集团，因此中分为两大壁垒，其一是与
商人地主决战的。其一是变而保护富家并收罗士子的。聚众保营的势力
当然选择后者引为友军。友军的首领朱元璋竟凭借他们以取政权。成功
之后，依于高度发达的商业经济，他与刘邦只建设松懈相依的诸侯王政
治不同，竟建立超越前代的中央集权政治。

　　只依上列两例，已可知游民集团转变为何物，不是游民性质或游民
首领的意思可以决定的。决定转变的归趋的，即是诱引转变的势力。故
革命转变的实际，乃是革命中两个对立的社会阶级势力的权衡。在表面

我们看见胜利者是原旧的农民无产者首领,在实际却不过反农民无产者的商人地主的成功。成功以后的政治经济组织,当然依据当时商人地主的要求。这是超越游民首领的意思的。游民首领只不过利用以满足自己的利益。

五　因革命转变而受益者何人?

游民革命集团转变为反农民无产者的势力,只不过有利于少数首领。所以游民无产者集团的转变,并不是全团员的转变,乃是集团的上层的转变。游民无产者集团的上层,将要转变时,必已有官僚化及反动化的倾向或事实。刘邦、窦建德、朱元璋的首领阶层,在抛弃农民无产者群众之先,已有反于群众的倾向(如由轻蔑私有制与士大夫渐变而尊重私有制与士大夫)。

凡上层没有官僚化的倾向及反动化的意识之游民集团,决没有转变的事的。其实例如西汉末的赤眉、更始等军队,始终保持他们蜂起当初的原状,与"威仪赫赫"的地主军队,形成对立的形势。所以刘秀集团不能够挟带更始赤眉以建立地主政权,而必须脱离更始,以渔阳上谷的骑士为主力。历代以来,每次旧政权颠覆的时机,被突起的地主军队击败的农民无产者军队,大抵是上层还没有官僚化反动化的。

最重要的是太平天国,其末年虽然有容许儒家思想的表示,虽然有腐朽的萌芽,却始终保持农民无产者的消费的社会主义的政策。我在别处屡次说过,倘若洪天王早些转变为地主势力,则曾左彭胡难保不成他的开国元勋。惟其是他们始终坚持蜂起当初的政策,才与地主商人势力之曾左彭胡对垒。

在别处我又曾指出:太平天国开中国革命史最新的纪元。因为它是不曾转变为商人地主而被商人地主打败的。太平天国所以有对社会主义坚持的态度,这是由于中国当时已有资本主义生产开始发达的趋势,因此已有与资本主义生产相随而生的社会主义血脉。

这种血脉——现代生产劳动的无产者,在一九二五年的中国革命,表现其百倍于太平天国时代的势力。这一回革命带有充分的现代革命的色彩。这一回革命有社会革命的内包,有以集中生产为基础的社会主义即民生主义的容积。社会之构成既与前代不同,革命的发展当然也不同于前代。

由太平天国发展到一九二五年，把前代中国革命，变为现代的革命。因此而前代的游民集团上层官僚化到反动化的企图，不能容易成功。因此而前代革命后商人地主坐收成果的专制王朝，断不能再现于现代的中国而获得最后的成功。

资本主义生产把古代游民无产者化为现代劳动无产者。它把古代的原始社会主义，化为现代以生产集中为基础的社会主义（即民生主义）。然而今日中国游民无产者的数量仍不减于前代。游民无产者在革命中所表现的影响仍然不可以忽视。

因资本主义生产制的发达，中国农业经济破坏的趋势，十倍于古来，且有不易挽回的形势。同时，中国资本主义的发达，恰正当各国资本主义不能够统制社会，不能够自救衰颓的时期。各国失业者问题胁迫它们的统治者，中国的无业和失业问题也是不易单独解决的。由此而游民无产者的数量不减于前代，更有加多。

倘若我们看得出游民无产者，一方面有社会主义的意识（如太平天国），他方面又易为少数首领所乘而转变为反农民无产者的势力，我们对于大量游民应当多加注意。他们可以参加革命，也可以随和反革命，只看领导他们的势力是谁。

六　指出真际之理由

但是，指出游民无产者的动摇不确定的性质——一方面含有社会主义（消费的）的倾向，他方面又是（绝对贪污绝对铜臭）的，这是最容易引起指摘的一件事。这种解剖和分析是必要的，然而现在的无党派断不容我们轻易说出。

有人一定说，反对多量游民无产者构成的所谓红军，这是地主的说法。然而本文的作者对地主士大夫从来没有好评。说（流寇）是革命，当然为一方面所不喜。说（革命）是流寇，当然受他方面所指斥。如实的说：游民领导的游民势力，在破坏旧政权时何尝不是革命。在建设新政权的时候，却有反革命的充分的可能。利用游民势力，当然流为反革命。

这问题，为了革命的前途，必须要讨论的。然而从来没有得到充分的讨论。最大原因第一是以商人地主的立场，即蔑视这一势力；第二是与此相反的，以游民的立场，即反对别人指出这一势力的本质。探求真实是如此困难的。

十九年八月三十日上海

（载《新生命》第 3 卷第 7、11 期，1930 年 7、11 月）

教育与官僚主义
（1930 年 8 月）

一　所谓行政

中国旧来的行政，只可分为两大项目：一是收税，二是行文。行政官假若不管理裁判事务，则在民众眼前仅仅以剥削者而现身。旧来司法与行政不能分立，就是这个道理。试看二十四史的循吏传所记，大抵是以能够平反冤狱者为多。简单的说，旧来的官僚组织，除了裁判公平而外，没有利益到民间。不公平的裁判之官僚乃是民间的害恶；反之，公平的裁判之官僚却是民间必要的害恶。民众对于后者是不得不欢然忍受的。

差役到门，不是传案，便是催科；再不然，就是加征派债。所以农家最怕调查户口，丈量田亩；甚至对铁路或公路测量队，都要起或将加税的恐怖。官僚组织对于农民是一只榨压的铁锤；无论何种动作，对于农民都有不利的感觉。官僚组织与民众的关系是如此的。

官僚组织内部的关系则为一公文关系。公文程序，自造意、起草、润色、誊录、校对、用印、挂号、送达，以至于批回或呈覆，都是封限于官僚组织之内的。无论何种法令——便是恩诏罢——自中央至省政府，再转而至道、府、县，由县政府转饬差役，邀集绅士，召唤族长，动员保正，这样一来，恩诏的"甘霖"便化为农民的"苦雨"了。官僚的行动处处都是要规费的。

我们可以说，旧来的行政是官僚组织内部的公文关系转化为官僚组织对民众的税捐关系之过程。

公文关系是属员对上官负责的关系。上官对属员所呈的公文加以认可，则呈此公文的属员关于此公文所载事件，便可以免除责任。这叫做"报销"。官僚的注意及努力，大抵在于求公文上责任之免除。我暂叫这个主义是报销主义。

赋税制度全受此报销主义的支配。包税制度不用说，即正常的赋税制度，也是以交纳法定数目为免除责任条件的。某县的钱粮是每年百万两，假如县长今年收了一百二十万两，这二十万可归私囊；反之，如未经报灾及未经上官批准减免，而只收得八十万两，则此县官便负担二十万两的亏空。这显然还是一种包揽制度。收税官即于法定数目与实收数目之差，获得其私家的良田美宅的代价。

在此报销主义之下，一切公事，都可以使奉行公事的官吏得到某种物质的利益。旧来上官委派属员奉行公事，便是调剂属员的手段。旧来的官场有句话："于公事之中，寓调剂之意。"（见《牧令书》卷二十三）质言之，就是：做官是为发财。只要公文上过得去，对民众虽有过度的苛索是无妨的。公文上过不去，虽赔钱也不能够免责。这便是报销主义的真意。

历代的官僚并不是没有想做好的。所谓"好"是什么？吕新吾说要清、慎、勤。历代未尝没有清官；所谓"清官"，不过是不受非法的收入。但是由整个官僚组织来看，长官一个人清，绅士、吏目、幕友仍然是贪的。清代汪辉祖说得好："兢兢焉守绝一尘（谓清——陶），而示期常改，审案不结，判稿迟留，批词濡滞，前后左右之人，皆足招摇滋事，势必不清。"（《牧令书》卷一）这便是说非法收入之不能杜绝。至于合法收入呢？是从什么处所来的。后汉左雄说："车马衣服，一出于民，廉者取足，贪者充家。"（《后汉书·左雄传》）清是做不到的。清之外，要不扰。所谓"官多一事，民多一扰"（清袁守定《图民录》）。

王莽、王安石的改革，在理论上看来，是当时必要的社会政策；在实际上，仍然是扰。用官僚组织来行改革，其结果只得到一个扰。历代儒家都反对改革，并不是没有理由的。要行改革，除非你打毁官僚组织。

所以从官僚组织中求革弊，是不可能的；用官僚组织来改制，也是不可能的。为什么中国官僚组织到了这种地步呢？中国官僚组织的成立，是在田租分裂为田租与田税的时候。在战国时代以前，统治阶级之封建贵族对农民收田租，同时对农民行支配。当时的田租是农户全收入十分之一，即所谓彻。后来生产技术进步了（牛耕与灌溉之发达），田亩的收入增加了。一方面封建庄园分裂为分散的町畦，即所谓阡陌。他方面田租增加，比从前的什一税增加到二十倍。随庄园的解散，而农奴制度变为佃户制度。随佃租的发生，而田地买卖发生。随田地买卖发生，而于贵族以外，发生非世袭身分之地主阶级。此新起之地主阶级推倒重租政策之秦朝，建立轻税重租之汉代。汉代以降，田租（即佃户交纳地主之部分）之重为农户全收入百分之五十，田税（即由地主从田租中抽交政府之部分）之轻为农户全收入三十分之一。此田租与田税之分裂，造成官僚组织之基础。地主收租而官僚收税。

但是官僚并不是超阶级的。地主阶级以国税为田租收入之补充，故地主阶级垄断官僚组织。官僚组织是地主阶级支配农民、增加收入、保障田租的机器。

此地主阶级虽成熟于封建制度分解以后，却与欧洲中世以后的资本家阶级不同。新起的资本家埋头于企业经营，即经济剥削。新起的地主却只须收租，与农业生产没有何种密切的关系。所以资本家国家的官僚大抵是资本家的受雇人，而地主国家的官僚却即是地主的本身。地主有自作官僚的闲暇，除此以外，更没有其他事业可行。所以资本家阶级选举代表以监督受雇之官僚，要求官僚向他们的代表负责，因此构成国会制度及内阁制度。反之，地主自充官僚，无须使自己更向自己负责。因此欧洲近代政制，行政机关须向人民代表负责；反之，中国历来政制，只有属员向上司负责，更无必要顾虑人民。其结果，中国官僚组织所做的事业，是扩充国税，玩弄公文。

因此，中国自秦代以来，二千多年，永远是专制王朝，永远是一权制度。历代相沿的社会关系如没有改革，则此种政治制度也永没有改革的前途。

近年来，外国工业资本与金融资本输入中国，旧来的社会关系已经动摇。一方面农业经济及大手工业生产破坏于机器工业及其制造品之前，他方面商业资本投资于金融资本之下。地主阶级虽增加田租，仍难以支应新起都市生活所需要的繁费。他们一方面只有向都市投资；然而都市工商业的利润，在外国资本竞争之下，是靠不住的。他方面他们从农村中破落出来，只有群趋于官僚地位之争夺。国税收入不复是他们的补充收入，已经是他们的主要收入了。即由于此，近年来政潮之紊乱与激烈，是比前代加甚多多的。

在这种情形之下，官僚组织之扩充国税及玩弄公文，也只有加深其程度，加重其分量，并加广其领域。

二 学校之官衙化

学校亦即于此时加入前述的领域而为官僚主义所浸润了。

官僚的性格是"做的人无罪，说的人有过"。无论何种贪鄙行为，在公文上总是堂皇公正的。试看鸦片税叫做特种税，出口税叫做检验费。学校化为官衙是一个事实，大家知道而大家不肯说出来罢了。学校之官衙化，有几个现象摆在我们的面前。

第一是学阀学系之形成与争斗。我们知道，竞争到了最激烈的程度，便转化为独占。学校少而办学校者多，则竞争便日加激烈，而独占便因以形成。竞争学校的人们，当然分为学系。占有学校的学系，当然变为学阀。

第二是官僚之侵入学校。官僚的争夺，波及于各种地盘。学校的收入比较的小。所以官僚之争夺是晚近的事实。但是学校的重要性近年来渐渐暴露了。去办学校者有构成学系乃至政派之可能。在集团活动的近时，这是何等的重要？因此，官僚一旦争夺到学校的时候，争夺便呈现异常激烈的外观。

第三是学界之官僚主义化。在竞争与独占之中，从来以教育为事业的人们，非凭依政治或运用手腕，便难于立足。因此，他们的注意力便从学校内部的设施，转移到学校外部的夤缘，他们便与官僚走上一条大路了。

学校既化为官衙，则教育便化为表册呈文和议决录。报销主义逐渐蔓延，敷衍塞责，到处可见。

三 手段与目的之相违

由于官僚主义之逐渐扩大，学生的学业与教师的讲授，便逐渐隐蔽于教育行政者及学校主持者视线之外。本来学校是手段，而学生的学业是目的。现在，学校成了目的，而学生的招来成了手段了。无论是否能增进学生的学业，无论是否适于学生在社会的要求，学校只是这样办下去的。学校主持者与教育行政者不问学生的要求与倾向，而只求表册的完全与议决的齐整。

假如我们看见教育会议的议决录，各省的教育预算表，各教育行政机关的公文录，我们疑惑中国是位于地中海北岸的资本主义国家即所谓先进国家。假如我们看见各级学校学生的实际成绩，中小学教员的贫苦生活，大学教员的钟点制度，失学儿童之无告，警察对学生之疑忌如是等等，与教育行政费之扩大，学校公费之滥用，学校当局之自己宣传如是等等相比较，我们或许不相信自己的耳目了罢。

非徒手段大于目的，手段与目的是相背的。

四　青年之"叛逆"与生产过多

手段与目的之相背，有其最可悲的一面。这就是青年思想与统治者之相背。教育行政者与学校主持者对于青年思想问题，唯一的方法是委之于军警。他们的意思是："你们不应如此"，而绝不去研究他们为什么如此。

青年思想之左倾，是无可讳言的。青年思想之左倾反映为出版界之左倾。出版界近来的书册最大多数是社会主义的书册，也是无可讳言的。出版界之于青年，是与寒暑表之于天气一样。天气热度增加，则寒暑表的水银上升，并不是水银上升而天气才热的。同样，青年思想左倾，则社会主义书籍涌出，并不是社会主义书籍涌出而青年才左倾的。教育及政治当局如果把青年思想问题归咎于出版界，这是错误的。出版界尽有保守的右倾的书籍不断出版，为什么不能左右青年的思想呢？

青年思想是受社会制度决定的。在世界金融资本主义支配之下，中国的农业破坏，手工业衰微，大工业不振，破产农民流出乡村，失业人口充塞都市；一方面资本与土地集中，他方面饥饿与贫穷累积。在这种两极端势力发达的情形之下，学校青年所自出的社会层日益陷于贫穷。已入校的学生因家境日益困难，有中途退学的危机；未入学或已退学的学生，因学校繁费支出无由，有永远失学的运命。有完成学业的可能的学生，为出校后无业的定命所照临，对于社会现状，毫没有光荣的幻想。

在校学生出校以后，除奔走官僚之路以外，只有充当教员或主持学校，加造失学无业的学生。学校本身既已成争夺的目的，取得学校者，无意问学生的前途，盲目的无计划的继续生产无业的知识分子。

这样的无业的知识分子之生产再生产，向现社会投入许多对现社会只感受其悲苦的现实而毫无希望的幻景之有知识青年。他们初则悲哀，继而鼓勇，以反抗的意识，一方面灌入于民众，一方面表现于书册。当局对于他们的各种训条，"读书救国，建设人才，廉耻气节"，如是等等，既不能供给职业，复不能减少贫穷。"上进"的幻景终竟破灭了，只有现实，只有日益无产化的现实。

在这种情形之下，把乾嘉年间对青年知识分子的鼓励（如举山林隐逸及贤良方正）移来施用，是一大时代错误。希望他们像后汉末年的太学生唯致希望于陈蕃，像南宋初年的太学生唯致希望于李纲，也是一大时代错误。想把金融资本时期挽回到农业自足时期，想把农业自足社会的追想之书籍如老子孔子诸书来挽回青年的思想趋势，也是不可能的。

麻木的自私的官僚主义侵入学校，则学校青年更易起反抗意识。我们须知在学校之内，当局不是统治者，学生不是被治者。但官僚主义是以支配为内容，是以公事为业绩的。支配与公事，不适于教育。学校主持者的政策及态度不适于教育，则他非独不能成为青年思想的指导人，反非借校外军警势力不能维持其地位。他把学校之内分为统治与被治两阶级了。因此学生任何反抗，都被嫉视。这种办法，促进学生的非法倾向，更增加学生的左倾态度。

五　教育者之无自觉

教育者与受教育者之相背，就教育来说，是教育之无效率，是教育之破产，——虽然学校还是在继续繁荣。然而教育行政者及学校主持者对于这个背反，尚似毫无自觉。他们责备青年之"不应该"，责备出版界之"不应该"。他们或许忘记他们自己的"应该"。他们应该纠正自己之时代错误。

他们纠正时代错误，应该先破灭自己逐渐薰染的官僚主义。这是可能的吗？他们至少应该知道在现社会之下所应取的教育方案是与后汉、南宋及乾、嘉之际不同。他们至少应该知道在帝国主义之金融工业资本还支配中国的时期，青年的左倾急进态度是应加领导而不应摧残的。这是可能的吗？

地位决定人们的意识。我希望教育行政者及学校主持者不受他们所居地位的决定。我希望他们把教育的主旨对现社会之适应性，把教育效率之消失及官僚主义之侵入，加以考察。我希望他们不取"做的人无罪，说的人有过"的态度，引起批评，并接受批评。

一九三○，七，二，于上海

（载《教育杂志》第 22 卷第 8 期，1930 年 8 月）

英雄与社会环境
——对中国作如是观之五
（1930 年 10 月）

英雄造时势，时势造英雄。

每一个英雄都是社会环境造成的。然而每一个英雄都以为时势是自己一手造成的。到了他自信时势是自己造成的时候，他没落了。

在一部中国史上，我们眼见得平常的人做英雄以及英雄没落的一次一次的事实。每一次都是时势造出一个不信时势的英雄。他没落了。

项羽有力征服中原的诸侯王，却失败在一个平民刘邦之手。临死还在自夸"力拔山兮气盖世"。殊不知想从阡陌制农场已经发达而商业经济已经猛进的时代，恢复封建庄园领主，是徒劳的。当刘邦被逐到西陲的时候，他的《乌江舣渡》的戏剧已在那儿试排了。然而他终信气力可以恢复封建庄园！

刘邦的成功是在意料之外的，他自己本不知成功的由来。他找陆贾去论他成功的由来，陆贾也何尝知道？

刘邦的成功一在于他的军队是誓打封建领主的农民无产者。他们一无所失而可以得到天下。二在于他东征项羽的时候，表示他尊重名分（为义帝发丧），因此以笼络士大夫地主阶级。他的起事，是无产者农民的势力。他的成功，是地主的成功。——不是封建领主，乃是新兴而掌握经济力的商人地主。

无名的素不相识的无产者农民助他起来。无名的素不相识的新兴地主助他成功。他却只看见成皋广武之间的战迹，是他一刀一枪所创造。然而成皋广武之间的战迹，乃是他败衄的泪痕。这可难懂了。

他自以为是他自己的成功。殊不知乃是商人地主的成功。五十年后，证据出现。黑龙之子的孔丘竟压倒赤龙之孙的刘彻。无名的胜利者经由孔子而表现他们的势力。从前以刀枪从刘氏的战将，不杀戮就失爵，这更不是陆贾所知。二十年后，贾谊知道一点。

危机已成，却不许人道破。道破危机的先见者，在统治阶级看来，乃是反动分子。贾谊终被周勃灌婴驱逐了。然而周勃灌婴的爵位到那儿去了？剩下一个立有不世的功劳的小儿子周亚夫，还只有饿死的结局！

因此中国历来的知识分子得到一个教训——统治者颠覆的危机，切不可事前道破。

做的只管做，说的不要说。地主阶级以此为相传的统治秘术。

眼看见刘邦被自己杀到肩背脊上而自己放过不杀的丁公，被废不能发迹。眼看见陈涉做雇工而一朝繁荣的雇主，被杀了。统治者必须造成一件遮羞的宝衣。你偏把宝衣揭穿。你该死。

由这些来看：英雄自己也明知他是时势造成的，不过强颜的自夸说："我造时势。"他有他的苦衷，我们应当原谅才好。

像汉祖及明祖那样，在社会上是农民无产者失败而商人地主成功。在人物上却是同一集团的胜利。同一集团从农民无产者队伍里跳到商人地主的阵营。这种阶级性的转移，是要用血来点缀的。成功的首领必须把旧来农民无产者同僚，加以残忍的杀戮。

你试看中国历史上，凡是由农民无产者蜂起而跃起的帝王，那一个不杀戮功臣？所谓功臣，乃是他从前一同蜂起的农民无产者同志。反之，镇压农民无产者蜂起而起家的地主，谁都会保全功臣。刘秀以"高辞厚礼，先答元功"。李世民还能够大用仇敌。

农民无产者同僚死后，站过来的地主知识分子确是驯伏的忠臣。这些忠臣，把农民无产者的叛徒，供奉得媲尊于三皇五帝。他们不取他"豁达大度"，他们所取于他的，是他能够一变辱骂地主的态度而反来尊重地主。朝仪既起，韩彭自烹。

英雄这时候自以为他自己可以驾御地主商人阶级，却不知他自己一变为地主商人阶级的奴才。然而他还在自夸他终竟造成了时势。

廿四史上我们看惯了这种可羞的事迹。

农民与无产者被这些可羞的英雄出卖不止一次。然而农民与无产者对付这种英雄的态度却又彼此不同。

农民的劳动方法是各家分散在各家的耕地。除了筑堤修堰要有共同劳动以外，他们彼此之间是无组织的。他们各家独立收获，独立织纺。他们拿他们的生产物卖到市场。市场的商人是要贱买而贵卖的，各家农夫农女的生产物在商人之前，因此有相互竞争的关系。农家彼此之间更丧失团结的信念了。他们自己没有团结，他们对自己没有自信力。到了灾难与剥削临头，他们只有仰望救世主。他们的宗教成立了。这种宗教使他信仰天神，又使他信仰皇帝。

无产者的态度却与此不同，旧来的无产者，多是游民无产者，与现代的生产的劳动者不同。现代的劳动者以集团的方式共同劳动于工厂之中。他们是互相团结的。他们对于市场没有直接的接触。他们只有对于厂主的利害而这种利害是大家一致的。他们以阶级的势力而出现。旧来的游民无产者与此不同，他们的生活是在都市之中。他们轻视劳动。他们憎恨富人而又依富人以为生计。慷慨是他们的最高道德。消费共同是他们的互助方法。他们是有组织的。他们以此组织与富人相对抗。他们的组织力量集中于个人，——其行动敏活而慷慨公平的道德的个人。他们有自信力。他们的首领集中此种自信力。如朱家，郭解，所谓"侠"便是这一类的领袖。

农民对皇帝的信仰若衰，则对游民无产者领袖的信仰代起。游民无产者是农民的组织者。农民离开他们是不能暴动的。在现代无产者没有产生的中国，一切革命都有这类首领登台。旧英雄所创造的王朝遂侧在新英雄之手。

改朝换代，仍然是专制帝王。

旧英雄的政权没落的时候，便是新英雄出现的时候。

新英雄起来的方式是农民蜂起。地主阶级叫他做"寇"。新英雄成功的过程是地主接纳。地主阶级叫他是"王"。

"成则为王，败则为寇。"这可以演成如下之法则：凡不背农民无产者的军事集团，得不到商人地主的拥护，便叫做寇。凡背叛农民无产者而投降商人地主者，可以依商人地主的援助而建立反农民无产者政权，便叫做"王"。一成一败之间，颇有阶级的意义。

（载《中学生》第 9 期，1930 年 10 月）

怎样对付学校的风潮
（1930 年 11 月 22 日）

我们在大众革命运动蓬勃的时代，如五四的时代，如五卅的时代，我们虽在学校读书，我们必须而且必然要参加政治及社会的运动。学校风潮在这样的时代，是带有浓厚的政治的社会的运动的色彩的。并且，在大众革命运动的时代，学校风潮也是学生大众来主干的。虽然有少数人做活动中心，他们也断不能在大众监视之下，有自私的行动。

现在，大众革命运动早已消沉了。大众的消沉，便是私欲发达的时代。社会上横行的是自私的官僚。学校内横行的是自私的分子。没有大众抬头的机会，则少数分子在无监视无督促之下，是容易官僚化政客化的。

并且，社会生产衰落，一时没有发达之望。知识分子迫于生计的恐慌，除能够在政治舞台上争夺一粒一滴的生活者外，大家争夺到清贫或比较政官为清贫的学校。因外力的争夺，而校内少数政客化的分子有出卖风潮的可能性与必然性。

风潮因为无论什么事情而突起了。

收买、出卖，是相互影响的。于是学校风潮很少不受外力的指挥。"拥当局"及"倒当局"，都有相当的后台。倒当局者必拥一名流，——政治上的名流。拥当局者必遍找名流帮助。

少数名流遂忙煞了。他们实际上不忙，他们的忙在于报纸。

争斗的各方，有成有败；或两败而俱伤，第三者得利。但一定吃亏的乃是大多数学生。他们有何罪戾，乃无意识中替个人拉饭碗！

参加风潮的学生愈多，则出卖的价格愈大。大多数学生——每一有风潮的学校的大多数学生，你们必须留心，莫被别人出卖！

你们的任务是暴露一切争地盘的个人的罪恶，暴露一切政客化的少数活动分子的罪恶。你们须知一切不利于大多数学生的活动都是罪恶，无论它号召的名义如何正大。

你们的任务在消极防范出卖自己的少数活动分子。你们在风潮之中，必须严厉的考查两相对抗的双方营垒的后台。你们不应当轻于信任活动分子的宣传。你们对各争斗的活动分子保持怀疑的态度。

你们对于一个风潮，如果在可参加可不参加之间，宁以不参加、拒绝参加为稳健。少参加一部人，少闹出一罪恶！

在大众消沉的时代，没有有利于大众的活动。

抵抗政客官僚的羼入，是你们应做的运动。但是，为了抵抗甲个政客官僚，却去投降或拥护乙个政客官僚，这是少数人的利益，而是多数人的吃亏。

你们的最上上策，还是暴露各争斗主体及工具的罪恶。

在寻常的一个案件，一造是，他造必非。一方胜，他方应败。然而在没有大众革命运动而少数人私欲横行的时代，一造非，他造也非。一方败，一方也应当同败。你们应真切认识。你们应真切注意。

来罢！在我们这小刊物上暴露一切各方争斗主体及工具的罪恶罢。

一九三〇，十一，十五，上海。

（载《社会与教育》第 2 期，1930 年 11 月 22 日）

关于整顿学风

——几个问题

(1930 年 12 月 20 日)

我们看不过各校风潮穷形尽相的官僚政客现象。我们对政府整顿学风的命令，不得不予以同情。

然而我们有几个问题，也不得不在这儿提出。

第一，一切学潮都是学生闹的吗？

第二，一切学潮的动力都在学校里面而没有受政治与社会的影响吗？

第三，学潮即令是学生参加的，都包容最大多数学生吗？

第四，在学潮之中，教职员没有指使的事实，教职员又没有受外来的指使的事实吗？

第五，教职员之失败者带领学生退学是什么话？

第六，大学校长走了，把好（？）教职员带走，是什么话？

第七，把学生当做争斗的目标是什么话？

第八，借政治力量拘拿反对自己的分子，是什么话？

我们要答复这些问题。我们却不愿自己来答复这些问题。我们希望各校学生之未受外来政治影响者，自动来答复这些问题。我们认为把一切风潮都归于大多数学生，是不正确的认识。我们反对少数政客化的学生。我们反对借学生信仰及收买学生以鼓励风潮而争取地位的政客教职员。我们反对借学潮而自利的一切官僚式教职员。我们愿大多数学生觉悟今日学潮之无意义。我们愿意大多数学生消极不参加而积极来暴露这种学潮的真相。

什么是正义？大多数民众在所与的社会及所与的时代之中最有利的地位，是决定正义的标准。什么是好学风？大多数学生在所与的社会及所与的时代之中最有利的地位，是决定好学风的标准。

今日无大众运动的时代，一切学潮都容易归利益于少数。所以我们愿意大多数学生对一切争夺权位的方面概加反对与暴露。

你且看那与中国人的权位无关的同文书院风潮，在无人理会之中消沉了。

你且看那中国人的权位有关的学校蓬勃的学潮正在那儿展开。

你可以觉悟个中的意义了罢！

一九二〔三〕〇，一二，一四，上海。

（载《社会与教育》第 6 期，1930 年 12 月 20 日）

1931 年

中国经济及其复兴问题
（1931 年 1 月 10 日）

一　序言

空前的国内大战已经结束。社会上重要问题应当是经济复兴问题。中国经济能不能有复兴的趋势？如果能够复兴，社会结构有怎样的变化？社会各阶级有怎样的活动？如果经济不能够复兴，在经济继续衰落之中，中国社会将有怎样的结局？关于这个问题，在两个月以前，我在别个杂志(注一)里面已经论到。现在我于本文中再加一回探讨。

复兴中国经济的努力，今日已有各种的表现。在政府再度把建设的口号提高。更显明的是"刷新政治案"通过于最近之四全会议。在工商业资本家则有工商业联合生产联合贩卖的希望，及科学管理法与实业合理化的企图，成为工商会议的决议案。历史学社会学家不应当忽略社会最近的变化。我在别处曾经指出，大战及大战的结束以及这些希望与努力，都是中国社会最近变化的表面的象征。(注二)我希望国内历史社会学家加以注意。

现在所讨论的，不是这些表面的努力能否达到所期的目的。我们要注意的是中国经济客观的趋势。这种客观的趋势是不是复兴的趋势，是我们要讨论的。在讨论的时候，我们首先对于有些抽象观念，不能不加以排斥。这些抽象观念是用来混淆我们的具体观察的。因为用得太熟的原故，这些观念已失却指示所应指示的具体现象的作用，所以有混淆具体观察的危险。即如有些论者说中国是封建社会。你如果驳他，他便问道："你否认中国农村的地主对农民的剥削关系么？"或问道："你否认军阀是封建势力么？"我们当然不否认地租关系及军阀存在。论者便说：

"那末，中国就是封建社会了。"其实：封建制度是一个观念，这观念是指示一种具体现象的。如果中国只有这种具体现象中间某几个质素，而没有全体具体现象的存在，我们便不能一口断定中国社会是封建制度。如果这几个质素别有中心点或别有来由，具体的说，如地主的剥削不源于自然经济而源于商业资本主义，则更不能使我们这样的一口断定。我认定中国农业经济是以资本为中心的。虽然有封建剥削的存在，却不能因此便断定中国的社会形式是封建制度。

因此我们宁可就具体的现象再推论中国经济构造的性质及复兴的趋势。

二　古来之商业资本与土地私有

封建制度论者以为中国社会经济的特征是"帝国主义拥抱封建势力"。我对于这种认定是不同意的。假令帝国主义与封建势力两种不同的性质可以用"拥抱"的形式而相结纳，两者也要因两者的交互作用而起量的乃至质的变化。换句话说，所谓封建势力一与帝国主义相接触，便须发生变化。

不独如此。当外国资本主义可以叫做帝国主义的时代，中国经济已经不以自然经济的封建制度为主要的中心的成分。中国经济在这时代，已以商业资本为中心势力。地租关系已经商业资本化了。所以与其说帝国主义拥抱封建势力，毋宁把具体的现象指将出来：即外国金融资本与中国商业资本相融合，中国商业资本可早与地租关系打成一片。这样说来，才可以指出中国经济的特征。

自汉代以来（公元前二世纪以来），中国经济最进步的区域，常有土地兼并的现象。当前汉末年（公元元年前后）："强者规田以千数，弱者曾无立锥之居。"（《前汉书·王莽传》）后汉之中叶以后（公元一世纪以后）："豪民之室，连栋百数，膏田满野，奴婢千群，徒附万计。"（《后汉书·仲长统传》）"井田之变，豪人货殖，馆舍布于州郡，田亩连于方国。"（同上）唐代之中叶前后（六世纪）："富豪之室多于籍外占田。"（《旧唐书》一八五卷之上）在当时，官吏本有职田永业田，但是依敦煌石室所发现的唐代户籍来看："唐时职事官田与勋官田皆有名无实。"（王国维《观堂集林》唐写本敦煌县户籍跋）其官僚之富有田园的，还是靠买。即如"卢从愿广置田园，有地数百顷"（郑处海《明皇杂录》）。这都是农民出卖的。在前汉中叶，农民卖田给豪商已引起政府（地主政权）的注意。晁错便已指出"商人所以兼并农人，农人所以流亡"的道理就是在于商业资本的发达。（看《前汉书·食货志》晁错《重农贵粟疏》）在唐代，农民的状况也是如下的：天下编户，贫弱者农。亦有佣力客作以济糇粮，亦有卖舍贴田以供王役。（《旧唐书》卷九十四李峤疏）五代的时候（十世纪），土地买卖更盛。豪富的人家，不肖子弟卖田贴舍的事情很足使士大夫触目惊心。唐末孙光宪《北梦琐言》记九世纪末年的儒生有如下的名言：唐咸通中（公元八六〇至八七三年），荆州有书生号"唐五经"者……常谓人曰："不肖子弟有三变。一变为蝗虫，谓售庄而食也。二变为蠹虫，谓鬻书而食也。三变为大虫，谓卖奴婢而食也。"（《说库》石印小字本）在北宋时代（公元十一世纪）王安石有《兼并诗》如下：三代子百姓，公私无异财。人主擅操柄，如天持斗魁。赋予皆自我，兼并乃奸回。奸回法有诛，势亦无自来。后世始倒持，黔首遂难裁。秦王不知此，更筑怀清台。礼义日已谕，圣经久埋埃。法尚有存者，欲言时所咍。俗吏不知方，掊克乃为才。俗儒不知变，兼并可无摧？利孔至百出，小人司阖开。有司与之争，民愈可怜哉！（《容斋四笔》卷四引）"小人司阖开""黔首遂难裁"，无疑是指"商人兼并农人"的。后来他当国，便"设青苗法以夺富民之利"（容斋之语）。他的失败也是由于商人地主的反对！到了南宋，中国商业更是发达。国外贸易的兴盛更增加商业资本的势力。农民受商人兼并更加厉害了。理宗淳祐六年（公元一二四六年）殿中侍御史谢方叔言："豪强兼并之患，至今日而极。……夫百万生灵，资生之具，皆本于菽粟。而菽粟之产皆出于田。今百姓膏腴皆归贵势之家，租米有及百万石者。小民百亩之田，频年差充保役，官吏诛求百端，不得已则献其产于巨室，以规免役。小民田日减而保役不休，大官田日增而保役不及。以此弱之肉，强之食，兼并浸盛，民无以遂其生。"（《宋史纪事本末》卷九十八）土地兼并，容易造成庄园制度。每当商业资本把农业生产破坏而土地集中之际，一经游牧部落侵入，便构成封建制度。中国自原始封建制度破坏于公元前四五世纪以后，于北魏时代及元代，都曾一度随商业经济的破坏而再建封建庄园。但不久以后，商业经济再行抬头，封建庄园必又分解。南宋以后，蒙古侵入，则封建制度以起。然而江南的大手工业生产已不能容封建制度之蔓延。封建制度只行于黄河流域。（北魏时代也是如此。）

明代以来，商业经济因国外贸易之发达及手工业之进步与农村商品生产之发达，尤臻于成熟之境。典当、钱庄、票号纷纷勃兴。如山西帮票号则起于明末清初（《银行杂志》一卷一号马寅初《吾国银行业历史上之色彩》）。绍兴帮也起于清朝。在太平天国时期（公元十九世纪中叶），山西票攫得北方国库省库的地位。官僚借票号通汇，票号借官款营业，相依为命（张辑颜《中国金融论》，商务版第三〇三页）。杨荫溥在《上海金融组织概要》（商务版）里面说道："自乾嘉间票号发轫以后，经道光而入咸丰时代，四十年中，经营培植，票业益见发达。自此而同治以迄光绪季年，毛羽既丰，大有顾盼自豪，左右金融之概。考其发达之原因：巨商显宦于外邑款项之来往莫不借票号为之汇兑。即国家赋税丁银亦凭借票庄，以资挹注。且清自中叶以后，特开捐例，于是捐升加级等事，票庄可代承办也。甚至钻营门路，运动官缺，票庄可代筹巨金，代为引进也。款不论大小，事不论公私，票号固当时政府之总账房也。"（九十页）即就上海一埠而论："上海钱庄之创设，实远在开埠之前。"（《上海金融组织概要》二四页）商业资本蓄积之急进如此。至于商业资本家的房屋田园，则如左记：京师如米贾祝氏（现在还是富豪——希），自明代起家，富逾王侯，屋宇至千余间，园亭瑰丽，游十日未竟。宛平查氏盛氏，富亦相仿。……怀柔郝氏，膏腴万顷。（《啸亭续录》）外国资本没有以工业商品与金融资本的方式侵入中国以前，中国的商业资本与土地私有的关系已经是如上所述的。

三　外国金融资本与中国金融资本

外国的工业资本自十九世纪中叶以后，侵入中国，占领中国的市场。中国旧有的商人资本受工业资本的打击，与之作生死的斗争。商业地主的反抗失败了，正如荷兰因英国工业资本兴起而失败相同。中国的农民遂直接间接受工业资本的剥削。然而农民的反抗又失败了。如此，自公元一八四〇年到一九〇〇年，中国的商人地主与农民历次与外国资本作武力的抗争，不过都归失败。鸦片战争，英法联军，谅山之役，甲午之战，乃至八国联军，其起因如此。

一九〇〇年以后，外国资本主义已经变质。这时候，资本主义国家已从商品输出变为资本输出。向中国的资本输出，虽把农民与手工业更加破坏，却使商业资本获得丰富的来源，而工业金融获得通融的处所。

自此以后，农民与无产者虽反对外国资本，而工商业尤其是商业资本阶级以及与之一贯的地主，却不反对外国资本。自一九〇〇年以后，非独外国资本主义改取和平的政策以对中国——所谓门户开放政策，包含机会均等与领土完整两原则；中国政府也转取妥协的主义。在一九〇〇年以前，中国政府虽屡经败衄，尚敢称兵。在一九〇一年以后，他再不言战。这种转变单用"败兵之将，不可与言勇"来解释是不明了不正确的。

金融资本把中国的票号变做银行，把中国的典当及钱庄的业务更加激进。这是一九〇〇年以后的事。在一九〇〇年以前，外国的工业资本还正在利用票号与钱庄。"洋商之事，外行（银行）任之。本埠之事，钱庄任之。至埠与埠间省与省间之联络，则非如票号之分号遍布者，决不能胜其任。"（《上海金融组织概要》九十一页）一九〇〇年以后，中国金融资本始以银行的方式而发展。在一九〇〇年，只有一八九七年设立的中国通商银行。户部银行（后改称大清银行）设立于一九〇三年。交通银行及浙江兴业银行与四明银行设立于一九〇八年。由一九一二年即民国元年到一九二二年，先后成立者近三十家。一九二二年以来，又有三四十家之成立。

以上海一埠而论，一九二五年之调查，钱庄，银行及外国银行的资力，数目已如左记：

钱庄	资力	一二、四二六、〇〇〇两	附本　二、一五九、〇〇〇两
银行	资力	二七、四〇九、二六二元	（总行在上海而无支行在内地者）
	资力	一六七、三四五、九三八元	（总行在上海而有支行在内地者）
	资力	七九二、八一六、九一六元	（总行在别处而支行在上海者）
外国及中外合办之银行	资力	六、八七八、四二六、八七六元	
信托公司	资力	九、八三九、三七三元	
交易所	资力	二二、五八七、七九六元	

现在当然不止此数。即以内国银行及交易所在上海者的利润来说，已觉可惊。一九二九年结算的上海内国银行利润如下：（十九年一月五日《申报》）

（元）

中央	一、七〇〇、〇〇〇
中国	一、〇〇〇、〇〇〇
中南	六〇〇、〇〇〇
浙江兴业	五七五、〇〇〇
上海	五一〇、〇〇〇
浙江实业	四四五、〇〇〇
交通	五〇〇、〇〇〇
大陆	一六〇、〇〇〇
中孚	七五、〇〇〇
聚兴诚	一〇〇、〇〇〇
江苏	三〇〇、〇〇〇
东莱	二八〇、〇〇〇
垦业	一四〇、〇〇〇
工商	一一〇、〇〇〇
盐业	二〇〇、〇〇〇
中国实业	一七〇、〇〇〇
农工	一一〇、〇〇〇
新华	三〇、〇〇〇
国华	二三〇、〇〇〇
中国兴业	一二、〇〇〇
金城	二〇〇、〇〇〇
合计	七、四四七、〇〇〇

还有未详者数十家，合计总在一千万元以上。又单就上海内国交易所一九二九年下半年半年间的利润来说，数量很大。

（元）

证券物品	损	四、六二九
杂粮油豆饼	益	一、七六五
金业	益	二七四、九一六
华商纱布	益	二四二、四〇四
华商证券	益	二四八、七三八
面粉	益	二四、三六六
合计	损	四、六二九
	益	七九二、一八九

全年利润当在一百万元以上了。

巨大的金融资本，以外国银行为中心，内国银行为支干，钱庄典当为门户，以侵入农村。同时外国资本通过银行组织而操纵中国的政治。杨荫溥先生很痛切的说道："吾国之有财权者，大都与买办（外国银行买办）相勾结，故每当中央政权移转之际，财政首席必选择与外国银行时相往来之人物为之，借以得金融之后援，于是财政当局与银行买办遂于无形间，生密切关系，一切借款赔款偿债各项，可以与其间上下其手。此有关吾国政治大局者，其一端。"（《上海金融组织概要》一八九页）同时内国银行对于财政的威权，近年来更逐渐加大。公债的承销，对于中央政府有移转时局的实力。这是事实，我们不能够不承认的。自一九二七年五月到一九三〇年间，银行承销的公债有五四八、〇〇〇、〇〇〇元之巨。在财政部十七年会计年度报告里面，宋财政部长痛切的说道："国内祸患迭乘，盗匪蜂起，经济上之组织尚未健全。政府因弥补党政军费，势不得不发行公债库券。……长此发行债券，用以应军政之急需，实为权宜之办法，决非理财之正道。"但是从此权宜办法之中，我们可以窥见中国金融资本的实力。

四 中国工业及工业品之出口

以大手工业农业为基础之商业资本社会，因外国工业品之刺激及剩余资本之投入。而工业资本主义化，这是不足奇的。中国工业资本之兴起，可从最近的三种资料来推测。

第一种资料是机器进口的增加。机器进口的意义是不用多说的。这就是中国已有逐渐发达的机器工农业。兹将机器进口价值列表如下：（单位两）

年度	农业机器	推进机器	织造机器	发电机器	其他	合计
二年	一一二、七〇〇	六四二、二〇九	八三六、八六四		三、〇五八、二二八	四、六五〇、〇〇一
八年	五二一、〇二三	一、五八九、四〇五	三、七四四、〇一一		八、二四六、〇〇一	一四、一〇〇、四三九
十年	二、一九二、四〇四	五、一〇九、〇〇七	二六、七二三、〇一一		二一、六二三、三二二	五五、六四七、七八〇
十五年	五一一、五四〇	一、九〇一、四〇七	四、〇五七、七九六	八三一、六〇六	九、四三五、一八一	一六、七三七、五三〇
十六年	六六五、九七六	二、九七一、九六一	三、七〇九、二五四	一、二九一、五三一	六、四三一、一一一	一八、〇七七、八四三

由上表可知欧战期间，中国的大工业非常急进。此后虽有突减，而十五年以来又有增加。机器使用之增加，就是机器工业或农业增进的指示。

第二种资料是机器工厂工人的数量颇大。这当然是由于机器工业的存在与发展了。产业工人的大量存在，是中国已有相当进步的工业资本主义的意义。最近的资料是工商部发表的。我认为工商部的调查是不完全的。这不完全的调查表如下（产业工人为限）：

地名	人数	地名	人数
上海	二六二、八九四	镇江	九、〇三三
无锡	七〇、六八五	南京	一七、八七七
南通	一二、六二七	杭州	一六、一七一
苏州	五八、八一四	宁波	四、四七七
武进	一六、二一九	嘉兴	七、〇八〇
宜兴	一二、五七〇	蚌埠	七、六七八
江都	一、六六九	芜湖	一五、八三五
安庆	五、二四三	梧州	二、三二二
九江	二、一三三	潮安	一〇、五三八
南昌	六、八八二	佛山	一七、八五五
汉口	一六九、九九二	汕头	六、八七一
武昌	二三、九七四	顺德	五四、四四九
大冶	三、九三六	厦门	四、七六七
青岛	二六、四二八	福州	一六、〇三二
广州	二三九、三六五	总计	一、一〇四、三九六

这表之不完全由（a）有武昌汉口而没有汉阳，足见国营工厂如兵工铁工厂的工人不在内。汉阳有好几个私营机器厂也没有列入。（b）矿工不列入，由大冶工人之少而可知。大冶有铁工厂及许多机器矿坑，都没有列入。（c）交通工人恐不在内，由不列长辛店、南口、刘家庙、漯河等处而可知。其余如没有唐山、天津、萍乡这一些矿业工业地点，都可以证明这表不完全。又（d）海员工会定不在内。因为这表是工商部仅限于职权以内的工业而为调查的。（e）六月初广州有特讯登载在《时事新报》，说广州这一区，单就工会会员来说，已如左记：

工会数	会员数	失业人数
二三个	六、三〇六、〇〇〇余人	二五、八〇〇余人

这已较工商部调查多到三倍。由此可知中国产业工人无论如何在二

百万以上了。二三百万机器工厂工人的国家，还没有资本主义！这是说不过去的。

　　第三种材料，我选择棉业来说。以民国十八年即一九二九年而论，棉织工业是进展的。十八年与十七年比较如左：

	厂数		纺锭		布机	
	十八年	十七年	十八年	十七年	十八年	十七年
华商	七七	七二	二、三二五、七九二	二、一六六、八八〇	一五、九五五	一五、六四七
日商	四六	四六	一、六五二、一二四	一、五一四、八一六	一一、四六七	一〇、八九六
英商	三	三	一五三、三二〇	一五三、三二〇	一、九〇〇	一、九〇〇
共计	一二六	一二一	四、一三一、二三六	三、八三五、〇一六	二九、三二二	二八、四四三

　　因十八年之进展，而十九年可望开工的如下：

	厂名	地点	纱锭	布机
华商	申新八厂	上海	四〇、〇〇〇	
	济生	上海	未详	
	益丰	太仓	未详	
	华昌	绍兴	一〇、〇〇〇	
	宜昌	宜昌	二〇、〇〇〇	
	普益	山西	一〇、〇〇〇	一五〇
	雍裕	山西	一〇、〇〇〇	
	辽营	营口	一〇、〇〇〇	九六
	沙市	沙市	二〇、〇〇〇	
日商	上海第五	上海	三〇、〇〇〇	一、〇〇〇
	大康	上海	三〇、〇〇〇	
	公大第三	上海	三〇、〇〇〇	一、〇〇〇
	丰田第二	上海	四〇、〇〇〇	一、〇〇〇
	裕丰第二	上海	三〇、〇〇〇	

　　以上各厂实际是否已经开工，虽还没有确报，但棉业工厂的进展是确定的。

　　从来的观察，对中国与外国的贸易，总以为是以农产品交换工业品。否认中国有资本主义的论者尤绝对保持这个观点。本来中国是农业手工业的国家，自然只有农产物为出口的大宗以与外国进步的工业品相交换。但因资本输出的影响，中国工业已有如上的发达，所以，工业品也有出口的事实。即以一九二七年即大革命后的一年而论，工业品出口颇有增进的现象。依民国十六年大阪市役所产业部调查课的调查，有如左记："国内纺织工业进步显著，在中国市场之内，与曼切斯脱及日本工业品有激烈的竞争。其中，下等棉布为最甚，实压倒外国货。中国制造的烟草及火柴，虽有苛税及其他限制如磷及其他原料进口的限制，仍大有发达的余地。纺织品出口增加。棉纱去年（十五年）只一万四千疋出口，今年（十六年）加至七万一千疋。粗布毛巾合计为二百八十八万五百二十八疋，增加百万疋。绒毡，棉毡等比去年增加。手巾的出口达四万六千五百八十五打，去年只二万七千六百六十打。丝织品及丝绵合织品去年没有出口，今年达二万零八百八十四两。其他工业品如板纸今年出口达一万六千六百二十一担，多于去年三倍。其余如电气材料及制品去年只三万三千二百七十四两，今年达十二万三千一百三十五两。"（《民国十六年中国贸易年报》七六至七七页）棉纱出口，今后更有增加的趋势。十九年十二月十八日《时事新报》载："近因银价关系，日纱颇难进口，我纱反可乘机输往。现据确查，我国棉纱输入日本者已达七千捆之多。"中国工业品出口数量纵然不大，也可以指示中国已有资本主义的进展。

五　农业衰落与原料食粮的进口

金融商业资本特殊发达，工业资本相对进展，这都是农业衰落的原因。商业高利资本在金融资本后盾之前，可以更加深入更加广泛的破坏独立与市场接触的小农。中国的农民，已经不是田奴的故态。他们是独立与市场即商业高利贷资本相交易的。无论是富农贫农或佃农他们的买进和卖出，都是直接和商人往来的。商人买贱卖贵，农民便是买贵卖贱。因此商人资本是从农民的生产上面蓄积起来的。商人资本愈加发达，则农民愈加贫困。这就是晁错所说"商人兼并农人"的方法。金融商业资本的发达，当然使农民困穷。

工业资本主义发达与农民的穷困也到处成正比例。工业国所有的农民离村的现象，在中国也日益加厉起来。内政部在十九年三月八日上海各报发表一个报告，指出都市人口增加的现象。兹列表如左：

都市	民初	最近	附注
南京	二七〇、〇〇〇	五三〇、〇〇〇	民十七年海关调查为四九七、五〇〇
上海	一、〇〇〇、〇〇〇弱	一、五〇〇、〇〇〇	民十七年海关调查为二、六七七、一〇〇人。十九年五月市政府调查为二、九三六、一二三人。则内政部调查为太少
天津	七五〇、〇〇〇	一、三九〇、〇〇〇（十七年）	同年海关调查为八〇〇、〇〇〇
北平	八〇〇、〇〇〇	四四〇、〇〇〇（十七年）	

在这种情形之下，农业的衰落是显然的。农业衰落表现为农产品对中国国内工业供给之不足，及食粮之不足。工业原料之不足，由外棉进口每年增加的趋势而可知。外棉与内棉的进出口关系，可以三个表来指示：

第一表 　　　　棉花之由出超到入超表（单位石）

民国七年	出超	一、一〇一、九八四
民国十五年	入超	一、八六六、五〇五

第二表 　　原棉消费量本国棉减少而外国棉增加表（单位包）

原棉消费	十九年上半年	十八年下半年
中棉	七七〇、七八五	七六二、〇一七
美棉	一六一、五二〇	一二九、六四七
印棉	二六四、三一八	一九八、七四六
埃及棉	一、五八四	八六一
其他	五、一六六	一、二五一
共计	一、二〇三、三七三	一、〇九二、五二二

第三表 　　　　十九年十一月外棉进口增加表（单位包）

来源	十一月数	比十月增加数
美棉	三三、〇一二	一、四五二
印棉	四〇、五六五	（减少）二五
埃及棉	五五〇	三〇〇
缅甸棉	六、六〇〇	六、四〇〇

工业品也有出口，而原料也有进口。这是很有兴趣的现象。这现象表示中国工业已有相对的发达。中国已不能完全叫做农业国了。

至于食粮进口，无须多举实例。上海在民国十九年春季有一万万元

的洋米进口。天津的外国麦粉进口也是每年增加。下列一表指出粮食由
出超转为入超的现象：（单位两）

民国八年	出超	二七、二〇四、一六〇
民国十四年	入超	五五、六一二、四〇四

六　交通的增进

都市间交通的发达，可以促进工商资本的蓄积。这一点我们要注意
的是：在欧洲西中欧诸国，是工商资本的发达促进交通的发达。中国的商
业资本开发各地的交通，也是同样的现象。但是百年来的铁路长途汽车路
以及轮船，则与过去"服牛轺马"的商业开发道路相反，乃是道路开发商
业。大凡铁路长途汽车路及轮船所到之处，工商业才有发达的希望。

关于交通，有三种资料可资研究。

第一种是轮船吨数的增加。依英文《中国年鉴》的调查，民国五年
与民国十五年十年间，轮船吨数增加如左：（单位吨）

国籍	民国五年	民国十五年
英国	三五、八四〇、五七三	四二、九四二、四八四
日本	二四、二三三、八三五	三五、〇八一、一一六
中国	二三、三九七、一〇九	三三、〇〇二、九三六
其他	四、五四八、五八四	一七、二七六、一八九
总数	八八、〇二〇、一〇一	一二八、三〇二、七二五

第二种资料是中国铁路的现状。据铁道部发表之统计，全中国共有
铁路一万二千三百三十五英里，建筑未竣功〔工〕者八十七英里。其中
以沿海各省为多。全国有铁路的十六省，没有的六省。此六省内，陕西
现在正筑一长六英里的铁路。兹将各省铁路列表如后：（单位英里）

河北	二、三二二
辽宁	二、一〇八
河南	一、五六七
山东	一、二三三
江苏	一、〇三一
广东湖北吉林察哈尔山西黑龙江等省	五〇〇
安徽	三〇〇
浙江绥远等省	二五〇
江西	二〇四

然而第三种资料表示没有铁路的地域，还有新道路来沟通。中国新道路据世界新闻社调查，共八万四千四百七十九里。兹将各省新道路表列如下：（单位里）

河北	五、二二六	贵州	二、六七〇
山西	三、九二二	四川	二、二〇五
陕西	三、五九九	湖北	二、四二三
甘肃	六、〇〇七	察哈尔	四、六八六
山东	九、四四五	绥远	二、八〇七
河南	二、〇六〇	宁夏	二、七二五
江苏	五、五六八	热河	二、二〇〇
安徽	三、〇三一	西康	九九九
浙江	一、六七六	云南	八五〇
福建	一、〇〇七	蒙古	七五〇
广东	七、三二一	吉林	三二二
广西	四、〇〇七	黑龙江	四八〇
湖南	二、一一四	辽宁	五、四四四
江西	九三五	共计	八四、四七九

这间接表示工商业资本的遍布，及工商业发达的可能性之大。如果历史社会学家不应当忽视一切变化，我希望他们不要忽视这些数字。

七 衰落与复兴的特点

中国金融商业资本的特殊发达及工业资本的相对进展以及附随的或促进的条件，已如上述。我们现在要再加提醒的是：

（一）中国商业资本是由农业手工业产物交换而蓄积的；

（二）外国金融资本与中国这样发达的商业资本相结合；

（三）外国金融资本是外国金融资本主义输入中国的；

（四）金融商业资本刺激了中国的工业革命即工业资本之相对发达。

由此可知中国资本主义的发达是在金融资本主义时期半殖民地中进行，与先进工业国的资本主义有相异的环境，因此有相异的途径。

由于这些特点，中国资本主义的发达有如下的特色：金融商业资本发达，工业不能尽量发达而只有相对的发达，农业手工业破坏。这种趋势，我在本志第二十七卷第四号《民国十九年之中国社会》一文中已经指出，兹不再赘。

在此次大战之中，内受战事的影响，外有金贵风潮的压迫，工业既已衰落，商业也就不振，而金融资本同时陷入困难。因金融商业资本有了困难，经济衰落的现象乃至为可惊。工业生产及农业衰落纵然严重，倘使金融商业资本还在蓄积，则资产阶级并不感觉困难。所以民国十九年上半年中国经济的恐慌，不在生产衰落，而在金融商业之衰落。

外国资产阶级对中国经济的观察点也是注意于交换而不重在生产。无论中国生产怎样不振，只要一能消纳洋货，二能消纳资本，三能供给原料，外国资本阶级此外更有何求？所以中国的军事和平一有端倪，外国便欢欣鼓舞，以为中国国外贸易必能再兴，外国商品与资本必能向中国投入，以保持他们濒于危险之中的平均利润率。

外国与中国资本家尤其是其中的巨头——金融资本家——对中国工业及农业生产力的增加，是如"秦人视越人之肥瘠"，不能够恳切关心。这是中国经济复兴中的一大重要现象。

本来，求中国农工生产之增进，必须外而废除中外不平等条约，内则消除苛捐杂税。外国资本主义者不许前者之实现。中国金融商业巨头也不汲汲于两者。《满蒙月刊》（大连中日文化协会发行）第十一年第十二号《重税政策与社会生产之因果关系》一文中，说道："资本为利润追求而活动。资本常由利润少的处所流往利润多的处所。如现在农业经济日趋破坏，于是从前最大投资处所之耕地购买大为衰退。大地主由地租所得的资本及官僚资本，大部流入大都市，购买土地与房屋。在举国贫乏之年（十八年），上海租界内房屋建筑却日新月盛。据公共租界工部局调查，民国十八年新建房屋之统计如左：

年度	住宅数	建筑费（两）	戏院执照数
十八年	七、三四二	二五、一四九、六九一	二〇
十七年		二〇、一六一、二二五	
十六年		九、二〇七、七五二	

"此外今年最显著的是上海地产交易数额之巨。交易所投机买卖也不在少数。这些资本不投于工业农业生产而注入地产与交易所。这是中国固有的金融商业资本独立发达而工业农业生产不振的必然趋势使然。

"因之，反对重税之工业资本家不能够坚决反对重税，却容易把他的资本投入那利用重税或依重税而成立的活动，如银行资本与投机资本之类。由此而资本巨头不独不反对重税，且有时促进重税。最显明之例是以盐税（举例）为担保的政治借款，经手银行必不反对增加盐税，以关税为担保的公债，其承销的银行，必不反对财政关税政策，而欢迎关税的增收。"（日文，译其大意）所以工业农业不易发达。中国经济的发达，只是金融商业资本发达的意义。今后经济复兴也不免这个特色。

在经济复兴的道路上，工业也因商业的刺激与金融的调度，而有相对的振兴，但仍不能尽量发展。这是第二个特色。第三个是农业的衰落，很难有挽回的方法。

因工业的相对振兴，第一步是合理化运动即对劳动的攻势之勃起。这种运动从目前始便要进行。第二步是劳动的反攻。而失业问题之严重，使资产阶级感觉棘手，也足使劳动的反攻迟延与激化。这也是经济复兴必有的现象。农村衰落引起农民的不安。因工业资本有相对的发达，地主没落而富农发达的趋势，定是经济复兴之中一个重要的现象。这种现象的进展，目前已有见端。

地主没落，同时增加都市中"高级游民"，即无业知识分子。这种现象，一方面增加政治投机，他方面促进社会思想的波动。这也是经济复兴中所将必有的。

怎样移转前述的趋势？怎样适应前述的趋势？我希望各方面——政府与民众——努力注意，努力施为。

（注一）《新生命》月刊第三卷第十号。

（注二）同上。

一九三〇，一二，一八，上海。

（载《东方杂志》第 28 卷第 1 期，1931 年 1 月 10 日）

中国文化与火烧红莲寺
（1931 年 3 月）

现在有许多人谈中国文化。作者不才，不知道他们说的中国文化是些什么。作者愿意这些人说话说得具体些，不致把我们的中学生越弄越糊涂。

这些人谈文化的用意是很简单的。他们或者是为了要主张保持中国文化，或者是说将来西方文化会被东方文化征服，或者是表扬中国有比外国好些的处所，或者是拿中国文化来标榜自己，向外国人出卖。因为他们谈文化是用意别有所在，然而这别有所在的用意又不好径直拿出来，所以他们把中国文化一个名词，加上玄学的意义，于是我们中学生越听越不懂，越弄越糊涂。

其实文化并不是玄学的名词。文化是一个具体的生活样式。中国文化便是中国民众的生活样式。

中国民众所以有现在这种生活样式，是由于现在社会的生产方法是如此的。所以有如此的生活样式，又由于过去历史留传下如此的生活样式，所以现在的生活样式只得如此而不会如彼。

说生活样式，是具体的、平凡的。说文化，是抽象的、玄学的。人们只崇拜玄学名词，不愿意指出玄学名词的真实意义。

神是一个玄学名词，曾引起千万年亿万人的崇拜。灵魂是一个玄学物事，曾引起千万年亿万人的体会和畏怖与景仰。神与灵魂也曾在学问做解释一切现象的说明。但是一指出神与灵魂的真实意义所在，它们的崇拜、体会、畏怖、景仰，就消失了。

文化这名词也是如此。这个事物的真实意义，值不得崇拜景仰。然而我们的文化家却要把它来神化灵魂化，使我们去崇拜它，景仰它。

中国民众的生活样式原来是如此的，用不着崇拜，也用不着咒骂。

可以崇拜的物事，也是可以咒骂的物事。例如裸体像，旧来的中国卫道先生咒骂它，现在的美术先生崇拜它。多少人在现在崇拜女人的所谓"玉腿"，但是假若他们生在一百年前的中国，他们却只崇拜小脚即所谓"金莲"，而反对粗腿的女人。

中国民众的生活样式是用不着崇拜，也用不着咒骂的物事。却也可以咒骂，因此也可以崇拜。中学生应取前者的态度——不咒骂不崇拜的态度。

我们对于中国民众生活样式，不独取不崇拜也不咒骂的态度，并且要取研究的态度。我们要研究中国民众的生活样式是怎样的具体内容。我们要研究中国民众的生活样式是怎样的构成条件。我们如果不取研究的态度，却去崇拜文化，那我们将变做一个玄学家。

有一种是受人供养的阶级。有一种是供养别人阶级。受供养的阶级拿玄学的名词来把供养的阶级笼罩起来，让他们甘心俯首来供养自己。受供养的阶级自己不信玄学，却假装着信仰玄学，使供养者心悦诚服的提供劳力与生产来供养自己。你们如果对于任何名词，不取研究的态度而取崇拜的态度，必定有人借仗你们的崇拜来受我们的供养。你们要谨谨防备！

中国民众的生活样式，在现在是很具体很复杂的物事。这具体复杂的生活样式是由于中国现在复杂的社会构成。

中国现在的社会包容如下的各种成分：（一）金融资本主义组织，如银行、交易所等。（二）商人资本的组织，如钱庄、典当、商店等。（三）工业资本主义的组织，如机器工厂及附属于机器工厂的各种工业，以及矿坑等。（四）封建式的剥削制度，如田租，包含押租及其他苛例，以及田租式的田赋，及相类之制度。（五）手工业，如附从于商店的作坊以及受商店的委托而生产的独立小手工业。（六）石器及石铜兼用的村落共产制及物物交换制，如苗、猺等种族。如此等类的社会构成分，发生如下各种的生活样式：（一）金融资本主义即纽约巴黎式的游闲奢侈生活样式，如跳舞场、俱极〔乐〕部、洗澡间，以及玉腿出卖者、裸体陈列者、一切新式的人肉市场、按摩术、交际舞之类。（二）商人资本即中国旧都市式的游闲敲剥生活样式，如长三堂子、野鸡、私娼、京戏场、大鼓书以及清客幕友帮闲式的官场游士等等，并还有劫掠贩卖妾婢的事实。（三）收租地主及收息豪民即中国旧来官僚绅士生活样式，如排场的官僚公馆衙门生活、鸦片烟灯、星夜夤缘的八行书信的生活、以谋生计为生计的高级游民、小姐少爷式的大学生等。还有与此对立的农民生活样式。（四）企业家与劳动无产阶级的对立生活样式，如工厂生活、贫民区生活、失业群的抛置等。（五）小工业店及大商家的对立生活，如半夜工作的学徒、受店主蹂躏的女工等。（六）苗猺等半开化种族生活。

这些成分并不是分列独立的。彼此之间，它们有有机的关系。地主与商人是相通的。商人有钱可以买耕田。地主收租，拿来营商业放利钱。商人又与金融资本家相通。典当从银行轻利借款，再以重利放给农民。钱庄以银行为后门，银行以钱庄为出路。工厂从银行活动金融。银行借工厂流通存款。官僚是金融商业及地主的雇佣，而本身又是他们的队伍中人，持有股票及地契。苗猺的酋长勾结官僚以剥削他同族的平民。

所以这些生活样式也是互相凑合的。例如小姐少爷式大学生的舞场咖啡馆生活、官僚的俱乐部生活、大学教授及名流离婚之后的电影式初恋生活、资本家的官僚化、工会委员的老爷化、如是等。

跳舞场外的野鸡、旅馆房间的拐匪、轮盘赌场里的鸦片烟灯、女子职业口号下的女招待、新官僚的姨太太，这都是各种矛盾的生活样式的调和。

《火烧红莲寺》电影中的"矛盾的统一"最为显著，游民阶级的生活，豪侠、武士、独行盗式的结构，加上裸体跳舞。

《西游记》新戏中，猪八戒招亲的时候的跳舞，孙悟空闹海时的歌舞戏。这些都是有来由的。

这些虽然"浅薄"不过，然而比空谈文化者对于文化的了解还深得多。

一九三一，一，十三，上海

（初刊于《中学生》第 13 期，1931 年 3 月，
收入陶希圣《中国社会现象拾零》，新生命
书局，1931 年）

过去中国之教育与行政
（1931 年 4 月 11 日）

一

我来济南，下车进城的时候，第一个感想是此地的商业，在我所走过的省会里，算是最为繁荣，我想起公元前第七世纪，这地方已经是商业繁荣，到了公元前第三世纪第二世纪，这里的商业发达到全市场包容七万户三十五万口的户口的程度。济南可以说是商业古都了。

商业在一方面是急进的，在他方面是保守的。在公元前第七世纪到第二世纪的时候，山东的文化是急进的。但是直到近代，保守的色彩郤〔却〕非常浓厚。最近才有进步的现象，然而我可以说一句，也是很薄弱的。保守的力量恐怕到处还是存在罢。

不独济南或山东是这样，中国全国还是这样。旧的破坏了，但新的还很难建树起来。各位在各县做教育行政的时候，一定对这点感觉得很痛切，——即旧的破坏了，新的难建树——这不待我提出。我所要提出的是为什么如此。

二

原来，商业在破坏方面是急进的，在建设方面是保守的。它能打破旧的，却不能建设新的。中国的商业发达在公元第七世纪，然而直到现在，一切还赶不上资本主义欧美诸国，这是重要原因之一。如果我们把商业与资本主义看做一回事，那我们便不能了解这种现象。有许多现象是商业资本的表现，却不是资本主义的现象。这些现象既不是资本主义的现象，然而说是封建制度也不正确。这种现象在中国很多，从教育和行政两项上，我们就可以看得出来。

三

山东曲阜，在公元前第五世纪的时候，出了一位哲人——孔子。

我们提到孔子，总想到他是贵族破坏的时候，把学问从贵族手里拿到平民手里的一位大师。从那时候起，中国的教育已经掌握到平民手里了，但到如今，是不是平民都受教育了呢？

欧洲中世纪的贵族教育独占权破坏以后，资本家代替他独占教育。中国自战国时代以来，没有欧洲近世那样的资本家，然而教育却到不了平民——假如我们说社会最下层的生产劳动者是平民的话。并且在资本主义国家，资本家为提高劳动者的生产知识，还推行平民教育——所谓教育普及。但在中国，教育却没有普及。这是为什么呢？

四

战国时代，贵族与农奴对立的身分制度已经破坏了。由秦到汉末，没有表现在法律上的身分制度。从公元第三世纪到第七世纪，中国有身分制度，然而第七世纪它已开始破灭了。第十世纪以后，可以说完全是没有身分制度，而且又没有欧洲那样的资本家，但是教育却没有到平民的。这是为什么呢？

原因是很简单的。自战国以后，贵族已倒，而所谓平民者，又分化为一方面商人地主，他方面农民的两群。地主的教育是到不了农民的。同时地主的学术便教给农民，除了叫他屈服以外，没有别的用处。孔子说得好："君子学道则爱人，小人学道则易使也。"

五

君子的道是什么道？

简单的说：君子的道便是统治农民的道。我在《教育杂志》上曾有说过：中国的教育第一个特色是学统治术——可以叫做"治术教育"。中国历来的知识分子士大夫——所念的书，都是治国平天下的大道。因游过济南而善于著书作文的孟子说得好："无君子孰治野人，无野人孰养君子。"又说是："劳心者治人，劳力者治于人。"又说道："有大人之事，有小人之事。"君子所以学道是为治人的。至于小人野人即农民呢，孔子告诉我们说："天下有道，庶人不议！"

当贵族独占教育的时代，贵族是统治者，同时他就是知识分子。到了贵族破坏而士人当道的时候，士大夫必须要做官才成为统治者。孔子告诉我们说："学而优则仕，仕而优则学。"当战国的时代，也有反对官僚政治的，也有反对士人做官。如许行乃属于前者，如陈仲子乃属于后者。孟子刚才的话是驳许行的。他驳陈仲子说，"充陈仲子之操，必蚓而后可者也。"原来中国的士人，不食禄便只有吃土！

六

孔孟的学说，在战国时代乃是诸家中的一派。战国末年乃至秦代，法家很反对这一派，说道："儒以文乱法，侠以武犯禁。"秦以法家学说治国，反对儒家。西汉初年，从农民起家为皇帝及诸侯的刘氏与曹参以降诸相国，重视休养生息农民以增加赋税的黄老之说。直到商人地主因土地兼并商业繁荣而起为统治势力的汉武帝时代（公元前一四〇至八七年），儒家乃以宗教的形势抬头。后汉（公元二五年以后）以后，儒家的当国已成确定之势。

其中曾有几度反儒家的思想抬头，如老庄，如佛，但是他们一起来便被儒家拥抱起来，如东晋之老易，如宋明之理学，乃拥抱的结果。

七

刚才说过，儒家的教育是叫人得君行道的统治术。统治术的内容是什么？是历史（如《书》），是辞令（如《诗》），是举动的规矩（如《礼》），是款待宾客的享乐（如《乐》），是做统治者的起居注（《春秋》以降），是卜卦断吉凶的大道（《易》），以及做模范人的方法（如《论语》）。

然而统治术只有当局可以学。非当局而学统治术，个个知识分子都想来统治，则乱——旧统治者的摇动。于是每一新统治者起来之后，一方面用科举搜罗治术人才，他方面又用科举毁坏治术人才。他把科举的取士标准确定了，非照这样不取。而其标准的内容，只是背诵五经，和按着五经做空文。

旧来的知识分子遂以科举取士的标准来做教育方针。于是小孩子读到老，读不着一句切于事理的书，写不会一句切于事理的文。"言而无物"，但是"言而有序"。

八

这样教育教出来的士人，是无能而无所不能的。从宰相到县长他都能，因为宰相到县令本来是如此人物。但是从宰相县长应办的事情，他一样也不能。无所能而无所不能的人，直到今日还充满中国，便是过去教育的流毒。

九

《大公报》载本月二十五日左右，教育部通令有对过去教育加以矫正的话。通令上说过去教育"养成多数欲望较高专事分利青年"（本月二十七日《大公报》）。分利是对生产而说的，若从生产与分利的差别上看过去中国的教育，我们对于前面所说的现象，可以得到一个根本的认识。

地主是收租的人，他自己是纯分利而不生产的。商业是生利的，但并不生产，商业的手段是买贱卖贵。它的需要，需要记账的人和管钱的人，记账只要知账簿登录法。管钱只要不监守自盗的诚实人。这和欧洲资本主义所需要的人才，大相悬殊了。资本主义换言之就是大量的商品生产方法。它需要是生产技术。至于商业只需要忠实可靠而懂纸面记账的人才。

至于地主，他只需收账。谈到农产生产技术，那是农民的事，不是地主的事，自然也不是士大夫的事。樊迟问稼，孔子曰"吾不如老农"。问圃，孔子曰"吾不如老圃"。我们士大夫，知道什么呢？士大夫只知道农民的统治术。

所以中国从来的教育不是生产教育，而是统治术教育。专事分利的教育。

十

说到商业账簿，使我想到官厅的公文。

商业内部只是一个账簿关系。过去中国官厅内部只是一个公文关系。账簿最难的是转账，而公文的秘密乃是"等因奉此"。账簿上的往来使商人获得利润。公文的往来使官吏获得规费。这是过去中国行政上的根本病症。这样一个公文组织，乃又被专事分利的地主士大夫所运用，于是乎病症乃几于不可救。

十一

我们知道过去中国的行政与欧美资本主义国不同。欧美民主国的行政机关向议会负责。中国旧来的行政机关只向行政首长负责，行政首长不负任何责任，不向任何人负责。所以过去的士大夫，第一件大事是得君行道。第二件大事是格君心之非。其实，君主的良心主义就是专制主义。天下之大，政务之多，而系于个人的良心，这是多危险的事？

过去中国的行政，完全是由下向上负责。所以下级官厅的责任，只要上级官厅认可，便可以解除。国民是不能过问的。官只向官负责，官的责任只有官才有解除之权。因此，下官只求得到上官的认可，不计国民的可否与从违。其结果，一切行政，只以公文上报销为目的。我叫这做报销主义。

十二

报销主义的行政组织一经成立，则士大夫所想的得君行道者，弄成了得君而道不行。如果多行一事，人民身上只多生一重剥削。所以过去中国好官的训条是"多一事不如少一事"。多一事，无论动机是为民或暴民，结果只是一条路，——加重人民的痛苦。

因此，过去的行政，只是消极的，不是积极的。只是消极除害除弊，而兴利一层，人民岂敢望哉了。王莽王安石何尝不要兴利，何尝不是社会政策，但因报销主义的公文组织没有革除再建，弄得一个得罪地主而骚扰了农民的效果。他们失败了。

十三

过去的中国，教育如此，行政如此。过去没有教育行政。但是如果有教育行政的话，我们也可想像它怎样一回事。

改革是很难的。社会的政治的改革，常常有名义上改革而实质上却没有改革的。究竟现在的教育尤其是教育行政，是不是已经免除或变过以上所说的弊病呢？请留待明日再与诸位讨论了。

一九三一，三，三〇，济南
——在山东全省教育局长会议讲

（载《社会与教育》第 22 期，1931 年 4 月 11 日）

《中国社会现象拾零》自序
（1931 年 8 月 25 日）

自一九三〇年到一九三一年初期，我所写的论文，有两点与从前不同：第一是涉及多方面，第二是倾向于短篇的随笔。这书所收辑的是其中最大部分，还有一部分，留待以后再行编收，这一部分是论中国旧小说的，将以《中国旧小说新诠》的书目而出版。

这书所收辑各文起草及发表的时期，是中国理论斗争空前激烈并空前混乱的时期。各文除驳论别人的以外，有许多曾受别人的驳论。同时拙著《中国社会之史的分析》及《中国社会与中国革命》正是在这时期中发生赞助及反对两方面的影响。所以这书中各论文有些是在著者紧张的情绪里写出来的。著者自感孤独，对于纷至沓来的评论，感谢或接受或驳覆的工夫都不够。所以紧张的情绪之中饱含着无上的悲苦。

在政治斗争尖锐的现代，孤独的个人是不应当多说话以紊乱各方的论争战线的。我明知事情是这样，也曾屡次起停笔的决意，但一方面有各杂志主编的刺取，他方面又感觉到理论斗争的参加，或者有贡献于理论的进步。于是我终于拿笔，终于大胆去冒受各方的批评，我对于所加于我的批评，只有感受，不存答辩，就是由于下笔的时候，怀有不愿下笔的感触。

批评的第一集中点，是士大夫阶级的论议。士大夫阶级这名词，有好些个党派好些个刊物书籍乃至决议案都正在使用，然而批评却集中于我。——甚至有人以为这是我的"发明"，或是我的"罪恶"，好像只有我一人使用这个名词，又好像使用这个名词便是反革命。但我觉得士大夫阶级并不算什么奇异的名词，只不过表示中国在战国时代以后及近代以前的知识分子。在生产技术家没有从生产劳动者分化出来，形成独立的知识分子以前，知识分子是统治阶级的附庸或尾巴，或竟可以说统治阶级以外没有知识分子。在此以前，没有纯粹中间阶级的知识分子。中国的知识分子大抵出于地主阶级，便是这个道理。所以我不叫做知识分子而叫做士大夫阶级。又，地主阶级出来做官僚及绅士的分子，不一定都有知识，有许多毫没有知识而充任官僚绅士的，这也只好不叫做知识分子，只好叫做士大夫。

批评的第二集中点，是封建制度的论议。我觉得农奴制度自战国时代已经分解。如果农奴制度才是封建制度的基础，则中国从此时以后没有完整的封建制度。如果佃租制度才是封建制度，则中国自战国到今日才是封建制度。我的意见于此外更看重于商业资本与农村经济的有机的关系。中国商业资本发达自战国时期，确曾有分解旧生产方法及孕育旧生产方法使日益进于商品生产的效用。封建制度的条件之自然经济确曾逐渐破坏。生产方法确也有变迁的历史。由庄园制到分散的农场，由农奴制到佃户制，这是重大的变迁，这个变迁，更使政治及意识之上层构造或急或徐的变迁：由分权的诸侯到集权的国家，由领主到衣食租税的封家及以朝命为退进而受俸不受田的官僚，这是确实存在的现象。我没有方法否认这种变迁，因也没有方法承认封建制度完整存在于今日。土地制度的变迁以外，手工业与农业的分化，及手工业的发达，也是不能否认的。凡此种种，只可认为封建制度后期及资本主义前期的现象。本来，由封建的生产制到资本主义生产制之间，有许多复杂纷歧的情形，我不敢自己来指出，我于本书中特收辑欧洲科学社会主义者论商业资本的一篇译文，附载于第二章。他指出商业资本有分解旧生产方法的效用。他指出封建的生产分解以后不一定即为资本主义生产制。于转变为资本主义生产制一条路以外，还有转变为商业支配工业的妨碍资本主义生产制一条路。明白了这个，中国社会的论争有许多是枉然的了。

批评的第三集中点，是游民无产者问题的提出。我读过《德意志农民战争》等书之后，深觉游民无产者的问题，在中国应当及时充分讨论。打开中国历史上朝代更换的锁，游民无产者的探讨实在是一把钥匙。但提出这个问题以后，批评者遂认为这是一个"罪恶"。我不信革命转变时期之中，社会矛盾中有力的现象之讨论是"罪恶"。诚然，如果否认中国社会是完整的封建制度，即是罪恶；那末，封建制度后期及资本主义前期必有的游民现象之指出，也是罪恶了。

在今日，"罪恶"是易犯的了。著者一年来所犯的"罪恶"是对于两方面的。在一方面是批评的锋端，在他方面是狱囚的锁链，皆对著者的"罪恶"而求甘心。这本小书可以说是沉痛及恐怖的遗迹了。

一九三一，六，三，上海。

（《中国社会现象拾零》，新生命书局，1931年8月25日）

什么是儒教？
(1931 年 8 月 25 日)

日人大塚令三氏在《满铁支那月志》三十一号介绍我的《中国社会与中国革命》，指我的结论为儒教的三民主义解释。我在这本书内有一个小题是《孔学三民主义之妄》。他的指斥，对我是一个冤狱。

我不是不相信儒教，我也不是相信儒教。我只是喜欢评定儒教的社会的地位。我确信孔子学说到今日已经成为地主阶级生命之火。我如果以地主阶级的意识为意识，我当然应信儒教。我如果不加入地主阶级的队伍，我当然不应信儒教。儒教三民主义是地主阶级三民主义的解释。我如果是地主豪绅，我当然用儒教来解释三民主义。

这是一个社会的问题。

儒教的权威之有无成败，全赖中国地主阶级的生死成败。中国地主阶级，据我看是正在崩坏之中，因此我断定儒教也正在崩溃之中。无论我相信儒教与否，这是一种事实。

我们读汉四史。我们看前汉时代，儒家并没有当权。汉武以前，宫廷与封君信仰黄老之术。汉武以后，宣帝不用儒生。元帝做太子的时候，主张用儒生。到了他登帝位，萧望之为宦官所害。刘向为外戚所排斥。换句话说，儒生在武帝以前受封君的抑制。在武帝以后受宦官外戚的抑制。

这是因为什么？汉武以前，政权在于封君。封君是吃地税的贵族。地主是纳税的平民。在经济上地主受制于封君。在政治上儒家受封君的抑制。汉武以后，封君因商业资本发达而崩溃，大封君被宫廷打破。小封君向商人负债，受制于商人，失却从来有力的地位。商人有货币，可以买土地。大地主出现了。然而汉的政权不是地主政权。汉是由游民及农民产生的政权。封君崩溃以后，宫廷方从事于财政集中与军事集中，方从事于集权于宫廷。宫廷不容许那主张封建制的儒生。宫廷不容许大地主当政。所以武帝以后的政府，只用小吏（如霍光、魏相、邴吉），只用宦官（如许恭石显），只用外戚（如霍家、傅家、王家）而不用儒生执政。因此孔学在西汉只取得社会的尊荣，宗教的热信，而没有取得政治的支配。

我们再看《后汉书》，后汉中叶以前，宫廷不独尊重儒生，宫廷自己也以儒生自居。中叶以后，宫廷虽为宦官所操纵而欲集权。但是儒生的势力已不可侮。党锢之祸，便是集权的宫廷与强大的儒生之斗争。然而儒生的社会势力，决不因此而动摇毫分。

这是因为什么？后汉是以地主起家。除吴汉以外，自刘秀以下的开国功臣，都是地主，因此都是儒生。后汉的政权是豪族政权。所以后汉的举士，全操纵于豪族之手。因为在后汉是地主当权，所以孔学非独取得社会的尊荣，并且取得政治的支配。

孔子与地主。这两者结不解缘。王莽借孔学来打击地主，实行井田，反为地主所破灭。破灭王莽的，仍然尊重孔学，因为破灭王莽的乃是地主。王安石借孔学来改行新政，打击地主，反为地主所环攻。攻击王安石的仍然是孔学（如程氏兄弟、苏氏父子），因为攻击王安石的乃是地主。

孔学与地主。两者在起原上本是一家。孔子的时代，正是贵族崩坏的时代。孔子自己便是破坏的贵族。孔子的时代，正是私有土地的地主开始发生的时代。孔子的学生都是"士"，士便是独立的地主。所以新起的私有土地的地主便袭取孔子的学说。

地主上升。则孔学也上升。地主衰落，孔学当然衰落。试看五四运动以后，孔学已是陷入衰败之渊，不易挣扎。这是因为什么？试看中国的地主阶级。外国的廉价商品，打破了中国的闭关主义。中国的乡村，充满了外国商品。外国商品是要现银去买的。地主的租课却是谷麦。地主拿谷麦去到小城市换成钱。再拿钱去买那从外洋进口的商品。谷麦的流通，与洋货的流通是如下的：

1. 农民——谷麦——地主——小商——买办——外国资本家

2. 外国资本家——洋货——买办——小商——地主

洋货经过买办之手，又经过小商之手，才到地主手里。地主拿谷麦到小商手里才可以换得那买洋货的钱。小商来买谷麦的钱是小商从买办领来的。小商卖洋货的钱又从小商之手到买办之手，最后到外国资本家之手。其流通如下：

1. 外国资本家——钱——买办——小商——地主
2. 地主——钱——小商——买办——外国资本家

这样一来，地主一卖一买之间，被外国资本家把钱赚去了。全地主阶级的地租变成钱。全地主阶级的钱都被外国资本家赚了去。外国资本家富了。地主阶级穷了。门户撑不住了。书香不能继了。儒生崩坏了。孔学衰落了。

富人只有经营商业工业才能够富。买地收租不能够再致富了。所以他们抛却孔学，来信外国资本家所信的自由主义、功利主义、国家主义。

穷人丧失了土地，只有卖技术、卖文字、卖口才、卖力气。土地再不能维持生活了。所以他们抛弃了孔学，来信外国急进智识分子所信的无政府主义，马克斯主义、费边社主义、工团主义。

儒家士大夫说："叔世多艰，邪说横行。"然而有什么法子想呢？地主衰落了。孔学也衰落了。残余的地主士大夫拿孔学来解释三民主义。然而三民主义究竟不能附会到儒教上面去。所以我指出"孔学三民主义之妄"。

至于我信不信儒教，那是我的地位问题。假如我以地主阶级的意识为意识，我当然相信儒教。假如不然，我便不然。

十八，十二，二十一日上海

（摘自《中国社会现象拾零》，新生命书局，1931 年 8 月 25 日）

中国之割据与统一
（1931 年 8 月 25 日）

一　历史上的割据与统一

中国的历史是一部相斫史。统一的国家分崩为割据，又从割据之中，获得一时的统一，其过渡方法都是"相斫"。今日的国民革命，乃是打破这"相斫"的历史过程的民众运动。然而今日，如果我们不"粉饰太平"，这历史循环是否已经打破，却是问题。本文的目的，在对于这个问题，试求解答。

旧派历史学家解释统一与割据的原因，多求于相斫的领袖个人的天才与野心，及特定政治设施之成功或失败。这种解释不能使我们满意。我们要去求统一与割据之社会的原因。

新派社会学家对于过去统一与割据的解释，亦复两歧。或只是看见战时割据现象，而以为过去的中国是封建制度；或只看见平时统一现象，而以为过去的中国是资本主义。两种片面的解释都不能折服我们。我们所要求的是统一与割据为什么相与循环的解释。

我们更要寻求怎样才可以打破这统一与割据递相乘袭的循环。

二　统一之困难与可能

统一与割据之递相乘袭，便是说中国可以统一，而又难于统一。如果没有统一的可能，历史便不会有长期统一的现象；如果统一没有困难，历史又不会有易发而难收的长期割据的现象了。

为什么统一是可能的而又是困难的呢？这要向中国社会的生产与交换方法求之。中国的生产力，以各地不平均为特征。就最显著的事实论，在唐以前，陕西的粮食生产比全国各地都要多，而江南却是"卑薄之域"。自唐以后，陕西的耕地比汉代减少三万八九千顷，而粮食反要由苏杭供给。唐以前，关中财富居全国十分之六。唐以后，却是："苏杭熟，天下足。"又如布疋，在汉代，山东的织物"衣被天下"；在现在，山东及北方仰给棉纱棉布于上海。像这样，中国各地生产力的发达，显然是不平均的。

在生产组织发达及未发达的各地之间，二千多年以来已发生并发达了商品交换的事实。商品交换发达，因此有商业资本的发达，商业交换发达，又促进各地的社会的分工。社会的分工之发达，更使商品交换以及与之相联系的商业资本，有继续发达而不能消灭之机缘。因此，中国各地的生产组织发达的程度虽各有不同，而彼此之间多少有经济上互倚的关系。经济的互倚由经济交通的发达而尤可以明知。新疆与内地天山南路的交通虽时断时续；云贵与内地则自汉代开通以后，随朝代而俱密。黄河与长江固然是东西交通的自然航路；南北交通的缺陷却有工人凿造的运河可以弥补。

各地自足经济逐渐破坏，致封建制度也相随破坏。封建财产制转变为私有土地制。封建贵族制转变为收租的地主制与收税的官僚制。自给的庄园转变为硕大的统一国家。仰给江南粮食的北方统治阶级当然要征服江南。渴望江北市场的南方统治阶级也当然不征服江北不止。这简单的说明，已足以说明为什么秦破坏以后有汉的统一，为什么汉分裂为三国而又有晋的统一，为什么南北朝以后有唐的统一，为什么宋从藩镇分立之中打出统一的前途，为什么辽、金、元要征服江南，以及明清为什么力求统一？这些都不是封建制度的现象，都不是封建制度所能解释的。

但是，商业资本虽足以扩大各地的商品生产，虽足以破坏各地的自足经济，虽足以分解封建的生产制，却不能够单独的转变旧生产方法为新生产方法。具体的说，商业资本不能够独自产生资本主义的生产制。商业资本不独不能够单独促进新生产方法的产生，并且，商业资本的独立的支配的发达，与一般社会经济的发达成反比例。商业资本独立发达之处，便是一切落后的现象存在之处。这是为什么呢？原来商业资本是由于买卖行为而取利的。商业资本必须买贱而卖贵，换句话说，它是为贵卖而贱买的。商业资本剥削卖者与买者之双方。商业资本只剥削生产者，与消费者，却不直接支配生产过程。它是从生产过程分离独立的。它只是剥削生产者而不参加生产过程，所以商业资本的蓄积虽多，却并不能促进生产的发达。反之，独立发达的商业资本蓄积愈多，其所剥削的生产组织却愈为衰退。所以自秦汉以来，中国的商业久已发达。自秦汉以来，中国的生产却没有多大的进步。

中国的商业资本虽早发达，中国的生产组织仍然是地方的。各地的生产组织仍然是不平均的发达。地方的生产组织给予中国以割据的基础。

并且，商业资本一方面要统一市场，他方面又必须争夺市场。各地的商业阶级因争夺市场而发生冲突。海外市场之争夺，促进民族国家的成立。国内市场之争夺，促进地方部落的分离。中国的商业组织因此多带地方的性质，如西帮、徽帮、广帮、浙帮之类。因此，除海外华侨而外，中国商人很少有国家的意识。

这又是中国易启地方割据的原因。这可以说明为什么秦不过二世，为什么汉分裂为三国，为什么晋分裂为南北朝，为什么唐分裂为藩镇及五季；为什么每当统一破坏之后便有长期的割据。

三　行政之分权与特权

然而统一的困难与可能性是可以调和的。中国的行政制度便是调和两者，且必须调和两者始可以成立。

在统一形成之际，地方割据的成因必潜伏于其里面，且表现于行政制度之中。自汉之统一，同时有郡县的分封。后来，封君（诸侯王）的权力虽因商业发达而渐衰，郡守县令的权力却不异于各该郡县的南面王。他们领有公田、征收赋税、综揽行政、监理司法。中央只收受地方政府所用不完的余税，只颁定地方政府所能容受的法令。

试将历代比较而观之，商业经济发达的程度实决定中央集权的程度。宋以后商业经济较前代为发达，宋以后的中央政府较前代为集权。商业经济成熟于明清，集权政治也以明清为成熟。

若将一代剖析而观之，在初得统一之时，各地生产力因脱离过去的内战而逐渐恢复，各地的交换因各地生产力的恢复及交通的恢复而逐渐发达。这时期便是一代的黄金时期，如汉之文景时代、如唐之开天时代、如清之乾嘉时代，皆属于此类。自此以后，商业资本集积了、农业生产衰败了、官僚组织扩大了、民众负担增加了；政治因此腐败，民众因此起反抗的行为。一代的黄金时代必继以盗匪横行或外族侵扰，乃至于政权颠覆。这时期，土地兼并破毁了、商业资本分散了、经济交通阻绝了、各地豪强因而划地自封，形成割据。有时竟恢复自足经济，再建封建制度，如北魏是最显著的一例。

四 现在的生产与交换

如果依上述而推求，现在中国的生产与交换方法，对于政治，实给以最高的统一可能性。但是在他方面，现在的中国又有最高的统一难能性。

为什么说统一有最高的可能性呢？商业经济现在有空前的发达。货币流通已透入僻壤穷乡。自足经济已没有存在的希望，更没有恢复的可能。经济交通则有水上的轮船运输及陆上的铁道线网。最重要的变迁是大生产的新工业逐渐发达。

以商工业都市论，依民国十七年海关调查，超过十万人的都市有如左记：

哈尔滨	二三〇、四〇〇	南京	四九七、五〇〇
大连	二三七、一〇〇	镇江	一四六、七〇〇
天津	八〇〇、〇〇〇	上海	二、六七七、一〇〇
青岛	三一七、八〇〇	苏州	三五〇、〇〇〇
重庆	六二四、〇〇〇	杭州	四二六、九〇〇
长沙	五三五、八〇〇	宁波	二一二、四〇〇
宜昌	一一〇、〇〇〇	福州	三一二、八〇〇
沙市	一九〇、五〇〇	厦门	三〇〇、〇〇〇
汉口	八一八、八〇〇	汕头	一二五、〇〇〇
芜湖	一三六、〇〇〇	广州	八一一、八〇〇

再就通商都市人口与全国人口比较，有如左记：

总人口	四五一、八四二、〇〇〇
通商市人口	一〇、八七七、八〇〇

都市间交通的发达，可举两种材料来证明。第一是轮船吨数的增加。依《英文中国年鉴》的调查，民国五年与十五年的轮船吨数比较如下：（单位吨）

国籍	民国五年	民国十五年
英国	三五、八四〇、五七三	四二、九四二、四八四
日本	二四、一三三、八三五	三五、〇八一、一一六
中国	二三、三九七、一〇九	三三、〇〇二、九三六
其他	四、五四八、五八四	一七、二七六、一八九
总数	八七九、二〇一、一〇一	一二八、三〇二、七二五

　　第二是铁路营业的增加。据铁道部调查，北宁、京沪、沪杭甬、平绥、正太、道清、陇海、吉长、广九、湘鄂、四洮、胶济、南浔十三路收支状况，十五年至十六年显有增加，十七年因国内战事略为减少。列表如下：（单位元）

年度	进款	用款
十五年	七五、八九二、六二一	五〇、六二一、四〇三
十六年	七六、二九二、五八二	五一、四〇五、三六五
十七年	六二、四四五、六八六	四一、二五六、〇七二

　　但其中京沪及沪杭甬两路，十八年营业比十七年大有进步。据本年一月二十五日《申报》所载如左：（单位元）

路线	十七年	十八年	增加
京沪路	一〇、八七六、〇八三	一二、四二六、二五〇	一、五五〇、一六七
沪杭甬路	五、六二二、〇七五	六、〇六二、五八九	四四〇、五一四

　　这正在发达中的大都市及联络其间的陆上水上交通线，便是统一国家的可能的基础，何况大工业又有相当的进步。大工业的进步，可以进口机器的数量测之。现在列表如左：（单位海关两）

	农业机器	推进机器	织造机器	发电机器	其他	合计
二年	一一二、七〇〇	六四二、二〇九	八三六、八□四		三、〇五八、二二八	四、五六〇、〇〇一
八年	五二、〇二二	一、五八九、四〇五	三、七四四、〇一一		八、二四六、〇〇一	一四、一〇〇、四三九
一〇年	二、一九二、四〇四	五、一〇九、〇〇七	二六、七二三、〇一一		二一、六二三、三二二	五五、六四七、七八〇
十二年	三〇一、七一六	一、四七四、三四九	一二、三一六、四八六		一二、五八五、二四五	二六、六七七、七九六
十四年	一六一、二八八	一、九一九、七八四	三、四〇六、八二七	八五八、一五一	九、二三三、〇三七	一五、五七九、〇九七
十五年	五一一、五四〇	一、九〇一、四〇七	四、〇五七、七九六	八三一、六〇六	九、四三五、一八一	一、六七三、七五三
十六年	六六五、九七六	二、九七九、九六一	三、七〇九、一五四	一、二九一、五三一	九、四三一、一一一	一八、〇七七、八四三

由此可见欧战期间以后，中国的大工业有突然的进步，民国十二年以后虽有退步，十五年以后又稍有起色。而十四年以后发电机器之增加，尤为工业发达中可以注目的特征。大工业使生产脱离地方的限制，使社会的基础移转于都市，使都市为经济的政治的中心，使企业家卸却旧来近视的保守的眼光，有远大的国民的气概。大工业把竞争从国内转移到海外市场，养成资本阶级的民族的意识，大工业更产生现代的勇猛的劳动阶级，为废除一切剥削制度及世界帝国主义而斗争。

五 生产发达的障碍

但是，生产的工业资本对内对外均有重重的障碍。生产的发达遭逢莫大的难关。在这儿我们看得出统一国家的最大的难能性。

外来的障碍是列强帝国主义的侵略。内在的障碍是内地的生产，还没有冲抉商业资本的支配。试以最近的状况来说：

第一我们看见国内市场为外国商品所垄断，而国内工业为外国资本所占领。即如棉业，是中国最有希望的工业，两年来颇呈蒸蒸日上的气势。但是国内工厂供给棉纱者，英日两国资本所经营的较中国为多。以上海论，最近上海纱厂生产量如左：

支数	日厂	华厂	英厂	共计
八	二六二	一、四〇〇	一、一七〇	二、八三二
一〇	七五〇	一二、〇〇〇	七八〇	一三、五三〇
一二	二五〇	一、五五〇		一、八〇〇
一四		三九〇		三九〇
一六	七、二七六	一〇、五〇〇	五二〇	一八、二九六
二一	一五、五六七	一二、〇〇〇	五、二〇〇	三二、七六七
二四		六五〇		六五〇
三二	一、五五四	八八〇		二、四三四
四〇	二、八九六	八三〇		三、七二六
四二	六、七五一	八三〇		七、五八一
六〇		三〇〇		三〇〇
共计	三五、三〇六	四一、三三〇	七、六七〇	八四、三〇六

而国内日本纱厂膨胀更速。去年是国内棉业在全国破产之中还能猛进的一年，此一年中日本纱厂发达最甚。据上海日本棉业界报告，上海日本纱厂十八年底情形如下：

	十八年底	比十七年底增加
纱锭	一、〇四五、九四五枚	三五、九四五枚
线锭	一六二、二八四枚	四四、五六〇枚
共增锭数		八〇、五〇五枚
布机	八七、三四〇架	三、七八〇架

同时，国外输入的棉货复有加无已。在大量进口棉货之中，亦以日货为最多。兹将最近五年中国棉货贸易及其与日货的关系列表如左：（单位海关银千两）

进口	十三年	十四年	十五年	十六年	十七年
棉布					
总值	一五〇、九五五	一四九、五〇二	一六七、五九〇	一二八、五一二	一六三、三三〇
日本	七八、五五八	九九、〇九三	一一五、〇五九	九〇、二八五	一一〇、八三八
棉花					
总值	四八、八一七	六九、九六五	三、九七五一	七九、八一三	六七、九一一
日本	一六、五一二	二四、七三〇	二五、五五五	二七、五九四	一六、八三三
棉纱					
总值	三四、一四六	三九、一九九	二八、二五〇	一七、七三四	一六、六七一
日本	二〇、四八四	二六、四六九	一六、七七一	七、七六八	六、二八八
棉线					
总值	二、〇五九	二、〇七〇	二、二五七	一、九九七	二、四八五
日本	二五七	二五三	三〇六	二三八	一九九

出口	十三年	十四年	十五年	十六年	十七年
棉花					
总值	四〇、四一七	二九、八八四	二九、三九九	四七、三〇七	三四、一五九
日本	三三、九三七	二二、九三八	二六、八一五	三七、五四二	二六、九五八
棉布					
总值	一二、〇八四	一一、〇〇五	一二、〇六三	一六、〇九二	一四、七〇四
日本	六四〇	九三四	二二〇	一〇八	三八七
棉纱					
总值	七、五〇九	三、七五七	一〇、八一二	一九、七六〇	二一、五八七
日本	一、一六三	二〇五	三四四	一、三一〇	一、七八二
棉线					
总值	一二	四	四	一	二
日本	二	一	〇	〇	〇

由上表可知中国对日输出以棉花为大宗，日本对华输出以棉布棉纱为大宗。最近因金价高涨，日货进口较以前为少，而棉布则仍大量进口。本年三月十七日《时事新报》载最近三星期日本织品之上海存数如左：（单位箱）

	二月二十七日	三月六日	三月十三日
粗制品	一、一三八	一、〇九三	一、四〇六
加工品	二六、二八六	二七、四八一	二九、三八〇

其进口量增加之速如此。所以日本对中国要求订立互惠协定，以中国棉花与日本之棉织物互惠！日本资本阶级尚不以互惠之丧权的协定自足，现正在与英国资本阶级协谋垄断世界棉业市场，协谋若成则中国必划归日本！（三月十三日《申报》）

又如丝绸业，近来完全受外国人造丝及绸货的打击。苏州的纱缎业将"陷于绝境"（二月二十八日《时事新报》所载云锦公所呈文），杭州绸业也亏折几于不支（农商部工商法规委员钱君所陈述）。近来日本丝因银价跌落，对中国之输出大减（一月八日《时事新报》），但彼有政府融通资金，保障丝价，仍较华丝居于有利的地位。本年三月十六日《申报》载：

> 日政府鉴于日丝市因受金贵银贱影响一落千丈，日丝商无法维持，致使出口贸易，顿呈不安状态，故特议决融通资金，保障丝价，以一千二百五十日元为标准，如售价不满此数，由政府照标准价补偿，并扩张存丝额为十五万捆，共同保管。以上办法，已于本月十二日实行。横滨日丝顿趋坚涨，已由一千二百日元涨至一千二百三十日元，海外日丝价亦已转涨，而沪埠华丝则因汇率上落不定，欧庄观望不前。

第二我们看见中国的航运，完全转入外国资本阶级之手。去年是中国航业最不幸的一年。长江华轮营业不及往年二分之一，运费损失约四百万两。南北洋轮三十余艘，停航四次，损失约千万元。于是浙闽沿海有日轮开航。南北洋增英日轮九艘（二月二日《申报》）。大连社加增航路，一由大连至港粤，一由牛庄至港粤。日邮社将天津营口航路增加五轮。太平洋上的海运则日美两国资本家正在竞争之中，中国航业只有望洋兴叹了。现在就上海进口轮船吨数来看，即可知中国轮船渐屈服于外国轮船之下的情形。

十七年十二月至十八年五月上海进口轮船吨数按月比较表

	十二月	一月	二月
英	五〇五、八六五	五一九、九三五	三七八、六七八
日	四六三、一二〇	三八八、四五〇	三一五、五六〇
中	二九五、二三六	二九三、四九五	二〇〇、一一三
美	一四三、八五一	一六六、一三一	一一四、四七四
荷	三二、八七〇	二五、一〇四	三一、八八四
挪	四一、七一五	三七、四四〇	六二、六一〇
丹	一六、三二四	二六、五一八	一五、九九三
意	一一、三七〇	一七〇、八九一	一五、五五五
法	五一、一七〇	四三、九七七	一九、二五一
德	一九、七〇〇	四九、九六二	四七、四一三
	三月	四月	五月
英	四五二、六〇九	四八九、五一九	四九七、一一〇
日	三六七、二三九	四三〇、四五九	一七六、一七四
中	二〇四、七〇七	二二四、六〇三	四六、三八五
美	一三五、三六一	一四二、九九三	一六四、一九三
荷	一五、九一七	三四、二三一	四二、〇五六
挪	五二、五八五	八八、一六五	六三、九七七
丹	一七、七二八	一七、九〇七	二三、八四三
意	二六、三〇三	三〇、九二〇	三二、四〇七
法	三七、五五七	五三、四五五	四八、五八一
德	六四、五九二	七一、二一三	六六、〇一九

由此可见是前四个月中国船吨数还居第三位，到五月则退居第七位了。

第三是我们所熟知的农业衰落。民国十八年中国有五千七百万饥民，也是熟知的事实，无须赘述了。最近报载绥远妇女被售出境者八万余人，最贱价一二十元。陕西妇女有为铜元八枚改嫁者。流民与移民的事实，报不绝书。其留在灾区的民众，有下列的食品（据本年二月十六日河南赈务会通讯）：

灾民食品一览表

名称	地域	备考
麻饼	各县多有食者	
包谷瓢	豫西豫南各县	包谷稻去粒所余之瓢，本非食品，今已视为珍品。
麸子	各县多有食者	
秕糠	各县多有食者	

续前表

名称	地域	备考
□草	豫西极重灾区	
榆树皮	洛县灾民多以煎汤和面	
草根	陕县新安灵宝等县	
碎石面	豫西各县	
本酪	豫西等县	疑即树皮胶。
兽皮	豫南等县	
人肉	陕县有之	
棉子	各县食者甚多	
棉叶	豫西产棉各县	
破棉絮		各县灾民，饿极将死者，多吃败絮自欺，实不能下咽也。
脂麻叶	各省各县多食	此物即丰稔之年，亦有食者，此时已视为珍品。
麦秸	自由等县	
谷草	鲁山灵宝南召邓县一带	磨碎焙干，采麦麸作饼。
软石	豫西各县	
细土	豫西各县	有一种胶土研细，勉强下咽。
棉饼	各县多有食者	系棉子榨油后所余之渣饼，不及麻饼。
大蓟叶	安阳等县	
野菜	各县多有食者	俗名甚多，亦系野草之类。
榆叶	全省	老嫩皆可食。
槐叶	全省	嫩时可食。
杏叶	全省	嫩时可食。
桑叶	全省	嫩时可食。
柿叶	全省	嫩时可食。
楮树叶	全省	嫩时可食。
柳絮	全省	嫩柳絮强于破棉絮多多，春日清明节前，柳枝被折皆秃。
水藻	临河地方村民捞食水草甚多	
杨花	全省	初放时可食。
石膏	巩县偃师密县一带	
观音粉	鲁山等县	观音粉伏牛山脉多有之。
蔓菁	全省以豫北等县为多	此物在灾区较重地方，亦不可得矣。
木耳	豫东各县	灾民家中有藏此者。以开水浸食，其甘如饴。

续前表

名称	地域	备考
乌霉	豫东各县	即麦穗粱穗，初生时变为黑色者。
荞麦花	全省	荞麦开花时被霜而枯，灾民取其焦花食之。
荞麦叶	全省	同前。
蚧蛤	临河县分	久旱河干，灾民在泥中掘得蚧蛤煮食之。
狗肉		豫西各县，狗肉早被食尽。
苜蓿	全省	
红薯叶	全省	与脂麻叶同为珍品。
红薯梗	全省	即红薯叶柄。

（附注）以上所列四十余种，皆据河南省赈务会在各县调查或各县报告所得，其他不堪作食之品，竟为灾民所求之不得者甚多，不及备举。

国内食粮缺乏，乃不得不输入外国食粮。外国资本阶级遂图谋垄断中国食粮市场。如三月十四日《时事新报》所载："日本制粉大公司，三井、日清、日本三公司，近为垄断面粉业起见，特谨定公卖办法，组织共同贩卖会社。其合同已于昨日（十一）正式签字，有效期限三年。此后日本在华面粉贸易，有独霸之势。"

第四则我们看见上海及大国际都市金融资本之繁荣，恰与工农业的衰落呈对跱之势。二月二十八日《申报》载民国十八年中国之国际贸易状况如左："据驻沪日加藤副领事发表：去年度我国全境输入贸易实数：输入十三万九千八百万两，输出十一万二千七百万两，合计二十五万二千五百万两。比较前年合计增二成弱，较上年增二成六分。按地分别列表如后：（单位一千海关两）

	进口	出口
上海	六二六、〇〇〇	四六一、〇〇〇
汉口	三五、〇〇〇	一六〇〇〇
青岛	五四、〇〇〇	二四、〇〇〇
天津	五三、〇〇〇	七八、五〇〇
大连	一二八、〇〇〇	二〇三、〇〇〇

如上表，比较去年，输入增加者，为上海青岛大连。减少者为汉口天津。输出增加者为上海大连，减少者为汉口青岛天津。输出入俱大减者为汉口。上海之增加，因二月一日起关税改定，先期输入盛行。大连之增加，依于中俄关系。青岛之增加由于胶济路问题解决。汉口之大减乃因战事，平汉路交通断绝，又天津之减少，不外为时局影响。"

大连现在完全在日本手中。此外则进出口贸易俱有增加的是上海，上海在中国商业上的地位可知了。上海既成为中国国际贸易的主要商埠，所以上海一处所汇集的货币资本，数量最多。试就上海货币资本进出口的情形来看，民国十八年中国进口的现银有如左之数量：

输出地	价值（关平两）
美洲	八五、一一七、九二五
欧洲	七、○六六、九一六
印度	一、八二九、三三○
香港	一二、八四○、九一三
日本	二、九一九、二二一
各地输入之银币	八三九、五一五
总计	一一○、六一三、八二○

此种现银大半由中央、中国、交通银行买进，运往杭州，铸造银元，运回上海，分散内地各埠。同时上海出口的货币资本亦甚多。以现金论，据海关统计，十八年十月十一月十二月三个月内输出现金之价值凡一百七十万两。又据另一方面调查，十八年十二月至十九年一月共输出金条价值计共一百二十余万两（二月十七日《时事新报》）。

依三月十五日《时事新报》之记载，上海存银在此时是如下：

	本星期存数	比上星期增加
银块规银	一一○、九八六、○○○两	三五六、○○○两
洋银	一四九、三○○、○○○元	二、二八○、○○○元

第五我们又看见内地商业衰败，而国际都市如上海则极为繁荣。内地商埠如汉口，十八年间商业萎瘁，可于人口减少及加穷见之。据二月十二日天津《大公报》载："武汉三镇的人口夙以百万著称。……据武汉市秘书处《市政公报》载称三镇户口总数为九万三千六百○二户，男女总共仅八十一万九千○六十七口。若以百万之数较之，竟减少至二十万……再据武汉冬赈委员会调查所得，此九万三千六百○二户之中，有五万五千二百七十户是极贫之户。三镇八十一万人中，极贫者已显然占四分之一。勉强过活者约占八分之三强。其能痛快过活者尚不足八分之二。"反之，上海的商业则有取外国商业资本家而代之之势。二月七日《时事新报》转载日人所发行之《上海周报》"上海英商倒产之原因"一文云："英国在远东发展势力之根据地，除香港之外，厥以上海为中心。上海足为英国在华势力之立足地。而今日上海已起极大变化。英人心目

中之'英人之上海'势必变成'中国人之上海'。大华饭店及电气处之
出卖勿论矣，其他英人所有土地权，逐渐转入华人之手。汇司惠罗福利
及 Lankloford 等大公司营业状态，极端困难。汇司业已宣告倒闭。至
其原因，盖由于永安先施新新等华人大百货店骤致隆盛，遂将英商势力
驱逐。英人为在华外商之先锋猛将，而今陷入此项困难。后继者必为日
本，对此应有适当防备，庶可免陷覆辙。"

第六，依于上述，中国的大工业除外国资本家所经营而外，不能发
达；反之，中国的商人资本却颇形发达。因此在今日之中国，商业支配
工业之前资本主义现象，还极为显著。中国大部分的生产尚隶属于商业
资本之下，不能获得满意的发达。这由古代流传至今的"驵侩"制度即
牙行制度，尚繁荣于上海，可见一端。本年三月各报载温州柴炭业对于
上海柴炭行加高回佣，提出抗议，即日断绝来往，并筹集资金直接在上
海设行。前此一月鱼业对上海鱼行之抗争，也很严重。这种牙行制度，
是大商埠的行商支配地方小商，地方小商支配直接生产者的连环。牙行
之繁荣是今日应当注意的现象。牙行所以繁荣，固由于工业尚隶属于商
业，亦由于国家为便利征收商业交易税而给予行商以所谓牙帖，行商纳
税领帖，便取得牙行营业的权利。所以温州柴炭业同行议决案中有呈请
上海市政府准领牙帖另设新行的话。

综观上面六项所述，足知在今日的中国，商业尚支配工业，而大工
业则操在外国资本阶级之手。工业农业在商人资本及外国资本之下，显
有衰落的趋势。反之，金融及商业资本却有高度的蓄积。

六 租税之过重及其争夺

在上述情形之下，一则农业破产，其结果农民有流亡之惧而地主收入
有减少之虞。地主为维持收入，便加重地租。据百克氏《中国耕地所有权
与佃租》一书调查江苏安徽各地所得的地租增加情形，列地租指数表如左：

	以民国前七年为	民国三年	民国十三年
折租	一〇〇	一五六〇	二八四〇

即此已可见地租增加的速度与高度了。

二则过剩的士大夫与游民所构成的官僚与军队，为维持生存及发展
权势，乃加重财政的掠夺。以田赋论："光绪十四年时，广东江西的田

赋每亩合洋二角五分；湖北的三角；山西的二角八分；奉天的只有五分。光绪二十八年时河南的田赋每亩三角二分。全国最好的稻田每亩赋税约四角。现在呢？四川每亩约二元五角六分；山西河南每亩约三元；奉天每亩约现洋三元七角。如此则四十年内田赋约增十余倍。奉天且增至七十四倍!"（王仲鸣编《中国农民问题与农民运动》一六一页）以货物对关税及厘金等税捐而论，其高度可由下表见之：

由西包头至天津的驼绒（见北平英商会十六年七月二十三日致北平交通部函）

税捐种类	数量（元）
塞北钞关	〇.九〇
包头货捐局	〇.九〇
西口货捐局	〇.九〇
厘金局	〇.一一
统捐局	〇.四八
丰镇钞关	一.五〇
车辆加捐	〇.三八
总计	五.一七（天津常关海关税不在内）

由安徽至上海之鸡蛋（据二月二十八日上海《字林西报》之记载）每千枚春季价格二十元，秋季二十五元，其税捐如下：

芜湖海关税	〇.四四
芜湖关附税	〇.二二
芜湖常关税	〇.二二
芜湖常关附税	〇.一一
上海进口税	〇.二二
上海附税	〇.一一
码头捐	〇.〇二
地方生产税	〇.三七五
出口通过税	〇.一一
印花税	〇.〇一
上海厘金	〇.〇七
共计	一.九〇五
居价格（春季）	〇.九五
居价格（秋季）	〇.七七

又如纱缎之税捐（依二月二十八日《时事新报》所载苏州云锦公所呈文）："丝经有税，货疋有税，运输有税，而邮运税名目尤多。如子口、如二五、如附加之种，尚不能一税通行。而货物帐簿均须贴用印花。且织品所用之人造丝每箱征税由四元加至十六元。"这历年来加重的赋税，在现在虽努力减轻而还没有减轻。在重税之下，纱缎业烟草业丝茧业等等都不堪负担而有请愿政府的事实。农民则只有以流亡表示其不能再受这过重的负担了。

地方之官僚与军队以争夺赋税为维持及发展的资源。所以赋税虽重，全国财政却没有办法。财政部十七年会计年度报告说道：

> 自十七年夏，北伐军克复北平后，形势上全国既臻统一，但依国家财政观察，川、滇、黔、秦、陇、晋、热、察、绥、东三省，及宁夏诸省，除海关收入外，实际犹未入于财政范围。

> 国内祸患迭乘，盗匪蜂起，经济上之组织尚未健全，政府因弥补党政军费之不足，势不得不发行公债库券。

> 至十八年计算收支，略能相抵，几可不恃举债。凡二十年来借债度日之恶习惯至此已有解决之希望，不幸近数月间又见退步。费用日增，税收日减，靡有底止。

> 长此发行债券，用以应军政之急需，实为权宜之办法，决非理财之正道。

在割据争夺之中，为统一国家的基础之都市与交通线，乃亦供地方官僚军队的争夺，抑且为他们争夺的主要目标，这是因为今日中国的税收，大多数出自都市与交通线。今日中国的税收以关税、盐税、卷烟煤油税、烟酒税、印花税、邮包税等为主要项目，这都出自都市与交通线的。

游民军队与士大夫官僚对赋税之分割，是今日国内地方割据的由来。在这种争夺之中，货币资本有最大量汇集之东南，似有绾领全国的实力。但是，游民士大夫的欲壑无穷，想以大量货币资本控制全国，不是基本的方法。

七　发达生产与获得统一

获得统一的基本方法在发达生产。

生产发达，则无业民众可以减少，军队没有富裕的财源，知识分子有职业可以投身，政客官僚的来源自窘。生产发达，则生产资本阶级有力向国外追求市场，而分裂国内市场的商业资本竞争可底〔抵〕于消灭之域。生产发达则农业有改造的机缘，农民生计可望改善，而乡村购买力增加尤为工业发达的条件。

发达生产的主要条件，必须反帝国主义，提高关税保护工业；又必须同时破毁割据的军队与官僚。获得统一，整理国内市场，减轻租税负担，恢复并发达农村生产与购买力。

统一与生产是相为因果的救中国的两个方法。这两个方法是要在反帝国主义运动之中实现的。

（摘自《中国社会现象拾零》，新生命书局，1931 年 8 月 25 日）

日帝国主义与中国
（1931 年 10 月 3 日）

一

日本军阀已经决定占领东三省至少辽宁及吉林全部，并且准备长期的占领。我们对于这个生死存亡的关键，应当注意的是什么？

日本帝国主义向中国全般侵略，尤其是向东三省施行政治军事的占领，从日本帝国主义看来，是必至的事情。历史上没有无因而起的偶然，也没有凭空而来的突变。自一九〇五年日俄之战以后，亘二十六年之久，日本帝国主义训练的军队是为了什么的？日本军队占领沈阳吉林的行为，决不是意外的事了。尤其是日本帝国主义自己在本国以内造成的大不景气，使它必然乘机向东三省作横领的行为。资本主义发达的结果，一方面有大量的过剩生产物没有销场，他方面有大量的失业人口没有衣食，资本主义的发达，造成这样的大恐慌。对于政治，一则使日本政府感受从来未有的财政困难，裁官节用的政策徒有从政府机关中抛出大批官员的消极效用。二则使日本现内阁表现它没有能力，在野政党大起风潮。此种政局不能安定的情形，使日本资产阶级相信军事独裁可以安定政治，这引起军阀宰执政府的野心，其结果无顾虑的向东三省出兵，外求最后的手段以救济统治阶级的危机，内求政党斗争的和缓。尤其是这种政策，他们认为是可以缓和因资本主义没落及大量失业人口所引起的革命。三则此种恐慌，还有中国政府所建筑的南满铁路平行路线及与旅顺大连竞争的葫芦岛商港，使日本的外府南满铁路及其附属业务，起了空前的危机。裁员节用的政策，仍无能救济。种种的因缘，使日本军阀号召无业军人及鼓励二十六年以来的军气，从事军事行动。

二

反之，从中国的现状及前途来看，非日本帝国主义倒坏，中国便得不到平等与自由。反日本帝国主义应当是中国反帝国主义运动中的中心的运动。

于中日许多关系里面，我们举出国际贸易关系来看一看。中日贸易总额历年来是急遽增加的。以一八六八年为一○○，则此后贸易总额的指数是：

一九〇〇年	一三五〇.九
一九一〇年	四三七八.三
一九二〇年	一一七四一.八
一九三〇年	一七二〇五.三

其中，日本商品进口总值的增加是这样的（以一八六八年为一○○）：

一九〇〇年	一一〇七.二
一九一〇年	三二九九.九
一九二〇年	九八五二.一
一九三〇年	一四〇六五.六

中日贸易额增加有如上述，近年以来，且超越素居中国国外贸易上第一位的英国而取得第一位。兹举中国对日英美三国贸易百分比如左：

	由各国输入			总额		
	日	英	美	日	英	美
一八七〇	二.〇	三八.〇	〇.六	三.二	四四.七	六.七
一八八〇	四.〇	二七.五	一.五	三.六	三一.六	六.六
一八九〇	五.八	一九.四	二.九	五.七	一七.六	五.五
一九一〇	一二.二	二〇.五	七.九	一一.五	一四.五	八.五
一九二〇	二九.七	一七.二	一八.一	二八.四	一三.六	一六.一
一九二五	三〇.六	九.八	一五.〇	二四.四	九.九	一六.三
一九二九	二五.五	九.四	一八.三	二五.四	八.五	一六.二

在中日贸易进展之中，由中国看，数十年来常是入超。其情形如左：

中国对日贸易之入超	
一九〇〇	八、八一四、六四一
一九一〇	一五、一四九、六九五
一九二〇	八七、二〇七、九六四
一九三〇	一一〇、六一〇、〇〇〇

最要注意的是日本向中国输出的商品以棉货棉纱为最大宗。棉货一项，一九二七年进入中国的价值一〇四、八〇三、〇〇〇元，一九二八年为一二四、七〇五、〇〇〇元，一九二九年为一三一、七九四、〇〇〇元。棉纱进口价值一九二七年为一七、五九二、六〇三元，一九二八年为一六、八三二、七五〇元，一九二九年为一四、二七五、〇一二元。不独棉货棉纱为日本进入中国的商品的大宗，同时，日本在中国设立的纱厂居国内纱厂的大部分，直到今年，还逐年扩大。依今年六月底的调查，日本在华纱厂增加的情形如左：

地方	锭数	燃丝锭数	线机架数
上海	一、一六九、二〇四	一八五、六四二	九、九四一
青岛	二四六、八八四		三、一五四
旅大东省及汉口	一三九、三四四	一、〇二〇	八〇九
总计	一、五五五、四三二	一八五、六四二	一三、九〇四
比一九三〇年底增加	六二、三三二	一四、〇八〇	一、〇五四

由纱厂及棉货受日货的压迫，我们知道日本帝国主义是中国轻工业的障碍物。轻工业不能发达，则后进的中国经济断难有发达的希望。一般的经济不能发达，则社会的衰落是中国唯一的前途了。

三

中国社会的发达，非除去障碍社会生产力的日本帝国主义，便没有希望。这是中国应取的外交方策的事实的根据。依此根据，则中国的解放，必以打倒日本帝国主义为条件。因此，反对日本帝国主义，是中国民族解放运动必取的对外方针。

四

日本帝国主义军事占领东三省的行为，将引起怎样的结果，我们在目前虽难下具体的判断，但我们可以略略推测情势发展的一二条路。在推测以前，我们首先要知道的是：

英帝国主义已趋没落，在目前有自救不暇的观感。美帝国主义现在正从大不景气之中图一时的挣扎。他们对远东方面日帝国主义突破国际均衡而控制华北的军事发展，当然注意。美国的实力虽较英国为厚，然究难有有力的行动，以相干涉。

与日帝国主义在东省的占领行为，最有切肤利害关系而最有干涉的实力的，乃是苏俄。日本军队倘向北满发展，结果有引起苏俄对抗的军事行动的可能性。

倘使苏俄有积极的行动，则日帝国主义将以华北反俄战线引诱美国，使后者遥助它进攻的行为。所以，美国的干涉是不大靠得住的。

倘使国际情形发展到这样的程度，则此次的事件或者就是第二次世界大战的发端。

中国在这样发展的情势之下，要怎样做呢？我们所欲告于读者诸君的是：中国以反日本帝国主义的情势而参加世界大战，较以联日而参加世界大战，如同第一次大战时一样，是有利于民族解放的。纵不免有悲惨的流血，如以十二万分的全民众的最高努力，以相周旋，则中国民族将随日本帝国主义的没落而取得解放的前途。倘若仍追随日帝国主义，则不外二十一条及军事协定和西原借款的再演。东三省的丧失更不成问题。

所以，我们以为如中国民众以反日形势并严守反日方针而参加第二次大战，则此次东省事件便成为中国民族解放的第一步。反之，则只有灭亡的路。中国民众不甘于灭亡，必有巨大革命之再起。

一九三一，九，二十三日。

（载《社会与教育》第 2 卷第 21 期，1931年 10 月 3 日）

辛亥革命的意义
（1931 年 10 月 10 日）

一　世界市场的构成与中国社会的原型

"资本阶级迅速增进生产手段并大量利便交通方法，以此将世界种种的民族，收入所谓文明的圈套。廉价的商品，是打破中国长城的重炮，强迫那最倔强的落后民族，克服他们对外国人的仇恨。资本阶级强制一切民族，接受资本主义生产方法；强制他们接受所谓文明，改变他们自己为资本阶级。简言之，资本阶级以他们自己的模型而创造世界。"

资本主义为完成世界市场计，把中国和日本的市场打开。中国由此乃加入所谓文明的圈套。中国的旧有资产阶级由此乃逐渐变化为资本家阶级，以追随世界的资本家。一八九七年，康有为已指出这一点来。他由工部代奏的请变法书里说道："大地八十万里，中国有其一；列国五十余，中国居其一。地球之通自明末，轮路之盛自嘉道：皆百年前后之新事，四千年未有之变局也。"（宋玉卿《戊壬录》卷上所载）

在康有为这话二十五年以前，李鸿章也曾说同样的话。李氏在同治十一年即一八七二年，覆议停止制造轮船局的奏折里说道："欧洲诸国，百十年来，由印度而南洋，由南洋而中国，闯入边界腹地，凡前史所载，亘古所未通，无不款关而求互市。我皇上如天之度，概与立约而通商。……合地球东西南朔九万里之遥，胥聚于中国，此三千余年一大变局也。"（李剑农《最近三十年中国政治史》四页引）

这四千年来的一大变局，全由中国加入世界市场而起。辛亥革命不过是这一大变局中间的一幕。它也是中国加入世界市场的一个结果现象，固不待言。

中国社会因外国资本主义引进世界市场而生变化。不用说，这变化是两方面的；一方面是所受于外国资本的影响；他方面又表现着中国社会旧来的特性。辛亥革命这个过程也指示我们以这两方面。辛亥革命一方面有与中国从来的革命过程相异的性质，他方面却有与中国从来的革命相同的途径。由前一方面来看，辛亥革命为中国历史开一个现代革命的纪录；由后一方面来看，辛亥革命仍然是从来历史上改朝换代的戏曲之再演。因此，中国辛亥革命与日本明治维新虽同由于世界市场的加入而起，然而两者的过程和结果乃大异。

辛亥革命与明治维新，过程与结果的差异，是要由两方面来看的。其第一方面是与外国资本主义接触的时机不同；其第二方面是两国在与外国资本主义接触时，社会的构造及其他自然条件有别。先由第一方面来简略的观察。原来世界市场在历史上是由西向东开拓的，印度先于中国，中国先于日本。当英国以重炮打开中国的封锁的时候（一八四二年），他已无余力再征日本。然而鸦片战争的胜利，使日本知所谓"攘夷"为不可能，遂一变排外政策，发布所谓天保薪水令，对于外国商船，予以招待。此后一连若干年，英国为保持中国的市场，先须向中国政府开炮（如英法联军），后又须克服中国暴动的农民军（太平天国），没有抓住日本的余暇。日本开港比中国迟十五年。在十五年之初，英国对中国的攻击是没有受别国牵制的。十五年过后，俄法美德与英国已想在亚洲保持均衡，所以他们对日本的行动，没有像对中国那样放肆。而日本怵于中国战败的教训，也自动开港对待他们了。同时，一八四八年一八四九年欧洲革命的风云，及一八六一年南北美战争，把列强都牵进漩涡，减少他们对待日本的力量。这是日本开港与中国开港所不同的处所。因此，中国开港以后，便走上殖民地的路；而日本开港以后，却有民族资本主义的发达。（服部之总《明治维新史》第一章说明这几点，很为明晰，可以参看。）

再从第二方面看，中国所以一经外国资本侵入，便走上殖民地的路，而解放运动陷入屡起屡仆的境遇，这确于中国社会构造有甚深的内在的原因。本文注重这种内在的原因，以说明四千年来一大变局里面辛亥革命的一幕。

（甲）中国旧来的社会构造

一九〇一年（光绪二十七年），张之洞与刘坤一变法第三疏有几句话把外国资本的要点，指将出来："世人多谓西国之富以商，而不知西国之富实以工。盖商者运已成之货，工者造未成之货——粗者使精，贱者使贵，朽废者使有用。有工艺然复有货物，有货物然后商贾有贩运。"（《变法三疏》大字铅印单行本）

这几句话指出资本主义的重要现象。现象的里面是这样的：资本主义是为市场而生产商品的。商品生产出来，是要向市场移运的。贩卖商品到市场去的商业，是受商品移向市场的运动所指挥。有大量要向市场移动的商品，而后有贩卖它们的商业。

中国何尝没有高度发达的商业？却与欧洲资本主义的商业不同。他们的商业，是受商品的运动所指挥；中国的商业，乃是征集多数小生产者（手工业，农民）的生产物而贩卖于市场的。小生产者的生产物，直到了商人的手里，才变为商品。商品不能指挥商人，反之，商人化生产物为商品。工业不能支配商业，反之，商业支配工业。

中国旧来的商业经济是以手工业及小农民生产为基础的。手工业及小农民生产，不是完全为市场而生产的，——不是完全的商品生产。独立的手工业在中国久已存在，但它们是受商人支配的。商人委托手工业者制造市场所需的商品。商人供给原料于手工业者而收取其制品。手工业者没有实力直接与市场接触，不能够自己变做商人。至于农民，则除了丝茶棉麻等商品生产而外，大部分是为自己和地主的消费而生产，他们只有在迫不得已的情势之下，才出卖他们的生产物。商人便以操纵物价及垄断市场的手段，使他们日处于迫不得已的情势之下。在他们收获以后，商人予以肥料农具及日用品，而廉价购取农产物。在耕植正忙的时候，农家剩下的米麦吃完了，商人便予以米麦而迫他们于借贷的困境以收取利息。

每个独立小农民都须与市场接触。每个独立小农民都受商业高利贷资本的操纵。这种"商人兼并农人，农人流亡"的情形，早已存在于中国。

虽有集中多数小生产者的交换行为的商业，但生产还不是发达的商品生产。生产制度在没有外国资本主义侵入中国以前，还是手工业及小农生产制度。姑置手工业制度于不论。主要的生产乃是农业，而农业经济早由庄园经济进入于独立小农场经济。小农场的耕种者，无论是自耕农或是佃户，大抵以自己的计算来经营这小农场。有些地方，地主供给佃农以肥料和种籽，但多数的地方，佃农也是独立与市场为交易，——

贩卖农产物于市场以购买肥料和农具等物。

农业虽早由庄园经济进入于小农场独立经营的经济，佃农所受于地主的剥削，仍然是封建式的。不过佃农虽占全体农民人口的显著的部分，但因小农场经济之故，自耕农的成分也很巨大。并且，随小农场经济发达而发达的商业资本，已与封建剥削制度发生一种有机的关系。商业资本有一部分投入农村，购买耕地来收取农民的地租。商人与地主早已形成"兼业"的形势。商人可以购买耕地而地主可以经营商业。并且，商业都市发达，而商品交换茂盛。与此接触的地主，容易陷入奢侈浪费的前途。地主为弥补他浪费奢侈的漏卮，乃加重地租的剥削。其商人而投资购买耕地者，为使地租收入足偿其所投资本（地价）的利息起见，投资愈多则地租愈益加重。由此可见封建剥削与商业资本已有密切的关联，而封建剥削乃随商业经济之发达而加重。

商业高利贷资本高度发达，以金融资本为其最高的形式。明末清初以降，钱庄，票号，银炉各种金融货币机关渐次发达。由于上述资本累积而生产不振的情形，社会上贫富悬殊的现象早已显著。《啸亭杂录》记商人地主的豪奢，说道："本朝轻薄徭税休养生息，百有余年。故海内素封之家。比户相望。京师如米贾祝氏，自明代起家，富逾王侯，屋宇至千余间，园亭瑰丽，游十日未竟。宛平查氏盛氏，富亦相仿。怀柔郝氏，膏腴万顷，纯庙常驻跸其家，进奉上方水陆珍错至百余品，王公近侍及舆台奴隶皆供食馔，一日之餐，费至十余万云。"商人地主及官僚之豪侈，于滥用劳力一点，也可以看出来。清代之初，如顾亭林所记："人奴之多，吴中为甚。（注）方侍郎曰：金陵之俗，中家以上，妇不主中馈，事舅姑。缝纫补缀，皆取办于工，仍坐役仆妇及婢女数人。"（《日知录集释》卷十三）奢侈的都市生活又使豪家易于破败。尤以耕地投资既多，耕地买卖愈益盛行，而地主愈益容易兼并，也愈益容易破产。顾亭林记道："吾见今之大家，以酒色费者居其一，以争阅破者居其一，意外之侮夺又居其一，而三桓之子孙微矣。"（同上卷十三）李文贞也有同样的浩叹，说道："世无百年全盛之家，人无数十年平夷之道。兴衰激极，存乎其人。吾所阅乡村旧家，荣华枯陨，曾不须臾天幸其可微乎？祖德其可恃乎？"（同上引注）这种豪家易起易落的现象，确是商业经济发达的象征。在历史上，唐代以前还不如此。那时候，几百年的世家很多；私有田园，保持到十几代，是很不少见的事。五代以后，乃"无百年全盛之家"了。

(乙) 清代的政治构造

在如上所说的基础上面，政治构造是怎样的呢？清代的政治构造有与前代不同的几点，现在说明如下：

第一是极端的君主集权。中央政府（内阁后来移归军机处）与地方政府（督抚）同隶于君主的下面。内阁或军机处不能够宰制各省，中央与各省的行政关系，必须经由君主，才可互达。各省与各省的关系也要经由君主。中央政府各机关也同隶于君主之下，彼此没有相统制的关系，一切须经由君主才可以互达。无论中央及地方，大权的行使，都集中于君主个人（详见李剑农前引书九页至十六页）。

第二是在君主集权的形体里面，潜伏着极端的地方分权的根芽。各省的政府以总督或巡抚为最高首长。他对全省事务有很大的权力，只向皇帝负责，也只受皇帝的限制。一省的区域划分，本是沿明代旧制，但明代的巡按使在制度上是一种巡回视察的钦差，而清代的督抚却成固定的机关。广大的幅员的省区，乃委于一个握有军政大权的固定机关，而担当这个机关的人又只向皇帝一人负责，这是极端的地方分权的根源了。在君主权威隆盛时，督抚是俯首帖耳于皇帝之前的。然而中央的权威一有动摇，自呈尾大不掉之势。

清代政治组织所以形成这样的形势，是有社会的原因的。这社会的原因就是前面说过的商业资本高度发达而生产还是手工业及小农业生产。从生产上说，落后的手工生产及小农场经营，只能够使生产者自封于小地方共同体以内。这小地方共同体便是县与州厅的基础组织。在一州一县或一厅以内，生产者及其剥削者差不多可以过一种半自足自给的生活。由这一点来说，中国旧来的政治组织必然趋于小地方共同体的分权主义。但是，各地方共同体的生产组织之间，早已发生分工的关系。各地的交换，已经不能够间断的了。农民的铁器，肥料，食盐这一类的用品，已经受特殊产地的供给。而独立的手工业已经适应各地的自然条件而特殊化：多铁的区域乃多铁器，多桑与棉的区域乃多丝布。至于棉茶等农业商品生产的区域，更不用说须要向外面求销场。这样，各地方共同体之间固定的交换，已把多数小地方共同体组织为一个大省区。大商业都市，形成各大省区的政治枢纽。多数大商业都市之间的经济交通，就是全国政治组织的构成条件，随商业发达的程度，以定此政治组织集中的程度。如此，由生产上看，其政治组织必以地方分权为特征；由交换及生产组织的分工来看，其政治组织又必以中央集权为趋势。

在这样的生产与交换方法之中，商人阶级企图扩大他们的市场；地主阶级企图扩大他们夺取地税的场所。这乃是中央集权所以成立的条件。然而商人阶级于扩大市场之中，发生争夺市场的内讧。地主阶级于争取地税之时，也发生把持地位的党系。于是一方面地方社会组织日益扩大，而地方行政区域也相随增长。他方面省界的成见，深存于商人地主之间。简言之，各地方组织彼此之间，一面需要联络，他方潜伏竞争。

于上述各种矛盾之上，满族于镇压李闯张献忠等大规模农民骚动以后，以少数民族的精强武力，建设了君主极端集权而潜伏着督抚极端分权的根芽的统一国家。中国的商人地主为了苟免农民骚动的危机，对于这少数民族的贵族政府，不得不甘心忍受。依于这种阶级对抗的抑制作用，满族政府获取中国商人地主的拥戴，维持他极端集权的形势，差不多有二百年（由满清征服汉族到太平天国时期）。

二　中国所受于外国资本的影响及社会的变化

然而督抚的分权的潜势，一到满清政府动摇的时期，便要表现出来。太平天国之革命，就是满清政府动摇的厄运。

（甲）两广蜂起的由来

洪杨的农民无产者军队，是起于两广的。原来，五口通商的条约，只成立于一八四二年，而洪杨革命即起于一八五〇年。这是受外国资本的影响吗？是的。在五口通商以前，广州早是中国外国贸易的最大商港。广州的周围，受外国资本的影响最早，单以放款一项来说，远在乾隆十七年即一七五二年，广东商人对英人所负债务，约达三百八十万一千有余先令之多（萧一山前引书四八五页）。这大抵是借给商人转借于农民的。农民受外国商品及高利贷资本"双管齐下"的剥削，破产失业相踵而至。洪杨一呼革命爆发。各省农民无产者，相与响应。这一举便成了满清政府崩溃的动力。

若就外国资本在两广以外各省的影响来说，我们可以说直到一九〇〇年以后，这影响才突然扩大，在一九〇〇年以前，外国资本还没有很深的普遍的侵入中国社会的中心，我们试举出中国外国贸易的趋势来一看，便可以看出这个消息了。

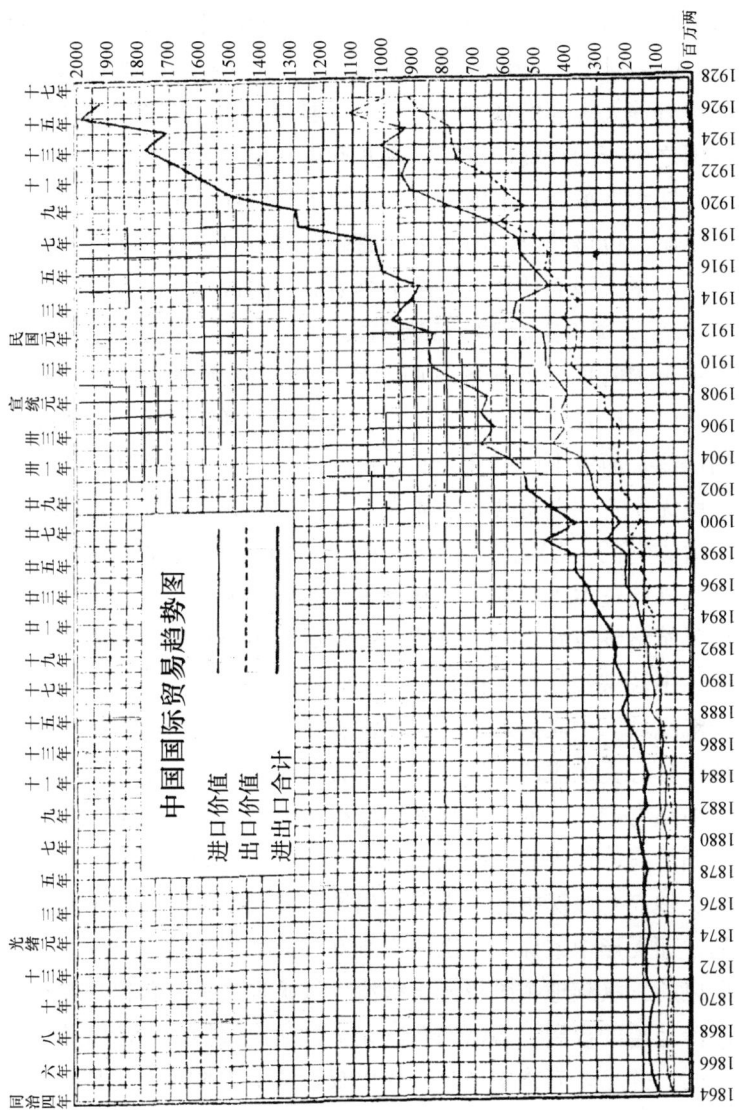

中国国际贸易的趋势图（见武堉干《中国国际贸易概论》五页）

由这个图可以看出无论是进口或出口，自一九〇〇年以前，数量还不很大。一到一九〇〇年以后，数量就迅速增加了。

中国的机器工业，在一九〇〇年以前，差不多没有显著的兴起。就进口机器来说，自一八九五年以后，每年不过值银二百万两，到欧洲〔战〕前后才突然增加。就历史事实说，政府对工业及其他资本主义经济机关如银行等大规模的规划和开设，大抵是一九〇〇年左右的事情。列强对中国之生产的投资，也在一八九五年以后。

由此可知太平革命，不独没有集中的生产做社会主义的基础，即农民无产者阶层，也仍然以中国旧来的商业资本及封建剥削所造成的分子最居多数，太平天国的社会主义是不容易成功的。

（乙）太平天国平定后政权归宿问题

在太平天国时期，内地各省商业资本和封建剥削所造成的破产农民，以大量的无产者为中坚而蜂起。但这无产者群集，不是资本主义生产方法的产物，而以中国旧社会的产物游民无产者最居多数。太平天国以这种游民无产者的消费共产团体为主力。消费共产团体在占领东南财富之区以后，它的上层支配集团腐败了。中国的商人地主阶级乃乘其弊，借助于外国资本主义的武装和将领，战胜太平军。

在太平军将领将次腐败的时期，曾国藩等领导富农及中农，崛起于长江流区，中农富农是为土地私有制度而战的。这时候，外国资本还没有浸透长江流域。中农的贫穷化，还没有开始。他们希望保持土地私有制度。他们甘心受地主的领导，以与贫农无产者的社会主义战。地主阶级则于土地私有制度之外，更为恢复地租的关系而致力。他们于此，必须恢复主佃的身分；因此又必须恢复君臣的政治名分，以及族长统治的社会名分。他们乃以保护孔子学说为倡导。他们是为自己的土地及地租权而战的，而无形中遂保全君臣大义所支持的满清贵族政府。

自此以后，汉族地主阶级已于满清贵族妒视之下，获得那参加一切枢要的政治地位的权利。满清的政府完全仗他们保持，满清贵族的让步是不得已的。并且，满族中央政府的权威，已受太平运动的打击。太平天国失败以后，各省区政府"尾大不掉"之势已成。曾李以降的汉族有力者（即平定太平运动有力的将领及其所提携起来的后继者），已渐次绾领重要省区如直隶，江苏，湖北等省的政权。

简捷的说，在满族入关的时候，汉族商人地主阶级所忧的是农民骚动。满族的贵族既以他们的武力平定这一大骚动，则汉族商人地主已心悦诚服。等到满族贵族抑制汉族商人地主的政治地位并违反他们的习惯舆情的时候，他们才忧在满族，乃于农民平定后从事于反满。然而迟了。到了太平天国时代，汉族商人地主同样的忧在农民。到了太平天国平定后，他们却不忧满族。因为什么呢？那一次是他们赖满人贵族的武力平定农民，这回却是满族赖他们的武力平定农民了。他们忧不在满族政府，而在外国资本主义。因之，汉族士大夫在太平天国失败后，大抵不主张排满，而最急进的也不过致力于维新。

三　由维新运动到革命运动

汉族商人地主之中，就其间知识分子即士大夫而论，可分三派。第一是保守派。他们满意于农民骚动的镇定。他们偷生苟活于满族政府之下，资本主义怒潮之前。他们不独反对维新运动，并且反对举行新政。依薛福成所述，这种势力不小。他给李鸿章的信说道："西洋为害之烈，莫甚于鸦片烟，英国士绅亦自耻其以害人者为构衅中国之具也，方谋所以禁绝之。中国士大夫甘心陷溺，恬不为悔。数十年来国家之耻，耗竭财力，无一人引为疚心。钟表玩具，家皆有之；呢绒洋布之属，遍及穷乡僻壤；江浙风俗，至于舍国家钱币而专行使洋钱，且昂其值，漠然无知其非者。一闻修造铁路电报，痛心疾首，群起阻难，至有以见洋人机器为公愤者。是甘心承人之害，以使朘吾之脂膏，而挟全力自塞其利源，蒙不知其何心也。"（李剑农前引书八页所引）第二是新政派，当局的汉族士大夫。这派反对维新运动，却主张力行新政。曾国藩、左宗棠，李鸿章及薛福成等是著名的人物。他们的理论是以中法为体，而运用西法。他们的理论归纳起来不过如下的几句话："采西法以补中法之不足。……以变而不失其正为主。"（张之洞刘坤一变法第三疏）他们是满意于农民平定后的秩序，而欲以此图振兴资本主义而与外国资本主义竞存的。

第三派是维新派。这派是主张君主立宪的。他们要把太平天国平定后满洲贵族对汉族商人地主均衡之上的绝对王权，改为汉族商人地主对农民的均衡之上的绝对王权。康有为及梁启超等是最著名的人物。康有为请变法书的第一策说得很明白："愿皇上以俄国大彼得之心为心法，以日本明治之政为政法而已。"明治政法是什么？就是立宪政体。大彼得心法是什么？就是绝对王权。他们主张改定立宪政体，以适应于资本主义的发达，而与外国资本主义合流，却反对动摇绝对王权，予农民无产者以蜂起之隙。

(甲) 保守派的挣扎

在一九〇〇年以前，最大的势力要算保守的势力了。在这时候，外国资本侵入中国者，取商品的形式。新式廉价商品是土货市场的篡夺者。土货受新式商品的竞争，处于不利的地位。所以土货商人反对外国资本主义。外国商品所到的处所，农村副业随之衰落，农民欲望随之提高。这是破坏农民纳租能力的。同时新都市生活所在的地方，地主的开支增加，乃不得不以大量地租换取货币，作购买洋货之用。这是促进地主的困穷的。所以乡村地主也反对外国资本主义。

汉族商人地主与满洲贵族均衡之上的绝对王权，因此对外国的侵略，取反抗政策。他们既反对资本主义，自然反对企图与资本主义合流的新政及维新运动。他们既反对资本主义，自然只有诉诸原始迷信，以神力反抗资本主义的科学的武器了。他们于一八九八年抑制维新运动以后，便以义和拳打公使馆，杀洋鬼子。这是一贯的行为，到了一九〇〇年八国联军进驻北京，他们的反科学武器及资本主义的勇气，才完全丧失。

(乙) 新政派的结局

中国商人地主政府既屡被列强打败，他们的执掌政权者如曾左李及张之洞等，目睹列强所以取胜，在军事上是有科学的武器，在经济上是有机器工业。他们于是开机器厂，设兵工厂，开设学堂以养成工业及武备人才。他们注意外交，他们高谈洋务。其结果，新军成立，在北洋，奠定袁世凯系的基础；在南方则供予辛亥革命以相当的武力。

(丙) 维新派的下野

主张改革政体而保持王室的维新运动者，在一八九八年，乘中日战争失败之后，朝野震惊之余，以获取君王的眷顾的方法，曾有一百天的期间，发号施令于中国。但是这样发布的号令，对于尾大不掉的各省，没有指挥如意的可能，而在中央，则徒然裁撤冗官，得罪官僚分子。康有为逃亡了，六君子被杀了。维新的主张者因之流为在野的党派。

同样的政治主张，因主张者在朝在野之不同，而所持理论及主张的细目，有缓和与急进的差异。即如同样主张君主立宪，康有为在一八九八年要向朝廷进取，则其理论以《春秋公羊传》为凭依，其主张的细目富于守旧的色彩。梁启超在一九〇二年—一九〇三年间，则以欧美民主义学说为理论，而主张法治，反对儒家的人治主义，非薄宋儒与清代汉学家，即对孔子学说有所依旁，也不过稍取孟子的话头。以梁氏为中心，进步的士大夫及新兴知识分子，遂形成一个与革命派对抗的立宪派，其作用在诉诸商人地主阶级，使完成资本主义化的过程。

（丁）立宪派反对革命的理由

立宪派主张以商人地主阶级民主政权发达资本主义，这是错误的。独立发达的商业资本，是以旧生产方法为前提而发达的。商业资本并没有改进生产方法的意思。所以中国商业资本发达已久，而生产方法没有显著的进步。这种资本乃是真正资本主义的障碍，且随资本主义的发达而必归破坏。然而立宪派对农民无产者的蜂起怀抱恐怖。他们反对以农民无产者的势力，破坏社会旧来的秩序。

在一九〇二年，梁启超氏对于革命的反对论，非常明晰的指出"下层社会"的革命不可行。他指出欧洲各国革命是中间阶级的革命。他以为中国从来没有中间阶级的革命。他说："泰西革命之主动，大率在中等社会。盖上等社会则其所革者；而下等社会又无革之思想，无革之能力也。……数千年（中国）历史上求所谓中等社会之革命者，舍周共和时代，国人流王于彘之一事，此后盖闵乎未有闻也。"（《饮冰室文集》卷三十五《中国历史上革命之研究》）但他又主张立宪主义应当以中等社会为骨干。他说："今日惟有使中等社会皆知政治革命主义，渐普及于下等社会。……使今日中国之多数人皆知政治革命主义而循吾所谓正当手段以进行也。其现今在政界地位已高者陈利害于君主，其次高者陈利害于上宪及其僚，即其未入仕途者，或其父兄，或其朋友，苟有可以为陈利害者悉陈之，以浸润移其迷见，其效即可以极速。"（同上卷三十三《申论种族革命与政治革命之得失》）由上可知他所谓"中等社会"，仍不过是士大夫阶级，仍不过是旧来改朝易代时期的地主，如汉末的刘表，袁绍，隋末的王世充，唐末的诸藩镇之流，这其实是"上等社会"。然则梁氏一派是主张士大夫的宪政的了。

原来中国自战国以后，社会构造便以两大社会层为支柱，一是商人地主联合集团，一是农民。官僚看来好像一大阶级，却不外地主阶级瓜分地税及保障地租的手段。贵族如诸侯王之类看来好像一最上层的身分，却不外官僚的尖端，衣食租税的寄生虫。梁启超氏所指上等社会，是指贵族官僚，而下层社会是指农民及贫农无产者。（他把光武，项羽，李密等列入下等社会却是错误，他们乃是地主阶级的士人。）若知贵族官僚不过尖端的地主,则从来中国的政治转变,只是地主与农民的对抗所形成。除此以外,本没有相当于法国革命的领导者工业资本阶级的势力,即没有有力的"中间阶级"。

资本家阶级既不存在于中国(虽有而在当时没有多大的势力),故在当时,民主革命不能以所谓"中等社会"为领导,其事至明。在当时,商人地主阶级则反对革命;而能够支持革命的,只有所谓"下等社会"即农民无产者。因为只有农民无产者能够支持革命,商人地主阶级更反对革命了。而且在太平天国以后,汉族商人地主有力的代表人——士大夫,已与满洲贵族在政府里骈肩联立。所以梁启超否认中国亡于满族,而很露骨地说出如下的一段话:"以今日论之,号称第二政府之天津,坐镇其间者汉人耶,满人耶?而北京政府诸人不几于皆为其傀儡耶?(指袁世凯为北洋大臣而言。)两江两湖两广之重镇,主之者汉人耶,满人耶?乃至满洲之本土东三省,今抚而治之者,汉人耶,满人耶?平心论之,谓今之政权在满人掌握,而汉人不得与闻,决非衷于事实也。"(李剑农前引书一一七页引)在这种情形之下,只须去掉满洲贵族,使绝对王权变成纯汉族商人地主对抗农民无产者的权力,在汉族士大夫已经满意了。所以,一九〇〇年以后,保守派因受了八国联军的挫折,而立宪主义乃在野为维新派所鼓吹,竟耸动一时;在朝则满洲贵族及保守派官僚也渐渐采取了。

(戊)立宪的宣布与革命运动的开展

一九〇五年后,满州政府遂屡次宣示立宪的诏旨。汪精卫氏指出立宪的内幕道:"所谓以强悍政策与阴柔政策同时互用者,立宪是已。往者庑中持阴柔政策者必主立宪,而持强悍政策者必非立宪。洎乎近日,则强悍者阴柔者皆趋于立宪之鹄而无所歧。若是者何也?则以立宪者非惟阴柔政策之实施。实亦强悍政策之妙用也。……以宪法定君主之大权,专制之淫威,有宪法条文为之拥护,无所施而不可。凡种种可以束缚人民之自由,剥夺人民之财产,而曩者惧众怒难犯,有所惮而不敢为者,至此皆可借维持安宁秩序增进臣民幸福之理由,而次第勒为成法。呜呼!专制之威,其极使人敢怒而不敢言止耳!借立宪以行专制,乃并使人不敢怒也。"(汪精卫《论革命之趋势》)满洲贵族既想以宪法保障君主的大权并缓和汉族士大夫的进取,于是宣布立宪的诏书,便是唤起汉族士大夫嫉视自己的檄文。立宪的主张,光焰消沉,而革命的空气,渐次弥漫了。

四 革命组织的构成

中国从来的革命，都是以贫农无产者蜂起为开端的。诚有如陈天华氏所说："法之革命，主动为市民，非普及于最大多数。而前乎此所谓平民团体者，其范围极狭（希腊之市民，罗马之公民；其数极少；其极多数为奴隶），亦一次等之贵族团体也。谓泰西于中古以前，已有平民革命，不过表面之名词；实际尚不如中国自秦以降，革命者多崛起民间，于平民革命尚近之。"（《陈天华集》，上编二页）自一八九五年以后，资本主义各国对于中国的侵略方法又改变了。他们于输入商品之外，更输入工业组织的本身。他们渐次在中国境内设立工厂，直接改变中国的无产者为生产的劳动阶级，加以剥削。一九〇〇年以后，外国资本主义已转变为金融资本主义。他们对中国除输入商品及开设工厂以外，并输入资本。他们所输入的资本，侵入中国的银行，参加中国的工业，扶助中国的商业，开展中国的高利贷借。他们所输入的资本，腐化中国的官僚。由此以后，中国的商人地主官僚，渐渐都带有外国资本代理人的性质，——渐渐都化为外国的买办。政府的外交政策遂由抗外而趋于特外。商人地主对外的态度遂由排外而变成媚外了。商人地主的代表者的士大夫，在一九〇〇年以前反对立宪，在一九〇〇年以后也不能赞成革命，至多只主张立宪。然而这时期，于士大夫之外，因新政的举行，新生一种学校养成的知识分子，或留学外国，或求学国内。他们对于一九〇〇年以来渐次发达的新工业，是努力支持的。新工业家及支持新工业的知识分子，乃是相当于梁启超所谓"中等社会"的群集。他们有继旧商人地主及士大夫而兴起的历史的运命。他们的利害是与商业资本及封建剥削所构成的庞大官僚组织，还没有一致的。

在如上所述的社会变迁里面，产生一个革命党派。这个党派最初潜滋暗长于反对官僚绅士（士大夫）的江湖群众之间。一八九二年的兴中会，得与会党联络，始有发展，而其时士大夫反对排满和革命。一九〇〇年以后，这个党派才吸收多数留学生。一九〇五年，包容会党分子及留学生的同盟会成立于欧洲。"不期年而加盟者已逾万人。"南京武昌新军军官（新知识分子）参加的不少。自兴中会以来，华侨已有参加，同盟会时代，华侨参加的更多了。这个贫苦江湖民众及新知识分子华侨的集团，自一八九五年乙未之役以后，以会党的力量，领导贫苦农工群众，蜂起于广东湖南各地，屡兴屡仆〔扑〕。由商人地主阶级看来，这是一个暴乱团体。他们对于这个团体"英雄张献忠而神圣洪秀全"的批评，指出这个团体以所谓"下层社会"为主力的可怖。

但是如果竟认定兴中同盟会是农民无产者党，却是错误的。兴中同盟会是"中等社会"即中间阶级领导农民无产者打破满洲贵族及汉族商人地主的政权的党。试看当日《民报》主笔陈天华氏对会党的观察，可以知道一个大概了。陈氏绝命书说道："会党可以偏用，不可倚为本营。日本不能用马贼交战，光武不能用铜马赤眉平定天下，况欲用今日之会党以成大事乎？"他主张是怎样的呢？他说："故今日惟有使中等社会皆知革命主义，渐普及下等社会。"再看下列的一段话，也可证明兴中同盟会是民族民权革命的党，而不是社会主义的党。汪精卫《民族的国民》一文驳立宪论道："夫国民主义，从政治之观念而发生；民族主义，从种族上之观念而发生；二者固相密接，而决非同物。设如今之政府为同族之政府，而行专制政体，则对之只有唯一之国民主义，踣厥政体而目的达矣。然今之政府为异族政府，而行专制政体，则驱除异族，民族主义之目的也；颠覆专制，国民主义之目的也。民族主义之目的达，则国民主义之目亦必达，否则终无由达。"当时，孙中山先生是注意于社会问题的。（孙中山先生在辛亥革命之时，到处演讲，常致意于社会主义。）然而兴中会同盟会仍然是"中等社会"领导下层民众的革命集团，其工作在颠覆满清，建立民主政治。

五　革命行程的展开及失败

下层民众是行动的阶级。中间阶级要反抗满洲贵族及汉族官僚的统治，必须诉诸民众，唤起他们的行动。所以自一九〇五年以后至辛亥革命以前，广东湖南各地的平民蜂起，是辛亥革命的先河。旧政府的权威，在辛亥以前，已经消灭于平民之间。中央权力已呈解纽之势。满洲贵族的自信力以及汉族商人地主对满洲贵族的信任心，已随各地蜂起之展开而丧失。满洲贵族的虚伪立宪，也引起汉族士大夫的歧视。

由上所述，辛亥革命是以贫农无产者群众的活动为开端的。然而辛亥革命的自身，则大体由觉醒的中间阶级及新知识分子实行。长江一带的新军，纯然是新知识分子领率的武力。这当然可以说是中间阶级的武力了。

中国从来的革命，常发动于农民无产者，而由商人地主收功。这种向对立物而转变的行程，反覆见于历史。大抵当农民无产者蜂起之初，商人地主取反抗的态度。他们却不止单纯的反抗，他们常窥伺农民无产者诸指挥集团，择取一二能转变而保护私有制度及地租关系者，与之结纳。商人地主的知识分子（士大夫）于此时乃群趋于此一二指挥集团之前，收取革命流产所给予他们的成果。

辛亥革命的领导者（中间阶级新知识分子）在革命发展的时期，充满民族民权革命的气势，而社会主义的呼号只数见于孙中山先生历次演讲之中。兴中会同盟会所承继于太平天国的"平均地权"政策，已为种族及民主思想所隐蔽。这样的革命，当然容易被商人地主士大夫所乘。于是，由平民发动起来的革命，不久便充满妥协的气概。在军事上，则为新知识分子统率的南方新军，竟与新政派官僚统率的北洋新军图融合。在社会上，则有官僚绅士的大量投机。在政治上，袁世凯对满洲政府的政变，竟换取民国第一任总统的地位。孙中山先生在民国十三年追述这事道："今回想革命未成功以前，党人牺牲性命为国效力，艰难冒险，努力奋斗，故能成功。武昌起义，全国响应，民国以成。而反对革命之人均变为赞成革命之人。此辈之数目多于革命党，何啻数十倍。故其力量大于革命党。乃此辈反革命派即旧官僚，一方参加革命党，一方反破坏革命党，故把革命事业弄坏。"（《总理全集》第二集三八六页）本来革命行程之中，旧政权已经解纽，则各种社会势力，都争斗于混乱之中。革命的发展与衰落，全看民众势力的伸张与萎缩。在欧洲十八九世纪诸革命，中间阶级向贵族进攻的时候，他们不得不诉诸农民无产大众。农民无产大众既经蜂起，贵族乃趋于崩溃。中间阶级的上层（市民阶级）乃组织自己的武力向大众反攻。而其下层（小市民阶级）则援用大众的力量以取政权。这时候，大众的前锋集团活跃于政治舞台之上，形成革命的最高潮。若小市民政府于取得政权以后，又回头向大众反攻，则大众失败以后，这依赖大众以取政权的小市民政权便相随失败，而贵族便乘机规复权力了。

在辛亥革命行程之中，中间阶级没有发展农工大众的威力，所以军事一起，就感觉与新政派官僚士大夫妥协之必需。新政派官僚士大夫依中国商人地主的势力，窥伺革命的弱点而因乘之。这是类似欧洲革命行程之点。但是辛亥革命却有与欧洲革命不同的地方。这是什么呢？最大的一点是一九○○年以后，新工业的发达虽有见端，但受外国商品廉价输入的限制，尚不能有显著的进步。至于商业则除旧商人阶级而外，都是买办的附庸。所以中间阶级（民族资本阶级）的力量，非常薄弱。因此，辛亥革命一经发动，社会的领域，便只是商人地主与农民无产者两个壁垒的战场。辛亥革命中的农民无产者运动，既不能望太平天国的项背，则革命的发动，徒为商人地主士大夫造机会而已。自太平天国以后，早已实际上掌握大权的汉族士大夫，乃乘中央权力的解纽而实行政变，把从来有权的实际，表现出来。

所以，辛亥革命的行程，可以用三句话来表示：（一）中间阶级领导农民无产者发动革命。（二）满洲贵族与汉族商人地主相与均衡的绝对王权因而解纽。（三）汉族商人地主实行改变，表现其实际久握的权力，构成一个支配农民及中间阶级的政府。

六 辛亥革命后军阀政治的必然性

绝对王权的解纽，一方面固然把汉族商人地主久已掌握的政权表现于形式上面，他方面却也把各省区督抚分权的潜势表现到形式上面了。袁世凯的新军一时虽有征服江南的气焰，但是，北洋新军分受地盘以后，仍因袭督抚时代各省区"尾大不掉"的形势。袁氏既死，北洋系统也把这种形势表现起来。

外国资本及商业资本和封建剥削不断向农民进攻。农民破产所构成的大量过剩人口，没有相当发达的新工业能够吸收，乃成为军队人口的来源。各省区的军阀，以此扩大军队，因军队扩大又企图扩大地盘；地盘扩大更需用较多的军队。其结果各系军阀的均衡时时破坏，引起民国初期军阀的混战。

这是辛亥革命失败所留遗的成果。

一九三一，七，二八，上海。

（载《东方杂志》第 28 卷第 19 期，1931 年 10 月 10 日）

亡国之路
（1931 年 10 月 14 日）

不在日本军队的炮火

乃在民众活动的钳制

——民众要组织及言论之完全自由——

——民众要民权主义的政治——

日本军队的炮火威力不足以亡中国。中国如为求得自由平等而战，纵被帝国主义的炮火迫击到最后的一片土最后的一个人，中国是不亡的。中国的亡国之路乃别有所在。

亡国的路在那里？

政府当局继续与日本帝国主义外务省及驻华大使相周旋，其结果必达到丧失国权的协定，依于此种协定，日本在中国及东省之特权，未经订在条约者，乃明白订于条约，未经中国民众承认者，乃再以条约承认。这是亡国的一条路。

政府当局第一步倚赖国际联盟会的计划，完全失败，现在又开始抱美国的佛脚。最近亲美的外交家和博士麋集南京，表示抱佛脚的切迫的热望。我们主张扩大国际的矛盾而利用之，我们反对那因为对抗日本而向美国帝国主义卖身投靠。这种卖身投靠运动，只不过为博士加庚款的朋分，为官僚亲美的回扣。于此种投靠乞怜之下，对中国的国防，对中国的一切军事准备毫没有丝毫的进展，这是亡国的又一条路。

在这种爱国运动蓬勃兴起的情况之下，政府当局没有对应的表示。所谓对应的表示，第一是政治的革新，向民众开主持政治的路；第二是政治的统一，止息党争。但是民众所看见的是些什么？为党权而抑制民权。为党争而分裂国土。这是亡国的又一条路。

然而政府如果毫没有觉悟地这样下去，国就亡了不成？

我们的答覆是"不，不然！"

中国是中国四万万民众的国家。中国四万万的劳苦大众为反对帝国主义而爱护这个国家。中国四万万的劳苦大众为废除资本主义及封建的剥削而维持这个国家。中国四万万劳苦大众决不容忍这个国家断送到日本帝国主义之手，也不容许这个国家为了对抗日本帝国主义而欢迎美国帝国主义分赃。

中国民众要民权。

中国民众要民权主义的政治。

执政的中国国民党政府应当服从这个民权，实践民权主义的党纲。民众要拿这些个党纲向党政府兑现。

中国民众要组织及言论之完全自由。

中国民众在这外患凭陵的间不容发的紧急关头，要监视政府的外交，要改革政府的政治。中国民众要自由发表对外的方针，要以组织的力量求对外方针的实现。中国民众要确定内政的纲领，要以组织的力量求内政纲领的施行。

（载《社会与教育》反日运动特刊，1931 年 10 月 14 日）

1932 年

国民战与国民代表大会
（1932 年 4 月 1 日）

一

今日中国对日本帝国主义，只有两条路：和或战。

和，中国政府必须接受日本帝国主义者的苛刻条件，则和就是降。战，中国必须准备并发动广大的武力，如没有广大的武力，则战必失败，失败，必终于归和，和就是降。

以现在实际情形而论，政府的军队对日军作战，有两点困难。第一是中国现有军队是雇兵。雇兵之有战斗力者有数量的限制。一旦开战，则精锐一尽，难于补充。精锐尽后，其能不能作战的军队，既不能再支战局，必终于和，而和即是降。反之，日本的军队是取征兵制。他的精锐军队，补充较为容易。此外则炮火的威力，日本军队比中国军队为精。日本军队现在的根据地及阵线，远较前月十九路军没有撤退时为宽，更容易发扬炮火的威力。以如此的形势，而中国政府军队与日军再战，难于得利。

第二，政府的军队多数是地方军人所统辖的。有省区作地盘的军人不愿把他保守并发展地盘的军队供牺牲于外战。因此政府调度地方军队，极不能一任己意。政府对于调动军队既不任意，则作战计划大受牵制。此外，中国各地军队开拔到战区，运输困难，延迟时日，尤不利于急迫的战机。

这两点是军事上的难关。这还不是根本的困难。根本的困难是什么？

中国与日本帝国主义之战，与欧洲列强之间之战有一差别。中国没有有力的海军，足以拒敌于海上。依于不平等条约束缚，列强军舰可以开入内港及内河。因之，中日一战，则日舰散布内港及内河。而中日之战乃在中国海港之内举行。海港如上海，乃是中国的大国际贸易都市。中国的政府财政来源久已依赖此大国际贸易都市。上海的金融资本一朝停滞，则政府的财政顿陷困难。一则中国的雇兵制，使军队的补充，全赖金钱。二则中国的炮火制造不能自给，久战之后如没有金钱，则来源断绝。三则中国政府是一大官吏组织，财政枯窘则俸给困难。四则中国各地方军队多依赖中央政府金钱的补助，中央财政困难，则地方军饷顿起恐慌。如就地筹饷，则地方财政破产。

以政府现实情形而论，和既不可，战又难能，其结果陷于半和半战的就态。半和半战，终于受日本帝国主义的抑制而终于和议。

二

要打破半和半战的状态，而从事战争，必须取如下的途径。这就是国民战。

政府及军事中枢，以内地农区的根据地。军队及国民义勇军，尽军火的数量，尽量编练。此民众之普遍武装，对日本军队多取游击的战略。同时政府抱一能牺牲一二大都市亦不妥协的决心，以持久对抗的方法，使日本军队难〔虽〕有胜利不能保持，虽取都市不能领有，则最后能因财政的难关，使日本军队终于撤退或崩解。

然而中国若出于国民战之一途，政府的基础必须改变，国民的经济构造必同有巨大的变动。政府必须改变货币资本的财政。国民必须回复半现物的经济。

我们必须了解，中国对日本帝国主义之战，必须是反帝国主义的革命战。

我们必须知道中国对日本之战如能持久，则国际形势必有变迁。

我们又必须知道中国国民在对日作战状态之中，才可以由涣散而紧密组织。

我们又必须知道中国国民在对日作战状态之中，不适于争斗的腐朽成分才有淘汰的希望。

我们不取空虚的依仗现有军队的徼倖的主战论。如果以为兵器不精而数量有限。且调度不灵的军队可以战胜而主战，便是这种主战论。同时如果以为中国国民没有出路，中国社会政治的构造不能改变，以适应反帝国主义的战争，这又是亡国的论调。

三

必须诉求于国民大众，才能贯彻对日的战争。

必须有国民大众的支持，才能于金融资本停滞中树立政府的基础。

必须有国民大众共赴战场，才能持久作战，打开最后的出路。

为诉求国民大众，政府应召集国民代表大会。

此国民代表大会，必须以能执武装，能供生命，能以现实的劳动生产支持政府的大众代表组织之。我们看不出纸上文章及讲□空论的实力。如想用那表现于纸上口头的民气退军，恰如向暴动的流民读《易经》。如果以为不顾实情的空论可以解放中国，恰如信仰《易经》有打鬼的效力。

真实的力量乃潜存于国民大众之中。此潜存的大力，久已消沉于长期压迫之下，此潜存的大力，应加引导，而反帝国主义战争，恰是引导国民大众的旌旗，国民代表大会便是国民大众奔赴到这个旌旗之下的途径。

这不是民气，这乃是民力。这个民力，在历史上曾经几度救中国于灭亡。这个民力曾经驱逐元朝于塞北，曾经打破满族的江山。如今中国又待这个大力来作对日持久战。

如没有唤起并组织国民大众的制度和方法，则战争有利是不可能的。战必终于和，和必终于屈伏。

（载《时代公论》创刊号，1932 年 4 月 1 日）

为什么争言论集会自由？
（1932 年 4 月 8 日）

一

革命失败，则社会趋于衰落。社会的生产力在重重桎梏之下，不能发展。而重重的桎梏方吸尽生产民众的膏血。社会衰落了。今日的中国，确然就有这个现象。

在社会衰落的过程之中，我们只看见那保持重重桎梏的努力。此重重桎梏，当其盛时，确有控制社会使其就范的形势。但是，社会不断的衰落下去，经济及财政的负担，已为生产民众所不能堪。当生产民众膏血既尽之时，此重重的桎梏乃顿然解纽。

寄生于桎梏之中者，感觉前途的悲观。及对社会的支配之无力。然而社会是衰落下去的。乍观之下，觉此一桎梏虽自就腐朽，尚没有代兴的势力，足以解除之。于是有些人觉得只有悲哀，却无危险。他们既然认定政治的构造虽然崩溃却没有代兴者，乃或以为控制社会的力，尚可以复兴于此旧政治构造之中。又或以为此政治构造虽应改革，却无须急速改革。

二

社会的衰落，同时是社会的转变。方正在衰落的时候，崩解的趋势虽已昭彰，再生的机缘却不显著。于是有如上的错觉，以为旧者虽朽，断没有新者的到来。实则社会亦如人身，每日之间，方生方死。一切制度，在形式上看来似尚没变迁，而其实质则已非昔日。亦如人生虽数十年间都是同一的躯干，而细胞每日变换于不知不觉之中。所以制度有生长变衰，亦如人生有生老病死。

理如此，事亦然。假如四年以来的政治制度可以适应中国社会的发展，可以解决中国国家的问题，何至九一八事变一生，顿成不易支持之局？如今执政者所恃的是什么？只不过感觉自身以外，尚没有代起者到来。

然而社会转变之中，政治的转变为不可免。在今日，执政者或以为政治的桎梏一开放便不可收拾。然而此桎梏若不开放，为终于"画水无形"的崩溃。

三

日本帝国主义者的炮火，方乘中国社会衰落与政治解纽的时候，占领东省，征服东南。如果中国是一个社会发达与政治健全的国家，在这种压力之下，一定表现振作的现象。但在现前的中国，日本军队的压力只发生加重社会与政治衰落的效用。

宋末明末的上层社会病态，尽演于二十世纪的今天。在重兵驻腹地的时间，主战主和，都无责任。本来，政府即不许国民负责，国民那能替政府担受。热烈的捐输已随十九路军热烈的战争而去。所余下的只是空虚，颓唐及枝枝节节的应付。

外战必生两方面的影响。一方面外战能作外交的运用，他方面外战能使国内民众与政府团结。今日的中日之战，既不能供与有利的外交形势，又不能生民族团结的结果。这表现着社会与政治的衰落，已达极端。稍一容心，谁不警惕？

四

然而寄生的庞大官僚组织，把一切化为岩石，把一切化作死灰。自有外交史以来的最大事件，仍不能使此庞大的组织发生灵敏的反应。

我们看见执政者之中，也有感觉自救的必要的，也有些有自救的努力。然而法律上的权力在此庞大的岩石与冷尽的死灰之中，断难生何等活跃的影响。一切努力俱遭支解，一切努力俱是徒劳，一切努力都难得国民的谅解。

国民需要的是什么？他们需要活泼的新机。

五

为此我们争言论出版的自由。

由此我们争集会结社的自由。

当局无须畏惧这自由。能给予国民以自由者，在如今的外战局面之下，能得到国民的好感。反对国民有自由者，必遭逢各社会层的攻击。

国民不可轻视这自由。国民在今日没有行使政权的合法地方，与行使政权的合法手段。当外交严重之今日，国民所赖以监督政府者，只是言论。在言论发展的时候，政府的行动自受拘束。当言论被击之后，国民有何把握免中国于丧权辱国的祸殃。

国民中最大多数的劳动农工也必须为这自由而争。当九一八事件发生以后，他们除在十九路军作战的时候，忠勇从事于慰劳与捐输及种种扶助以外，他们好像没有政治的意识。资产阶级学者因之遂否认大多数国民的实力，以为救国只须一纸的法律，由少数学者议成。这是错误的。劳苦的民众如今没有言论结社的自由，他们何从表现他们政治的努力？

我们因此应为言论出版集会结社的自由而争。

六

国民为行使政权而争自由。这是我们应当了解的。有些个学者以为只要得到言论集会自由，并不要用这自由做什么。这是不对的。

劳动者没有集会自由，他们无力为经济的改善而争，尤无力为终局的解放而争。劳动者要这自由，是有目的的。一般民众也是这样，在今日，一般民众争自由，是为了行使政权的。

所以争取自由的同时，国民应当争取行使政权的制度。在今日，国民应争取国民代表大会的召集。

（载《时代公论》第2号，1932年4月8日）

中国的法西斯蒂
(1932 年 6 月 10 日)

一切制度和运动，到中国来便化为中国的。中国的社会经济构造，决定一切制度和运动的性质与形式。

日本的军人把犬养毅给杀了。德国的希特勒走上了德国政治舞台。中国的法西斯蒂运动便仿效着他们而开始了。

不用说，中国的还是中国的。

意大利的法西斯蒂是在农村衰落的社会里求工业资本的发达而成的运动。农村购买力既很薄弱，则工业资本如欲发达，必须到国外找市场。国外市场已被各帝国主义国家给瓜分了。意大利资本家现在要找市场，必须以实力组织起来，向各帝国主义国家在东欧各小国争霸权。此种资本家组织国家内部而向外发扬国威的运动，叫做法西斯蒂运动。

注意，他的特色是在向外发扬国威。

德国的法西斯蒂运动，是德国于革命后在战胜国压迫之下，把资本主义复兴起来，为世界经济恐慌及德国财政恐慌中，想有组织有计划的维持资本主义的生产所成的运动。他的特色在向国内施行急进的社会政策，向国外对抗法国及苏俄。

注意，他的特色也是对外抗御强敌。

中国的法西斯蒂与上相反。

他是买办法西斯蒂。他是对外软弱而对内强硬的运动。他是无组织无计划以维持那银行交易所投机资本主义的。

注意：他的特色是不对外，无计划。

他算不得法西斯蒂，他是一种无理智的暴力。他是商人资本地主阶级本能的冲动。他是掊击异己以争国税的。他有法西斯蒂之名，却尽杀莫索里尼与希特勒。

　　莫与希两人的特色在说真话。他们威胁法国，他们号召市民小市民以镇压阶级斗争。他们的号召是说真话的。

　　中国的要人有谁能披肝沥胆，说句真话。我们知道披肝沥胆的下联乃是斗角钩心。

　　法西斯蒂决不如是。

　　法西斯蒂，法西斯蒂，你又中国化了吗？

　　甘地的不抵抗主义已经中国化了。你又到中国来毁你自己吗？

　　世界只看见抗外国的法西斯蒂。世界将要在中国看见媚外国的法西斯蒂，世界的经历本来是五花八门的。然而没有吾中国的上层社会高级华人，决不会使世界有如此丰富的经历！

　　　　　　　　　　　（载《时代公论》第 11 号，1932 年 6 月 10 日）

中国社会形式发达过程的新估定
(1932 年 8 月 1 日)

　　过去三四年里，中国社会史论战，向社会上提供了不少的论文。王礼锡先生主编的《读书杂志》两次关于这个论战的专号尤其表现着热闹的情况。最有光彩的是：马克斯恩格斯文献极熟的李季子先生于第二辑以丰富的篇幅出马。我在这里感觉到高度的兴趣和钦敬。我应当写一些文字来厕列其间，但是我只有简单说几句话的必要。我觉得对于中国社会史，写一篇文容易，作一本书困难。近来我正在不揣棉〔绵〕薄想写一本书。我又觉得这论战里，批评容易，建立困难。近来我不想批评，我想多少添些材料来建立。

　　公式主义者大有反对材料而重视公式的毛病。有人批评我说我是经验主义，因为我重视历史的记载。又有人批评我说我材料愈多愈弄糊涂了。其实我的糊涂，正是由于材料太少，即理论所依据的经验太少。如果材料多了，便不致于乱争盲斗了。

　　用公式来收捡材料，这一方法最怕材料多。材料一多则公式主义便会崩溃。历史上两个不同的社会形式，供给我们不同的材料。但因公式主义不许我们指出两者的异点，我们是弃材料而留公式呢？还是弃公式而取材料，重新估定社会进化的途径？公式主义的办法是前者。我的办法是后者。这是我四年来见解屡有变动的原因。

　　近来因为材料较多一些（自然还是很少），我又有不同的见解。原来我抱定一个意思，想把中国历史通前到后的细看它一回。在没有细看以前，我以为立论极易；到了详看以后，便感觉立论极难了。

　　容易的是什么？我们乍看一下，好像中国历史上几千年没有巨大的社会变动。所以我们可以把春秋以后到满清划成一个时期——或命名为封建时期，或命名为先资本主义时期，又或命名为商业资本时期。我们也可以把商周和明清划进一个阶段，说中国一有历史就是封建社会。由伊尹到吴三桂，由尚可喜到倪士〔嗣〕冲，都是封建贵族。这在一篇论文里是可以说得过去的，如果逐朝逐代的观察史实，那便行不通了。

我既想逐朝逐代都细看它一下，从前把春秋以降乃至清代划入一个时期的办法便站不住了。几年来我在这一长时期里，都曾再加划分。我把五代作为一个段落，此前为一期，此后另为一期。在只作一篇短文的人看来，这是不必要的，但我尚以为不足。

没有三千年之久不变的社会。何况生产力的进展在中国历史上很显然？（注）

永久封建论是违背社会进化的原则的，因为它的前提论断是世上有不变的社会。如果我们根据《资本论》第一卷所说亚细亚社会不受政治风潮的影响一句话，说中国社会没有大变动，到还罢了。如果我们要说它是封建社会，又说它三千年不变，那就有不妥的处所了。长期前资本主义社会说也一样的不妥当。我向来也是主张此说的。但我不断的说明其间各种的变化。现在我觉得此说从根本上有应当改正之点。

我简单的把最近的意见提出，请大家来评论。我这意见还没有作过长篇或短篇的论文，还待研究才能安心的采用。这个意见在北平曾经我和黄克谦先生讨论多回，所得于黄先生的极多，但我也有特殊的意见，并不尽与黄先生一样。

西周时代，我们认为氏族社会末期。所谓"封建"，是周族征服黄河流域以后，依族内身分而分配土地的意思。王侯乃是联盟长及族长。被征服的氏族分隶于各氏族，但征服者与被征服者间乃是族与族的关系，与阶级间的关系不同。

氏族的贵族平民并不是剥削被剥削的两阶级。但随生产力的进步——由石铜兼用到铁的使用，由石木制的耒耜到铁制的耒耜——及家族制的发达，氏族的组织及权力渐次分解。"土地分属个人私有。因为商品生产及其所引起的商业发达了。"（Engles, *Origin of the Family*, Chicago, p. 131）"从前因有财富而有权力的家族于氏族以外自成特殊阶级。农民与商人的劳动分化已有与旧社会氏族的分化相抗的势力。于是国家与氏族社会间不可调和的对立便显示出来了。"（Ibid., p. 131）由春秋到战国的时代，便是私有财产对氏族身分抗争的时代。

战国到后汉是奴隶经济占主要地位的社会。其中的主要阶级是奴主与奴隶。城市的工商业劳动都由奴隶负担。乡村里固然有很多佃户，但如任公（《前汉书·货殖传》），如樊家（《后汉书·樊重传》）仍以奴隶任耕作。

两汉的武功——尤显明的汉武帝的武功——乃是奴隶狩取及市场开拓的运动。僰僮，闽隶，蛮隶，这样的奴隶（前者见《张骞传》后二者见《周礼》），都是从落后的西南及东南民族战取的。汉族商人对匈奴的通商，使匈奴常起反抗（见桓宽《盐铁论》）。但是中国的小地主及独立农民受不了奴主的竞争和商人的操纵大量破产。一方面耕地集中于少数奴主大地主，他方面因农民的破产，中国的兵力薄弱，奴隶狩取的战争渐难成功。生产劳动者在重重剥削及庞大负担之下，数量减少。失业破产的农夫蜂起，后汉的政权遂归崩溃。

由三国到唐末五代，要另划一个时期。

其中南北朝时代，是中国史里最少研究的一个段落。尤其是"五胡"及拓跋魏连续占领的黄河流域在黑暗时代中过了三百年。

大家都知道这时期最显著的经济组织是"庄"。最显著的经济现象是现物经济（南部却是发达的商业经济）。最显著的社会关系是士族，平民，半自由民（部曲，佃客，衣食客等）奴隶的等级，除士族领有"遍天下"的田园水碓外，别的人在黄河流域是平均受田的。

均田制到中唐，便渐渐破坏了。

这是一个发达的封建庄园时期。

宋以后，庄园经济渐次分解。

与两汉的记载多家生子或家僮或老奴不同，宋代的记载多田佣或佣工或佣仆（看洪容斋《夷坚志》李元纲《厚德录》等）。自由劳动已代奴隶劳动为社会重要的现象。除家事奴隶以外，生产奴隶已归没落。

耕地分散是显明的趋势。唐代的大庄园到宋代多变为多数独立农场。平均每一农家以耕地十亩为多（看方回《续古今考》）。地租回复两汉之旧，居全生产物百分之五十。

行会的势力比唐为小，行会以外，颇有独立的大商工业。

国外贸易之发达（看武堉干《中国国际贸易史》），银的普遍使用（看赵翼《陔余丛考》"银"条），国内商人的流通（看《夷坚志》"翟八姐"条），海外商人的进取（看《陔余丛考》"南宋将帅之豪富"条），这些现象是很显明不能够抹杀的。

无疑的蒙古游牧部落的侵入，在黄河流域又建立封建田园制，但元朝对江南则榨取其货币。明代以后，商业的发达，政权之集中，官僚兵队的现银支付，盐商钱商的政治势力，在在都是继续宋代经济政治制度而更加发达的。

这是封建制度分解期，也就是城市手工业时期。这时期确可以说是先资本主义时期。

如上所说，中国社会发达过程与欧洲大同小异。由氏族的生产到家长经济，奴隶经济，封建的生产，城市手工业即先资本主义。

自一八四〇年以后，中国受工业资本主义的克服，走上半殖民地的道路，已经不能依然照通常的社会发达过程前进了。

如上所说既不是永久封建论，又与长期商业资本社会说不一样。我希望大家讨论和批评。

我还有两个希望，敢在这儿提出：

一，唯物史观固然与经验一元论不同，但决不抹杀历史的事实。我希望论中国社会史的人不要为公式牺牲材料。

二，论战已有四年之久。现在应当是逐时代详加考察的时期。我希望有志于此者多多从事于详细的研究。我四年来犯了冒失的毛病，现已自悔。但我四年前冒失下手发表论文，是因为那时很少人注意这种研究。现在见解已多，如再以冒失的精神多提意见，反把理论战线混乱。我希望短篇论文减少，多来几部大书。把唯物史观的中国史在学术界打下一个强固的根基。我自己决没有丝毫的自负，说自己业有如何的成绩。我希望自己能够继续研究，把四年来的见地一起清算。我希望大家于"破"之中来"立"。只有"立"才可以把战线以外的多元论者或虚无论者打翻。

这一个简单的提议已把我从前的几本书所包含的论断清算了。但是如果再得到不同的见解，我仍旧要贡献出来给大家作一分参考。我断没有一个意思说我的每一见解都是确切不移，可以叫做"陶希圣主义"。我也没有一个意思说商业资本的作用是我个人独得之秘，凡注重商业资本的作用者都归于"新生命派"。——《新生命》并没有成派。

把商业资本的分解作用当做"陶希圣主义"，太冤枉了。更不应该因为《资本论》第三卷"商人资本的历史材料"一章曾经我译过而大加摒斥。

复次，我曾非难孟子说他把劳力劳心的分工辩护士人与农民的差别。新思潮系的论者乃指我说我赞助孟子的意见。这样的批评不是批评，不过是一种笑话。

最后，说中国有奴隶制度不是一种新发见。把奴隶经济之发见作为划时代的劳作，这不免受人轻蔑的。

（注）大略的考一下，每一亩田地在汉初得生产一石五斗谷。西晋每亩良田大约可生产两石多。南宋初每亩约可生产三石了。参看徐氏《农政全书》，《汉书·食货志》，《文选》嵇康《养生论》，方回《续古今考》等书。

一九三二年，九月四日，北平

（载《读书杂志》第 2 卷第 7、8 期合刊，1932 年 8 月 1 日）

一个时代错误的意见
——评《时代公论》杨公达先生的主张
（1932 年 10 月 2 日）

最近在南京出版的《时代公论》，载有杨公达先生的政论，主张组织清一色政府。所谓清一色，乃是国民党中最有力的一派。他主张这一派把别派放逐，有如莫索里尼放逐尼梯，斯大林放逐托洛斯基。

这意见如果在前年胡汉民先生刚要去职的前夜提去〔出〕，那是很适合当时当局的需要的。这种论调在目前提出，不免时代错误。

目前社会上的论争，正集中到国民政权的取得和运用这个问题。这问题的提出，是由于国民党过去几年党治和训政方法不能集中民力以救危亡。现在的问题不是在国民党各派团结或互相残杀，而是在国民党各派即令团结仍不能够救中国于危亡。杨先生把问题移到国民党党内纷争，并且把眼光缩小到一派上去，完全是不能了解国民党的现状，不能了解国民党的要求。这种论调也只是住在勾心斗角的南京的人会发出。

如果果真有一派能够救国，真能够解放中国的大众，我是赞成一派专政的。但是我们应当知道，苏俄及意大利的一派所以可以专政，是因为这一派能够集中社会里有力的群众的力量。一派专政不是由于他有钱有兵，乃是由于他有政策有计划有民众的拥护。

尤其是由于它能够解决国家和民众的迫切问题。民众没有服从一派的义务。民众只跟随那能够帮助自己解决问题的人。

几年来的一派政治，以丧失东三省为结局，民众对于一派政府当然不能够不怀疑。因之，国民之间便发生党治反党治的论争及一党专政与民主政治的斗争。

杨先生把时局拉回去两年多，不注意于国民的公论，只斤斤于政府地位的独占或分沾，这是时代错误的了。

两派政府也不能救中国，一派政府也不能救中国。中国的得救，只有一条路，这便是集中国民的权力以自救。

两派分沾政权也不能集中国民的力量，一派独占政权也不能集中国民的力量。只有国民行使政权，才能使国民集中力量来救国。

蔑视国民的力量，专谈一派两派主政的问题，这是把今日中国时局的危机及出路抛开，把勾心斗角的政争握紧。这种话很难向国民来说。这种话只宜于写在寓言书上，递到首领手上去。

目前促进国民党各派互相残杀的主张，是不宜再在社会上张目的了。目前的指导理论应当集中到唤起民众集中力量来救国。

只有奴隶是主人真正的仇敌。以天下人为奴，就是以天下为仇。目前的问题不在使天下人如何做奴隶，是在如何使全国民众做中国的主人。

我并不是说把天下人做奴隶是绝对的不该。我是说这是不利于主人的。所以，开放政权于国民，并没有危险。把国民排斥在政权之外，却有危险。如果我替国民党最有力的一派打算，我决不上一派专政的万言书。我要劝他把政权向国民开放。我要劝他不要以天下人为仇敌。

（载《独立评论》第 20 期，1932 年 10 月 2 日）

1933 年

中国社会史丛书刊行缘起
（1933 年 6 月 5 日）

史学不能创造历史。反之，历史的研究产生史学。这个道理太显明了，显明到一般人多瞧不见。他们要凭他们的史学创造历史。

他们的史学是从欧洲史的研究产生的。他们拿欧洲历史研究所产生的史学当做欧洲史的本身，这已经大不妥当了。他们更进一步，把那史学当做中国史。他们以为这就是中国史，不必他求。

也许中国社会的发达与欧洲有同样的过程。也许两者截然不似。但是，要断定中国社会的发达过程，当从中国社会历史的及现存的各种材料下手。如果把史料抛开，即使把欧洲人的史学争一个流水落花，于中国史毫没用处。

于今的学者不独把欧洲的史学当做中国史的自身，并且把中国古代学者的史学当做古代史的自身。笑话太闹得悲惨了。我们因此发下一个小小的誓愿，愿把这悲惨的笑话转换为真实的工夫。

我们的誓愿是：宁可用十倍的劳力在中国史料里去找出一点一滴的木材，不愿用半分的工夫去翻译欧洲史学家的半句字来，在沙上建立堂皇的楼阁。

我们的誓愿是：多做中国社会史的工夫，少立关于中国社会史的空论。

我们的誓愿是：多找具体的现象，少谈抽象的名词。

以此誓愿发刊中国社会史丛书。其中准备收罗如下的编著：

（一）通论中国社会全部或一时代的变化过程的；

（二）对中国一时代或一问题作特殊研究的；

（三）史料的收集。

　　无论字数多少，凡是能够独立成册的编著，只要内容是这三项，我们便欢迎加入这个丛书。

（见《两宋田赋制度》（刘道元著，陶希圣校），新生命书局，1933 年 6 月 5 日）

中国历史上的集权与分权
（1933 年 9 月 1 日）

一、三种国家形式

自西元前二世纪以来，国家的组织大体可分为三个形式。

第一是秦汉的形式：各地方社会是多族并立的。政府组织站立在各地方社会之上，对于多数家族镇抚，监视，并有裁判争讼或调解争讼的任务。各地方社会里面的官，就是由当地的家族来担任。乡三老，县会长，郡守，以及郡县的属僚都是当地的家族。这时候，社会及国家的组织很松懈。政府对于各地豪族是很忌视的。政府每每迁徙豪族到首都的附近，并且以六条察地方政治，其第一条便是强欺弱，众暴寡。政府对于各家族只收取租赋及徭役，但政府有很多的奴隶刑徒，徭役常折收钱币，不必事事都役使各家。总之，政府是多数家族中的最大家族，精确一点说，政府是多数奴隶主中的最大奴隶主。

第二是东汉以后到中唐的形式：土地兼并，家族并吞家族。少数的豪家成了士族，多数的家族成了部曲，佃客，衣食客，僧祇户，奴隶。地方社会里面，强族压倒弱族。强族做官，却不做小官（即吏）。官吏分开了。政府成了保障强族支配弱族的工具。强族及寺庙的土地免税，人口免役。政府是强族的调解人，是强族分割国税的处所。为了保护强族，政府有兵。政府的首领便是统兵的大将。大将换了姓，强族加了官，没有什么死节之类的事。这是西晋南朝的现象。北朝及隋唐稍为不同一点。政府是强族中的大强族。政府自有大批的土地，按人口分给没有地种的人们去种。政府的权很大。总之，政府是保障大族的军队，或是大族里面最大族，精确地说，政府是庄主中的大庄主。

第三是中唐以后的形式：地方社会里，乡下有大族，城里有大商。国家的收入，乡下出一半，城里出一半。国家不专靠地主，也不专靠商人。国家拿了他们两下的钱，养下大批的官员和雇兵。国家的权力既大于地主，又大于商人。地方社会里的权力在绅商手里。绅商和衙门里的吏卒打成一气，办了地方一切的事情。政府派了一个官和一支兵来了，替他们"保富"，替他们判案，替他们和事，对待条件是筹款。派来的官哪能控御地方的吏卒和绅商？绅商吏卒所筹的款——税捐——是从地方民众拿出来的。绅商吏卒筹了二十万，他们只拿五六万出来给官，官也没有稽考的。于是有那精通地方钱谷的师爷——幕友——替官来稽考那绅商吏卒。地方权力之上的国家权力，要以幕友做联锁。官是代表国家的，吏卒绅商是地方的人士。

无论那个时代，中国的政治组织总含有两个相反的成分。一个是集权的，一个是分权的。地方的权力和国家权力总是背驰的。现在多说一说三个形式里面的两个背驰的力量怎样结构着。

（一）先从县政府说，绅商吏卒是为地方的（实际是为自己的），县长是为国的（实际也是为自己的）。幕友是其间的线索。

（二）次从省政府说，县官是为地方的，省政府是来监督县官的。从前的府道及各种委员会是其间的线索。

（三）再次从全国说：省政府是为地方的，中央政府本身乃是国。各部及钦差等大使乃是其间的线索。

幕友如果和吏卒绅商打成一片，县官便吃亏而不能统制一县。县官如和绅商吏卒打成一片，省政府便没法统制这一县。省政府如果和县官打成一片乃至和绅商打成一片，则中央便不能统制这一省。

好在县官是在绅商吏卒之间的，他可以惩处任何一个弄弊的绅商吏卒。省政府是在多数县之上的，他可以惩处任何一个县长。中央政府是在多数省之上的，他可以惩处任何一个省长。

所以集权有两个条件：

（一）各地方互相牵制，

（二）上级政府有大于任何一个地方的实力。

一县的地方权力是很小的。集小而成大，所以省的权力便大些，各省（地方高级行政单位假称为省）的互相牵制，和中央政府有大于任何一省的实力乃是中央集权或全国统一的条件。

省的关系大，所以过去的政府对于省制看得很重。但是割据的趋势老是向前发展的。在第一个时期，用来监督太守的监御史渐渐变成割据的州牧。在第二个时期，用来监督各地军队的都督或存抚使观察处置使节度使也渐变成割据的首领。在第三个时期，宋把省政府分成四个互不相辖的官，所谓帅（军政）漕（财政）宪（司法）仓（财）。漕司管转运，他后来便控制了别个官。真宗以后，领兵官的经略安抚使有兵，便趋向于割据。明代对省，三权分立，布政使管民政，按察使管司法，都指挥使管军政。中央还不放心，又派尚书侍郎都御使分巡各省，叫做巡抚。这巡抚便将成割据的首领。清代于巡抚之外又加总督，大约巡抚主要管民政，总督主要管军政，下面又设布政使管财政，按察使管司法。他们四位，都有单独上奏权。清代省制，可以说是三权分立，而其中民政军政又是对立的。但是这总督或巡抚后来又形同于割据。民国以来，没有几天是统一的。民初的都督固然是分权的，督军与省长分治时期，督军仍然是割据的首领。国民政府的命令公文及全国以后，省政府委员会依然操在军人手里，目前竟然弄出独立的国来了。

二、集权与分权两极端的结合

集权与分权两极端的推移如此，所以历代对于中央政府常常注重他的所在地。用意是在使中央政府的实力大于任何一个地方的权力。西汉都最富的关中，同时派重兵驻防河南中部。后来关中富力破坏了，东汉改都洛阳。中古时代，财富固然渐渐移到东南，兵力却以西北较大，于是隋唐都西北，而转运东南财富到西北。为了漕运的便利，宋都东移，元明又东移去迁就海运去了。于今政府竟到东南去就上海。于是中国由此又表现出从来未有的危机。假如财富是要靠海口，现在的海口是分散在沿海的，并且都被列强所控制。目前的分权或割据，比从前又加上海口分散一个要因。

大体上说，文武官吏总是倾向分权的。这个倾向可以从历代政府对省政府重重牵制重重监督的事实作证明。为什么有这样的倾向呢？我现在指出两点来看一看：

（一）从来的行政只有地方的行政。全国的行政是没有的。中唐以后，江南财富的转运可以说是全国的行政，但是财富的征收仍然是地方政府做的。自从国外贸易发达及国内交通事业开创以来，才有国家行政。如铁路航路乃是超越省界的。关税的征收也是国家行政。此外大学是国家行政，反之中小学便是地方行政了。

后来的各部只是对公文审查的机关，而内阁乃是公文起草及批阅机关。近数十年来才有行政事务归他们办，但是很少的。综之，除县里的吏卒绅商是直接支配人民财物以外，县官有时直接支配他们，以上的巨大官僚组织只是一套的公文系统，用来监督指挥县官的。

（二）大都市并不是没有，但从来的都市只是商业的。商业都市全靠各地方社会隔离，才可以发达起来。商业都市不比大工业都市，后者是要直接统一广大市场的，前者则要各小市场互相隔离着。这样的都市不能支持集权的统一国家。

近几十年，大工业都市抬起头来了，但是他们都是由于外国商品和中国商品的交易才发达的。他们的地址固然在中国，他们的经济根本就在外国。上面说过，这种海上都市又是中国地方分权的一个要因。

（三）个人的财富大抵是地方的，如土地是过去官员的重要财产。土地是分散在各地方的。商业财富又有如前段所说，要地方社会彼此隔离才能积累起来。

由于上面所说各点，文武官吏总有地方分权的倾向。然而地方社会之上向来常有一个统一国家出现是为什么。

（一）官吏在这里可以分得赋税。

（二）这里有力量任免各地方的官吏。

由于前者，各地的读书人一群一群上京求官。由于后者，中央政府才有力支配这些官吏，使他们为了中央政府去支配各地的地方社会。如中央政府里赋税无可分了的了，又如中央政府没有力量任免地方官了，地方割据便马上出现了。

三、将来的趋势

将来的趋势是走到集权国家的路上去的。随都市工业商业的发达及乡村对都市的依赖，地方社会渐以都市为中心而合小成大。民国以来，很显然的，一省一省的割据渐趋于几省共举的割据。从前由统一而割据，将来割据的局面扩大，又接近于统一了。

但是中国的民众要想得到统一的国家，集权的政府，还得大做一番工夫。前面说过，为外国商品服务的海口乃至于以这些海口为出发点而向内地延长的交通线，大体上说，是向心的形势比离心的形势来得大。

如果今后的建设仍然是照这种趋势走下去，恐怕统一国是永不出现的。并且海口中心的经济与政治网，没有能力对列强抗争。他们炮舰一来便把海口支配住了。我们哪有力量去抗争呢的？

今后的工夫要从这些点上去救正。今后中国要以内地能够避开敌人主力攻击的地点做中心，建筑经济的政治的组织，一切交通都集中在这一点。预定敌人把海口占领或封锁以后，中国还能够存在若干时，这样不独内的统一可以做到，即外的独立也可做到了。

二十二，十一，四，北平

（载《独立评论》第 81 期，1933 年 9 月 1 日）

无为还是有为？
（1933 年 11 月 10 日）

（一）

胡适之先生近来提倡无为的政治，他在《独立评论》八十九期上说道："凡是留意我的著作或听过我的哲学史工课的人，都知道我平日是反对无为的政治哲学的。现在我公然提倡中国应该试行一种无为的政治，这当然要引起不少的朋友们的惊异。"他一个反对无为的政治哲学的人反来提倡无为的政治，这果然是一件可惊异的事情。但是，如果把问题弄明白了，这一点也没有可以惊异的地方。为什么呢？要知道改革政治的组织与那在政治现状之下求一种较好的办法，这是两种截然不同的事情。即如胡先生，他是主张民治的政治组织的。但是现在官僚政治已经没得改革的方法了，他便在官僚政治之下求一较好的办法。反无为哲学的人尽可以提倡无为政治了。

我为什么把胡先生所没有提出来的官僚政治这个意思提出来呢？无为政治本是官僚政治之下的最高理想政治，如果官僚政治组织已经确定了，最好的政治便是无为的政治。如果我们要改革官僚政治，那我们可以有种种的高深主张。如果我们在官僚政治下面，要人民少受一星儿的苦，那末，无为政治哲学便出来了。

（二）

无论□国家是服务的，或是掠夺的，或是人类最高的理想，在国家组织之下，人民总有财政上的负担。国家对于人民这种财政上的负担，总是由官吏来征收的。国家要人民出多少赋税？官吏对人民怎样征收法？在民治国家没成立以前，人民是没法过问的。民治国家的最原始的政制，——议会的召集，便是由于人民要来过问税法。那时候，人民的口号是"不出代表便不纳税"。

在人民无权过问税法的国家，人民只希望官儿们少定一点，并且少收一点。至于官儿们那一方面呢，也有聪明一些的办法，也有愚蠢一些儿的办法。假如人民是每天生一个金蛋的鹅，聪明的办法就是好好儿的喂这只鹅，好去天天有金蛋可收。愚蠢的办法就是一刀把鹅肚子剖开，那末一来，今天可以收到一个半金蛋，可是明天就没得收的了。换个比喻来说，要明年收取蜂蜜，今年必得留一份蜜儿让蜂子们过冬。养蜂政策乃是国家所以能够维持长久的政策。杀鹅政策便是"予与汝偕亡"的政策。再换个比喻来说，孟森先生在《独立评论》八十九期曾提到"羊毛出在羊身上"的话。我在这里却拿来这样的说：剪羊毛比剥羊皮到底较为聪明一些。所以羊毛虽一样出在羊身上，还得看这毛是带皮底的不是呵！

西汉初年的无为政治哲学便是养蜂的原理。在盖公的"宁静而民自定"的主张，同时还有"省刑法，薄赋敛"的办法。几十年间，"家给人足"的民情，"为吏者长子孙，居官者以为姓号"的政象，是后世任何朝代所做不到的。

（三）

任何朝代都有人想做到西汉初年那样的安定，任何朝代都不易做到。这是为什么呢？任何政府都未始不聪明，任何政府都必终于愚蠢，这是为什么呢？

官吏军队的数目老是一年多一年。这是一个原因。翻开历史一看，怨官兵渐增的话儿，那一朝都有过。西汉到武帝时代，官兵便已滥加了。唐到中宗时代，官便加多了。宋一开国便觉官多，而地方官的加多，到真宗时已有人在怨诉了。清末回想乾嘉，民初回想清末，现在回想民初，官吏兵卒的加多到怎样的程度呢？

贪污的事情老是一代多一代。这又是一个原因。西汉初年，皇帝坐辆马车，马还不够四匹的格局。将相坐坐牛车也就好了。开国君臣可以这样。他们的儿孙能这样吗？宋武帝的儿子看见他的土坑木梳，骂他是乡下佬，这样的事情太平常了。于今宁夏的厅长坐轿车，算是不够格的事情。大都会的洋式生活，谁也要从老农身上多取一滴血来过一过瘾的。

心里也许知道重税是杀鹅的政策，口里也许会替农村破产呼冤，但是官兵加多，贪求加重，决不是几个人心上口头的快谈所能解除的。

农村的破产自有原因。无为政治并不能根治农村破产，有时无为政治还把农民给弄穷了。即如文景之际，土地兼并的事情把农民弄得卖妻鬻子，便是无为政治的恩赐。因为轻税敛，只是地主的负担轻减些；省刑罚，只是豪强漏网；所以无为政治并不能止住贾谊痛哭长太息的现象。不过，如单就官兵加多及贪污加重来说，这与农村破产也有因果关系——并且是互为因果的。官兵加多，贪污加重，农民加一层破产。农民破产，乡下的收入不够用了，那乡下高贵些的士人们便难于恬退了。大家到都门或地方的权门去求官。到底俸禄的收入比耕田的收入丰富些，于是官便加了又加了。那乡下劳苦些的农民破产，没地奔逃，他们也大家去当兵去了。有些朝代竟然用刺为兵卒的办法来救济饥民，例如宋；又有些朝代却因为当兵的材料太多，肉战打个不休，例如民国以来。这是说，农村破产的现象，可以引起官兵加多的结果。官和兵太多，税捐便加重，农村更破坏了。

所以一个政府，聪明起首，愚蠢结局；养鹅起首，杀鹅结局；剪羊毛起首，剥羊皮结局：看来也不是偶然的。

（四）

如上所说，农村破产，有一部分由于官儿们；还有一部分不由于官儿们。由前之说，无为政治可以使官儿们少要两文。这是官儿们做得到的，是人民应当责备他们做的，也是他们应当觉悟到的。他们难道连杀鹅取金蛋是愚蠢的事情都想不过来吗？

但是由后之说——农村破产有不由官吏的原因——便有人想用政府的权力去下手解决社会问题，实行有为的政治。例如董仲舒师丹的限田，王莽的王田，范仲淹朱熹王安石的均赋。本来，社会的问题，如土地兼并，田赋不均，是要解决的。政府去办罢。殊不知官吏们这一办，人民的负担更多，骚扰更甚。"吏缘为奸"这句话在《汉书·王莽传》里见过一次，在《宋史》里便见过两百次也不止。

这有为的政治毛病既然太多，无为政治哲学便胜利了。例如两宋道学党所崇奉的范仲淹，本也想改革的；但是王安石这一改改坏了，道学这一党便回到无为政治去了。

因之，历代的有见解有经验的政治家或思想家，许多都倾向于"寡欲省事"的教条。他们对官吏们的劝诫可以归成这样的一句话"你们少改制，多防弊"。

前几天，有一位传令兵骑车过天桥朝北走。他的车与电车相撞。他受伤的身躯恰好夹到电车前轮和后轮的中间。这时候，除了用起重机把电车起去之外，只有一个方法，"电车你别动呵！"同样的，官吏的教条是"多一事不如少一事"。无为政治虽不能治这位传令兵的伤，有为政治却可以送他苟延残喘的命。

在这样的意思上，我赞成胡先生的无为政治的主张。

二三，三，四，北平

（载《独立评论》第 91 期，1933 年 11 月 10 日）

北大自己对自己的看法
（1933 年 12 月）

（一）教育对社会政治的不合

教育制度及方针要改，这成了普遍的话。教育不合于社会政治的需要，所以要改造。谁也知道这一点，谁也说到教育制度及方针要改过。

教育不合于社会政治的需要，这从那里表现出来呢？普通所举出来的现象不外乎下面的几样：

1. 教育出来的人们没有出路；

2. 教育出来的人们倾向于政治斗争；

3. 教育出来的人们生活超越困穷的社会的生活，所谓十八世纪的生产，二十世纪的消费。

先说第一点。中国旧来的生产，全是手工生产。虽然也有机器，但大低〔抵〕是用手发动的。因之，生产的设计与生产的劳动没有分离。农业技术知识由老农老圃保存，老农老圃也就是农业劳动者。家庭工业及店铺工业亦然，技术师便是劳动家。所有的知识分子，与生产有关的很少。最多不过是授时，劝农，督工，但这都不是生产活动。除此以外，知识分子所举所用全是政治伦理的学识，用来统治生产界的。我们可以说旧来的农工里安置不下知识分子。

新的机器大工业呢？技术与劳动算是分开了。工程师，技术师，科学家在大工业里是必要的。但是中国的工业受不了外国工业的压力，不能充分发达。这里虽能安插下知识分子，但为数并不多。

交通事业及商业也有同样的情形。手车的转动，草帐的记录，都不需要学校出身的学生。铁路轮船及新式簿记固然要用学生，人数也不十分的多。

行政固然需要知识，中国的行政大部分是案牍的工夫。行政所需的只是案牍才，即公文程序及公文文学的才具。除了公路，铁路，邮政，电政少数部门要用技术人才之外，学校出身并不是为必需的。

学校的教师自然要学生出身的人们来做，但这是各界不需要的人才养成所。所养成的人们愈多，没出路的人们愈多。

由这一点看来，不是教育制度不良，乃是学校教育根本是不必要的。不是学校教育制度应改，乃是学校本身应废。

再说第二点。旧的生产事业不要学生，新的生产事业只要极少的学生。大批的学生从学校中出来，举眼一望，那里是谋生之路！大家走上宦途，于是政潮起来了。大家走上教育界，于是学潮起来了。

不过这只是表面的看法。政治不安的原因，如就一件事情来看，或许是少数知识分子鼓动出来的。如果从知识分子怎样才把风潮鼓动起来这一点细看一看，说一切政潮都是几个知识分子所造，未免太把知识分子看得凶了。老话说："秀才造反，三年不成"。他们那能把社会或政治组织打翻？单就中国历史上来说，那一回改朝换代，在最初发动的时候，并且做革命的力量来源的，或者成就政争的，是知识分子？知识分子不过参加那将成之局，或将动之势罢了。

由这一点来看，即全把学校全废了，政争也难说便会断根的。打短工的陈胜，练把式的项羽，种田的窦建德，做和尚的朱元璋，算卦的王郎，都不是学校出身的。

现代的情形稍有不同。军队的指挥非有军事学不可。假如没一个有军事学知识的参加，骚动是难说有组织的。不过，骚动如果有可发的形势，有军事学的人便去了。一个国家，总是有军事人才的，没有他们，叛乱固然弄不成，镇压叛乱的国军也没办法。

至于政治眼光及政治学识，固然有的是从政治课本上学来的，但是政治课本学来的学问可以说没有用处。治国及反抗政府的学识是从社会政治变动里学来的多些。

第三点。生活的提高，不是学校生活的罪恶么？西装革履把新入学校的乡下青年男子的大布之衣大布之鞋给羞到床底下去了。烫发高跟把乡下女儿给装成摩登小姐了。少爷小姐们那能再回乡下去侍候乡下老儿呢？"离婚，再与一个个摩登人结婚罢！不要把幸福被旧礼教牺牲了"。这样一来，多一位学生，多一位高等消费者。如果因为男的是大学生，便把女的也带进学校去受一受洗礼，那就更进一步了。学校里多一位大学生，社会里多两位高等消费者。

但是细看一下，这不是学校的罪恶，这是都市的罪恶。都市与乡村差得太远了。你不随和都市，你便没有销场。（如布农被门房挡驾，荆钗嫁不着男人是。）

（二）学校究竟要不要？要怎样的学校？

学校便不必要了么？学校便全没用了么？这又不是了。

先就技术来说：这可以从两方面来说的。一方面，要想社会经济进步，生产交换等技术必须时时进步才行。技术进步，必须科学相伴进步。学校是传授科学的组织，是必要的。

他方面，科学虽然进步，假使技术不能够进步，科学人才便没用处了。假使社会的生产受了障碍不得进步，则技术便不会进步了。

这是说，社会经济要进步，必须要学校；但是，学校并不能叫社会经济进步。社会经济并不听学生的话，反之，学生都要牵〔迁〕就社会经济的。

再就理想来说，这也可以从两方面来说。一方面，要社会政治进步，必须要有较比现状高些的理想来引导社会政治向前走。社会政治活动缺乏理想，那便只是少数人发财做官罢了，说不上进步。

他方面，社会的改革运动正起的时候，社会政治理想受了多数人的支持，便澎湃起来了。反之，改革一朝失败，理想大抵归于沉寂。理想并不是叫社会政治跟他走的。

假如说学校是理想和技术传授所，学校究竟要不要，是一个相对的事情。但是我们还得再进一步来看看。学校并不是远离社会政治，独居天上的。学校是社会政治组织的一部。学校能不能传授进步的理想及改革社会经济的技术，并不是学校自己所能决定的。

譬如在民国八年，政府要一个安分守己的北大，社会却要一个揭大旗领导学生到赵家楼去的北大。北大担起这个使命，北大就大了。但是这不是北大自己所能决定的。社会做了北大的后援，北大才有五四的光荣。北大如没有社会的后援，民国二十年的示威运动不过烟消云散罢了。

由以上所说，不办农业工业学校，社会经济如果发达，必感技术人才的缺乏。尽办农业工业学校，如果社会经济不发达，农工业技术人才也没处求生。尽办政治学校，社会运动政治运动固然得到了组织宣传分子，不办政治学校，社会政治运动也难说就绝迹了。不办学校，社会政治如需改革，必缺人才。多办学校，社会政治如不能改革，也是没用处的。

由此看来，学生不要把自己太看重了。社会也不要把学校太看重了。但是学生不要把自己太看轻了。社会也不要把学校太看轻了。由此引出一个论题来！——

北大不要太自大了。北大也不可太自小了。

（载《北京大学卅五周年纪念刊》，1933 年 12 月）

1934 年

中国经济发达的一个趋势
（1934年1月1日）

一　一千年来的经济趋势

由大都市所在的地域来看中国社会经济发达的趋势，是很可以发人深省的工作。

都市有种种不同的性质。即如欧洲近代的都市很难看做罗马时代都市的复兴，最显明的是欧洲近代都市是工业都市，罗马都市是商业的。中国的都市，自也有随社会形式变迁的性质。即如春秋时代"不过百雉"的城，是卿大夫住在的堡垒。战国以后，商业发达虽不少是依附从前的堡垒的，但也有不少的商业市场不在城内，而在圣地，例如西汉长安的商场是在五陵，尤其是茂陵附近。都市到这时候便不是军事堡垒了。同样的变化在近代中国也曾再来一番。即如铁路的车站把许多政治城的城外化为商业区。郑州、济南等处的商埠，乃至上海的商埠都是在城外的。从前政治城的城内并不是没有商业，但大抵是供给政治机关的消费的，城外的商埠便有不同的性质了。现在且不细论都市的性质，大体上看看大都市的所在地的变迁。

西元前五世纪的前后（春秋时代），郑商是有力的商人。他们曾经在晋楚之间，周齐之间做生意。他们曾与郑公订条约，曾在楚阴谋输送政治犯回晋国。前五世纪以后到西元后三世纪这七百年间，大都市如临淄，陶，邯郸，洛阳，长安，都是在黄河流域的。战国末年以后，淮河流域起来了合肥、寿春。西域开通以后，西州、河西一带成了商业要路，窦融以河西太守而操光武帝成败的关头。长江流域大都市极少。成都虽是一个大都市，但蜀的商业是从褒斜栈道通长安，很少走长江到下游的。极南的番禺与中原时通时绝,没有重大的影响。

三世纪到六世纪之间,黄河流域的商业时衰时起。如魏武到魏明帝间,黄河流域差不多是现物经济。元魏初统一北方时期也是一样的。大抵当时,经过东汉一带土地兼并盛行之后,农民大抵把土地给丢掉了。黄巾乱后,豪族蜂起,镇压暴动的农民。他们和他们的军队,以及在发达中的教会把土地都占为己有,招抚流民做他们的部曲,佃兵或僧祇户,分受田地,交纳田租。庄主供给耕具时,取收获物十分之六至十分之八;农民自有耕具时,留下收获物十分之五至十分之三,出田租十分之五至十分之七。庄户是兼营农工两业的。除农产物外,庄主并征工业品及劳动力。我们看见当时的政府对于分受国有庄田的农户,征收谷,布,丝,絮,帛及力役,便知道农家经济是工农业结合的经济了。庄户因此大抵是自给自足的。商业因而便衰落下去了。这时候,南方情形稍有不同。南方的士族固然一样占有田园水碓,固然一样役使佃客衣食客及奴婢,但南方农田开垦得不多,农业区外还有许多苗族猛族之类农耕不发达的民族。士族靠农庄吃饭,政府却靠各地的贡物做收入。南方的商业是盛行的。这时候大都市从黄河流域转到长江流域来了。最著名的如广州、扬州都是江海附近的都市。成都盛起来了。成都与长江一带发生了密切的贸易关系,不是长安的附庸了。"扬一益二"是当时的口语,扬州更比益州盛些。

六世纪到九世纪之间,黄河淮河一带大小市场固然不少,但大都市仍以长江一带为著名,隋唐诗人羡慕或描写扬州的诗自是很多的。苏州也渐盛起来。广州是一个肥缺。凡做广州太守岭南节度使的官没有不发财的。他们也饱受朝廷大员的敲诈,如托买番奴之类。

唐代武则天以降,均田制坏,小农破产,土地转移,政府的租调不足开支,大部分财政收入都由淮南转运到长安去。漕船一到,宫廷与官吏狂欢。刘晏以整理盐税及漕运,成了历史上大理财家。李德裕以淮南的财力维护中央,使唐代几于中兴,后来黄巢破广州,扰淮南,断漕运,长安便饿死人,而唐朝相随覆灭。

黄巢秦宗权之乱受害最深的是黄河流域。长江下游及浙江流域为吴及南唐和吴越长期占领,商业继续茂盛,反之,黄河流域差不多回到曹魏初年的状态。百年之后,宋代统一中国。大都市首先要数到苏杭。外国贸易盛行于广州,泉州,庆元诸沿海的东南都市。

唐代以来,中西贸易是海陆两路并行的。长安洛阳时时见西方的商品。中国的商品也从此往西，经过波斯商人的手，贩到欧洲，《洛阳伽蓝记》所记洛阳的外国商人居留处所，以及洛阳桥繁盛的状况是很详细的。元朝一时统一亚洲及欧洲的东部，中西陆路贸易可以说到了极盛时期。鞑靼政权分裂以后，又有土耳其族占领小亚细及欧洲东部的事情。土耳其国切断了欧亚商业交通，中西贸易全靠海道，于是北方的国际贸易中枢便衰下来了，反之，东南一角日渐锦上添花。所谓"上有天堂，下有苏杭"，足以表见东南之盛。

二　一百年来的经济趋势

说中国在鸦片战争以前取闭关主义，是极容易启人误会的。日本人说黑船事件以前，他们的国家取锁国政策，中国人也说鸦片战争以前，我们的国家取闭关主义，两者好像相同，其实是大不相同的。由唐到明代中叶，中国的国际贸易是很繁荣的，并且外国商人到中国也很自由。杭州扬州都有外国商人通商。明代中叶以后，便渐取闭关政策，所谓闭关，仍留几个商埠让外商贸易，不过中国商人不得带着银钱出国，外国商人也不得带多量银钱出国。这叫做"闭关"，便不是封建国家反对商业开发的闭关，乃是重商主义的政策。

商业主义的商人把货币当做财富的最高形式。他们的业务只是收钱盘钱。他们无论是买贱卖贵，或是放债取利，都是将钱盘钱。钱的增殖，是他们唯一的希望，一切活动的目的，政府的见解正是这样。政府以为如果外国商人拿商品来把银钱给换去了，或者本国商人拿银钱下海去换商品回来，便是国家的一大损失。外国商人可以来到中国做生意，只不许带银钱出境。如果他们把他们卖得的银钱买下中国商品带出去，那是自由的。

政府取这样的见解，商人又要垄断国内市场。他们把外商的货转一道手再卖给国内，他们成立了公行制度。鸦片战争便是英国打破公行及重商主义政策的战争，决不是中国以前不许外国通商所引起，正是以前外国通商很盛所引起。

鸦片战争以后，广州盛极一时。广州受外国商品巨潮最多，广州便成了太平天国的发源地。太平天国打过了长江，清朝不得与英法等国急谋妥协，又订下一八五八年的《天津条约》。把长江一带开了许多商埠。自此以后，上海便盛起来了。北方的商埠首推天津，也是沿海的。

　　沿海的大都市是新式交通的出发点。新式交通是为了外国商品与中国商品交换来开发的，由广州而有广九路。由上海而有沪宁路，长江航线。由青岛而有胶济路。由天津而有京津路。由旅顺大连而有东三省铁路。由汉口而有京汉粤汉等路的建设和筹画。大部分的路是从列强的势力范围或租借地出发的。从前人说："条条大路通北京"，我们可以说："条条大路到海边"。

　　一国的交通线是为外国服务的。这是最苦的事情。我们且看欧洲大战以后成立的东欧新国，没有一国不感受原有铁路是替俄国或维也纳等都市服务的痛苦，新交通线的改设是他们最迫切的问题。中国的交通线从来是为海上列强服务。中国倒不感觉了。

　　如此的交通线愈向内地进发，内地愈加破产。路之所至，洋货随之。

　　如此的都市愈加发达，则内地愈加破产。

　　因之，现在的经济组织可以用两句话来说明：——第一句是海口中心的经济组织；第二句话是都市与农村对立的经济组织。由于第一句，中国成了殖民地；由于第二句，而内地赤军到处蔓延。内地破产，所以国家对外的抵抗力不能发生。海口成了经济中心，所以国家对外的抵抗易受强敌炮舰飞机的威胁而失败。

　　海口中心的经济组织并不必是不利的。英国的伦敦何尝不是海岸上的都市？人家的海口都市是向外发展的根据地。我们的海口都市是向内侵略的根据地，两者是不同的。并且，人家的海口都市仍然是全国的统一的中心。反之，他们的海口都市是四向分散的。广州向南，厦门向东南，上海向东，天津向东。彼此之间，有的有内陆交通，有些便没有了。从上海到厦门要走海船，从上海到广州亦然。从上海到云南，最方便还得走安南。这样无意有意为外国服务的都市及交通，不独妨害中国外的独立，并且妨害中国内的统一。

　　财富与人口集中在东方南方的海口。西方北方几乎是百里无人烟。并不是西北地里没有丰富的矿质，地面没有良好的土壤。当唐代以前，秦代以后，大山一带，真是富饶的天国。于今商业通路久已废弛，富饶的天国埋到沙里去了。大家都到狭隘的东南去争生存，那知道东南已经是帝国主义列强炮舰之前的鱼肉？一二八之战，上海受日军的威胁，政府便根本动摇。今年上季平津正受威胁，则华北的恐慌又到了。自宋以后，都市里的货币与乡村里的贫民互相结合而为雇兵。近来因为海口都市的发达，乡村里抛弃出来的作战材料更加多了。他们为了口粮来打仗。国家没有口粮发，他们便溃散了。假如大都市长受外军的胁迫，兵器没有进口，军饷没有发出，我们想想，战还能打下去吗？

假如一九三六年世界第二次大战爆发。中国东方海口的大都市都在日军封锁之下。除非广州有外舰保护——外舰！——兵器无从进口，而军饷无由发给。中国除了海岸地投降，内地溃乱以外，没有路走的。

三　今后的努力

所以如今的问题是：离开了海口海市，我们中国还有完整的社会经济和国家财政么？

要这个问题得到解决，中国才有独立自主的前途。要解决这个问题，中国国民必须尽无上的力量，挽回过去千年百年的颓山之势。顺应这一趋势，中国只有殖民地的路。逆转这一趋势，中国才能够取得独立自由。

二十二年十二月六日在天津法商学院讲

（载《中国经济》第 2 卷第 1 期，1934 年 1 月 1 日）

中国殖民地化的特征
(1934 年 4 月 8、15 日)

这篇又是陶希圣先生应"北京大学一九三六研究会"之请求，于三月二十九日在北大二院大讲堂所讲演的题目。原稿由晓庄君笔记，并经陶先生校阅，兹承惠投本报，无任感谢！惟笔记内容详细，文字冗长，故匀两期登出，望读者予以注意为幸！

——编者志

绪　言

现在研究中国社会的人颇多，但没有什么确定的结论。我以为我们要研究现在的中国，必须知道过去的中国。又因为中国受西欧列强势力之侵入，发生了极大的变化，所以我们又必须知道欧洲列强之情形。资本主义固然首先起于西欧，后至中欧，而世界之大部分尚非是资本主义的国家。居于主动地位的国家是少数，而大多数还是居于被动的殖民地的地位。但是资本主义国家对于殖民地都有极大的影响。因此我们又必须知道欧洲列强所影响下的殖民地的特征。现在我们研究中国，就是研究帝国主义侵入中国以后，中国社会起了什么变化，也就是想指出中国殖民地化的特征。

我们研究中国殖民地化的特征，我们提起三个问题：（一）殖民地是什么？（二）中国以何种的社会经济组织加入资本主义交换过程？（三）中国变为殖民地后，发生了何种现象？我们对于以上三个问题能够详细解答，我们就能明了中国殖民地化的特征。我们现在就是对此三个问题，作个检讨，很简单的说明于下。

一 什么是殖民地？

什么是殖民地？抽象言之，殖民地是资本主义交换过程中的一环。我们知道：资本主义之过程，是以货币交换商品（包括土地，工具，劳动，原料），商品经过生产过程后，就变为新商品，而后可以得到较多的货币。其简单的格式如下：

货币——商品——生产——商品'——货币'

资本主义以货币购买机器原料，在工厂中进行，制造新商品，又以新商品在市场中交换新货币。殖民地有原料，而且是市场，所以殖民地加入的是交换的过程。若以资本主义的全部过程而论，殖民地则在该过程之第一阶级（货币——商品），和第三阶段（商品'——货币'）。资本主义要取得殖民地，即要殖民地加入此二阶段。

十九世纪初期，西欧资本主义向东进行，先至印度，后至中国，最后才到日本。当资本主义初侵入中国之时，中国政府反抗，中国人民也反抗，就是帝国主义之间也有彼此相互的冲突。但是经过了半世纪的时间和好几次的战争，中国的反抗便镇压了，帝国主义的彼此冲突也变成了势力均衡，当时日本的环境好，迎合了资本主义的潮流，唯中国沦陷于殖民地的地位，而做资本主义交换过程中的一环了。

二 中国以何种的社会经济组织加入为帝国主义的殖民地？

中国加入为帝国主义的殖民地，变成资本主义交换过程的一环，但是我们要问：到底中国是以何种的社会经济组织加入这个过程？先时的中国经济全在农村与都市，农村与都市有分立的状态，也有均衡的趋势。人口方面，农村虽然占着比较的多数，但有的人口均向都市迁移，渐有均衡的趋势。再以国家的收入而论，农村与都市亦有均衡的趋势。都市货币发达，货币成为纳税的工具，国家的收入大部分就是货币，它的一半来自都市，又一半来自农村。又一千年来，重农主义向重商主义推移，儒家虽反对重商主义，而主张重农主义，但轻商政策全不能行。中国之三世纪至九世纪是重农主义的时代，中世纪之时，政府尤其重农轻商，到了北宋以后，相反的趋势更为显明。重商主义者说要增加财富，必须增加货币，增加货币的唯一办法就是重商，奖励国际贸易；两宋时代国际贸易非常发达，势力达至南洋群岛一带。此后国际贸易固然发达，但政府又加以阻碍。政府以为财政只能以货币来表现，故对货币非常重视。外国船到中国来，只能以货币来换商品，不能以商品来换货币回去；中国船到外国去，只能以商品去换货币，不能以货币去换商品。货币出口是绝对禁止的。这是初期的重商主义，决定中国对外政策。

中国之都市大抵在东南。北方虽然也有几个大都市，如洛阳长安等是，但它们都赶不上南方沿海沿江的大都市。东南的都市如苏州南京九江江陵杭州广州，固然先后都很发达，然而洛阳长安老早已经成为中国的都市，为什么还赶不上它们呢？因为，国际贸易有水陆两路；陆路方面，因贸易问题引起了许多次的中亚战争。其贸易只以丝茶为大宗，又次经过第三者之手。起初此贸易由波斯人转达欧洲，以后由阿拉伯人转达欧洲。凡贸易经过第三者之手，则此贸易不易发达。洛阳长安就是靠此陆路以发达其贸易，以后又有土耳其帝国之突起，阻断其陆路交通，于是西北之都市不得不逐渐衰落了。东南都市之贸易集于水路，比较方便，它们虽然受政府的种种限制，但对外贸易仍然继续发展。

南方都市之海外贸易发达，于是逐渐加入了资本主义的交换过程。首先加入者便是广州，其次便是上海，最后才至长江以及北部各埠。鸦片战争以前，中国只许外人在明州贸易，不准入内地，所以国外贸易之大都市先在广州。广州贸易发达，引起人民的骚动，最强盛者即为太平天国。太平天国打断了广州的对外贸易，于是外人移到上海，上海为长江流域工业与农业汇集之地，上海的贸易也才非常发达。后经英法联军，又开长江的几个都市为通商口岸，于是资本主义势力达于内地了。当此之时，中国都市已经确定在东南，东南是资本主义支配的范围，西北的都市已经衰落，所有的贸易已经日暮途穷了。东南都市成为资本主义的都市，加入了资本主义的交换过程，欧美列强可以直接支配东南的都市了！

三　中国变为殖民地后发生了什么现象？

中国加入资本主义的交换过程后，发生了种种显明的现象，简单地说来，大约有如下列八点：

①交换发达比生产发达更先，且为更大，以致旧生产制度破坏，新

生产制度不能继起。——这是一般殖民地的主要性质，而与资本主义国家的性质恰恰相反。资本主义国家先发达生产，而后发达交换。欧洲文明各国的交换或交通的历史甚短，铁路汽车飞机的发明也是不久。十七世纪欧洲工厂成立之时，其交通的道路还是很坏。生产发达颇久以后，他们才注重于路政。这是资本主义国家之生产支配交换的特征。同时，工厂发达后，他们又把商店变为工厂之附庸售货场，这又是资本主义之工业克服商业的特征。在中国则不然，中国交通发达以后，才有生产组织。中国商店不属于本国工厂而属外国工厂。在外国是工业支配〈商〉业，在中国是外国工业支配中国商业，再支配中国工业。中国商店批销外货，以金钱交换外货，或收买小产者之商品及定货。中国商店批销外国货，故此商店是属于外国工厂，中国商店又买小生产者之商品，故此商店是支配中国生产。此两者连系起来，就成为资本主义的交换，封建主义的生产。但若此种交换只能换去货物，生产制度没有变更，则中国社会政治军事各方面也不至强烈变化。可是事实是如此，自资本主义的交换侵入中国以后，生产制度大受变化。一九〇〇年以前，交换甚少而且很慢，故其变化没有普遍。一八五八以前，只有广州一处，实行此项交换，至一八五八年以后，才侵入于长江一带。交换经济所到之处，政治方面与思想方面也必有一番变动。广州受影响最先而且最深，故有太平天国之崛起，维新运动与民族革命之产生。一八五八年以后，长江开发，思想方面在湖南见最发达。辛亥革命之前，各处之轰烈暴动除北京外，均在南方，如浏阳安庆上海广州等地。这些地方都是帝国主义经济交换所在地；因为外贸膨胀，民族民权二种思想均最刺激而起，辛亥革命以前是如此。辛亥革命以后也是如此，我们要知道：交换经济只是交换，不是生产。交换经济只是消极的，只能破坏旧的生产制度，不能继起新的生产制度。农人的纺织业在资本主义交换经济侵入中国之时，脱离了农人之手，至棉纱棉布运入中国以后，此项分化更为显明，这就是交换经济对农业和工业之破坏，既经破坏以后，新的生产制度应该产生，但新的生产制度能否发达，要视有无相当条件，与此条件能否结合。中国之出产条件既未具备，又不结合，当然无新的生产制度继起。殖民化地〔地化〕的中国有此特征，遂有下列各种特征。

②以交通线开发社会经济——殖民地化的中国经济最主要的是交换，故用交通线开发中国市场，为其第二特征。外货得此□开发的市场为根据地而后向内地推销。一八四二年后，它们的根据地只限于五口，

一八五八年增加天津牛庄登州台湾潮州琼州以及长江三口（镇江九江汉口）。一八九五年后，帝国主义者便直接地支配了这些根据地。在此根据地，它们设立工厂。它们又租借各地，并建筑铁路，以为其交通的联络网。例如广九铁路滇越铁路胶济铁路以及其他借洋款所筑之路均以外货之根据地为起点，再如沪宁津浦京汉也是它们根据地的联络线，只有陇海铁路不通其商埠。大部分都是用交通线开发社会经济。

③社会经济之发达是由边陲，尤其是海洋，而达于内地。——中国受资本主义的影响，社会经济的发展便由边界入于内地，同时又以都市为交通线之枢纽，延至内地。这种情形是与中国旧来历史相反。旧来历史是以首都为根据地而开发交通，以地方经济繁荣首都。秦汉时代，甚至破坏地方经济，以繁荣首都。秦始皇汉高帝汉武帝等令豪富迁徙于长安，故长安之财富占天下十分之六。东汉除长安洛阳以外，刘秀之故里南阳也变繁荣。南北朝后，隋唐统一，利用漕运以首都兵力支配南方，由漕运经泗淮可到长江浙江，河内可通天津，渭水可入长江，故河北江南之财富一概集于长安。宋迁汴梁，也整顿运河，军队集中首都，南北有运河，于是财富可集于汴梁以供军队。北魏由大同迁洛阳，也集中财富于洛阳以繁荣首都。一八二四〔四二〕年后的情形恰恰与此相反。交通均由边陲至内地，故边陲发达较内地为快。就是新疆云南之边陲，亦发达较内地为快，但前者属于俄国势力，后者属于法国势力。内地方面反无结合的枢纽，以致有时赴内地者不由国内走，而由国外走；如赴广州须经香港，赴云南须经安南，赴新疆须经西北伯亚。以前内地有中心，以政治开发边陲之交通。现今社会经济之发展是由边陲尤其是海洋而达于内地，这是殖民地经济的特征。

④都市繁荣农村衰落，两种生活相差太远——交通线由沿海边陲而起，惟交通线所到之处，农工即行分化。工人受外人支配，农民无工可作，于是农业破产，农村衰落。但都市日见繁荣，于是两种生活相差过远。交通线由边陲至内地，边陲都市繁荣，内地遂至衰落，因此两点，发生极大危机。

⑤都市及交通线既分散于边地尤其是海滨，又受列强之支配，故无国防。——在第三和第四特征上已经说过，中国之都市及交通线都是分散于边地，但此边地皆为外国军队可到之地，又为外货倾销之地。今日欧洲小协约国的交通线之中心均在莫斯科或维也纳，它们的交通线均为莫斯科或维也纳服务，而它们自己没有独立的经济单位。它们虽与他国

在条约上有些冲突，但经济上必须属于他国。它们如欲改造，必须改造交通。此种现象在中国则为时已久。中国欲固国防，实在无国防可固，而国防要隘均在外人手中。譬如：北宁路经过天津山海关，均有日本陆军驻扎，且有海军为其后援。如有事变，日本海陆军可立即断绝东北与内地之交通。津浦路之天津如被占领，则全路断绝无法应援。又热河断绝，东北与内地亦不通，故去年春天义勇军方正活跃，终因无法获得接济，陷于失败。中国的一条铁路被占，没有第二条铁路，不得不用汽车，但汽车不多，只有用骆驼马车人力车。以骆驼马车人力车来巩固国防，则此国防之固，可想而知！

⑥内地正进行原始蓄积，穷人与资本两极不能在生产过程中遂其结合，于是内乱频仍。——都市繁荣，农村衰落乃封建社会进到资本主义社会之过程，即所谓原始蓄积，使人口与土地脱离，工农分化，财富和穷人各在生产集中，不能结合，使社会发生种种混乱现象，今日中国之内地就是如此。中国农村衰落，使打铁者弃其铁锤，耕田者弃其耕犁，遂有大量的财富与穷人，各居一端，不能结合。如果财富与贫穷不能结合，任何政治改革都是失败。李鸿章张之洞也知西洋之强是由于工不由于商，但人工虽贱，结果生产不能发达，现今中国尚不缺乏资本，只上海一埠停顿现银有五万万两之多，但是它们不与内地穷人结合。穷人与资本不能在生产过程中结合，但在消极方面反而结合起来。穷人受苦，流为盗匪或者当兵，兵匪盛多，内乱频仍。同时资本主义国家之轻重工业均颇发达，都要输出，制造战争工具大批运华，又为助成内战之原因。此种战争工具只宜于内战，不利于对外。因对外之战争工具非本国制造不可。且当对外战事发生之时，货币经济交换经济，均行停顿，生产物亦因交通关系，不能得到良好分配。军队不能获到粮食，不能作战。货币信用亦已失去，不能购买货物，即战争工具亦无从购买，欧战之时，德国纸币跌落，无处购买战争工具，就是显明的例证。但此情形于内乱时期，不致发生。

⑦拜金教非常盛行，自信力则衰微不振。——交换经济支配下的中国是以货币为第一财富，而外国是以商品为第一财富。资本主义家的财富以商品表现，商品财富又以货币表现，中国的财富是以货币表现，故中国人崇拜金钱，崇拜外国商品。中国之旧生产制度有其伦理宗教含于其中，现今只见外货，故因拜金而崇拜外国。凡外国所支配之都市，其政治制度道德宗教风俗习惯等都是仿自外国，对于自己的反不信心。中

国加入了资本主义之交换过程，而沦于半殖民地的地位，交换发达，生产衰落，一切均由外国之交换经济商品经济来决定，旧生产制度破坏，新生产制度不能继起，凡附于外国资本主义下之情形，皆为中国殖民地化之特征。

⑧中国局面决定于国际形势，欲自己单独求一出路非常困难——都市与交通已属于外国，则外国情形一变，中国立刻受其影响。譬如去年外国农业生产过剩，中国之棉麦米价均跌，市场亦受外国支配。外国欲提高购买力即减货价，中国立刻受其影响，物价下落，生产受其影响。中国期有一度兴奋，有刺日人而主张自开工厂者，结果引起一二八事变。日本滨口政策一变，英美对日表示好感，中国人便消沉下去。北满方面，日俄形势险恶，中国便与俄复交。日本对俄缓和，中国则与俄复交之后，通商修约与不侵犯条约便不继续缔订。广田主张不战外交。对美对俄力张缓和，于是中国便不得不对日本缓和了。这是国际关系影响中国之情形，其他方面，读之不一而足。总而言之：中国自陷为殖民地后，一切的一切都由帝国主义者决定。

余　论

上述八点，均在一个系统之下，成为中国殖民地化的特征，也就是中国加入资本主义之交换过程所发生的现象。中国的危机是如此，究竟如何得到解决？关于解放中国民族的问题颇多，但许多问题又能形成一圈，可归结帝国主义一点。既无力与帝国主义为战即欲准备为战，还须归结于帝国主义，这实为殖民地之特征。印度也是如此，故甘地主张采用消极办法，手提纺车，希望生产免受英帝国主义之支配，对它之作战准备，更必受其支配。我们对付帝国之准备，无法在内部进行，故无实力可言，各种运动亦趋消沉，这都是殖民地自身无办法之表示。我们最后只有作相反之努力，以转变百余年来之现象，而将可怕的魔圈打断。社会一切问题，均用人之努力，不可专靠物质之条件。不适宜于潮流或者失败成分甚多，均可不顾。过去百年之中，知识份子均为外货服务。铁路是由外国工程师雇中国工人所造的。所谓开发，所谓现代化均为帝国主义服务，而不自觉。研究社会科学的人，缺乏自然科学之知能，虽然明了若干现象，而在物质准备上不知究竟如何做去。研格自然科学的人又多不明了社会学，加以留学生在外国时已作代消外货之准备，回国后当然秉承其师傅，一切建筑均用外国材料，结果帝国主义未打倒，反而得着多的便利。

革命军自广州北伐，至上海时，才知帝国主义之力量，至济南时更知日本一国之暴力。去年日本飞机来平之时，太原方面之天津钞票即行停顿汇兑，如此种种，口中反对帝国主义，而事实上反为帝国主义之助手，亦有殖民地之特征。今后我们努力，应当注意及此，努力虽然失败，但与反帝国主义有功绩，口中反抗，双手事之！每年北大毕业学生数百人，倘此数百人均作逆转殖民地之工作，终有相当效果。多一分努力，收致日多一分！

如果二次大战发生迟慢，则目前苟安之局势延长，内乱频仍与国防不固之情境仍然。倘第二次大战发生甚快，则沿海一带已在日人控制之下，必先受其压服。英美若果携手，武器当可运入广州，否则广州亦无人代守门户。新疆早已脱离中国，日人早在西蒙经营。一旦事变发生，则南方被人把持，广州不守，金融停滞，枪械缺乏，如是在北方苏俄与日本之武装，先在中国领土演习作战。战争果然爆发，则上海济南均必为日人立刻占据，得一都市，无异于获得一路一方。得上海则长江其手中，得济南则津浦路为其控制，占领天津则华北入其囊中。不幸战争爆发，前途殊难乐观！惟汉奸或乐观之！

（载《北平周报》第 63、64 期，1934 年 4月 8、15 日）

中国社会的进化
（1934 年 8 月 5 日）

　　这篇文章是陶希圣先生应中国文化学会北平分会之请所讲演的
大意。原稿由本报记者笔记，只因付梓仓卒，未经陶先生校阅，倘
有错误，应由本报负责。

——编者

　　这个题目的意义，首先着重于中国社会进化的观念。关于中国社会
之发达过程，一般人还不明了，过去的著作虽然很多，而近年来关于这
问题的讨论也很热闹，但其结果还未能使得我们满意。

　　中国旧来的历史家，对中国社会的观念，便是古代优于近代；这样
的学说我们可以把他叫做退化的学说，因为照这样的说法，那社会的发
展便是倒退的了。近年讨论中国社会的人，又有一种说法，认为中国社
会是从古至今不变的，这可以名之为不变论。以上的两种学说，都不能
使我们明了过去的社会，他们的解释都不正确。中国社会乃是继续不断
地在演化，变迁，但在这样的演化变迁当中，似乎有一种不变的制度存
在一样，这种制度在实际上也并非是不变的。一直到近代中国受欧洲资
本主义的影响，从前所遗留下来的不变的制度，乃突遭破灭了。于是中
国所支持旧社会的制度，毁坏无余。

　　其次，我们来研究中国社会的变化。中国社会的发达，究竟经过怎
样的道路呢？中国社会和欧洲社会有许多可以比较的地方，但在中国却
有一特点，即是在变化中间也有少数不变化的东西存在。在公历纪元前
五百年前，即春秋以前时代，中国社会是为血统的，宗族的组织。在
"族"之中，具备各种的生产形态。分工制度，在这时已很盛行于"族"
的本身之中。这样的时期，可以叫做"氏族社会期"。到了春秋时候，
氏族遂分化而为"家族"。家族各以其自己之生产品拿到市场去交换，

从前之自足自给形态，归于消灭，而变成了交换社会；更因此而形成封建国家。战国时代，各个国家而外还有一个中央政府，但是这个中央政府，实际上是没有统治权的，实际统治权仍旧操诸家族手中，由家族自己来维持他的生存和秩序。这样的时期经过了几百年，直到纪元前三世纪以后，即中汉以后，乃起了新的变化。这时期的土地集中于少数的大家族手中，这样的大家族都有他们的庄园，庄园里面是经营着农业和工业的。这时政府失其威权，贵族成为统治的中心。六百年以后，即西历十世纪时，在中国为宋以后的时期，乡村里面还维持着庄园的生产制度。但工商业已经发达，贵族们便不能够再包办社会了。在他方面便发生了都市，如长江流域之各都市，此等都市的势力，一天比一天的强大起来，国家与政府的力量也是一天天的增长，处处与贵族以压制，贵族势力遂由此没落下去。这样地过了七八百年，到满清末年，资本主义撞入中国，社会局面乃大起变化。

这一段的目的是在说明中国社会组织，是在不断的演化变迁，但在这样的变化当中，有几件东西是不变的，虽然经过许许多多的纷扰，而结果仍然是存在着的，那便是：（一）父权的家族，（二）统一的国家。这两件东西，从春秋直到近代都是没有多大变化的。这便是中国社会与欧洲社会不同的地方。

从战国到东汉时的中国社会组织，是家族社会的组织，当时的社会道德，便是家族道德，一个人有美好的家族道德，即能够获得很好的社会地位。当时的宗教也只是拜祖宗的家族宗教。东汉以后到中古时期，形势便又不同了，除掉家族以外，尚有教会的势力，这教会在中国便是佛教。但佛教却恰恰和家族立在相反的地位上面，因为佛教是泛神教，而中国原来的家族宗教乃是一神教，且佛教主张破家，一个人可以脱离家庭而生活于教会之中去。于是便发生了家族和宗教的斗争。这样的斗争，在宋时家族得胜，家族势力乃复兴起来。中国与欧洲不同的地方，就是在中国从教会的束缚下解放自身的时间很为长久，尽管宗教是怎样的发达，而社会的组织不为教会所推移。而欧洲在这时，却正是教会最得势的时期。

其次谈到统一的国家。在欧洲，教皇能够统一全欧，但在中国就不然。统一中国的总是一个政府，一个皇帝；所以又有人说中国是专制主义的。从秦始皇到两汉都是一个皇帝统一全国，三国虽裂而为三，但每国之中，仍然有治理一国的皇帝。皇帝总之是高于一切的，不像欧洲的皇帝受教会支配。宋以后中央政府的权力，一天天地大起来，一方面压迫贵族，一方面压迫宗教。此外不论任何民族，游牧的或宗族的，来至中国，他们都有一个中央政府，不过其性质有不同，其权力有大小而已。

以上两种不变化的东西，即宗族与国家为中心的学说，便是儒家的学说；儒家的学说重伦常礼义，因为这个是维持国家存在的条件。儒家的学说最盛的时候是两汉，因为此时家族与国家二者都很健全地在发展。教会是同家族相反的，所以教会势力一大，儒家的势力乃表现衰弱的趋势，但并不会全然消灭。十世纪以后，宗教力衰，儒家学说势又大盛，如宋朝的理学等等。

上面这些便是讲到中国社会的进化。中国社会是在不断地变迁，但其中有不变的成分，如家族与国家，而家族与国家也是经过了许许多多的周折，并不是安然留下的东西。

民国以来，统一的形势骤然变成割据了，这时中国社会乃大大的变动，以前不变的东西也都变化了，其他旧来可变化的东西当然更不消说。这时候旧有的东西全然破坏，但新起的东西是什么呢？那便是资本主义的附属品——"殖民地"。"殖民地社会"的一切，皆是和中国的欧洲的旧有社会全然不相同的。资本主义一来，中国的都会便受了他的支配而变成他的附庸；都会以外的东西便尽行破坏。于是以旧社会组织为中心的学说，便根本动摇而衰落下去了。

一百年以前，中国也有外来的精神文化，如佛教便是从印度来的。所以资本主义之入中国并不是怎样新奇的事情；但何以从前的外来势力，在中国不能支持其本身之存在，而资本主义到中国来便没有东西可以同他对抗了呢？从前外来统治中国的民族，都被中国把他们统治的方法变更了，他们的统治并不违反中国社会正常发展的原则，而是依从着中国社会之正常发展而发展的。甚至于有时反给予中国社会的发展以莫大的助力，如元清都是打击贵族加强政府力量的。但资本主义一来，却大不然了，中国从来用以对抗外来势力的东西，都失其作用，完全为他所破坏，而新造成的便是中国之"殖民地化"，中国变成资本主义的附庸。这表现于社会上的，便是都市物质生活的洋化，西洋学说的传播与流行。表现在政治上的便是采取欧美的政体。殖民地文化便代替了旧有的文化。这样，问题便发生了：中国究竟是恢复固有的文化吗？安于殖民地文化吗？抑或更行另创新的文化呢？这样的问题，便只好由此后中国社会的发展本身自行去解答了。总之，我们认为：

（一）中国社会是进化的。人类是能够由变更环境而变更自己的动物，中国人也没有例外；中国人并不是没有创造力的。

（二）新社会必定脱胎于旧社会。所以社会的改造，并不像改建房屋那个样子，社会的改造是和人身体的改造相同的。医药并不能够产生新的生命，只不过尽愈治的作用，新的生命是从旧的生命中孕育出来的。

（三）外来文化必定地方化。外来文化受本地社会条件之限制而变化；变更外来文化与固有文化为现在的时代的文化，必须社会中的人去努力。社会的盛与衰，是看社会内部健康质素的强弱如何而定的。社会的健康质素是内在的，并不能求之于社会以外，革命便是社会内部的病菌与健康质素斗争的表现。中国的社会健康质素便是一般的下层群众，过去中国的文化政治等等的革命都是他们完成的。这样的质素能够把官僚，贵族，地主，高利贷资本家，一齐消除。知道了这点，便可以解决一切的问题了。现在中国虽然是殖民地化了，但是受殖民地化威胁的仅仅是很少数的都市，内地千百万民众仍旧生活于他们自己的生活领域当中，与之毫不相干，拿全体人口来比较，健康质素还是占极大的多数，殖民地文化是资本主义的附庸，资本主义是高度的都市文化，都市文化与乡村是了无关系的。所以，假如中国的政治经济重心放在少数的都市里，那中国便是殖民地；假如放在内地大多数民众身上，那就不然了。中国的病菌，只在大都市里，是居于最少数，所以新社会在中国现时是有创造的可能性的。新社会不全然是外来的形态，但也不拒绝外来的形态。资本主义的文化，只是被少数人接受，支持，和多数人一点也不相干，所以，我们如果能够把资本主义的附庸文化铲除，便能够产生新的社会了。但这样的责任，并不在少数的，安闲的，浮奢的人身上，而是在多数的勤劳的下层群众身上。

（载《北平周报》第 80 期，1934 年 8 月 5 日）

读中国经济史研究专号上册以后
（1934 年 10 月 1 日）

《中国经济》月刊第二卷第九期是中国经济史研究专号的上册。这册一到手之后，我心里得到无上的安慰，为的是这个专门的研究，竟引起多数人参加，并且参加的人的态度渐渐的沉着了。我有许多的话想说，我如今先说出几点来。

第一，最后的两篇，中古时期教会财产及权威的叙述，可以算得最有特色的。研究中国社会经济史的人，多半只记得欧洲五世纪以后（或是说三世纪以后）有一个中古时期，那就是封建制度时期。他们又记得中国的古代有一个封建时期。他们把两下一拉，就给比上了。他们没有看出中国史上还有一个可以与欧洲中古相比较的中古。从前的我，也是这里所说的人们的一个。

欧洲中古时期的一个特征是教会的财产及权力。我们如果回头自问："我们信着什么教？"我们也信佛，也信道，也信儒；也不信佛，不信道，不知道儒又是什么。我们自己及亲邻既不大信教，再把学者的书一看，他们既没把教权特加指出，并且还有的竟说中国没有宗教战争或是教权对王权的竞争。于是中古的这一特征埋在九泉之下去了。可是如果用眼前的宗教现象去了解中古，那便错了。

如今中古的教权，系统的研究把来表彰出来了。

第二，中国经济史研究方法的论文渐注重到史料。几年来的论战，没有结果，便是由于史料的缺乏。甚至于对于注重史料一点的人，加上一个机械论或是经验论者的头衔。我曾叫那一些人是反历史的历史唯物论者。

细想这些人——我也是一个——所以这样，有一个重要原因。多数的人都是先来一下斗争，然后为斗争而去翻书本的。他们根据历史的常识，先下一个全部历史的分期论断。他们没有顾到的太多了。凡是他们不知道的，他们以为就是历史上没有的。

还有不少的人们，是以批评别人起家的。别人被打倒以后，好像就是自己的世界。其实，要拿打架做个比譬：打架的人总要先把自己站稳了，才好动手打人。自己先没站起，便去打人家一拳，听说只有"醉八仙"是这样的。我们的论战家有许多也就是这样的。上面两种态度其实只是一种。其逻辑如下："凡是我不知道的，都是没有的。你现在所说的，是我所不知道的。所以你所说的满都没有那回事。"

要知道科学与常识不同，甚至与常识相反。我们的历史常识是与我们的方法见解全不相同甚至相反的史家给我们的。我们那能拿这种常识去作论战，求伸张我们的方法及见解？譬如清末反对维新的人说道："红毛国以外没有别国。如今这些外国都是讲洋务的人造出来的。"那主张有许多外国的人要达到他的主张，必须考查许多外国的地点国情种种实在的证据。如果只用相对人所根据的书籍或常识来相斗争，那便除了空斗空争一番以外，别无他法了。

反之，单是相信自己所知道的，用来去斗一下争一下，也一样的不大妥当。这样的态度，用上面一样的推理来说明，便是："凡是我所知道的都是真理。你所说的与我不同，所以你的错了。"如果我所知道的是红毛国以外没有外国，那不就完啦？

还有一个有趣的谈话。日本人说："明治维新是阳明学的力量。"中国人叹道："贵国有阳明，可惜敝国没有。"今如经济社会史，欧洲的过去，经过许多学人劳作，把头绪弄得比较清楚些。中国的呢？经过许多的笔削家，你削一些，他削一些，给弄糊涂了。打开史书一看，不老是君圣臣贤或是君昏臣贼的故事吗？明代的政治不跟西汉差不多，西汉政治不跟《尚书·尧典》差不多吗？自古到今，都有佃户；所以自古到今都是封建社会。自古到今都有商业，所以自古到今都是资本主义社会。不，到底是封建社会，君不见吴三桂封王吗？不，到底是绝对主义社会，君不见自从黄帝（晚一点秦始皇）一直到清代，老有一个皇帝君临天下吗？这样说来，中国史的发达经过，没有欧洲那样清楚了。殊不知这是由于中国的经济社会史，没有经过勤苦的劳作！这样的说法，乃是"贵国有阳明，可惜敝国没有"的理论。

反之，"你们有十字架，我们也有墨子的钜子"的理论也是不大妥当的。欧洲有奴隶社会，中国也来一个。欧洲有资本主义社会，中国不也是的吗？翻开中国史去找欧洲有过的现象，总可以得到一两条。可惜只是一两条罢了。如果多了，便也不那样说了。

堪舆学的峦头派有一句话是："一步未到莫轻评。"没有照顾到的材料很多很多，便下断语，是太快了的。"科学家"的治学态度连迷信家都赶不上，是不应该的。

我曾经过盲争瞎斗的。如今我不愿再去盲争瞎斗了。我提出这样的两句话："一分见解，一分材料；一分材料，一分见解。"没有见解，材料无从下手。没有材料，便没有见解了。单是材料的集合，只是"长编"，不是史学。单是理论的陈述，只是翻译，不是史学。单是批评或简直单是漫骂，只是批评或只是漫骂，也不是史学了。

这回的专号，就以上所提的两点来说，比过去所谓"中国社会史论战"进步的多了。我希望——虔诚的希望有相同兴趣的人，理论与材料一同下手。几年之后，中国经济史的系统著作一定要出现的。

（载《中国经济》第 2 卷第 10 期，1934 年 10 月 1 日）

中国固有的社会思想
（1934 年 10 月 10 日）

想在一篇短文里面说明中国社会思想的源流支派是不可能的。我想简单的说一说中国固有的两个流派。

一 重农轻商思想

第一流派，是反对土地兼并及商人资本的重农轻商思想。这个流派在历史上有很长久很重要的地位。在西汉末及北宋中叶，执政者还实行这种思想到一定的程度。此外主张这种思想的人很多。我现在简单的说一说。

重农轻商思想最初有系统有方法提出的，是在西元前四世纪之初。西元前五世纪时代，私有财产及家长制的奴隶经济，把过去的民族组织分裂了。在黄河流域的腹部，旧来的族长政权逐渐倒坏，财产及政治权力降落在有力的武士们手里去了。晋悼公时，有魏绛这个家族长，以"和戎"政策取得有权的地位。和戎的方法便是通商，——以农产物工业品交换太行山左右游牧民的土地。魏家以此建国于黄河腹部，叫做魏。到了战国初期，魏文侯在位。这时候，黄河腹部的商业大为发达。洛阳的白圭很明晰的说出兼并农人的方法。魏都的段干木受文侯的敬礼。商业蓄积及土地兼并之下，小农的生计陷在破产的境遇。重农思想便发生了。这思想的显学乃是李悝。他订定《法经》六章，作尽地力之教，创常平法。后来的法家、农家，都源出于他。直到两汉，北宋，法家思想与重农主义老是相合成为一系的。李悝之外，有西门豹吴起。西门豹是徙木示信的法家，是引漳水灌田的水利家，并且是一位反对咒术的人。吴起是一位兵法家，同时是法家。魏文侯死后，吴起去到楚闵王那里。他主张变法，为楚贵族所恨。闵王死时，贵族们用乱箭将他射死。二三十年后，法家公孙鞅去到秦国，与孝公共谋变法。他所做的是划分小农场，平均田赋，分裂那残余氏族组织为家长制的家族，以法律保障家长的绝对权力。再若干年，从魏国又有一位水利工程师郑国，到秦来开渠引渭水灌田。秦的农业与家长制奴隶经济由此大大的发达起来。

奴隶经济对于小农经济有两种互相反对的关系。一方面，奴隶的狩取，要靠战争。战争的主力是小农。小农如果衰落，奴隶狩取战便难获胜利。但是他方面，一则小农无力和奴主在市场上竞争；一则奴隶的生产发达，商业必相随发达，小农容易受商人的兼并；所以奴隶经济如果发达，小农必趋破产。小农破产，奴隶经济便走到天尽头去了。由此，重农主义的法家所主张的是"农战"。他们重农，轻商。商鞅如此，韩非李斯也是如此。

重农主义法家，以地域论，属于三晋。三晋系的法家却成功于秦。秦灭亡后，一切法制仍行于汉。齐系的黄老学说，在汉初与法家相辅并盛。鲁系的儒者学说却没有权位。儒家由孟荀传到汉儒，一贯的主张是"田野什一"及"阅市几而不征"。他们的田野什一主义，也是与土地兼并不容的。简捷的说，他们反对土地兼并，却不主张干涉商业。其实，如不干涉商业，尤其是促进商业的私有奴隶制度，井田制度是没有方法存在的。所以董仲舒师丹们只好不倡井田，只主"宜稍近古"，实行限田，并限制奴主对奴隶生杀的自由。

西元前一世纪内，土地兼并初盛，小农经济大衰。奴主政权眼见得有颠覆的危险。这时候重农轻商思想猛烈的抬头。这一回的主张者不是法家，乃是儒家的一派。他们的经典是《周官》《乐元语》一类古文经。他们主张井田，与孟荀以下的儒生一样。所不同的是他们主张废止奴隶私有，土地私有，及商人资本的私有。他们主张由君主颁田给卿大夫士及小农民。这个社会运动便是王莽改制运动。

奴隶私有及土地私有主终竟把王莽改制运动打倒。东汉时代，是商业资本与大土地私有鼎盛的时期。反对土地兼并及商业蓄积的思想也相随鼎盛。儒家的通儒多数倾向于法治主义和重农主义。最明显的是仲长统所著《昌言》，及王符的《潜夫论》。王莽虽败，《周官》却渐次抬头。马融郑玄都是袒护《周官》，抑制西汉中叶一派儒家的《礼记》的。

通常的学者决不能了解的一个现象发生了。土地兼并的盛大发达，使土地渐次脱离小农民小地主之手，集中于少数的大家族。这种现象反使土地均分渐渐的可能了。土地均分给谁呢？土地依农奴的人口而分配于农奴。晋的班田，北魏的均田，便是这样实行的。反对土地兼并的《周礼》，因土地大量兼并而实现于社会。典型的《周礼》式封建制度，尤以黄河流域为显明。黄河流域的儒家全是郑玄一派。北魏以降的立法也纯受《周礼》的影响。只是商业继续发达的长江流域倒还沿袭着汉制。

典型的封建制度是以农工商业结合为条件的。手工业在城市里面单独的发达，渐渐把封建庄园的自足经济给打破了。长江流域工商业的势力渐渐的侵袭北方。北方的武士及贵族也羡慕长江的财富。政治南征，经济北伐，便造成隋唐的统一。城市工商业的力量已起与封建庄园的力量相抗衡。黄河流域的现物经济也转化为货币经济。政府的收入不能够全靠田赋，商税的收入相当于全财政收入的一半。政府已不再是贵族的玩物。并且，政府为了财政收入，向贵族争田赋，争力役，争寺庙财产的免税特权，争出卖度牒的收入，争以官阶代贵族的身分。

中唐以后，土地渐离贵族，转入货币持有者的手里。贵族的力量渐归消沉，新的有产阶级（工商业家，契约地主）渐次有力。重商的思想又起为政府官吏的思想。盐、茶、马等都由官营变为商营。连漕运也由军队转般变为商业的直运。泉州广州等国外贸易口岸，全归洋商及中国的海商操纵。他们还有力影响政府的要人，左右政府的政策。闭关主义是大家都知道的，但宋明的闭关主义，实质是禁止货币流出国境的重商主义。明代的倭寇猖獗，及戚继光俞大猷的功劳是大家都知道的。但倭寇有中国海商做引导。戚俞的功劳是受闽浙海商一系的中央执行的打击，埋没了的。盐商茶商持有坚利的甲兵，与政府的盐茶特许专卖的制度相对抗。他们的甲兵曾在防倭战里建过大功的。大家知道明以矿税亡国。但矿税的骚乱，情形是这样的。——政府与矿业家大家以疯狂的热度，开发金银。凡是有金银矿的地方，不是政府起一大冲动，就被矿业家开掘，并且常常引起官兵和矿业家私兵的战争。有一次曾派兵去海岛开矿，与哥仑布向新大陆狂走是如出一辙的。

在这时期，商业主义弥漫了全社会。反对商人资本及土地兼并的社会思想又兴盛起来了。北宋中叶，王安石抱定这种思想起来执政。那热烈反对土地兼并的隐士常秩，抛弃了隐居的盛名，弹冠入朝。王安石的志愿和学术这样的震动一时。但是反对干涉商人资本，反对丈量土地，反对平均田赋的集团，聚居洛阳，来相对抗。王安石一朝失败，神宗帝一旦死亡，这集团中的元老司马光在豪商地主欢呼之下，入京为相。新法失败了，王安石是推重商鞅，固执《周礼》的。他又是法家和重农轻商色彩交相掩映的思想家。反之，打倒王安石的理学家虽然与汉儒治学方法不同，但对经济制度的主张却是一致。他们也是一面高唱井田，一面反对那商业资本的干涉。与董仲舒的限田一样，朱熹对于田赋不均也取温和无力的政策。他反对王安石的丈量法，主张地主呈报法。然而宋代的地主也和汉代一样，并不因方法的温和而接受。推排法也和限田法一样失败了。没有方法实行的井田论，与反对井田论是一样的。

以上所说的重农轻商思想屡次以社会思想的面目表演于历史。这在中国社会里面是很有力量的。清末同盟会的平均地权论便是从这种思想一脉传承下来的。

二 平等主义的思想

士大夫方面多有上面所说的思想流行。反之，农人或无产业的市民方面，每每流行着经济的平等主义。不过因为这种平等主义者都是下层社会的人，历史记载总是不大详细的。我且略举几个历史的事实来说一说。

在孟子的时代（战国前半），有一种平等主义，主张"君臣并耕"。这一派的显学便是许行。他们反对君主征收农民的赋役来养活自己。他们主张不劳动便不吃饭。后来的学者把他们列入农学家，实质上他们的学说与李悝留下来的农学家是没有一点相同的。

老学里面包含有农业共同体的主张。他们反对收税，反对商业交换，反对政府法律制裁，反对战争。但到汉初，老学却转变成统治者的学术。西晋之末，田租增加，商业兴盛，土地集中，农民流散。这时候，有一种反对君主官僚的剥削的无政府主义。这种思想，在文献里传下来的，有鲍敬言的学说。他是以自然状态里万人平等为前提，而发挥他反对君主官僚的主张的。

在鲍敬言以前，东汉末期，有一大互助团体出现于社会。这便是太平道和五斗米道。这团体吸收三十六万以上的贫民，裹上黄色的包头，高唱"苍天当死，黄天当立"，把东汉政治组织给打坏了。到了东晋，这教会又暴动于江浙闽广，首领叫做孙恩。

商业再兴及土地私有再盛的宋代，这个教会的后裔又大盛于浙闽广东。他的战将便是有名的方腊。他们反对一切神佛的祭祀，任何交际，任何庆吊。他们主张裸葬。他们内部极端互助。他们极端崇拜张角。

在方腊以前一百多年，四川的王小波李顺之乱，也明白举起平等主义的旗帜。用文言转译他们的口号是"贫富不均，吾为汝均之"。四川的佃农一朝响应。他们的暴动，维持到一年多。

在方腊以后，信州的所谓"妖贼"还大盛于南宋。他们在正一教的大本营附近暴动，一定是太平道一流的人物。南宋为此，屡颁法令，禁止集会结社。

方腊的教会，人家说他们"吃菜事魔"。事魔虽是道教的事，吃菜却风靡于江浙闽一带。佛教改革派的白云宗，也叫做"白云菜"。

说到佛教，其中的教徒与道教教徒一样，有平等主义者。在佛教盛行的中古时期，下级教徒反抗上级僧众的暴动，是常常出现的。"一生补处"的弥勒佛便常常是他们的宗主。在北魏末年，河北有一大僧众暴动，专杀佛徒，专劫佛寺。他们的口号是"新佛出世，杀尽恶魔"。北宋时代，河北的弥勒教徒又起暴动，支持到两个月之久。直到明代，弥勒教会对当时的僧寺还多反抗的事情。南方则有白衣会，受政府的禁止。

禅宗对宗教的改革运动，在中唐时代，也打着平等主义的旗帜。但禅宗既盛，僧众的上层便官僚化了。教会的腐败，土地的兼并，农民的憎恨，仍旧与中古佛教一样。南宋的白云宗乃提出"躬耕而食"的口号，专打禅宗。南宋政府说他们"吃菜事魔"，加以放逐。

佛道教之外，基督教徒也有平等主义者。清代的太平天国运动便是"有田同耕"的平等主义运动。

平等主义的思想在农民及下层市民里面是时起时伏的。几年来长江流域一部流行的所谓"红军"，虽打着共产主义的旗帜，仍然是中国农民里面原始的平等主义运动。共产主义是以集中的生产为基础的。平等主义是以分散的农田及流动的商业财富做对象的。两者之间，区别不小。

上面所说的，是随中国固有的社会经济组织而生的社会思想。社会思想不会离开社会经济组织，从天外飞来。即令外来有很完密的社会思想，仍然要地方化，仍然要与固有的社会思想合流的。

（载《文化建设》第 1 卷第 1 期，1934 年 10 月 10 日）

对于尊孔的意见
（1934 年 11 月 5 日）

我试用一个社会史学的态度来对答目前尊孔的问题。史学所问的是"是否"，不是"应否"。所以问题是"何以又尊起孔来了？"不是"应不应又尊孔？"我的意见，极简单的说有这么几项：

一、五四以来对于传统的伦理政治思想的改革，影响只在大都市里的学术界。说到各地的地方政府，乡村的家族制度，任何官厅里的撤销主义的精神，满都没有动摇多少。目前的尊孔，来源在于后面这几种现象。大都市里学术界多少年以来，一往直前的依照欧美的都市人的学说去做，一向没有看见这些现象还在深重的存在着。现在这些玩意起来对他们抗议。他们便不免诧异了。

二、二三十年来，我们中国社会生产只有破坏，新的生产没有大量发达，发达的不过是些交换经济。一般的社会经济没有前进，只有少数附庸于外国都市的都市繁荣起来。现在手工业农业乃至一般社会经济的破坏，影响到了大都市了。所以上面的抗议，很觉有力。都市人受到一般社会经济破产的袭击，对于这个抗议也不免有点含糊起来。

现在把乡村城市的抗议举出几点来看看：

一、抗议的第一项说道：乡村不发达，都市也就不能发达了。不错，乡村购买力的削弱使工业品没有销场。都市人自然陷到苦闷里去了。所以建设乡村的口号高唱入云。但是我们要问：都市工业不发达，你怎样有力去建筑乡村？天外飞来的捐款是靠不住的。除此以外，你用什么来源去改造农村的生产？

二、抗议的第二项说道：都市是外国资本的势力范围，乡村才是自己的。不错，都市受了外国资本的支配。但是大家离开都市，向乡下一跑，农本，农产物的出路，农具的来源，肥料的来源，以至于枪炮等等，你又到那儿去找？都市工业不发达，你又拿什么去抗外国资本？

三、抗议的第三项说：外国文化把中国固有的伦理破坏了。大家都屈伏在功利主义享乐主义之下，没有维系社会，保持人格的法则了。不错，中国旧伦理法则是有些儿破坏了的。但是家长本位的家族制度，是农业社会的组织，一千年以来，久有不能不动摇到坏的样子。中国没有法子使自己不受工商业的影响，哪儿有方法保持这种固定在土地财产上面的自足的家族制度？这种家族制度如果保持不住，全部的旧伦理便无法保有的了。

四、抗议的第四项说道：近年来的疑古变古运动把民族的偶像都给打倒。中国自己不相信自己的古圣贤古英雄，专门崇拜外国人去，是不对的。不错，崇拜外国文化乃是殖民地的心理现象，是可耻的。然而为了这个，专门提倡自己的偶像也是不对的。专门崇拜偶像是一种是古非今的退化论。退化论不能使人自信，恰足以减少自信。恰足以一切改革或革命的企图为了这种是古非今的心理，抛弃下来。历史上是古非今的退化论也不知葬送了多少社会改革家的精神与生命？

总之，拜孔教没有应当复活的理由。但是拜孔教正是在那儿复活。这正可以表现少数大都市里学术界的力量之小，努力之不足，任务之未了。最后，拜孔教与孔子本人及其学说不能看做一件事情。原来发展孔子学说的并不与孔子有同一的思想。孔子早就管不了孟轲董仲舒周敦颐的事了。他又有什么方法管到于今的民族主义的思潮？

（载《清华周刊》第 42 卷第 3、4 期，1934年 11 月 5 日）

宋代的各种暴动
（1934 年 11 月）

群众的暴动之研究，可以指示那一时期社会的经济组织的性质。我在本文想把宋代（九五二至六三四年）的各种暴动，简明的叙述一下。

一　蜀的均富运动

自淳化四年到至道元年（九九三至九九五年）在四川有一回均富运动。

北宋政府征服蜀国以后，宋将王全斌等的队伍，贪求邛蜀的财富，军政废弛。（《宋史》二五七《王仁赡传》，二五八《曹彬传》，二六八《王显传》）刘综曾向政府说过：蜀地富庶，安宁已久。益州长吏，望慎择其人。（《宋史》二七七）

政府不能行。并且，蜀地的富庶，是农民的血汗集成的。一则地主对佃户的剥削比别处重些。《宋史·刘师道传》（三〇四）：川陕豪民多旁户，以小民役属为佃客，使之如奴隶，家或数十户。凡租调庸敛，悉佃客承之。

田租之外，田赋也归佃户负担。这种负担不是佃户所能堪的。二则商人的兼并更使小农破产。《宋史·樊知古传》（二七六）：蜀中富饶，罗纨锦绮等物甲天下。言事者竞商榷功利。又土狭民稠，耕种不足给。由是兼并者益籴贱贩贵以规利。于是青城民王小波聚众起事。他们的口号是：吾疾贫富不均，今为汝辈均之。（《宋史》二七六又《渑水燕谈录》）

这均富运动吸收了多数的贫民。他们从一百多人扩大到好几万。王小波死，李顺为帅。蜀地州县相继覆没。政府一面调大军进勤〔剿〕。一面免除从前积欠的田赋。事平以后，土地更是集中。政府拨用旁户以为耆长豪强的秩序又安定下来了。

二 睦州的共产运动

北宋时，太平道教会在江浙一带很是发达。哲宗初年（一○八六——）何执中调台州判官。有妖狱久不竟，株连渐多。执中讯诸囚，听其相与语，谓牛羊之角，皆曰"股"。扣其故，闭口不肯言而相视色变。执中曰："是必为师张角讳耳。"即扣头引伏。（《宋史》三五一）这个信仰，叫做"吃菜事魔"。庄季裕《鸡肋集》：事魔食菜，法禁甚严。有犯者，家人虽不知情，亦流于远方，以财产半给告人，余皆没官。而近时事者益众。云自福建流至温州，遂及二浙。闻其法断荤酒，不事神佛祖先，不会宾客，死则裸葬。一方面他们节俭持身；他方面，他们以杀敌相鼓励，庄季裕说：又谓人生为苦。若杀之是救其苦也，谓之度人，度多者则可以成佛。故结集既众，乘乱而起，甘嗜杀人，尤憎恶释氏。他们差不多是一种无神教了。在当时，各教会中，佛教占有大量的土地，剥削农民，所以最受他们的憎恶。他们的内部过极端的互助生活。每一教徒出钱交纳首领——魔公魔母。初入教会的贫民教徒资助金钱。总之他们是互助的斗争集团。宣和二年（一一二○）方腊反于睦州。这个集团乘机而起，"不旬日聚众至数万"。（《宋史》四八六《童贯传》）他们对于官僚尤残杀以雪愤恨。凡得官吏，必断脔支体，探其肺肠，或熬以膏油，丛镝乱射，备尽楚毒，以偿怨心。（《宋史》四六六）他们破六州五十二县，杀人二百万，他们与官军作战四百五十天而败，这回暴动虽受破灭，余党并没有根绝。一一三三年，方腊从前起事的地点（睦州后改严州）吃菜事魔的教徒又起，杨沂中招降了他们，并杀党徒百人。（《宋史》二六）

三 其余的教徒暴动

其余的教徒暴动，列表如左：

时间	地点	首领	人数	宗教	记载的处所
约九七○	渠州	李仙	万人		《宋史》四三九《朱昂传》
九九三	霸州	王氏			《辽史》一三
一○八六	广州	岑深	二千		《宋史》三四三《蒋之奇传》
一一一二		李弘			《辽史》二七
一一二六	海南	刘文舜	万余	佛教	《宋史》三七八《胡舜陟传》

续前表

时间	地点	首领	人数	宗教	记载的处所
一一三〇	信州	王宗石 王念经		道教	《宋史》二六又三六九《刘光世传》
一一四一	明州	王法恩		佛教	《宋史》二九
一一四四	宣州	俞一			《宋史》三〇
一一五〇	信州	黄曾		道教	《宋史》三〇
一一六三	东京	法通		佛教	《金》六
一一六四	容州	李云			《宋史》三三
一一七九	广西	李接			《宋史》三五

以上各条，最可注意的，是宋室南渡之初，"信州妖贼"的暴动。大家知道信州是正一道教张天师所在地。他们的组织和生活方法是不是与吃菜事魔的张角信徒相同，虽不可知但但张天师乃是太平道祖师张陵的后裔，他们的教义应当是有共通之点的。

四　反对现行佛教的佛教徒暴动

上面表里列着有佛教徒的暴动。但历史记载着不少的有宗教改革的意义的佛教徒运动。现在略举弥勒教会，白衣会及白云宗三种。

北魏末年，佛教正盛，那时已用"新佛出世"号召暴动，杀掠僧寺的运动。北宋庆历七年（一〇四七）王则之乱，仍然是起于河北的"新佛出世"运动。原来弥勒佛是"一生补处"的候补佛。他所住的兜率外院是具有一切享乐的处所。他出世时，荆棘山河都要化为平坦。这种平等主义的神话，能够吸引贫苦民众，并且是与现行的官僚佛教是对立的。所以庆历七年的饥民暴动，以弥勒佛出世为号召。《宋史·明镐传》（二九二）载：王则者，本涿州人。岁饥，流至恩州，自卖为人牧羊；后隶宣毅军为小校。恩冀俗妖幻，相与习《五龙滴泪》等经及图谶诸书。言释迦佛衰谢，弥勒佛当转世。……党连德齐诸州，约以庆历八年正旦断澶州浮梁乱河北。后因有人告密，提前举事，建国曰安阳，共计六十六日而败。

白衣会一类的经社，性质不明。约在西元一〇〇〇年前后，（真宗时）：太康氏事浮屠法，相聚祈禳，号曰"白衣会"，县捕数十人送府尹（开封府尹）——《宋史》三三三《荣諲传》。但白衣会并不因逮捕而停止。西元一二五七年（宝祐五年）：禁奸民作白衣会。（《宋史》四四）

一般的经社，在南宋初期也曾被禁（《宋史》三〇《高宗纪》绍兴三十年），不过白衣会特受禁令罢了。

白云宗或称白云菜，或称十地菜。《佛祖统纪》大观二年（一一〇八）条下记有西京宝应寺僧统孔清觉依仿佛经立四果十地，分大小两乘，造论数篇，传于流俗，从之者称白云和上，名其徒曰白云菜，亦称十地菜。这个教会专斥禅宗。《稽古略》于宣和三年（一一二一即清觉死年）记他们的宗旨是"躬耕自活"。这教会可见是反对游惰官僚僧侣的。官僚化的禅宗力加裁抑，孔清觉被放逐到恩州去了。

五　河北山东的暴动与梁山泊

庆历五年（一〇四五），山东盗起（《宋史》二九一《吴育传》）。《宋史》三二八《李清臣传》说："齐鲁盗贼为天下剧。"其中可以特述的是梁山泺。神宗（一〇六八至一〇八六）时，蒲宗孟知郓州：郓介梁山泺，素多盗。宗孟治之，虽小偷微罪，亦断其足筋。盗虽为衰止，而所杀亦不可胜计矣。（《宋史》三二八）哲宗（一〇八六至一一〇〇）时，许几知郓州：梁山泺多盗，皆渔者窟穴也。几籍十人为保，使晨出夕归，否则以告，穷治无脱者。（《宋史·许几传》）许几的先后，任谅知郓州：梁山泺渔者习为盗，荡无名籍。谅伍其家，刻其舟，非是不得辄入。他县地错其间者，镵石为表，盗发则督吏名捕，莫敢不尽力，迹无所容。（《宋史》三五六）

虽经地方官力加缉捕，这些渔人战士并不会根本灭迹的。靖康（一一二六）间，金兵南下时，梁山泺仍然是水上战士的巢穴。《金史》八〇《亦盖〔赤盏〕晖传》说他征宋以后，"还屯汶阳，破贼众于梁山泺，获丹〔舟〕千余。"《阿里传》说阿里"破贼船万余于梁山泊"。梁山泊的暴动船只竟多到万余，声势不在《水浒传》所描写的以下了。

宋江于梁山泊在正史上并没有寨主的关系。依《宋史·张俊传》宣和年间郓州的首领叫做李太。不过宣和年间山东河北的民众到处蜂起。《宋史·徽宗纪》所载，由宣和元年（一一一九）到靖康之乱，河北山东的骚乱是没有停息的。韩世忠，张俊，王德，刘光世等中兴名将，都是打河北山东暴动出来的。暴动军的首领，靖康以前有柴宏，宋江，靖康以后有李复，李昱，李成，孔彦舟等。先说柴宏：（真定）首贼柴宏，本富室，不堪征敛，聚众剽敓，杀巡尉，统制官亦战死。（《宋史》四四六《刘韐传》他不久便降了真定守刘韐。再说宋江：宋江寇京东，蒙上书言："江以三十六人横行齐魏。官军数万，无敢抗者，其才必过人。今青溪盗起（宣和二年），不若赦江使讨方腊以自赎。"（《宋史》三五一《侯蒙传》）《张叔夜传》载：宋江起河朔，转略十郡，官军莫敢婴其锋。（《宋史》三五三）张叔夜击溃宋江军斩数千人。宋江军当然并没有歼灭。再说李复：大校李复鼓众以乱，淄青之附者合数万人。（《宋史》三六四）李复后为韩世忠所破。再说李成等。建炎大变之后，河北山东大盗李成彦孔〔孔彦〕舟等聚众各数十万，皆以勤王为名，愿得张所为帅。（《宋史》三六三《许翰传》）他们不久受了招安。李昱的根据地是兖州，不久破灭了。大暴动和兵变以后的山东景象怎样呢？（一二一八年时）东平以东，累经残破。至于邳海尤甚。海之民户曾不满百，而屯军五千。邳户仅及八百，军以万计。（《金史》一〇八《侯挚传》）这时候济南，泰安滕兖等州到处蜂起。其首领有石花五夏全都受侯挚招安。河北邢州暴动首领程邦杰，结局不明。（《金史》一〇八《侯挚传》又一四）莱州暴动首领曲贵白珍吕忠等都被诛擒，三十年后，河北，山东又有大规模的变乱。

六 红袄花帽等军

金主亮搜括女真的猛克谋安与汉军合编大军，南侵宋地。军事征发，把河北山东的民众激变了。金世宗便是乘机夺取皇位的。（一一五九至一一六〇）四十年后，泰和南伐，河北山东的暴动又乘机爆发。最大的股子，是李全杨安儿等所带领的。《宋史》四〇一《辛弃疾传》：比年李全赖文政陈子明李峒相继窃发，皆能一呼啸聚千百，杀掠吏民，死且不顾，至烦大兵剿灭。良由州以趣办财赋为急，吏有残民害物之状而州不敢问。县以并缘科敛为急，吏有残民害物之状而县不敢问。田野之民郡以聚敛害之，县以科率害之，吏以乞取害之，豪民以兼并害之，盗贼以剽夺害之，民不为盗，去将安之？《金史》一〇二《仆散安贞传》：初益都县人杨安国，自少无赖，以鬻鞍材为业，市人呼为杨鞍儿，遂自名杨安儿。泰和伐宋，山东无赖往往相聚剽掠（不久受了招安）。大安三年（一二一一），招铁瓦敢战军得千余人，以唐括合打为都统，安儿为副都统，戍边。至鸡鸣山不进。……安儿亡归山东，与张汝楫聚党攻劫州县，杀略官吏，山东大扰。

直到一二一六年（贞祐三年）杨安儿与其他首领刘二祖始被杀。余党聚为红袄贼。《金史》一〇一《仆散安贞传》：自杨安儿刘二祖败后，河北残破，干戈相寻。其党往往复相团结，所在寇掠。皆衣红纳袄以相识别，号红袄贼。官军虽讨之，不能除也。大概皆李全国用安时青之徒焉。

红袄军暴动的区域，当今河北，山东，安徽北部，江苏北部。直到金亡，没有消灭。

当金南征时，正是北受蒙古军侵略的时候。《宋史》四七六《李全传》说得详细。在红袄军同时，又有花帽军黑旗军横行山东一带。（俱见《金史》一五）这花帽军后来成为专打贫农暴动的义勇军队伍。

七　靖康以后的义勇军

中国遍地都起暴动的一个时期，还是靖康之乱以后约十年间。这中间，反抗女真的民族斗争，与反抗商人资本土地兼并的社会斗争是很难分别开来的。在当时政府里面，大抵主张民族斗争的，便主张收缉义军；反对社会斗争的，便甚至于反对民族斗争，主张和议外交原是决定于统治者对内的利益的。

在北宋初亡时，李纲宗泽等收复论者，对河北山东的义军极意招抚。《宋史》三六〇《宗泽传》：山东盗起，执政谓其多以义师为名，请下令止勤王。泽疏曰："自敌围京城，忠义之士愤懑争奋。……今河东西不从敌国而保山砦者，不知其几。诸处节义之士，自黥其面，而争先救驾者，复不知其几。此诏一出，臣恐草泽之士，一旦解体，仓卒有急，谁复有愿忠效义之心哉？"李纲说当时北方义军道：今河东所失者，恒代太原泽潞汾晋，余郡犹存也。河北所失者，不过真定怀卫浚四州而已，其余三十余郡皆为朝廷守。两路士民兵将所以戴宋者，其心甚坚，皆推豪杰以为首领。多者数万，少者亦不下万人。（《宋史》三五八）

其时河北义军信仰张所，前面曾经提到。（见《宋史》三五八）太行山义军，则为中兴名将岳飞所自出的大本营。《宋史》二四建炎元年条：王彦及金人战，败绩，奔太行山聚众。其裨将岳飞引其部曲自为一军。

后来张浚主张派岳飞联络太行山寨。（《宋史》三六五《岳飞传》）六年后，太行山忠义社还有来归附岳飞军的。（同上）但是以后，南宋政府厉行秦桧的着衣吃饭主义去了，北方义军早抛在脑后去了。

三四十年后（孝宗初期即□）南宋政府讨论和战时，主战派还援引北方的义军，主和派却反对并蔑视他们。前者的代表是张浚，后者的代表是史浩。浚曰："中原久陷，今不取，豪杰必起而收之。"浩曰："中原决无豪杰，若有之，何不起而亡金？"浚曰："彼民间无寸铁，不能自起，待我兵至为内应。"浩曰："胜广以锄耰棘矜亡秦，必待我兵，非豪杰矣。"（《宋史》三九六《史浩传》）

约一百三十年后（嘉熙三年即一二三九），北方的义军仍然崛立。《宋史》四一四《董槐传》说：当是时，宋与金为邻国，而襄汉扬楚之间，豪杰皆自相结以保其族。无赖者往往去为群盗。

靖康之乱，康王南渡，遂挟持少数军将并招安流贼，立为皇帝。同时，河北真定有地方官马广赵邦杰等聚兵于五马山寨，迎信王榛为主。两河义兵闻风响应。康王在江北听说信王榛要渡河南下了，他便带兵直回江南，使信王的义军失却声援。金兵乘机急攻五马山及响应的诸寨。寨破，信王不知下落。（以上《宋史》二五建炎二年条及二四五《信王传》）邓州有姓杨的人，聚众千余人自称信王被镇抚使翟兴所杀，呈报康王。为了王位，同为义军，同是宗室，不惜相杀于大敌马蹄的下面。这是义军的一页悲剧了。

八　靖康以后的各地暴动军

靖康（一一二六）以后的各地暴动军，列表如左：（海寇湖贼水贼另说）

首领（本原）	地点（今省）	时间	结局
史斌（关中贼）	兴州（陕西）	一一二七	
张员（建州军校）	建州（福建）	一一二七	
官仪（博州卒）	莱州（山东）	一一二七	
丁进（变兵）	寿春（安徽）	一一二七	降
王定（青州败将）	□（山东）	一一二七	
孙崎（宝应军将）	随州—唐州（河南湖北间）	一一二七—一一二八	
李昱（前节已说）	任城（山东）		
赵万郭青（变兵）	常州（江苏）	一一二七	
杜用（陈州变兵）	淮宁（河南）	一一二七	平

续前表

首领（本原）	地点（今省）	时间	结局
陈通（变兵）	杭州（浙江）	一一二七	降
蒋和尚	兰溪（浙江）	一一二七	
杜彦（变兵）	潭州密州（湖南）	一一二七——一一二九	
孔彦舟	鄂黄潭岳衡（湖北湖南）	一一二七——一一三二	降齐
徐明（秀州贼）	嘉兴（江苏）	一一二八	
靳赛	光山县（河南）	一一二八——一一二九	降
叶浓	建州福州（福建）	一一二八	
李民（京东贼）		一一二八	
盖进	滨州棣州（山东）	一一二八	
张遇	真定至镇江江州黄州（江苏江西）	一一二八	降
杨进（河北贼）及余党	鲁田（河南）	一一二八——一一二九	进降，其党刘可又反
范琼	光蕲洪（河南湖北江西）	一一二九	
刘文舜	濠州（安徽）饶州（江西）	一一二九——一一三〇	
薛庆（西北贼）	高邮军至淮水（河北至苏皖）	一一二九	降
张用（张莽荡）	确山汉阳江西（河南湖北江西）	一一二九——一一三六	降
王善（河东贼）	淮宁府至宿州（河南安徽）	一一二九	降
王善余党祝友	滁州（安徽）		
郦琼（河北贼）	光州（河北至河南）	一一二九——一一三〇	降灭
张宝等（禁卒）	（福建）	一一二九	
李选（溃卒）	镇江	一一二九	
刘忠（淮贼）	蕲舒垂州（湖北安徽湖南）	一一二九——一一三二	
贵仲正（京西贼）	荆南岳州（湖北湖南间）	一一二九	降
刘满（京西贼）	信阳军（河南）	一一二九	
戚方（军校）	镇江宣州（江苏安徽）	一一二九——一一三〇	降
白毡笠		一一二九	
辅逵	涟水军（江苏）	一一二九	降
宋进（溃兵）	泰州	一一二九	
不知名	宿州（安徽）	一一二九	
马进	洪州江州（江西）	一一三〇——一一三一	
张琪（江东贼）	建康杭宣徽饶楚（江苏安徽江西）	一一三〇——一一三一	擒
张琪党李捧	宣州（安徽）	一一三〇——一一三一	降

续前表

首领（本原）	地点（今省）	时间	结局
钟相（鼎州民）	澧州（湖南）	一一三〇	降
杨华（钟相党）	桃源（湖南）	一一三〇——一三一	
刘超（禁兵）	荆门军□南峡州复州鼎州（湖北湖南）	一一三〇——一三一	
陈新（乡兵）	庆州（江西）	一一三〇	
胡友	庆州（江西）	一一三〇	
杨勍（御营军）	建处婺泉（福建）	一一三〇	捕杀
崔僧（淮西败军）	太平州池（安徽）	一一三〇	降
史宿	陕西	一一三〇	
茶陵军贼	郴州（湖南）	一一三〇	
李敦仁	抚州汀州庆州江西（福建）	一一三〇	
范汝为	建州邵武军南剑州（福建）	一一三〇——一三二	平
石首盗	石首（湖北）	一一三〇	
不知名	梅州（广东）	一一三〇	
陈万信党雷进	慈利石门（湖南广东间）	一一三〇	
郭仲威（山东贼）	镇江扬州（江苏）	一一三〇——一三一	擒（一一二九起降后复叛）
李成	滁淮西江舒州襄阳（江苏江西湖北）	一一三〇——一三四	一一二九起降复叛
赵延寿（荆襄贼）	郢州德安（湖北）	一一三〇——一三二	降杀
王辟（军将）	归州房州（湖北）	一一三〇	降
桑仲	房金复邓□阳襄阳（河南湖北）	一一三〇——一三二	降
郭希	归州（湖北）	一一三〇	
熊志宁胡江（范汝为余党）	福州（福建）	一一三一	
观音山盗	英州（广东）	一一三一	
李冬（宜章县民）	英连韶郴（广东）	一一三一	
寇宏（淮贼）	濠州（安徽）	一一三一	
吴锡	邵州（湖南）	一一三一	
邓庆龚富	南雄州（广东）	一一三一	
曹成（广西贼）	道郴浮沅贺连师（广西湖南）	一一三一——一三二	降
李忠	商州（四川）		

续前表

首领（本原）	地点（今省）	时间	结局
福建贼	（福建）	一一三一	
建昌军贼		一一三一	
许约（弓手）	光州（河南）	一一三一	
吴忠宋破坛刘洞天	江西（江西）	一一三一	
李成	襄阳唐邓随郢信阳军饶州（河南湖北江西）	一一三一	
刘起	光州（河南）	一一三一	降
王才	建康（南京）	一一三一	降
李允文	鄂（湖北）	一一三一	
李宝余照	石陂（福建）	一一三二	降新
陈颙	汀梅循潮江西（福建广东江西）	一一三二——一一三三	
李宏	潭州（湖南）	一一三二	
余胜	顺昌县（福建）	一一三二	
谢逵（虔贼）	惠州（由江西入广东）	一一三二	
杨钦		一一三二	败
高聚	萍乡（江西）	一一三二	
范忠	处州（浙江）	一一三二	
关师古步谅	潭州（湖南）	一一三二	降
郝政（帛贼）	沅州（湖南）	一一三二	降
周伦		一一三二	破
王山（海州贼）	涟水军（江苏）	一一三二	
陆德	太平州（安徽）	一一三二	杀
董先	商州（四川）	一一三二	败
李通	舒州（安徽）	一一三二——一一三三	降
赵进（江西贼）	瑞昌县（江西）	一一三二	降
周十隆（虔贼）	梅汀循州（广东福建）	一一三三——一一五二	平
李宗谅（军将）	筠州（江西）	一一三三	降死
王全	庐州（江西）	一一三三	降
彭友（浙东贼）	龙泉（江西）	一一三三	
侯惷	建昌军（江西）	一一三四	
区稠	乐昌（广车）	一一三四	
檀成（湖北军贼）	长阳（湖北）	一一三四	
田政	襄阳峡州（湖北）	一一三四	斩
曾衮	（广东）	一一三六	降

续前表

首领（本原）	地点（今省）	时间	结局
伍俊	桃源（湖南）	不明	
龙渊李朝	茶陵（湖南）	不明	降
李阎罗	颍上（安徽）	不明	降
小张俊	颍上（安徽）	不明	降
不知名（五万人）	虢州（河南）	不明	降
吉倩		不明	降
李民（十万人）		不明	降
陈州叛兵	（河南）	不明	
黎锋叛兵		不明	
管天下	福建	不明	
伍黑龙	福建	不明	
满江红	福建	不明	
骆科	广西	一一四一	
不知名	寿春（安徽）	一一三六	
俞八	衢州（浙江）	一一五四	平
江大明	严州（浙江）	一一五八	
凌铁	雷州（广东）	一一六一	
华齐	汀州（福建）	一一四四	

由上表可以看出暴动最烈的时期是建炎元年（一一二七）到绍兴二年（一一三二）。以后便平息下去了。由股数之多少来看，以江西最多，两湖安徽福建次之。黄河流域已经金人渐次占领，与宋的直接关系少些。并且金人认为盗的（例如"太行盗"）宋人却认为义军，所以这里所列股数最少。苏浙的股子虽不算多，但于南宋政府有直接的影响，并且有海贼湖寇江贼，上面没有列举。两湖的湖贼在水上暴动之中最为利害，上面也没举出来。至于各股的势力，彼此大相悬殊，现在指出其中较大的来。先说两河的股子。《宋史》三六八《王彦传》：未几两河响应。忠义民兵首领傅选孟德刘泽焦文通等皆附之，众十余万，绵亘数百里，皆受彦约束。时中原盗贼蜂起，加以饥馑无所盗食。惟蜀富饶，巨盗往往窥觇。桑仲既陷淮安襄阳，乘势西向，均房失守，直捣金州白土关，众号三十万。桑仲号三十万，"又有王关董贵祁守中阻兵窥蜀，虽不及桑仲，然小者犹不减数万。"（《王彦传》）这都是向四川开拨的。东方安徽等处呢？"张琪自徽犯饶，有众五万。"（《宋史》三六二）两湖广西的："贼黄善曹成孔彦舟等合众五十万。"（《宋史》三六五）其中曹成

归附韩世忠时，有众八万。（《宋史》三六四）其余的："是时荆湖江湘之间，流民溃率群聚为盗，不可胜计，多者至数万人。"（《宋史》三五九）李成军更是浩荡。《宋史》三六九《张俊传》："李成尤悍强，据江淮湖湘十余州，连兵数万，有席卷东南意。"

福建范汝为气势甚炽（《宋史》三六四）管天下伍黑龙满江红等众亦甚盛（《宋史》三八〇《薛弼传》）。广东暴动军存在的时期最长。（见《宋史》三八八《陈橐传》）

各股之中，招降的占四分之一还多。另外还有降了又反的。当时民间有两句话说："仕途捷径无过贼，上将奇谋只是抚。"又说："欲得官，杀人放火受招安。"（庄季裕《鸡肋集》）在政府的用意以为"化盗贼为我用"（《宋史》四〇四《汪若海传》），殊不知他们是反覆无常的。季陵说："比年盗贼例许招安，未几再叛，反堕其计。"（《宋史》三七七）并且他们在满眼都是干戈的各地，也停留不住，所以并不能固守城池。《宋史》三六二说："李成薛庆孔彦舟桑仲辈起于群盗，翟兴刘位土豪，李彦光郭仲威皆叛将，多不能守其地。"

九　水上的徒党

靖康以后的水上徒党最大的是邵青一枝。他是"秀州水贼"，横行于江淮之间（一一二九——一一三一）。其余有淮南的五湖渔人夏宁的队伍，通州张荣的队伍（一一三一），汉阳年〔军〕的翟进的队伍（一一三二）。

洞庭湖上的徒党以户数论在二万七千户以上。他们的战舰十余丈高。官军多西北人，又船小，战时要仰面看他们的楼船。张浚、王燮等军屡攻不利。到了一一三五年，岳飞一面造大船，并适逢天旱，容易进兵，一面使黄佐招降他们的勇将，才破了他们。

太湖渔人在南宋末年（一二二五）曾一度反抗政府。他们的人数二十万人。（见《宋史》四一）

说到海贼先说广东海上的。《宋史》三〇九《杨允恭传》："自南汉之后，海贼子孙相袭，大者及数百人，州县苦之。"其中有姓叶的一团，有五百余众。太平兴国年间，掌市的杨允恭攻破之。这是北宋初的事，南宋时，一一三三年有黎盛等攻湖州。一一三五年有朱聪等攻广州、泉州，受招安。一一三五年又有陈感等攻雷州。一一六〇年雷州海上又有

陈演添等，为人民所杀。"福建海上有郑庆等受招抚，编为军队。"（一一四八年）

浙江海上一一六三至一二五四年间屡遭海贼。明州海贼与吏胥勾结，难于缉捕。一一六三年，地方政府土豪督捕，大为有效。（《宋史》二四七）

十 茶商暴动

宋初，茶取官卖制。茶园户把茶卖给政府，由政府贩卖。这时候，政府缉捕茶商，很费力气。太宗至道年间，曾召茶商，商量茶法。到仁宗时，茶利几乎操在豪商手里去了。（见《宋史》三一八《张方平传》）茶商与政府争斗的结果，茶法渐改取给引通商的制度。南宋时代，除四川茶由官卖外，别处差不多全是行茶引制的。但政府为增加茶税收入计。对于引商以外的私贩，当然严刑重罚。官兵与茶商一动就刀兵相见。《宋史》三八八《李焘传》说：常德境多茶园。异时禁切商贾，率至交兵。焘曰："官禁茶贼，岂禁茶商？"可见政府官吏对茶商随意缉捕了。淳熙二年（一一七五）两湖的茶商起一大暴动。茶商私兵由湖北入湖南江西，由湖南入广东，其首领叫做赖文政，嘉定十年（一二一七）湖北茶寇又起，郑清之建议将编为军队，叫做茶商军，非常之有战斗力。（《宋史》四一四）

十一 矿业暴动

十三至十五世纪的中国，有热烈的金属采取运动。明代的所谓"矿寇"，便是与政府交兵的矿业主。在南宋，这样的事情还没有闹出足以引人注意的大乱，不过同样的运动已经开始了。

政府缉捕私采银砂者，例如《宋史》三三三《荣谭传》所载：莱阳产银砂，民有私采者事露。谭曰："山泽之利，人得有之，所盗者岂民财耶？"贷免甚众。（谭在真宗时为京东转运使）政府搜括矿藏的事，在蔡京执政时曾经有过。《宋史》三五二《王安中传》载：有徐禋者以增广鼓铸之说媚于蔡京。京奏遣禋措置东南九路铜事，且令搜访宝货。禋图绘坑冶，增旧几十倍。且请开洪州、严阳山阬，迫有司岁承额数千两，其所烹炼实得铢两而已。

至于矿主的暴动，《桯史》卷六记有一事，淳熙八年（一一八一），宿松（安徽）汪革率领铁矿工人起事。兵溃后政府悬赏三百万缉捕。汪革是渔业主，又是矿业主。他佃望江湖地，役使渔户数百户采渔。南宋淮河流域盛行铁钱，他又在宿松城三十里外的麻地，代〔伐〕林为炭，起大铁冶，他的威风是这样大：出佩刀剑，盛骑从。环数郡邑官吏有不惬志者，辄文致而讼其罪；或暮夜啸合，殴击濒死乃置，于是争敬畏之，愿交欢，奉颐旨。革亦能时低昂，折节与游，得其死力，声焰赫然，自传夷以下不论也。他为散兵二人所敲诈，受政府的逮捕令。他下令发动炭山及两个矿冶的工人起事。工人们大抵是乡农，不愿作战，队伍不久便溃散了。他带了少数人逃入天荒湖。政府派大兵来到，但不敢深入湖里。后来他逃入城市，才就捕。

十二　余论

两宋时代各种的暴动，就《宋史》及其他书册所记载，已略举如上。南宋末期的暴动（如红巾军）等因没有什么特色，还从删略。

由以上所说的，我们可以看出几点意义：

第一，每一运动总包含有经济运动的内容。即令民族的斗争，仍然是经济的运动。在人类社会里面，并不是没有"超人"的个人，却没有"超人"的群众。

第二，宋代的暴动，多数是两种：一是贫民的运动，如均富共产式的运动；一是中间阶级的运动如茶商矿商反抗政府封建式剥削的运动。

第三，教会对民众的诛求压迫，引起教徒群众的反抗。正如世俗社会里有贫民及中间阶级两种斗争一样，教会里也有贫民及中间阶级的两种反抗运动，如弥勒教会是贫民的，而白云宗便是中间阶级的。吃菜事魔的徒党是贫民的，全真教会便是中间阶级的。后者没有充分的材料，没有在正文内详说。

二十三年八月三十一日在北平

（载《中山文化教育馆季刊》第 1 卷第 2 期，
1934 年 11 月）

《食货》创刊号·编辑的话
（1934 年 12 月 1 日）

一、这个半月刊出版的意思，在集合正在研究中国经济社会史尤其是正在搜集这种史料的人，把他们的心得、见解、方法，以及随手所得的问题、材料，披露出来。大家可以互相指点，切实讨论，并且进一步可以分工进行。这个半月刊用意只是这样，并不像过去所谓"中国社会史论战"，那样的激昂，那样的趋时。

二、史学虽不是史料的单纯的排列，史学却离不开史料。理论虽不是史料的单纯排列可以产生，理论并不是尽原形一摆，就算成功了的。方法虽不是单纯把材料排列，方法却不能离开史料独立的发挥功用的。有些史料，非预先有正确的理论和方法，不能认识，不能评定，不能活用；也有些理论和方法，非先得到充分的史料，不能证实，不能精致，甚至于不能产生。中国社会史的理论争斗，总算热闹过了。但是如不经一番史料的搜求，特殊问题的提出和解决，局部历史的大翻修、大改造，那进一步的理论争斗，断断是不能出现的。

三、搜集史料是不能急不能讨巧的工作。我们现在没有大研究室或记录室，只有一点一滴去集累。但是个人的集累，终竟是没有成就的一天。几年以前，就有不少的人感觉到大家分工合作的必要。不过，一说到合作，先有一个障碍。你我先问一问："方法不同，怎能合作？"三两个人就有三两个方法，互相的不同，所以三两个人也就没法合作了。如今细想一想：为什么方法不同便不能合作呢？原来，当时所谓"方法"的，不是方法，乃是结论。当时的风气，是把方法当结论的。各人既有了结论在心里，只有向书籍里去找印证，不必广搜材料。各人的结论既不同，当然，各人所想找的东西便不同，那能合作，更说不上分工。

四、我老实说一句：把方法当结论，不独不是正确的结论，并且不是正确的方法。其实这不过是外国社会史拿来代替中国社会史罢了。说了多少话，写了千万宇，一点与中国社会史没有干系。正确的方法是能够把握中国历史上社会现象的内部关系的方法。中国历史上的社会现象并没有明显的整齐的摆在陈列室里面，还须大家去搜求。所以，论战，要把历史上社会现象找好了，才能打的畅快，打的于中国社会史学有裨益。不然，那只有乱打一番。

还有，你既有了结论，又何必再研究呢？

五、我并不是反对有一个结论在心里，再去找印证。我不过觉得这是一个危险的方法。什么危险？我现在还没有看见过的花，却要铺开纸、掣出笔来描写，这就是危险。

六、那末，心里一点什么也没有，我们去就史料论史料，好吗？这也是不成的。我先问一句，那自称没有成见的史学家，真没有成见吗？没有的事。他已有很强的成见。他的成见是他自己不承认，或不知道的。没有成见，不能拒绝别人的成见。便令没有任何的意见在心里，你去那儿找那个材料去？人家说地是不动的，你去找了半天，不也只有说地是不动的吗？人家说红毛国以外没有外国，你去弄了一晌，不也只有说红毛国以外没有外国吗？你总得有了疑问，有了假设，你才会去找证据的，你才能够找着别人没有说出的证据。

七、这个半月刊不把方法当结论，也不是没有一点什么疑问，没有一点什么假设，单纯排比材料来的。并且，也不是已有丰富的材料。这个半月刊要集合，要欢迎在切实的方法之下搜集的材料。只要有相当的材料，足够提出一个问题来，或足够说明一个项目，便可登载。对于成熟的系统的论文，固然万分的喜悦，便是一断片、一段落，都可以收罗。

其余的办法，见于食货学会会约，这里不多说了。

二十三年十月二十四日北平

（载《食货》创刊号，1934 年 12 月 1 日）

搜读地方志的提议
（1934 年 12 月 16 日）

本刊第一个热烈的发起人是顾颉刚先生。"食货"这个名称便是他提出的。他认为社会的基础和历史的动力是经济，他又曾提出一个名称叫做"史心"。后来"食货"便被采用了。

最近他来信提议从地方志里找经济材料。这是一个切要的工作，不过劳力是费得很多的。我早有这个意思，只因为眼前我们还没有把中国社会和经济的历史概况弄清爽，还有不少的书是至少要看一看的，譬如说二十二史，我们以前还腾不出工夫来做到地方志的搜读，所以没有提出来商议实行的办法。

不过，我们试问：如果把罗马城、雅典城、加答基城这些都市撇开，你怎样想像得出欧洲的古代社会？如果你把威尼斯、几诺瓦、汉沙同盟的几个城撇开了，你就不能谈后期的欧洲中古史了。反过来看，这几年来，大家正在撇开了广州、泉州、明州、扬州、苏州、杭州，高谈宋、元、明的社会。大家正在撇开内蒙的盐场牧场谈契丹；正在撇开有名的寺庙历史谈封建时期。大家都是这样的远离现实，驾雾腾云，也难怪□封建制度便从古到今，□资本主义便从今到古了。我们固然要把理论应用到材料上去，可惜材料是架空的。在数学上，零加零仍旧等于零；在这里，空加空不仍然是一个空？

因此，我提议在把社会的历史过程稍有头绪（也只能够稍有头绪）以后，便下功夫从地方志里搜求经济的社会的材料。我们知道地方志原本是当地稍有史地知识的文人，或稍有名望的文人的作品。他们作地方志并不先作社会调查。地方志因此也并不是全部都是原始的材料；纂修的人仍然从通志通考各种地理志各种地理书以及本地名人文集大抄一回。我们又何必太看重这些转手的材料呢？不过：要知道（一）转手的材料固然一条一条的说起，没有价值，但方志是研究一地的历史的最方便的书；因为它总算是抄许多书里关于一地的记述的。（二）人口食货等项不少原始的记录，这些都是从功令档案里来的。尤其纂修者讲到一地的风习，或财政经济制度利弊的文字，把这些都弄得很清楚。

我们便共同来着手搜读方志罢。怎样读呢？我提议两大原则。

一、第一个原则是先读有大都会的地方的县志。例如宋代的《姑苏志》起以至于明清的《苏州志》；宋代的《临安志》起以至于明清的《杭州志》。我们从这里（1）看出大都会的发达史，（2）从前的大都会的衰落过程，（3）现代大都会的起源及发达经过。

大都市史初步作过以后，再选择别种类的方志。

二、第二个原则是分工的办法。分工最好以本省人读本省的地方志。这是由于容易启发兴趣，也是由于本省人对本省的地方情形知道的多些。最大的都市志本来不必这样。例如北平的志书或上海市志等，谁都容易发生兴趣，并且本地人不一定知道的更多。但如武昌的志书就不像汉口那样引人兴趣了。

详细的节目，以后讨论。我这里先发表这个提议，为的是要得到研究中国经济社会史的同人的注意、讨论、及实行。

二十三年十一月十八日北平

（载《食货》第 1 卷第 2 期，1934 年 12 月 16 日）

1935 年

民主与独裁的争论
（1935 年 1 月 20 日）

　　民主与独裁的争论又因汪蒋两先生的通电发动了。胡适之先生主张的民主政治，很显然的是议会政治。陈访先先生主张的独裁政治（见北平《世界日报》本年元旦增刊）很显然的是个人集权。丁文江先生的论文是一种影射的说法，影射着个人集权。不过，议会政治与个人集权争执，在我总觉得还有些争不到一块去的样子。为什么呢？议会政治论者所不赞成的独裁，不一定就是个人的独裁，他也可以反对一党独裁，一阶级独裁的。反之，主张个人集权的，不独反对议会政治，并且对于现行的党治也要修改的。具体的说，现行的党治，在党外的人已经看着是独裁；在党内还有人以为算不得独裁。反之，民主政治固然在党内有人主张，但党内主张民主政治的人，却不一定主张议会政治。民主与独裁之争，争点是很复杂的。所以争论的人彼此之间容易把争点混乱了。

　　理论虽然这样的容易混乱，但是现在所争的，却也很明白。如果抛弃影射式的论调，我们可以说现在所争的，是主张或反对现在诸领袖里面最有力的一位来集中军政大权。不过我们要分辨的是，反对个人集权的，却又有各种不同的意见。

　　在军政与训政两时期以内，民国十三年以前的革命同盟会中华革命党中国国民党所预定的以及所实行的，都是个人集权的政治。在党行总理制，在政府即以党的总理为大元帅，总揽军政大权。民国十三年，中国国民党改组的时候，孙先生宣布在党的方面，要立即于总理之下设中央执委会，在政府方面，要立即改大元帅府为国民政府，取委员制。自此以来，相沿不变。无论是大元帅的军政府，或是委员制的国民政府，在军政训政两时期以内，都是独裁的政府。在军政时期，这独裁政府用兵扫除革命的障碍。在训政时期，这独裁政府督率国民施行地方自治。

这些都是中国国民党预定的，并且在实行中的。

不过，在民十三改组时，孙先生再三说明人民心力之重要：以后要注重于人民的心力的归向，不可像以前专用武力。所以民十四北上时又主张开国民会议。这是党内民主派的一个有力的理论根据。但是，开国民会议为主张，又与议会政治的主张不同。参加国民会议的团体，是要在国民革命运动指导之下的。这由中国国民党党章所定的党团制可以看出。总之，中国国民党预定以两种方式取得政权：一是用武力扫除政敌；二是用国民会议的方式，凭借人民的心力。

如果以议会政治论和国民党相争，国民党内没有人能够同意。然而在国民党内，却还有（一）政权方式之争；（二）领袖制与委员制之争。民十六至民十九的争论便是前者。现在的争论却是后者。党内的这个争论却创起议会政治的论争，所以争论的人往往有争不到一起去的样子。

我个人的意见是，这样的争论，在理论上固弄不清，在事实上也没有实益。何以又说事实上没有实益呢？事实上，现在已经是国民党独裁的政治。政府也许能够召集一个征询民意的会议，如前年所曾提出的国民代表会；也许不来召集。至于政府现实大权是在一人，还是多人，也只有事实来决定。即令大权不在个人，也与议会政治相差很远的。即令按照建国大纲召开国民大会，那个誓行三民主义的县民代表会议，也与多党议会不同。

这并不是说民主政治便无意义。要素来不能或不许关心国事的人民，大家来关心国事，必须有民主政治的训练，是不待说的。不过，议会制度在理论上是不是适宜而有效，在事实上能不能便即实现。都成问题罢了。

（载《独立评论》第 136 期，1935 年 1 月 20 日）

历史教学的方针
——为中学史学教师作
（1935 年 3 月 15 日）

历史是一门学问，同时是一种教育。别的学科，如自然之类，教师只负两重责任：一是洞达这一科所必需的原理和实验方法；二是能够叫学生懂得这一科的内容的方法，如讲解，举例，实习教导之类。历史教师负有三重责任：第一是自己懂得历史；第二有方法让学生懂得；还有第三，使学生领悟历史的教训，将来他们便会根据教师对于历史事实的看法，去看他们所遇见的事实。

中学历史教师不是人人都有确定的自觉的"看法"的。有确定的自觉的"看法"的教师固然不少，也有应用不来的。没有确定的自觉的看法的教师，固然也有，他对于历史事实却未必没有一种看法，不过不确定不自觉罢了。便是那有"看法"不过应用不来的人，在他应用不来的处所，便有不自觉的看法钻进来了。这些不确定的不自觉的看法，一样会影响学生的。你不要自以为你抱定的治学教学态度是怎样的"客观"，便说是你没有主观的"看法"影响学生。不自觉的哲学影响更大。不自觉的哲学也许来路不明，但总有来路。或许是你在中学的时候受了教师的暗示，或许是你家庭里暗示来的，或许是外国书里，小说里，小册子里，谈话里暗示给你的。更重要的是你所用的历史教科书编辑人给你的。

与其让一些不自觉的看法或哲学无意流传，不如择定一种确定的看法或哲学来教学。这是每一历史教师应当自觉的。教育行政指导者的责任尤其重大的了。

我现在向中学历史教师们贡献几条意见，请他们参考着去择定他们的历史教学方针。并且希望江苏教育当局及教师同人讨论。

（一） 第一个意见

第一意见，我虽承认历史是一种教育并且教育应当依据中国所处的国际地位，传统习惯，未来命运等条件来决定，但是我不赞成为了教育而改造历史。第一个方针应当是教学生们以科学的客观的态度寻求历史的真实。夸大本国的历史，在历史很短的国家如德意志也许是教育上必要的；但在中国，确没有这种必要。中国的历史，把一切神话传说都来撇开，单自仰韶文化说起，已有五千年以来的源流。再就一件小事来说，例如泰山崇拜，自春秋初年算起，已有二千五百年之久。欧洲无论那一国，都没有这样古老的名迹。我们用不着再拿些无稽神话来凑热闹的了。

（二） 第二个意见

为了夸大而采取退化论的见解，是一件失策的事情。第二个方针应当是灌输学生以进化论的见解。举个例来说：唐以前（西历计算，十世纪以前），中国虽有远征的军事，扩大的版图；宋以后却有一件事情，经过一千年的努力，做成功的：便是集权统一国家的缔造。宋以后没有长期割据，是值得我们注意的。民国以来才有割据的局面。如此说来，近几年来统一的企图，是继续千年以来的努力的不当蔑视的事业。又例如中唐以后（西历计算，九世纪以后）佛教内部有禅宗的改革，外部有排佛的努力，使中国人民渐从教会的压力之下解放出来。如此说来，近二三十年来科学对玄学的斗争，是一千年以来的继续不断的一个伟大的运动的一幕。由前之例，我们可以说，在政治上，我们是向统一的路走的。由后之例，我们可以说，在思想上，我们是向科学的路走的。又何必借重汉唐来作夸耀？

（三） 第三个意见

百年来，中国沦到半殖民地的地位，使我们丧失了自信力。有许多不合事实的反科学的话说，无论如何不当让它们变成学生的历史见解。最显著是："中国民族老了"，"人心坏了"之类。这些都是退化论，最能斲丧自信力的。夸耀古代，有斲丧自信力的效果，是大家应当十分留意到的。要知道，中国沦为半殖民地并不是当前的人的过错，乃是百年以来积累成功的大势，正要当前的我们有意识来纠正来挽回的。所以第三个方针是从民族独立自主的要求上观察历史发达的大势。举例来说：隋唐的统一的以及向外发展的基础，有一主要点，正与现在相反的，是以长安为中心，开发交通，贯通全国的领土。运河的开掘是最重要的一件事情。反之，百年以来的交通建设，都是从外国控制的海口向内地走的。所以，百年来，中国对外不能独立，对内不能统一的大势便造成了。这是帝国主义侵略所造成的，岂是"民族老了"之故？

（四）第四个意见

历史是人造成的。今后的国民可以改造历史。历史的造成及改造，是一般民众的力量。少数的中心人物是那能够把握民众要求及集中民众力量的人。所以第四个方针是从一般民众的福利及解放上观察历史的变迁。举例来说，每一次外患侵陵，亡国失地的时期，不是大势所趋，积重难返，便是政治腐败，军事废弛的时期。如宋的西北边防之不固，是唐代遗留下来的积重难返的大势。如明末，外患是乘政治腐败而来的，一般民众的解放总是与民族的解放相因的。

（五）第五个意见

立国不单靠政府里的首领，是要中坚的领导者与后援的民众共同努力的。所以第四〔五〕个方针是注意到地方的开发或建设，以及边疆的开发及防卫的各种努力。例如两汉时期长江流域的开发，定下了东吴及六朝立国的基础，而东吴以后的继续开发，定下了唐宋元明以东南的富力立国的趋势。又如西汉时西域的开通，使河西成了后汉开国的主要助力。五代时福建的开发，使福建成为宋代以后哲学家踵起的处所。自秦至明清对于西北边疆经营的成败兴废的经过，清末以来对于西北边疆的放任与危机。这些事实有唤起青年对地方事业及边地经营的意志和兴趣。关系是太大了。

二十四，一，二十，北平。

（载《江苏教育》第 4 卷第 3 期，1935 年 3 月 15 日）

为什么否认现在的中国
——答胡适《试评所谓中国本位的文化建设》
（1935 年 4 月 30 日）

中国人恨欧美的资本主义，是不足怪的。欧美人厌弃中国人，也不足怪。没有殖民地，我们想像不到欧美的灿烂光华。他们的灿烂光华，是向殖民地推销商品和投下资本赚下来的。所以殖民地的人对于他们的灿烂光华，除了羡慕，就是憎恨。由于羡慕，便去模仿。由于憎恨，便与斗争。

但是殖民地社会国家里，成分很不简单。也有在外国商品和资本的输入上面得到利润的；也有因为利润归到外商和买办的手里，并不能够发达殖民地的生产，所以陷到贫穷的境遇里面的。后者的数目，不幸比前者大些。资本主义列强愈是灿烂光华，殖民地人民愈多贫苦无告。

在这里对立的情形之下，要想殖民地里的人不憎恨资本主义，是做不到的。

中国虽还不是一个强国的殖民地，可是吃了资本主义列强的亏也就不在少数。中国人为了这个也不知设了多少方法来自救。在先，资本主义的支配还不大厉害的时候，中国人便想自己也来一番资本主义，去追上欧美列强。这个不成，中国的旧派便说道，"科学是做不了的，不如用旧法罢！"他们便想用符咒去反科学。不知符咒无灵，弄了一个八国联军。

"那末，还是资本主义化罢！"新派便连政治带机器一起的改从欧美。尤其是看见日本学的好了，我们那还能不赶紧去追上。那知革命没成，政权归到投降东交民巷的北洋军阀。欧战一开，列强无力照顾中国。中国又有一追上他们的机会。思想界里，科学和他造成的德谟克拉西便究竟战胜了封建专制主义的思想和政体。

那知道欧战总有一天完事。完事以后，他们的损失想在中国身上取点赔补。他们便和欧战期内独占中国的日本在华盛顿打了一回官司。他们在中国大部分领土上胜了诉。日本退让到只留东三省的地步。

中国既保留了一个独立的门面，便想再开一回张。封建专制主义的人们再也没什么势力，势力转到新式样的憎恨外国资本主义的民生和社会主义者手里。尤其是俄国的一弄成功，使大家开跑步去赶。

又一个那知道，那知道俄国的社会主义一天一天做下去，欧美日的资本主义也延长下去了。到底是取资本主义还是社会主义呢？这问题恼坏了中国的思想界。

封建主义，资本主义，社会主义在中国都有他们各自的根据。不过，资本主义社会主义两种，又各自在外国有他们的模型，如美国，如俄国。封建主义，著在孔孟的经传。于是封建主义者一开口说到中国，便想到三代汉唐。资本主义者心里老有一个某国如美国之类。社会主义里面，也有公然拥护苏俄的一派。他们各忘记了现在的中国。

封建主义和资本主义都反对社会主义。封建主义和社会主义都反对资本主义。社会主义和资本主义都反对封建主义。一场大战，打个不休。但是，封建主义抹杀了现在。资本主义和一派社会主义抹杀了中国。

要明白没有殖民地，资本主义便不能存在，社会主义在殖民地国里，便不当放弃民族解放的任务。所以在民十三年后的几年间，社会主义者还承认民族的解放的任务。后来，苏俄去"一国建设社会主义"去了，他们便指示中国一派社会主义者拥护苏俄去了，社会主义者放弃民族解放的任务，"中国"便又加一层被人鄙弃。

我素来觉得为了中国来看取一切外国的和中国的问题，是必要的一种方法。如果中国不陷到半殖民地的地位，到还罢了。半殖民地的人必须是要反对外国的侵略，为自己求解放的。

但是为了这种看取方法的伸张，也不知受过多少的攻击。共产党人说："你是市民阶级的代言人。"市民阶级的代言人又说："你是共产党！"我怀疑到：为什么半殖民地的中国人不当反对资本主义的侵略，又不当有一点民族思想呢？为什么不应当把中国当一个单位来看取一切？

今天（三月三十一日）看见《大公报》上胡适之先生的星期论文，指斥"中国本位文化"论者是为了陈济棠放烟幕弹。我便明白了，明白了中国不是一个单位，不应当自力求生。不过，半殖民地的中国人，不应当自己发现自己，不应当自觉的向前走一步，我总不大明了理由何在？

在法国革命时代，"自由"的大旗是由"个人"的自己发现或"自我"的自觉而来的。为什么为了"自由"，便反对中国从惰性的依赖列强均势的大梦里，尤其是在近邻的武力高压下，发现自己，打算自己？

当然民族主义的流弊是很多的。尤其是封建主义者的"是古非今"，要乘民族自觉的思潮而起。但是，为了反对陈济棠的读经，便否认人们把中国当做一个单位来看看一切，那是迁怒，不是逻辑。

我不希望有权威的学者来相附和，但也不希望有权威的学者打消半殖民地的中国的民族独立自主的思想。人应当不自骄，可也不要见人就跪！

（载《文化建设》第 1 卷第 7 期，1935 年 4 月 30 日）

全国专家对于读经问题的意见·
陶希圣先生的意见
（1935 年 5 月 10 日）

　　读经的人不一定通经，读经的人有时反对别人通经。民国二十一年，我在正太路火车上面，和两位基督教洋人同座。偶然提到《圣经》保罗在《哥林多前书》里说："上帝并没有召那智人贵人。上帝却选取那愚蠢的，被世人轻视的，弱劣的。"（第一章二十六二十七等句）我说，"基督教在罗马国里，初期只收了贫苦的众人；保罗的话便是这个意思。"两位洋人里的一位便大声呼吸叫道："你说的是你的，我只相信《圣经》和上帝！"原来《圣经》是不许自由解释的。

　　经既不许自由解释，所以读经的人不通经。在中国历史上，读经和通经有好几次争执：

　　西〈汉〉的争执，是各主各派所拿出来的经，是经与经之争，《左传》对《公羊春秋》，《周官》对《礼记》，《乐元语》对《乐记》之类。

　　晋代的争执，是老庄哲学的经解，对抗名物象数的经解。经解对经解之争。以上还不是读经通经问题。

　　隋唐的争执，便是读经与通经之争了。王通韩愈们主张经外的大意，政府派主张注疏的严守和经文的硬记。

　　北宋时仍然是这样的争执。范仲淹以下的道学家主张"通经旨"，主张"明理道"。但保守派力加反对。他们说："文章之变与政通。迩来文格日失其旧，妄肆胸臆，漫陈他事，驱扇浮薄，重亏雅俗。"

　　这个"理"抬出之后，元明以下，又不许人们有别的解释。这个"理"也不知杀却多少的弱者。

　　如今又来一回读经对通经的争执。近年来，通经的人一天一天多起来了。如胡适之冯友兰先生曾对经书作有条理的整治。如顾颉刚先生，他把经文的来源都给找出一大半。其余学派，很多人都细读《诗经》和

《左传》一类的书。这些书里，找出了不少的古代史料。经的研究，今正在极盛的时期。何以有些人却大倡读经呢？

倡读经的人的意思很简单。经是许读不许通的。譬如神像，只许你拜，不许你从艺术学史学的方法品头论脚。要你起畏怖的感情，不许你用学术的观察。

他们何以这样禁止人们对经的研究，只许人记诵崇拜呢？宋代张方平的话是很透彻的："文章之变与政通"。你如果自由研究经，你便会把你的思想给弄的活泼了，活泼的思想的人们，是不大听话的。不听话，便不是好东西。所以，通经的人不是好东西，好东西只是死读。经读死了，人便死了。死人是最听话的。

（载《教育杂志》第 25 卷第 5 期，1935 年 5 月 10 日）

青年对于中国社会的态度
——在北平大学生问题讨论会讲
（1935 年 5 月 15 日）

我今天来讲一个空洞的题目，"青年对于中国社会的态度"，在这个题目里我要提到一个问题，在思想上最难解决的问题，就是"民族解放与阶级斗争的冲突"。

这个问题我们先从历史方面来看：在四五十年以前的同盟会，我们都叫它是民族革命，里边的口号是"驱逐鞑虏，恢复中华，建立民国，平均地权"，可是我们看，驱逐鞑虏，恢复中华，这是民族主义，建立民国是民主主义，平均地权，是社会主义，这种思想，受梁启超的影响很大，看他的《饮冰室文集》里谈的，现在的政治有上层与下层的对立，但是下层不能改善政府，所以他主张君主立宪，这个见解到同盟会里来，就有一派主张采群众会党的路线，这就有点含着阶级的意思，可是就又有一派起来反对，结果后一派的失败送陈天华投海而死，这是几十年以先的老问题。

再看到了辛亥革命，满清被推翻了，民主主义算实现，所以孙中山先生接着就走向社会主义方面去，看他那时候的演讲多半是读社会主义，但当时会员们全很消极没有人再干，只一个宋教仁又失败了。

到了民国八年，为着《凡尔赛条约》的一个外交问题，起的五四运动，这又是民族运动，其影响，一方面给专制一个反抗，一方面就引起了新文化运动，自然我们承认这是一个小布尔乔亚的民主主义运动，可是一闹起来就生了两个方向，一是无政府派，一是马克思派，后一派就造成了长辛店的"二七"惨案，这又是阶级斗争与民族运动的冲突。

"五卅"也是两个东西的冲突，上海纱厂顾正洪的案子本来是一件民族运动，可最后来各处都罢工，这又走到社会主义上去，自然目的是在反帝，可是外国资本的工厂罢了工，中国人自己办的工厂也罢了工，这就又是民族运动与阶级斗争对立了。

从广东革命出发到武汉也是发生这个问题，那时候到处都闹罢工，就是小饭馆子，家里的厨子都闹这个运动，到后来有一种法令不得一律罢工，这又是民族的与阶级的弄不清楚。

近来仍然是闹这个问题，"一·二八"战争，与长城战争，要站在社会主义上讲，这是两个统治阶级争市场，无产阶级自然不应当参加，应当作一个"败仗主义"者，看欧战时的俄国，列宁在一九一七居然主张败仗主义，所以这问题给一个共党党员看这问题不用思索是不战，可是我们就不能这样决定，当然是要抗日，这就又是民族运动，但在这种环境之下去走社会主义的路子就很勉强。

总而言之，到今天为止，仍然是民族运动与阶级斗争的冲突，这是叫我们青年人最苦闷的问题，这两件事情的区别是社会主义不要现时，民族运动正要现时，这很难解决，到近来，这问题又闹到文化上来，广东的中山大学主张读经，保存中国固有伦理，这是复古运动，但是他们也不极端反对西洋的物质文明，就是主张所谓："中学为体，西学为用"。以外的一派就认为中国的文化完全可以扔掉，没什么可惜，西洋东西完全接收过来也没什么可怕，一个共产主义者就很容易这样决定，我们这没有背景的青年就很难解决，既不赞成复古，又不愿意完全把西洋的整个搬过来。

这问题在前几年是行动上的问题，近来又成了思想上的问题了。不但我们就是共产党内部也有这个问题，为中东路事件，那时候不能完全不要中国，去投到苏俄；尤其近来，苏俄因为各国的革命势力受镇压，他们差不多离开国际革命的领导，有些行动含着极浓厚的民族性，如以国家的资格加入国联，这虽然是个外交政策，可是总没离开国家的单位。

中国本来有民族运动的需要，因为中国和外国的情形不同。中国是殖民地，绝对把外国的拿来也不好，完全扔掉中国的也不好。日本青年就没有这个烦闷，他们受不着外国的压迫，不管国内的是资本家或是军阀总都是敌人，他们很简单的可以决定社会主义的路线，中国就不成，或者外国打进来就给你个直接压迫，或者送进廉价的货物来使你贫穷，所以殖民地的国家容易有民族思想，我们知识分子的见解最不易确定，见到外国来的压迫与剥削就发生民族思想，看见工农的受压迫就起社会主义思想。英美国人也没有这个问题，就是社会主义国家的国民也有这个矛盾，在闹中东路问题的时候，白俄虽然是恨本国，可是不愿意去打俄国，这两东西正相冲突，社会主义运动就妨碍民族解放运动，民族解放运动就影响社会主义运动。

但这问题，有时亦不冲突，看历史上，五代末时的晋朝。石敬瑭是在契丹保护之下存在的，可是到他儿子出帝就反对契丹，结果叫契丹打到汴梁，老太后就大杀起自己的反契丹的人。还有北宋被女真赶到南方时，南政府就有两派：张郡〔浚〕一派，史浩一派，张郡〔浚〕主战，出兵打女真，史浩就主和，说是不必出兵，北方有的是豪杰，自然去打女真，张郡〔浚〕说是北方虽有豪杰，没有官兵相助，亦不能作战，史浩认为需要援助的就不是豪杰，那时抗敌的岳飞就是太行山里的一个佃户，再看到满清的会党亦不是士大夫是下层民众，元朝的基本武力亦是下层的喇嘛，辛亥革命亦是下层的平民，所以民族运动随时都有的，一九一七欧洲的情形来应用现在的中国不合适，中国本身是殖民地，所以这两件事并不冲突，我认为中国革命还是需要大多数人民参加，在这两个东西的分量上应详加考虑采用，那个应当要，那个不应当要，反正民族是不能一笔抹煞的，至于因为民族运动而复古，而读经，而恢复文言，我们应当极端反对，但是外国的文化也应当考虑，就如同说是日本人打进来我们就以西洋的社会主义的理论不去反抗这就又错误了。

这是我的一点意见，愿意提出来给大家作参考。

（陶希圣讲，王石子记，载《众志月刊》第3卷第2期，1935年5月15日）

经济史名著选译计划
（1935 年 6 月 1 日）

　　食货学会六项工作草约（见本刊第一卷第六期），第二项是搜罗参考资料。我在那里说："要想对中国经济社会史精深研究，必须就外国经济社会史得到精确的知识。在比较参佐之下，中国经济社会现象的意义、特征、及各种现象的相互关系，历史发达的必然法则，才能看得出来。"

　　这项计划，我们现在要渐渐的实现了。

　　计划的实现，受我们的需要的指导，又受我们的能力的限制。

　　在需要一点上，我们选择外国经济社会史名著时，并不是因为那是名著，便拿来译。我们选译的标准，是要那名著的全部或一部，里面所叙述或讨论的具体现象（制度或思想或政策等），是研究中国经济社会史必需的比较或指示。中国经济社会史上有许多的筋节，如果不能明白了解，全部经济社会的发展过程便无从了解。

　　例如东汉时期土地兼并的事实，本身是什么情形，而他对于魏晋以后的贵族庄田以及寺庙庄田有怎样的关系。又如五代以后，苦恼政府的货币问题以及政府与学界对于货币政策的思想，究竟是什么样的东西。这样的问题，只有把外国史上类似的现象来比较一下，才能在黑暗里得到一线的光明的指示。

　　还有外国经济史上的现象本身，需要具体的分析研究，例如通常人以古代罗马为奴隶社会，但是罗马当时也有广大的农村。通常人总是把罗马的奴隶几倍于市民来说明他所以是奴隶社会，但罗马也有广大的自由农民。数量不能几倍于奴隶。究竟罗马的乡村对社会的影响怎样，奴隶是否比自由农民也多到几倍，这些问题，倒需要考究一个从根到底。不然，我们对中国社会史又少了一段有价值的比较资料了。

我们选译，要有这样的标准：为了解析中国经济社会史最重要的关键，选译外国名著里社会经济过程可以拿来比较的类似的段落的研究。

在能力一点上，食货学会还是一个空虚的研究集团。半月刊虽交新生命书局出版，收款还不大能够敷布印刷广告的支出，新生命书局的出版能力此刻受一般经济恐慌的影响也本不大。为了经济的限制，我们选译的东西，不取大著作，只取小本，或是大著作里章节的节译。我们期望的是叙述或讨论一个问题的论著或其中关系一个问题的一部，本也无须译印大部著作。

现已选定西摩勒尔的《重商制度》小册（注），由连士升先生译好，即将付印。这本书里讨论的制度，正可作中国宋代以后对国外贸易的政策，对货币的政策，以及对国内商业的政策，还有国内都市组织的比较资料。以后陆续选译并发行这一类的小名著或名著的一部分。

我们希望能译欧文及愿译这小丛书的同志们通知食货学会，遇有翻译工作的分派，即便知会，克日进行。

注：Gustav Schmoller，*The Mercantils System and its Historial Significance*，1884. 他是柏林大学教授，普鲁士科学院会员，历史学派的显学。

（载《食货》第 2 卷第 1 期，1935 年 6 月 1 日）

思想界的一个大弱点
——世间一切现象都是彼此不相干的
（1935 年 6 月 8 日）

胡适之先生对于使用抽象名词写文章的人们，在《独立》一五三期《今日思想界的一个大弊病》文章里，下一个大攻击令。他的题目是《今日思想界……》，自然这攻击令不是对个人。他的内容却是把我的一篇文字举几条做例子。仿佛是如今用抽象名词耍掩眼法的，我是一个有力的分子。这，我不敢当。我的文字不能代表这种思想方法。有错，是我的错。这种思想方法并没错。我想零碎的说几句声明的话。

（一）掩眼法

掩眼法是谁都会用的。即如在《独立》里，许多人提起西洋，便聊到科学；提起中国，便聊到小脚，牌坊，太监等。这种掩眼法，令人以中国文化为耻，以西洋文化为荣。其实西洋文化并不等于科学。西洋文化是资本主义文化，这文化不过有两世纪的历史。在以前，他们也有妇女的禁锢，禁止离婚再嫁的法律等等。说西洋文化就是科学，这也可以说是掩眼法。中国的小脚起于五代，到南宋才流行起来。改嫁的反对，也是同时起来的。只有太监的历史与专制君主历史一样长。中国文化也并不等于小脚之类。把小脚等联上中国文化。也可以说是掩眼法了。

我并不是说这种说法就是掩眼法，因为胡先生们这种使用法，与我使用资本主义文化指称西洋文化是一样的。如果说西洋文化是资本主义，便是掩眼法，那末，大家都在耍一样的手法了。

（二）抽象名词代替具体事实

胡先生所受的"严格思想训练"是实验哲学。我所受的"不严格的思想训练"或"不能算是思想训练"不是实验哲学。无论是那种训练或算不得训练，用抽象名词代表具体事实是免不了的。只有原始社会的人，少有这种办法。中古时期的毛病，如胡先生所说"色即是空"等，不是由于用抽象名词代表具体事实，是由于他们的抽象名词代表的是抽象事实，或竟不是事实。资本主义和社会主义是具体的生产方法，并不是抽象的事实或不是事实。即如"设船厂""立制造局""兴学校""废科举"等清末的新政，本来是采取资本主义的企图。如果不用资本主义这个名词，只列举许多事实，便是"严格的思想训练"，那末，人，狗等动物，不叫做脊椎动物，岂不更是严格的思想训练吗？

（三）散乱的思想方法

人与狗不许合起来叫做脊椎动物，自然科学家当然说是笑谈。但若把许多连贯在一起的社会现象，加一个抽象名词，或者取这些连贯在一起的事实里主要的或是决定的一个，来指称这些连贯在一起的事实，胡先生便笑了。胡先生提倡十多年的实验哲学，本来不容许这样的思想方法。他们的方法是把一切事实都看做孤立的，散乱的，琐碎的，偶然的。拼〔骈〕文与贵族的生活看不到一起。古文和士大夫的生活看不到一起。白话文运动和反封建主义或反士大夫阶级的运动看不到一起。一切是孤立的，散乱的，琐碎与偶然的。

经济的自由与政治的自由，在胡先生说是不相干的，就是因为他的看法是孤立的，散乱的，琐碎与偶然的。仔细想来，这些自由本是一系的东西。如果政治的自由有力了，则对于经济自由的干涉与限制，便遭障碍。资本家可以说这是侵犯自由，最高法院也可以说这不合于保护自由的法律。罗斯福碰的钉子，不就是经济自由与政治自由是一系的东西的当前好例吗？很显然的，在政治自由有力的时候，生产机关的社会化更做不到了。

反之，在政治的自由有力的时期，对工人罢工却可以钳制。为什么呢？政治的自由主义向工人说："你一人不上工得了，你要联合多数工人不上工，便是侵犯别人的上工的自由。"所以在政治的自由主义之下，工人没有罢工的自由。同时，资本家向政府说："营业自由是宪法保障，你如何能没收我的工厂。"他的生产机关也不能社会化了。所以我把自由主义与资本主义看在一起了。

（四）歌颂资本主义

自由固然是好名词，资本主义也不是坏东西。不过，要想在国家独占资本主义（又一个具体事实的抽象名词）的经济组织之下，一个生产不发达的半殖民地国家，想求生产发达，个人自由经营的方式是不合适的。所以伊利沙伯时代的英国的自由经营的资本主义生产制以及相适应的政治自由等，救不了中国。资本主义不是坏的，不过在中国现在不大合适。

还有，十九世纪中叶的英国和欧洲，固然光华灿烂，产生了马克斯和格兰斯东，但英国人可以歌颂，中国人却不必歌颂（固然也不必毁谤）。就是在这个时代，鸦片之战，英国把中国打到泥底下去了。中国人又何必去歌颂呢？

我说中国人不应歌颂资本主义，有这两层意思，并不是说资本主义是万恶的。如果现在中国有追上十九世纪英国那样的时代的可能，歌颂资本主义又有什么呢？不过即令如此，我们对于打中国到泥里去的十九世纪中叶的英国，歌颂是仍然不忍的。

（五）资本主义与殖民地

资本主义发达的结果，必然产生殖民地。做殖民地半殖民地的，就是我们这样的农业国家。现在的世界便是资本主义与殖民地对立的世界。这个现象，我不敢请求胡先生认识。只有知道我们中国吃了资本主义国的亏的人，才愿意指出这个现象来。如果认为英国美国没有给亏我们吃，或是说中国吃亏是活该的，也就不愿说这样的话了。不过事情是很简单的，没地方销纳商品和资本，他们的大量生产便不能发达。他们要大量生产发达，自然只有这不可爱的小脚太监文化的中国倒下楣来。这不可爱的中国如果要大量生产，也只有有组织有计划的和他们抗争的一法。

（六）郎当—郎当是什么

我自愿承认我的方法——把连贯在一起的许多现象仍然看他是连贯在一起的——不是"严格的思想训练"。但愿大家都承认：

一，资本主义与自由主义不相干。封建制度与骈文古文不相干。如果说他们有关系，便是混沌的不科学的思想。（中国的封建制度是否只有西周这一段，我们尚须研究，不是一句话可以笼统断定的。）

二，资本主义不要殖民地，可以发达。中国堕为半殖民地，并不由于资本主义的侵略，不过由于三四个野心家的野心，尤其不与主张中国门户开放的美国相干。英国虽在十九世纪中叶把中国打到泥里去，然而那时的英国是多么光明灿烂和伟大！

三，十九世纪的经济自由，政治自由，是互不相干的。在政治自由盛行的时代，可以实行有计划的生产与交换，如罗斯福在美国是。（但愿他不失败到大理院的判决下面，好作我们的证据。）

四，西洋文化等于科学；中国文化等于小脚。全盘西化就是科学化。建设中国文化就是裹小脚。（这不是掩眼法！）

五，清末维新不是追模资本主义，因为开制造厂等与资本主义不相干。

六，除第四项以外，社会上一切事实都是彼此不相干的。这种思想方法才是"严格的思想训练"。

（七）道歉

和胡先生讨论思想方法，是不可能的。胡先生是近十几年来哲学的大师，我个人也曾从旁受过这位大师的一点影响，不过后来改变了。这篇潦草的东西，断没有争辩的意思，不过是泰山盖顶一样的攻击之下的小躲闪。唯物史观（我从没自居唯物史观）在现在比"五四"更不时髦；受了何尔康的攻击之后，又得到胡先生的教训。我那敢与中外的大学者抗争？不过，我的文字有错，那是我的。这种思想方法仍不失他的价值。它可以叫人看出社会上一切现象是相关的，一扫"说到那儿算那儿"的浅薄的学说。不过，我这个小躲闪，并不是想作全盘的讨论，这是我向读者道歉的一点。

在从前（加上一个抽象名词，是封建或专制时代）先生打学生是白打。在现在（加上一个抽象名词，是自由主义资本主义时代）学生也可以还一手。但是我仍然要向胡先生声明：我对于胡先生的巧妙的侧击，偷偷的瞪了一下眼，是要请他恕罪的。

（载《独立评论》第 154 期，1935 年 6 月 8 日）

中国最近之思想界
（1935 年 9 月 15 日）

　　这篇文章，是陶先生应日本名作家室伏高信之请，为《经济往来》月刊写的，发表于最近之九月号的《经济往来》月刊中。陶先生不但是中国思想界权威之一，在日本思想界亦有最高影响；他对于中国社会之史的透视，领导吾人渐渐走出了中国社会的迷路，将来中国社会之全新的改造，陶先生今日对于中国社会之史的分析与综合，实给与了最伟大的动力。中国最近思想界既消沉而又糊涂，则把陶先生此文从日文译出以飨读者，是很有意义的事。惟译者无识，把陶先生原意弄错了想来是有的，敬请恕谅。（译者祖劼附白）

　　提到中国今日之思想界，须以一九二七年之革命退潮期为起点。即从一九二七年到一九三一年为一期，从一九三二年到现在为一期。

　　第一期之特点，是革命运动之客观的衰退，革命诸党派之主观的旺盛。第二期之特点，则是这旺盛的主观性急转直下更陷入于灰断的状态。在这革命党派灰断的时代，革命退潮之种种现象即显明的暴露出来，反动的诸思想即次第抬头。从一九二七年到一九三一年的时代，果真是革命的退潮时代么？在一九三一年以前，关于此点，曾引起很激烈的论争。有些人认这时是革命的高潮期，又有些人认为是两个潮浪间之间隔期。著者则把这时期看做客观衰退，而主观旺盛的时期。此种主观的旺盛状态，必然要衰落下去，则是难于置辩的事实，果然，自一九三二年以来，一切都陷入了消沉状态。

　　自一九三二年反动的诸思想抬头以来，革命陷入更衰颓的境界，然而物极必反，这种消沉状态乃是一种酝酿状态，其中必渗润有新的酒，将积累而成为革命的巨流吧。

著者此言，绝对不是凭空的判断，种种事象皆足以证明此说之不诬。只可惜上层的学者大概还未能察觉到。

一九二七年到一九三一年，是革命诸党派之主观旺盛的时代。此种旺盛状态是一九二五年到一九二七年革命终了时的尾声，就客观看来，虽是过去了的革命的余波，但就主观看来，又被认为革命高潮的再起。此事若从革命发展之必然的路线加以评判，可说是法国革命热月 Thermidor 之后，必然以衰落到王党之出现为终止。有先见之明的人，老早就可以豫知王党是要出现的。然而革命的诸党派不但未能豫见此事，反而以为"明日即是吾人的天下"。在那时，具有那样主观色彩的党派如下：

（一）共产党

共产党当此时代，早已呈露革命退潮的诸现象。最重要的衰落现象是党派之分裂。他们由于第三国际之分裂状况，先分为干部派与反对派两大营垒，干部派更分为若干小支派，例如"江苏省委派"，"反李立三路线派"等，而立三路线一直到一九三〇年；其后因国际路线之改变，遂使此党更加分裂。若就他们党主观方面看来，认这类分裂为革命斗争之必然过程，但就吾人之客观的观察，这实乃革命退潮之必然现象。反对派更分裂为无数的小党派。例如，十月派，独秀派，我们的话派等是也。反对派有理论而无行动，所以分裂愈见容易。

（二）国民党正统派

国民党当这时期，在党员间对革命愿望极为热烈。党内之壮年层多抱有一种愿望，即清除共产党以后，他们依然要外对帝国主义内对军阀不妥协的继续斗争。他们多是一面反对共产党之极左倾的倾向，一面又反对国民党之官僚化的倾向。他们当国民党第二期中央执行委员会之第四次全体会议时，多抱如是之期待。在此种期待下面，他们作种种联络，组织多数之小团体，出版多数之小刊物。

而这时最有力的刊物则是《新生命月刊》。此杂志是企图以社会科学的方法来宣扬三民主义。

（三）国民党之大分裂

当国民党第二届中央第五次全体会议之开会时期，党之壮年层之间，发生一大分裂。一部壮年党员依据《革命评论》及《民主周刊》而发生组织，称为国民党改组同志会。其他之各小团体由于此种巨大的分裂，差不多全是四零五落烟消云散，或归属南京之中央派。改组同志会之宣传，在社会发生了大的影响。接连即有国民党扩大会议之举行，其后势渐低落，而此会之解体，壮年层同志之主观的盛气因以终熄。

如上所说，主观的旺盛状态，其中可看出下面的几种特色。

（一）对于非党员的学界分子的信仰之减退。例如，五四运动以来曾享大名的，新文化运动的首领人物，如胡适之先生者，在这时代中，颇遭国民党共产党之理论的压迫。

（二）主观旺盛的各党派之理论，多带有社会主义的左倾与历史的唯物论之倾向，正统派的机关杂志《新生命月刊》即有这种倾向。

（三）纯学理的社会主义研究，极为盛行。出版界的目录中，满载有一切社会科学的作品，社会科学与社会主义，差不多成为同一含义的用语。

（四）在中学及大学中，反对马克思的社会理论和社会主义的教师，差不多即无立足余地，反之，有些马克思主义者，乘机获得大学讲座。他们有的在一年之内，只有三四回反布哈林的公开演讲。大学的政治科之英语班，有的采用列宁之《国家与革命》作教本。

（五）在理论斗争口号之下，同类的社会主义或唯物史观论者，互相轧轹。各个人以自己合辩证法，攻击他人为小资产阶级。这是革命之客观性衰落状态之必然的现象。但他们尚自信这是革命高潮期。

（六）如此的革命高潮，只在乡村中，出现为农民之原始的暴动。在都市上，则只成为智识分子参加的急烈运动。智识分子的运动，如不与工人的经济斗争结合起来，必只成为一种恐怖主义。所谓"主观的旺盛"，不过是指此种纯然的恐怖主义运动而已。

但是，智识分子之恐怖主义运动，一遭打击即会衰退下去的。一九三二年即是此种运动之最后衰退期了。

在客观性的革命退潮期中，同时也渗润有各种有力的思想酝酿，在这方面酝酿的各种思想，当时表面上是不能成为大势力的。但这类思想，一遇时机到来，即以有力的姿态抬头，把握其好的幸运。这类的思想，约略如左：

（一）在三民主义名号之下，老早就酝酿有儒佛混合的思想，此种思想来源，远自一九二五年流行的《孙文主义之哲学的基础》一书开始。由于这书的影响而产生"孙文学会"。在国民党内对左派和共产党作有力的斗争。当时左派和共产党所标榜的，则是"中山主义"。《孙文主义之哲学的基础》一书之著者为戴季陶先生，他之本意，本在把三民主义溯源于孔孟的思想，而他所崇奉的，依然是三民主义，但在一九二七年之后，非三民主义的儒家思想，次第抬头，例如，以桃仁解释孔子之仁的赵戴文先生，在山西，一方面讲仁义一方面也讲禅门，这是发动最早的复古运动。

儒家思想始终是"退化论"的，一九二七年以后，地主阶级追想清末之繁荣，恰如清末时代之人追想乾嘉时代那样，此种退化思想，在这时就表现出来了。

（二）主张英美式议会政治的民主思想，在这个时代，又可分为二派。（1）张东荪张君劢等之《新路》月刊派，在这时代，企图以唯心论哲学作为出发点，而发挥民主主义的思想。（2）胡适之罗隆基先生等之《新月》月刊一派，此派没有理性哲学之系统，他们以用实验主义之个别的孤立的研究方法，一面主张平民的议会政治，一面又主张非平民的专门家政治，即另一方面又主张贵族的优生政治，追慕南北朝时代之士庶阶级的差别性。

（三）国家主义派，中国青年党之努力，在某些都市的中级学校中，有全盛的发展，差不多与共产党有平分天下之概。

从一九二九年到一九三一年之间，社会主义左倾的思想广泛的侵润于青年智识阶级之中，达到最旺盛的程度。其时之客观的环境既陷入沉埋的状态，思想之开展乃愈加猛烈。在这时代中，结党之狂热，向少数壮年人的心胸袭来。例如，邓演达之所谓第三党，陈铭枢之所谓社会民主党，在这时代都次第成熟。福建之人民政府，即此二派之结党狂潮所演出的，这个时代，若依著者的意见，则认为是"时代早已非民国十三年可比，社会中之生产群既遭失业狂潮袭击，不得不萎缩于茅屋檐下成为不堪的状态；革命之信心随革命之衰退而丧失，早已非一句简单的口号所能使革命抬头的了。且青年知识阶级，思想虽左倾，而对于结党的事，则尚缺乏信任"。然而，他们有结党狂者流，对于兹等事态，乃一无所知。

一九三一年以后，思想界一转而趋于非党的倾向。在国民党内，由汪精卫与蒋介石两巨头的合作，把过去之分裂一变而为溶合之状。福州人民政府之平定，察哈尔冯玉祥之失败，自兹而后，就没什么其他残存的政治组织，从一九二七年到一九三一年的结党余波，即悉归平息了。

四年来之非党的倾向，是一九二七年革命退潮之必然的结果，其间凡四年间的革命兴奋气概，其实，与其认之为革命高潮，毋宁应当认之为过去了的革命之最后尾声。欲以一度之兴奋，阻止革命潮流的衰退，是不可能的。不特如此，反而更加消耗壮年层的精力，仅仅使人们更加疲倦而已。像这样，四年来之非党的倾向，不消说政府的压力，也是其原因之一，但如把全部责任归咎政府则是不当的。盖如果革命高涨是事实，则革命的压力反会助长反抗力量，故此种衰退现象，是因为革命衰落后更加上经济恐慌所造成的必然现象。而且助长此种必然现象的另一原因，则为国际的革命风云之衰落。

更有一个特殊的事实，尤为引起吾人之注意。从九一八之沈阳事件及一·二八之上海事件到一九二〔三〕三年之长城战争，刺戟青年思想界，实大而且深，且由此种刺戟，遂使思想方向一度转换。使过去的革命尾声，转向到新的方向去。论到今日中国的思潮，关于此点不可不加以十分注意。但此点，又为吾国最上层的学者所未能感到。

著者就想在上记的历史变化之下，陈述中国今日的思想界。

今日中国的思想界，依然可大别之为三大阵营。

其一为封建社会的回想的阵营，其二为资本主义的模仿的壁垒，其三为社会主义的悬想的阵线。封建社会之回想者，有三个地方最为热烈。最早的一个当然是山西。在山西教育界最上层间，反对科学醉心儒道的人物极多。然而这所谓儒道，乃清代科举制下之朱熹，《四书集注》式之儒道，对于真正的孔孟学说，了解程度极为浅薄。但若以山西当局阎锡山为封建回想者的一员，那又错误。他唱导的所谓"中道"虽溯渊源于《易经》，然他所企图的，乃在盛新酒于旧瓶。他近来对于社会主义之生产交换制继续研究，此种旧瓶盛新酒的企图，果否能够成功，固尚是一个问题。

其次一个地方为湖南。湖南是曾国藩以儒家思想讨伐太平天国的发源地。湖南且又为一九二五年至一九二七年革命最高潮的圣地，左右两极端派之互斗，在这个地方是最激烈的，最近数年，当局却猛烈提倡古文，诱劝读经。

其三的一个地方为广东，广东既是太平天国兴起的区域，是康梁等维新派之诞生区，是孙文先生诞生地及唱导革命之革命根据地，同时又为陈炯明陈廉伯等之反动派的根据地，近来邹鲁陈济棠正在提倡读经，奖励古文，中山大学之国文系列有《孝经》《论语》等类的课程。

湖南广东两处其实也不外是企图盛新酒于旧瓶。不过在湖南甚且更将盛旧酒于旧瓶而已，例如剑仙术先知术之类极为盛行，这类咒术流行的区域，四川也为其一，剑仙术之外，"三教合一"与"五教合一"之说教者，无论如何是四川将军们所欢迎的。

资本主义的模仿，在今日中国，是最为有力的思想。此种思想由来颇为久远，自清末以来，追模欧美之风早已发端。康有为之思想，孙中山先生最初之思想，无论如何是想以追模欧美为中心的。康有为之思想，是想盛欧美之新酒于孔孟之旧瓶。孙氏对于旧社会则毫无余恋之情，故孙氏思想遂愈益发展而为革命主义。欧美模仿之思想，经两次强烈的刺激，愈益有力。一次为日本维新之成功，使中国军事模仿东瀛，其第二次为欧洲大战爆发。欧战使中国资本主义的生产及独立自由的国家，无论何是得到了向前迈进的空前机会。这个时候，新文化运动勃兴，其二大口号为德谟克拉西与塞恩斯，其共同之观点则为自由主义。

从那时到今日，十七年之间，自由主义虽曾一度遭社会主义思潮之打击，但因一九三二年社会主义思潮遭受挫折后，自由主义思想又复抬头。于此有必须辨明的一件事，即国民党之三民主义，从始即含有民主政治的思想。惟此种思想并不是单独的存在，而是与社会主义和民族主义并存的。在这三者相互关系之下，已与普通的民主主义有异。民权主义之实现，以训政即一党专政之阶段为必要。一九三二年非党的倾向，愈益强烈，于是国民党之训政，遂成为民主主义与自由主义者指摘的目标。故中国今日之民主主义思想的指导者，已非国民党内之民权派（如改组同志会），反而是五四运动以来新文化运动之中坚人物如胡适之先生等了。

胡适之先生主编的《独立评论》，亘半年之久，民主与独裁的论战占着广大的篇页。次如《国闻周报》，这时也出现同一的争论。

谈到自由思想，虽似全然追模欧美，然而又不可视为追模而已。盖自由思想在十六七世纪之间，早在中国曾有一度萌芽。例如公安派袁宏道之文学革命，又如王阳明门下泰州一派的良知说，都算是一种特殊形式的自由主义。

阳明学说，在日本维新时代，由于水户学派的提唱，曾有广大的贡献，并非偶然的。

惟一年以来，流行的所谓全盘西化，这种论调乃认欧美一切东西无论如何比中国的好。他们是想用西洋菜换中国菜，以洋服换华服，以耶稣教换佛道教，甚至以伯拉图换孔子。这些论调非追慕资本主义而何！？

　　这派论者，对中国的一切，皆持所谓"自责主义"。即认中国的一切东西，悉无意义，是没有实用的；而且是阻碍社会进步的，此种自责主义者，尤其对于一九三一年以前的社会主义及历史唯物论之思潮辄取弹压的态度，他们以为中国的最大敌人，是中国的反帝国主义者。依照他们的意思，凡反帝国的运动和口号，皆有妨害于全盘西化，认为可恨，他们既认欧美的一切悉皆优秀，故主张"文化侵略毋宁应该欢迎，岂得视为侵略！"，此等论调，纵非出自他们的本心，然他们确持此等顽固的言论：他们对于四年来的反帝国主义运动，皆满怀反感的情绪。

　　十九世纪之自由竞争时代，"优胜劣败"之达尔文主义，流行一时，在中国学界中传播亦极广。以此观点，对于今日帝国主义与殖民地对立的统一世界情势看来，帝国主义当然是优，殖民地与次殖民地当然劣了。此种思想，不待说就要达到"强权即公理"的结论。故半殖民地之中国青年，不愿接受他们那种论调，并非无理的。他们不知道，今日的世界，是独占资本主义的世界，既受着独占资本主义的压迫的国家，就难于自由发达起来。所以中国之所以不能自由发达，并不是因为中国低劣，而是因为帝国主义压力大之故，吾人之眼若不以"成败论"的观点来看取事物，则反帝国主义之失败，并非反帝国主义之错误了。"失败"与"错误"，固不可以混同！

　　但自由主义者之自责主义，从别一方面看，自亦有其存在的理由。著者在前面，业已言及，关于要想盛新酒于旧瓶的思想，此种思想，实具有很长的历史，如清末学者康有为，即以"孔子改制论"为根据而吸收西洋文明。清末政治家张之洞之新政派，所主张的，"中学为体，西学为用"，亦与此有同一意义。

　　今日之复古论者，一派全然主张复古读经，另一派则抱与清末学者政治家同样的思想，欲保持在中国固有的伦理秩序，而吸取西洋之应用科学和技术。故自由主义者之自责主义，对于此种思想而立论，自有其相当的价值。

　　至属望于社会主义的派的〔别〕之中，又有种种之分派。

　　在共产党内，其分派的情形，前已述及。共产党与非共产党的社会主义者之分裂，从一九二七年到一九三一年之间，最为尖锐化。一九三一年以后，智识阶级之间，非党的趋势，颇为有力，从而社会主义虽左倾而愈带有无政府主义的兴味了。若无实践的行动，思想即易动摇。今日中国之社会主义者，大概即有那样的现象，著者曾以四句话来表明这类智识分子的立场：

"我的话是对的，因为是我的。你的话是错的，因为是你的。"

就社会主义者群看来，大体可作如下之分类。

第一类——有民族思想的社会主义者，与无民族思想的社会主义者。在半殖民地的中国，反帝国主义的民族运动是否与社会主义相契合？关于此点有两派的争论。一派认民族思想有妨害阶级斗争，另一派则认民族思想与阶级斗争并非敌人。盖以为，中国既是半殖民地，则社会主义之发展，对于外国资本主义即成为民族运动。

第二类——有民主思想的社会主义者，与无民主思想的社会主义者。后者认社会主义之实现，必须采用无产阶级专政的手段。而前者则认中国尚是半封建的社会，社会主义者尚有作民主斗争之必要。

一九三二年以来，社会主义者遭了空前的劫运。除了政治上加共产党人以干涉外，学术界最上层的学者，复对之加以种种压抑。著者在前面说的，法国革命热月（Thermidor），之后必有王党出现。出现于此种革命热月（Thermidor）之后的，不论是复古论或自由主义，对社会主义者都持深恶痛绝的态度，固为当然之理，无足怪者。

然中国的社会主义者自身，有极大的弱点，其"大江东去"的末路，是自有其当然之理，中国之社会主义者虽多曾热烈献身于过去之革命，及革命以后之主观的兴奋潮流，他们多没有学术的基础，缺乏苦心研读深思。他们多未能把握社会的根据，只是以流浪的小资产阶级之身，尽量受取袭来的潮流。无论在学术上或行动上，他们多半有动摇不定的状态。当社会主义闹热的顷刻，他们人人皆自命为是〈马〉克斯主义的信徒。追潮流退落，他们也就整个随大江东流而去。树立学术上的基础，他们是极端轻视的，其所重视之点，则在相互轧轹，争一日之短长。他们未尝想及，学术界如果一朝来相袭击，他们无论如何是有沉沦之危厄的。

其次，中国之社会主义者正与自由主义者相同，并未就中国之特殊的地位，从独立自主的立场加以思考。自由主义者要全盘西化，即全盘美化。社会主义者也全盘蹈袭外来的理论。半殖民地的中国和沙皇的俄国自然有异。半殖民地的中国和德意志自然也不同。故一九一四年以后列宁的帝国主义战争论，是不能够适用于最近之中国的。然而公式主义者之因袭的态度，使他们不能作独立独步的思考。这又是个很大的缺点。

这类公式主义，在迎击自由主义的反抗的场合，差不多就无力量。自由主义者的反攻，是专力向着此点杀进。然他们不知道，真正唯物论的社会主义者，也严格批评公式主义的。公式主义者之流行，是中国智识份子喜因袭，懒创造之罪，并非社会主义与唯物史观之咎。这恰如，"全盘西化"是半殖民地买办性之罪，决非自由主义之咎。盖在十七八世纪之欧罗巴，自由主义之发达，确随民族主义并行发达起来的，而在今日之中国的自由主义就不这么样，发生了"外国崇拜"之支流，其结果举全力以弹压反帝国主义的民族思想。故以著者之意，自由主义者之"反帝国主义是中国最大的敌人"之想〔思〕想，并非自由主义之咎，亦非自由主义者之本心，乃对于四年前澎湃的社会主义思想所起的反感而已。

在今日之非党的趋势中，一看之下，似乎极消沉与衰落，至少似乎看不起点活气，然精细看来，其中又□最热烈最强大的希望之萌芽，他日怒放，正会郁然成为森林的吧。萌芽为何？即是务实之精神。此种精神，现在正充满于智识界。

"务实"主义，在中国本有极深之根底。在近代十六七世纪间，此种思想一时大为兴盛，其口号为反对"训诂词章"，反对观念游戏的道学。其内容是认识与实践之统一。当时可以分为二派。一派为阳明学派，另一派为张江陵，冯应京之诸政治家□在中途，虽遭东林党之反动，其后颜元李塨等，当亡国惨痛之时，高唱力行主义。据最近之思想趋势，从一九二五年到一九一七年之言论或口号，无论如何是根据行动的，是与行动相呼应的，一九二八年以后，行动衰退了，但其言论与口号则依然继续发展（此即著者所称为主观的兴奋），与行动不符合甚且相反的口号与言论，不过只成为"纸上谈兵"吧〔罢〕了，一九二八年及其以后，如国民党外的胡适之先生所指摘的论文名中（中国之新名教），又如国民党内的顾孟余先生之批评（在《前进》杂志中顾孟余先生指摘此时空虚的口号为符咒），其时之革命论者，对于此等批评指摘，皆抱猛烈的反感。始终是主观的兴奋，结党狂潮止而不知其止，而同时因空前之国难暴露，此种指摘与批评遂俄然成为积极的思潮，最近自由主义与社会主义之少数有力者颇奖励务实，胡适之先生最近屡屡讲演颜李学派，是颇寓有此种意味的。且即在社会主义者间，在治学的方法上，亦颇痛击公式主义者，又有许多人对空虚的言论与口号都取反对的态度。故外面虽似消沉，精神则郁积。思想是具体的，态度是沉着的，以此种态度推演下去，中国智识界是会大加反省起来。由于中国目前之客观的地位和环境，谋独立自主的思考，随思想与实践之统一，中国将来一线希望就在这里吧。著者认中国之前途，只有社会主义，而此种社会主义之实现，正如苏俄，要求更刻苦的奋斗。公式主义者与口号主义者，对于此种最刻苦的奋斗，并无若何之贡献。而且此种奋斗与一九一七的苏俄不同，是涵容有丰富的民族思想与民主思想的。

（载《四十年代》第 6 卷第 3 期，1935 年 9 月 15 日）

对于《中国本位文化建设宣言》的
补充说明
（1935 年 5 月 21 日）

《一十宣言》的主要意思，在要求大家，为了现在的中国，重新估定一切。为什么为了现在的中国，要求大家重新估定一切呢？

先说现在这一个名词的意义，我以为十九世纪的大哲学家黑格尔的话是对的。他说："一切现实的都是合理的，一切合理的都是现实的。"过去有适于过去的制度思想，当他们不合理的时候，他们就过去了。当他们还是现实的时候，他们是合理的，将来的文化的萌芽，就在现在的社会里存在着，这个萌芽在成为合理的时候，他就在将现实了。所以，虽然有人说现在难于把握，我以为必须能适应于现在的，才是合理的。

其次，重新估定一切的要求，是时时提醒自己的意思，不过为什么这时候提出呢？第一个要说到的是文化可以不可以重新估定而来建设，我以为是可以的，文化是生长的，但这生长的过程里，有许多的努力，许多的奋斗在里面，决不是放任便可以生长起来的。

第二，如何可以重新有一个计划，来去建设文化，要建设甚么文化呢？这还是要明了现在的中国是在甚么样的状况，现在的中国与欧美的国家不同，与几十年前的中国也不一样，现在的中国，为大家所公知的，是一个次殖民地或半殖民地的国家，这个地位不独与列强各国不同，还是列强各国赐与我们的。

半殖民地的基本特征，是交换经济的发达，促进社会的发达，社会的发达，不由于生产的发达，由于交换的发达。因此形成这样的现象，都市发达，乡村却与相反，陷于破坏的地位，久而久之，乡村的破坏又影响到都市，都市也破坏了，外国的工业品甚至于农产物，把中国的发达给杜绝了，剩下来的交换的中心的都市也就除了银行之外，没有可以发达的东西，这种情形，不利于政治统一，不利于国防军事，也不利于民族独立自主的思想。

自宋以来，千年以内没有割据。但近几十年，由经济与交通都以海口及边地做中心，便使割据易于成立，海口边塞大抵在列强影响之下，所以不利于国防。

乡村破坏了，人口向都市集中，都市又倚赖外国或受外国商品资本的控制，所以民族自主的思想也就消沉不振，惧外媚外的心理就发达了。

在这种情形之下，中国屡次的自救，都没有大的成功，或是想模仿欧美，或是想走社会主义的路，没有不带有民族运动的。不过，过去在国际均势之下活了多少年，还没有感到以上所说的各种不利的情形。近来世界上，因慢性的恐慌，引起了经济的国家主义的争斗；远东的均势，又被武力破坏。近来许多的事件，指出一种严重的教训，即是一日海口被人支配，则全国的存在便成问题。所以我们在这时期，要求大家重新估定一切。

经济政治以及思想的方向，必须向（一）独立自主的，（二）反列强资本主义的，（三）有组织有计划的方向上走，中国才可保救。

这一方向并非独与科学没有抵触，在生产后进的国家，非有组织有计划的进行，科学是不能发达，发达也应用不来的，这是我们要求重新估定一切的一点意思，希望大家不客气的指教。

（载《教育短波》第 27 期，1935 年 5 月 21 日）

中国今日的思想界
（1935 年 10 月 11 日）

我曾为日本一个杂志《经济往来》写一篇论文，题目是《中国最近的思想界》，登在这个杂志第十卷第九号。《教育短波》，要我改写一下，登出来，让大家看一看，我觉那篇东西的内容不算完备，也不大适宜让小学教师参考。所以我另写这篇，在本刊发表。

一、行的哲学

三民主义的解释是很纷歧的。有唯物论的解释，有唯心论的解释，也有心物二元论的解释。近来蒋委员长常向党员军士官吏讲起行的哲学。他解释三民主义，不用唯心或唯物论，他提倡"行的哲学"。他把王守仁先生（阳明先生）的知行合一论，与孙总理的知难行易论打成一片，说"实行"是三民主义的中心。本来，自从国民革命的潮流遍布全国以后，社会上有一种流弊，即从单重口号标语等宣传，忽略了实行的方面。一般思想界久已厌恶空话大话了，这"行的哲学"正是对证〔症〕发药的一种主张。加以主张的人又是今日中国最有力的领袖，这是我们应当特别注重的一种思想了。

二、唯生论

国民党的组织部即中央组织委员会主持者陈立夫先生著有《唯生论》一书，又有多数的讲演，阐明他的唯生哲学。

以"生"的观点来说明三民主义，最初是梅思平先生在《新生命》月刊的论文（载第一卷）。但他这论文写了一半便搁起来了。陈先生取"生"的观点于《易经》，而论争却全用自然科学的原理，这确是他的特点。

他为了三民主义求得哲学的基础，加以他是国民党里一位去干的人，所以值得大家重视。

三、民主主义与自由主义（一）

近几十年来最有力的一种思想不能不推民主主义。民主主义可以大分为两派。

一派是国民党的民主主义。孙总理创立同盟会，立了四句宗旨，是"驱除鞑虏，恢复中华，建立民国，平均地权"。前两句是民族主义，第四句是民生主义的初源，第三句便是民主主义或民权主义。辛亥革命以后，民国是建立了。孙先生不满意于当时政府，和临时约法，但仍然常说临时约法第一条是他的意思。临时约法第一条是规定中华民国主权在于国民的。他的民主思想是极浓厚极有力的了。他这思想在党内外都有很大的影响，流传到今。

国民党的民主主义（民权主义）有一特点，即须经过一个训政时期，才完全实现。孙先生在同盟会时代，已定下建国的三个程序：军政，训政，宪政，民国二年，他组织中华革命党时，把军政训政时期的政权更加限制。十三年的第一次全国代表大会宣言明白规定着：（一）民权主义取革命民权，不取天赋人权，凡是帝国主义军阀方面的人都没有民权。（二）在军政训政时期，为防帝国主义及军阀的阴谋，以党执政，因之，国民党的民主主义总不能离开训政一段工作。

四、民主主义与自由主义（二）

一派是自由主义者的民主主义。这种思想在五四运动以后极为盛大，这派尊重个人的政治自由，对于训政，是不赞成的。他们的政治主张是以英美的民主政体为理想。他们主张议会政治及多党政治。同样有这样主张的人以下面的两派为最著名：

（一）唯心的理性哲学一派，以张东荪先生为主脑人物。张先生从前主张英美式民主政治，最近改为修正的民主政治。但他始终主张自由主义。他们认为哲学是自由主义之下的产物。除了自由主义，很难有真正的哲学。

（二）实验哲学一派，以胡适先生为主脑人物。胡先生的思想系统也是一贯的自由主义。但实验主义哲学的精神是以"实用"为真理。他的政治主张因之很没有一定的。他主张议会政治，但不十分主张政党政治。最近他竟主张无党政治和无为政治。

五、社会主义与唯物论

社会主义是一个意义很不确定的名词。如今的社会主义的主张人很是不少。大约起来可分三派：

一是国民党的民生主义。孙先生在同盟会时代已主张平均地权。民国元年以后，他到处讲演社会主义。他的社会主义是以劳工与资本合作做出发点的。他反对资本主义，但不取共产党的手段。他要以节制资本平均地权两种和平方法实现民生主义。

二是共产党的共产主义。他们主张用无产阶级专政来实现社会主义。

三是社会学家的社会主义。社会学家的社会主义是很不明了的。但是他们有一共同点，即用和平的方法实现社会主义。

社会主义者并不都是主张唯物论的。唯物论者也不一定就是共产主义者。这是要分别的。今日中国有不少的唯物论者，其中不少反对共产党的。反对共产党的唯物论者与社会主义者，最有地位的如叶青等。在学术上有贡献的又如张申府先生等。这些人在思想界是很有些力量的。

六、民族思想

今日思想界有一最有力的思想即民族主义。

国家处于今日这样危急的地位，民族思想的发达是必然的。除了实验哲学这派人主张"全盘西化"或"充分世界化"之外，别派的人大抵都倾向民族主义。还有一派——共产党——也是反对民族主义的。

民族主义对西化论的争执是很有兴味的。西化论者遇事崇拜西洋，民族主义者则分两派，一派过事夸说本国，一派以为对西洋文化，应当选择一下，不当一概崇拜。所以民族主义也有好几种的。

一是复古的民族主义者。夸大中国的旧东西，反对西洋的文化的，属于这一派。

二是自由主义的民族主义者。为张东荪先生们就是这一派。

三是社会主义的民族主义者，如叶青先生就是这一派。《文化建设》月刊里有不少这类论文。

七、余论

我不想劝大家采取哪一种思想。我以为只有经过自己考虑过才加选择的思想是大家应当信仰的思想。

我在这儿稍为提供一点意见，作为大家选择思想的标准。

一是不要违反社会进化的必然趋势。所以我觉得复古不是一条好路，眼睛是要向前看的。

二是不要离开中国现前及将来的地位。中国是个次殖民地，我们不能学那些独立的强国的人那样唱高调。我们应当为中国求独立，求解放。

三不要随声附和，不怕鄙笑，不怕势力，为了中国的独立与解放着想，选择的思想，应当以绝大的毅力来主张，不怕批评，不屈服于暴力。

（载《教育短波》第 41 期，1935 年 10 月 11 日）

1936 年

国际均势与中国的生命
（1936 年 1 月 5 日）

室伏高信先生答胡适先生书，末尾一段说到"以夷制夷"等问题。室伏先生是胸襟广阔的人，但是在这一点上不能超越常人的偏见。我有一些感想，敬提向室伏先生和一般胸襟广阔的日本人士。

一九三五年十二月三日在北平。

一　眼向着将来

北平现在正在高度的压力之下。这座文化的古城是不是就要和中国分离，谁也不能答复。关心时事的人每天早晨起床的时候，断不知自己还能不能够以中华民国国民的资格留在北平过这一天。学界的我们也不是例外。

但是学界的我们有不离开这没落的古城的决心。学界之所以为学界，是因为眼睛比常人多看见一点东西。我们每想到这古城的没落，就不能不立刻想到世界，立刻想到世界一部分的日本国民；我们的眼孔不单是看着这座在高压之下的城池的存亡得失。学界的我们想望的世界，又与一般人所见的世界不同。常人所见的世界只是摆在眼前一瞬间的世界。我们所见的世界是包含将来的种子的世界。世界的生命在常人的眼底只是今朝今夜的生命。在学界的我们的眼底，这眼前一瞬间的世界，不一刻便过去了，真的存在，乃是将来的有生命的世界。

我们想到日本的国民的时候，我们想日本国民里面不少能够领悟世界的矛盾以及矛盾发展而为将来有生命的世界的人士。我想和他们谈谈。

二　均势对两国国民的作用

中国与日本国运的分野，为时并不很远。这个分野是在九十年前。那时候，资本主义以不列颠为先锋由西欧一步一步东进。在亚细亚各国中，印度首先陷入他的魔手。其次就是中国。再次就是日本。亚洲这三个古国行将陷入同样的运命。但是，三国的运命究竟不同。一八四〇年以后，古老的中国历次和资本主义先锋的英国，以后又和那与英国争先争长的法兰西，德意志，俄罗斯，以武力抗争。六十年间继续抗争的不幸的结果，使中国陷入半殖民地的地位。这六十年间抗争的不幸的结果，同时对于东邻的日本予以深远的教训。

当中国苦战恶斗的时候，日本依于这深远的教训，自动开关。到了中国完全屈伏，西方列强在东方的均势已经成立了。日本在这"均势"即列强互相牵制之下，资本主义在中古的武装的暖室里面，次第生长以至于今日。反之，中国却陷于半殖民地的地位。

一八九五年以后，瓜分中国的声浪传布世界。已得到"狮子的一半"的不列颠及未曾染指的合众国，前后呼应，以"门户开放"代替了瓜分。由此以后，中国在国际均势之下生存直到一九三一年及最近为止。

然一九〇〇年以后对于中国的均势，与十九世纪中叶对于日本的均势不同。日本乘十九世纪中叶的自由资本主义，商工业得到伟大的飞跃。反之，在二十世纪金融独占资本主义时代里面，国际均势虽支持中国的政治的独立，经济的分割却不断的进行。

三　中国利用过均势么

在政治的独立的国家里面，经济的分割不断进行的结果，国际均势常反映为中国国内的纠纷与战争。这三十六年间，中国没有利用这种均势来发展自己。这三十六年间，中国没有利用着国际均势，更谈不到"以夷制夷"。这九十年乃至三十六年间，中国与过去四周围都是文化落后的部族的时代相反。不独是中国的经济，政治，军事，文化，远不及列强的发达，中国的海岸与边陲由于列强的经济开发与侵略，又有远胜于内地的进步。四围的列强所望于中国的，是商品的销售，原料的取得，及资本的投放之三种。因此中国的海岸与边陲成了开发中国的出发点。由于这些出发点，而有不利于中国统一与国防的铁路航线的建设。九十乃至三十六年经济的发达，使中国成就了内难统一，外难独立的局面。三十六年来东方的均势，在政治的独立一点上，对于中国虽有反射的利益。但在经济上，门户开放政策使中国化为没有门户的家庭，外宾外敌都可以自由出进。

四　三十六年也过去了

这运气不大好的三十六年也就过去了。独占资本主义之二十世纪世界只看见半殖民地的分割再分割。十九世纪中叶，日本一跃而加入列强的喜剧，中国在当时既不可能，在今后要想以同样的姿式出演，更是决定不可能的。

民族的自觉，也曾使中国政治上起空前的波澜。但是，经济的改造没有政治的改造那样容易。经济状态既难改造，反之，又影响政治，使他的进步屡遭挫折。一九三一年，中国又遭逢再瓜分的运命。

五　中国的生命与均势

上面说过中国三十六年来没有利用国际均势来发展自己。四年以来，也没有利用着。

再由中国主观的立场看看中国的生命是不是全仗国际的均势。过去三十六年间，国际均势对于中国给与的反射的利益，使中国人相信"中国不亡"是真理。中国的军人只知道争夺地盘。中国的智识阶级也只知道争一日的是非。为了《临时约法》，争了十二年之久。进行于社会里面的经济分割，及表现于外面的政治的割据，他们都丝毫没有感觉和恐怖。古书说："内无法家拂士，外无敌国外患者，国恒亡。"至于今日，我们便不得不食三十六年来侥幸的果报了。

对内有力与对外无力是成正比例的。正当国内纷争极凶极狠的时候，每有外患，不免有那些无力自救的人"疾痛呼天，忧伤呼母"的宗教心理。直到九一八时，还有人怀望西洋的救主与救星。四年以来，学界的我们会谈之际，常笑这种"西游记"的心理。

中国当然热望国际的共存。如果有一国要打破国际均势，要以干戈代玉帛，中国当然是不同情的。可是，依赖某国或某国，也不能把中国从半殖民地解放为独立国家。

民族的自觉，从来也没有使中国与何国结下百年不解的冤仇。中国求生，须求自己有生存之道。单单依赖别国，单单仇视别国，都是无益的。青年曾经一度盛行"反帝国主义"的口号与运动，但是明眼人必能知道这个口号应解释为"反资本主义"及社会主义。反帝国主义的俄国在社会主义成立以后，正与帝国主义的法英握手，是谁也知道的。即在中国，民国十三年改组后的国民党，标榜"打倒帝国主义"，但是那时并不反日，只是反对不列颠。等到汉口以及九江英租界事件和平解决以后，中英两国便立即"言归于好"。民族自觉又何尝让中国与何国结下百年不解的冤仇呢？

四年来国际均势的破坏，导中国于分裂。这对于中国国民却有重大的意义。

第一，中国国民党觉悟到国际均势不可依赖，觉悟到须凭自力以求生；

第二，当争论是非之时，常把国家的统一搁在头里。

中国的生命寄托于中国国民大众。中国的生命并不存放在别国的外交部。这是眼光稍远一点的人都了解得到的。故今日在野的急进的思想家一心致力于社会改造，期待大时代的到来。即便是在朝的政治家也设想自力求存的计划，不单以"意气"报复日本东来的压力。朝野两方都知道阴谋诡计以及纵横捭阖是无益于自存的。

六　大时代与意气

前段说出两个名词：一个是"意气"，一个是"大时代"。

"意气"是中古武士的特色，在科学发达的现代不能用来指导人生。中日问题决不是以"意气"所能解决的。或许日本有一部份人蔽于"意气"，以为"中日问题解决的基点只有中国的灭亡；中国灭亡，东亚的和平便成就了"。不过，科学证明东亚是世界的一部，中国的灭亡是添加于世界战争的火上之油。这个一面使中国四万万人口起空前的震动，同时陷日本于国际的孤立。历史的新页成了账簿的新页，总决算是"两败俱伤"是必然的。

再说"大时代"。在这个独占资本主义的时代，中国断没有像明治维新那样的大时代到来。中国的大时代是社会主义的。但不是一九一七年俄国一样的共产主义；半殖民地的社会主义是充满民族及民主思想的社会主义。

在社会发展史上，许容多数民族共存的社会形态是不多的。在古代奴隶社会，有征服"天下"的大帝国，如欧洲的罗马，中国的秦汉。在中古封建社会，大征服以后，破裂为多数争城夺地的分立的诸侯。在帝国主义时代，只有世界的分割再分割。全历史之中，只有初期资本主义时代，在自由竞争的形势之下，有相对共存的可能性。此外只有社会主义的大时代里，民族共存是绝对可能的。

七　共存与和平的基点

中国与日本此前此后都没有不解之仇。只有最近的瞬间是一条歧路。两国共存呢？两败俱伤呢？东亚的地图是可以画成单幅，挂在书斋的。然而事实上东亚是世界的一部分。今日一瞬间的历史是可以写成单册在书店出卖的。但在事实上，这一瞬间是历史的一环，与将来有生命的世界是不可切离的。两国国民为了将来，为了世界，决不可让两国走入歧路！

> 这一封信发表于《日本评论》第十二卷第一期。这信写成以后，中国民族自觉运动弥漫全国，已不许中国走入灭亡的歧路了。日本国民是不是也要制止日本走入帝国主义兼中古武士的"意气"的歧路，使中国四万万人起空前的震动，使日本陷于可怖的孤立呢？中日两国的孤立是不可能的，即便一时成就，也是不可久的。在世界社会里，中国的自救与日本的孤立两相对峙的局面，在中国虽将受莫大的牺牲，在日本恐怕也有"意气"衰颓的最大可能罢！帝国主义时代的歧路往往是不利于强者的。第一次大战的结果不也是深远的教训吗？
>
> 希圣附注，十二月二十三日在北平。

（载《独立评论》第 184 期，1936 年 1 月 5 日）

非常时期的历史教学法
（1936 年 2 月）

　　"非常时期教育"这件事，讨论的人很多。有些救国团体还拟了一些方案。我最感觉苦痛的，是随从多数的人讨论一件成了风气的问题。这问题既已经成了时下风气，既已经多数人讨论，那追随着讨论的人好比科举时代下考场一样，如果不立一个奇义或异说，便只有随声附和。一个问题的解答，本没有多少奇义异说。为了下考场，才去找点新意思，好叫考官们说一句好，那真是"八股"遗习了。《江苏教育》编者来信要我下这一场，我真有些儿怯场。不过，我也有点儿意思，无妨写出，虽然不是新奇的意思。

　　我的意思，有的是对于一些误解的否定，也有些是积极的主张。先说前者。

　　第一、我以为非常时期教育，与符咒不同。符咒是人们为了解除他们无力解除的痛苦，去求一种超人力的大力，所得的图画文字。这些图画文字并没有解除痛苦的实效，求的人却相信它有意外的实效。强邻以数十年的寻常时期教育，做到压抑中国的地位。我们中国，平时不会烧香，急时一抱佛脚，想凭这一抱，得到解除痛苦的大力。如果我们相信这样一抱的实效，真无异于相信符咒。

　　第二、我以为非常时期教育，与救急手术不同。在一个人受了枪伤或蛇咬的时候，他的亲友找来一位外科医生。医生为了止血或防止毒液的蔓延，用绷带或其他的药物，施用救急的手术。受伤者一时可以清醒。他的亲友便说道"好了，好了"。他们把医生给辞退了。不知伤口仍在，体力减弱，一天以后，一命呜呼。如果我们以为非常时期的教育是一种救急手术，我们便犯了这样的错误。

　　第三、我以为非常时期教育与战地训练也不一样。拟定非常时期教育方案的人往往把战地训练列了进去，这虽不算错，但如我们就把战地训练算做救国的教育，那就不对了。战地训练是一件可以急就的训练。如果战端开了，两三个月乃至两三天，就可以叫人学会放枪乃至避毒气和看护伤兵的方法。这种急救的训练决不能占战事未开时大中小学教育的主要部份，为了这个，把别的功课大部份停止。

第四、我以为非常时期教育不可用班超投笔的意思来办。班超投笔从戎，只是个人的志气。要想用三两月功夫，把学生都练成军队，在战时或者是不得已的。但是为了学生当兵，而把别的功课与军事没有直接关系者，都认为没有实益，大部抛弃，那是错了。中国不是一战就可以救的。中国的一战，也不止是需要军事训练。政治经济以及自然科学没有一样不是必需的。

非常时期教育又是什么呢？

我想，今日中国不是急要举办一种救急的教育。中国需要的是寻常教育的宗旨和方法和教材的重加估定。所谓重加估定，不是把现有的都废了，也不是把现有的都留起来。我们要有完整的系统的自觉的宗旨和方法，来对各级学校的课程和课外训练以及学校以外的教育方法，都从新考虑一番。现在拿历史教学法做一个例子。

为了民族的独立和解放，我们在大学设一门功课，叫做民族斗争史。主讲的人，从第一点钟第一句话起，喊口号一般说的是民族解放的必要，民族解放的策略，民族解放的先例等等。他讲了八小时，便讲完了。如果要他讲一学年，他未见讲得下来。在听讲的人们呢？他们拿着笔记本子上这一课的时候，他们心里已经有民族解放的口号。他们用不着再听那先生的口号了。这样的几小时一星期，有什么效用呢？

假如从小学到大学，历史一课的观点方法和材料，一贯的是民族解放的事实、经验、教训等等。对于学生的影响，比口号便大的多了。然而这并不是救急手术，这是要从寻常时期教育上去想法子的。

单在历史教本里，加上一段"太史公曰"式的赞，或是欧阳公式的"呜呼"，拉上一条"民族危亡吁嗟乎"的尾巴，一样的没用。我们需要的是中国民族过去解放的业绩和动力，经验和教训。我们需要的是一九一四年大战起后，比利时受德军侵入时的经过、经验和应付的方法，苏俄在一九一七年以后与白军的作战方法等等。空叹两句是无补时艰的。空叹与口号之不同，只是主观感情有萎缩或狂放之分，客观的效用是差不了好多的。

非常时期历史教学法是要改造历史学，不是在历史教本之外，加上两个讲演，或在讲历史时感上两句慨，喊上两句口号。由此类推，得结论如上，再说一遍：

中国需要的是寻常教育的宗旨和方法和教材的重加估定！

——于北平。

（载《江苏教育》第 5 卷第 1、2 期，1936 年 2 月）

再论分化与团结
(1936 年 8 月 23 日)

西班牙国内的战争，与欧洲列强的国际阵营，正息息相关的发展着。自由主义与社会主义联立政府受自由主义国与社会主义国的同情与援助。法西斯叛军受法西斯诸国的支持。两条国际战线与两条国内战线正在西班牙一隅争胜。这一隅的两条国内战线的盛衰，关系于两条国际战线的消长。这种情势，在我们中国看来，一面怀抱着栗栗危惧的感觉，一面又领略着明白深刻的教训。我们中国并不能隔岸观火。

我在二月二十三日天津本报星期论文里，曾指出这个消息。我说道：

> 说到现实的国际局面，我们看得出欧美各国分为两个方向：一个是撕毁国际盟约和九国公约的；一个是主张集体和平或和平不可分的。在这种局面之下，莫斯科与日内瓦还正在走一条路，并不是背道而驰。中国应当怎样走法呢？中国的民族独立和领土完整在目前是不是与集体和平有密切的关系呢？

西班牙事件，证明在如今的世界社会里，一国不能孤立于国际局面之外。两条国际战线终竟要影响甚至决定许多弱国的命运。中国岂能自作惟一的例外？

什么是明白深刻的教训？这便是我们中国没有法子避免这个大局面之下的外交国策的决定。中国所受于撕毁公约破坏国际和平者的侵害，比西班牙切迫得多。但是几年来还能够依违于两大国际壁垒之间，是因为自由主义国的一方面，对中国最有密切关系的英美两国之中，美始终沉机观变，英还在超以象外。他们果然能够超出两条战线之外吗？不能。到了总结算的一天，他们仍然要拔刀相向的；这刀在目前已经在锻炼，在磨砺，在运转如风。他们岂真是超然的？我们那能够不接受这个大局面的教训呢？

中国的民族独立与领土完整，自然是与集体安全有密切的关系。中国并不以《九国公约》所保证的门户开放为满足；中国也不以国际盟约所规定的经济制裁为可靠。这些条文印纸已经损坏，已经破落了。但是，中国并不能超出现实国际局面，别有期待，别存幻想。在要求殖民地半殖民地再分割的列强两相对抗的战场上，中国自然希望免除再分割的这一刀，并且希望从已经受了的一刀治疗伤口。中国虽不以半殖民地的地位为满足，也只能先保持不亡的地位，再谈完全的独立与解放。因此，中国与反对再分割殖民地的国际战线，有不可分的关系。

为什么又怀危惧呢？中国想先保持不亡，再完成独立。这是说，中国不想做了亚比西尼亚以后，再在伦敦谈独立。具体的讲，中国没有模仿西班牙国内政情的环境和机会，更不希望借外力在国境以内打内战。我们当以民族的立场，决定外交国策，适应当前局面。我们不应在两条国际战线的影响之下，把两条国内战线先起内讧或内战，成就别人的计算。

日本的明治维新，俄国的十月革命，历次使中国依样画过葫芦。人民战线与国民战线的实例，在思想界青年界又有力了。我充分认识这种着着模仿，是有其社会的必然性的，浅而言之，中国并不怕向外国学乖。在救国运动里，提起"联合"的口号，比过去的力求分化滥用斗争，已经是乖的多了。不过我不惮提出两点，供思想界青年界的参考。

第一：我们的救国，对象是在外的。对象分明，只有用分明的态度来活动。借救国的口号来作别样的斗争，仍然是斗争，不是联合。我在本报二月二十三日的星期论文有几句话，仍然要在这里提出："放弃数年来呆板的理论和繁琐的争执的习气，不以求分化的手段唱团结，不以待敌人的方法待友人。"如果先抱内讧内战的决心，只是拿联合或团结的口号□□牌，须知口号不是符咒，不能有迷惑众人的魔力。

第二：救国的联合，应当是真实了。做过革命运动的人们往往喜□战略和战术。谈战略战术的习惯，又往往使正在作某种行动的人们自己不信那种行动的真实性。其结果只是把那种行动当做手法。所以"利用"这个"利用"那个的诈伪行为便常常成了运动发展的障碍。我希望大家去掉这个习惯，开诚布公的携手前进。

（载《大公报》，1936 年 8 月 23 日）

从旧书中找社会史料的方法
（1936 年 9 月 5 日）

（一）找什么书

第一史书。

a. 正史：官书如二十四史，别史如《华阳国志》《元秘史》。

b. 编年：如《资治通鉴》。

c. 纪事本末：通体如《通鉴纪事本末》，别体如《平定粤寇方略》。

d. 政书：通体如《通典》《文献通考》，别体如《大清会典》，小记如《汉官仪》。

e. 杂史：综记如《国语》，琐记如《世说新语》，诏令奏议如《陆宣公奏议》。

f. 传记：通体如《国朝先正事略》，别体如个人的年谱。

g. 地志：通体如《天下郡国利病书》，别体如《游记纪行》等。

h. 学史：如《明儒学案》等。

i. 史论：理论如《史通》，事实如《历代史论》，杂论如《二十二史劄记》。

j. 附庸：外史如《西域图考》《职方外纪》。考据如《禹贡图考》，注释如裴松之《三国志注》。

以上从梁任公新史学之分类。

第二笔记小说戏剧。

《四库全书总目》归于子部杂家小说家类。收集笔记小说的丛书如《稗海》，《记库》，《宋人笔记》，《唐人说荟》，《笔记小说大观》，《清稗类钞》等。

第三文集诗集。

以上自然是最重要的来源。关于社会史料，我觉得笔记小说是狠〔很〕要急看的。笔记小说和文集有含社会史料多的，也有少的。大抵经学考据的笔记，所含材料少，见闻录之类所含较多。神怪小说如神录之类，甚至劝善的书，因果数应的书，如《厚德录》之类，所含倒是不少。

（二）书里找什么样的记载

第一直接的记载。

A：

a. 制度的记载，

b. 实况的记载，

c. 重要的是当然的。

B：

a. 批评的记载，

b. 叙述的记载，

大抵，属于前者为多；我们于此，要先定纪〔记〕载人的立场，再把他的阶级及党派偏见去掉，或从其偏见之中，推定事实的真相。

C：

a. 追述的记载，

b. 假托的记载，

c. 现前的记载，

d. 类如系后一代的人，追述正前一代的事实，当然是要紧的材料。要留意的是把他依那时的社会环境而看前代的事实所起的误解去掉。现前的记载，要审查记载者阶级及党派。假托的记载是某时代的事实而假托为前朝的记载。

第二间接的记载。

A. 旁证的记载

B. 推测的记载

一件事实，没有正面的记载，只有与此相关的旁证，又或从与此相联系的事实的记载，可以推测此事的存在。例如《唐史》列传里，常记有广州太守发财的事情，证明广州贸易的发达，便是旁证的记载。又如笔记记载着当时世家容易破坏的事情，便可以推测当时土地买卖的繁频。

又如世家豪族的生活描写，其中含有推测当时土地集中的事实之记载，这便是推测的记载。

C. 反证的记载

由士大夫的批评和叙述的记载，可以测定事实是正相反对的。士大夫的见解是地主阶级的，是偏见的，他们叙述农民无产者的活动，可以做农民无产者活动的反面记载看待。例如记载张献忠对士人的残酷，可以作为农民对官僚地主憎恨的活动之反面记载。又如士大夫对贼盗的记载可以作为农民蜂起中农民无产者对地主私有制的反抗活动的反面记载。

D. 理想的叙述

这里面可以看出当时的实况，或与著者的理想相反，或作著者理想的材料。

E. 幻想的描写

这里面材料不少。幻想所凭依的背境，及构成幻想的材料，有些应当列入直接记载里面，有些可作推度当时实况的根据。

（三）材料所在的处所

A. 著述者不经意的处所。著述者不经意的记载，常是较为真切的记载，因为这些没有经过著者以偏理偏见来断丧改变的处所。

B. 议论家不取的处所。著者因记载真实事实而受史论家或其他议论家裁抑的处所。是最合于真实的处所。例如史论家所裁抑的《史记》货殖传游侠传，是西汉以前社会最宝贵的材料。

C. 一般读书者不经意的处所。如某人列传末尾及开头关于某人身世及逸事逸闻的记载，又如某甲列传中附带记载某乙逸闻逸事的处所。大凡正式记载某一制度的处所，如"志"如"略"如"书"总少实况的记载，不合于典制的事实，总在列传或其他幽隐的地方存在着。此外当然不少正面的记载，参看前条。

（四）材料是些什么

第一物质生活的记载。

1. 生产过程。

（A）生产工具：（一）生产工具所用材料，如铜器，石器，铁器之类。（二）工具的形式。

（B）生产技术：（三）工具的用法，（四）原料的制法，如肥料种子及工业原料的施用法。（五）水利，（六）生产量。

（C）生产组织：（七）耕地划分的状态，（八）工业店铺的状况，（九）农家的组织。

2. 交换过程。

（A）交换的物品——商品：（十）商品所占生产物的成分，（十一）商品的种类，（十二）出产地及销场，（十三）运输屯积方法，（十四）价值与价格。

（B）交换的处所：（十五）都市：（甲）市街的形状，（乙）行会。

（C）交换的媒介：（十六）自然型的货币：（甲）物品的属性——如谷帛银类，（乙）量的单位。（十七）铸造型的货币，（甲）形式，（乙）数量，（丙）流通量及速率，（丁）作用。

3. 生产机关的分配。

（A）土地所有形式：（十八）土地所有的各种形式，（十九）地租（甲）物品的属性，（乙）数量——与全收获的比例，（丙）交纳方法：（1）地主仓库，（2）地租的收集者：（A 地主的收租客 B 佃户的首领——庄首之类），（丁）农民所存留的收获物，及其数量，（戊）地租以外的苛例：（1）徭役劳动，（2）物品贡纳，（3）人格蹂躏。（二十）农民劳动的状况：（甲）必要劳动，（乙）剩余劳动，（丙）劳动季节，（丁）副业：（1）副业的种类，（2）副业的经营方法，（3）副业收入与耕地收入的比例，（4）其他。

（B）工业机关之所有：（二十一）家庭工业，（二十二）独立工业组织：（甲）工业主：（A 店主的情况，B 店主的组织——行会，C 店主与商人的关系）。（乙）工匠及学徒：（A 工匠的资格 B 工匠生活状况即工资和出路，C 学徒的生活状况）。

4. 生产与交换的关系。

（二十三）商品生产：（甲）自给的生产。（乙）商品的生产：A 农业：（1. 丝麻 2. 茶绵〔棉〕3. 其他商品）。B 农村副业：（1. 布帛 2. 耕具 3. 肥料 4. 其他）。C. 工业采掘业：（1. 盐硝 2. 铁 3. 肥料 4. 其他）。（廿四）商业与工业：（甲）农产物的交换，（乙）商业主对于手工业的关系：（1. 作坊 2. 原料之供给与制品的贩卖），（丙）牙行，（丁）商业行会，（戊）其他。

（廿五）商业资本：（己）商业发达的概况，（庚）商业资本蓄积的概况，（辛）高利贷资本：（1. 利率 2. 抵押及典当 3. 质库 4. 收债的手段 5. 债务人所受的压迫）。

第二社会生活的记载。

5. 社会阶级：

（廿六）地主：（甲）地主家族：1. 人口的拥抱力，2. 家族组织法，3. 家长的权威，4. 家族维持的状况——世家，5. 家族奴隶，6. 婚制，7. 妾制，8. 交际与结纳。（乙）教育与出路：9. 家庭教育之实况：（1. 所教之教材，2. 师道）。10. 子弟之出路：（3. 考试 4. 寅缘）。（丙）法律的地位：（1. 身分之保障，2. 身分之封锁）。（廿七）农民生活：（甲）农民家族：（1. 家长对家族的剥削，2. 人口拥抱力，3. 妇女之地位，4. 儿童劳动，5. 长工及短工，6. 婚制等）。（乙）农民的分类：（1. 富农，2. 贫农，3. 佃户，4. 农村无产者）。（丙）农民的分化：（1. 农民的佃农化，2. 奴隶，3. 农民家族的地主化，4. 其他）。（丁）债务与佃租，（戊）地税之交纳及经手人。（廿八）手工业之两阶级。（廿九）商人：（甲）商人生活状况，（乙）商人之法律地位，（丙）商人与官府之结纳，（丁）商人与资本奴隶，（戊）商人与地主：（1. 商人之土地购买，2. 商人对农民之放债及土地兼并），（己）大商人与小商人：（1. 大商人与行会之操纵，2. 批发商与零售商，3. 其他）。（三十）无产者：1. 职工，2. 游民无产者。（卅一）知识分子。（卅二）地主与绅士：（甲）绅士的种类及行动，（乙）绅士与官衙的结纳，（丙）科甲出身之文士，（丁）武举与武士，（戊）退休之官僚，（己）官亲。

6. 各阶级之人口状态：

（卅三）各阶级之生育死亡率：（甲）早婚与迟婚，（乙）多妻与生育，（丙）医术之状况与魔术祈禳，（丁）农民无产者所感受的病疫，（戊）其他。（卅四）过剩人口：（甲）其生产，（乙）其活动，（丙）其对社会之影响。

第三政治生活之记载。

7. 政治支配者：

（卅五）吏：（甲）吏的出身，（乙）其资格及给养，（丙）其职守及作用，（丁）其行动。（卅六）官僚之附属物：（甲）幕友，（乙）官亲，

（丙）长随等。（卅七）官：（甲）官僚的来源，（乙）其资格及俸给，（丙）其活动，（丁）其意识状态。（卅八）官制及其实际。（卅九）军官及军制。

8. 赋租：

（四十）田赋，（四一）口赋，（四二）赋役行政，（四三）征榷：（甲）商税，（乙）其他。

9. 公田，职田，屯田等：

（四四）公田，（四五）职田，（四六）庄田，（四七）屯田，（四八）牧场，（四九）其他。

10. 行政：（五十）行政制度，（五一）行政之实行状况：（甲）裁判：（1. 案件及其裁判方法，2. 依法裁判及不依法裁判）。（乙）执行：（1. 差役之骚扰，2. 绅士之参预，3. 其他）。（丙）公文。（丁）报销主义的种种。（五二）水利行政。

11. 政策及施行的实际。（五三）政策的阶级性，（五四）政策实施的实况。

第四社会与政治变动。

12. 农民无产者蜂起：

（五五）蜂起的表现：（甲）宗教团体，（乙）政治集团，（丙）军事组织，（丁）宣传，（戊）对官□豪家及私有制度的态度，（己）纪律与秩序。（五六）指挥团体：（甲）指挥团体的成立，（乙）人物的分析，（丙）集团的腐化及转变。（五七）军队的变动：（甲）兵士的生活，（乙）军官对兵士的态度，（丙）变乱的来由及状态。（五八）地方权力的割据：（甲）地方官的权力，（乙）中央的解纽，（丙）割据现象及其根基。（五九）地主商人的情状：（甲）自卫的组织，（乙）归附与结纳。（六十）财富的聚散：（甲）仓库的占领，（乙）豪家及侠行，（丙）商人资本及土地的分割。（六一）新政权的成立：（甲）指挥者的属性，（乙）成立的根据及方法，（丙）统一战争，（丁）地租地税的保护等。（六二）人口变动：（甲）都市的变动，（乙）农村的人口状况，（丙）移民：（1. 流徙的情形，2. 确定户籍的方法）。

第五精神生活。

13. 思想的概况：

（六三）知识分子之来源，（六四）知识分子之生活与修养，（六五）思想：（甲）伦理的：（1. 政治思想，2. 政治意见，3. 改革与保守之倾向，4. 每个思想要点之社会意义，5. 政治思想以外的伦理观念，6. 出世的思想），（乙）科学的，（丙）思想派别：（1. 源流系统 2. 特点及变迁）。（六六）每一时代的支配思想：（甲）时人的估定，（乙）后人的估定。

作者附注：

（一）本文的表是很不完备的，如果你有意见，随时标出，伏假后提出来修改。（二）伏假里，你无妨认定几部正史去照上述的做一番。我希望你认定《宋史》，《元史》（柯绍忞），《辽史》，《金史》，《明史》中的一部。（三）所得材料最好依上表大项目分类写录下来，工夫是多的，但可以节省永久的劳力。

（载《西北风》第 7 期，1936 年 9 月 5 日）

由五四运动谈到通俗文化
（1936 年 10 月 20 日）

托尔斯泰说过这样的话："如果做得到（那是非常希望的），要用连仅仅能够看书写字的农民都能够理解的文字写作。"

我们现在写下一转语："我们要努力用连仅仅能够看书写字的大众都能够理解的文字写作。"

一部文化史，是贵族化与平民化的厮斗，远的不必说了，封建的，奴隶的社会，民众是贵族的奴仆，是贵族的隶属物，是贵族能言的牛马，这些牛马只要有房屋住有饭吃有衣服穿，便已是皇恩浩荡泽及下民了。那时的文化，自然完全为贵族所专有，能言的牛马那里配读书识字呢！况且"民可使由之，不可使知之"。与牛马讲道理，岂非使他们造反，来为贵族挖掘坟墓，来为贵族打吊丧钟！到了社会变革的时代，一般先知先觉者，出而为平民请命，出而为奴隶呼冤，但是这些伟大人物的著作，尽管内容是为平民的，而形式则往往平民看不懂。然而平民是创造历史的主人翁，是社会变革的主力军，平民不觉悟没知识，社会便绝不能进步改良，所以进步的思想家，为实现他们的社会理想，便必须努力于文化的通俗运动，来唤醒大众，共同致力于社会的改进工作。十八世纪风靡于大革命前夕欧洲的启蒙运动，便是要把专门的贵族文化普遍到万民身上的运动。

辛亥革命，虽说把皇帝推倒了，宣言万民平等，然而换汤不换药，军阀官吏的榨取压迫，是更甚于那时的皇帝的。孙中山先生说，中国比之印度是次殖民地，因为印度只受一个帝国主义的压迫，中国受许多帝国主义压迫的缘故。辛亥后的中国群众，正是由皇帝一人的奴隶，变成许多军阀的奴隶，前后相比，亦可叫做"次奴隶"吧！所以群众之骂民国骂那时的革命党是确有他们质朴的理由的。在那种情形下，自然更讲不到文化与群众的关系了。不过究竟因为皇帝已倒，民主共和，知识阶级首先发现了自己的人的地位，因而觉己而觉人；但是这时不仅碰到了一切文化内容是贵族的含毒的麻醉大众之工具，而且感觉方块汉字非民众所易习，那时的简体字运动，注音符号运动，都不外想从改良工具上来作文化通俗化运动，民五的国语运动，民六的新文学运动，民七这两种运动合而为一，到了民八于是因政治问题掀起了划时代的五四浪潮。由当时资产阶级的觉悟，要求真正的民主政治，民主文化。企图根本推翻封建的统治与贵族的文化。在政治上的成效若何，我们先不论他，在文化上确建树了相当成效。文言之改为白话，标点符号之使用，在形式上使大众更容易接近文化；那时的"平民化"这一口号之提出，便是文化通俗化的要求呀！记得当时林琴南先生与蔡元培先生书，痛骂改白话后使贩夫走卒引车卖浆之流皆能为文，其视文化为贵族之专有物大众决不应染指之态度，真是活跃纸上。但同时正可指示出那时的文化运动是怎样具有反封建的性质！在内容方面，解放了妇女隶属于男子的，子弟隶属于家长的，平民隶属于贵族的锁链。打倒了这样文化上的意识上的一切产物。然而那时的运动，只限于资产阶级以上的平民，尤其是其中的知识阶层，所以历史上巨大的五四运动，他的成效，他的浪潮，及到一般大众身上，尤其是乡村的农民身上，已微乎其微，如巨浪送出之一点与飞沫罢了。一般教科书尽管已经改为白话，但是风行民间的真正民众读物仍然是旧文体的鼓词！民众精神的食粮，支配民众思想的作品，仍然是孟姜女寻夫，劝孤孀，黄犬告状，刘公子投亲，五女兴唐一类的作品！

　　一九二七的中国大革命，因为忙于政治工作及短命的缘故，在文化上的影响真是微不足道，继此革命浪潮之余的，是其中一支的文化运动，这便是一九二八以后直至九一八以前的社会科学文化之传播。那时的社会科学运动，是发现扩大经济变革为一切变革之母这一理论，是由经济基础上发现了诸多阶级层，撕碎了前此那些空洞的民主名词，要进一步来为工农大众谋福利。这运动所及于政治上的影响，我们先不管他，它在文化上所发生的作用依然未能深入普遍到大众中间。尤其是这一类书籍多译自外文，在形式上语法欧化，佶屈聱牙，不要说一般略识一两千字的群众不能与之接近，即便是初中以下的学生亦很难了解。在内容上，亦多依样画葫芦，将这些理论生吞活剥的搬进中国来，未能使他和中国社会融合为一，把这些理论融化在中国事实中，因此使中国一般读者，不能具体了解，只是死背公式，当然更说不上一般大众来求了解了。

所以五四运动的文化工作，只把中产阶级的群众作为假定的对象，根本没有把一般下层群众放在眼里，当然谈不到群众所得的影响，社会科学运动虽以解放群众作他理论的鹄的，然而因形式上与内容上种种关系，并没有深入群众使群众受到什么影响。

九一八后，国人惧国家危机之将临，知救亡图存，必须唤醒广大群众；虽因这次空前的变动，引起了万千群众的觉醒，但离大众全体的觉悟及一般的觉悟岂只是十万八千里之远。

事实上统治群众的思想的是些什么呢？

"上海虽有几个规模较大的新式书店，把几本教科书大吹大擂；而在另一方面，一些街巷角的老旧书铺子，却会在不声不响之中，把数十万册的连环图画，武侠小说，送到全国各地无数的文盲以及半文盲的手上。这种投合着文化落后群众的书籍，确实是不胫而走，在影响上比较新式书店的前进书籍要广大的多。"——《生活星期刊》十二号《中国文化界不平衡的发展》。

"北平琉璃厂是代表新旧文化的文化区，一进到那里真琳琅满目；东安市场西单商场亦有不少的书摊子，卖着内容与形式都是很新的杂志与书籍。然而在这些地方的角落里，都是充塞着极通俗的唱本与鼓词，其数不下于新式的书籍。在大街上就地摆着的书摊子，没有半里就有一个，由宣武门走到新街口，我有一次计算了一下约有三四十个之多；依此类推，北平全市这些书摊子恐怕不下四五百处吧！这些深入群众的书肆，我们亦看不到一本有新意义的书籍呀！"——《市民周报》五期《北平市通俗读物漫谈》。

记得某年在报上看到某地方因荒年，大众饿得慌了吃白土，吃了后浑身虚肿，不数日即行死亡，然而吃白土的人依然继续着吃，我当时看到这段消息，精神上觉得有无限的苦痛，我们看到上面大众依然把那些海盗海淫的读物作精神的食粮，不应该同看到人们把白土作内体的食粮同样受感动么？

民国已是二十五年了，即大众作国家主子已是二十五年了，然而在思想上他们依然受着充满封建观念的读物支配着。九一八已经过了五周了，尽管各杂志报章新式文艺书籍充满了民族思想的作品，然而大众依然读着海盗海淫的小册子。孙中山先生说，完成中国革命须唤起群众，挽救民族危机更须动员全民族的力量呀！自然，唤醒群众的方法不是一种，然而给他们换一换精神的食粮，不是一个最扼要透彻的方法么！

中小学教科书要受教育部审定，但是支配数千万真正国家主人思想的通俗读物不应该加以取缔么？新文学家们，以唤醒群众自居的文学家们，一本伟大的文艺作品卖上三万册五万册仍是在知识份子中打圈子，然而一本侠义小说动不动就卖几千万本呀！掉转我们的笔锋，来为真正的大众写点东西吧！

为民族，为国家，打开历次文化运动在知识份子中绕圈子的锁链，深入真正大众中去吧！起来！我们要把文化通俗化，要共同作通俗文化运动，这是唤醒大众最好的方法，这是救国家救民族一条新的康庄大道。

（载《大众知识》第 1 卷第 1 期，1936 年 10 月 20 日）

战难和更不易
（1936 年 11 月 15 日）

　　说到对日的政策，最高度的主张是即时抗战；其次是以外交手段达到战争；再次是进行和平外交，到外交不能进行时再战；最低是专意于和平。最低的和平政策，又可分为三种：一是国力不足，只有忍受；二是日是我非，欣然承诺；三是日所不欲，我偏与之。这最后的两种主张，国人毫不迟疑的，叫他们是汉奸，没有折扣。最低和平主义之第一种忍耐主义者，虽客观的不免丧权失土，主观的还可以转化而取抗争的手段。国人是应当谅解的。我现在单就前三种说一两句话。

　　我的意见是战难和更不易。

　　战难是不必多说了的。今日的战争，与中古的骑士的战争大不相同。骑士的战争决于体力与气力。今日的战争决于经济与武器；以骑士的风度来作战，是不够的。马服君说他的儿子赵括："战，危事也，而易言之。"骑士尚不敢轻易谈战，何况文士？但是文士却喜欢轻易谈战事，因为他们是在纸面上高谈，纸面上谈兵本来是容易的。

　　要单从经济与武器两点来说，中国作战自是不易。不过，今日的战争不是一刀对一枪的。战争一开，牵动世界。经济与武器之外，决定胜负的，还有国际的形势。如就国际形势来看，中国的战固不容易，也并不是十分的难。这话很长，姑不多说。

　　中国的难，还是和。除了汉奸式的和不在话下，和有三种：一是在战争将要发作还没有发作的时期，可以不取战争的手段，以外交方式，把问题在不害主权不侵领土的原则之下暂时结束。二是局部战争失败之后的和议。三是大战之后的和议。第三种的和，现在不能也无须虑到。一二种之和，以第二种的和，最多困难。上海及塘沽协定都是在这种情形订立的。今日的形势，似乎近于第一种。第一种的困难，也不在第二种之下。

两国外交的形势，不外三种：一是两方都不让步；二是两方都让一点步；三是一方单独让步。第一种形势是引起战争的先导，拖延在今日是于中国最不利的。第三种如果单独让步的是中国，那便是害主权侵领土。第二种形势是和平的通常形势，但是以中国的现实状况来看，让一点步就让到黄河南岸了。我们即不说东四省是我们的生命线（应当说是生命的核心），绥远河北察哈尔是不是中国的生命的一部分呢？

和，只有在日本撤回一切要求之下可行。换句话说，只有日本单独让步，才可以和。

所以说战难，和更不易。

（载《独立评论》第 227 期，1936 年 11 月 15 日）

《食货》周刊创刊的意思
（1936 年 12 月 6 日）

　　《食货》半月刊发刊已满两年。写稿及通信的研究者二百几十人。订阅及买阅的人三千至四千以上。今年七月，他的发行家请我们于第三年开始时（即第五卷第一期起）另托别家出版，因为他们想暂把出版的活动停止，整理内部。我们虑到出版家委托不是容易的事情，想改编季刊与周刊两种来代替。周刊便托本报开一园地，本报即刻答应了。这是九月里的事。到了十月，上海杂志公司又承认半月刊的发行，我们经过一回挫折，到〔倒〕是得到了周刊半月刊两个地方，供我们的论文的登载。查查自己的力量，也还没有什么不够。而与刊物的体例又不冲突。我们还可以多受一点鞭策。我们是很高兴的。

　　周刊与半月刊体例不同。周刊登载短些的论文，内容以叙述原委为主，不多插材料在里面。半月刊的论文是以集合材料为主的长些的东西。两刊写稿人也不大一致。半月刊是各地食货学会会员的论文汇聚地。周刊虽也是食货学会的出品，主要的却是北京大学法学院中国经济史研究室同人的译著。当然周刊也欢迎室外的稿子。现在把周刊编辑室的人名列下：

　　主编　陶希圣

　　编辑　鞠清远、武仙卿、方济霱、曾资生、贾钟尧

　　凡是中国社会史的作家，尤其是在他发刊一个刊物的时候，例须挑出几个历来研究这门学问的别人，一一加以"批判"，然后显出自己的本领，最后再说几句谦恭求教的话，当做书的序论，或刊物的发刊词。我们的周刊第一期第一文也应当一样的做，但我们不这样做。第一，一般社会史家首先要"批判"的一人就是本刊主编陶希圣。我们不祖护陶希圣主义，我自己也抱"昨非今是"的自己批评的态度。不过自己也没

有专骂自己的兴趣。

第二，我们不争正统。中国经济社会史的研究仍然是在萌芽期，谁也没有取得正统的资格和学力。即令为了争正统，把一切专名词喊得震天价响，不合于客观的事象，也是枉然的。况且自立门户，刚心愎气，拒绝人家的优越的见解，护自己的短，这是学问进步的阻碍。学问的进步是一斗争过程，但那些坚护老壳不让他蜕的，就是这里说的阻碍了。

第三，我们不以为"文章是自己好"，至少也不说"人家的文章都不好"，为自己争一个先着，只要有方法有工力，谁也能有一点儿贡献。有方法的治学，一定是后来居上，我们更不敢拦住后来的人的路。

第四，我们要求各家各派的合作并进。我们不主张互相排击，我们主张互通消息，互换意见，互供材料，但也不放弃互相批评，不过不主张以漫骂作批评。

第五，我们也不说谦恭的话，骂街之后再四面叩头是一矛盾。同时，我们也不是没有一点贡献，虽然不大，我们对于唐宋及以前的社会经济史料曾下过并正在下一点工夫，我们愿在《食货》半月刊及本刊里面把我们一点工夫贡献大家，态度诚挚，不在乎叩头。

这就是本刊的发刊词。

（载天津《益世报》，1936 年 12 月 6 日）

研究中国社会史的方法和观点
（1936 年 12 月 9 日）

  在没有讲研究中国社会史的方法和观点之前，我们应当先知道什么是方法？方法在研究学问上具有何等的意义。据我个人来看，方法的成立，多半是靠过去的经验，在不断的体合〔会〕的，实验的过程中，我们往往可以无意间得到为学的一种方法。在已有了某种方法之后，我们仍须时时地由使用中测验其是否有效，是否适当。五四之后，一般学者才讲方法，而自方法论成立以后，哲学和文学都有超前的进步。所以不讲方法便只是记问之学，讲方法，后人才可循前人已走过的道路，已累积的经验前进，而使学问有迅速的进益和发展。

  我个人思想的系统化，是由读梅因（Maine）的古代法律（*Anelent* 〔*Ancient*〕 *Law*）后开始。当时读书虽多，然因不能把握各家学说的中心，个人总无独立的意见，不能称为有方法。在民十二至民十五的时候，对于社会史的研究，是以宗属为中点。该时写有《亲属大纲》，以亲属为核心，对家族制度，婚姻继承等，作概括的研究。

  其后又读爱尔物特（Erlwood）的《社会学与近代社会问题》（*Sociology and Modern Social Problems*），恩格斯（Engels）《家族私产及国家之起源》（*The Origin of Family Private Property and the States*），魏士脱马克《人类婚姻史》（Westermark：*The History of Human Marriage*），霍布浩斯：《道德之进化》（Hobbhouse：*The evolution of Morals*）及马克斯的《资本论》（Marx：*Capitalism*）等，拙著：《中国社会与中国革命》即受以上各书的影响。

  方法论并非捷径，有方法也不能一步登天，方法论更不是万能的，神秘的，观念上的，它乃是客观现象上约必然发展的认识。

  方法的种类。可分为二：

（一）思想方法——亦即所谓哲学，每人有之。思想方法又可分两种：一，自觉的思想方法。二，不自觉的思想方法。前者是训练的结果，其思想历程是自觉的，系统的，一贯的。后者则为不自觉的思想历程，当每个问题来时，个人必有一种判断（Personal Tudgement〔Judgment〕）。此种判断即由个人的思想方法而来。

思想方法多发源于不自觉间。我们自出生便受环境中每个人的影响。父母的判断常常会是我们成人后判断的依据。

自觉的思想方法，有一贯的思想活动。循此活动，此历程，而达到一定的结论，这种结论也是自觉的。

思想方法本身并非结果，判断本身为结论而非方法，结论与方法是两个东西，□□。

每当问题来时，我们必须经过一番思考，由问题中抽出几点去搜集实际材料，然后再根据材料，分析，综合，而得到最后的结论，这个社〔结〕论受思想方法的影响，然非思想方法本身。

在方法上，我们万不能让步，必须尽力虚心收集材料，以达到正确的结论。

不过，往往在判断后所解释判断的理由，并不是真理由，而是一种自欺欺人的解释。真正的原因实际在这种解释的背后。结论在先，理由在后，是常有的现象。而且，常常在不自觉地得到结论后，自己也找不出实在的原因来。这是日常生活中常有的事情，但非系统的，自觉的思想方法。

（二）工作方法——根据思想方法而来的方法。例如：史学上搜集材料，鉴别材料，以及解释材料间之关系等时所用的方法。社会学中调查实际社会现象的意义，功用，及关系时所采用的方法，也是作的方法。

思想方法和工作方法关系极为密切，思想方法与以假定，然后用作的方法，搜集材料，分析材料，总括社会现象间的关系，发展，变迁，而得到结论。

考据是工作的方法，是依据思想方法的假设而判定其真伪的工作过程。历史学必须用这种工作方法以评定史料的真实性，及史料间彼此的关系。但是，以考据为史学的惟一责任，以写作为文学的惟一工作，乃忽略了思想方法的重要。史学家和文学家都有〈他〉们个人的哲学，也就是都有他们自己的思想方法。因各个人的思想方法不同，而有不同的结论。忽视他们的哲学，便是不明了工作方法和思想方法的不可分离性。

假设是思想方法的结果。搜集事实是工作方法的重要内容。思想方法必由工作中得到，工作方法必以思想方法为工作的根据。两者有同等的重要，密切的连〔联〕系，否认其一，都是绝大的错误。

轻视思想方法，使历史学与社会科学绝缘，而以考证为孤立的追求的目标，忽略了社会现象中各个部份间彼此的关系。不自觉的思想方法最为危险，否认思想方法，正可使不自觉的思想方法混入，而使整个思想过程支离破碎。所以，我们应当对工作方法和思想方法有相同的认识，相等的注意。这两个方法是不能分开的，所以暂时分开的原因，不过是为研究上便利起见而已。

至于个人研究社会史的观点，可以分下面四方面来说：

（一）一件事必为变动过程中的一点——每个事实（Event）都是动的，而非静的，固定的。当我们研究一件事实的时候，必须要着眼于整个变迁的过程，而不能把每件事隔离开来看。如研究奴隶制度，我们一定要明白奴隶制度的史的沿革，它的来源、发展、变迁和消灭，奴隶与主人的关系，以及奴隶的地位等。

（二）由各方面观察研究——竭力采求我们研究的对象与社会各方面的关系，由这个错综复杂的整个关系中，找寻这个因素的性质，功用和地位。如商业与农业的关系，都市与农村的关系。社会中各部份的关系，不是一贯的，而是时时变化的。商业繁荣之基础不一，组织不一。都市与农村的关系也因时，因地而不同。这种历史的变动，只有由社会事实的各方面观察，才能得到正确的认识。否则，我们只能知道社会事实的连续性，而不能知道它的变动性。事实上，连续性和变动性有同等的重要而不能分开。

（三）各个变动有悠久之来源，由微至显——每个大变动都是由长时期的小变动累积而成的。如：唐之两税法是系由户税，地税因土地之兼并渐渐变化而来。商鞅变法亦系三晋时代许多小变化积聚而成的结果。

凡物发展至最高阶段必起变化而渐渐衰落。大变化的发生，乃社会各部间彼此影响的必然结果。一方发生变化，影响他方，而产生变迁。大变动后，继续的小变动，仍是难免的现象。

（四）物质条件为社会变迁之基本因素——此处，所谓物质条件非仅指社会经济组织而言，广括所有看得到，摸得着的客观存在的东西。如：气候，地势，土壤等地理条件亦在其内，仅仅物质条件也不会发生决定的力量。物质条件必须透过人的努力，亦即人类之生产劳动力，才能有效，在社会物质生活充裕后，始能有进步可言。

经济组织受物质条件的影响，而发生决定其他社会组织的力量。同时，社会的其他方面，亦可影响经济组织。如思想可影响政治，政治亦可影响经济。思想界的大变化，往往引起经济组织的变化，进而酿成社会的改造。

我们并不否认艺术和道德的力量。艺术道德虽都受经济组织的影响，但是他们也反而可影响经济组织。

我们也不否认个人的重要。天才或英雄在历史上自有他的相当的地位。假如个人能把握住一般人的要求，他便可以领导群众而影响历史。但是，个人的成功，必受客观条件的限制和决定。

是以，经济制度为社会构造的基本组织，物质条件有决定社会上层建筑的伟大力量。经济组织的重要，只能从社会事实的变动，社会各部门间的关系中观察出来。我们也只有从整个社会现象的矛盾，冲突，和这种矛盾的发展中去明了社会史的发展。

总之：在社会史的研究上，思想方法和工作方法必须双双并重。我们必须在发动过程中，由整个社会各方面的关系里，了解物质条件的重要以及各个制度的性质，发展，功能和地位。

我们不能预定结论，只可说：由某种方法，某种观点，可以达到某种结果而已。

（陶希圣讲，贾文麑记，载天津《益世报》，1936 年 12 月 9 日）

中国的出路与中日关系
(1936 年 12 月 21 日)

这篇文章是陶先生应一家日本杂志的要求而写的，系对日本人说的话。脱稿时间在张川越初次会见时。译文载《日本评论》第十一卷第十二期，中文稿交本刊发表。这里陶先生对近年中华民族自觉运动的兴起的背景，给了一个深一层的解释。指出近年的民族自觉运动是以整个社会经济的转变为基础，绝不能单纯的看作消极的排日运动。对中国民族出路也给了一个重要的指示。这不但要说给日本人听，中国人也应一读，所以本刊在这里发表。

一　两个故事

日本学者中熟读中国史的颇多。在中国史籍中，中国人最熟读的是《史记》，我想这部书也是日本学界最熟读的。《史记》描写秦汉间的故事，活泼生动。我现在从这里面选出这两个故事，提向日本学界及国人：

"二世元年七月，发闾左，谪渔阳九百人屯大泽乡，陈胜吴〈广〉，皆次当行，为屯长。会天大雨，道不通，度已失期，失期，法皆斩。陈胜吴广乃谋曰，今亡亦死，举大计亦死，等死，死国可乎？"

"（韩信已破赵军）诸将效首虏休，毕贺，因问信曰，兵法右倍山陵，前左水泽，今者将军令臣等反背水阵，曰破赵会食，臣等不服，然竟以胜，此何胜也，信曰此在兵法，顾君等不察耳，兵法不〈曰〉：陷之死地而后生，置之亡地而后存。且信非得素拊循士大夫也，此所驱市人而战之，其势非置之死地，使人人自为战，今予之生地皆走，宁可得而用之乎？"

这两个故事，指示了中国的出路。中国的国民，不感谢三十六年以来国际对华门户开放主义，中国国民最好的立国教训，实以一九三一年为起点。"陷之死地而后生"，"置之亡地而后存"，恰是五年以来的中国的环境。"逃亦死，举大计亦死，宁死国"，恰是中国最近的心境。我们已从绝望中生出无限的生机。今日中国的排日抗日运动，决不是以排日反日的消极的意义可以一括了之的。他是有积极的意义的。不过积极的民族觉悟，是以九一八以降的许多事件为契机而发展。因此，容易被人指为排日和反日。

二　社会经济的转变

中国民族的生机，第一个基本条件是社会经济的转变。

中国旧经济组织的特质，是商业支配工业。商业支配工业是前资本主义的社会经济的基本象征。在这样的组织下，生产者的生产物经商人而出卖于市场，利润全入商人之手。因此生产者不能取得利润，以此去扩张生产规模，改善生产技术。商人取得丰富的利润，并不想着怎样去发达生产，商人只不过从现存的生产状态中追求利润。中古的邸店，近古的牙行，是最重要的支配工业的商业组织。这种组织是基于小生产者的相互隔离而发生的。商人利用小生产者的隔离，抑制小生产者的发育，而收取全部或大部的利润。商业资本一步步的繁荣了，社会生产却一步步的衰落。

旧经济组织的另一个特质是农场的分化。中古的农耕技术，很早就进入集约农耕。因为地租高的缘故，土地从早就加入了交换过程。土地交换的频繁，使土地贵族的门第趋于崩溃，土地流动于富族及小农之手。因此，中国自唐以后，就脱离了贵族政治，进入专制君主及统一国家的阶段。不过，最大缺点是农场分散，不适于施用大规模的耕作器，因之农业资本主义的发达是困难的。同时，土地投资，只是用以作购买土地的地价，决不是参加生产，因此农业技术没有改良的余地。

上述的两个特质中，前者是都市的基本条件，后者是农村的基本性质。百年以来，中国的都市与农村都有变迁，尤以最近三十六年的变化，是一天一天的加速。今日，中国的都市与农村全陷于崩溃，其中牙行与小农场的解体，便是主要的事实。这种事实实在是痛苦的，和婴儿离母胎的痛苦一样，新的工业与农业须经痛苦而产生，见到中国当前社会经济的崩溃，一味的说这是破灭而加以蔑视，或抱悲观，这都是错误的。欧美诸国经验过的"原始蓄积"的诸现象，中国也没有不经验的道理。欧洲史上的三十年战争，正是清末以来的内战的先例。恩格尔斯的有名的《德国农民战争》正似描写中国今日的农民暴动。

三　国际局势的激荡

中国今日的社会经济与欧美原始蓄积时代的不同，也是当然的不能轻视的。中国的原始蓄积正行之于资本主义征服世界的时代。而资本主义的世界征服，不外就是资本主义的末日的开始。

中国新社会经济的产生，是在资本主义之世界征服的时代。所以中国新生命的诞生极其困难。半殖民地的中国，成为工业先进国工业品的尾闾，及金融资本国金融资本的投下地。因而民族资本的发育不易，因而民族国家的建设也甚困难。

中国民族国家的建设，正遇到资本主义破灭的时候。民族国家的建设与帝国主义的崩溃互成正比例，而且互为条件。因此，中国国民的民族觉醒，同时就是反资本主义反帝国主义的觉醒，中国国民的民族国家建设在帝国主义的环境与宰割之下，坚苦的进行着。从对外发扬对内和平的英国神圣革命到对外抗争对内和平的日本明治维新，凡此等等在中国都是不可能的。中国民族国家的产生，必须对内铲除专制的封建的乃至殖民地资本主义的障碍，对外抗御帝国主义的环攻与宰割。这是没有先例的特殊重大的民族的任务，决不是短期间，平和的或容易的，少数人所能完成的。从鸦片战争到最近的上海事件，从辛亥革命到最近的西南事件，总之都是民族国家产生的阵痛和催生剂。在这长期的生育过程中，中国了解了无数的事实。了解了不能追随明治维新的路迹，了解了模仿十月革命的不容易，了解了门户开放之不可依，了解了国际联盟之不可恃。列强的均势已经打破，故中国已无明治维新的国际环境。外力的侵入已经很深，故中国革命须披上民族的外衣，直接建设苏维埃的作法不可能。门户开放的破坏与国际联盟的空虚，使中国已经深深的了解只有依自力始得求生。五年以来严重的局面，直等于中国的最后一课。中国已一扫过去的追摸〔模〕主义与依赖政策，启发了空前的大自觉与大自责。

四　民族觉醒的基础

这样空前的大自觉与大自责，决不得与排日反日的消极的运动等量齐观。这种民族的觉悟实基于以下的三种事实——

（一）新工业发育，一切的条件渐次具备。例如生产者与小生产手段的分离，大生产技术的追随世界的进步。及国内市场的统一与地方限制的破坏等。

（二）觉悟了自由放任政策不适用于民族的组织与经济的必要。这，一方面是鉴于清末以来新工业在帝国主义势力之下的破产的事实，他方面是由于看到苏联等后进国组织经济政策的先例。

（三）帝国主义国家对中国民族的宰割，使中国人民渐次感到国内党争与地方割据的非计。这种感受更促进了上述的民族组织的效果。

要之，正在中国民族国家成就的时候，日本又给以最大的刺激，从而助长了这觉醒的深度与速度。因此，中国民众遂集中对付日本，日本政府也就解释中国民族的觉醒为单纯的排日与反日了。

五　诸种论调的批判

（一）民族衰亡论

或有对中国民族的出路抱轻视和悲观的。有的说：中国民族已经衰老，没有复兴的希望。这种看法是不对的。中国的衰弱，不是民族的衰老，而是由于社会经济正在一个痛苦的长期之过渡中。

（二）历史循环论

有的说：中国的历史是循环反覆的，今日的割据纷争，不外过去割据纷争的再演。这种说法也是不对的，中国近一千年来已没有了割据，最近二十年的割据乃基于帝国主义，与中国各地的竞争。因此，反帝国主义运动，同时就是统一运动。

（三）英美诱惑论

有的说：中国近数十年间受英美的诱惑，因而西化，因而排日。这种说法也是不对。中国的进步与〔与〕其说是受外来的影响，不如说是由于社会经济的自发的变迁。都市对农村的支配，工业对商业的革命，基于统一市场的地方限制的打破。凡此都是自发的必然的，决不是外铄的。

（四）苏维埃诱惑论

有的说：中国革命是受苏维埃的诱引，这也是不对的。半殖民地的中国革命与帝国主义的俄国革命，其性质其方式都是不同的。中国社会主义必须从民族国家的发展过程中取得，决不是就那样模仿苏联即能成功。

六　中国的出路与中日关系

中国民族国家的发育是非常坚苦的已如上述。在这坚苦的发育过程中一再受列强的压迫和干涉。五卅运动对国民革命是划阶段的运动，这是周知的事实。从五卅运动到香港罢工，是抗英的，这也是周知的。不幸最大的刺激却从日本发来，济南事件（五三惨案）是从反英到反日的最初事件，九一八以降的事件更加重这种刺激。我开诚的向日本国民说，大家必须认识，中国国民对日问题的平等解决，是中国民族国家成立或流产的关键。

所以希望日本国民对下面几条，加以考虑！

（一）对日问题是中国民族国家生死的关键，造成这种关键的责任在日本军人。五年以来，日本军人分裂中国的领土，破坏中国的主权；中国欲获解放，须先求生存，为求生存不得不集中力量对付日本。

（二）中国民族国家建设的本来的任务，决不是专在仇抗日本。假如列强尊重中国的主权与领土，例如英国交还汉口九江租界，苏联放弃不平等条约，中国便引以为友邦。中日问题是日本军人对中国的加害，其责任在日本军人，不在中国。

（三）中国民族的自觉与自责，两种意识是并行的。中国国民业已放弃过出〔去〕的夸人狂，国力的不竞，中国国民常引以自责。但，中国的排外媚外的心理亦成过去，中国国民今日已了解而且接受陈涉吴广的"逃亦死，宁死国"的心境。

（四）中国国民决不主张浪战，但畏战的心已成过去。盖中国今日所处的环境，乃"陷之死地"，不得不奋迅求生。

（五）中国国民富有爱好和平的心理，可是，知道帝国主义世界的和平非牺牲国力诉于一战，不得维持。

（六）中国民族国家的成就，决无妨害日本的道理。因为中国社会的发达，不是以资本主义帝国主义为前途。

今日已到两国关系的最后关键。我愿日本国民基于上述的认识，起来制止日本军人的蔑视中国，导日本国民于孤立孤注的前途的行为，以平等和平的方针，打开两国外交的坦途，恢复两国正当的关系。

（载《教育短波》第 84 期，1936 年 12 月 21 日）

1937 年

论开放党禁
（1937 年 1 月 24 日）

  国民党第一次全国代表大会继续中华革命党时代的一党专政纲领，参酌苏俄的制度，确定一个主张，就是"以党为执政之中枢"。当时，在形式上是取一党专政的制度，实则共产党潜在于国民党内，共有政权。在共产党的看法，以为国民党是各阶级的革命联盟，而共产党以无产阶级党的资格，在联盟中应居领导的地位。他们把国民党当做苏维埃，把他们自居为苏维埃里面的党。

  分共以后，我曾有一个见解，以为党治制度应有一回变改。国民党应当潜在于民众的里面，领导民众以民主制度来运用政权。国民党不应在法律上执掌政权，由党来直接产生政府。这种见解也有不少的人现实的主张过，却没有实现于实际政治。

  九一八以后，许多人为了开放党禁和民主制度争斗。六年之久，国民大会的召集，才渐渐的在实行的途中。开放党禁的办法也正在商议。不独许多的人感觉愉快，我个人也是很高兴的。

  开放党禁，不用说是法律上许可国民党以外的党公开，政治上许可国民党以外的党在选民团里活动，取得当选的地位，参加国民大会，决定国策。依宪法召集的首次的国民大会开会以后，国民党自己也退居多党之一的地位，即令能继续组织政府，也必须竞争选民，在国民大会里取得多数的选席才行，不能够和现在一样，直接以党的议决来组织政府。

  开放党禁与国民大会的召集，最近的有力的新动机，自然是在野党最有力者的放弃武装暴动，在对外抗争，对内民主的前途之下，他们不再与国民党作武装的争斗。国民党自去年八九月以后，已开诚接受他们的要求，筹划具体的方法。这一件事在政治上思想上是有些大的影响的。这种影响，不独消极方面使开放党禁的问题可以解决，积极的方面又可使国民大会的威权加大，兴趣加高。

这里的基本问题是那些党可以公开呢？据我推测，国民党中央是在遵守三中全会议决案，主张消极的不反三民主义，积极的放弃阶级斗争的党，始可公开并参加国民大会。不过国民党中央对于三民主义放宽解释，以民生主义容纳社会主义，以民权主义容纳自由主义，以民族主义容纳国家主义。以至于国家社会主义，社会民主主义，何尝不可以一民或二民主义而一一容纳？但是这在国民党三民主义者看来，虽已尽宽容之能事，在在野党看来，却很有一些不便。如在野党承认三民主义的条件，至少他就不能再攻击国民党及所组政府了。这在最有力的在野党并不觉得什么，尤其是他已经放弃抗国民党的武装行动。如在那些正在形成的小党，极感不利。他们正在利用陕北问题解决后青年左倾分子的烦闷来发展党势。他们不得不标出更左的纲领，不得不做出更左的行动，借打击国民党来吸收党众。因之，有些人比某党更左，是势所必然的。如以不反国民党政府为条件而容许他们公开，他们只有以单纯孤独的党干部来公开了。

有力的在野党方面，主张凡是有一年以上的历史的党都可以参加国民大会。又以为只要他们不反对国家，即令反对政府，也可以公开取得参加国民大会的地位。这个条件是比国民党中央更宽的。科学社会主义本来把国家与政府看成一物，这回他们主张不反国家而反政府的党的公开和当选，是依实际情形来说的。换个话头来说，只要不反对中华民国，即令反对国民党政府，也可以公开和当选。这在上述小党是很方便的。十年来反国民党的政党政派一齐可以合法而当选，又可以引导那些烦闷青年人入党以张党势。不过在国民党看来，是不愿意的。国民党人要问，为什么让那些打国民党专家合法化又参加大选？党的感情是不许的。加以统一初成，随地有摩擦发生，如果让反对运动立时又高张〔涨〕起来，客观上也不利于国呀！

我个人的意见，以为要集中国力对外，必开党禁。要开党禁，便须放得极宽。反政府的言论，在国民大会里得到发挥的机会，可以减少非法活动和分裂运动。如以为反对党可以公开，便加党势，这是不一定的。公开的党，失去了神秘性，便是失去了诱引力。尤其是青年，不见得有做一个投票党员的兴趣，却有做一个秘密党员的兴趣。小党都公开了，也许烦闷青年大部分就可以坐下念书了。至于在选民里能获得多数票的，一定只有历史悠久而基础雄厚的党才行。这样的党在中国算来算去也不过两个。这两个已经不闹了，又谁能大闹起来呢？况且《刑法》里面总有"内乱"一章，保障国家的完整。分裂运动始终是要受制裁的。所以我主张要开党禁，其原则应当是"是党就可以合法，是党就可以当选"。

在野党方面曾提一个消极限制，就是汉奸除外。这在国民党中央是不会不同意的。民权主义在国民党第一次全国代表大会宣言上，解释为革命权，首先要排斥帝国主义的走狗。不过有些以谩骂起家的小集团，说国民党是汉奸。我想这个是不可凭信的吧！没有国民党的国民大会，并不像"没有汉母烈的汉母烈"的戏好排。我以为"凡是企图分裂中华民国领土及破坏中华民国完整"的党派，如殷汝耕之类，是没有公开及选举权的，此外一律可以公开当选。

（载《独立评论》237 期，1937 年 1 月 24 日）

民族与民生
（1937 年 2 月 15 日）

　　几年来，我不谈实际政治。几年来的国家民族的危急，又使我不断的对于国家民族有切迫的期待。这个期待，是从远大的方面着想，是从实际政治的大趋势静观。这期待不是用实际政治里日常工作的眼光，也不是以希望当作事实。在国际方面，中国的前途是与英法美苏的国际和平路线一致的。在强邻虎视鹰击之下，中国没有方法不反对侵略，期待和平。这和平，不用说是要以兵甲的保卫与国际的结合来取得。英法美苏等国一年多以来，正为了世界和平努力，并为了世界和平而联络爱好和平或抗御侵略者。中国的前途与他们一致是无疑的了。一年多以来中英及中美的关系是明显有很大的进步。只有中苏的具体的政治经济关系还有待于促成。但以国际大势而论，两国的接近是不成问题的。

　　由于国际反侵略路线的一致，中国的外交已经在世界化了。假如有一国想加兵于中国，就有引起世界大战的充实的可能。想加兵于中国的强国自有很大的顾忌。

　　中国对外的民族的壁垒是一天一天的坚固的。并且这坚固的民族壁垒可以使中国外交上取得若干的胜算。我以为今年的外交可以强化，我期待中国外交的强化。

　　反观国内的政治，虽有不少的严重的内争时时发生，也有不少的人要利用外交的严重局面及民族的运动来引起内争，但这些波澜只有使那些实际政治里日常工作者一时兴高采烈，一时灰心丧气。如从政治的大趋势看来，政治的前途是民主的统一。

　　统一才可以加强民族的壁垒。分裂可以破坏民族的长城。这是再显明也没有的事情。在外患足以覆灭全民族的时机，革命或倒政府的运动是绝对不为国民容许的。一切国民的政治经济军事力量，都应当集中于政府之下，才可以抗御外侮。

　　政府为集中民力，必须取民主的方法与制度。几年来的政制逐渐倾向于民主，是不可抹杀的。如国民党内各派的团结共进，如党外人才的入阁，如国民大会的准备召集，都是民主的朕兆。如欲集中民力，则政府顺应这已有的倾向而更进一步，是可能的，也是应当的。

　　民主自有一定的限度。政府不会也不能授予在野党派以推翻政府的暴行的自由。在野党派如果主张他们的推翻政府的暴行的自由，则政府的力量势必多用在安定内乱的方面。如欲共同巩固民族的壁垒，在野党派必须诚意保证国内的和平。

　　但是，随民族对外抗争的强化，国内的民主限度必然是扩大的。民族对外抗争的时机，任何在野党派也没有发挥他们争夺政权的手段的可能。同时，政府对于民力的集中，也相需更亟。

　　中国的政治向民主倾向，因此也是一天一天扩大的了。（《申报》）

　　　　　　　　（载《月报》第1卷第2期，1937年2月15
　　　　　　　　日。从本文内容推断，题目中的"民生"应
　　　　　　　　为"民主"。）

残余的西班牙主义

——一个忠告

（1937 年 5 月 8 日）

日本明治维新与俄国十月革命，在中国思想界都曾发生重大的影响，引起革命的浪潮。日本明治维新把日本推上强国的路途，资本主义与立宪政治相随发达。十月革命把俄国变成社会主义的新国，克服战后恐慌，完成建设计划。我们中国要去学他们，不能不说学得好。可惜我们没有学成就是了。

近来一年，知识界有一部分师生又学人家了。学谁呢？他们要学那列强傀儡戏及国际斗牛场的西班牙。西班牙的革命，是值得我们同情的。可是革命反革命两派都做了外国的傀儡，受人家牵线，自相残杀，漫无已时。学外国而学到西班牙，可以说是没有出息，可以说是太下流了。

在去年，人民战线的运动并不是没有一点道理的。国际和平战线的参加，与国内实力的集中，本是救国必要的条件。不过，要做人民战线，不是联合一些残余破落的党派共同反对国民党这样就可以救国的。零加上零，还是等于零。××系加上××系，结果还不是游士一群。

西安事变也解决了，陕北问题也解决了。我们以为西班牙主义也相随结束了。尤其是中国共产党很明白的舍弃了人民战线分裂国家的政策，剩下的一些"零加零等于零"还有什么呢？不料想西班牙主义还有一些残余信徒，朦〔蒙〕蔽青年，固守故步。他们的老办法，老意气，无论如何也改不过来，在他们眼中口中，总以为人家是汉奸，或是投降分子，仿佛一线的革命正气只有他们少数的最最左倾者一肩担道统似的。国可亡，西班牙主义不可放弃。忠节虽然可风，浅薄也就可怜。

五月四日一早，报上的记载使我感动。北平旧学联发出消息，他们要参加新学联在师大召集的纪念大会，"以行动求统一"。五天没有答应

的出席之约，我在欢喜的心情之下，一口答应了。下午三点，我同周权
□先生一同到了会场。主席台上正有不可解的交涉。有几个自称代表的
学生，要求参加主席团。周先生同我主张新旧学联各出代表共组主席
团。那几位三番四次的不答应。我立刻看出这是阻碍开会的所谓战术，
我立即要退出，并劝在场的北大同学退出。但是我被人阻止，走不脱，
后来他们同意不设主席，只有一人司仪，进行开会。党歌唱完以后，会
场中突起西班牙主义的保卫马德里曲，会是开不成了，我也就走出会
场。三十分钟以后，会场有人来说两方面打起来了。马德里卫士们都去
到法商学院开会去了。后来听说，他们的一个决议是通电讨伐汉奸陶
希圣。

陶希圣没有别的特出意见，就是反对西班牙主义，自然不受马德里
卫士们的同情。陶希圣确不谅解北平方面的西班牙主义。我的不谅解，
只是怜惜，只是哀悼，不是憎恶。我近来再三向政府呼吁网开三面的办
法。我请求政府实行民治，宽容人民战线的残余。我要求政府大开法律
的道路，让自由主义社会主义的人们都有存在发展的自由。同时我也要
求在野党派放弃分裂国家的运动。不料我预想错了。我想乐观各方的合
作，反而看见了西班牙主义的分裂。如果主张宽容的开放的人成了汉
奸，那只有四面张网的人们不错了。但是我仍然主张网开三面，向西班
牙主义大开合法之门。只是可怜见青年们受骗不悟吧！

我对于西班牙主义受骗下的青年仍想进一番忠告。分裂中国，挑拨
内争，决不是救国的道路。你们如果左倾，可以自由，但不要向完整的
国家发挥憎恨，必使破碎而后已。在完整国家之下，社会主义随工业的
发达，是有光明的前途的。国家如因分裂而灭亡，社会主义又到何处寻
觅？你们如果放弃了伟大的前途，只是随着那些游谈讲说之士，做一番
纵横捭阖，挑拨离间的工作，你们是只有没落的。我在二十年革命风潮
里面，看到了多少的离合悲欢的历史，却从没有看见不负国家民族的责
任的政客式活动成就过巨大的事业的。你且不要骂人是汉奸，或是投
降，试问"零加零等于零"的小集团能负责为民族与国家求出路吗？你
们想想自拔的方法罢。

（载天津《大公报》，1937 年 5 月 8 日）

青年思想之动向

——杨骥笔记

(1937 年 5 月 15 日)

国立北京大学政治系主任陶希圣先生应河南大学之请,莅汴作学术讲演。四月九日在河南大学大礼堂,作首次公开讲演。讲题为:"青年思想之动向"。对于中国青年思想有严肃的分析,颇足供青年鉴戒,爰记之以飨读者。本笔记草成后,承陶先生亲加批改,特志之以表谢意。

在满清末叶,光绪三十四年,宣统元,二,三年时,本人适在河南中学读书。回想当时青年之思想,殊可感慨。盖当辛亥革命时,仅由余之故乡(湖北)传来断片的离奇消息,纯为小说式的推测,毫无政治意义之可言,所以当时青年思想丝毫不成问题。青年思想之成问题,则自五四运动始。

青年在社会组织中,本非一固定阶级:各种职业层中均有青年,青年将来亦必到各种职业里去服务,所以青年是自各处来,到各处去。青年为人生一个阶段,逾此阶段即非青年。知识分子亦非一固定阶级,所以知识青年之来源与出路,亦与普通青年相同。但是一个非固定阶级(青年),为什么在社会上的地位那样重要呢?原来有下述诸因。

(一)青年时期富于感受性。人在青年求学时期,既无家庭之负担,又无职业之利害,虽初无政治觉悟,但一经接触思潮,即能勇敢的接受。

(二)青年思想易趋急进。中年人因受家庭负担,社会挫折,故多趋稳健。唯青年始为急进之重要成分。

(三)青年易受群众心理之支配。普通人之个性,不易受群众心理之支配,但青年集团则反是。一种思潮之来袭,初不问其来源如何,及其理论之如何抽象，青年均以毫无反顾之态度接受之。此种事实，在社会思潮之动荡中，数见不鲜。但因青年非固定阶级，故在思想爆发后，常易分化与销〔消〕沉；受群众心理支配时，行动虽甚勇敢，但事后常生纷歧之意见。

青年本身无独立思想，其思想乃由社会而来。纵观近来青年思想之潮流，可分下述诸阶段：

（1）从最近说来，从五四运动到国民革命（民十四迄民十六）为一阶段：五四运动时的主要思潮，为自由主义，伴之流行者为社会主义。查自由主义传入中国甚早，满清末叶，已见发动；同时中国固有思想中亦有自由主义，但不纯粹耳。如南宋之陆象山，明代之王阳明等之主张，均接近于自由主义。此种学说，在日本明治维新时代，曾发生极大之影响；在中国则因雍正乾隆时期曾受打击，故影响极微。下迄清末，始自欧西传入纯粹之自由主义。此种自由主义：在经济上表现为自由竞争，如资本家自由竞争，劳动者自由就业；在政治上表现为民主政治，如实行代议制度，扫除专制君主；在思想上表现为思想自由，如脱离一切宗教之迷信，伦理之束缚。当清季末叶，恰为欧洲十九世纪自由主义最盛之时。自由主义在中国之影响为：在经济上打破行会制度，在政治上废除专制政体，在思想在反抗旧日的伦理哲学。其范围既不广，其力量亦不大。所以青年方面对于自由主义的感受与认识，均甚浅薄，只知排满，而不知民主。譬如当时同盟会的四个口号："驱逐鞑虏，恢复中华，建设民国，平均地权"，只有"驱逐鞑虏"这个口号最能发生影响而获得人民之欢迎。可见人民既无民主思想，更谈不到民生思想。有此思想者，仅广东及沿江少数省份而已。所以辛亥革命的自由主义，在政治上并未成功，所谓议会政治不过旧官僚之变象而已！盖欧西之议会政治，为工业革命以后之产物，用以代替贵族会议控制政府者。其代议士均由各阶级之人民选出，故能代表阶级利益。但中国议会政治之情形则不然。中国之生产事业存于手工业及农业中，中国官僚均不参加生产，而生产阶级又不能与闻政事。所以此等职业政治家之官僚，在政府作官，与在议会作议员初无二致，既不代表社会利益，更不需要人民拥护。所以与欧洲者不同。

所以民国初年较之清季末叶，思想界尤为销〔消〕沉。

但不久欧战爆发，洋货之来源断绝，中国之生产事业突行发达，于是商业活跃，都市繁荣。中国之知识分子认为解放之良机已至，于是以工业繁荣为基础之自由主义，遂大见抬头。空前之五四运动爆发，竟不可复遏。五四运动时之口号有二：一曰民主（Demoracy〔Democracy〕），一曰科学（Science）。科学用以克服旧有宗教伦理之遗毒，民主用以扫除过去君主军阀之暴政。在自由主义抬头之同时，社会主义亦逐渐发展，初不甚显，继乃大张。在此两种思想之影响下，于是主张对外求民族的解放，对内求打倒军阀。国民革命遂以发扬光大。

但此时中国之社会情形，较欧战时又不同。欧战时只有日本向中国强提无理要求，但华盛顿会议予日本以一大打击，使其势力仅限于东北三省，其余之大部中国领域，则遵守门户开放之原则。在国民革命时期，中国之独立，日濒危境，但一国独占之侵略或干涉则不可能矣。国民革命遂乘此时机，突然开展，而民主主义与社会主义亦向同一方向前进。

返观国际情势，则自一九一七苏俄革命以来，欧西国家多有革命发生，各殖民地亦纷起骚动，大有社会革命澎湃全世之概。于是中国共产党遂认为中国社会革命之时期已届，而破坏国民革命之完整阵容。国民革命阵容破坏之影响有二：一方面使革命势力减削，增加军阀气焰；一方面使抵抗帝国主义之武力，突形挫弱。关于后者，可以下事证明：国民革命阵容完整前，在汉口收回英租界，在九江收回英租界，在南京镇压日本势力；但自阵容破坏后，即不能动摇外国势力之毫末。国民革命阵容分裂后，最初有宁汉分裂，继则南昌暴动，广州暴动，下迄共产党以后之一贯暴动。暴动之结果，遂使中国陷于破碎不完之局面。

（2）从民十七到民二十又为一阶段：此时欧洲战后之恐慌已成过去，但慢性的经济恐慌随之继来，逐渐遍及于全世界。当时国际局面非常混沌：一方有英法及战后新兴诸国结成拥护《凡尔赛和约》的集团；一方有德奥诸国，结成反对《凡尔赛和约》的集团；义大利虽为战胜国但亦不满和约。同时益以社会主义国家与资本主义国家之抗争……凡此种种，均使欧洲各国焦头烂额，苦于解决之无方。欧西之局势既已毫无东顾之可能，然则中国国内之情形如何乎？北方军阀之残余复活，国民党与共产党之内部，又复各自划分许多派别，益以农村破产，都市动摇，实为空前之混乱局面。国际之关系既如彼动荡，中国之内部又如此混沌，于是日本乃得大张其魔手。而解决其经济之恐慌。故"济南惨案""万宝山事件"接踵而来，至"九一八"沈阳事变而登其极峰。当此时也，中国之客观条件实不足以言抗日（自己力量既分化，欧美外援亦缺乏），但中国之主观情绪却非常激昂亢进！此种情绪之表现，即为结党之狂潮：三人一党，五人一派，青年思想之庞杂与亢进，莫此为甚。

（3）从"九一八"以迄今日为另一新的阶段："九一八"之来临，恰值欧洲政治混乱，美国金融风潮，中国内部纷扰，故日本一夜而占沈阳，不战而取锦州。此时，青年之思想虽仍激越，但已饱受教训，对于过去宣传组织，结党分争之无用，有所觉悟。"九一八"抗战虽曾使人暂时兴奋，但不久即归销〔消〕沉；"长城之役"之后，北方青年思想转变日甚。盖已深知标语口号不足救国，欲救国唯有从脚踏实地作起。故对外虽仍愤慨，但对内则转趋沉着。过去存在之各种小的党派，逐渐烟消云散。"九一八"以前之思潮，为"资本主义和社会主义"两问题所笼罩，"九一八"以后之思潮，只有一个问题：即如何使国家从帝国主义铁蹄下解放。此时人民之情绪，愤激与沉着同时并进。从愤激方面言之，固可受人挑拨而获一时之成功；但从沉着方面言之，则此种侥幸绝难持久。

同时就国际局势看来，亦非昔比。盖自近二年来，社会主义与资本主义之对立，逐渐消灭，苏俄之加入国联即其明证。最近德国之进兵莱茵河，义大利之占领阿比西尼亚，均足促成英法之团结。于是主张维持现状之资本主义国家（英法）与逐渐民主化的社会主义国家（苏俄），倾向于结成一个集团；主张打破现状之法西斯国家（德日义等），亦将结成一个集团。两个集团互相对抗。富有国际性之西班牙内战，适于此时发生，而饱受外来之操纵。

中国受日本压迫之程度，无以复加。"九一八"事变以后，复有"华北自治"之运动。此种事实，促使抗日情绪高涨；但抗日非全国动员不易成功，故抗日情绪要求国家统一。不过，客观情形虽有此种趋势，但积重难返之思想界，初不易整个纠正也。例如，西班牙内战发生后，国民阵线与人民阵线之传播，在中国甚为迅速，思想界遂有更大分裂之趋势。其实，在中国一时不能对日作战之条件下，此种现象殊非偶然也。

但是这种分裂是正确的吗？决不是的！因为中国今日的要求，是全国抗敌；如果发生内战，则将生下述诸种恶果：（一）中国如生内战，则必丧失北方大部土地，河北，山东，山西，察哈尔及内蒙全部均将被人占领；敌人占领广大领土后，军人日益兴奋，中国更无抵抗能力；

（二）就国际言之，则自去年下季以来，英法美俄曾表示密切之接近，以对抗义德日诸侵略国家。前者之联络固日趋扩大，但后者之组织亦努力开展。中国如生内战则无异增加后者之气焰，而陷国际于日益混沌之局面；（三）就苏俄言之，则第三国际固应指导中国共产党夺取政权，但如西北之红旗一展，则日英日美必反趋接近，而使苏俄多年和平外交以及近来集体安全制之努力化为泡影。所以，正如同中国内部和国际局面都不允许中国内部分裂一样，苏俄情形亦不允许其指导中国共产党分裂国家。

各方情形既已如此，于是民族主义在中国遂得一更大之发展。中国五四运动以后之自由主义者，大抵均主张世界主义；此种主张如仅限于文化，则固可有利中国，因可接受世界文化也；但如涉及政治，则为害极大，因此种主义有利于侵略之帝国主义，而不利于被侵略之殖民地也。所以，自由主义虽在中国拥有极大势力，亦不易获得成功。民国十三年以后中国之社会主义者，大抵主张国际主义；此种主张如施行于资本主义国家，固无不宜，但如施行于半殖民地国家，则应变为民族主义。盖在半殖民地之国家，劳资对立远逊于民族对立，劳资利益之重要性远逊于民族生存之重要性也。

所以民族主义在中国始终是第一义的。时至今日，社会主义者与世界主义者均须服从民族主义，社会主义与世界主义均以民族主义之前途为前途。此时已无世界革命与社会革命之可言；对抗民族敌人之要求，超过一切内部纠纷。

民族主义在中国最近之开展，已有事实表现。政府怎样强固，国防怎样建设，一般人虽不能知之甚悉，但证以张群川越之交涉，绥远之抗战，亦可洞明其一班。所以从来反对政府之知识份子（清代知识份子以不求仕进为消极的反对，民国知识分子以革命为积极的反对）突然表现拥护政府之态度，为空前未有之伟大转变。此即"九一八"以来民族主义发展之表现，所有一切民主革命社会革命均须高举民族主义之旗帜。在"九一八"以前，中国人民均认对外不如对内之严重；但"九一八"之炮火，已将吾人在半殖民地情形下，应有的民族主义之旗帜轰出。

尤有进者，自由主义一贯的反对国粹主义，其武器即为世界主义；与世界主义处反对地位之民族主义有流入国粹主义之可能，故自由主义反对之。但中国今日之民族主义，乃以自由主义与社会主义为基础，故绝不能流为国粹主义，故自由主义不能反对之。又社会主义一贯的反对资本主义的帝国主义；而过去的帝国主义，多半皆为民族主义过度发展之产物，故社会主义连带的反对民族主义；但中国今日自求解放之民族主义，与十七，十八世纪欧洲之民族主义，绝不相同，绝不能流为侵略弱小民族的帝国主义。故社会主义者假如攻击今日中国之民族主义，其不流于错误者几希！中国青年思想界，对于此点已不置疑，实为中国青年最伟大的地方。

西安事变以还，中国青年思想之动向，日益显明。吾人今日阅读报章杂志及私人通信，当可认识此种趋势。不过在黄河以南观察，因过去态度一致之关系，此种倾向或不显著；如在黄河以北观察，则因过去态度纷歧之关系，此种忽趋一致之倾向，实予吾人以强烈之冲动。

此种趋势与动向，今日已无人能够否认，行且见其日益扩展也。

（陶希圣讲，杨骥笔记，载《现代青年》第
7卷第3期，1937年5月15日）

民主政治的一解
（1937 年 5 月 16 日）

民主政治不一定是要地方分权。地方分权的国也可以是专制国。假如甲省的政府是专制政府，乙省的政府也是专制政府，丙丁各省也是一样，甲乙丙丁各省分治的国，就不能算是民主国。如果地方分权的国要做民主国，必须是各省政府都是民主政府，换句话说，他们都有民意机关，指导行政。甲乙丙丁等民主省无论是以联邦的方式或是自治的地方团体的方式，构成一国，这一国是民主国。

民主政治不一定不许中央集权。假如一国的大权在于中央，而中央的权力又掌于专制的君主，这自然是专制国。假如一国大权在于中央政府，而中央政府的法律政策又取决于一个最高民意机关，这国不能不说是民主国了。

这些话都是容易明白的。

假如有一国，他的中央政府听命于一个民意机关，但是地方政府都掌于专制军人之手。这一国是专制国还是民主国呢？当然他在实质上不算是民主国，因为一则人民没有享受自由，二则中央民意机关不会不受地方军人的操纵或控制或打击而终于解散。中央民意机关消灭以后，这国在形式上也成了专制国了。

这些话也是容易明白的。由上面说过的两三段话，我们可以看出民主政治与地方分权不一定是一件事。民主政治与中央集权不一定是冲突的。

在中国的现实情形，地方分权这个名词又要我们留心使用。如果有一个国，依宪法的规定，地方保留许多大权，中央政府只是有军事权，外交权等权力，这国家自然是一个统一国家。中国的情形不是这样的。地方政府各有独立的权力，连军事外交权也在内。这不能叫做地方分权，只是地方割据。

中国的政治问题是（一）要打破地方割据，必须中央政府有权。中央政府权大了，又怕不能实行民主政治。（二）为了防制中央政府的权大，似乎要地方政府保留一些权力。但在地方分权的名义之下，地方割据就无法消除。因之，作政论的人们可以分成两派：（一）看重打破地方割据而求统一的一派，主张中央集权，而中央集权又等于专制政治。（二）反对中央政府的专制的一派，主张减削中央权力及地方分权，而地方分权又等于地方割据。由于前一推论，甚至于统一就是专制。由于后一推论，甚至于民治必须割据。由此而专制论者借统一为口号，割据论者以民主为辩护。政论界演成观念混淆的奇观，在实际政治上发生悲痛的影响。

两年前，也许可以说是"统一必须专制"的思潮云涌的时代。两年以来，代之而起的是"民治必须割据"的思潮。

统一必须专制的思想是错误的。从地方割据的政局求统一，必须中央政府有权。如军政外交权的收回，财政司法权的统一，中央政府没有充分的权力，自然没有成功的可能。如单就中央政府的权力与地方军阀的权力的冲突来着想，自须中央的权力比地方军阀的权力大些，才可以收回这些大权。不过，如因此便以为统一必须专制，却又不对。为什么呢？消除军阀的运动，在中央是一种统一运动，在民间是一种民主运动。如果从中下层民众的民主运动里面，消除地方的割据，所成就的政治，固然是中央集权的，同时也是民主主义的。

如果解释国民政府建国大纲的训政为专制，也是不对的。建国大纲固然主张以军政扫除地方军阀，同时也主张建国的基础在地方自治。换句话说，建国大纲的用意，是想中央政府与地方民众相并而共除旧汙。这种用意与其是解释为专制，无宁可以解释为民主。

民治必须割据的思想一样是错误的。割据军人如不能各行为民主政治，割据便与民主政治没有关系。这种主张，一由于现行中央政府没有厉行民主制度而引起反感。二由于游谈讲说之士把地方割据的局面所有的特殊的自由，认成民主。在本年五月九日《申报·星期论坛》我说过这样一段话：

> 游谈讲说之士最宜于地方割据。不容于齐者可以往秦，而不容于楚者可以居魏。假如民主政治就是等于言论自由的话，不问秦齐楚魏是不是各行民主制度，只要他们四国是互相矛盾的，则游谈讲

说之士可以放言高论于四国之间，不是民主又是什么？他们可以在齐反秦，在魏反楚，不是民主又是什么？假如秦齐楚魏成了统一国家，则游谈讲说之士当然受了限制。即令是民主的国家，也还有内乱的刑章，也就没有割据时代那样的自由了。

不过这种为了言论的自由而拥护割据的倾向，是错误的。一个党派为了做革命活动，不免利用割据作护符，却不可以因此便拥护割据。譬如在租界里设革命机关，未始不可，因此便主张租界制度就不对了。一样的，在地方权力之下，反对别一地方权力，或反对中央政府，未始不可，却不可因此便主张地方割据，替他取一个美名曰民主政治。

在这里只是把几个混淆的名词给解说一下，并不想说到我自己的主张。我的主张是地方割据必须打破，民主政治必须实行。也可以说为了这一点，才有解说那几个名词的必要。

（载《独立评论》第 235 期，1937 年 5 月 16 日）

中国政治制度的变迁
（1937 年 6 月）

历史的研究，足以使人明了现实的问题，而现实问题则系研究历史出发之点。为解决现在的问题，研究历史，那才是研究活的历史，若是为过去而研究历史，则失之支离破碎，徒增苦恼。现在我们就现实问题及将来趋势去研究历史，一定可以披荆斩棘，大刀阔斧的去提纲挈领，而求出一个线索来。

第一　秦汉政治制度

一、秦汉时代的社会组织

秦汉政治社会与现代国家不同。就地点言，是在淮河以北的黄河流域，秦始皇汉武帝远征军所到的地方虽大，但是他们政治基础实在有限。在西汉末年重心始向南移，淮河以南才构成政治中心的一部分。西汉以前只有两个地方是重心：一为四川的嘉陵江流域。一为吴越平原。我们就《周礼》、《禹贡》、《史记·食货志》去看，那时都以河南山东为天下之中，田赋亦以河南为最多。至于长江流域总以为这地方卑泾不适于居住。所以长江流域的开化乃在汉武帝以后。西汉末年东汉初年始通广东，路线是经过湖南江西，于是沿海都市发达，人口渐渐增多。

黄河流域是黄土地带，矿产不丰，人民吃的是渤海盐和山西的池盐，户口的总数不过一千万，社会组织为父权的家族社会，家长即父，家长之下有妻妾子女。大概的说起来，一般平民多为五口家，和现在农户差不多。豪家便大不同了。妻妾儿女外，更有奴隶，最多者一万人，少者亦有数十或数百人。这种家族是生产消费的单位。至于生产消费的状况，我们可从崔实的《士民月令》中看得很清楚。家族同时又是宗教单位。拜灶、门、窗、户、井、房顶，这是家族宗教，此外还有家巫，战国以后更为流行。

父权家族制的社会下道德的标准亦以家族为标准。在家能孝悌，在社会便可得到称赞和恭维。无论平时对待自己父亲怎样坏，只要死后能服三年之丧，那便是孝子。弟兄虽然不和，分家也要相让，弟兄往往假推假让以欺世盗名，此种家族道德在《抱朴子》中言之甚详。

在这种情形生产的负担完全依赖两种人：

1. 乡间小农：所谓五口之家百亩之田是也。他们每年的收入为一五〇担，除去开销外很少有剩余，所以他们的经费情况，是接近于饥饿线的。

2. 都市的公私奴隶及刑徒：官奴属于政府，私奴属于家族，长期徒终身徒因为他们有特殊技能，所以永久属于政府，短期徒便是刑徒，当时凿郦水修路筑长城当兵完全由这种人来干。此外更有自由人的雇工，但是工资甚高。

社会上另有多数自由人，类皆无职业，他们不愿做工，同时也不能做工，因做工便变成奴隶了，这种人的出路有二：一是依豪族作客，一是自己结成团体，到都市去谋生，自己在本地有家的称为子弟，从外边流浪而来的称为客，喜欢胡闹的称为少年，种类非常之多。每一个大家族往往养许多僮仆奴仆役奴客子弟少年。皇帝和贵族也是如此，使奴隶专作生产工作，客则专作报仇厮打宣传组织等工作而不事生产。因此大家族所包括的人实在非常的多，甚至一人的妻妾有多至三百人者。

二、秦汉的政治组织

甲、中央制度

当时政治组织系由春秋家族制度发展而形成者，因之其内容与家族制之内容有相同之点。

春秋时最大的组织是族，不是家。家隶属于族。族中有掌各种不同职务的人，如管动员的叫作司徒，主兵马的叫作司马，管工程的称为司空，此外宗伯或太宰专管宗教，拿兵器的人称为士。这完全是旧时部落组织的象征。后来从部落演变而成国家，王侯变成君王后，权力扩大。同时压抑贵族，擢拔一般人民来作官吏。但无一定的阶梯和制度，以资准绳。普通说起来，士人先至王家作客，受王之命治理各事。此为作官唯一的途径，国王如此，贵族亦是这样。君主最先养客者为齐宣王。"齐宣王养客七十二人"，史书上有这样的说法。所谓七十二人，并不是恰足七十二人，而是表示客多的意思。贵族如孟尝，信陵，春申，平原四君亦设客舍养着很多的门客。孟尝君且分其舍为三等，各等级待遇是不相同的。如冯谖最初住三等，后来升住二等，最后又升住一等，便是最好的例子。派客出外任事，须先由传舍长举荐。若无人荐举，三年便不能作事。毛遂自荐当然是例外。

秦汉官吏的来历有二：一是郎，可升至三公；一是吏，可升至太守。汉武帝以后才有选举。贤良方正文学仍由郎选出来的。郎住于郎中令的衙门内，也有三种房屋。以上所说是指属于皇帝的。此外太子亦养客。称太子舍人。至于待诏则指无职候差而可以作郎者。郎中令为管门之官，下设仆射谒者。作郎的人在汉以前完全靠选举和学问，但是后来也可用钱谷捐充，甚至奴隶也只要费二千石便可作郎。郎有三部分：常托别人代值班者谓之山郎，自己跑到外边去游逛。另一部分有事作的郎称为执戟。于皇帝外出时可充侍从护卫的称曰大夫，中大夫；东方朔作过二十年的执戟——从年富力强时起一直到白发苍苍——他的精神始终如一，很可佩服。捐资百万以下的作长吏，百万以上可为侍中、常侍，在宫中服务，管理桌椅床帐和皇帝的便壶！外官有缺，即由郎中令推举他们去补，故他们亦可说是官吏的候补者。

九卿乃是皇帝的家臣，专管皇帝家族的事务。三公管理国事。这是二者不同的地方。现在先谈三公：

1. 相　在春秋时相本是极小的官吏，于两君会盟相见时担任辅议的职务。战国时的相变而为君主最亲信的人了，常作君主的代表。如苏秦配六国相印，张仪代表秦王作魏相。其职务和现在的大使相似。秦国统一后，相始变成总管全国事务之官吏，李斯为相时便是如此。

2. 御史大夫　从前有官名御史者，担任两国君主会议之记录事宜。后来秦有御史大夫，其职务与御史不同，专门辅助丞相管理国务。下有二中丞分掌图书密〔秘〕籍。此外尚有侍御史，专管宫门外行马以内之车马秩序。又有监御史为四百石，可以弹劾太守。西汉后发展为刺史。

3. 太尉　尉氏原为管监狱之武官。后秦有太尉宗尉（掌首都警察专司弹压）卫尉等等，太尉非常设之官，用兵时始临时设置。

以上三者称为三公。

至于九卿则为：

一、太常　原为皇帝祭祀时掌旗之人。后来兼管祭祀宗庙。其下设有太仆、太宰、太祝、太医及博士等等。

二、郎中令　后改称光禄勋，专管大门，和现在收发传达差不多，其下设有谒者、仆射、郎、大夫、中大夫、大中大夫等等。

三、农内史　后改为大司农。

四、卫尉　统帅宫庭〔廷〕卫队。

五、廷尉　管皇族大臣之犯罪者。

六、太仆　掌车马牧场（宛）等项事务。

七、宗正　管理皇帝的奴隶。

八、典客　即大鸿胪，掌外交。

九、少尉　掌宫廷庶务。

乙、地方行政

地方最高长官为太守，管理县令，对中央负责，每年年终向中央作一总报告，谓之上计。呈至丞相府，丞相府特设计相以审查之。太守在司法上财政上有最高的权力，可以自由任免官吏，地方收入除开支外，若有盈余，则须缴入国库。太守有无违法之处，中央可派监御史去监督他。汉武帝特设刺史担负此种任务。刺史官阶很小，惟可亲自觐见皇帝，独自上奏，自由行使弹劾权。当时用小官去监察大官，用意在使监察人员不贪恋禄位充分发挥监察的作用。郡县之初期，土地不分封，官吏由中央派遣。此制创自楚国，用当地的财政去养当地的驻军谓之县。无论太守县令是皇帝的家臣。

三、制度的演变

秦以前，中国的政治是贵族政治，到了秦代，才变成君权制度。为树立君权的基础，便不能不把从前有势力的贵族压抑下去，而起用亲信的布衣做卿相。可是到了西汉，相已不是皇帝的亲信，而是功臣了。汉朝最初四十年间皆是如此。萧曹皆以功臣作丞相。惠帝以后，大权落于丞相之手，凌驾皇帝之上。如陈平为相，权力便很大。到汉武帝时，君权扩大，功臣被诛殆尽。七王之乱后，君权亦削。此时大权乃落于少尉下面的一个小吏——尚书令手中。因为当时臣子上书必经他代转，同时丞相只能上佐天子"理阴阳，顺四时，下育万物之宜"，再不能外抚四夷诸侯，内亲附百姓，使卿大夫各得其职了。武帝托孤于霍光，请他作大将军录尚书事，尚书令权重可知。西汉末年尚书令已成众星之斗，东汉时权力更大。可是在法律上，仍然是丞相总揽国务，从《汉书·百官表》上可以看出来，这是秦汉间的政制上一个大变迁。

此外御史大夫由辅丞相的地位变为司空。中丞之掌密〔秘〕籍图书

者变为秘书省。他一中丞变成御史台。检御史由刺史变为州牧做地方上
的最高行政长官。地方遂形成三级制：即州牧——太守——县令。最初
郡以户口为单位，刺史管数郡，单位更大，所以刺史的权力亦遂之而增
大。州牧即是当时割据的领袖。

总之，东汉时政治大权在尚书令。集权制可算达到最高点了。可是
后来地方权力日大，又形成割据的局面。秦汉制度的演变情形大概
如是。

现在再说两汉的政策：

1. 集权政治处处限制豪强、打击豪强。因为豪强声势浩大不受国
家法律的制裁，时时可以扰乱国家的治安。他们所养的亡命宾客，造反
时便可作他们的军事干部。所以汉朝要徙富豪于关内就近监督之以巩固
政权。可是到了东汉末年，完全又变成豪强制度，中央没有力量再去制
裁打击他们了。

2. 经济政策，经济政策实在矛盾极了。一方限制豪强的发展，一
方又加以保护。贱商而商业发达。无论商业农业只要发展到相当的程
度，则施以限制，徙豪强于关中系采强本弱枝的政策。可是豪强愈限
制，愈发展。皇帝本身也是豪强，只是他不许其他的豪强在关东发展就
是了！

第二　魏晋至唐末之政治制度

从魏晋到唐末之数百年间，在历史上称为中古时期。这时期社会结
构政治组织均非常重要。有许多历史家往往把它忽略，实在是错误。我
们知道，中古史对我们虽少直接影响，不过我们要对古代社会政治加以
深刻研究，则必须要从中古去观察，所以我们对中古史要特别注意。

一、社会组织

在此时期，父权家族制仍然存在。同时另外又出现一个特殊的组织
即是"教会"，这时教会有二派：大者为佛，小者为道。道教本为家族
的宗教，北魏寇谦之始确立组织。后来发展而成教会。南北朝时分为南
宗北宗。后者特别发达。教会是超家族的不耕地的一个组织，可以共同
崇拜一个大神。但是家族所崇拜的神是排他的。自己不崇拜他人的祖
宗，同时也不让他人崇拜自己的祖宗。而教会所崇拜的神是具有吸收性
的（Inclusive）：因此家族与教会冲突甚烈。当时反佛的理论有所谓

"三破"，即在身破身，在家破家，在国破国。中古社会只有教会王权家族三个大力量在那里互相冲突。整个一部中古史可以说是此三者的斗争史，所以我们拿三者的冲突，也可以说明一部中古史。

大族的形成，西汉时大的力量系建筑在固定的奴隶和流动的宾客上的。到东汉初年，宾客也便固定化了。从《马援传》中所说马援带客屯田一段中，可以知道"客"渐渐加入农业经济而成为家长的佃客庄客。同时奴隶地位也起了变化，有所谓"胥靡以绳缚之使工作"，《太平御览》言之甚详。原来奴隶本是在主人直接支配下去作工的，后来土地集中，地主乃将土地分散给奴隶，使他们耕种，互相扶助，每年向地主缴纳一定的地租，奴客二者总称为庄客或佃客。为固定的生产的数十家住在一起，称一屯，后改称庄。魏晋时大族的生产为田园邸店水碓（制米面之工具后为水碾），又封锢山泽分配许多人去屯田。此种人为部曲，位于奴隶自由人之间，有服从家长之义务，为半自由之身分。同时这许多大族又赖其在政治社会上的势力，吸收许多自由人，充作门生故吏和附部曲家丁义附，南朝谢灵运出游时浩浩荡荡所带大批的随从便是这些门生故吏。

教会：当时的教会很盛，寺庙非常的多，并且拥有大量的尼僧，奴隶，佃主，和请求庇护的自由人。唐武宗灭佛，籍没僧尼二十六万，自由人二十六万，奴隶一十五万。北周时全国人口统数为一千万，僧尼占三百万，总计其所托庇的人口当亦不下六百万。其势力之大可以想见。盖当时普通种田的庶人要想不受贵族压迫，即须受教会之保护荫庇。此种现象在黄河一带最为显著。教会与大族常互相冲突，但有时亦互相结纳以图渔利。譬如大族捐土地设寺庙，以自由人充僧尼，贫人作佃客，有的人更自卖为奴隶，如此可以吸收许多土地。此外利用自己的财产去吞并教会的财产，或贷资给寺庙，或利用寺庙为修养娱乐之处。当时寺庙中往往藏着许多美丽的尼姑，就是这个作用。（见《洛阳伽蓝记》）寺庙的和尚和庄客是能够作战的。最著名的要算少林寺。寺庙土地最多约占全国十分之五六。福建之开拓完全由于寺庙之力，寺庙都市开设许多邸店（牙行）指挥一般小商人。并操纵物价和货币。除了寺庙所设邸店以外，一般大族权贵亦多设置之。譬如在唐代上自皇帝太子，下至达官显贵，无人不在扬州设邸店。

王权：政府当时之财源有二：（一）国有土地，其收入归国库。（二）一般人民之劳役及赋税，亦归国库。因此国家与大族常立于冲突地位。现在可以户口作例来讲，所谓户口并非吾人所谓人口，因人民登记后方称为户口。人口在当时称曰生齿。所以有时会生齿日繁而户口反减。户口受政府之支配而负担租税，东汉末年有一千万至一千二百万户，其后因大族包庇，三国时仅四百万户。其后中央权力扩大，户口亦随之而增。南北朝以刘裕时最多。隋炀帝时有九百六十万户。唐初有三百万户，安史乱后仅余一百万户。北宋时超过一千万户。当时郡县官吏至乡村登记全村的人都要出来，检察法可谓至严，并且最初汉人不许为僧，只许西域人当和尚。然而户口日少，仍不见增加；可见大族从中作祟。刘裕二次土断，隋朝压抑大族，户口方见增多。唐初对大族采放任政策，所以户数极少。天宝时君权巩固，实行括户，户数始多。北宋经两次灭佛，故户数能超千万。可知户口登耗实含有财政的意义。中古对佛教压迫取缔，经三武一宗（魏太武帝，周武帝，唐武宗，周世宗）的法难，将教会置诸政府管理之下。北宋时限制更严，非敕建之寺庙不能存在。田赋不经政府特许不能免掉。过去沙门不敬王者而王者向他叩头，不敬父母而父母也向他叩头。直至周世宗以后沙门方始敬王者敬父母。双方的冲突亦得因此消灭。我看中国的中古史除王权与贵族之争外，王权与寺庙教会之争也十分剧烈，如"三武之祸"便是一例。永嘉之乱，大族南渡，由行主率领在王敦王导等保护之下建立起来。东晋经过侯景之乱，大族完全被打倒。同时北方经过五胡乱华，大族亦被破坏不堪。可是唐朝宰相仍多出诸大族，他们非常注重门阀，高高在上，不与普通人结婚。势力最大者有崔李郑……诸大族。唐天子凭着政治的力量才把姓李的列在第一位。当时的人甚至把姓李姓崔或是姓郑比做官中科举还要来得光荣。这些大族到五代才衰落下去。中古的政治受大族教会之支配有六百年之久。其后，二者衰落，统一的王权才建立起来。

二、中古政治组织

甲、中央的组织

三省并立制。一个法令不经尚书中书门下三省签署不能成立。

1. 尚书省，尚书令下，僚属甚多，分为若干曹。在隋唐时为总理国务的机关，等于西汉的丞相府。所以他的长官必用有名望有地位的人来担任，因而与皇帝的关系反较为疏远。此纯系发表政令之机关，政令的起草则由中书省担任。

2. 中书省，汉宣帝时有中书令，由宦官任之，后取消。中书省的来源乃起自曹魏。曹魏丞相下设秘书令秘书监。西晋时改称中书令，起草文书的称为中书舍人，由郎官任之。稿件经过中书令批阅后，再转到门下省。

3. 门下省，由光禄勋下之黄门侍郎发展而成。后汉初年指定六个郎作黄门侍郎，参预朝廷大政。后逐渐发展成一机关。门下省长官称为侍中，又设给事中，完全由年轻美貌的少年公子担任，以备君主的咨询。至西晋，位居冲要，握有实权了。侍中最初为多数人所构成的一个Council，与皇帝商议国家大政。中书省拟交的稿件门下省认为不当，可以封还，可以驳议批注涂抹，甚至撕毁。中书省誊清交尚书省公布，门下为审察机关。故颇类一贵族会议。南朝有些君主想不顾贵族利益不受贵族的干涉，遂引用强有力者为中书舍人，以便不经会议审察亦可发表政令，致为大族所不容，所以屡屡造成叛乱。梁武帝对于大族非常放纵，直到侯景作乱大族方才失势。

隋唐统一后，三省制度又有变更。唐朝中书省所草的政令，由三省长官会议讨论，对法令制度门下省再无驳议的权。唐高宗时索性将门下省改归中书省，并将会议的场所，移至中书省。至于会议则由政事堂决之。尚书令大权倾一时，李世民曾任之。李即帝位，无人再敢继任。从此不再派尚书令，只派左右仆射。中书令侍中亦不再派，另设参加政事中书门下平章事，由皇帝指派。中书门下成为一个机关，打消以前对立之局面，大权遂集于皇帝之手。集权政治因而产生。中唐以后，中书门下通平章事地位发展过高，各藩镇节度使皆觊觎这个位置。于是多数节度使兼任中书门下通平章事，因此大权又转到另一个重心上——大学士。初唐太宗注重文学，政令起稿，多用北门学士。后来学士院的学士们举诏输流到宫中去拟桥〔稿〕，最著名者如苏颋。再后宦官专权成立枢密寺，掌握国家一切大权，可命令中书门下平章事下令。他们矫诏君命没有人敢违抗。五代时改称枢密院。朱温诛宦官后，再也不用宦官了。这个机关便是过去的丞相府。

4. 御史台，御史中丞亦是君主用来减削大族势力的。在南北朝时，权力最大。每逢出门，太子以下的官吏都要上避道，因为非权高不能高压贵族。到唐朝权力缩小，外出仅骑马，尊严全失。御史大夫知札事，专门弹压地方官吏。御史台和门下省的性质不同，门下省是对皇帝命令的检查，而御史台乃是监察百官有无过失。

乙、地方政治制度

东汉时的刺史到南北朝便成为最高的地方行政长官了，有掌兵的有不掌兵的。例如常有派某人充某州刺史督都某州或某几州的军务，便是掌兵的，在地方上势力最大，其下设有长史参军等。晋朝八王之乱完全以刺史的资格而造反，南北朝时有江州扬州荆州——如王敦陶侃桓温——三大刺史。当时的建康政府存于荆扬二州势力均衡之下。可是中央对于刺史亦有一个办法以相对付。即利用刺史的幕府如参军之类来牵制他们。或是政府另派人去监督他们。例如谢安便是桓温的幕府，他那时作桓温的长史。隋唐废刺史并州郡为一级，盛唐时复分天下为若干道，每道派观察使以督察之。后以地方多故由节度使兼观察使。于是权力日大，形成数个军阀。一部分是安史的余党，一部分是剿平安史的功臣，造成二百二十四年的割据局面。一直到宋太祖，国家才有真正的统一。几百年中间有许多文人唱过反割据的论调，韩愈便是首先发起此种运动的人。这个运动包含两种意义：一为打击豪强，一为消灭割据。到宋朝实行中央集权制，这个运动才算得到真正的成功。

第三　宋元明清之政治组织

一、如何打击豪强大族

中古王权的基础有二：第一是施行均田制，将国有地分配于人民，人民纳一定之赋税，政府赖以维持。第二是靠一般人民所缴纳之租税。在这一点王权与大族争执冲突最烈。

中古时王权的大小，依国有地的多少以及一般人民所有地的数额而定。北朝王权较大，国有地很多，行均田制。南朝贵族权大，土地多为贵族所有，只有荆州和淮南方有屯田的基础；因为淮南是曹操屯田之地，荆州是陆逊屯田之所；除此二地之外，可耕地几乎全在贵族手中。当时商税和土贡是政府的主要收入。中唐以后都市发达，国家租税收入大部来自都市，渐渐变成一个租税国家。国有地完全没有了。后来大族衰落，政府遂得普遍的向都市和乡村中征税，同时政府脱离了贵族的压迫，实行中央集权制。教会豪强亦不得不受其控制。

经济方面政府一贯的政策是打击豪强大族，历次执政者如刘禹锡周世宗范仲淹王安石明太祖张居正雍正都保持此一贯的精神。计划最完备的要算王安石，实行最力的要算明太祖，稍加恢复者为张居正；完成者便是满清的雍正皇帝。现在将他们主要的办法略述如下：

1. 王安石的方田法，手实法，朱熹的推排法（明太祖用之），张居正的丈量法，目的都在均税，使负担分配于一般国民的双肩上，和现在行土地清丈，土地测量的意义，有点相同。当时豪宗一方面因为法律上具有特权，再一方面赖着经济上的运用，往往不纳租税或免税，造成有田无税有税无田的局面，方田法实在给豪宗大族一个大的打击。

2. 市易法，即官设市场，一切人民可自由贸易；使邸店无法操纵，借以打倒豪宗大族，明太祖设塌房，对牙行施行严厉之取缔。

3. 青苗法，目的在打击高利贷者。是神宗和王安石认为最好的方法。神宗临崩，太后问他是否要取消新政，每问一件，神宗不能说话便点一点头，惟独问到青苗法时，始终不动，至死不愿废止，同时青苗法最受旧派的攻击和反对，大概因为和他们的利害关系太相冲突罢。

总之各法的目的不外平均人民的负担。最后实行一条鞭，问题才算解决了。从张居正到雍正始彻底完成这种工作。宋朝以后，豪宗大族虽然经济上有特权，可是政治上法律上并没什么大权。

在政治方面打击豪强的办法，便是实行科举。汉朝有九品正中和荐举制度，完全由大族所把持。黄巾乱后，大族流亡，中央乃指定地方官吏行使之，再后中央官吏主持各大族的选举来拔九品中正。自此以后大族在政治上的特权发挥尽致，结果便是"上品无寒门，下品无贵族"。大族二十岁的青年便可作官，寒门三十岁的人才可以作吏，其不平等可以想见了。隋唐实行科举代替九品中正之制，实含有打击豪强的意义。但是实际上，毋宁谓为搜罗豪族，因科举分为学生和贡士两种，入学的多是贵族，贫民因无门路，不得入学，贡士则由地方长官来选，实际上还是贵族子弟所独占。所以选举人材仍是门第才华并重。唐朝仅有两个丞相拔取寒门子弟，其中一个便是李德裕。他免官后，一般寒士为他流泪，即是这个缘故。总之，科举的用意在以政府可以操纵的官阶去代替政府所不能操纵的社会地位，以大官来代替大族。然而大族仍作大官，一直到北宋才起用寒士。文科举多贫人。豪强衰落君主集权方能实现。

二、如何反对地方割据

甲、兵制之改革及其变迁

汉朝的兵有两种：一为自由民，一为适戍〔谪戍〕兵。前者为征兵，后者为刑徒兵。此外更有奴兵，但不重要。陕甘的兵便是良家子弟，东汉适戍〔谪戍〕兵虽然一天多似一天，但是良家子仍然占着极重要的地位。东汉无私人军队，用虎符发兵，政府派郎中令作将军，亦可以派其他的官吏作将军。东汉以后大族发达，方有家兵之出现。另外还有宗兵，平时种地。曹操的军队便自私兵集团。魏国的主力兵便是佃兵屯田许州。因为三国是一个极穷困的时代，所以诸葛兵屯田汉中，东吴兵屯田金陵，由屯田兵再发展而成中古兵制。均田制与兵制有不可分的关系。国家一方将土地交给农民，一方使国民为一定的劳务，接收土地的人即须服兵役。所以当时军队颇强悍，自备马匹铠甲，出兵时家中免税，有功时还可以得赏，每克一城便将城内的人作为奴隶，分给兵士，兵士带回奴隶，按照比例更可以多分点土地，兵士便变成了地主。所以每逢出兵，便欢声雷动；故当年远征之举，绝没有杜甫《兵车行》中所描写的那一种凄凉情绪！中唐均田制度破坏，土地私有兼并之风日盛一日。一部分人因而丧失了土地，兵制亦为之一变；即以豪强子弟做干部，用穷人来当兵。为什么用豪强子弟来当兵呢，这不能不先明了当时的一种财政制度——色役。有些国民除担负一般国民所担负的义务之外，更负有特殊的义务，名曰色役。再具体的说，即每人受田百亩，租庸调完全以丁为单位，每年纳二石粟，两丈绢和作二十天的劳役。若是原来土地很多和家产很大的人，国家乃使他们担负一种特殊的义务，如维持一个驿站（五匹马），或一个桥梁，或某机关的设备，某官的薪水俸禄，豪强充官兵便是此种色役之一。皇帝和节度使的卫兵多是贵族子弟，其他的兵多是穷人。豪强子弟当兵后便可狐假虎威为所欲为，如介绍买卖，代人抢霸女子，鱼肉百姓，都是他们所惯行的。有的军官征富人当兵，富人不愿意当兵，便用钱去贿赂，或是雇奴隶来代替。玄宗的神策兵便是如此，都不谙军事，才一个月的功夫，便可以打到长安。当时藩镇有所谓牙兵颇强，非必要时不出马，出马则操必胜之券。最著名如魏博（大名）牙兵有二百年的历史，徐州有三千银刀兵，中央派来的节度使毫无作用，完全受着他们的控制。汴梁牙兵为朱温所创，完全为商人子弟，号曰厅都子。五代的混乱局面完全由太原契丹兵和大名汴梁的牙兵所造成。因为牙兵操纵牙将，牙将操纵政府，现在欲谋统一不可不设法取消牙兵。周世宗便是第一个改革军制的人，他采选民制，宋太祖亦是如此，由地方选拔穷人无赖之徒和各地饥民以及江海大盗作中央军，给养完全取之于国库，是为佣兵制，并定为立国大计。汴梁集中六十万大军，赖各地漕运来供养。从此军队才受中央政府的指挥；所以王安石的农兵制度才深为当时朝野所反对！

　　乙、行政制度的改革

　　宋朝之地方制度：唐于州郡之上设道，每道的节度使兼观察使权力甚大，形成割据的局面。宋朝先将财政权收归中央，然后再收兵权，用文人作地方官。官州军为行政机关，下有县令，最上者是路，每路四权分立，共有四个长官：其一是转运使，专管财政仓库。其二是提刑，为监察官。其三是州判，这是正式地方行政长官。其四是宣抚使节度使总管等，是中央的军事特派员。这四个长官都隶属于中央。其中央制度亦采四权分立之制：

1. 中书门下　专管民政，有中书门下平章事和参知政事等，系一会议机关，内有首席宰相一人。

2. 枢密院　本为内相。北宋时专管军事，中书门下和它立于相抗的地位，称曰二府对立。此种制度一直传到满清，日本军部内阁的对立，是由我们中国传去的！

3. 三司　即转运，度支，盐铁三者。在唐时户部管理租庸调，权力很大；后来都市发达，三司权大，户部反而无权。三司是皇帝的直属财政机关。

4. 御史台　自唐至宋，仍为监察机关。

此外科举以诗赋经义取士，一切长官完全由中央特派。特派在当时统称曰勾当干办。每一长官任职太短完全为暂代性质，新任官吏对于旧事不熟稔。于是不能不请教于胥吏，因而大权便完全落在这般胥吏之手，流弊很大，范仲淹从官吏的任用上着手来矫正此弊，王安石则不用差遣制，以求根本的变革。

元朝入主中国，中央制度的精神仍为二府对立。司民政财政的有中书省，司军政的仍然是枢密院，御史台管监察。在地方上有府县，府为军民分治，府上又有行中书省，行枢密院和行御史台。元朝无一定制度，并且竭力提高六部的权限。当时的中书省只管民户，其他军户归枢密院，佛教寺院归宣政院，太后皇室的财产归宣徽院，蒙古人归断事官，各种户口既然分开，中书省权力的范围当然要比过去缩小了。

明朝沿元制而稍加改革。在中央仍为二府对立，计有：（一）中书省，（二）大都督府，（三）御史台。后来取消中书省，设立六部。大都督府改名五军都督府。御史台改为都察院。三省均属于皇帝，并规定永不设丞相。在地方上则有：（一）布政使司——直属于中央之六部。（二）按察使司——直属于都察院。（三）都指挥司。以上三者俱为承转机关，其下有府县。

明朝制度的特点有二：

1. 通政司为九卿之一，专辖各省驻京办事处，下设六科给事中，对于上下行公文有审查权。为中央政府文书统收发机关。六部因以不能专擅。

2. 都察院和吏部的牵掣：因为吏部尚书铨选六科给侍中及监察御史，权力甚大，可以结党营私；故规定监察之法，每五年六部停止办公一次，实行全部监察，都察史可弹劾吏部尚书，因此，假使吏可对〈都〉察院过分压迫，都察院是可以报复的。

地方上巡按使多由年轻的监生充任。因为青年人奋发有为，对于世故不明了，没有顾忌，可用以收弹劾之效。且巡按使官爵很小，前途希望甚大，对于此种位置，不生留恋，自然不怕去官，所以当时巡按使皆不知舞弊。

明太祖不信任科举：以为科举不能拔取人才，他所信任的有两种人：一为胥吏，一为太学生。他对于地方官吏颇严，听信老农的话，使地方人牵制地方官，清污扫贪，力去积弊：结果绅士和生员得权。成祖以后，政制有了改变。中央虽不设相，随时使翰林院的学士管理文书草诏，以后渐近而参与机要；于是大学士都成为丞相了。权力最大的要算是吏部尚书兼大学士，地方上的巡按使后改称为巡抚。

满清中央制度发生两个变化：

1. 清设内阁大学士，下有僚属。中书省亦属之，俨然为一内阁。而在明时，大学士下并无僚属。此外又设立军机处，形成二府对立局面。

2. 通政司权力日衰失其重要性，盖公文可直接上到内阁军机处。加以六科改归都察院，而与监察御史合并，原有监察权亦不能运用有效，他们要想行使监察权，必须先要抄写公文，而公文往往已为六部发出了，即使监察也不发生作用了。何况六部长官的重要文件干脆不给他们看，则更无从实行监察了。

在地方上总督巡抚，一切事务完全由其治理，而总督巡抚与六部平等，直属皇帝，中央地方失去适当之联络；财用可以自由开支，六部无权批驳。可是总督对皇帝所作的报告，仍归六部去审查。所以六部虽不能管理总督巡抚但是可以间接牵制他们。在财政方面有一部分督抚可以自由开支。清初，若有所谓耗羡可不归解中央；太平天国以后，各省临时开征厘金，富裕的省份更增加大批的收入。好的督抚如张之洞等，可以用以在地方上作点事业出来。不好的督抚便可以用这笔款为所欲为，形成晚晴末年割据的局面。但是清朝对于此种制度亦有一个补救办法，即是充分的利用合议制，在内阁中有六个大学士，三满三汉，每部六个侍郎，亦是三满三汉，与地方做督抚合议，对于一事，大家同意，可以联名上奏；不能全体同意，亦可个别的上奏，如是可以免去操纵割据之弊。不过此种制度能否收到它预期的作用，要完全看君主的运用如何。满清末年各省割据，并非由于制度本身有造成割据的因素；乃是因为经济重心分化，帝国主义从中作祟的缘故。可知满清真正有统一行政权的还是皇帝；地方上权力在知县知府手中，六部只是合议机关，并无直接行政权。

第四 结论

中国的政治组织本来很复杂，现在只讲个大概。若是再简单点讲，中国的政治制度，在秦汉是三公九卿。中古时代是中书门下尚书三省对立，宋元明是二府对立。这三句话亦未尝不可概括一切。在这两千年的历史中，我们国家有一千四百年是统一的，仅中古六百年的时间是分裂割据的，若再除去隋唐一百年的统一外，那便只有五百年的分裂。由此可知，中国的历史并不是像一般历史先生那样讲的一分一合。中国也不是分久必合合久必分的国家。因为在过去经过长期的奋斗，已经把统一一国的基础建筑得根深蒂固，经济上政治上足以分裂国家的因素业已完全消除了。我们是经过长期统一的训练的。外国人说我们没有组织，诸位要知道，那是侮辱我们的话。我国是一个有历史有组织的统一国家，今日国家所有纷乱割据的情形，乃是另有外在的原因，并非我们这个民族本性是如此的。

（载《晨光周刊》第 6 卷第 23 期，1937 年 6 月）

对于目前思想文化的意见
（1937 年 6 月）

我对于目前思想文化的意见，近来在《申报》《大公报》及《北平新报》发表了不少的文字。我的意见，可以简明条列于左：

（一）我认为对外的民族运动，有绝大的现实性。在有现实性的民族运动里面，各种思想应寻求共同之点，应使不同之点不致于引起分裂。民族运动的骨干，应当是自由主义者与社会主义者的结合。他们的结合所支持的民族主义，才不至于流为复古的国粹主义。他们的结合所支持的民族主义才可以在抗敌之中，取得中国社会的进步。

（二）在民族主义大旗之下的结合方式，应当是民主制度。民主制度的成立，在执政党方面应当开放党禁，保护自由及社会主义运动。在在野党方面应当改正武断操纵的旧手法，放弃争夺政权的旧战略。和平的开诚的共进于民主的大路。无论朝野，过去的倾轧之风，门户之见，都应当严加洗涤。在相互容忍之中，和平的开诚的伸张自己的意见与理论。

（三）各党派应当领导民众，尤其是青年知识分子，走向救国家和推进社会的事业方面去。一方面化斗争为结合，一方面向共同的方法去组织经济，团结人力，启发民智，深深的以民族运动去改革社会的经济的政治的构造，成为现代的，并成为战时的。换句话说，在民主制度之下应取得团结，而不应借民主制度来解散国民的力量，在民主制度之下应走同一方向，而不应借民主制度来相互把力量抵销。

（四）在启发民智及改革社会一点上，我主张文化上的启蒙运动。启蒙运动的对象是家长族长政治，绅士官僚积弊地方部落思想。启蒙运动不当以涣散国家的政治组织为主旨，反之，应当打破一切障碍国民团结的社会旧制为主。这样的启蒙运动才不致与民族运动相抵触。

（载《认识月刊》创刊号，1937 年 6 月）

1938 年

抗战建国纲领的性质与精神
（1938 年 5 月 10 日）

第一次中国国民党临时全国代表大会，发表了一个具有极重大意义的宣言，和一个博大精深的抗战建国纲领，可以说是中华民国的生存和发展的唯一规则准绳。我们依照这个抗战建国纲领去作，不单是在抗战时期的各种问题，都有解决的方法，就是抗战结束以后的国家社会各种问题，也都可以得到解决。所以这一个纲领，无论在教育方面，军事政治方面，或社会经济方面，都是今后的一个规范，一个准绳。在教育方面，尤其应当根据抗战建国纲领来教育并训导青年，使全国青年的意志和行动，都能集中统一，充分发挥国民道德的精神，努力从事于科学的研讨，使他们成为抗战与建国的伟大任务中的中坚分子。

关于抗战建国纲领，我想分成两点来说明。第一点是抗战建国纲领的性质，第二点是抗战建国纲领的内容的要点。

第一点：抗战建国纲领的性质是怎样呢？

对于这一点，本是没有什么问题的。纲领公布之后，大家都遵守并执行这一个规则准绳，本没有丝毫怀疑和懈怠。不过如果有人提出问题，问这个纲领性质究竟怎样？则我们可以分作三方面来加以解释。

一、自法律的观点来看纲领的地位

在法律上，抗战建国纲领是由国民政府执行的。这个纲领是中国国民党对于国民政府指导的原则，是国民政府今后法令与行政处分的根据。至于全国国民对于国民政府在法律上的关系，是人民与政府的关系。就是说，是一个权力服从的关系。国民政府颁布的法律，是全国国民应当服从的法律，国民政府的行政处分，是全国国民应当遵守的处分。所以在国民政府之下，无论是那一个阶级，那一种职业，或那一个民族，哪一个宗教。都是隶属于一个国家主权之下的国民，没有一个人在这个政府以外存在。假如说在中国领土以内，有人可以在国民政府的法令以外存在，那只有北平和南京的伪政府，以及东北的傀儡国。而这些都是法律所不许可的。这种存在，不独为中国全国人民们不承认，就是世界各国也都加以否认。在中华民国领土以内，国家只有一个，国家之外，没有国家，国家之内，没有国家。北平南京伪政府虽然希望这样做，北平南京的人民仍然是国民政府之下的人民，不愿这样做。总之，全国国民对于国民政府是一个权力服从的关系，国民政府又是接受中国国民党的指导原则。这个原则就是国民政府法令与处分的根据。国民政府的法令与处分的根据，也就是全国国民应当绝对服从的了。

二、自政治的观点来看纲领的使命

就法律立场言，国民政府是中国唯一的政府，中国国民党又是指导国民政府的政党，所以中国国民党的决议案，交给国民政府执行，全国国民必当接受遵守，现在再就政府方面言之，抗战建国的工作，是国民政府所领导，也就是中国国民党所领导。为什么中国国民党领导这一个这关乎全国国民生命存亡，和关乎国家民族前途的抗战建国工作？我们知道，如果中国不抗战，我们的国家生命就不能继续下去。不积极从事于建国，中国就不能构成一个现代的民族国家。换句话说，这次的伟大工作，要一方面对抗日本帝国主义的侵略，一方面要从抗战中打出一个现代民族国家。从抗战中建设现代民族国家，以及维持国家民族生命的抗战，是由中国国民党所领导，为国民政府所执行，同时也就是中国国民每个人所应尽的职责。我们没有方法说这场战争是日本人来打中国国民党，只有日本人常常是作这一种说法。他们用飞机撒传单，他们在他们本国报纸上，都说他们只是要攻击国民党，甚至在北平，两三年以来，他们都如此说，他们只不要国民党存在，其他都可以存在。因为中国国民党是维护中国国家民族的利益，是领导全国国民抗日的政府，不但不能满足他侵略的野心，反而给他们以严重的打击，因此他们就只好想出那离间国民感情意志的言论，拿来削弱我们抗战的力量。我们都知道，假如国民党国民政府不能存在，只有那些不抗战不建国的团体组织能够存在，这岂不是中华民国已被灭亡了！

现在也有人觉得国民党与国民政府如果失败，他们还可以存在。也还有人他们虽不希望国民党与国民政府失败，但他们同时又设想国民党和国民政府失败以后，他们如何自寻出路的问题。这种思想，都是极严重的错误思想。要晓得如果国民党与国民政府失败，就是国家和民族的失败与灭亡。试问国家灭亡以后，还能容许局部的个体可以独立自主的存在吗？所以在政治上抗战与建国，乃是全国国民所共有的职责，及必须共同担负的任务。所以，在现在中国国民党，国民政府，和中华民国，三者之间已经没有方法分开。只有日本人才希望这三者分开。他说中华民国是中华民国，国民党又是国民党，他想在这样分开之后，好用割裂与傀儡的方法来灭亡中国。根据以上的理论，我们就须明白国民政府中国国民党与中华民国之三位一体的绝不可分性。我们在积极方面，要绝对服从遵行中国国民党所领导的抗战建国工作，以及指导这个工作的纲领。消极的方面，我们要认识中国国民党的失败，就是中华民国的失败，中国国民党的灭亡，就是中华民国的灭亡。

三、从纲领本身看出它的期待

就抗战建国纲领本身，我们引出两段话来。第一段话是这次临时代表大会宣言中说的。大意是：为了实现三民主义，为了国家民族的复兴，希望全国有志之士，一致加入中国国民党共同奋斗。当初为欲推翻满清的专制政治，国内有志之士一致加入同盟会，卒将二百余年的满清政府推倒，其后为欲打倒军阀，完成国家的统一，集合全国有志之士于中国国民党中，遂又有北伐的成功，现在的工作比推翻满清比北伐更加艰难重大，这一个艰难重大的工作，尤须有全国有志之士群起加入，同心戮力。

第二段话就是抗战建国纲领的前文，抗战建国纲领的前文，要求全国国民不分界限，一致从事于抗战建国的工作。中国国民党为了对抗日本帝国主义，为了建设现代民族国家，一面把党公开于全国国民之前，希望有志之士加入，共同担任这个伟大的抗战建国的使命。一面为全国国民订立一个抗战建国的纲领，以为全国人民的规则准绳。

因此，我们可以说，中国国民党与全国国民之间，已没有界限。中国国民党现在既是在客观上与中华民国成为一体，则任何意见的国民，任何利害关系的国民，只要他是有抗战的思想与决心，有建国的思想与决心，都可以加入中国国民党，都可以按照抗战建国纲领而工作。这一个纲领的本身，乃是公开的，举国一致性质的纲领。

第二点：抗战建国纲领内容的要点

抗战建国纲领的内容，在短短的时间内是没有方法能作一个详细的说明的。我们可以拿这个纲领为中心，参考宣言，提出四个要点来说明。这四个要点可以概括临时全国代表大会宣言，和抗战建国纲领的全部内容。这四个要点是：（一）以民族主义对抗强暴侵略；（二）以民主制度集中全国国民力量；（三）以国防计划建设国民经济；（四）以科学原理与方法培养国民道德与增进国民知识。

一、以民族主义对抗强暴侵略

我们知道日本帝国主义对于中国侵略与破坏，不是一方面的，乃是各种侵略并行。他们有军事的侵略，就是以武力占领中国的领土；有政治的侵略，就是在所占领区域内建立许多傀儡政府；有经济的侵略，在所占地区开发矿产和攫取原料品，尤其注重煤铁棉花羊毛等；有精神的侵略，他们要破坏中华民国的民族主义。他们在北平，设立有新民学会，这个新民学会标榜两个主义，一个是新民主主义，一个是反民族主义。新民主主义的意思，是要将国民党赶开，利用地方土豪劣绅以及堕落官吏，建立傀儡组织。反民族主义是要使中华民国的国民，受日本帝国主义者的宰割，做他们的顺民。

我们知道，中国在历史上，曾数度亡到异族手中。但这几度的亡国，在后来又都恢复过来。恢复的力量，就是在于民族主义的宣传与活动。所以在元朝八十年间，国内不断有民族主义的运动，尤其是长江流域与长江流域以南，常发生叛变的举动，元朝八十年间，前二十年差不多有二百余次的暴动，到元末时有了朱元璋等民族革命的大举动，因而恢复了中国，满清入关以后，明末遗老在多次反抗战争失败后，把民族主义寄托在会党之中。这些会党酝酿而为后来的同盟会。同盟会的发达，就是由于结合了会党，唤醒了会党的民族主义，满清二百余年统治中国，并没有绝灭中国的民族主义，所以到清末，我们民族又光复起来，建立了中华民国。由此我们就可知道，只要是民族主义不亡，我们的国家就不会亡。

日本看清楚了这一点，所以他们向中国人民提倡反民族主义。反民族主义有两个目的，一是消灭国家观念，使国民从观念上隶属于日本，一是消灭团结观念，中华民国国民的意志和行动分散。国家观念和团结观念的消灭，即是民族主义的消灭，民族主义精神不能存在，他们就可以永远统治中国。这样的例子，历史上我们也可以找出一些来。金国灭宋以后，因为中国的民族主义精神藏存在宗教中，他们就打击全真道教。元朝为了毁灭中国的民族主义，打击江南的禅宗佛教。至于他们毁灭非宗教的民族主义集团，更是数不胜数。

所以，我们针对日本帝国主义者侵略的抗战，首先要有民族主义，我们不但应使内地民众的民族意识觉醒，更要在被日本帝国主义者所占区域内，发动广大的民族主义的运动。假如民族主义不能发扬，则我们没有一个良好的工具来团结我们的民众以对抗日本，当然只有使我们的国家民族趋于绝灭。

我们应当知道民族主义是我们对抗敌人唯一的精神武器。除此以外，无论是世界主义，或是国际主义，统统不能救中国，毁弃民众思想与国家界限，在一个殖民地国家和附庸国，是宗主国所期望的。就中国而论，如果我们毁抛了民族国家的自信和自尊，我们既可以向别的国家称藩，也就可以向日本屈膝，我们既不向日本屈膝，我们就要认定中国是中国人的中国。中国人要做中国的主人。换一句话说，就是因为我们有民族思想和国家界限，所以我们要保持民族国家的自由独立，绝不受任何国家的宰割和支配。所以我们才以民族抗战来给敌人以血肉的回击，假设我们的民族主义意识有一天消灭，也就是我们亡国的一天。反之，我们的民族主义的思想能够保存并发扬，则我们不独可以在日本军队没有达到的地方，发动伟大的抗战力量，就在已被占领的地域，也能发动民众的抗战力量，终会给日本帝国主义者以致命的打击。如果民族主义消灭了，我们失了一个庄村就算亡了一个庄村，失掉了一个城池就算亡了一个城池，失掉一省就算亡了一省。若是民族主义思想未曾消灭，日本帝国主义者现时所占领的中国土地，并不算是他们的，我们随时有机会驱逐他们收回这些失地。

现在我国对日的抗战，乃是一个长期的战争。有了民族主义，就不怕徐州保守不住，不怕津浦线为日本所打通。即使是他们打通津浦线，威胁武汉，我们只要有民族主义，也一定能够取到最后的胜利。

二、以民主制度集中全国国民力量

普通国家，在战争时候一定要集权，要颁布战时的紧急法令。这就是说要把一切平时的不切合战时状态的法令悬了起来，执行战时法令。但在中国，中国国民党认为这次抗战与普通国家与国家的战争不同，例如欧洲德国与法国的战争，这乃是帝国主义国家与帝国主义国家的战争，与一般国民没有什么好处，所以在战争时一定是绝对的集权。中国对于日本的战争，是一个次殖民地国家对于帝国主义的战争。这一个战争，如果中国失败，则中国就要由次殖民地地位变成日本的殖民地。如果中国抗战胜利，中国就从次殖民地一跃而为独立的民族国家。因为中国本是一个次殖民地的国家，所以在中国有许多落后的现象，工业不发达，政治不健全，甚至统一不能完成，民族思想缺乏。这种种的落后现象，都是要靠这次的抗战来加以改革的。所以这一次的战争，同时也就是一种建设工作的开始。这次抗战成功以后，中国就可成为一个现代的新中国。也就为了这一点，日本一定要攻击中国侵略中国，使中国不能建设一个新的现代民族国家。同时中国也极力要坚强地对抗日本，以完成建设民主政治的新中国的任务。

关于实现民主政治，中国国民党与一般资本主义或社会主义所说的民主政治不同。我们要实现民主政治，要把种种民主的障碍扫除。这些障碍是什么？是部落思想，割据主义，是在中央政府与民众之间的一种割裂国家统一的封建势力。中山先生在建国大纲中规定一个训政时期，在训政时期内，要建设一个强有力的中央政府，同时以县为单位，发展地方自治。由中央与民众合力扫除封建势力，以达到民主政治。所以中国国民党的建国方法，与民国初年那种联省自治运动恰恰相反。联省自治是由地方军队统治一省，那实际上乃是一种割据形式，并不能算是民主政治。真正的民主政治，要有一个领导民众破除封建势力的强有力的中央政府。

由此，我们就可知道真正的民主政治，一定要有一个强有力的中央政府，与一般民众相应。这乃是中国国民党在革命时期建设民主国家的方法。到抗战时期，中国国民党想把这种民主政治，在抗战期中树立得更切实坚固，以强有力的中央政府集合全国各方面的意见，各方面的力量，一方面努力抗战，一方面积极建国。就是说，我们今日于民主政治的确立，一方面是集大权于中央，一方面是集中全国国民的意见与力量，适应于抗战的环境。为了实现这种民主政治，所以国民党在政治上开放国民党的组织，希望全国有志之士都参加；在法律上保障人民在三民主义原则下，与法令范围内有言论出版集会结社的自由，使全国民众的意见经过国民参政会而贡献于中央。

三、以国防计划建设国民经济

中国的经济是一个不能顺利发达的经济。中国要工业有非常的发达，一般社会经济才能发达。中国自维新与革命直到现在，也有数十年的历史，而社会经济毕竟没有发达。日本帝国主义的侵略是一大原因。我们要发达社会经济，当然要发达工业，发达工业，当然要建设一切资本，不但运用一般国民资本，且希望各国投资来发展中国的工业。这样的情形是与日本不利的。日本不是一个金融资本主义国家，日本只是一个轻工业国，他不能让中国工业发达起来。为什么？因为中国自己的工业发达，中国的各种工业原料品，就会供给自己利用。日本的工业原料，从来大部是仰给于中国。这样一来，不是使他得不到中国的原料品，给他们工业以重大的打击吗？因为这个缘故，日本帝国主义者惟恐中国走上强盛发达之道，不惜用种种蚕食或鲸吞的方法，来企图满足他们的野心。所以自一千九百年以后，列强大都抛弃了领土侵略的政策，独独日本不能。一千九百年以后，别的国家不要中国的土地，不侵害中国的主权完整，而日本在欧洲大战时提出二十一条，北伐时有五三惨案，以后有九一八东四省的沦亡，接着有冀东的傀儡政府设立，终以演成今日的最后关头的中华民族伟大的抗战。

这一次的对日抗战，也就是解放我们的工业的开始。过去我们的工业不发达，即使有一点，也因在沿海一带，在这次抗战中受到战事的破坏。现在我们要维持抗战，一定要发达我们的工业。在抗战期中发展社会经济，一定又要按照国防计划，从事一种有计划有组织的建设。到了抗战结束以后，我们的经济，就是有计划有组织的国家生产与交换制度的经济。在国家资本下有计划有组织的生产与交换制度，这个意义就是在这种情形下没有资本家与劳动者的区别，一切利益归于国家，一切利益归于社会，换句话说，就是一个民生主义的社会，一个民生主义的经济。在这意义上，抗战期中的经济建设，就是民生主义的建设，社会主义的建设。

四、以科学的原理与方法来培养国民道德与提高国民知识

无论是抗战与建国，统统是需要科学。现代的战争，是科学的战争，日本对于我们的侵略，都是利用科学的发明。我们抵抗日本，给日本以打击，也是要用科学的发明的武器。至于现代的建设，也都是科学的建设。以工业而论，不论是大工业或农村副业，都是要依据科学的方法进行的。就是政治以及行政各方面的建设，也无一不是科学的建设。所以无论是抗战，或者是建国，在在需要科学。

科学虽然对于抗战建国有如此的重要性，然而中国的科学并不发

达。中国科学不发达，有三个原因：第一个原因，是中国旧社会遗留下许多封建束缚。因为这些封建的束缚，使得一般民众不相信科学，他们的生活是一种传统的非科学的生活，他们的动作和思想又都与科学不合，五四运动就是对这种非科学的传统束缚加以解放，五四运动的口号第一就是科学。不过，五四运动虽极力提倡科学，科学并没因此长足地发达。这就是因为有第二个障碍。第二个障碍，是日本帝国主义的侵略。刚才说过，日本的经济侵略障碍中国的工业发达，中国工业不发达，所以科学也不能顺利发达。工业不发达，没有方法使用科学的发明，科学的发明无处使用，因此科学就无从发达。第三个障碍，是一种符咒式教条式的宣传，也很严重的阻碍了科学的发达。科学这东西，乃是一代一代的经验和知识积累下的结晶，不是一锄头挖一个井那样可以得到急效。有很多人平时不注意科学的修养，在紧急之时，希望一下就得到有效的方法，达到他们的期望，以中国的教育而论，中国每在一个重大国耻发生后，就提出"国耻教育"或是"非常教育"等等的口号，过后又寂焉无声。这完全露暴出国人头痛医头，脚痛医脚的不懂科学的根性。

这一次抗战以来，各种抗战救国的宣传很多，而科学却受到很大的打击。如果我们今日再不在教育界鬼呼科学的信仰，则这次的抗战必然归于失败。我们若不在今后注意科学，唤起国民——尤其是青年学生，对于科学加以深刻的研究，自然我们就应付不了科学的战争，不能够在科学战争中取得胜利，更不能在抗战以后建立起现代民族国家。

一般人忽视科学的重要和对科学抱错误见解，都是一种缺乏理智的感情冲动，表现而为一哄而起的行为。一哄而起只是煽动革命的〈方〉法，不是抗战的方法，是对内的方法，而不是对外的〈方〉法，对外抗战，必须得采用有条理有计划和有实效的方法。有条理有计划和有实效的方法，必都是由科学的研究而来。用科学的方法组织民众，用科学〈方〉法设备物质，则抗战方能持久，方能给日〈本〉帝国主义以有效的打击。所以临时代表大会的宣言和抗战建国纲领中，特别提及科学，吁请全国知识界注意。宣言中昭示国民对于科学的运动，要技术与社会制度贯通，战时与平时贯通，物质与精神贯通，感情与理智贯通。在抗战建国纲领中关于教育一项，第一条就说要改订教育制度与教材，推行抗战教程，注重国民道德之修养，提高科学的研究。凡此，都是希望国民不再蹈以往忽视科学的错觉，要以科学的方法和原理来增高国民的知识，培养国民的道德。就是说要以有效方法抗战，以有效方法建国。所谓有效的方法，那便是科学的方法。

以上所说，乃是对这次临时全国代表大会宣言和抗战建国纲领的意义和内容，加以解释。在此，我希望诸位以及全国国民，对于这一个宣言和纲领，有确切的认识，以为一切行动和一切思想的规则准绳。这样，我们抗战的胜利，和现代民主国家的建立，才可以在最近的将来顺利完成。

（载《政论旬刊》第 11 期，1938 年 5 月 10 日）

抗战中建国的三原则
（1938 年 9 月 18 日）

　　抗战与建国是并行的，抗战与建国是一件工作的两面。建国在作战的时候，也就是说在抗战中建国。指导抗战建国的最高原则是什么？是三民主义。抗战建国纲领第一条曾规定："确定三民主义暨总理遗教为一般抗战行动及建国之最高准绳。"中国国民党临时全国代表大会宣言也说："盖建国大业，以三民主义为最高指导原则，外交方针内政方针皆由此出发。从外交言之，致中国于自由平等，从内政言之，求所以致中国于自由平等之道。故其精神实为一贯。吾人本此精神以从事抗战，同时本此精神，以从事建国。"三民主义之适于作抗战建国的最高原则，我们再分析说明如下。

（一）民族主义

　　中国国民党第一次全国代表大会，规定三民主义的民族主义有两方面意义，一为中国民族自求解放，一为中国境内各民族一律平等。我们这次抗战是全民族性的抗战，所以抗战的最高原则更应是民族主义。关于这一点，中国国民党临时全国代表大会宣言有详细的说明："第一次全国代表大会宣言中，关于民族主义"，有两方面之意义，一则中国民族自求解放，二则中国境内各民族一律平等，今先就第一方面计之，抗战之目的，在求民族之生存独立，必民族争回生存独立，然后此民族建立之国家，始有自由平等之可望，从前国内之人道主义者多抱世界主义的理想，社会主义者又往往信仰国际主义，曾不知民族精神若不能唤起，则思想为之混乱，意志为之散漫，情绪为之薄弱，其团结因之不能坚固，行动因之不能统一。外侮一致，内溃之象，立时呈现，历史上亡国之祸，实由于此也。故吾同胞必当深切认识抗战之际，惟有本于民族主义以发扬民族之固有道德，恢复民族之自信力，使此四万万五千万之人心，凝结为一，坚为金石，知政治之自由，为吾民族生存之保障，经济之自由，为吾民族生存之凭借，惟能合吾民族之力以共保之，乃能合吾民族以共享之，民族主义，于抗战期间，能充分发挥其精神与力量，则此精神与力量为今日捍御外侮之要素亦即他日复兴民族之基础也，就是二方面言之，中国境内各民族，历史的演进，本已融合而成为整个的国族，且第一次全国代表大会宣言中，已对于诸少数民族预为诺言矣，"于反对帝国主义及军阀之革命获得胜利以后，当组织自由统一的（各民族自由联合的）中华民国"，此实为对于诸少数民族最大之诺言，而此诺言之实践，必有待于此次抗战之获得胜利。盖惟根于自由意志之统一与联合，及为真正之统一与联合，在未获得胜利以前，吾境内各民族，惟有更受日本之压迫，无自由意志之可言，日本国中之民族自决，语其作用，诱惑而已，煽动而已，语其结果，领土之零星分割而已，民众之零星骗拐而已，日本知此扩大之领土与繁庶之民众，非可一口吞灭，故必取而脔切之，脔切愈切，吞灭愈易，其所以制造傀儡，惟日汲汲如想不及者，职由于此。故吾同胞，必当深切认识，惟抗战乃能解除压迫，惟抗战获得胜利，乃能组织自由统一的即各民族自由联合的中华民国，各民族今日致力于抗战，即为他日享有自由之左券也。

指导中国抗战的是民族主义，不是世界主义，也不是国际主义。民族主义下的国际外交方针，与世界主义或国际主义者是不同的。民族主义的外交政策，是要国家有独立自主的政策立场。独立自主的外交政策，至少有两种意义：（一）是以自己民族国家的利益为立场，（二）是不跟随任何国家盲目的走。第一，目前我国的敌人只有一个，就是日本帝国主义。一切国际间所能为我运用而不利于我们的敌人的力量，我们都要站在自由国家民族的立场加以运用。因此，在国际上对我们友好的国家，我们应当更加促进友好，即与日本友好的国家，我们亦应尽力运用，以期减少他们对敌人的帮助。第二，任何国家的外交政策都是决定于自己国家的利害关系的，所以外交不该盲目跟随别国走。临时全国代表大会宣言中说："此次抗战，从中国立场言，则为捍御外侮，为国家民族争取独立生存，从国际立场言，则为维护条约之尊严，对于破坏条约甘为戎首者予以坚决之抵抗，以是之故，凡爱好和平之国家，自政府以至人民，莫不同情中国，谴责日本，中国当抗战期间，得此道德之同情与援助，至为感奋，徒以各国间各有其利害之冲突，对于维持和平反对侵略，虽知其义有当为，然汲汲内顾，又徘徊于观望之中，遂不能以一致之努力，为共同之行动，此诚深可缺憾者，加以各国间或以政治上之主义与制度不同，或以经济上之立场，与见地不同，已渐成对峙之形势，而繁然各殊之利害关系，又参任错综于其间，遂使国际关系，益陷于复杂之境，其变迁离合之所至，或将酿成不可解之纠纷，此尤举世引为深忧者，中国以立国的基本精神而论，自有三民主义为最高之信仰，惟当努力以求其实现，决不曲意诡随，以丧其所守。……中国自知为贫弱的国家，平日所汲汲者，惟在力自振发，以致中国于自由平等，际此空前之国难，亦惟有依靠自力艰苦奋斗，以自拔于危亡，决不稍有侥幸之念，以成倚赖之习。"这一段话，说明了民族主义指导下中国外交政策的独立自主性。

讲社会主义的人们，往往反对民族主义，说民族主义是资本主义的产物，是反动的。殊不知中国不同外国，中国还是个半殖民地的国家，中国工业如不能发展，不知〔只〕资本主义不能发展，社会主义也没有基础，阻碍中国工业发展的就是日本帝国主义，如果中国不能打破日本帝国主义的压迫，国家民族都不能存在，更谈不到社会主义，在目前的中国，讲民族主义不但不是反动，而且正是社会主义在半殖民地国家中所必经的阶段。换句话说：我们要使将来的民生主义或社会主义有发达的机会，必须先作民族主义的斗争。

（二）民权主义

在政治制度方面，我们需要民主政治。中国现在是个半殖民地的国家，正在为建立现代民族国家而苦战。我们需要人民与国家政府结成一气，共同奋斗。国家离开了民众便不能争取独立自主，人民离开了国家也不能自由生存。完成这种上下联系的政治制度只有民主政治。不过民主政治的建立不是一下可以完成的。依照中国国民党的建国大纲，要通过训政时期，以中央政府培养下层民众的民主势力，扫除军阀的割据势力，然后民主政治才得以建立。有些人不了解中国的实际情形，以为民主主义与自由主义常是一体，因此民主政治的建立不能假手于政府的训政。这是不懂中国历史及社会实际情形的话。第一层，中国现在是个半殖民地的国家，中国现下的要求是反抗外来的侵略争取国家的独立自由，在此外求独立的过程中，不应该用政治上的自由妨害国家的统一。第二层，中国一般民众文化程度落后，地方封建势力仍到处存在，民主政治往往成为封建势力破坏国家统一的借口，民国以来，民主政治就常为军阀利用作辩护地方割据的口号，就是显明的实例。故中国民主政治建立，必假手于政府的训政。换句话说，必先求得国家的统一，中央集权的建立，然后才能有真的民主政治。中国国民党临时全国代表大会宣言说：

"盖民权主义与自由主义，固相为因缘，然在革命已告成功之国家，政治之自由尤当存在于不妨害国体政体之范围内，至于革命期间，则政治之统一，较政治之自由为急，军政训政，实为势之所不容已，而当对外抗战，则虽宪政时代之国家，亦必授权政府，俾得集中人民之力量，统一人民之言论与行动，以同赴于国家至上之目的，当此之际，在议会及在社会间杂然各殊之政党，亦必相约为政治的休战，以一人民之心思耳目，盖自由与统一，似相反而实相成，无自由则人民自发的情绪，以从事于同仇敌忾，无统一则以意思庞杂，而致行动之纷歧，抗战力量，由之减削，有必自然者，以此之故，抗战期间，政府对于人民之自由，必加以尊重，同时亦必加以约束，使得自由于一定限度之中，约束既定，政府人民，共同努力，见之实行，庶几自由与统一乃能兼顾。"

根据这个原理，国民政府一方面保障民权，培养民权，在三民主义之原则与法令以内，给人民以言论出版及集会的自由；更设立国民参政机关，集中全国贤智之士参与国家大计。一方面在此非常时期，政府仍需有紧急处分之权，俾临危处变，有所应付。民权主义的基础，在抗战期间既已建立。"则抗战胜利之日，结束军事，推行宪政，以完成民权主义之建设，为势固至顺也"。

在中国有些人，尤其是社会主义者又常常反对民主主义，说民主主义是资本主义的落物，是反动的。这是不对的。在欧美资本主义已极发达。劳资阶级对立关系已极尖锐，他们的社会变转或须经过阶级专政的阶段。但中国的经济建设既然是三民主义的路线，则民主政治实为进行民生主义建设中之最好的政治制度。

（三）民生主义

民生主义的伟大，就在有理想并有实现理想办法，民生主义的理想是社会主义，实现理想的办法是一方面有计划发展国家资本，他方面以节制资本及平均地权为手段，解除私人资本的弊病。

这种有计划的由发展国家资本主义走向社会主义的路线是最适合中国的社会与环境的。中国现在所以一切不如人，就是由于中国社会经济的发展比人落后了一步。人家已经是高度工业发展，我们还留在以农业为主的社会中；人家都拿飞机坦克车来攻，我们都以步枪大刀来应战。我们现在最需要的就是提倡科学，发展工业。资本主义虽有许多毛病，但资本主义却是到社会主义的必经阶段。资本主义与社会主义所不同的是生产方式及生产关系，所同的是生产力，而且都是高度工业化。中国现在并不能实现社会主义。

在现今高论社会主义，不过是玩弄好听的名词，中国最切要的是发展工业，这是资本主义与社会主义共同的基础。不过，我们在资本主义的阶段里面，采取的生产制度，不是像过去欧洲各国所采用过的自由竞争资本主义，而是国家资本主义。欧美资本主义发展的结果，必然发生社会革命，再来一次大流血。我们的国家资本主义，确实为社会主义来打基础，西欧在几百年民主及社会两次革命中所完成的历史使命，我们却在民生主义最高原理的指导下，一气完成。

几十年来，中国的近代经济组织虽然渐渐的兴起，但尚未到发达的程度。因此近代的阶级对立，即无产阶级与资本家的对立，尚不显著，更不尖锐。数量最多的阶级是农民小有产者。中国所仅有的一点工业，都在沿海一带省份都市里，抗战以来，这点多年经营的工业，已破坏无余，中国为了抗战的需要，为了国民生活，都需要发展工业。在现状下，一则私人资本无从发展，再则全国交通路线全属国有，新兴工业又必须以抗战需要为标准，故所发展的必然是国家资本。抗战期间，在国防计划下，国家资本主义的建设，已树立共有共治共享的确实基础，抗战以后，中国的经济，自然会走向民生主义或社会主义的道路。中国国民党临时全国代表大会宣言说：

抗战以前，中国经济状态尚无发生阶级斗争之可能。抗战期间，同仇敌忾，阶级斗争，更不容许其发生。抗战胜利以后，基于民生主义之计划经济，已使共有共治共享之理想，□于实现，尤无发生阶级斗争之必要。消弭之道，莫善于此，吾人谓民生主义之实行，当于抗战期间求之，且当于此，求得抗战胜利，决非俟抗战胜利之后，始终□于民生主义之开始。

（载《黄埔周刊》第 1 卷第 1 期，1938 年 9 月 18 日）

目前青年的思想，工作，与读书问题
（1938 年 1 月）

因为民族生存的要求，展开了全面的民族的抗战，同时更决定了长期抵抗的政策，由于抗战事实之发展，战区之扩大，学校因此受到直接和间接的影响，以致于停办，或毁灭，所有以前在学校里面念书的学生，大多跑出了课堂，学校，想奋不顾身地直接去参战，或者参加一种与抗战直接有关的工作，以谋为民族抗战尽力；这当然是青年人朝气蓬勃，年轻有为的良好现象。可是从事实上深刻的观察，和考虑，我们觉得以一个智识阶级的本身，抛弃多年来所求得的学识而不去继续研讨，去参加一种普通人能够做的普通工作。虽然是对于抗战有益，但未免总有些可惜，而且不合算。除了真正是抗战的技术人材，以及抗战中必须的人材以外。

青年人因为爱国的热忱最高，希望最切，所以在思想上，抗战的开始，青年的情绪最紧张，战事也很顺利，所以青年人的希望心更迫切，亟亟于不顾牺牲一切学业，生活，家庭，去追求抗战的胜利，这本是很好的现象，可是自战局一发生转变，军事遭受些微的挫折，或者失利，此时青年本身却还没找到适当的，而且固定的工作，同时家庭也被破坏了，书读不成了，根〔跟〕着"生活"的问题也紧逼了上来。摆在前面的抗战军事上暂时的失利和挫折，便引以为失望，由思想上的失望，青年工作上的分配，又得不着适当的解决，更加上一个"生活"的问题，于是由失望而悲观，而沮丧，而烦闷。其实这是现代青年最大的危机，从前青年的思想问题是摆在第一，生活的问题是摆在第二。但现在因为青年本身生活，陷于困窘的结果，青年"生活"一问题，便摆上了第一，而思想问题例在其次了。只要能解决生活，思想也可迁就，一切工作也愿意做，虽然现在政府主办了许多学校，来收容和训练青年学生，但对于青年学生的抗战实际工作的支配，还没有得到完全妥适的解决，我以为现在青年的工作，应由政府当轴，在抗战的根本上，作整个的计划支配，不应使热血青年，因找不到抗战工作而烦闷。至于青年的思想问题，当然与工作生活有密切的联系，但总应循着正确的方针，纯洁的目标，前进，而不应受某种外物的引诱而左右其思想，迷失其途径。

关于第三个读书问题，我更认为——

一、就客观的条件来说：

（1）由于社会经济的停滞，和战区的破坏，青年的生活感受困难，即令平时有资力读书的，也很少还有资力继续去读书。

（2）学校的迁移和毁灭，文化中心都市的沦落，使研究的地方与材料，都受破坏。海口的封锁，又把文化学术的消息断绝了。读书的条件是缺乏的。学校制度因此有改变的必要。（一）战时的自然科学研究更要加紧，其问题在怎样集中仪器和实验工具。（二）战时的社会科学研究，应直接以现实的社会现象及问题为对象，而施行考察与观察。

二、就主观的观念来说：

一般青年要求参加战事直接有关的工作，这是很好的。但是青年们不要忘记了战争以后还有社会的存在。第二代人仍然是要人做的。学术的生命的延续，对于国家社会的价值，并不小于直接的战事工作。倘若学校制度有合理的改变，青年仍然愿意，并且应当继续的读习和研究。

（载《青年前线》第 1 卷第 2、3 期，1938年 1 月）

1939 年

苏俄的外交政策
（1939 年 7 月 4 日）

苏俄的外交政策，大家由共产党的宣传看来，很容易知道是阵线外交政策。阵线外交政策是想利用世界各资本主义国之间的对立，加以发展，使其永不调和，使苏俄能够得到和平与安全。所谓民主阵线与独裁阵线，所谓和平阵线与侵略阵线，都是苏俄用以划分世界为两大对立集团以从中取得和平安全的名词。

苏俄的外交宣传队宣传这个政策已四年之久。

但是苏俄的最高当局，早已定下一个不同的政策了。世界的局面是在变动之中。随着世界局面的变动，苏俄外交政策有了变动，这是合理的。不过外交宣传啦啦队们还不明白罢了。

在一九三七年的年底，英国的首相张伯伦定下了分别绥靖德义的政策。英法与德义之间有趋于妥协的形势。苏俄的最高当局史太林也准备下他的自力更生的孤立政策。假如英法德义妥协，则苏俄马上有应付国际孤立的方法。史太林这种准备，最明白表现于他写给一个青年团宣传员伊凡诺夫的公开信。在这封信里，他去掉了民主阵线独裁阵线以至于和平阵线侵略阵线一切的名词。在这封信里，他不再把英法与德义分别开。在这封信里，他指出苏俄社会主义国家是在资本主义包围之中。苏俄一面要加强海陆空军，一面要加强各资本主义国内无产阶级的领导。

这时候，李维诺夫在国内已受攻击，将要下台。

一九三八年一月至四月为英法德义妥协的时期，也就是苏俄孤立政策确定时期。到了五月，为了捷克问题，英法与德义又加强对立，于是李维诺夫才出现于国际外交舞台。九月底，明兴会议成功，苏俄的孤立政策更得到确切的证明。虽然明兴会议的议决仍然毁灭，但是苏俄的阵线外交的国际形势也就改变了。

西班牙的人民阵线政府倒了。法国追随英国的领导，人民阵线不能再组内阁，捷克亡了。苏俄在中欧西欧的外缘，都没有了。还有什么国际人民阵线呢？除了中国的共产党还在与国民政府有关系而外，各国的人民阵线都完了。因之国际人民阵线成了过去的陈迹。

中国的国民政府真能追随苏俄吗？苏俄心中是知道的。中国的国民政府始终没有离开伦敦华盛顿的路线。苏俄帮助中国的国府，不过是一种帮助。经济财政仍然掌握在伦敦纽约银行家之手。

由世界的大势看来，苏俄的阵线外交政策已失其根据。苏俄如不向这种形势，而仍然本于过去的政策，与英法订立同盟，那不过只是有利于英法。莫诺托夫引据史太林的话道："苏俄不要替别人从火里面抓栗子。"苏俄当局的心理不是很明白了吗？

因之，英法苏三国协定的谈判变成了"长期谈判"，与中国的"长期抗战"一样，遥遥无期。

（载《国际周报》第 61 期，1939 年 7 月 4 日，署名云峻峰）

怎样获得和平
（1939 年 10 月 23 日）

在三年前，自己为《日本评论》写过一篇论文。在这论文的开头，我引用了《史记》中的两个故事，一个是陈胜，吴广起兵的时候，他们说："今亡亦死，举大计亦死，死等〔等死〕，死国可乎。"（《史记·陈涉世家》）另一个是韩信以背水阵同赵作战的时候，他这样说："陷之死地而后生。"（《史记·淮阴侯列传》）在这论文的结尾，我又引用了卞庄子刺虎的故事，他说："两虎相斗，大者伤，小者死。"这论文是表现了当时中国人的心理。中国人不能战，然中国不战，则归于灭亡，故不辞一战。然而战了的结果就不免小者死而大者伤的。

当时，中国的知识阶级，正在争论着岳飞与秦桧的是非，他们把秦桧作为和平论者，岳飞作为主战论者。当时我的见解，反对不战，然也反对滥战（浪战）。自己的见解是备战而避战。我并不同情秦桧，亦不同情贾似道，还是同情于叶适。叶适是主张充实国防而反对滥战的。当时我正执笔于《中国政治思想史》的第四册，从宋代到明朝的一个部分，在南宋的学者间，自己是最推许叶适的一派，那是从我自己心里所表现的。

今日，中国的抗战，已进至第三个年头了。"小者死，大者伤"的故事，悲痛地演出于东亚两大民族之间。在中国的知识阶级之中，除了共产党，人民阵线（今日人民阵线已失败，仅有德苏战线）之外，皆知中国已不能再战，他们任何一个都知道这战败已不能恢复。他们知道外国的援助是不可靠的。何况欧洲大战爆发。他们更明白外国的援助是不会来了。总之，已知道中国是不能再战。

从前年的七月七日到南京陷落，南京陷落到徐州失陷，以及武汉，广东的败退为止，中国的知识分子，朝夕在盼望着战争的终结。然而中国是"八股文"或是"试帖"流行千年之久的国家。在知识阶级间具有附和雷同，追随时尚的习惯。他们所写的文章，都是千篇一律地呼号着抗战。但他们如果闭门自省，那就会深知不可继续抗战了。自己是从南京到武汉，从武汉到重庆，从重庆到成都，从成都到昆明，可是，到处听到那些有思想，有见识的知识阶级的友人，总是有着这一种切实的认识的。

自己的主张，也不是在一般知识阶级的圈外。我是主张和议的。我指摘国外援助的不可靠，我更指摘"所谓国际和平阵线"，全是苏联欺骗的口实，我又反对共产党与人民阵线（德苏阵线）的理论，这是说大战刚像是一个爆竹似的，一旦见到开战，那末英，法，苏一定要击破日、德、意的。可是现在英法同德国开战了，苏联到哪里去了？意大利怎样？美国又是怎样？

我借《日本评论》的一角纸，想来述说一点中国知识阶级的心理。中国的知识分子，早已深知不能再战，知道在中日之间，应该赶快结束战争。然而中日之间要获得和平，依然是一桩困难的事情。

现在已经竖起和平运动的旗帜来了，抗战的"八股"与"试帖"的魔力，既已衰落。迷惑于抗战的"八股"与"试帖"的人们，已抛弃了"八股"与"试帖"的指导而公然与和平运动携手了。然而还有一部分知识分子，现在是在四川，云南，贵州，陕西，不是不想来日军的占领地域，一面还想去四川，云南，贵州，陕西的，这究竟是怎样的现象呢！

第一，我们不应该抹杀这种现象。完全抹杀问题，则问题难于解决。譬如解决数学的命题，如果我们不清楚地判别它，不追究它而放任着，那末永久不能解决它的，这是同样的理由。

第二，我们不能轻视这种现象。我们一定会想到知识阶级在现实上是没有力量的。然而应该明了知识阶级有两个资格。一是知识分子是人民的一部分。人民所有的观念，知识分子也有的，反之知识分子所有的观念，会影响人民，会使他们追随。

在这样的知识分子的心理，我们一定要知道它有一个最大的原则存在着，这就是民族主义与国家思想。两年来的战争是担负着民族与国家的生命的。他们虽明知战而大败，然而仍是接二连三地支持着这个战争。他们知道战败的结果是不得不和平了，然而和平，能够保持民族与国家的生命么？这是他们心中的第一个最大的疑问，这个第一个疑问，同时也是最终的疑问。

民族国家，必要有独立的主权与行政。

民族国家，必要有独立的军队与警察。

民族国家一定要有独立自主的思想与文化。

他们对于领土的完整，当然非常留意。然而他们知道东三省与热河是不可能收回的。知道用军事手段，外交手段，都不能收回。他们这种恋恋的心理是可能断绝的。然而中国本部（China Proper）在和平以后，对于主权，行政，军事，思想文化是独立自主的么？

他们受了西洋民族国家的影响。他们知道战胜国有战胜国的权利，战败国有战败国的义务。他们更知道中日两国进行和平交涉，中国不得不忍受种种的条件。然而他们希望条件是明白的，具体的，确定的，是保留中国民解〔族〕国家的独立自主的。

这是他们的希望。如果他们对于条件及其实行，一有怀疑的念头，那末即使想和平，可也不敢主张和议罢。所以他们是陷于矛盾的境遇。他们一方面是明知"战是不应战"。而在他方面却考虑着"和也不敢和"。

重庆的国民政府，就是站在这种矛盾的心理上面。日本若想结束战争，想要获得东亚两大民族的和平，那末总得先要了解中国知识分子上述的那种心理。在这里，我自己再分理论方法，事实的三者来说明一下。

一，从理论上说来，那么根据去年十二月二十二日的近卫声明，日本尊重中国的主权与行政，也不求中国的领土与赔偿。依据去年十二月二十九日的汪兆铭先生通电的声明，那末日本如果撤退在华军队，放弃侮蔑中国的思想，那么这个原则，决不是亡国的条件。所以在理论上，中国可以接受日本的提议，中国在跟日本共同的原则与目标上，可以分担东亚和平的责任。

从中国方面说来，在战败了的今日，除了忍受日本以战胜国地位所提出来的条件之外，他没有其他方法的。然而日本不以战胜国自任，依然是尊重中国的主权，行政，乃至领土。在理论上，中国是可以和平的了，可是中国的智识阶级为什么还有着疑惑呢？

二，从最后的方法以及事实的两方面说来，在方法上，日本尊重中国的主权，行政，乃至领土的真意，对中国人的心理上的传达方法不适合。日本方面的某种名词及其解释，往往是掩蔽尊重中国的主权，行政乃至领土的旨意。譬如"东亚协同体"的一句话，容许有各种的解释，假使"东亚协同体"如果是说东亚诸独立国站于平等的地位而互相求得合作，和平，安全与发达，那末这句话及其解释，是不会引起中国人的疑惑的。然而这句话一被误解，如果被指为中国失却了独立的地位与平等的资格，那么中国人，特别是知识分子，一定是抱着绝大的怀疑的。因为引起了这种误解，所以无论如何主张中日两国今后构成 Gesellschaft（集合社会）或是 Gemeinschaft（共同社会），亦不能消灭任何一个中国人的怀疑心理。

中国在今日之下的情形，与日本讲和而合作，那譬如一个穷人跟富人交际合作一样的。有钱的人往往不懂得穷人的心理，如果在理论上，原则上是两位一体，那么想来是对穷人方面有利的。然而在穷人方面说起来，过着独立的生活，而另外获得富人的谅解与容忍，那是值得感谢，然而不希望加入富者的家族。因为恐怕一入富人的家族，就有化为奴隶的恐怖。刚像是法律学上的所谓"夫妇一体主义"似的，所谓"一体"，是结构的意思，可是在现代的妻子看来，是消失了人格而有变为丈夫的附庸恐怖一样。日本如果能够理解中国人的怀疑心理，那么对于在技术与方法上，如何传达日本的真意这一点，还希望加以研究。

三，其次是事实。在现在的中国，有主战与和平的两大潮流。前面已经说过了的，在主战的潮流之中，对于和平的希望同样地切迫着的，而主战潮流存在着的原因之一，就是有了上述似的怀疑心。

在和平的潮流中，一般相信日本的真意，像在近卫声明里指摘的似。然在和平与主战的潮流之中，任何一个都要获得"只有事实"证明中国的独立平等，所以在期待着为和平而不丧失这些事情的事实的证明。

事实的期待，终于失望么？或者终于满足么？然而事实的发展，如果是中国的主权，行政的独立以及思想的独立自主，得以证明为和平而并不丧失这些事情，那么主战的潮流，必然会完全消灭。如果中国人对于这一点，可能使渠抱有多少的担心，那么主战的潮流，即使结局是消灭的，然而一时间也不容易消灭的罢。

中国人的希望，决不是极大极高。中国人绝不否认日本今后在东亚的优越的地位，日本今后在中国的优越的地位。中国人是希望在"事实"上证明了中国是保持着一个独立的国家，独立的民族，以及独立的思想文化。

中国获得了和平之后，怕决不会再想与日本战争。中国人经过抗战之后，知道了战争即开始，却不应任意坚持。中国今后不得不获得百年的和平，至少是一代的和平。获得了和平之后，中国的民族思想，必定会转脚着地了，变为了尊重科学，崇尚现实的倾向了罢。今后的中国民族思想，决不是受惑于大言壮语，美辞丽句而遭受祸害了罢。

现在的困难，是在于如何获得和平。如果事实得能证明使中国并不丧失其独立自主，那么和平是容易获得的。否则，中国人依然是梦想着"远交近攻"，幻想着国外的援助。如此，则中国的社会，政治与经济，决不能恢复其和平与秩序的。

这许多话，全是中国知识阶级的内心中的话。我是知道他们的内心是有这一种的思想，所以我自己想率直坦白地对日本人士，把它写了下来的。

（本文系陶先生为日本权威杂志《日本评论》的特别写稿，载十月号内。特译出以飨国人。——司马杰译）

（载《三民周刊》第 1 卷第 10 期，1939 年 10 月 23 日）

1940 年

"世界新秩序"试论
(1940 年 10 月 30 日)

日本言论界侈谈"世界新秩序",以为今后的世界,将形成四大经济国或"共荣国"。一个是以德国为领导的欧洲经济国。一个是以美利坚合众国为领导的美洲经济国。一个是横跨欧亚两洲的苏联。一个便是日本军人想念的所谓"大东亚共荣国"。我们现在试以极概括的说法,来评论一下。

一　德义

首先要看一看的就是德义在欧洲中部西部的所谓"新秩序"。依现时的军事情况来说,德国军事力量从波兰罗马尼亚起,至法国止,北达那威,南接义大利,西接西班牙。他在大陆上除苏俄外,已无对峙的力量之存在。在这种情况之下,欧洲大陆的"秩序"根本改变,无可否认。但是我们即就军事而论,未完的业绩还摆在德义的面前。义大利自参战以来,还没有拿出海空军在地中海上一睹雌雄。地中海仍然在英国海军巡逻之下。这是一。直布罗陀海峡一面是地中海的西口,一面是欧非两洲的桥梁。这个海峡现在还需要西班牙参战和作战,才能使英国海军受到威胁。如今西班牙还没有参战,葡萄牙还与英方保持着战前的关系。这是二。在东地中海一端,情势更是复杂。红海四周,英国本国的实力,还依然未动。在印度洋上,由南非,而东非,经阿拉伯,波斯湾以至于印度。在地中海上,从埃及到巴勒斯坦与外约但,这些都在英军的手中。希腊对义大利尚在撑持。土耳其仍不是德义所敢于冒失攻击。我们可以说,东地中海的北东两面,如果苏俄不参加轴心,则德义无法亦无力制胜。红海的南面,更需要义大利竭尽陆海空三军的力量。在报纸上面传闻德国向苏俄提议，请他分割近东中东，请他安定土耳其。苏俄是不是这样的做，至少在美国尚未参战，英国尚能振作之前，不会有什么积极的朕兆。在这里，我想告诉大家，英国控制的东非与中东的地面约一百五十五万六千方哩。而东非方面，由于法属马答加斯加受制于英国海军，由于赤道非洲转变到戴高之下，由于比属刚果参加联军，已与英属南非打成一片，这方面军事攻势的完成，对于义大利当然是很重大的负担了。这是三。

战果的收获，比战胜难得多。即就欧陆内部来说，法兰西是战败了。可是德国对于法国，仍然不易消化。一般以为贝当政府和中国的汪政府一样。这是错误的。汪精卫，周佛海等是单身投靠敌营。贝当政府仍然是在非占领区，仍然保有自己的陆海空军。贝当政府还不肯助德战英，比之于周佛海有几管手枪就拿来恐吓英美人，还有本质的差别。法兰西休战求和，是经由佛兰科与墨索里尼之手的。在义西两政府到底不免有挟持法国以自重之心。同时德义也可以看出，法国军民如受敌国过度的支配，便有群趋"自由法军"之可能。因此法国还保持一个国家体系。法国没有溃，尤其不是单身投靠者之流。举此一端，可以说明战果消化之难。其次，在英国海军封锁战之下，被征服民族与一般民众的贫困与饥荒，经今年冬季一关，更增加民族斗争与革命运动交流的趋势。我们可以说，便在中欧西欧大陆上面，内部的不安，是随德国军事的扩大而并进的。

德、比、荷、瑞，与法是欧洲的工业区。因其为工业区，所以这些国家大抵向海外寻求资源并开拓市场，换句话说，他们大抵是殖民帝国。因此之故，西欧中欧如没有大西洋与地中海，以与他们的殖民地和海外市场联络，则经济的发达与维持，很是困难。希特勒的经济政策，是想把欧洲组成自足自给的经济圈，并以其剩余推销海外。但是德国的经济霸权非取得大西洋与地中海仍不能算是有了成就。在这一层上，如若英德之封锁反封锁战，一时不能停息，即大战不能结束，则英美固然失去了欧陆的贸易，德义也打不开大西洋地中海（乃至印度洋）的交通。如若英德之战一朝停止，则欧洲与美洲的贸易一朝恢复，贫困的战后欧洲，一面固然有苏俄农业的资源，一面必大受美洲商品与黄金的袭击。德义的统制经济计划究竟能不能杜绝黄金的支配，到那时很是疑问。何况美国的黄金后面，还有大批的工业品与农产物，很焦急的贮藏在那里，等候欧洲工业停减后的市场。胡佛前总统救济欧洲饥荒的呼吁，就是这种焦急的表现。军事的胜利是不是与经济的失败相与抵销，这又是所谓"欧洲新秩序"的难题了。

这里说的战后欧陆工业资本的需要，与上面说的战时欧陆饥荒贫困（这个现象到战后自更严重）在德义西"秩序"的内部将表现为革命反革命的汹涌潮流，在国际形势上将表现为美苏两个力量在战时及战后欧陆的争竞。我们可以说，战胜固然不易，处胜尤其困难。处胜固然困难，善后尤其不易。德义西的经济圈能否终于成就，决不是一战所能决定的。陆贾说得好："马上得天下，岂可以马上治之？"自八月以来，德义的气焰渐呈逆转，这不是偶然的了。

二　英美

英美集团想要恢复战前原状，与德义的"新秩序"是一样难能。可是英帝国的解体，仍然不是德义军队一战所能做到。在这样的两端之间，英美集团也要形成一个"新秩序"。我们还能够记得，第一次大战时期，英国把远东的利益，委托于英日同盟。大战结束以后，英美在世界金融的争斗，以及在太平洋上的争斗，是二十几年现代史上极有影响的史实。日本在沈阳九一八的一炮，开始了第二次大战的序幕，便是乘英美不能调协的机会，这是我们都知道的事情。曾几何时，德义日三国分途进攻，使英国一面在大西洋前线，以美国的援助为支持战局的要素，一面在太平洋前线，由马来半岛以至于澳洲，都要倚仗美国的声援。这个变局，不能不算是巨大的变局。这个巨大的变局至少有两方面的意义。

在一方面，英国要争生存，求胜利，非得到美国的援助不可。我们知道现代科学战争乃是双方工业的赌赛。以美国的标准化机力化的工业与德国的标准化机力化的工业相持，始可以得到势均力敌的今天的局面。以英美共同支配的世界资源与德义相持，始可以得到经营反攻的把握。事势所趋，英国不能不这样的和亲美国。这是一。假如欧战以前原状，不能恢复，则英国今后立国的基点，势必有些转移。英国的经济（工业与贸易）重心，难免不移转到加拿大。从这里，英国可以照应澳洲，新西兰，海峡殖民地，中南非洲与印度。英国将形成横跨两洋而最大部分在太平洋印度洋上的海上殖民帝国。这个打算，非有美国相助不可。这是二。

在另一方面，美国的工业以及工业化的农业，已超越国内市场的限界，在世界市场上正要飞跃，却还没有尽量飞跃。黄金的累积，尤使世人震惊。要充分开辟他的金融资本与工农业商品的市场，第一要从中南美洲排除德义的商品，第二要打开英国的竞争，第三要压倒日本的工业。这三件工作，很可以在这回的大战之中一起完成。美国向两洋的飞跃，决不是耗尽国力于欧战与中国战事的德义日三国所能阻止。并且很可能的是战后的德义日三国都要接受美国黄金与商品的袭击。在眼前，日本已在美国经济的掌握之内了。

三　苏俄

德义日三国要想分解英国并限制美国，还不可能，因此他们属望苏俄参加。他们的理想是"五强共建世界新秩序"。五强就是德义西日苏。他们属望苏俄的军事动作，是攻取中东。具体的说，他们希望苏俄取得伊拉克，伊兰，阿富汗，俾路兹，以及印度。日本更希望苏俄划分日苏两国在中国的势力范围，并订立日苏不侵协定，让日本抽调东北驻军，以充南进的实力。

苏俄是世界上一个社会主义体系，不成问题。苏俄近来对英态度远不如对德之亲睦，也无可讳言。由后之说，德义日能够与他接近。由前之说，他终竟有反英之可能。三国的属望，自然不是毫无根据，但是这里有三层值得我们讨论的道理，恐怕苏俄还不能和三国共同行动。

第一，现代科学战争是工业的赌赛，上面说过了，苏俄的工业基础与交通状况是不是足以对外作那样的远大的征战，这是一个疑问。我们可以说，德义日三国期待并付予苏俄的任务尚属过大。

第二，在世界各强国之中，苏俄的外交地位是最顺利的。德义仰仗他巩固东陲。英国期望他障碍德义更进一步的进展。美国希望他牵制日本。日本希望他容许南进。在这个环境里面，苏俄已获安全，更能开拓。不久的将来，倘如美国参战，则世界上惟一强国能够站在战场以外，而对于作战各方持有绝大发言权者，就是苏俄。如若战事延长至相当时间，以国家而论，苏俄可以乘各国之疲敝，以求如意的发展。以主义而论，世界革命的潮流将随各国的疲敝而澎湃。

第三，苏俄以国内体制不同于各国之故，一有强烈动作，则其他各国的矛盾便将因而转化为他们与苏俄之间的矛盾。由苏俄看来，世界上任何一地的资本主义战争，都足以保证苏俄的安全与社会主义的发展。

反之，任何资本主义战争的妥协，都可以转化为反苏的十字军。在作战双方还没有疲敝，与世界革命潮流还没有汹涌之时，苏俄以武装参战，恐怕是不会的吧！如若苏俄耗散自己的国力，帮助德义日三国成功，则苏俄疲敝之余，正陷入三国夹攻里面。苏俄愿意吗？

由于上述，我们可以看出苏俄既不积极赞助轴心方面所谓"新秩序"，也不积极扶持英美方面的"旧秩序"，这在苏俄的立场，有充分的道理。

四　日本

最后，我们再看一看日本想念的"大东亚新秩序"。

德义西的欧陆"新秩序"，虽正在艰难之中，可是中欧西欧自成一片。他们已从这一片段里面，把对抗的势力排除了。美洲久已是美国领导的区域，也自成片段。苏俄的一个片段，现在日趋于安稳，问题只在小发展或是大发展罢了。只有日本的"大东亚共荣圈"，有中国的抗战，有英美的横亘。中国之于美国是工农业与金融资本发展的潜能区域。荷印之于美国是橡皮与锡的生命线。新加坡之于英国是印度洋与太平洋各领的中心堡垒。英帝国如被分解，日本所谓"大东亚新秩序"才可以完成。日本如欲完成"大东亚新秩序"，亦必分解英帝国。日英于此必须经一番生死的斗争。英国欲立足于太平洋，不恤以南太平洋富饶的领土付托于美国而以两大海军之力，阻止日本的进攻。其在美国，在英国海军足以控制大西洋的今日，也不恤用备战的手段，威胁日本。我们很容易看出日本要建设所谓"大东亚新秩序"，迟早必须与英美海军决战。日本即令不敢决战，则东亚大陆上也没有他的退步。美英中三国策应之局，今天正在进展之中。

可知所谓四大经济圈或"共荣圈"之中，惟有日本所谓"大东亚共荣圈"最是空虚，最多阻力，最没有希望。日本成功的两个前提是英国的分解与苏俄的参战。日本成功还有第三个前提是美国退缩于新大陆圈内，不向太平洋此岸发展。日本成功的第四个前提是中国抗战停止或消灭。我们眼见得这四个前提都不会如日本之愿来成就的。所以说日本的所谓"共荣圈"最无实现的希望。（十月十七日）

（载《国际通讯》第 21 期，1940 年 10 月 30 日）

1941 年

纳粹与共产之平行的活动
——纳粹与共产专号序
（1941 年 6 月 11 日）

　　国人论德苏关系以及日苏关系者，往往认定德苏与日苏之间有不可解的矛盾。由于这个看法，他他〔们〕常以为德苏必然出于一战，而日苏必然不会妥协。现在我们撇开日苏关系不论，只就德苏关系来说。

　　捷克沦亡以后，建国的三杰之一的贝内斯总统出走，在美国讲学，著成一书，《今日明日的民主》（*Democracy，Today and Tomorrow*）。他指出共产主义与纳粹法西主义同为破坏现代政治经济伦理宗教的主义。三种主义都反对三百五十年来尤其是一百五十年来自由主义，人道主义，民主主义的。在理论上，共产主义多少带民主的色彩，但在其破坏现状上，共产纳粹法西是一样的。

　　英德开战以后，纳粹的一个领袖，但泽自由邦议会议长劳司宁（Hermann Rauschning）奔英。他发表一个著作，《德国的破坏性革命》（*Germany's Revolution of Destruction*）。最近他又出一著作《民主的自救》（*The Redemption of Democracy*）。这两部著作很引起英美人的注意。他指出纳粹与共产是平行向资本主义文明斗争的。纳粹与共产同以破坏社会现状为主旨。

　　纳粹与共产的关系，最明白简单的说法是蒙克（Frank Munk）的一句话。他在《力的经济学》（*Economics of Force*）内说道："纳粹与共产之间是在比赛，不是在斗争。"当然比赛也是一种斗争，可是他们在目标与路径上是平行的，不是对立的。其互相攻击乃是比赛者之间必有的事。北平鲜鱼口有两家出售袜子的，门口各有一个"黑猴公"，牌子写着"如有假冒，男盗女娼"。男盗女娼当然是破口相骂，可是他们相骂是为了比赛。出售袜子的目标与手段却是一样的。

　　蒙克更说得明白，他说："共产主义在理论上近于民主主义，在行动上却近于纳粹。"因此，苏德协定及其后一切平行的动作乃是当然而无可疑。

共产主义者主张废除私有权，纳粹则否。这是理论的最大分别。但若从经济史的发展过程来看，这是纳粹之产生较晚于共产主义的缘故。在马克斯时代，资本所有权人与企业家还没有分化，现在的经济组织已经不是这样的了。企业管理人与股票持有人之间有辽远的分化。股票持有人没有力量操持那些大托拉斯的管理人。国家把企业管理权夺过来就可以了，不必再夺所有权，因为所有权本是空虚的。这个分别不过是形式的分别。

纳粹是一种国家主义。可是共产主义在斯太林手上，已转向国家主义。这可以从易士特曼（Max Eastman）的论文看出来。

在资本主义烂熟的今日，维系群众的宗教伦理政制正随着经济组织的危机而趋于破产。同时，高度的生产技术，把经济以至于文化的根柢都改变了。一切趋于机械化，一切趋于标准化，一切趋于水平化。资本主义的精神如个人主义，如福利哲学（Welfare philosophy），都失去了依据，因而失去了社会的权威。在解纽的社会政治之前，力的崇拜，袭击了群众，震荡着世界。

在世界大转变之大战期间，纳粹与共产的活动是平行的。"天下老鸦一般黑"，共产党与纳粹的第五纵队在各国内部都是一般的作风。

以失败主义转变外战为内战，是共产主义的拿手。纳粹的第五纵队在各国同样播散着失败主义的种子。所谓失败主义，即挑起外战而使之失败的作法。这种作法在德苏国内是绝对禁止的，可是在其他各国，他们便集中力量去作。法国便是上了当的一个不小的国家。

失败主义的作法不成，则不恤施用暴力以破坏祖国。戴斯报告关于这一点说的很是详细。拉斯基的论文也说得明白。背叛祖国乃是他们的道德信条。

我们收集了关于纳粹与共产的一些文章，汇成专号，意思在于指出天下老鸦是一般黑的。我们同时希望国人知道这次大战是世界大转变的过程，不独是大战争，并且是大革命。

在这个过程里面，无论是对内的政变或是对外的战争，组织和战术是首要的。在一九三三年德国革命时期，意大利人马拉把特（Curio Malaparte）写了一本书，《论政变的技术》。无论是在野党想夺政权，或是在朝党制止反叛，归结是一个战术与组织的比较。同样的组织与战术，用以成就一个政权的时候，说这个政权是阶级政权，那就是共产主义。说这个政权是种族政权，那就是纳粹主义。

由于生产技术的高度发达，经济组织趋于社会化。政治组织趋于水平化。个人的人格无论在生产上，政治上，或是文化上，都要失去地位。一切集团化，水平化，与组织化。

由于战争工具之高度的进步，街市暴动式的革命已不复可能。因而由下而上的共产革命也回头采取征服或由上而下的改革，与纳粹同。北海三小国以及芬兰波兰的事件，可以说明苏俄的发展与纳粹取相同的方式。

由于生产与战争技术的高度的进步，这些国家内部分化为两个阶级，一个是管理生产战争工具的政治组织，一个是一般的民众，那执政的政党不得不以保持经济与军事管理权为最大任务，而寄托其任务于恐怖与干涉。一般民众不独失去了个人的政治经济的自由，并且失去了个人的私生活的领域。

总之，纳粹与共产是平行的比赛，不是对立的斗争。

（载《国际通讯》第 52 期，1941 年 6 月 11 日）

1943 年

百年来两个潮流一条血路
（1943 年 3 月 31 日）

　　从清代道光二十二年（西历一八四二年）到今天，这一百年间，在我们中国，从历史上看来，只有一件事情，也只有一个运动。这一件事情就是中外不平等条约的订立和延续。这一个运动就是国民革命的发生和发展。到了今天，这个运动成功了，这件事情结束了。中国的历史，便翻过去了一章了。

　　在一件事情没有结束的时候，我们对于这件事情的判断，总还不是最后的判断。在一个运动没有成功的时候，我们对于这个运动的评价，总还不是最后的。如今不平等条约的整章历史，和国民革命的整个记录，都在我们的面前展开了。我们也就可以下最后的判断和评价了。我们得到一个总结论，就是只有国民革命是正确的路线，其余的各种主张，各种学说不过路线上面的一些草芥，一点石块。在历史家的眼底下，这一百年只有一件事情，一个运动，成为这一章的骨干。

　　这一章历史，在去年十月十日以前去读，和在今天来读，在读者的心中，感念是不同的。今天我们来读这一章历史，我们的心中，是比去年十月十日之前，更能够把握全章的意义的。这一章历史读后感，写不完，说不尽，然而有一句话，是成了最后的定案的。"惟有国民革命是正确的路线。"

　　现在我想把全章历史里面的一个要点，举出来说一说，这所说的，只是一个要点，并不包括要点的全部。这是我首先要声明的。

　　从事后来看，历史的演变是有确定的法则的。从确定的法则去看历史的演变，历史好像是宿命论的。把握历史的宿命者，其意志即为造成历史的动力。只有把握历史的宿命者，可以依他的意志造历史。别的人都不能如其意志以造历史。百年来，国父是这个人。如今总裁继国父之后亦是这个人，如其意志以造历史的人。国父手创民国。总裁继国父的遗志，为此民主共和国得着独立与自由。

自道光二十二年《南京条约》到光绪二十年（西历一八九四年）甲午之战，五十二年间，英美德法俄诸国一样的在中国设定各种特权。自甲午之战，于是列强对中国由平行的方向，一转而为对峙的状态。这个状态到了庚子之役，遂分裂为两大潮流。分裂的起点，就是美国国务卿海约翰对华门户开放的通牒。从此以后，日寇与帝俄在我东北和我北部继续其独占政策，美英诸国则转为门户开放政策的支持者。

第一次世界大战更加强这个分歧。英法德俄诸国方忙于欧洲的战争。美国虽牵制日寇，却不能制止日寇的侵华。于是日寇□伸其大陆□□的魔手。俄国革命又使俄国从独占侵华主义者一转而首先放弃其在华各种特权。惟有日寇续行独占的政策，并且更加急进，更加扩大。

民国十一年（一九二二年）华府会议席上，日寇奥美英等国很显明的站在两边。两个潮流，作猛烈的激荡。国民革命军北伐时期，美英与日寇对国民革命的态度，仍表现互相激荡的波潮。五三事件便是波潮的顶点。由此以后，而有九一八、一·二八、长城之役，以至于中国发动对日的全面抗战。日寇站在中国的当前，而美英诸国随抗战的发展，愈益接近中国的一边。二十六国反侵略共同宣言，把两个潮流画出鲜明的界址。到今日，日寇的侵华战事仍在挣扎之中，而美英各国则与我废弃不平等条约，另订平等条约。

从两个潮流之间，领导中国打出一条血路者，便是国民革命的大旗。这一面大旗，飘扬于亚洲大陆凡五十年之久，历久而弥新，实具有旋乾转坤的气魄，起死回生的力量。然而一寻国民革命过程的记录，其中真正是充满了血和泪和汗。这五十年中，国民革命的领导者，受尽了侮辱，受尽了轻蔑，历尽了艰难，历尽了挫折，始有今天的伟大的成功。

在国民革命获得了空前的成功之日，我们国民革命的领导者，仍掬其血泪以告诫我们。他告诫我们说："独立自由的地位，是求之在我的。"他告诫我们说："要自立才可以独立，要自强才可以自由。"他告诫我们说："全国军民如果此后不能各尽其应尽的义务，和负起所应负的责任，建设中华民国为完全独立自由的国家，以尽其对于世界人类的任务，则独立自由的地位行将得而复失。"我们国民革命的领导者，对于今日的成功，"后天下之乐而乐"，而其对于中国的前途，仍然是"先天下之忧而忧"。我们听见了这些告诫以后，当知国家缔造之难，当知成功保持之不易，而更加奋勉，更加惕厉的了。

（载《时代精神》第 7 卷第 5、6 期，1943
年 3 月 31 日）

读《中国之命运》
（1943 年 4 月 1 日）

我们期待总裁有一部大著指示我们中国革命建国途径。这个期待，现在已经实现了。总裁新著《中国之命运》已经发行了。

我们期待总裁有一部大著，是很久很久的事情。我们的期待是由于下面的各点。

第一，总裁以一身系国家民族的安危存亡。换句话说，今日国家民族的命运，实决定于总裁之手。我们虽经常在总裁殷谆告诫、明确指导之下，生活着、工作着，可是我们心目里总有多少根本问题，不能得到详密的指示。特别是这些根本问题，不是偶然发生的。这些根本问题的来源，或由于古旧的传统，或由于百年的演变，或由于五年十年二十年的积累。我们断不敢望总裁以政务业集之身，而追溯往事，至五年十年二十年以上或竟至百年千年五千年之久，以开导我们。然而我们何尝不在渴望之中？从今日起，我们渴望而得不到的指示竟然出乎意外的得到了。总裁的新著，不啻一部近百年史论，尤不啻一部中国民族史论。这部新著，把中国五千年立国之道，百年来衰落之由，和五十年来国民革命的奋斗，五年半抗战的牺牲，无不指出其详明确切的意义，所以我们预测每个国民必皆本此书之论点以察往事而励今兹。

第二，中国今后的前途和我们今后的作法，是我们每一个国民，当此国家民族的生命在存亡绝续里头，盘旋于心中而不能释的问题。我们虽经常从总裁的演讲和书告里面得到指点，然而全盘的计划和整个的方针，还是不容易寻绎出来，今后我们就有了寻绎的来源了。这个来源，是扼要而鲜明的，集国父《建国方略》、《建国大纲》和《三民主义》于十万言中，贯之以总裁的力行哲学，张之以抗战的时代精神，达之于日用寻常之微末，出之以宽猛相济之气度，兼继往开来之伟大，与耳提面命之亲切，而摆在每一读者的面前，指示其解决中国问题的答案。所以我们预测每个国民必皆以此书为今后努力的南针。

第三，在各种根本问题之中，思想问题，在今日可以说最难解决而最为严重。所以我们期待，总裁的指导亦最为切迫。我们深知总裁的力行哲学。我们曾读总裁的《行的道理》。本此哲学以应用于国计民生各方面，无不得其会通，由此而使我们获得安身立命。救国济世的途径，不为邪说所惑，不为异论所迷，仍不得不进而有所望于总裁更详密更周到的著作。现在这部新著，虽不是哲学的专书，然而其中随处都是宝贵的教训，随处都是精深的哲理。所以我们又预测每个国民必皆以此书为思想的明灯。

张江陵说："德与功，本也。言，华也。道德有诸中，于是以宜其蕴蓄，则为有德之言，而德非言之所能尽也。功绩底于成，于是以述其梗概，则为启从之言，而功非言之所能尽也。惟不得已而发之于言，而言又不足尽其蕴，断其言为也，听之而有味，爱之而心传。"又说："道德者事之实也，文词者爱之华也，训诰典谟，圣人岂殚精极虑作意而为之者哉？几微内洞，文采外章，扬德考衷，启发幽秘，不求文而自求耳。"这两段语，正是我们对于《中国之命运》一书的看法。这部书不能尽总裁之德，亦不能尽总裁之功。这部书是总裁不得已而发之于言，而其言又不足以尽其蕴。这部书是不求文而自文的。古人称三不朽，曰立德，立功，立言。总裁文德武功，彪炳千古，抗战建国总裁之功，超越往古；力行哲学与"人类役使科学"，其思想理论，蕴发于《中国之命运》一书，立德立言，蔚然大备。我们要从这许多观点来读此书，国家民族辉煌之前途，益使我兴奋而激励。

（载《中央周刊》第 5 卷第 33 期，1943 年 4 月 1 日）

中国国民党组党的精神
（1943 年 4 月 1）

中国国民党组党的精神，在总裁新著《中国之命运》一书里面，重新申明。其第四章第一节，叙述中华民国十三年国父改组中国国民党的意义，说道：

> 由此而成立的中国国民党，更有不同于各国政党的特点。三民主义的出发点是"公"，而国民革命的原动力是"诚"。由"公"来说，三民主义的伟大，在其容纳各种的思想而冶于一炉。由"诚"来说，中国国民党的党员对于三民主义的力行实践，必求"择善固执"，必使"贯彻始终"。故其行动必遵循国民革命的方略，必遵守中国国民党的纪律。简括的说：中国国民党对党员只要求其行动不违背其党的纪律，不违反其三民主义的原理，而对其个人思想的自由，则不加严格的限制。所以中国国民党里面，有曾为国家主义者，或自由主义者，或共产主义者，或无政府主义者。凡是向来政见不同的人士，即令其曾为政敌，只要他一旦信奉三民主义加入中国国民党，乃即毫无芥蒂，亦不问其既往如何。凡是党员，就同心一德，互助合作，深信其为忠实的同志。中国国民党之所以有这样"天下为公"的精神，正因为他是为整个民族的生存而组织的，亦是为全体国民的利益而革命之故。所以凡是中国的国民，对于中国国民党都享有入党的权利，亦应尽其入党的义务，而中国国民党，因为他是领导革命建设国家的总机关，所以他对于全国国民和全党党员的地位，都是一律平等，毫无差别，决不有所歧视，且负有训导的责任，要他们人人有尽力于国民革命，实现三民主义，建设国家，复兴民族的机会和能力。故中国国民党不偏重一个职业或一个阶级，亦不舍弃一个职业或一个阶级。详细的说：中国国民党对于

全体国民并无男女职业宗教阶级之分，且更进一步，非特爱护和培植国内每一个国民，而且更不忍遗弃国内每一个人才。中国国民党欢迎全国有志革命的人士和全体国民，都要加入中国国民党，共同一致，为革命建国而奋斗，来完成他国民革命应有的使命。总之，三民主义，本于至公，出于至诚，所以实行三民主义的中国国民党，一本我民族固有的德性，以情感道义，与责任义务，为组党的精神。他绝对不像过去其他党派，用机巧权术，或残忍阴谋，而以利害自私为结合的本能。所以中国国民党自国父组党以来至今已历四十八年之久，真若泰山北辰，昭垂屹立，不动不摇，再接再厉，永为中国惟一的革命政党，与其他无数党派为时代潮流而受淘汰者，迥然不同。这是中国国民党无我无私与兼容并包的精神所致，而决非偶然的。

其第七章里面又说道：

我们中国的成年国民，不能作广大的团结，即团结亦不能够持久，所以有"一片散沙"的耻辱，受"五分钟热血"的讥诮。须知不能团结，是由于自私，而救私莫如"公"。团结不能持久，是由于虚伪，而救伪莫如"诚"。一念之公，即可以民胞物与。一念之诚，则必能贯彻始终。惟有三民主义，本于至公，发于至诚。故中国国民党的思想，能兼容并包，而中国国民党的行动，则"择善固执"。这在我叙述中国国民党改组经过的时候已切实的指点出来了。

由上面的指示，我们可以看出中国国民党组党的精神，一方面是广大，另一方面是谨严，在思想上，三民主义出于至公，至公所以兼容并包；在行动上，国民革命出于至诚，至诚所以择善固执。兼容并包即是广大。择善固执即是谨严。广大所以中国国民党对于各种思想都可以任其并存而不悖。谨严所以中国国民党对于党员的行动必绳以党的纪律。

为什么中国国民党对于各种思想兼容并包呢？中国国民党是为整个民族生存而组织，为全体国民利益而革命，所以国民里面各宗族，各宗教，各职业，各阶级，其意志无不集中于中国国民党以构成全党的思想与政策。所以三民主义是全民意志的结晶，也就是全民思想的集大成。

为什么中国国民党对于党员的行动要谨严呢？总裁在《中国之命运》一书屡次引用《中庸》的话说"不诚无物"。国民革命的行动不谨严，则必致于一无所成，五十年来国民革命历次的成功，都是由于国民革命的领导者不迁就，不妥协，而国民革命的路线最正确，最彻底。反之，国民革命屡次的失败，都由于党员的见解不深，意志不坚，行动不一致。所以中国国民党对于国民革命的行动，是谨严的。

广大与谨严交相为用，是中国国民党组党的精神。这是《中国之命运》最新的指示。我敬谨引用原文，略加解说于此。

（载《组织旬刊》第 1 卷第 1 期，1943 年 4 月 1 日）

1947 年

论政府改组
（1947 年 5 月）

政府改组完成以后，一般人怀有疑问，我们对这疑问作一显单的解答。

第一，政府改组没有能够解决问题。我们的答复是：政府改组已经解决了一个问题。那就是结束一党的政府，打开多党政治之门。结束训政，开始宪政，原是国民党既定不变的政策，信守不渝的信条。现在，宪政开始以前，即由多党参政。宪政亦为多党的宪政，这是英美式的宪政，而不是苏联式的宪政。中国不能切断国际邦交，孤立国际关系之外，所以进入多党政治之路，容纳国内的左翼右翼，求取国内的和平统一，这是目前所能走而且不能不走的一条路……国民党是一个革命党，革命党是具有排他性的，但是国民党是温和的，谦抑的，终于打开了多党政治之门，邀请各党各派共同商讨国是，不能不说是明智的举措。

第二，政府应该与共产党解决问题。我们的答复是：共产党不与国民党解决问题。经过去年一年的努力，问题依然没有得到解决。共产党是一个猜疑的受过斗争训练的政党，门关着的时候，他敲门要进来，等到门开了，他又怕进来。当商谈进行时，共产党的代表便受有中共的指示，不与政府解决问题。

第三，只有共产党来了，才能解决问题。我们的答复是：共产党只能制造问题，拖延问题，根本不能解决问题。共产党是一个不能容忍的政党，而且并非独立自主的政党。在共产党，"民主斗争"只是其方式，建立所谓"全国解放政权"才是其最后的目的。国民党今天所要求的局面，是不左不右，在和平中求建设。如果共产党一味破坏，国民党失败之后，则中国可能陷入极端的右倾。

政府改组，虽然未能解决多少实际问题，例如经济问题，共产党问题，但毕竟做到一件大事，便是开多党政治之门，参加政府改组的民社党，青年党，固然是小党派，因为他们的活动，在训政期间受到限制，共产党自来就是一个走极端的政党，国民党不能不加以防范。共产党不能成为合法的反对派，小党派出来，还是有助于民主政治的。得到和平合法的反对党的切磋，对国家，对国民党都是大有裨益的。所惜尚无较大的反对党派参加，共产党不幸是一个走极端的政党。但没有共产党参加的多党的组织成功，仍然可以走上修明的政治的道路。

（载《中央周刊》第 9 卷第 20 期，1947 年 5 月）

1948 年

现阶段财经改革的检讨
（1948 年 10 月 16 日）

（一）

自政府实施改革币值颁布财政经济紧急方案后，迄今将满二月，在今日欲以此两个月短促的过程中来检讨整个制度的成败得失固不可能，但就实施以来各种情形来检讨改进作为今后措施的参考，笔者认为甚有必要。

当政府实施币值改革之初，王财长曾宣布全部法币与各色流通券发行总额折合金圆券仅有二亿元，政府并规定八月十九日物价为今后物价之极限。假定国内政治经济上其他条件不变，政府的发行也只此二亿金元或者不到二亿金元，则物价限定在"八一九"的价格上是极合理的。但是事实上发行逐日增加，金钞兑现金圆，更使市场上游资充斥，其结果遂发生下列各种现象：

（一）游资增加：据金圆券发行准备监理会十月二日宣布，截止九月份止，全国发行总额为九亿五千六百余万元，其中六亿元为收兑金银外币所支出，其余三亿余元包括进出口结汇与政府财政支出。据悉收兑金钞外币中大半数系由上海收进，再加各地对沪汇款，上海游资依笔者最低估计是在五六亿元左右，既相等于八一九以前所有全国发行总数的三倍之数，如此庞大的游资集中上海，既无适当出路，而上海一地管制特严，于是大部分资金始则设法南流，继因香港广州方面出路不便，就多化整为零浸入各较小城市；又因政府管制工作各地紧松参错，在管制松懈之区游资活动力是〔量〕较大，物价亦趋上涨，如昆明、成、渝、西安、兰州、广州等地（其中当然另有其他由于兑换金钞银元所发生的因素在内），即就上海市与邻近苏锡等地而论，物价亦波澜起伏。

（二）生产减少：物资的生产，在经济立场言乃是以价格作为指标。某种物价高，生产者有利可图，生产品就多。某种物价低，仅够生产成本，企业家无利可图，其生产品必减少，令所有物价俱冻结于八一九限价以内，而原料或半制品来自小城市及乡村者由于上述（一）项之原因，其价格往往较成品所能负担者为昂贵，因之生产之利润甚低，甚至可能不敷成本（有美援原料可资配给者自为例如〔外〕），企业家在此种情形之下，往往不顾生产，生产品之数量由是锐减，上海工业尤显明有此趋向。

由于上述两种情形，物价自趋上涨，在经济管制之下物价不许提高，于是商人就有囤货不售的现象发生，虽然检查严密也不能完全绝灭，但如此一来市场物资更形短少，人民对于新币制的信心尚未坚定，一见物资发生短少现象，心理上顿起恐慌，群起购买，于是发生抢购现象。这现象由沪而京，由沪而平津，更蔓延到其他各大都市。表面上虽以烟酒货物加税而起，其实程度不同的抢购现象早已存在。此种经济上的因素颇难以政治方法完全控制。此在政府言，是市面游资增加，流通速度加快，刺激物价，危害整个财经方案的实施；在私人经济而言，超过需要的购买也是一种浪费。更从整个社会经济观点着眼，可说是无谓的损失。此种现象倘不急予设法改进，而放任其发展，则不仅使市场无货，生产停滞，而整个财经方案势非垮台不可。

（二）

今后之计，惟有吸收游资增加生产。吸收游资增加生产一词，自从抗战后期物价高涨大家开始注意以来，至今未有适当的办法，在理论上要使物价稳定唯有多多鼓励生产，生产需要大量资金，应该将游资导入生产部门，然一般人民运用资金的唯一条件并不是注意生产，而是安全而有利可图。说到投资安全与有利，在今日即使没有经济管制，也因为兵荒马乱，加以工具及原料的来源不易，和交通阻滞，也困难重重；农业方面到现在始终尚未脱离手工经营的阶段，无法达到安全与有利的目标。所以在改制以前，各地游资，脱离工农生产事业而多在经营金纱〔钞〕投机囤积等业务，就是这个原因，今日一见欲导入生产部门，事实上颇有不易措手之苦。也正因为这个原因，银行存款虽然增加了三十倍以上，但是生产反而减低，银行放款难寻借主，银行对于存款，倒反不愿承受。现在政府对于金纱〔钞〕查禁甚严，于是京沪及各大都市房地产就成为游资的有利对象。其理由是很明显的，因为房地物是实物，即使将来币值低落，房地产还可以保持其实值。因之，政府为迎合一般心理，因势利导，出售各大都市的敌伪产业及剩余民用物资，实为空前良好的办法。据主管机关估计，全部敌伪产业的总值，约有五亿美元。倘以此数来作有效的吸收游资，真是游刃有余。惟此类产业多被达官贵人所占住或使用，政府是否能彻底执行，实颇值注意。此外如国营事业股票之出售及银行增资以及发行公债等都不失为政府筹资的办法。但是因为政府币制改革后债信未立，远的不说就是宋子文氏的黄金折扣以及最近王云五氏的新公债兑老公债，都在人民心目中存有不可磨灭的坏印象。公债无论中外，都在政府财政上占有极重要的地位，今后公债如无起色，也是使政府在财政上少了一条收回发行的道路。

至于增加生产方面，游资既然不易投入生产事业，但是就目前情形言，增加生产又是急需的。最近上海方面登记工商业的存货与原料准备统筹利用，在上海经济管制当局固然不失为一个良好的办法，但是上海的物资虽多终属有限，假使管制工作不能全面实施，上海方面原料就难以陆续购进，即使如行政院规定扩大各区管制地区，但属上海管制范围的各地与属汉口广州平津管制范围的各地，又不能封闭互不来往，结果是物资群向有利地区输出，将来仍将使原料与工业脱节。所以现在要想增加生产，就非设法保障合理生产利润不为功，无论对于农业生产与工业生产，这俱为一定不易的道理。

例如平津一带自管制以后，食粮一项就一直缺货，由管制限价而演进到发生有无问题，故北平市参议会最近闻将建议请求改采议价政策，笔者认为在现阶段政府确须重加考虑。据各地报导消息，川滇等省现在似乎已很难维持八一九的物价堤防了。

（三）

财政改革的另一个重要措施，是限期登记管理人民存放外国之外汇资产，这个措施是达官显贵巨富们对于政府信仰服从及爱护国家的试金石。现在国内收兑金钞外币已经收到甚大效果，十足表示一般人民对于政府拥护的忠忱了！政府此次财经改革对于争取外汇也为主要目的之一。可是在这方面效果最少，据一般估计，现在在国人手里的美金资产，仅就抗战以后政府所结售的外汇及公债而言，也不下三亿美元，再加上列年人民在外国的各种资产，有人谓达二十亿美元，有谓十五亿，有谓十亿八亿二亿等多少不一，但都不能获得正确的数字。一个保留的估计，五六亿美元是应该有的。假使政府能确实做到登记管理，则对于稳定币值是有极大的作用。希望党国要人们以身作则，率先做到；否则人民必互相观望，虽然政府规定违者予以制裁，但恐难有良好效果。

（四）

财经改革固然属于经济范围，但因经济与政治往往不可能分离，然而经济上的危机，断难以政治方法谋得根本的解决。所以经管工作仅能补救并消除人为的因素，如取缔囤积扑灭黑市等，以此而论，上海的经管工作实已得到难能可贵的效果了！政府必须更进一步，采取积极的政策，使社会经济循正常的经济法则进行。政治压力譬如助产婆，婴儿的降生和生长，还是要顺着生理上的法则。倘如政府不能使社会经济在政治压力下转入正常的经济法则，则政治压力的本身必至于发生缺陷，为反动的势力所乘，甚至招致全面崩解的结果。笔者以为积极的政策应以左列三者为基点：

（一）政府应下决心，不因任何有计划或无意识造成的风潮，无论闭厂罢工或是罢卖，而停止或修改物价管制的原则，放弃八一九物价的防线。正如蒋经国氏所说，政府今日让一分，商人明日便要求两分，他们的抬价要求是无止境的。八一九防线只要被他们打开一个缺口，就会全面破坏，后果如何是不堪想像的。

（二）但是八一九限价并不就是低物价政策。低物价政策不仅阻止生产的增加，并且助长无谓的消费，其结果是物价短少，浪费增加。政府应将物价政策，租税政策，及进出口贸易政策加以活用，以八一九生活指数为水准，对生活必需品的价格力求压低；对奢侈品消耗品许其加价，但同时增加其租税；对出口品及其他应该鼓励其生产的物品则减低租税，提高价格。政府如能制定合理均衡的物价表。以代替八一九参差错落的物价表，而一般人民生活指数并不比八一九为高，那才是物价管制真正的成功。

（三）要贯彻上述的政策，政府必须深入的了解各种公私行业内在的缺点乃至于错误和罪恶，使物价以实际成本为基准。如果政府有这样的胆力和决心，我们相信上面两项原则一定能够实现。但是政府如能做到这一层，那就是走向政治经济社会的全面改革，也就是走向民生主义的道路了。

三七、十、十二

（载《自由与进步半月刊》第 1 卷第 10 期，1948 年 10 月 16 日）

陶希圣年谱简编

1899（光绪二十五年）　1岁

10月30日（光绪二十五年九月二十六日）出生于湖北黄冈孔家埠陶胜六湾，父亲是秀才陶炯照。

1905（光绪三十一年）　7岁

在开封随陶父读《诗经》、《论语》。

1906（光绪三十二年）　8岁

随家由开封至新野，由陶父教读《书经》、《礼记》、《史记》、《汉书》。

1908（光绪三十四年）　10岁

随家回开封，进旅汴中学接受新式教育，后因辛亥革命爆发而中断。

1912（民国元年）　14岁

陶父带其到武昌考学堂，先考博文书院，后改考英文馆，学习英文、国文、历史等课程。

1913（民国二年）　15岁

休学赴黄陂县署读书。读完汉四史之后，又圈点《资治通鉴》，能作史论。

1914（民国三年） 16岁

回仓埠镇居家一年余，读史兵略，并涉庄子、老子、诸子书，读王船山《读通鉴论》及《宋论》之类，"自觉史论一门，大有可为"。

1915（民国四年） 17岁

春初，随陶父入京，投考北京大学预科。

秋，编入北京大学预科一年级。预科三年间学习国学、英文、逻辑、数学、历史等科目。

1917（民国六年） 19岁

由二年级升入三年级。读《吕氏春秋》、《淮南子》、《文心雕龙》、《日知录》、《十驾斋养新录》、《文史通义》及《国故论衡》等。

1918（民国七年） 20岁

2月，与万冰如结婚。

预科结业，升入北大法科（后改称法学院）法律门（后改称法律系）一年级，专攻日俄法学，兼学欧美法学，涉猎法理学、法哲学。

1919（民国八年） 21岁

参加"五四"和"六三"北京学生游行。

1920（民国九年） 22岁

春季开学后升入二年级，选修德日法律。除法学书籍外，又读《宋儒学案》，同时读克鲁泡特金的《互助论》、考茨基的《阶级斗争》、马克的《生物学》等著作。

修订法律馆修订民法债权篇草案，征求法学界意见，撰文应征获第一名，文章在《法学会杂志》发表。

1922（民国十一年） 24岁

夏，北大毕业，受聘为安徽省立法政专科学校教员，讲授亲属法及继承法等课程。

1924（民国十三年） 26岁

7月，进入商务印书馆编译所任法制经济部编辑，并投稿《学艺杂志》和《妇女杂志》。

1925（民国十四年） 27 岁

五卅惨案发生后，撰写《五卅惨杀事件事实之分析与证明》，分析南京路巡捕房的法律责任，刊于《东方杂志》"五卅"事件临时增刊。陶希圣被上海学生联合会和商务印书馆罢工委员会聘请为法律顾问。

秋，兼在上海大学教授法学通论。

1926（民国十五年） 28 岁

投稿《孤军》杂志讨论社会问题，发表政见。

受邀主编《独立评论》周刊，为文标榜"三个自决"，即"民族自决"、"国民自决"和"劳工自决"。

9 月，兼任上海法政大学讲师，教授亲属法。

10 月，代课东吴大学。

1927（民国十六年） 29 岁

1 月，携家眷离上海到武汉。

2 月，应聘为中央军事学校武汉分校政治教官兼任军事委员会总政治部政工人员训练委员会常务委员。从此以"陶希圣"取代"陶汇曾"本名。同时，任武汉大学法律教师，讲授"社会科学概论"、"各国革命史"、"无产阶级政党史"以及"帝国主义侵华史"等课程。

5 月，中央军校武汉分校与农民运动讲习所合并为中央独立师，陶希圣任该师军法处长兼特务组长。在咸宁参加农运时阻止左派分子激进行为，被调回武汉。

8 月，汪精卫分共后，陶希圣任武汉军事委员会总政治部秘书处主任兼宣传处长及《党军日报》社长。

10 月，宁汉再次分裂后，陶希圣受国民党江西省党部萧淑宇、刘侃元之邀由汉口至南昌主办党务学校。陶希圣任江西党务学校校长，不久刘侃元等人被疑为共党左派而去职，陶便辞职去上海。

1928（民国十七年） 30 岁

2 月，任南京总政治部宣传处编纂科长，后改任中央陆军军官学校政治总教官，兼任政治部（主任周佛海）训育组组长、中央党部民众训练委员会指导科长。

6月，编《亲属法大纲》由商务印书馆出版。

8月起，奔波于上海、南京之间为文演讲。

10月，在《新生命》月刊发表的《中国社会到底是什么社会》一文，引发了一场关于中国社会性质和中国革命前途的论战。

12月，加入顾孟余、陈公博等人发起的"中国国民党海内外各省市党务改组同志会"，辞去南京职务到上海。

1929（民国十八年）　31岁

1月，《中国社会之史的分析》由新生命书局出版。此书系收集其发表在《新生命》月刊上的文章而成。书中认为中国是一个宗法封建社会的构造，庞大的身份阶级就是以政治力量为保障巩固土地所有权和身份地位的士大夫阶级，国民党和中国革命的失败源于官僚士大夫的混入。中国社会是残存着封建势力的商业资本社会，封建势力阻碍中国资本主义发展。

4月，《中国封建社会史》由南强书局出版。内容包括地理与民族、封建制度、集权国家、商人资本、土地制度等八部分。

4月，译奥本海默《国家论》由新生命书局出版。

5月，《法律学之基础知识》由新生命书局出版，分三章叙述法律进化史、法律进化各阶段中的法律思想及制度。

8月，与樊仲云、萨孟武合校《各国经济史》由新生命书局出版。

10月，《中国社会与中国革命》由新生命书局出版。此书共五章：封建制度抑资本主义、士大夫身分与族制及科举、科举与学校、士大夫身分的意识形态——孔子学说之发展、中国问题解决之基点。

11月，与萨孟武、樊仲云合译《马克思经济学说的发展》由新生命书局出版。

1930（民国十九年）　32岁

重返商务印书馆，任总经理中文秘书。

1月，《革命论之基础知识》由新生命书局出版，包括前资本主义社会之革命、资本主义社会之革命、中国之革命等章节，不仅叙述革命事实，还注重阐明不同时期革命的特点及其共同点。

8月，《中国社会现象拾零》由新生命书局出版。此书由本年的一些论文辑成，继续申明关于士大夫阶级、游民无产阶级及中国社会性质等问题的看法。

5月，编辑讨论中国社会性质问题的《中国问题之回顾与展望》，由新生命书局出版。

为商务印书馆编写《五权宪法》，国民党中央宣传部审查时被禁止出版。

1931（民国二十年）　33岁

1月，应聘南京中央大学法学院教授，在政治系讲授中国政治思想史，在法律系讲授中国法律思想史。

在新生命书局出版的《社会与教育》周刊连续发表《旧小说新铨》，以社会的历史的方法解说《红楼梦》等中国旧小说。并在此刊发表《亡国之路》、《怎样对付学校的风潮》等文章批评时政和教育政策，由于言论尖锐，被上海市党部检举为反动分子，教育部次长陈布雷、宣传部部长刘芦隐等帮忙陈言开脱，后经陈果夫、陈立夫调协消弭此事。

6月，《辩士与游侠》由商务印书馆出版。此书考察东周时代士（文）与侠（武）的兴起，分六章：古代的僧侣与奴隶、封建束缚下之贵族与农奴、封建束缚之解体、辩士的活跃、游侠的行径、辩士游侠之潜伏再兴与转变。

8月，《西汉经济史》由商务印书馆出版。内容包括西汉以前及初期的经济，商业发达与土地集中的状况，社会革命与农民革命的爆发等几个部分。

8月，应聘北京大学法学院教授。此后在师范大学史学系、北平大学法学院政治系、燕京大学社会学系、清华大学政治系兼课，致力于法制社会史及政治思想史的教学与研究。

九一八事变发生，在北大、师大演讲，提出"全民抗战"的口号。

翻译梅因《古代法》由商务印书馆出版。

1932（民国二十一年）　34岁

4月，与蒋梦麟、胡适、周炳琳等人南下参加国民政府洛阳国难会议。与蒋梦麟、王世杰、皮宗石、钱端升、周炳琳诸人提出在五院体制之下召开国民参政会。

5月，《中国政治思想史》第一、二册由新生命书局出版。

1933（民国二十二年） 35 岁

8 月，《中国政治思想史》第三册由新生命书局出版。

1934（民国二十三年） 36 岁

12 月，创办《食货》半月刊，倡导中国社会经济史研究，在学术界形成一种新风气。

1935（民国二十四年） 37 岁

1 月，与何炳松、萨孟武、樊仲云、武堉干、孙寒冰、黄文山等十位教授，在《文化建设》第 1 卷第 4 期发表《中国本位的文化建设宣言》，呼吁在外来文化冲击下不能盲目模仿，要建设中国本位的文化。

1 月，《中国政治思想史》第四册由新生命书局出版。全书从社会政治的演变考察思想的变化，叙述了中国先秦至明代的政治思想，对氏族时代、王权时代、士族时代及王权再建时代的政治思想的起源、发展及转变过程做了独特分析。

9 月，在北京大学设立了经济史研究室，率领学生连士升、鞠清远、武仙卿及沈巨尘诸人，搜集整理唐代经济史料。同时协助美国学者魏特夫搜集辽金时期社会经济史料。

"一二·九"运动中，出面游说北平市长秦德纯，促成当局停止搜查学校、释放被捕师生。

1936（民国二十五年） 38 岁

春夏之交，宋哲元因《独立评论》攻击二十九军下令将其停刊。与高等法院院长邓哲熙商量对策，使《独立评论》继续发刊。

4 月，与鞠清远合著《唐代经济史》由商务印书馆出版。

12 月，与沈巨尘合著《秦汉政治制度》由商务印书馆出版。

1936 年 7 月至 1937 年 6 月，编成《唐代经济史料丛编》八大册，并交北京大学出版部印刷装订未发行。

1937（民国二十六年） 39 岁

任北京大学法学院政治系主任。

2 月，与武仙卿合著《南北朝经济史》由商务印书馆出版。

5 月，应新学联之邀到五四纪念大会演讲，斥责人民阵线要分裂中国。随后在《大公报》上发表《残余的西班牙主义》一文。之后在《华北日报》、《小实报》上，前后发表了40篇文章，与左派教授展开论战。旧学联以"教唆伤害罪"起诉陶希圣。此事后经中共方面凯丰出面调停而平息。

7月，七七事变爆发后，参加庐山"牯岭茶话会"，讨论与抗日相关的问题。

8月，加入军事委员会委员长侍从室第五组，从事国际宣传工作。

9月，应聘为国民参议员。

10月，回武昌，在湖北省党部扩大纪念周发表演讲指出，抗战的最高目的是建设三民主义的独立统一国家。

11月，随国防参议会迁往武汉。

1938（民国二十七年）　40 岁

1月，任军事委员会参事室参事。与周佛海在汉口设立"艺文研究会"，担任设计总干事。撰文分析国际问题，申明抗战建国的立场与政策。

6月，《欧洲均势与太平洋问题——第二期抗战之国际环境》由艺文研究会出版。

7月，任国民参政会参政员。

10月，从汉口赴重庆。

12月19日，随汪精卫出走河内。

与周佛海主编《抗战建国纲领研究》丛书由艺文研究会出版。

沈任远执笔、陶希圣修订的《中华民族战史》由国民政府军事委员会编印，作为军事学校战时的政治教程。

1939（民国二十八年）　41 岁

8月26日，在汪精卫、陈璧君的催促下赴上海参加与日方的谈判。

8月28—29日，汪精卫在上海召开"中国国民党第六次全国代表大会"，会后指定陶希圣为宣传部长。

9月，随汪精卫到南京与伪政权头目王克敏、梁鸿志会商。

11月1日，参加汪组织与代表日本政府的"影佐机关"的正式谈判。在谈判中，识破日方的侵略野心，力劝汪精卫退出。

12月30日，汪日双方签约时，称病缺席。

1940（民国二十九年） 42 岁

1 月，在杜月笙的安排下逃离上海抵达香港。21 日，与高宗武在《大公报》上公开汪日密约《日支新关系调整要纲》及附件，披露日汪谈判过程，此即震惊中外的"高陶事件"。

6 月，在香港创办"国际通讯社"，编印《国际通讯》周刊。选译国外报章杂志的论文，及编译者撰写的国际时事评论，为国内提供世界时局及国际问题的参考材料。

1942（民国三十一年） 44 岁

1 月，逃离已沦陷的香港，经韶关、桂林至重庆。

2 月，回归重庆后，在委员长侍从室担任第五组组长。工作是研究与撰述，与中央宣传部保持密切联络，参加宣传部社论委员会，讨论战时报纸的宣传方针。

10 月，负责蒋介石《中国之命运》一书的整理、校订工作。

《中国政治思想史》修订版由南方印书馆出版。从 1943 年到 1945 年两年间，共加印 6 次。

12 月，《论道集》（古代儒家）由南方印书馆出版。论述先秦两汉时期的思想家，搜寻他们关于"道""德""性""命"的语句，每人成一篇，包括孔子论道、孟子论道、荀子论道、董仲舒论道、扬雄论道。

1943（民国三十二年） 45 岁

9 月，《论道集》（宋明实用主义者）由南方印书馆出版。论述宋明时期的思想家，包括王荆公论道、张江陵论道、黄梨洲论道、王船山论道四篇。

10 月，任《中央日报》总主笔。撰写了大量社论，至 1945 年，发表社论《斥亡国主义》、《论山岳战》、《论日本战犯》、《解散日本帝国》等达 330 余篇。

1944（民国三十三年） 46 岁

10 月，《中国社会史》由文风书局出版。

1945（民国三十四年） 47 岁

1943 年冬和 1945 年春，与戴杜衡共同编译《拿破仑兵法语录》、克劳塞维茨《战争原理》、《孙子兵法》中英对照本。

10 月，委员长侍从室撤销，转任国防最高委员会参事。

1946（民国三十五年）　48 岁

1 月，参加政治协商会议中央党部联络小组协助《和平建国纲领》修订的工作，同时在《中央日报》上连续发表十几篇社论，反对中共提出的宪草修改原则。

2 月，发表社论反对统编中共部队为国军的方案。

6 月 8 日，《中央日报·食货周刊》创刊。1948 年 4 月 12 日第 76 期以后改为双周刊，1948 年 7 月 19 日停刊。共刊行 89 期，发表论文 303 篇。

11 月，当选为制宪国民大会代表。

1947（民国三十六年）　49 岁

7 月，兼任国民党中央宣传部副部长，当选为立法院立法委员。

1948（民国三十七年）　50 岁

2 月，参与校订《新剿匪手册》。

3 月，行宪国民大会开会，参加国民党中央举行的临时全体会议。

12 月，为蒋介石撰写 1949 年"元旦文告"，主张与中共和谈。

12 月 25 日，新华社发布了 43 名国民党战犯的名单，陶希圣名列第 41 位。

1949（民国三十八年）　51 岁

随国民党迁台。

8 月，国民党总裁办公室在台北成立，任第五组组长，负责宣传研究工作。

1950 年　52 岁

辞中央宣传部副部长之职。中央改造委员会成立，初任设计委员会主任委员，后改任第四组主任，主管宣传政策及宣传业务。

1951 年　53 岁

任"革命实践研究院总讲座"，解除第四组主任职务。以"候补立法委员"资格递补为"立法委员"。

1952 年　54 岁

8 月，辞《中央日报》总主笔。当选国民党第七届中央委员会中央委员、中央常务委员，连任九届至 1968 年。

1955 年　57 岁

冬，为蒋介石酝酿编写《苏俄在中国》。

1956 年　58 岁

5 月，任中央日报社董事长。

1964 年　66 岁

《潮流与点滴》由传记文学出版社出版。此书由在《自由谈》及《传记文学》等连载的回忆文章集结而成。

1967 年　69 岁

8 月，与沈任远合著《明清政治制度》由台湾商务印书馆出版。

1968 年　70 岁

陶希圣以中央日报社董事长身份退休。

1969 年　71 岁

4 月，当选国民党第十届中央委员会中央评议委员，连任十二届至 1987 年。

1971 年　73 岁

4 月，在台北复刊《食货》并改为月刊。复刊辞称："采用社会科学的理论与方法以致力中国历史及社会研究的道路，迫切需要我们再拓宽、再延长。如何促使中国历史学从文学家的笔下走进社会科学的讲坛之上，就是我们应当解答的课题。"此刊共出版了 17 年，至 1988 年 8月停刊。

1972 年　74 岁

《清代州县衙门刑事审判制度及程序》由食货出版社出版。

1974 年　76 岁

1 月，主编《唐代寺院经济》由食货出版社出版。

《中国政治制度史》由启业书局出版。

1977 年　79 岁

《现代世界战略形势之演变：1970—1976》由商务印书馆出版。

与陶龙生合著《中美关系与中国前途》由食货出版社出版。

1979 年　81 岁

3 月，任台湾中华战略学会理事长。

12 月，《中国法制之社会史的考察——汉律系统的源流》由食货出版社出版。此书从社会政治史的演变，考察法家与儒家之升降，以及从礼与律之分合，来研析中国法制。

1980 年　82 岁

10 月，《夏虫语冰录》由法令月刊社出版。

1982 年　84 岁

主编《唐代土地问题》由食货出版社出版。

主编《唐代之交通》由食货出版社出版。

1985 年　87 岁

《中国之分裂与统一》由食货出版社出版。

1988 年　90 岁

6 月 27 日，在台北去世。

中国近代思想家文库

贺麟卷　　　　　　　　　　　高全喜　编
陈序经卷　　　　　　　　　　　田彤　编
徐复观卷　　　　　　　　　　干春松　编
巨赞卷　　　　　　　　　　　黄夏年　编
唐君毅卷　　　　　　　　　　　单波　编
牟宗三卷　　　　　　　　　　王兴国　编
费孝通卷　　　　　　　　　　吕文浩　编

图书在版编目（CIP）数据

中国近代思想家文库. 陶希圣卷/陈峰编. —北京：中国人民大学出版社，
2014.6
ISBN 978-7-300-18825-6

Ⅰ. ①中… Ⅱ. ①陈… Ⅲ. ①思想史-研究-中国-近代②陶希圣（1899～
1988）-思想评论 Ⅳ. ①B250.5

中国版本图书馆 CIP 数据核字（2014）第 086905 号

中国近代思想家文库
陶希圣卷
陈峰 编
Tao Xisheng Juan

出版发行	中国人民大学出版社			
社 址	北京中关村大街 31 号		**邮政编码**	100080
电 话	010 - 62511242（总编室）		010 - 62511770（质管部）	
	010 - 82501766（邮购部）		010 - 62514148（门市部）	
	010 - 62515195（发行公司）		010 - 62515275（盗版举报）	
网 址	http://www.crup.com.cn			
经 销	新华书店			
印 刷	涿州市星河印刷有限公司			
开 本	720 mm×1000 mm 1/16		**版 次**	2014 年 11 月第 1 版
印 张	37.5 插页 1		**印 次**	2025 年 4 月第 3 次印刷
字 数	572 000		**定 价**	134.00 元

版权所有 侵权必究 印装差错 负责调换